COLEÇÃO
Direito
PROCESSUAL
na Ordem
CONSTITUCIONAL

A decisão parcial e as questões de fato

COLEÇÃO
Direito
PROCESSUAL
na Ordem
CONSTITUCIONAL

Coordenadores
Luiz Rodrigues Wambier
Fábio L. Quintas
Georges Abboud

A decisão parcial e as questões de fato

Vinicius Silva Lemos

2020

EDITORA
JusPODIVM
www.editorajuspodivm.com.br

EDITORA *Jus*PODIVM
www.editorajuspodivm.com.br

Rua Território Rio Branco, 87 – Pituba – CEP: 41830-530 – Salvador – Bahia
Tel: (71) 3045.9051
• Contato: https://www.editorajuspodivm.com.br/sac

Capa: Marcelo S. Brandão *(santibrando@gmail.com)*

D294 A Decisão Parcial e as Questões de Fato / Vinicius Silva Lemos – Salvador: Editora JusPodivm, 2020.
544 p. (Direito Processual na Ordem Constitucional / coordenadores Luiz Rodrigues Wambier, Fábio L. Quintas, Georges Abboud)

Inclui bibliografia
ISBN 978-65-5680-080-6

1. Decisões judiciárias. 2. Direito Processual Civil. I. Lemos, Vinicius Silva. II. Wambier, Luiz Rodrigues. III. Quintas, Fábio L. IV. Abboud, Georges. V. Título.

CDD 341.465

NOTAS DO AUTOR

Esse trabalho é o final de um ciclo acadêmico, mas o início de diversos outros ciclos.

A minha trajetória acadêmica é de Rondônia para o Brasil. Graduação e Especialização na Faculdade de Rondônia, Mestrado na UFF, em Niterói e Doutorado na UNICAP, em Recife, com intercâmbio em disciplinas na UFBA (com o Prof. Fredie Didier Jr.) e na UERJ (com o Prof. Antonio do Passo Cabral).

Esta pesquisa é a adaptação para a versão comercial da minha tese de doutoramento na UNICAP, onde tive a oportunidade de ser orientado pelo Prof. Lúcio Grassi de Gouveia e coorientado pelo Prof. Fredie Didier Jr. O tema em questão foi proposto no projeto como um estudo sobre os impactos da decisão parcial no processo civil. A aprovação para início no PPGD da UNICAP veio em fevereiro de 2017 e foram, ao todo, 35 viagens entre Porto Velho e Recife, com algumas escalas em Salvador e Rio de Janeiro.

No decorrer dos estudos e cadeiras do Doutorado, a tese foi sendo reformatada, o problema modificado para um momento anterior à própria decisão parcial e fixado da seguinte maneira: quais os critérios para a prolação de uma decisão parcial e o fracionamento decisório do processo? A percepção foi por não estudar os impactos, mas aprofundar a investigação sobre a sistematização dos requisitos permissivos e necessários para a configuração do que nomeio como bifurcação cognitiva possibilitante da decisão parcial.

Com isso, este trabalho inicia-se na construção dos modelos permissivos para a existência posterior de um fracionamento decisório, como a necessidade de uma complexidade objetiva do processo, tanto pela cumulação subjetiva (litisconsórcio) quanto pela cumulação objetiva (de pedidos). Posterior à necessidade desta complexidade, passa-se à análise das questões de fato como medida essencial para a decisão parcial e o trabalho analisa, como ponto primordial, as questões de fato e suas pluralidades no processo e o impacto dialógico com cada capítulo do processo para, consequentemente, também dialogar com os capítulos decisórios e, a partir desse prisma, possibilitar um fracionamento decisório.

Diante desse contexto, há a tese apresentada no trabalho: a formação de requisitos para a prolação da decisão parcial – com ou sem mérito – no necessário diálogo entre a complexidade objetiva do processo e a complexidade de questões de fato.

Já para a versão comercial, também inseri a pesquisa sobre os impactos processuais posteriores à decisão parcial já prolatada.

Para este livro ser possível, o doutoramento foi o caminho e as pessoas que me apoiaram foram essenciais. Primeiramente, minha família, minha esposa Juliana Lemos (a base de tudo), meus filhos – Maria Júlia e Vinicius Filho e, depois, meus pais e meus irmãos. Meu escritório Lemos Advocacia e todo o suporte dado durante as viagens e a ausência para a pesquisa. Importante também salientar o apoio dado por todo o PPGD da UNICAP, a acolhida do meu orientador Prof. Lúcio Grassi de Gouveia, a liberdade dada e o apoio, além de todo o corpo docente (especialmente os que tiveram na banca – Profs. Alexandre Pimentel, José Mário Wanderley, Sérgio Torres Teixeira); os colegas de Doutorado, mas especialmente meu amigo Roberto Campos Gouveia Filho; o Prof. Fredie Didier Jr., pela acolhida na sua matéria na UFBA e por sua coorientação essencial; o Prof. Antonio do Passo Cabral pela acolhida na sua matéria na UERJ e pela participação na banca; o Prof. Heitor Sica pela sua participação na banca e pela escrita das gentis palavras do prefácio; além dos meus colegas de docência, tanto na FARO quanto na UNIRON; meus colegas de IDPR, ANNEP e ABDPRO.

Um agradecimento especial para os Profs. Luiz Rodrigues Wambier e Georges Abboud pela acolhida desta obra acadêmica nesta prestigiada coleção na Editora Juspodivm, a qual já sou autor, mas volto a agradecer sempre o espaço.

Que apreciem o trabalho com o mesmo prazer que tive para o transcurso dessa longa jornada.

Porto Velho, Rondônia, agosto de 2020.

O autor

APRESENTAÇÃO

Pediu-me o autor, Vinicius Silva Lemos, Doutor em Direito pelo Programa de Pós-graduação em Direito da Universidade Católica de Pernambuco, que redigisse a apresentação da obra Decisão Parcial e as questões de fato. Trata-se da versão comercial da sua Tese de Doutorado, apresentada perante banca examinadora no Programa de Pós-graduação em Direito da Universidade Católica de Pernambuco, em agosto de 2019. Sua banca foi formada, além do orientador e presidente, pelos professores Alexandre Freire Pimentel (UNICAP), Sérgio Torres Teixeira (UNICAP), José Mário Wanderley Gomes Neto (Unicap), Antônio do Passo Cabral (UERJ) e Heitor Sica (USP).

O autor, advogado militante e professor de Direito, ingressou no Doutorado da instituição em fevereiro de 2017, sob minha orientação. Nesse período, pude observar sua grande aptidão e interesse pela pesquisa acadêmica, com grande dedicação às atividades do Programa de Pós-graduação em Direito, como também tomei conhecimento de sua efetiva e destacada participação nas atividades propostas por seus Professores Fredie Didier (UFBA), seu coorientador, e Antônio do Passo Cabral (UERJ), tendo em vista o rico intercâmbio que nossa Universidade mantém com destacados pesquisadores e instituições. Durante esse período de profícua convivência, Vinicius se destacou ainda pela sua imensa capacidade de converter em artigos e livros suas pesquisas. Sempre se debruçando sobre temas atuais e complexos, que despertam o interesse da comunidade jurídica. Vinicius é exemplo de esforço e dedicação. Como advogado militante, professor e pai de uma bela família, conseguiu conciliar todas essas atividades em Rondônia com sua presença e participação nas aulas ministradas em Recife, Salvador e Rio de Janeiro.

Quanto ao livro, na presente obra o autor analisa a possibilidade de cisão cognitiva e fracionamento decisório no procedimento comum, diante da previsão legal dos arts. 354, parágrafo único e 356, ambos do Código de Processo Civil. O intuito da rica pesquisa empreendida por Vinicius foi a identificação dos requisitos necessários para esse fracionamento decisório e sua possibilidade diante de um processo complexo, que contenha pluralidade de pedidos ou de partes, no qual o juízo deve decidir sobre várias relações jurídicas. Constata o autor que apesar de a cisão cognitiva não ser novidade no ordenamento processual brasileiro, podemos agora identificar a existência de uma cláusula aberta e positivada no procedimento comum. E que, diante da possibilidade de cisão do procedimento, surgem diversas questões de fato, algumas a serem logo resolvidas e outras que devem ser decididas após regular instrução probatória. Diante desse cenário, procura o autor apontar os requisitos para esse fracionamento, os casos de inviabilidade do mesmo, as hipóteses materiais e o modo de construção das decisões. Enfrenta ainda árduas questões como a recorribilidade quando não houver o preenchimento dos requisitos para o fracionamento decisório, o impacto do provimento recursal, a possibilidade da formação da coisa julgada parcial e as consequências sobre a própria decisão e sobre o restante da demanda. Demonstra, portanto, a existência de requisitos necessários para a cisão cognitiva e o fracionamento decisório, fazendo necessária relação com a pluralidade de questões de fato e a resolubilidade parcial diante de uma tutela jurisdicional objetivamente complexa.

O tema escolhido pelo autor da obra se reveste de grande importância pragmática, sendo livro de leitura obrigatória para todos aqueles que pretendem trabalhar com um processo civil eficiente, que permite a extração dos melhores resultados com o menor dispêndio de tempo e recursos possíveis. Essa tem sido a frequente preocupação do autor.

Caro Vinicius, essa obra marca indelevelmente sua carreira como dedicado e destacado pesquisador das letras jurídicas e autor de diversos artigos e livros dedicados ao estudo do Processo Civil. E agora ela é trazida ao conhecimento dos profissionais do Direito, seus leitores, se revelando como leitura indispensável e obrigatória.

Recife, 13 de agosto de 2020

Lúcio Grassi de Gouveia

Juiz de Direito em Recife e Professor do PPGD
da Universidade Católica de Pernambuco.

PREFÁCIO

Tenho a grata satisfação de prefaciar a obra **"A decisão parcial e as questões de fato"**, do estimado colega **Vinicius Silva Lemos**.

Trata-se de versão comercial de tese de doutoramento apresentada em 2019 no Programa de Pós-Graduação *Stricto Sensu* da Universidade Católica de Pernambuco (UNICAP), sob orientação do Professor Lúcio Grassi de Gouveia e coorientação do Professor Fredie Didier Jr. Tive a enorme satisfação de integrar a banca examinadora, que aprovou unanimemente o trabalho.

O trabalho se debruça sobre importante novidade trazida pelo CPC de 2015, qual seja, a possibilidade de fracionamento decisório, tal qual previsto pelos arts. 354, parágrafo único e 356.

Os novos dispositivos legais resolvem antiga polêmica doutrinária, particularmente intensa em razão das reformas operadas no CPC de 1973 pela Lei n. 10.444/2002 (que tratou da tutela antecipada da parcela incontroversa da demanda – art. 273, §6º) e pela Lei n. 11.232/2005 (que alterou o conceito de sentença, desvinculando-o do "fim do processo" – art. 162, §1º). Curiosamente, contudo, essa novidade do CPC de 2015 não vinha sendo estudada com a devida atenção nos primeiros cinco anos da promulgação do diploma. Essa lacuna vem agora colmatada pelo presente trabalho.

Vinicius nos apresenta, com sólida base histórica e dogmática, uma profunda investigação sobre as situações objetivas e subjetivas que autorizam o fracionamento decisório, analisando minudentemente seus requisitos. Trata-se, pois, de uma obra cuja leitura é absolutamente obrigatória para todos aqueles que, na academia ou no exercício profissional, pretendam compreender todas as nuances dos arts. 354, parágrafo único e 356 do CPC de 2015.

A obra coroa uma admirável trajetória de seu autor, que tem profícua produção científica, com especial destaque para a publicação de vários livros e incontáveis artigos em periódicos e obras coletivas. Além disso, merece efusivo aplauso o enorme esforço de seu autor, que a partir de sua cidade natal, Porto Velho (RO), tem girado por todo o Brasil para incrementar sua formação acadêmica, não só para cursar o Mestrado (na UFF, em Niterói e o Doutorado na UNICAP, em Recife), mas para proferir aulas, palestras e conferências. Sua inequívoca vocação para a docência e pesquisa já vem rendendo frutos e renderá ainda muitos outros.

Deixo, por fim, registrado meus encômios à Editora Juspodivm e aos organizadores desta coleção, que abriu espaço (cada vez mais raro) para publicação de uma monografia jurídica.

Arcadas, agosto de 2020.

Heitor Vitor Mendonça Sica

Professor Associado de Direito Processual Civil,
da Faculdade de Direito da Universidade de São Paulo.

SUMÁRIO

INTRODUÇÃO

Imagine essas situações processuais.

Em determinada situação de conflito de interesses, houver uma demanda em que há um pedido de dano moral e outro de dano material. Ou, uma ação possessória com pedido cumulado de condenação em perdas e danos e indenização dos frutos. Ou um acidente de trânsito que gerou uma demanda em que se pleiteia a restituição por danos materiais do prejuízo já existente, os lucros cessantes do período em que não se utilizou o veículo e danos estéticos. Ou uma ação de exigir contas com a cumulação de apuração de haveres. Ou uma ação de investigação de paternidade com pedido de estipulação de prestação de alimentos.

Ou, então, imagine que há uma pluralidade de partes nos polos, seja em um deles, seja em ambos, com a existência de um litisconsórcio que não seja unitário. Dois autores pleiteando um pedido contra o réu ou dois réus se defendendo de um pedido de um autor, ou, então, uma situação de vários autores e vários réus.

O que todas essas situações têm em comum? Todas essas situações processuais têm em comum a complexidade objetiva, seja pela pluralidade de partes, seja pela pluralidade de pedidos, tornando a própria jurisdição, apesar de una, um complexo de relações jurídicas a serem resolvidas pelo Judiciário, uma a uma, por mais que seja em uma só sentença.

Todavia, nas concepções situacionais descritas acima, todas as relações jurídicas – seja pela cumulação de pedidos, seja pela pluralidade de partes – devem ser julgadas somente no momento da sentença? Se as questões de fato pertinentes a um desses capítulos forem resolúveis, já será possível a prolação de decisão sobre parcela da demanda?

Esse é o problema formulado nessa pesquisa, a possibilidade do fracionamento decisório de um processo objetivamente complexo e a construção dos requisitos pertinentes para a sua cisão decisional, numa interligação com a pluralidade de questões de fato e a sua resolubilidade parcial.

Dessa maneira, o objeto do estudo é a decisão parcial no ordenamento processual brasileiro. Se a jurisdição é a realizada de um só modo, mas com a possibilidade de pluralidade de partes ou de pedidos, o processo se torna objetivamente complexo, com a necessidade de que a jurisdição prestada resolva todas as relações jurídicas existentes, seja de cada ator em um dos polos com cada ator do outro polo, seja cada pedido realizado pelo autor.

Diante de tal complexidade objetiva do processo, cada resolução judicial deve ocorrer plenamente, até pela necessidade de a prestação jurisdicional ser completa. Se existem várias partes em cada polo, cada entrelaçado de relação jurídica deve ser enfrentada, mesmo que seja para uma análise da impossibilidade de julgamento de mérito. Diante de tais aspectos, um processo objetivamente complexo representa a junção de várias ações internalizadas em uma só demanda por jurisdição.

No entanto, se são plúrimas relações jurídicas dentro de um só processo, há a possibilidade de que parcela das relações postas para a jurisdição já possam ser resolvidas, enquanto o restante não tenha ainda a possibilidade de enfrentamento, postergando, procedimentalmente, a resolução para momento posterior.

Numa situação dessas, como as exemplificadas acima, podem ser cindidas? O art. 356 do CPC responde positivamente, com a abertura legal para que a prestação jurisdicional originalmente complexa de modo objetivo possa ser cindida no procedimento comum, bem como já era possível em determinadas situações em procedimentos especiais.

A questão central deste estudo passa por delinear os requisitos pertinentes para a prolação de uma decisão que ocasione uma cisão cognitiva da demanda e do processo, tornando o que outrora era uma pluralidade de relações a serem resolvidas em uma só decisão a ser prolatada, num momento único, para uma igualmente plúrima quantidade de decisões, contudo resolvendo cada ponto relacional da demanda em momentos diversos do procedimento.

Dessa maneira, o ordenamento possibilitou que no procedimento comum fosse amplamente viável esse fracionamento decisório, transformando o que eram capítulos de uma sentença em decisões autônomas entre si.

A pesquisa deste trabalho passa pelo problema construtivo sobre quais seriam os requisitos essenciais para a prolação de uma decisão parcial, com a devida análise sobre o constante nos arts. 354, parágrafo único e 356 do CPC para o entendimento do que é necessário constar num processo para ser viável um fracionamento decisório.

No primeiro capítulo, a pesquisa está envolta a fixar as bases dos conceitos que serão utilizados para o entendimento posterior de institutos necessários para a viabilidade de uma cisão cognitiva. O estudo sobre o conceito de processo objetivamente complexo é essencial para tal desiderato, com a reflexão sobre a relação destes com os pedidos, as partes e a divisão do objeto litigioso do processo em capítulos.

Se toda demanda tem um pedido, é pertinente que o estudo se debruce sobre o instituto do pedido no processo civil brasileiro, com a definição de seu conceito, seus limites, a relação com os elementos do processo, a divisão entre imediato e mediato, a regra da congruência entre o pedido e a decisão a ser prolatada no processo.

O estudo detalhado sobre a cumulação de pedidos e as suas espécies é pertinente para o devido entendimento sobre o instituto, justamente pelo fato de que a própria cumulação de pedidos importa na ampliação da complexidade do processo, tornando plúrima a relação jurídica, uma vez que todos os pedidos serão insertos ao objeto litigioso do processo e, dessa maneira, devem ser julgados pelo juízo.

Se a pluralidade de pedidos importa em uma ampliação objetiva da demanda, tornando-a, consequentemente, complexa, igualmente ocorre quando há uma pluralidade de partes, seja no polo ativo, seja no passivo, importando, em regra, em várias relações jurídicas a serem resolvidas, ainda que haja somente um pedido. Cada parte de um dos polos tem relação jurídica com cada parte do outro polo, haverá muitas relações jurídicas dentro do mesmo processo, com a necessidade de enfrentamento decisório de todas, tanto numa sentença única quanto na possibilidade de fracionamento decisório.

Essa pluralidade de partes pode ser via formação de litisconsórcio inicial ou ulterior, já na petição inicial, o aditamento desta ou via intervenção de terceiros.

A complexidade objetiva do processo resulta em uma demanda que se multiplica internamente e, dessa maneira, se divide em capítulos a serem resolvidos com autonomia na sentença, com a necessidade do estudo sobre a teoria dos capítulos de sentença, a autonomia e independência decisória dentro de um processo objetivamente complexo.

No segundo capítulo, há enfrentamento da teoria da cognição judicial, do fato na demanda e da própria complexidade de questões de fato a serem resolvidas num processo objetivamente complexo.

A cognição judicial é atividade de inteligência importante para a prolação da decisão judicial, uma vez que se relaciona com a resolução de questões existentes no processo e, dessa maneira, o seu detalhamento tem pertinência para a própria construção do fracionamento decisório, uma vez que todos os processos têm uma pluralidade de questões, tais quais: questões prévias; questões incidentais; questões de fato; e questões de mérito.

Para tanto, é importante fixar quais as concepções de fato na demanda, quais as visões conceituais do que seria um fato: um acontecimento, um evento ou uma linguagem. Igualmente importante o enfrentamento sobre a relação entre o fato e a prova, uma vez que os argumentos utilizados para o convencimento do juízo sobre os fatos devem ser provados como a melhor probabilidade de que aquele acontecimento ocorreu da maneira argumentada por uma das partes.

O processo objetivamente complexo tem uma diversidade de relações jurídicas e, consequentemente, várias questões a serem resolvidas, sejam aquelas prévias – de fato ou de direito, sejam aquelas de mérito e para que seja possível o fracionamento decisório, essas questões devem ser igualmente plurais.

As questões de fato têm total relevância para a prestação jurisdicional e para a reconstrução cognitiva da base do concreta para que a norma seja aplicada, resolvendo o conflito. A prestação jurisdicional sempre analisará questões de fato, as quais podem ser controversas ou incontroversas, com a necessidade nas últimas de uma fase específica para a produção de provas pelo juízo e pelas partes para o melhor entendimento e convencimento de como os fatos ocorreram.

Dada essa importância, a quantidade de questões de fato, o entrelaçamento destas questões plurais e a possibilidade de resolubilidade de uma delas e a necessidade de instrução de outra se torna questão a ser analisada neste trabalho, justamente para estabelecer a importância desse momento, a relação com a cisão da demanda e dos capítulos da decisão.

Essas questões de fato, ao serem enfrentadas, devem ser estudadas no tocante ao relacionamento destas com a cognição das questões de mérito e o próprio mérito, seja num processo simples, seja num processo objetivamente complexo, o tema deste estudo. Essa relação entre questões de fato e cada capítulo do processo, cada pedido realizado ou relação jurídica existente, dada a pluralidade destas, é importante para a resolução da própria demanda, seja como um todo, seja parcial, o que desencadeia o estudo sobre a sua classificação sobre quantidade de questões, relações sobre cada ponto de influência jurídica e a possibilidade de cisão ou não dos capítulos do processo.

No capítulo terceiro, o tema da cisão cognitiva e o fracionamento decisório é delineado no seu pertinente aspecto histórico, com a análise sobre a sua existência no CPC/73, contudo somente restrito aos procedimentos especiais e a existência da regra sobre a unicidade da sentença no procedimento comum, passando pela alteração na legislação anterior realizada pela Lei nº. 10.444/2002 e o incremento da antecipação da tutela de pedido incontroverso, bem como pela Lei nº. 11.232/2005 que alterou o conceito de sentença, impactando na abertura legislativa de uma brecha para a cisão cognitiva no procedimento comum da legislação processual hoje revogada.

Posteriormente a essa análise, o estudo analisa o panorama atual da decisão cognitiva e fracionamento decisório, dada a inclusão dos arts. 354, parágrafo único e 356 no CPC/2015 com a pertinente positivação da possibilidade dessa bipartição da demanda, diante de uma situação processual de bifurcação cognitiva. No entanto, pertinente entender que a unicidade da sentença não deixa de ser uma regra, contudo as diretrizes positivadas permeiam logicidade à aplicação do fracionamento, com um sistema próprio de viabilidade, requisitos e enquadramentos.

Ainda há um estudo sobre o direito comparado e o fracionamento decisório, com uma análise de modo mais detalhado nos três direitos que mais dialogam com o processo civil brasileiro: alemão, português e brasileiro. A análise comparativa está em analisar a incidência da mesma possibilidade nesses ordenamentos e as peculiaridades de cada sistema, com o intuito de melhor entendimento sobre cada sistema e se as disposições do ordenamento brasileiro seguem a mesma lógica ou existem diferentes sistêmicas.

Dentro do estudo comparativo, há um pequeno apanhado final sobre outros ordenamentos, mas de modo mais sucinto, como no direito americano, espanhol, argentino e chileno.

No quarto capítulo, diante da estudada complexidade objetiva do processo e a possibilidade de cisão cognitiva, com um fracionamento decisório, pertinente se torna o enfrentamento da construção dessa decisão, dos moldes em que esta deve se basear para a sua prolação.

Se há a alegação de questões de fato e de direito num processo objetivamente complexo, a manifestação do réu é essencial para que estas questões possam ser resolvidas, seja em conjunto na prolação de uma sentença com todas as resoluções, seja na possibilidade de resolubilidade parcial das questões, abrindo a possibilidade da cisão cognitiva do processo, com uma pluralidade de decisões.

Ou seja, o estudo da manifestação do réu na defesa, as suas possibilidades, o princípio da eventualidade, a preclusão do momento de defesa, com ou sem a realização desta, todos esses pontos são enfrentados mediante a sua relação com a alegação pelo réu das questões de fato e os desdobramentos processuais e procedimentais possíveis. A abertura para o enquadramento numa situação procedimental possível de cisão cognitiva depende dessa manifestação do réu, justamente para a definição das questões de fato.

A construção da decisão parcial deve ser de modo cooperativo, seja pelas partes em suas manifestações, seja pelo juízo diante da necessidade de uma decisão alerta sobre a possibilidade de julgamento parcial. Essa cooperação é importante para que a decisão parcial seja diante de uma diretriz condizente com a efetivação dos princípios da eficiência e celeridade na prestação jurisdicional.

A decisão parcial, com a cisão do processo, pode ocorrer pela análise de somente parcela do mérito, nos moldes do art. 356 do CPC, bem como na impossibilidade de enfrentamento de uma parcela do processo, com um julgamento parcial sem mérito, nas diretrizes do art. 354, parágrafo único do CPC.

Diante dessa dualidade de possibilidades materiais da decisão, é importante o enfrentamento de cada hipótese da decisão parcial sem mérito, a sua relação com questões de fato meramente processuais, a necessidade de um contraditório anterior à prolação da decisão, com a primazia ao julgamento de mérito da demanda em sua integralidade e a impossibilidade da decisão parcial na cumulação sucessiva.

Sobre a decisão parcial de mérito, a mais importante delas, o devido entendimento sobre os requisitos para a prolação de uma decisão de parcela do processo, diante do enquadramento no devido momento cognitivo permissivo para tanto. A decisão parcial de mérito pode ocorrer mediante o art. 354, parágrafo único, mencionado como base material no art. 487, II e III, todos do CPC, em sentenças de mérito, mas meramente homologatórias e, também, mediante um julgamento sobre o pedido, com o acolhimento ou não do mesmo, nos moldes do art. 356 como base procedimental e art. 487, I como base material, ambos do CPC, julgando pelo acolhimento ou não do pedido do autor referente somente a parcela da demanda.

A relação dessa decisão parcial com as questões de fato ocorre do mesmo modo da relação destas com a sentença, somente com a alteração de que haverá uma situação processual com a presença de todos os requisitos autorizantes da decisão parcial de mérito, com a cisão cognitiva sobre as questões inerentes a cada pedido, podendo, portanto, decidi-las em momentos diversos. A análise relacional dessa decisão parcial com cada espécie de cumulação de pedidos é importante para a devida concepção sobre a sua viabilidade.

No quinto capítulo, há a análise sobre o momento pertinente para a cognição judicial preliminar no processo objetivamente complexo, com o devido entendimento perceptivo sobre as alegações das partes, as questões de fato existentes e contraditadas – ou não, devido a configuração dos requisitos existentes para a cisão cognitiva.

O processo objetivamente complexo que contém uma pluralidade de questões, dependendo da resolubilidade destas, pode culminar numa prolação de uma sentença com diversos capítulos ou de um momento procedimental em que se configura uma bifurcação cognitiva, com o dever da prolação de uma decisão parcial e o prosseguimento do restante para o julgamento na sentença.

A decisão parcial uma vez prolatada culmina numa cisão procedimental, o que importa no desligamento dos procedimentos do que foi decidido daquele que ainda está em litispendência, com uma extinção de parcela da demanda e o prosseguimento do restante.

Uma vez exarada a decisão parcial, obviamente que esta é passível de recurso, com a necessidade do enfrentamento se este tem ou não impugnação sobre as questões de fato ali dispostas e a necessária análise sobre o impacto de uma impugnação destas questões no agravo de instrumento cabível, a consequência lógica de um provimento recursal e o impacto na continuidade da decisão. Pertinente, ainda, que os efeitos recursais – suspensivo, devolutivo e expansivo – sejam analisados diante da logicidade do impacto das questões que são dependentes e comuns aos dois pontos do processo – a decisão parcial e a futura sentença.

Há, ainda, o trânsito em julgado e formação da consequente coisa julgada parcial, o que, necessariamente, se difere de coisa julgada progressiva. As questões de fato resolvidas e decididas nessa decisão parcial e que forem interligadas ao que ainda será passível de ser julgado na sentença não podem ser novamente decididas, o que merece um detalhamento sobre as consequências.

Por fim, a resposta ao problema, com a delimitação dos requisitos da cisão cognitiva, seja na complexidade do processo, seja na pluralidade de questões de fato, seja na resolubilidade de parcela desta e a necessidade da percepção judicante sobre a bifurcação cognitiva apresentada e a correta análise judicante sobre esse momento, o dever de decidir parcialmente e a cisão procedimental.

No sexto capítulo, há um desenvolvimento do impacto da decisão parcial no ordenamento processual brasileiro e as consequências processuais desse fracionamento decisório em outros institutos para o prosseguimento da processualística civil.

Os institutos relacionais impactados enfrentados foram: (i) custos do processo; (ii) recorribilidade; (iii) remessa necessária; (iv) ação rescisória da decisão parcial; (v) a liquidação de sentença da decisão parcial; (vi) execução parcial: provisória e definitiva; e (vii) a suspensão parcial por repetitivos.

A metodologia utilizada na pesquisa é a dedutiva, com base em pesquisa bibliográfica sobre o tema proposto e a busca pelas informações gerais dos conceitos atinentes à temática, com a obtenção de informações e explanações utilizadas para chegar às conclusões específicas sobre o tema e o problema proposto, deduzindo a resposta diante das hipóteses realizadas, numa construção da solução ao problema proposto via este trabalho monográfico.

1

O PROCESSO OBJETIVAMENTE COMPLEXO

1.1 O PROCESSO COMPLEXO

1.1.1 A definição de processo complexo

Uma demanda quanto ao seu objeto pode ser *simples* ou *complexa*.

A simples será uma pretensão deduzida que tem como partes um autor e um réu. O transcorrer do procedimento está envolto sempre a uma unidade, a decorrer, *a priori*, uma processualística mais simples. Ao contrário, a objetivamente complexa é aquela ação que contém pluralidade de pedidos ou de partes, com uma série de pretensões a serem expostas ao mesmo tempo impondo uma necessidade ao juízo responder todos os pleitos ali existentes para o exercício da jurisdição, tornando o objeto do processo[1] uma complexidade de relações jurídicas a serem resolvidas.

1 Dada a função da demanda – via petição inicial, há a definição do objeto litigioso do processo ali inserto, escolhido nos moldes e limites do próprio argumento narrativo do demandante. Mas, não somente pelo autor, uma vez que o réu pode também ampliar o objeto litigioso quando apresentar sua defesa. No entanto, pertinente a indagação: o que seria o objeto do processo? Outra indagação é pertinente, objeto do processo e objeto litigioso do processo são sinônimos? Qual seria essa construção? Primeiro, portanto, se torna importante diferenciar-se o objeto do processo de objeto litigioso do processo. Sobre o objeto do processo, Sanches argumenta, primeiramente, ser pertinente que se entenda o real e definitivo significado sobre a utilização e o seu sentido específico do termo. Destaca, ainda, que muitas vezes a palavra ""objeto" é usada na linguagem comum e jurídica também no sentido de fim, finalidade, escopo, objetivo." SANCHES, Sydney. Objeto do processo e objeto litigioso do processo. **Revista de Processo.** Vol. 13,

Em sua base, o processo civil é voltado, em sua maioria construtiva, a organizar primordialmente o processo de modo simples em seu objeto, a construir primeiro uma evolução gradual para o entendimento da simplicidade e, somente após, com alguns dispositivos autorizantes da complexidade e a pluralidade de resoluções jurídicas em um mesmo processo. Um exemplo seria os dispositivos da petição inicial, num primeiro momento se explica o pedido, como uníssono e, posteriormente, dispõe que é possível cumular estes, saindo de um processo simples para um processo complexo quanto ao seu objeto.

Ainda assim, não se tem uma grande construção na norma[2] das diversas diferenças que a cumulação de partes ou de pedidos proporcionam ao processo, com a necessária construção da doutrina - ao imaginar problemas hipotéticos - e

---

Ano 4, p. 31-47, São Paulo: Ed. RT, Jan/Mar/1979. p. 32. E, desse modo, cita diversos autores que utilizam o termo "objeto do processo" de modo diverso do que esse significado seria na sua concepção correto, sem entender que estas utilizações seriam inadequadas, somente para estabelecer critérios de linguagem para que o conceito seja o mais adequado e específico possível. Sanches elenca diversos autores que explicam o objeto do processo num significado de finalidade do processo, tais como: MARQUES, José Frederico. **Manual de direito processual.** Saraiva, vol. 2, São Paulo, 1974. p. 2; THEODORO JR., Humberto. **Processo de execução.** Ed. Universitária de Direito, 2ª. ed. São Paulo, 1975. p. 14/15; MARTINS, Pedro Baptista. **Comentários ao CPC de 1939.** 2ª. ed. vol. 2, Rio de Janeiro: Forense, 1960. p. 106; PONTES DE MIRANDA, Francisco Cavalcante. **Comentários ao código de processo civil de 1939.** 2ª. ed. Tomo I, Rio de Janeiro: Forense, 1958. p. 62. Para Sanches, claramente, o objeto do processo é toda a matéria que se discute no processo, seja de fato, seja de direito, mesmo que relacionada a questões meramente processuais, como pressupostos processuais, tanto eventuais questões incidentais a serem resolvidas, bem como o próprio bem jurídico pleiteado. Diante dessa concepção, se há discussão sobre determinada matéria no processo, se enquadra, automaticamente, como objeto do processo, qualquer que seja. E, mediante isso, Sanches classifica o objeto do processo como gênero e, após tal desiderato, diz ser existente um objeto litigioso do processo. Numa visão de divisão entre objeto do processo em sentido restrito ou amplo. No restrito seria de toda e qualquer matéria discutida. Sobre essa diferença: "Neste sentido restrito, então, o objeto processual diz respeito à relação jurídica processual, ou, mais amplamente, ao processo como um todo. A raiz da distinção remonta, mais uma vez, à obra de Von Bulow e, segundo o autorizado ensinamento de Araken de Assis, passa por Wach, para chegar a ser explicitada na obra de Blomeyer, que "separou o objeto material (sachlicher Streitgegenstand) do objeto processual (prozessualer Streitgegenstand)." MARIOTTI, Alexandre. Teoria do objeto do processo. **R. Fac. Direito UFRGS.** Porto Alegre, 10: 129-139, jul. 1994. p. 134.

2 Barbosa Moreira já dizia sobre essa falta de estudo sobre o tema das sentenças objetivamente complexas: "O problema insere-se em temática sobre a qual a doutrina em geral não se tem debruçado com grande interesse: a das denominadas sentenças objetivamente complexas." BARBOSA MOREIRA, José Carlos. Sentença objetivamente complexa, trânsito em julgado e rescindibilidade. **Revista Dialética de Direito Processual.** Vol. 45, São Paulo: Dialética, dez/2006. p. 54.

da jurisprudência – ao lidar com problemas concretos – sobre eventuais lacunas existentes e confusões procedimentais, justamente para tornar a ação apta ao processamento de processos complexos da melhor maneira possível.

De todo modo, é uma matéria ainda pouco explorada no seu aspecto geral e seu fenômeno processual construtivo e constitutivo, apesar de ser um tanto delineada e explorada em pesquisas de alguns pontos reflexos, como: coisa julgada; capítulos da sentença; recurso parcial, etc.

Se o problema no mundo fenomênico traz em si, para as partes envolvidas, uma série de pedidos[3] e relações jurídicas, isso torna o objeto do processo – seja no modo amplo, seja no objeto litigioso do processo – complexo, com o trâmite procedimental exigindo uma real adequação a cada peculiaridade, tais como a adequação da petição inicial a tratar de todos os pedidos e suas causas de pedir, inclusive com a junção de todos os valores para mensurar a causa; na contestação o réu deve torná-la uma peça hábil a rebater todos os pedidos do autor e suas argumentações; na admissibilidade da demanda, cada pedido conterá seus próprios pressupostos; no saneamento, cada vício deve ater-se, se existente, ao impacto específico em cada pedido, em cada relação, bem como os pontos controvertidos trabalham na mesma órbita de impactos igualmente correspondentes; e, assim se desencadeia o impacto dessa complexidade no objeto do processo, delineando o andar do restante da ação, em todo o seu transcorrer.

A complexidade objetiva do processo inicia-se[4] na cumulação do próprio ato de demandar, seja pela pluralidade de pedidos, seja na pluralidade de partes.

---

3 Também será uma sentença objetivamente complexa se o pedido for somente um, contudo haja a possibilidade de ser decomponível, o que torna a sua possibilidade de procedência parcial e, assim, uma cisão interna do próprio pleito. "Complicam as coisas quando, divisível que seja a prestação, o juiz só em parte acolhe o pedido." BARBOSA MOREIRA, José Carlos. Sentença objetivamente complexa, trânsito em julgado e rescindibilidade. **Revista Dialética de Direito Processual.** Vol. 45, São Paulo: Dialética, dez/2006. p. 55.

4 A definição de complexidade adotada neste trabalho está delineada no tocante ao seu objeto litigioso do processo e a quantidade de relações jurídicas a serem resolvidas na prestação jurisdicional. Obviamente que outras complexidades podem e existem em um processo, como a complexidade cognitiva, a complexidade das questões de fato, a complexidade da matéria em juízo, dentre outras, contudo não é o cerne e o recorte do trabalho, com a delimitação de complexidade objetiva aquele que plurifica o objeto do processo e, consequentemente, a própria sentença a ser resolvida. Sobre a sentença objetivamente complexa, adotamos o que Barbosa Moreira entendia que para uma sentença ser complexa necessita ter uma pluralidade de relações jurídicas a ser resolvida no seu mérito: BARBOSA MOREIRA, José Carlos. Sentença objetivamente complexa, trânsito em julgado e rescindibilidade. **Revista Dialética de Direito Processual.** Vol. 45, São Paulo: Dialética, dez/2006. p. 55. Todavia, há também uma intersecção entre a concepção de Barbosa Moreira com Dinamarco, contudo enfatiza que uma sentença também tem uma complexidade entre os capítulos meramente processuais e

Uma vez que o autor cumula pedidos em sua petição inicial, não será somente uma pretensão deduzida em juízo, serão quantas forem pleiteadas, cada qual com a exigência de resposta sobre o acolhimento ou não, bem como sobre a sua admissibilidade específica.

Essa cumulação de pedidos pode ser em momento ulterior, pelo réu, por exemplo, também tornando o processo complexo em seu objeto em eventual reconvenção ou pedido contraposto.

A pluralidade de partes – fora o litisconsórcio unitário[5] – enseja também uma pluralidade de relações jurídicas em juízo, com cada qual representando um objeto diverso e, por isso, necessário ser considerado complexo para a construção dos argumentos das partes, produção de provas, atos processuais até a sentença e sua recorribilidade.

Dessa maneira, por mais que uma pluralidade de partes – ou litisconsórcio – seja uma ampliação subjetiva do processo, tornando-o subjetivamente complexo, há uma pluralidade de relações jurídicas a serem resolvidas na jurisdição, com cada pedido existente se multiplicando entre cada relação entre os integrantes de cada polo, com uma complexidade objetiva como consequência da complexidade subjetiva[6].

No tocante à sentença e qualquer outra decisão, quando um processo é complexo em seu objeto, cada pronunciamento judicial passa a ter a exigência de relacionar-se com um todo ou com somente alguns pontos da ação, o que impõe ao juízo uma responsabilidade cooperativa maior[7] sobre a percepção cognitiva

---

os de mérito: DINAMARCO, Cândido Rangel. **Capítulos de sentença.** 3ª. ed. São Paulo: Malheiros, 2008. p. 38.

5 "um só pedido e uma só decisão, embora endereçada simultaneamente a dois, a três ou a vários." DINAMARCO, Cândido Rangel. **Capítulos de sentença.** 3ª. ed. São Paulo: Malheiros, 2008. p. 74.

6 Toda complexidade subjetiva é uma complexidade objetiva, mas o inverso não pode ser aplicado, o que impõe que a importância, neste trabalho, é o estudo da complexidade objetiva, seja pela sua formação na cumulação de pedidos, seja na existência de um litisconsórcio, fora o unitário. "Em caso de litisconsórcio comum (não-unitário), a demanda contém sempre, a par do cúmulo subjetivo, também um cúmulo objetivo de pedidos, porque esse litisconsórcio sempre se resolve na soma dos pedidos de mais de um sujeito, cada um em seu próprio benefício e cada um a ser objeto de um capítulo de sentença (litisconsórcio ativo); ou na soma de pedidos endereçados a cada um dos réus (litisconsórcio passivo)." DINAMARCO, Cândido Rangel. **Capítulos de sentença.** 3ª. ed. São Paulo: Malheiros, 2008. p. 94.

7 "a concretização do princípio da cooperação e, no caso, também de uma concretização do princípio do contraditório, que assegura aos litigantes o poder de influenciar na solução da controvérsia. Como se sabe, ao magistrado a investigação oficial de algumas questões (como por exemplo, os pressupostos processuais e as condições da ação, ex vi do § 3º do art. 267 do CPC), o respeito a este dever revela-se fundamental." DIDIER

daquela demanda complexa, se resolve questões que impactam todo o processo e seu conteúdo ou somente parcela deste.

Nessa conjuntura, é complexo objetivamente o processo que enseja a prolação de uma sentença que contenha mais de uma decisão interna em seu mérito[8]. Obviamente que a cumulação de pedidos enseja essa pluralidade de decisões no ato decisório, tornando-se complexo, no entanto, há a possibilidade de um só pedido também tornar a sentença objetivamente complexa quando houver a possibilidade de decomposição do pedido[9].

Essa complexidade do objeto do processo em termos meritórios não se confunde com a complexidade inerente à própria jurisdição, uma vez que qualquer ação há a divisão em capítulos não somente de mérito, mas aqueles que representam os pressupostos da própria pretensão processual[10], relacionando uma

---

JR., Fredie. Os três modelos de direito processual: inquisitivo, dispositivo e cooperativo. **Revista de Processo.** Vol. 198, Ano 36, p. 213-225, São Paulo: Ed. RT, 2011. p. 219.

8 Barbosa Moreira foca a sua conceituação de processo complexo objetivamente a partir do prisma da sentença ser complexa: "Numa primeira aproximação, poderiam assim definir-se as sentenças cujo dispositivo contém mais de uma decisão. Também seria possível caracterizar a sentença objetivamente complexa aquela que se compõe de mais de um capítulo." BARBOSA MOREIRA, José Carlos. Sentença objetivamente complexa, trânsito em julgado e rescindibilidade. **Revista Dialética de Direito Processual.** Vol. 45, São Paulo: Dialética, dez/2006. p. 54. Já Dinamarco expõe a mesma complexidade através do objeto do processo, mas com resultado idêntico a Barbosa Moreira: "A complexidade do objeto do processo, seja em virtude da cumulação de pedidos na demanda de vida pelo autor, seja pela superveniência de pedidos (reconvenção, etc.), repercute necessariamente na sentença de mérito mediante a necessária a presença de tantos capítulos quantos forem os pedidos postos dia do juiz à espera do julgamento." DINAMARCO, Cândido Rangel. **Capítulos de sentença.** 3ª. ed. São Paulo: Malheiros, 2008. p. 42.

9 Sobre a decomposição: "sobre um objeto do processo representada pela pretensão, ainda que formalmente única, a haver coisas suscetíveis de contagem, medição, pesagem ou qualquer outra ordem de quantificação." DINAMARCO, Cândido Rangel. **Capítulos de sentença.** 3ª. ed. São Paulo: Malheiros, 2008. p. 47. Mesmo sentido: "Complicam-se as coisas quando, divisível que seja a prestação, o juiz só em parte acolhe o pedido. Imagine-se, por exemplo, que ele reduza o valor da cláusula penal, por entender presente alguma das circunstâncias previstas no art. 413 do CC. O autor pedira a condenação no valor total de 100, e a sentença não lhe concede mais do que 80. Para diversos efeitos – inclusive, conforme se verá, para o que mais importa aqui – deve-se tratar a espécie como de dois capítulos, um relativo aos 80 concedidos, outro aos 20 negados." BARBOSA MOREIRA, José Carlos. Sentença objetivamente complexa, trânsito em julgado e rescindibilidade. **Revista Dialética de Direito Processual.** Vol. 45, São Paulo: Dialética, dez/2006. p. 55.

10 Sobre os pressupostos processuais e a interligação entre estes e o julgamento de mérito: "Mesmo para que o mérito possa ser julgado, isto é, para que o demandante tenha o

outra complexidade da sentença, inerente à teoria dos capítulos da sentença[11], contendo uma diversidade destes internos no ato decisório e com a divisão entre capítulos de questões processuais e de mérito, gerando, de igual maneira, uma decisão macro como um conjunto de decisões fracionadas[12].

São diferentes complexidades da sentença, uma que abrange toda as questões que existirem e que contiverem decisões autônomas, mesmo que estas sejam meramente processuais ou prejudiciais, sem adentrarem no mérito do processo ou no próprio objeto litigioso do processo. A quantidade de relações jurídicas – de partes ou pedidos – impõe a mesma quantidade de decisões naquela sentença a ser prolatada, ao menos em seu conteúdo interno. Todavia, há uma outra complexidade que é inerente a quantidade de capítulos, independentemente de serem o mérito da ação. Se houver análise de questões processuais[13] ou prejudiciais, a sentença será uma decisão igualmente complexa num aspecto objetivo amplo, com a inclusão de que todas essas questões incluem o objeto do processo[14].

---

direito ao julgamento ao seu respeito, certos conhecidos requisitos são indispensáveis – e são os pressupostos de admissibilidade do julgamento do mérito." DINAMARCO, Cândido Rangel. **Capítulos de sentença.** 3ª. ed. São Paulo: Malheiros, 2008. p. 39.

11 Para Dinamarco, os capítulos não são somente de mérito, há divisão de capítulos dos mais vários temas e divisões, como processuais, prévios, prejudiciais, acessórios. DINAMARCO, Cândido Rangel. **Capítulos de sentença.** 3ª. ed. São Paulo: Malheiros, 2008. p. 42.

12 Num sentido amplo: "São objetivamente complexas as decisões cujo dispositivo pode ser fracionado em capítulos." DIDIER JR., Fredie; BRAGA, Paula Sarno; OLIVEIRA, Rafael Alexandria de. **Curso de processo civil.** Vol. 2. 10a. ed. Salvador: Juspodivm, 2015. p. 394.

13 Sobre a quantidade de questões que devem ser analisadas pelo juízo, tanto as processuais, quanto as de direito e, estas, sendo maior do que o objeto litigioso do processo: "Mas a cognição do juiz ultrapassa o objeto litigioso, porque além desses três elementos, cabe ainda ao juiz examinar conclusivamente as questões de direito material suscitadas pelo réu, a chamada causa *excipiendi*, que em conjunto com aqueles compõem o mérito, ou seja, todas as questões de direito material; vai mais além essa cognição, incluindo ainda as questões processuais e relativas à existência do direito de ação e ao impulsionamento do processo. Temos, pois, de distinguir o objeto da jurisdição (o pedido), o objeto litigioso (partes, pedido e causa de pedir), o mérito, como conjunto de questões de direito material (o objeto litigioso + a causa excipiendi), e o objeto da cognição (pressupostos processuais, condições da ação e mérito)." GRECO, Leonardo. **A teoria da ação no processo civil.** São Paulo: Dialética, 2003. p. 47.

14 O que seria o objeto litigioso do processo? As posições sobre a construção do objeto litigioso do processo são divididas por uma linha tênue. Schwab, ao se explicar o posicionamento de Lent, o objeto litigioso do processo relaciona-se como a determinação do direito material, mas não se pode dizer que é o próprio direito material ou sua pretensão. O objeto litigioso do processo "não é o direito material como tal, mas a afirmação de um direito a uma relação jurídica." SCHWAB, Karl Heinz. **El Objeto litigioso en el Proceso Civil**. Tradução Tomas A. Banzhaf. Bueno Aires: Ediciones Jurídicas Europa-America, 1968. p. 13. Nessa visão, toda demanda contém uma afirmação de um direito do autor

e esse seria o objeto litigioso do processo, numa busca pela existência ou não dessa afirmação feita na postulação, do acolhimento dessa afirmação. A concepção gira em torno, nesse viés, de uma dedução sobre a existência do direito alegado, mas não sobre o próprio direito. O objeto litigioso do processo seria a discussão sobre essa existência ou não do direito, independentemente de configurar-se como existente. "Così si può precisare se sia sufficiente l'affermazione della specie del diritto affermato, e così del suo contenuto e del suo oggetto o se debba essere dedotto anche il suo fatto constitutivo." LENT, Friedrich. **Contributo alla dottrina dell'oggetto del proceso.** Tradução: C. Mandriolli. Nápoles: JUS, 1953. p. 434. Rosenberg adota uma concepção diversa de Lent para o objeto litigioso do processo, numa construção de que seria o objeto de uma petição em busca de uma resposta jurídica como consequência desta com autoridade a tornar-se coisa julgada, dependendo do que se pleiteou e, se for o caso, da inclusão dos fatos pertinentes para a construção dos fundamentos da causa.*"La petición dirigida a la declaración de una consecuencia jurídica con autoridad de cosa juzgada que se señala por la solicitud presentada y, en cuanto sea necesario, por las circunstancias de hecho propuestas para su fundamento*." ROSENBERG, Leo. **Tratado de Derecho Procesal Civil.** Tradução: Angela Romera Vera. Tomo II. 5ª. ed. Bueno Aires: Ediciones Jurídicas Europa-America, 1955. p. 35/36. Enquanto Lent definia o objeto litigioso somente em volta do acolhimento ou não do pedido e, assim, numa relação com o direito outrora afirmado, Rosenberg entendia que o aspecto processual da coisa julgada dialogaria nessa definição, sem esquecer-se, evidentemente, do direito material, mas nos limites dados pela pretensão processual aptos a tornar-se coisa julgada. Rosenberg constrói que a petição depende de fundamentos sobre os fatos e as circunstâncias do caso em concreto:*"En tanto la petición necesite fundamentos, se le darán éstos mediante alegación de hechos; es decir, de las llamadas circunstancias concretas o del relato histórico; o sea, del relato del proceso histórico, de los acontecimientos o de las causas empíricas, del esta de hecho, que sirve de base a la demanda. No es necesaria la aplicación de designaciones técnicas para los conceptos y consecuencias jurídicas, que deberían extraerse de aquellos hechos mediante su subsunción según el derecho objetivo; y, en su caso, no tiene otro significado que el de una indicación abreviada o el de un sustituto de las afirmaciones sobre los hechos, únicas indispensables."* ROSENBERG, Leo. **Tratado de Derecho Procesal Civil.** Tradução: Angela Romera Vera. Tomo II. 5ª. ed. Bueno Aires: Ediciones Jurídicas Europa-America, 1955. p. 31. A causa de pedir seria inserta na visão de objeto litigioso do processo de Rosenberg, uma vez que seria a base para diferenciar essa demanda das demais demandas e, consequentemente, diferenciar as prestações jurisdicionais e a coisa julgada fruto do objeto litigioso do processo de cada demanda. Já para a Schwab, numa busca pela definição correta de objeto litigioso do processo, este deve ser nos limites do pedido da resolução jurisdicional almejada. *Objeto litigioso es la petición de la resolución judicial señalada en la solicitud. Trátese de acciones de prestación [condena], de declaración o de constitución, el objeto litigioso se determinará siempre del mismo modo. En todos los fenómenos procesales en que sirve de base, puede aplicárselo inalterado y con el mismo contenido*." SCHWAB, Karl Heinz. **El Objeto litigioso en el Proceso Civil**. Tradução Tomas A. Banzhaf. Bueno Aires: Ediciones Jurídicas Europa-America, 1968. p. 263. Ao delimitar nesse prisma, o conceito de objeto litigioso do processo seria unitário para todas as espécies de causas, diante do seu aspecto uniforme. Continuando nessa concepção de Schwab e Lent, se o pedido

Uma complexidade seria inerente a todos os capítulos de mérito da sentença, diante do objeto litigioso do processo, outra seria a todos os capítulos existentes no processo, independentemente de serem de mérito, contudo que tenham autonomia quanto aos demais, tornando a sentença complexa objetivamente em relação ao conjunto total de capítulos.

---

for o objeto litigioso do processo, não necessitaria de qualquer outro elemento, como causa de pedir ou fatos. O pedido limitaria o objeto do que se discute no processo. Nessa concepção, a causa de pedir não seria inserta ao objeto litigioso do processo, somente uma mera coadjuvante para alcançar a decisão sobre o pedido. *"a su lado, el estado de cosas, el suceso, carece de significado autónomo; no es parte del objeto litigioso. Sólo en algunos casos sirve para individualizarlo, sin llegar por ello a ser elemento de él. Por lo demás, su única función consiste en fundar la demanda."* SCHWAB, Karl Heinz. **El Objeto litigioso en el Proceso Civil**. Tradução Tomas A. Banzhaf. Bueno Aires: Ediciones Jurídicas Europa-America, 1968. p. 103. Se o autor demanda por jurisdição, com determinada pretensão específica sobre um caso em concreto, apresentando uma solução jurídica para o juízo, com o pedido de acolhimento, ou não, este seria o objeto litigioso do processo, diferenciando do objeto do processo, apesar de também ser inserta a este. Logo, o pedido é relacional sobre a limitação do objeto litigioso, o que não se pode negar. O objeto litigioso do processo tem o condão de, ao ser enfrentado, solucionado e julgado, formar coisa julgada. O autor realiza sua pretensão, seja uma meramente na seara processual, seja aquele do direito de fundo, mediante o pedido, tanto de direito material ou direito processual. Ambas, conjuntamente, formarão o objeto do processo, a conjunção de respostas jurisdicionais à demanda, a primeira processual sobre a viabilidade da demanda e, a segunda, sobre o acolhimento, ou não, do que se pleitou e nos limites do pleito, a partir da análise de uma série de questões necessárias para a possibilidade desse julgamento, tanto prévias quanto de mérito. A completude dessa análise (questões processuais + questões incidentais + questões de mérito) é a correspondência ao objeto do processo, contudo a análise do que importa no plano da resposta ao que o autor pleiteou em sua pretensão material e a qual conterá o condão de transitar em julgado será a resposta do pedido juntamente aos fundamentos da causa de pedir e os contra-argumentos do réu, sendo o objeto litigioso mais delimitado que o objeto do processo, obviamente. Dessa maneira, a concepção de objeto litigioso do processo a ser considerado neste trabalho é representado pela conjunção das questões existentes na causa de pedir do autor (questões de fato + questões de direito) e os argumentos defensivos do réu (controvérsia sobre os fatos e direito, bem como contradireitos apresentados) e culminando na resposta ao pedido, ou seja, o mérito da demanda. Esse caminho cognitivo todo é o objeto do processo, com, no mínimo, dois conteúdos decisórios – admissibilidade e o pedido, mas com ampla possibilidade de diversas resoluções de questões e o objeto litigioso do processo é a resposta ao último – o pedido e a resolução das questões em torno do pedido – causa de pedir do autor e do réu. "O objeto litigioso, neste caso, passa a ser o conjunto das afirmações de existência de um direito feitas pelo autor e pelo réu." DIDIER JR, Fredie. **Curso de direito processual civil: teoria geral do processo e processo de conhecimento**. 17ª. ed. Salvador: Juspodivm, 2015. p. 444.

No entanto, para este estudo, a complexidade objetiva pertinente é a afeta ao objeto litigioso do processo, não ao objeto do processo como um todo, com a proposta de enfrentar que a complexidade objetivo permite uma cisão cognitiva e um fracionamento decisório justamente por poderem ser ações autônomas, com pedidos e méritos de igual característica.

Outra complexidade possível numa ação é aquela possível pela pluralidade de questões a serem resolvidas na demanda. A cognição judicial se dará sobre questões, as quais podem se multiplicar na ação, independentemente dos pedidos ou capítulos.

A cognição judicial é o ato inteligível do juiz ao conhecer de questões colocadas para sua apreciação durante o transcorrer processual[15] em que passa a entender as controvérsias em torno destas, conhecendo-as e enfrentando-as, com a aptidão de resolvê-las como meio de preparar-se para decidir a pretensão deduzida no processo através do pedido do autor – ou do réu, se for em reconvenção ou em pedido contraposto.

Dessa maneira, um processo que detém somente autor e réu, com um pedido, pode gerar várias questões processuais ou incidentais que ensejem capítulos próprios da decisão, tornando-a complexa, com a necessidade de cognição sobre cada um destes pontos argumentativos.

Há uma relação primordial entre pedido, partes, capítulos e cognição. Quanto mais pedidos – mesmo que seja pela pluralidade de partes, mais capítulos e, consequentemente, mais desdobramentos em questões cognitivas a serem enfrentadas, tornando a sentença complexa para ser prolatada, contudo cada pluralidade acima elencada gera uma complexidade diversa.

Uma ação pode conter um pedido e uma parte em cada polo, o que seria quanto ao seu objeto litigioso do processo uma ação vista como simples, no entanto, quanto ao seu objeto do processo, ao incluir o capítulo processual, a sentença se torna objetivamente complexa, mesmo que seja somente um capítulo decisório de mérito. Seria uma outra concepção de objetivamente complexa, que apesar de importante não é o centro deste trabalho.

Mesma situação ocorre quando há igualmente um pedido e uma parte em cada polo e uma pluralidade de questões – prévias, incidentes, fáticas e jurídicas – a serem enfrentadas cognitivamente. A sentença que resolve todas estas questões numa ação simples será cognitivamente complexa, contudo não será objetivamente complexa quanto ao objeto litigioso do processo.

Desse modo, a complexidade objetiva tratada neste trabalho está envolta a uma pluralidade de pedidos ou de partes, ensejando por estas um conglomerado de relações jurídicas a serem resolvidas na sentença no tocante ao objeto litigioso do processo.

---

15 WATANABE, Kazuo. **Da cognição no processo civil**. 3ª. ed. São Paulo: Perfil, 2005. p. 67.

Essa complexidade objetiva também se relaciona com os capítulos processuais, uma vez que cada relação jurídica do objeto litigioso do processo terá sua própria admissibilidade e questões meramente processuais. Igualmente essa complexidade também pode se relacionar com uma complexidade de questões – de todas as espécies – a serem resolvidas para a prolação de uma sentença que enfrente todo o objeto litigioso. Todavia, essas demais complexidades, mesmos importantes, não são o objeto central do estudo deste trabalho.

O intuito é demonstrar que um processo com objeto litigioso complexo gera uma outra visão de processualística, com pluralidade decisória necessária e tornando uma consequência uma outra percepção sobre o processo e seu procedimento, com uma ampla diversidade de acepções em pontos processuais de modo diverso a um processo simples, inclusive com a possibilidade de bipartição do próprio processo, com uma decisão específica sobre cada capítulo autônomo de mérito.

1.2 O PEDIDO DA DEMANDA

1.2.1 *O conceito de pedido*

O ato de demandar ao Estado para o exercício da jurisdição[16] será diante de um ato postulatório, o qual deve conter, ao seu final, após um desenvolvi-

16 De maneira passageira, é importante falar sobre jurisdição e seu conceito, ou sua pluralidade de conceitos. O conceito de jurisdição é uma construção temporal de sua visão, com diversos aspectos e conceituações, até pelas diferentes espécies possíveis sobre o próprio exercício do poder estatal. Na visão de Allorio: *"El cometido del juez está aquí circunscrito a la declaración de certeza de la existência de las normas establecidas por el Estado, a la verificación de su validez formal (observancia de las reglas del procedimento de formación de la ley) y de la validez substancial (ausencia de contraste com otras normas del ordenamiento jurídico, prevalentes en eficacia); agotada esta declaración no le queda el magistrado sino aplicar la norma al caso concreto."* ALLORIO, Enrico. **Problemas de derecho procesal.** Tomo I. Tradución de Santiago Sentis Melendo. Buenos Aires: Ediciones Jurídicas Europa América S.A., 1963. p. 250. Já para Aroca: "Se trata, en nuestra opinión, de *la potestad dimanante de la soberanía del Estado, ejercida exclusivamente por tribunales independientes y predeterminados por la ley, de realizar el derecho en el caso concreto juzgando de modo irrevocable y ejecutando lo juzgado, para satisfacer pretensiones y resistencias."* MONTERO AROCA, Juan. **Introduccion al Derecho Procesal – Jurisdicción, acción y proceso.** Madrid: Editorial Tecnos S.A., 1976. p. 53/54. Na visão de Saldanha: "O ordenamento, que é o Direito, coexiste com a função jurisdicional: esta existe porque existe jurisdição, e o ordenamento é jurisdição, ou implica jurisdição; doutro modo seria nulo e inócuo. O Estado, que por ter (segundo alguns, por ser, mas não concordo), u m ordenamento implica jurisdição, se autolimita e se propõe exercer a aplicação do direito: daí que o processo seja um a atividade em que o Estado tem de entrar, mas é também um a atividade e m que as partes podem

mento lógico e racional, um pedido do que se almeja. Se o autor deseja uma resposta do Judiciário ao que se postula, evidentemente que esta postulação

---

defender-se do Estado (do poder do Estado, ou de seus titulares)." SALDANHA, Nelson. Estado, Jurisdição e Garantias: Um Capítulo de História Constitucional. **Revista da Faculdade de Direito de São Paulo.** v. LXXV, p. 53-65, 1980. p. 65. Na visão de Tesheiner: "Na verdade, o conceito de jurisdição varia, conforme se queira ou não incluir a atividade judicial executiva e a cautelar; conforme se pretenda ou não abranger, além da jurisdição civil, a penal; conforme se queira ou não abarcar a jurisdição voluntária; conforme se intente ou não incluir a competência normativa dos tribunais." TESHEINER, José Maria Rosa. **Elementos para uma teoria geral do processo**. São Paulo: Saraiva, 1993. p. 63. Para Silva: "o ato jurisdicional é praticado pela autoridade estatal, no caso pelo Juiz, que o realiza por dever de função, ou seja, o Juiz, ao aplicar a lei ao caso concreto, pratica essa atividade como finalidade específica de seu agir." SILVA, Ovídio Araújo Baptista da. **Teoria geral do processo civil.** São Paulo: Ed. RT, 1997. p. 73. Para Pontes de Miranda: "Jurisdição é a atividade do Estado para aplicar as leis como função específica. O Poder Legislativo, o Poder Executivo e os próprios particulares aplicam a lei, porém falta a todos a especificidade da função. Quando A e B acordam em que B reduza a escrito o que prove a dívida de B a C, A e B aplicaram a lei, sem terem função específica de aplicá-la, *sem jurisdição*. Antes de ter o Estado monopolizado a função de julgar, havia a justiça de mão própria, mas essa justiça ainda não era aplicação da lei como função específica." PONTES DE MIRANDA, Francisco Cavalcante. **Comentários ao Código de Processo Civil. Tomo I.** 5. ed. Rio de Janeiro: Forense, 1997. p. 81. Outra conceituação: "A jurisdição costuma ser conceituada com a tríplice qualificação como poder, como função e como atividade, mas essa assertiva merece uma retificação. Ela não é propriamente um poder, mas uma expressão do poder estatal, o qual é uno e não comporta qualquer ramificação em uma pluralidade de poderes diversificados – o Estado não tem mais de uma capacidade de decidir imperativamente e impor decisões. Essa capacidade é uma só, e o que diferencia seu exercício em variados setores da atuação do Estado é a função exercida de em cada um deles. A função exercida na atividade legislativa é a de instituir normas de caráter geral e abstrato destinadas a reger no futuro a vida dos integrantes da sociedade (legislação). A função exercida na atividade administrativa é a de promover o bem comum mediante a oferta de serviços e segurança à população (administração). E a função exercida na atividade jurisdicional consiste na busca da pacificação de sujeitos ou grupos em conflito. É mais correto, portanto, qualificar a jurisdição como uma expressão do poder estatal, exercida com a função de pacificar e mediante as atividades disciplinadas pela Constituição e pela lei." DINAMARCO, Cândido Rangel; LOPES, Bruno Vasconcelos Carrilho. **Teoria geral do novo processo civil.** 2ª. ed. São Paulo: Malheiros, 2017. p. 77. Diante dessa pluralidade de conceitos de jurisdição, o que entende-se para este trabalho é que a jurisdição é uma construção a partir do poder, em regra estatal, com a função de dirimir conflitos, quando assim houver, para dizer a solução jurídica, mesmo sem conflito – como na jurisdição voluntária, e para outras modalidades de necessidade de prestação jurisdicional, nos moldes construtivos do próprio direito e sua evolução, podendo até ser fora do próprio poder estatal, como na arbitragem, apesar de substituir o poder estatal. Pela constante evolução do conceito de jurisdição: CABRAL, Antonio do Passo. Per un nuovo concetto di giuridizione. **Studi in onore di Nicola Picardi.** 2016.

deve conter um requerimento, uma manifestação expressa, certa, determinada e específica sobre o que se pretende como resposta jurisdicional.

Se este ato postulatório que inicia à prestação de jurisdição civil brasileira é nomeada[17] como petição inicial, esta deve conter um pedido, um pleito ao Judiciário[18] para a solução do conflito ou do direito vindicado. O pedido é o cerne conclusivo da petição inicial[19], é o centro do próprio ato de demandar, com uma interligação entre a narrativa fática e as suas consequências jurídicas.

O pedido é de suma importância pela sua função na demanda.

Todavia, é importante delinear, primeiramente, o que não é pedido, mediante a relação que este tem com outros institutos e que podem, em princípio, confundir-se com a conceituação do pedido. Ao mencionar essa dificuldade na definição do que será exatamente o pedido, Machado expõe que o pedido tende a relacionar-se com diversos outros institutos, guardando semelhança e influência, por vezes até intersecção, porém sem a possibilidade de ser sinônimo destes, os quais cita que pedido não é: "(i) conteúdo da demanda; (ii) pretensão processual; (iii) objeto litigioso do processo; e (iv) mérito. No entanto, o pedido - embora conexo a estes conceitos - não se identifica com eles[20]."

---

17 O nome apesar de ser petição inicial pode variar por determinação legal, como no processo penal denúncia, no processo trabalhista reclamação, mas de modo geral, todos são atos postulatórios que iniciam a jurisdição, mesmo que seja um ofício ou uma atermação quando for possível.

18 Verçosa insere a arbitragem como autêntico meio de jurisdição, ainda que privada: "A teoria jurisdicional entende a arbitragem como forma de exercício da função jurisdicional, uma vez que os árbitros recebem das partes o poder de decidir o litígio a eles apresentado, aplicando a norma ao caso concreto e, assim emitindo decisão obrigatória e vinculativa (atribuição dos efeitos da sentença judicial ao laudo arbitral). Além disso, o procedimento arbitral substitui a jurisdição estatal no que tange ao mérito da discussão travada da arbitragem." VERÇOSA, Haroldo Malheiros Ducler. **Aspectos da arbitragem institucional – 12 anos da lei 9.307/1996.** São Paulo: Malheiros, 2008. p. 242.

19 Ou o núcleo da petição inicial: DIDIER JR, Fredie. **Curso de direito processual civil: teoria geral do processo e processo de conhecimento.** 17ª. ed. Salvador: Juspodivm, 2015. p. 599.

20 Mas, há uma dificuldade na definição do que será exatamente o pedido. Machado expõe que o pedido tende-se a relacionar com diversos outros institutos, guardando semelhança e influência, por vezes até intersecção, porém sem a possibilidade de ser sinônimo destes, os quais cita que pedido não é: "(i) conteúdo da demanda; (ii) pretensão processual; (iii) objeto litigioso do processo; e (iv) mérito. No entanto, o pedido – embora conexo a estes conceitos – não se identifica com eles." MACHADO, Marcelo Pacheco. **Demanda e tutela jurisdicional: estudo sobre forma, conteúdo e congruência.** São Paulo, SP, 2015. 337 p. Tese (doutorado). Universidade de São Paulo. Programa de Pós-Graduação em Direito. p. 68.

Diante dessa prisma, em relação à citação acima, o pedido não é sinônimo de nenhum dos brocardos ou institutos mencionados – demanda, pretensão, objeto litigioso ou mérito, contudo relaciona-se com todos, por terem alguma interligação ou influência sobre a construção do pedido, mas, evidentemente, não são sinônimos de pedido, tampouco podem ser confundidos como este instituto.

Sobre o pedido e a demanda, o pedido não pode ser a demanda, pura e simplesmente, pelo fato de que esta é o próprio ato de demandar em juízo, num aspecto maior do que o próprio pedido, com elementos ainda maiores do que o pedido. A demanda tem outros elementos, sejam processuais, sejam materiais, que não correspondem ao pedido, apesar de se relacionarem com o pedido.

Já sobre pedido e pretensão, igualmente não se pode entender o pedido como pretensão pela própria ambiguidade do significado do brocardo pretensão, ora material[21], ora processual[22]. Existe uma diferenciação entre as pretensões e

---

21 Windscheid foi o responsável por teorizar a separação das pretensões: do direito material e do direito processual. Há, então, uma diferenciação clara sobre o que se pretende mediante o direito material e o que se pretende enquanto consecução do direito processual. Quando há uma relação jurídica de direito material entre indivíduos, há um direito subjetivo entre as partes, mesmo que estejam em posições equivalentes, cada qual tem uma vantagem em detrimento do outro, como uma compra e venda, cada qual com sua obrigação. A pretensão material separada na concepção de Windscheid necessita, evidentemente, de um direito violado, sobre o qual, a partir da relação anterior de direito material, nasce o direito de pretender, contudo ainda no plano material. Ou seja, não é o próprio direito material que enseja o direito de pretensão, mas a conjunção entre a relação jurídica e o direito violado. Para que exista o direito material, não há necessidade de vantagem entre as partes, já a pretensão há, uma vez que uma delas teve o direito violado e, a partir daí, pode pretender a exigência do cumprimento do direito material. A pretensão material é um direito facultativo, uma vez que o indivíduo que a detém pode não utilizá-la, não exercê-la. Dessa maneira, Windscheid isola a pretensão do direito material com a pretensão do direito processual. Para a exemplificação desse contexto: "estritamente analisada a construção de Windscheid, não é a pretensão isolada, mas a pretensão em conjunto com o correspondente direito subjetivo, que são correlativos da situação subjectiva estatuída pelo comando legal. A pretensão é apenas a competência jurídica (*rechliche Zuständigkeit*) de exigir uma determinada conduta doutrem. Assim, a pretensão restringe-se à faculdade de exigir uma acção ou omissão, mas não é ela mesma um comportamento permitido pela ordem jurídica e reflexamente imposto ao sujeito vinculado. A pretensão é uma faculdade legal, embora não compreenda todos os poderes inerentes ao direito subjectivo (não abrange, por exemplo, o poder de disposição do direito); é somente uma expressão do exercício do direito subjetivo e, consequentemente, uma emanação da relatividade subjectiva desse direito como efeito reflexo de um imperativo legal." SOUSA, Miguel Teixeira de. **O concurso de títulos de aquisição da prestação**. Coimbra: Almedina, 1988. p. 27.

22 Sobre a pretensão no plano processual, na visão de Pontes de Miranda, uma vez isolada do direito material, dela independe justamente pelo exercício e a busca pela tutela jurídica corresponderem à necessidade de uma resposta do Estado. A pretensão processual não necessita da existência do próprio direito material, até pela possibilidade da

os planos de sua concepção. Por mais que a palavra seja a mesma, pretensão no direito material tem um significado diferente do plano processual, com relações diferentes resultando em conceituações diversas, justamente por serem diferentes[23].

Se a própria expressão pretensão não tem facilidade em sua correta e definida utilização, pela diferenciação entre os planos, a relação entre pedido e pretensão se torna existente, claramente, contudo sem ser um sinônimo, uma vez que tem funções diferentes.

A pretensão no plano material é relacional[24] com o direito de ação material subjetivo[25], dada a necessidade de que exista uma relação entre indivíduos,

---

improcedência, o que gera a inviabilidade do direito material. "Primeiro, a pretensão à tutela jurídica existe antes de ser exercida, como toda pretensão. Segundo, a pretensão a tutela jurídica por parte do demandado existe, ainda que não se exerça, porque iura *novit curia*. O Estado, pelo órgão judicial, tem o dever e a obrigação de "aplicar" o direito, e, pois, de atender ao pedido. A sentença pode ser favorável ou não. Quer o seja, quer o não seja, com ela cumpre o Estado o dever de entregar a prestação jurisdicional, a que corresponde o direito e a pretensão à tutela jurídica, e a obrigação de entregá-la, que se estabeleceu com o exercício da pretensão à tutela jurídica e, pois, com o nascimento da pretensão processual." PONTES DE MIRANDA, Francisco Cavalcante. **Tratado de direito privado.** Rio de Janeiro, Borsoi, 1970. p. 242. Sobre a confusão entre as pretensões: "Os leigos estranham que o "sem ação" vá a juízo e tenha direito a ter sentenciado o feito, isto é, direito à sentença. No fundo, confundem a "pretensão de direito material" e a ação com a pretensão e o exercício da "pretensão à tutela jurídica." PONTES DE MIRANDA, Francisco Cavalcante. **Tratado das ações.** São Paulo: Ed. RT, 1970. p. 102.

23 "Windscheid isolou a pretensão e distinguiu a *actio* do direito material da forma processualizada e, ao nominar de anspruch a possibilidade de perseguir a satisfação de um direito ofendido, acaba por transpor a pretensão processual para o campo do direito material." DIAS, Maria Berenice. Observações sobre o conceito de pretensão. **Portal Jurídico Investidura**. Florianópolis/SC, 17 Dez. 1995. Disponível em: www.investidura.com.br/biblioteca-juridica/resumos/teoria-constitucional/2145-observacoes-sobre-o--conceito-de-pretensao. Acesso em: 13 Jun. 2019. No mesmo sentido: "Também Windscheid concebia a actio, não como uma situação jurídica reconhecida, mas como mero "ato de pretender". MACHADO, Marcelo Pacheco. **Demanda e tutela jurisdicional: estudo sobre forma, conteúdo e congruência.** São Paulo, SP, 2015. 337 p. Tese (doutorado). Universidade de São Paulo. Programa de Pós-Graduação em Direito. p. 48.

24 Sobre o aspecto anterior à visão de Windscheid sobre pretensão: "Quando Windscheid elaborou o conceito de pretensão, a doutrina, sob influência de Hegel, concebia o direito subjetivo como dominador, o senhor da vontade; por força desse direito, na verdade 'poder' (= vontade), o indivíduo adquiriria domínio perante outros indivíduos. Pode-se, até, invocar concepção (Rosseau) somatória ou vontade geral; o direito subjetivo era entendido como manifestação, a um só tempo, poder da vontade (= Willensmacht) individual." SOBRINHO, Elício de Cresci. **Objeto litigioso no processo civil.** Porto Alegre: Fabris, 2008. p. 13.

25 Há uma relação entre o direito material existente entre os indivíduos e a pretensão, contudo não significam o mesmo, pelo fato de que o direito material existente e cumprido,

ainda que seja a partir de um evento – como um acidente, por exemplo – e uma violação deste direito existente pela relação, a partir daí, com a sua exigibilidade do direito material[26]. Esta exigibilidade do direito violado transforma-se em pretensão, justamente por nascer por causa dos fatos existentes da relação jurídica entre os indivíduos e a sua violação, possibilitando a sua exigibilidade[27], ainda no plano material, mesmo que não seja exercida essa pretensão, delimitada como a possibilidade de exigir do outro indivíduo da relação o cumprimento da obrigação nesse plano do direito material, totalmente autônomo do direito processual.

Especificadamente no plano do direito material, existente a pretensão, a partir da violação do direito subjetivo entre os indivíduos[28], não há nenhuma necessidade de que seja exercida pelo seu detentor. Ou seja, pretensão não

---

por exemplo, não pode ser exercida pretensão, o que necessita de um ponto a mais nessa relação indivíduos e o direito material. Machado utiliza a prescrição para delinear essa diferenciação: "A distinção entre pretensão e direito subjetivo fica evidenciada na teoria de Windscheid a respeito da prescrição. Sustenta este que a prescrição extingue a pretensão e transforma o direito subjetivo em direito natural e, desse modo, deixa claro o relacionamento entre o elemento estático (direito subjetivo) e o elemento dinâmico (pretensão)." MACHADO, Marcelo Pacheco. **Demanda e tutela jurisdicional: estudo sobre forma, conteúdo e congruência.** São Paulo, SP, 2015. 337 p. Tese (doutorado). Universidade de São Paulo. Programa de Pós-Graduação em Direito. p. 44.

26 "A pretensão é o direito ao crédito, mas a exigibilidade do direito material violado, o que não seria o próprio direito material violado, uma vez que este, por si só, não é exercível. "Assim, nem a pretensão é o direito de crédito – esse é, no seu âmbito específico, um poder de vontade –, nem esse direito subjectivo é a pretensão – esta é a faculdade de exigir o comportamento (activo ou omissivo) correlativo daquele direito. Nesta construção, a pretensão exprime, portanto, a efectivação de uma das potencialidades do conteúdo daquele direito subjectivo através da exteriorização subjectivamente direccionada do respectivo poder de vontade". SOUSA, Miguel Teixeira de. **O concurso de títulos de aquisição da prestação.** Coimbra: Almedina, 1988. p. 22.

27 Sobre o termo *Anspruch*: "O conceito Windscheid é relevante na medida que o BGB (Código Civil Alemão), § 194, o adotou, definindo pretensão (Anspruch) como poder jurídico de exigir uma ação ou omissão de outrem: ou como (i) faculdade (1ª fase de seu pensamento); ou (ii) competência jurídica (segunda fase de seu pensamento, que abrange os direitos absolutos – pretensões múltiplas – e direitos relativos – pretensões individualizadas)." MACHADO, Marcelo Pacheco. **Demanda e tutela jurisdicional: estudo sobre forma, conteúdo e congruência.** São Paulo, SP, 2015. 337 p. Tese (doutorado). Universidade de São Paulo. Programa de Pós-Graduação em Direito. p. 44.

28 "tem-se por certo que o vocabulário pretensão não era empregado nesse contexto para designar uma situação jurídica (a *Anspruch* do BGB alemão) mas o estado das coisas caracterizado pela aspiração ao bem e exteriorizado em atos destinados a obtê-lo." DINAMARCO, Cândido Rangel. **Capítulos de sentença.** 3ª. ed. São Paulo: Malheiros, 2008. p. 57.

significa o real ato de pedir, mesmo diante desse plano, mas o nascedouro do direito de fazê-lo.

De igual maneira, mas em sentido diverso, a pretensão no plano processual é o direito do indivíduo em pleitear a jurisdição[29], o direito de uma resposta de quem exerce o poder jurisdicional[30]. A pretensão processual é o direito de qualquer indivíduo em buscar a tutela jurisdicional, sem qualquer necessidade de que haja um direito material a ser acolhido, apesar de que o que se pretende processual será interligado à invocação de um direito material[31], contudo dada a autonomia[32] entre o direito material e o processual, não há vinculação entre a pretensão processual e o direito pleiteado.

Um indivíduo que peticiona pleiteando uma tutela jurídica realiza um pedido, mas a pretensão, no plano processual, é o próprio direito à jurisdição, mesmo que não seja com o resultado que o autor almeja. Mesmo uma sentença improcedente prolatada pelo juízo satisfará a pretensão processual, uma vez que houve a tutela jurídica prestada, uma resposta ao direito do autor em pretender tal tutela, sem guardar relação com o direito material, apesar de este ser invocado como conteúdo pretendido na jurisdição.

A pretensão processual está à disposição de qualquer indivíduo que queira exercê-la, ainda que assim não o faça. Ou seja, a pretensão não está, necessariamente, no ato de realizar o pedido, de intentar a ação[33], mas no di-

---

29 Pontes de Miranda colocou-se de modo diverso à Windscheid, apesar de próximo. A pretensão, mesmo no direito processual, seria pré-processual e a ação seria o ato de propor, de agir em busca pela tutela jurídica. "Exercer a pretensão é exigir a prestação; propor "ação" é pedir a tutela jurídica." PONTES DE MIRANDA, Francisco Cavalcante. **Tratado das ações.** São Paulo: Ed. RT, 1970. p. 86.

30 Independente de quem a exerça, seja o Estado, seja um árbitro, seja uma autoridade que detém o poder jurisdicional.

31 "A pretensão processual, portanto, representaria a afirmação jurídica apresentada para apreciação judicial e delimitada como objeto processual." MACHADO, Marcelo Pacheco. **Demanda e tutela jurisdicional: estudo sobre forma, conteúdo e congruência.** São Paulo, SP, 2015. 337 p. Tese (doutorado). Universidade de São Paulo. Programa de Pós-Graduação em Direito. p. 48.

32 Sobre a autonomia entre as pretensões: "A existência de uma pretensão voltada exclusivamente ao Estado, quanto ao fornecimento da tutela jurisdicional, foi proposta inicialmente por Hellwig, o qual difere direito de ação abstrato (direito a uma decisão sobre uma afirmação jurídica) e direito de ação concreto (direito a uma afirmação sobre um direito fundamentado). Este segundo é equivalente à ideia de pretensão de direito material." MACHADO, Marcelo Pacheco. **Demanda e tutela jurisdicional: estudo sobre forma, conteúdo e congruência.** São Paulo, SP, 2015. 337 p. Tese (doutorado). Universidade de São Paulo. Programa de Pós-Graduação em Direito. p. 48.

33 Essa diferenciação entre pretensão processual, pretensão de direito público e ação é bem delineada por Pontes de Miranda, apesar de modo diferente de Windscheid: "Há

reito de pretendê-la[34], o direito ao próprio exercício da tutela jurídica, mesmo sem o seu efetivo exercício.

O pedido relaciona-se com a pretensão por ser a expressão deduzida em juízo do plano material, trazendo-a da possibilidade existente da exigibilidade para o campo intersecional do plano processual, mas sem confundir-se com a própria acepção de pretensão.

Logo, pedido relaciona-se com a pretensão, mas não é a pretensão.

O pedido guarda uma relação primordial com o objeto litigioso do processo, uma vez que é a partir do pedido que este é definido, mas não podem ser confundidos como sinônimos.

O objeto litigioso do processo é o conteúdo do que deve ser apreciado e julgado, nos limites do pedido, mas não é somente o pedido, afinal, não há como apreciar o pedido sem a devida análise das questões anteriores, sem o devido enfrentamento da narrativa existente na demanda, seja pelo autor na inicial, seja pelo réu em sua defesa.

Dessa maneira, o objeto litigioso do processo é a correspondência aos elementos objetivos da demanda, não somente ao pedido, o qual limita o objeto, inserindo paredes máximas decisórias para que não se alcance objeto maior do que se discute e almeja-se no processo, mas não se confunde o pedido com o objeto litigioso do processo, apesar de serem igualmente relacionais. Para que haja um objeto litigioso definido no processo, há, evidentemente, um pedido para tanto, contudo também estão inseridos no objeto litigioso do processo a causa de pedir deduzida em juízo[35].

De igual maneira e muito importante, é a verificação da relação entre pedido e mérito. Seriam sinônimos? A resposta deve ser negativa. O mérito é a resposta à pretensão do direito material deduzida em juízo através do pedido, entretanto o pedido tem a interação com a pretensão processual de igual maneira em relação à pretensão material, o que importa em dizer que o pedido não pode se confundir, sinonimamente, com o mérito, apesar de influenciar a sua delimitação.

---

a pretensão (pré-processual) à tutela jurídica, a pretensão de direito material (público) e a "ação" (remédio jurídico-processual)" PONTES DE MIRANDA, Francisco Cavalcante. **Tratado das ações**. São Paulo: Ed. RT, 1970. p. 335.

34 Sousa, ao explicar Windscheid, insere a pretensão processual como um "ato de pretender". SOUSA, Miguel Teixeira de. **O concurso de títulos de aquisição da prestação.** Coimbra: Almedina, 1988. p. 82.

35 ROSENBERG, Leo. **Tratado de Derecho Procesal Civil.** Tradução: Angela Romera Vera. Tomo II. 5ª. ed. Bueno Aires: Ediciones Jurídicas Europa-America, 1955. p. 31.

Se o pedido também contém o pleito pela própria providência da prestação jurisdicional, como será delineado na análise do pedido imediato, não pode ser o mérito, mas relaciona-se de modo essencial com o mérito.

Desse modo, o pedido se relaciona com todos estes institutos[36], sendo importante, talvez até essencial para todos estes, contudo não é correto afirmar que é correspondente ou exatamente a mesma coisa ou significado destes institutos relacionados ao pedido.

O pedido é um elemento da ação, realizado de maneira formal, nos ditames da normalidade processual - arts. 322 a 329 do CPC - orbitando em dois planos, primeiro o plano decisório do Estado para a heterocomposição e o segundo que o conteúdo da decisão seja correspondente à existência de um direito material favorável ao demandante. O normal é que um pedido seja realizado na petição inicial pelo autor, definindo, portanto, os limites do que se pretende na prestação jurisdicional, mas é possível também a ampliação do que discute materialmente por influência dos pedidos possíveis de serem realizados pelo réu[37], seja como reconvenção[38], seja nas hipóteses de possibilidade de pedido contraposto[39].

---

36 Por todas as comparações: MACHADO, Marcelo Pacheco. **Demanda e tutela jurisdicional: estudo sobre forma, conteúdo e congruência.** São Paulo, SP, 2015. 337 p. Tese (doutorado). Universidade de São Paulo. Programa de Pós-Graduação em Direito. p. 68.

37 "Quando é o réu que amplia o objeto da demanda, ele é posterior. Essa ampliação pode-se dar por meio da denunciação da lide, do chamamento ao processo, da reconvenção, do pedido contraposto, da ação declaratória incidental etc." NOGUEIRA, Gláucia Assalin. **O julgamento parcial: possibilidade de cisão do julgamento de mérito relativamente à parte incontroversa da demanda.** São Paulo, SP, 2009. 191 p. Dissertação (Mestrado). Universidade de São Paulo. Programa de Pós-Graduação em Direito. p. 83.

38 Conceituação reconvenção e enquadrando-a como resposta do réu: "A reconvenção, na verdade, não é defesa, mas contra-ataque do réu, por meio da propositura de uma outra ação contra o autor, dentro do mesmo processo." THEODORO JR., Humberto. **Curso de direito processual civil.** Vol. I, 59ª ed. Rio de Janeiro: Forense, 2018. p. 185.

39 Sobre o pedido contraposto e a sua existência no direito brasileiro: "Pedido contraposto e reconvenção são demandas que podem ser formuladas pelo réu na mesma peça em que apresenta a sua defesa. Nesse ponto, não se distinguem. No direito brasileiro, porém, o pedido contraposto apresenta-se como uma demanda mais simplificada do que a reconvenção. Uma é a sua característica peculiar: há restrição legal quanto à sua amplitude (nos juizados Especiais, deve ficar restrito aos "fatos da causa"; nas possessórias, admite-se apenas o pedido de indenização)." DIDIER JR, Fredie. **Curso de direito processual civil: teoria geral do processo e processo de conhecimento.** 17ª. ed. Salvador: Juspodivm., 2015. p. 674.

O pedido é a eficácia que se almeja da própria atividade jurisdicional[40], seja no plano processual de ter uma decisão, seja no plano material de ter uma decisão de mérito favorável ao autor.

Dessa maneira, a ação, diante de seus elementos, além de partes, necessita de uma narrativa fática e de uma consequência lógica delimitadora do que se almeja, o pedido. O autor, diante do ato de demandar, precisa delimitar, após indicar a outra parte e fundamentar uma narrativa fático-jurídica, um pedido, com a total influência sobre o conteúdo do que se julgará, demonstrando sua pretensão, determinando o objeto litigioso do processo[41] e o mérito do processo.

Afinal, a ação somente existe pelo ato do autor demandar por jurisdição e deduzir os limites da providência jurisdicional desejada. O pedido é uma manifestação de vontade do autor – ou do réu na reconvenção ou pedido contraposto – contendo a descrição fático-jurídica em se obter uma resposta jurisdicional com um conteúdo específico[42].

Logo, esse pedido, junto com os outros elementos da ação – partes e causa de pedir, molda parcela do conteúdo e o objeto do processo, a limitação cognitiva pela qual as partes se debruçarão para a discussão sobre as questões de

---

40 "O *petitum* é o que se pede, não o fundamento ou a razão de pedir, a *causa petendi*. É o objeto imediato e mediato da demanda. Aí está o motivo da discórdia, que o juiz vai desfazer, declarando quem está com a verdade"." PONTES DE MIRANDA, Francisco Cavalcante. **Comentários ao código de processo civil.** 3• ed. Rio de janeiro: Forense, 1999. p. 34.

41 SANCHES, Sydney. Objeto do processo e objeto litigioso do processo. **Revista de Processo.** Vol. 13, Ano 4, p. 31-47, São Paulo: Ed. RT, Jan/Mar/1979. p. 45.

42 Conceituações de pedido: "O pedido consiste naquilo que, em virtude da causa de pedir, postula-se ao órgão julgador. O autor postula em juízo basicamente o emprego de uma técnica processual que permita a prestação da tutela de direito." MARINONI, Luiz Guilherme; ARENHART, Sérgio Cruz. Comentários ao novo código de processo civil: artigos 294 a 333. **Coleção comentários ao Código de Processo Civil.** (orgs) MARINONI, Luiz Guilherme; ARENHART, Sérgio Cruz; MITIDIERO, Daniel. São Paulo: RT, 2016. p. 364. "Pode-se defini-lo, de maneira simples, como aquilo que se pleiteia ao Poder Judiciário. A demanda levada pelo autor ao órgão jurisdicional. traz fatos e fundamentos jurídicos que procuram ver acolhida uma determinada pretensão." RODRIGUES, Marco Antônio dos Santos. **A modificação objetiva da demanda no processo civil.** 2013. 334 f. Tese (doutorado). Universidade do Estado do Rio de Janeiro, Faculdade de Direito. p. 64. "a solicitação de um ato de poder do Estado-juiz apto a trazer uma alteração da realidade favorável ao demandante." MACHADO, Marcelo Pacheco. **Demanda e tutela jurisdicional: estudo sobre forma, conteúdo e congruência.** São Paulo, SP, 2015. 337 p. Tese (doutorado). Universidade de São Paulo. Programa de Pós-Graduação em Direito. p. 68.

fato e os fundamentos do direito subjetivo[43], diante do que deve ser respondido, jurisdicionalmente, como acolhido ou não.

Não pode haver prestação jurisdicional de modo diverso do que foi pedido, nem além, aquém ou diferente, uma vez que exprime a pretensão da prestação jurisdicional e de um resultado almejado pelo autor em juízo. A função deste, ao final do processo e de toda a instrução, é responder se acolherá, ou não, o pedido, integralmente ou somente em parte, respondendo tanto processualmente quanto material naquela ação.

1.2.2 A relação do pedido com os elementos da ação

O ato de agir em juízo, de acionar a jurisdição contém três elementos: *partes, causa de pedir e pedido.*

Para que uma ação seja identificada deve conter os seus elementos essenciais[44].

Sem as partes não há como saber quais serão os atores da relação jurídica a ser criada naquela ação e procedimentalizada para a heterocomposição. Sem a causa de pedir não se têm os fundamentos fáticos e jurídicos que constituem o direito do autor[45]. E, evidentemente, sem o pedido não há motivos para o próprio exercício da prestação jurisdicional, pela total ausência do que se responder.

---

43 "Quando, controvertido pelo litígio, o autor deduz um direito subjetivo em juízo – vez que enfrenta o óbice indiscutível de seu agir privado se encontrar sob reserva e veto –, perante o réu, ele vem à apreciação judicial em estado bem diverso daquele, ideal, que o caracteriza na realização pacífica e direta." ASSIS, Araken de. **Cumulação de ações.** 4ª ed. São Paulo: Ed. RT, 2002. p. 233.

44 "Dá-se o nome de ação ao direito (empregada a palavra aqui em sentido amplo, designando uma *posição jurídica de vantagem*), a todos assegurado, de atuar em juízo, exercendo posições ativas ao longo de todo o processo, a fim de postular tutela jurisdicional." CÂMARA. Alexandre Freitas. **O novo processo civil brasileiro.** 4ª ed. São Paulo: Atlas, 2018. p. 33.

45 A causa de pedir pode ser dividida em dois modos: *próxima e remota.* A causa de pedir remota é a descrição dos fatos constitutivos do direito que o autor pleiteia em juízo. Para demandar em juízo o autor deve dizer qual o direito que lhe dá amparo, qual é a base inaugural de seu direito, de sua constituição. Para tanto, necessita-se de uma narrativa fática de modo a expor que existe um direito do autor preexistente à relação jurídica que possibilita efeito jurídico constante no pedido. Pela causa de pedir próxima entende-se os fatos que substanciam a existência do direito de exigir, a pretensão do direito material que será o vínculo jurídico entre o autor e o réu que possibilita a própria demanda, a narrativa que permite ao autor demonstrar que existe um interesse relacional para a prestação jurisdicional para resolver relação jurídica material entre as partes. Sobre esse ponto: TUCCI, José Rogério Cruz e. ***A causa petendi* no processo civil.** 3ª. ed. São Paulo: Ed. RT, 2009. p. 165.

Juntos, estes institutos formam os elementos identificadores da ação, podendo ser subjetivos, no tocante às partes em juízo, ou objetivos, sobre o que se discutirá como objeto do processo[46].

Essa tríade é essencial para o desenvolvimento da ação, numa relação intersecional dependente. Sem partes não há pedido ou causa de pedir que sustentem uma ação, por outro lado, com partes e causa de pedir, mas sem uma conclusão de um pedido a ser realizado ao Judiciário, não há utilidade para uma ação e, evidentemente, mesmo com partes e um pedido, sem a demonstração das causas que fundamentam o pedido, fática e juridicamente, não há, também, como determinar o direito e o interesse no processo.

Ou seja, há uma interligação essencial para a formação da própria demanda entre as partes, causa de pedir e pedido[47].

As partes são essenciais para a própria formação da ação, uma vez que a relação jurídica processual antagoniza quem propõe a demanda com quem será o demandado, numa contraposição de interesses, proporcionando um contraditório e, a partir daí, há a necessidade de que o autor explicite o seu ato de demandar, a narrativa sobre os fatos que fundamentam o seu direito, seja o direito constitutivo da relação jurídica inicial, seja o direito próximo autorizante do direito de ação no campo material[48]. Com as partes discriminadas e a causa

---

46 Obviamente que o objeto litigioso do processo é "limitado sempre por um desses pedidos, do autor, do réu ou de terceiro." SANCHES, Sydney. Objeto do processo e objeto litigioso do processo. **Revista de Processo**. Vol. 13, Ano 4, p. 31-47, São Paulo: Ed. RT, Jan/Mar, 1979. p. 45.

47 A ação é interligada por elementos que a formam. Para que seja possível acionar a jurisdição, além desta existir, deve-se ter as partes (autor-réu ou ao menos autor), um motivo para tanto e um pedido resultante dessa relação. "a causa de pedir denomina o conjunto de fatos ao qual o requerente atribui o efeito jurídico que deseja e é um dos três elementos da ação." BARBOSA MOREIRA, José Carlos. **O novo processo civil brasileiro.** 20°. ed. Rio de Janeiro: Forense, 2000. p. 15.

48 A causa de pedir tem duas teorias: *(i) substanciação; e (ii) individuação.* Pela primeira teoria, cabe ao autor, na dicção, do art. 319, III do CPC, construir a sua argumentação fática que conceda substância ao pedido, com a descrição tanto da causa de pedir remota quanto da causa de pedir próxima. Não há a necessidade de indicação do direito violado ou do fundamento legal, pela teoria da substanciação, mesmo que o autor relacione o fato com a norma teoricamente violada é irrelevante para o pedido, sem qualquer critério de delimitação da atuação judicial perante o que foi fundamento da inicial como consequência jurídica. A primeira será uma narrativa meramente dos fatos constitutivos do direito do autor (por exemplo, a narrativa de que tem um contrato de assinatura de telefonia/internet), expondo que preexiste um direito. Na segunda, o autor expõe outro fato, contudo com um efeito jurídico dele pertinente, diferenciando da causa de pedir remota, por representar uma consequência jurídica do fato narrado (seguindo no exemplo, a descrição de que houve uma interrupção do fornecimento da telefonia/internet). Sobre a teoria da substanciação: "a causa de pedir é regida pela

de pedir delimitada, o pedido é elemento consequente, a interligação entre as partes e a causa da pedir, a consequência lógica do que se almeja naquela ação, com a formulação de um pleito certo e determinado para que seja prolatada uma decisão e que seja julgado como existente ou não o direito material vindicado.

Como todo elemento de algo maior, o pedido não nasce sozinho, tampouco assim se sustenta, dada a necessidade da conjunção de todos os elementos, mas o pedido é auge do pleito do autor, a personificação da interligação entre a pretensão material e a pretensão processual, delimitando o objeto litigioso do processo.

Dessa maneira, apesar de o pedido ser somente um dos elementos essenciais da ação, é o cerne da delimitação da prestação jurisdicional, a linha de base que haja a procedência ou não do determinado bem da vida que se almeja.

1.2.3 O pedido imediato e o pedido mediato

Internamente, o pedido do autor[49] ao Judiciário impõe uma classificação[50] entre *imediato* e *mediato*[51].

---

substanciação, segundo a qual esse elemento da demanda é formado pela alegação de fato ou conjunto de fatos geradores do direito invocado. Com efeito, o núcleo da causa de pedir na teoria da substanciação está não no direito afirmado, mas nos fatos que o fundamentam, gerando a relação jurídica que dá ensejo ao pedido. Assim, a modificação dos fatos constitutivos do direito em jogo acarreta a alteração desse elemento da ação, levando a uma demanda distinta da primeira." RODRIGUES, Marco Antônio dos Santos. **A modificação objetiva da demanda no processo civil.** 2013. 334 f. Tese (doutorado). Universidade do Estado do Rio de Janeiro, Faculdade de Direito. p. 49. Sobre a teoria da individuação: "Já na teoria da individuação da demanda, como esta se identifica pelo conteúdo do direito deduzido, ficam absorvidos todos os fatos que servem à sustentação do direito invocado em juízo. Inviabiliza-se que, em ulterior ação, seja formulada a mesma pretensão, com amparo em fatos já existentes na época da primeira ação, ainda que não alegados. Aqui, os fatos jurídicos servem apenas para a prova do direito alegado, não para sua identificação" LEONEL, Ricardo Barros. **Causa de pedir e pedido: o direito superveniente.** 1ª. ed. São Paulo: Método, 2006. p. 89.

49 "Para dar início ao processo de conhecimento, cumpre, pois, ao autor provocar a jurisdição solicitando uma determinada espécie de provimento (pedido imediato), para tutelar um bem jurídico (pedido mediato)." TUCCI, José Rogério Cruz e. Reflexões sobre a cumulação subsidiária de pedidos.. **Revista dos Tribunais (São Paulo).** Vol. 786, p. 57-67, Abril/2001. p. 59.

50 "o autor reclama determinado tipo de tutela jurisdicional (pedido imediato) com vista à obtenção de um bem da vida, que afirma lhe estar assegurado pelo direito (pedido mediato)." CALMON DE PASSOS, José Joaquim. **Comentários ao código de processo civil.** Vol. III, 6ª ed. Rio de Janeiro: Forense, 1989. p. 202.

51 "pedido imediato põe a parte em contato direto com o direito processual, e o mediato, com o direito substancial". THEODORO JR., Humberto. **Curso de direito processual civil.** Vol. I, 59ª ed. Rio de Janeiro: Forense, 2018. p. 796.

O primeiro é a manifestação processual pelo autor em exercer uma pretensão de obter uma prestação jurisdicional, uma sentença, qualquer que seja o conteúdo desta. O autor demanda para o Judiciário que haja uma prestação de uma tutela jurídica[52], um pronunciamento judicial sobre o conflito narrado no ato postulatório.

É a manifestação de vontade do autor para que haja uma heterocomposição para aquele problema ou conflito.

O pedido imediato corresponde à prestação processual[53] que o autor almeja do Poder Judiciário, não o conteúdo do que se pleiteia, apesar de que o autor deve manifestar-se sobre qual espécie de conteúdo pretende, como uma sentença declaratória, constitutiva, condenatória, mandamental e executiva[54].

No âmbito do direito processual, a jurisdição é prestada pelo Estado[55], conforme o art. 16 do CPC. Se o Estado é o detentor da prestação da jurisdição para toda a sociedade, todo e qualquer indivíduo que necessitar de jurisdição tem o direito a pretender uma resposta para o seu pleito, o que perfaz a conceituação de pretensão na seara processual.

O poder de cada indivíduo em provocar o Estado a sair da inércia e responder com a solução de um conflito ou dizer o direito para a situação exposta já é a pretensão processual à prolação de uma sentença. Desse modo, a pretensão processual é a possibilidade de pretensão à tutela jurisdicional, é a abertura para que o autor (seja ele qualquer indivíduo) possa realizar pedido diante de uma demanda para que o Estado lhe tutele a própria jurisdição, para que lhe responda um pedido.

A pretensão processual é o poder de pleitear a tutela jurisdicional independentemente do seu conteúdo. Por outro lado, o conteúdo dessa tutela jurisdicional futura, ao ser prolatada, pode versar, ou não, sobre a pretensão do direito material, uma vez que são institutos correlatos e dialógicos, contudo diversos em seus planos.

---

52 Marinoni e Arenhart denominam de técnica processual pretendida. MARINONI, Luiz Guilherme; ARENHART, Sérgio Cruz. Comentários ao novo código de processo civil: artigos 294 a 333. **Coleção comentários ao Código de Processo Civil.** (orgs) MARINONI, Luiz Guilherme; ARENHART, Sérgio Cruz; MITIDIERO, Daniel. São Paulo: RT, 2016. p. 365.

53 Sobre pedido imediato: "satisfação da pretensão ao julgamento do mérito, pela simples prolação do provimento jurisdicional pretendido, sendo esse o chamado pedido imediato." DINAMARCO, Cândido Rangel. **Capítulos de sentença.** 3ª. ed. São Paulo: Malheiros, 2008. p. 39/40.

54 Sobre a Teoria Quinária da Ação, de Pontes de Miranda: NOGUEIRA, Pedro Henrique; MOURÃO, Luiz Eduardo Ribeiro; COSTA, Eduardo José da Fonseca. **Teoria Quinária da Ação – Estudos em Homenagem a Pontes de Miranda nos 30 anos de seu Falecimento.** 1ª. ed. Salvador: Juspodivm, 2010.

55 Apesar de outras possibilidades como jurisdição arbitral, o centro da jurisdição é a estatal.

Dessa maneira, o pedido imediato é a busca pela resposta sobre a pretensão processual do autor[56].

Por outro lado e consequente ao primeiro, o segundo é exatamente o bem jurídico[57] que se almeja ser julgado pelo Judiciário contra o réu, na prestação jurisdicional anteriormente pleiteada. Nesse ponto, o autor não deve delinear qual espécie de sentença almeja, mas o resultado específico do acolhimento que pretende, relacionando com o bem da vida que delimitou no pedido.

No direito material, quando há um indivíduo na posição de titularidade de um direito numa relação jurídica com outrem, mediante a ocorrência de algum fato jurídico que possibilite a exigibilidade de um direito – o inadimplemento contratual, por exemplo – nasce a pretensão daquele indivíduo titular do direito material.

Esse fato jurídico impõe a abertura de uma pretensão do direito material para o indivíduo titular desse direito, correspondendo à possibilidade da exigência da satisfação daquele direito existente entre as partes. Esse direito de ação, no sentido do direito material, está no poder do titular do respectivo direito em exigir a satisfação do seu direito, mediante a possibilidade da pretensão.

Logo, a pretensão, no direito material nasce do fato jurídico que possibilita a exigência[58] de tal obrigação ou relação jurídica, independentemente de

56 A pretensão no plano processual: "A pretensão à tutela jurídica consiste em um direito subjetivo público (dotado de exigibilidade) que exercem tanto o autor, quando vai a juízo, quanto o réu, quando se defende." NOGUEIRA, Pedro Henrique. O juízo de admissibilidade do processo e as condições da ação: uma releitura a partir da teoria da ação de direito material. **Revista Dialética de Direito Processual.** Vol. 76, p. 93-105, 2009. p. 95.

57 Sobre pedido mediato: "satisfação da pretensão ao bem da vida, mediante a outorga da tutela jurisdicional querida pelo demandante (procedência da demanda – pedido mediato)." DINAMARCO, Cândido Rangel. **Capítulos de sentença.** 3ª. ed. São Paulo: Malheiros, 2008. p. 40.

58 A pretensão nasce com o direito de exigir no plano material, a partir da obrigação inadimplida, por exemplo. "A todo direito dotado de exigibilidade denomina-se pretensão. Nesse sentido, pretensão consiste no poder de exigir que se confere ao respectivo titular para a satisfação do seu direito. Assim, se sou titular de um direito subjetivo e exijo o cumprimento da obrigação correspectiva, estou a exercer minha pretensão; se o sujeito passivo da relação não a atende, surge a ação, como poder jurídico para impor a realização do direito. Tudo isso se passa no plano do direito material." NOGUEIRA, Pedro Henrique. O juízo de admissibilidade do processo e as condições da ação: uma releitura a partir da teoria da ação de direito material. **Revista Dialética de Direito Processual.** Vol. 76, p. 93-105, 2009. p. 94; "A distinção fundamental entre pretensão e ação de direito material está em que a pretensão – enquanto exigência – supõe que a realização ainda se dê como resultado de um agir próprio do obrigado." SILVA, Ovídio Baptista da. **Curso de processo civil.** Vol. I. Porto Alegre: Sérgio Antônio Fabris, 1994. p. 65.

qualquer ação do indivíduo, meramente com a possibilidade aberta para que pretenda a exigência, ainda que assim não o faça. A existência de uma relação jurídica entre indivíduos não faz nascer ainda a pretensão[59], somente algum fato jurídico que resulte na possibilidade da exigência dos direitos consequenciais e existentes nessa relação jurídica.

A pretensão é decorrência de algum fato jurídico cominado com a existência de uma relação jurídica, seja anterior, seja proveniente do próprio fato jurídico. Numa relação jurídica preexistente, como um contrato, sem um fato jurídico determinado ou determinante, não nasce, ainda, a pretensão, a qual somente se configurará mediante um fato que culmine na titularidade de algum dos contratantes, por exemplo, em exigir o adimplemento. A pretensão material está no âmbito do mérito, da análise jurisdicional sobre o que deve ser ou não concedido, sobre o conteúdo da decisão, por outro lado, a pretensão processual está na própria resposta jurisdicional, independentemente do seu conteúdo, no simples direito de pleitear ao Estado a tutela jurisdicional.

Logo, o pedido mediato é a resposta jurisdicional à existência, ou não, da pretensão exercida no direito material do autor.

Esse pedido, no tocante a sua visão mediata, deve, necessariamente, ser certo e determinado em regra[60] e genérico em hipóteses excepcionais[61].

O art. 322 do CPC destaca que o pedido deve ser certo, com a precisão de qual o provimento jurisdicional que visa obtenção e a especificação do bem

59 Numa pretensão meramente declaratória, o pedido pode ser somente para declarar essa relação.

60 Sobre a certeza e a determinação do pedido: BARBOSA MOREIRA, José Carlos. **O novo processo civil brasileiro**. 20°. ed. Rio de Janeiro: Forense, 2000. p. 11.

61 Sobre a possibilidade de pedidos genéricos no CPC/2015 e suas hipóteses: "a formulação de pedido genérico (assim entendido aquele pedido que não contém a determinação do quantum pretendido pelo demandante), nos casos expressamente previstos no art. 324, § 1º. O primeiro caso em que se admite o pedido genérico é o das "ações universais", quando o autor não pode individuar os bens demandados (art. 324, § 1º, I). É o que se tem naquelas hipóteses em que o demandante postula uma universalidade de bens (como se dá, por exemplo, na "ação de petição de herança", demanda através da qual o autor postula o recebimento de um quinhão hereditário a que considera fazer jus, quando não tenha sido parte no processo de inventário e partilha). Neste caso, basta ao autor, na petição inicial, afirmar que pretende receber seu quinhão, indicando a fração do monte que lhe corresponde (por exemplo, pedindo o reconhecimento de que tem direito a um quarto do total da herança), sem precisar a extensão desse quinhão. Outro caso em que se admite o pedido genérico é aquele em que não é possível "determinar, desde logo, as consequências do ato ou do fato" que serve de fundamento para a causa (art. 324, § 1º, II)." CÂMARA, Alexandre Freitas. **O novo processo civil brasileiro.** 4ª ed. São Paulo: Atlas, 2018. p. 191.

jurídico que postula em juízo e a quantidade dessa pretensão, o que impõe a outra característica do pedido que é a determinação, como o art. 324 do CPC preconiza.

Essa é a regra sobre o pedido, com a necessidade de que se saiba o bem jurídico almejado e a quantidade correspondente à pretensão material posta em juízo. Todavia, há a possibilidade de pedido genérico, em circunstâncias excepcionais, na dicção do art. 324, § 1º do CPC: em ações universais, se o autor não puder individualizar os bens demandados; quando não for possível determinar, desde logo, as consequências do ato ou do fato; quando a determinação do objeto ou do valor da condenação depender de ato que deva ser praticado pelo réu.

Dessa maneira, o autor – ou o réu na reconvenção ou pedido contraposto – deve delinear no pedido ambas as visões, tanto o imediato quanto o mediato, perfazendo essa adição o pedido como um todo, que deve ser acolhido ou não[62].

1.2.4 Os limites do pedido e a relação com a decisão do processo

O pedido é o limitador da prestação jurisdicional que o autor almeja, uma vez que aquilo que se pede é o que deve ser respondido pelo Judiciário. Se o pedido deve ser determinado, a prestação jurisdicional deve ser realizada nos limites responsivos ao que se pleiteou[63].

O juízo não pode responder ao que não foi pedido, não há resposta sobre o vazio processual e material, o que importa em dizer que o pedido limita a prestação jurisdicional à sua resposta sem poder ser a menor, diferente ou a mais do que se pleitou. Justamente por isso que o pedido deve ser certo e determinado, conforme os arts. 322 e 324 do CPC.

Muito se diz que a petição inicial é um projeto de sentença[64] pelo autor e esta acepção está justamente no fato de que o pedido do autor – e do reconvinte, se houver – determina os limites do que será julgado e, assim, somente

---

62 "Pede-se ao juiz uma situação mais favorável que a descrita e lamentada na demanda inicial; e é na resposta afirmativa ou negativa ao pedido (procedência ou improcedência) que se concede ou nega essa situação mais favorável." DINAMARCO, Cândido Rangel. **Capítulos de sentença.** 3ª. ed. São Paulo: Malheiros, 2008. p. 58.

63 "A decisão do juiz fica vinculada à causa de pedir e ao pedido. Como as questões de ordem pública não necessitam ser deduzidas em juízo, pois o juiz deve conhecê-las de ofício, não se pode falar em decisão extra ou *ultra petita*, quando não se encontram expressas no pedido e o juiz, nada obstante, sobre elas se pronuncie." NERY JR, Nelson; NERY, Rosa Maria de Andrade. **Código de processo civil comentado.** 16ª. Ed. São Paulo: RT. 2016. p. 643.

64 "O pedido é um 'projeto de sentença', devendo esta (se for pela procedência da pretensão, obviamente) atender ao pedido nos limites de sua especificação." CÂMARA, Alexandre Freitas. **Lições de direito processual civil.** Vol. I, 8ª. ed. Rio de Janeiro: Lumen Juris, 2003. p. 317.

será respondido em termos cognitivos da prolação de uma decisão judicial de heterocomposição o que foi efetivamente pleiteado para tanto, seja pela pretensão do direito processual, seja pela pretensão do direito material.

Essa relação entre o que se pede e o que se responde na decisão está preconizada nos arts. 141 e 492 do CPC.

A conjunção destes artigos preconizam a existência de uma regra de congruência entre o pedido e a sentença, com a necessidade do que se decidir seja correlato[65] ao que se pediu na inicial. Essa regra[66] de congruência está interligada ao próprio princípio do dispositivo, ou seja, a atividade estatal está à disposição do indivíduo que dela necessitar, com a devida inércia[67] e sairá desta nos limites do que se pleiteia[68]. Logo, o juízo, ao receber a petição inicial com o certo e determinado pedido, está adstrito a decidir de acordo com o que as partes lhe dispuseram, diante dos limites em que os jurisdicionados entendem que materialmente existe uma demanda controvertida, com as questões que lhes são passadas, somente com a possibilidade de inserção e decisão sobre matérias de ordem pública. O juízo está limitado a decidir o que as partes lhe incumbiram como mérito, dentro do que entendem como pertinente e limítrofe para tanto.

---

65 "A correlação existe porque o Estado-juiz é obrigado a responder à demanda (inafastabilidade) e pode apenas apreciar aquilo que foi efetivamente demandado (inércia), nada a mais, nada a menos e nada diferente." MACHADO, Marcelo Pacheco. **Demanda e tutela jurisdicional: estudo sobre forma, conteúdo e congruência.** São Paulo, SP, 2015. 337 p. Tese (doutorado). Universidade de São Paulo. Programa de Pós-Graduação em Direito. p. 207.

66 No sentido de ser uma regra: DIDIER JR, Fredie. **Curso de direito processual civil: teoria geral do processo e processo de conhecimento**. 17ª. ed. Salvador: Juspodivm, 2015. p. 599; DINAMARCO, Cândido Rangel. **Instituições de Processo Civil.** Vol. I, 3ª ed. São Paulo: Malheiros, 2003. p. 214; No sentido de ser um princípio: RODRIGUES, Marco Antônio dos Santos. **A modificação objetiva da demanda no processo civil.** 2013. 334 f. Tese (doutorado). Universidade do Estado do Rio de Janeiro, Faculdade de Direito. p. 204.

67 A regra da jurisdição será de que ela é inerte, contudo existem algumas exceções que permitem o juízo a tomar a iniciativa da própria jurisdição, tais como: o início do cumprimento de sentença na obrigação de entrega de coisa ou obrigação de fazer; suscitação de conflito de competência; suscitar incidente de resolução de demandas repetitivas; dentre outros possíveis.

68 "decidir nos limites da demanda proposta (...) significa não ir além ou fora deles, nem ficar aquém." DINAMARCO, Cândido Rangel. **Instituições de direito processual civil.** Vol. III. 3 ed. São Paulo: Malheiros, 2003. p. 274. "Deve o juiz, ao proferir a sentença, decidir o mérito nos "limites propostos pelas partes" (art. 141 do CPC/2015), não podendo "proferir decisão de natureza diversa da pedida, bem como condenar a parte em quantidade superior ou em objeto diverso do que lhe foi demandado" (art. 492, caput do CPC/2015). Os limites e a natureza são identificados à luz do libelo, isso é, do pedido e da causa de pedir." MEDINA, José Miguel Garcia. **Novo código de processo civil comentado.** 2ª ed. São Paulo: Ed. RT, 2015. p. 478.

O art. 141 do CPC determina que o juízo somente decidirá o mérito nos limites em que as partes delimitarem, sendo vedado conhecer de questões não suscitadas. Evidentemente que o autor detém a maior incumbência na delimitação sobre o objeto litigioso do processo, contudo o réu pode, de igual maneira, aumentar essa questão com a sua contestação e eventual reconvenção[69] ou pedido contraproposto.

Outro dispositivo também se relaciona à delimitação do objeto litigioso do processo pelo pedido, o art. 492 do CPC proíbe[70] que o juízo profira decisão em natureza diversa da pedida, nem condenar a parte em quantidade superior ou em objeto diverso do que lhe foi demandado.

Essa delimitação material que o pedido proporciona ao processo impõe que o pedido seja específico, com a sua indicação pormenorizada na petição inicial - ou na reconvenção[71-72] ou pedido contraposto, com regras sobre essa especificidade, conforme o art. 319, IV do CPC.

Todos esses dispositivos colocam o pedido como momento delimitador material do processo e a adstrição da atividade jurisdicional naquela ação, uma vez que impõe o objeto a ser discutido, os moldes e limites que não podem ser ultrapassados[73].

---

69 DINAMARCO, Cândido Rangel. **Capítulos de sentença**. 3ª. ed. São Paulo: Malheiros, 2008. p. 76.

70 "Estas vedações incidem, de todo modo, apenas quando o juiz julgar o mérito da demanda (ou do recurso). Para tanto, deverá antes, em regra, verificar se preenchidos os requisitos de admissibilidade do julgamento de mérito. Faltando um deles, extingue-se a relação processual sem o seu julgamento." BENEDUZI, Renato Resende. Comentários ao Código de Processo Civil: artigos 70 ao 187. **Coleção comentários ao Código de Processo Civil.** (orgs) MARINONI, Luiz Guilherme; ARENHART, Sérgio Cruz; MITIDIERO, Daniel. São Paulo: RT, 2016. p. 293.

71 Sica interpreta que a apresentação de defesa seria igualmente uma demanda do réu contrária ao pedido inicial, o que pode ser uma visão válida, contudo não é a regra. Nas ações dúplices, por exemplo, seria uma visão correta, mas não em toda demanda. Mas, na reconvenção, agora inserta na contestação, tal pensamento é correto: "Ao apresentar resposta quanto ao mérito da demanda inicial, o réu ajuíza uma demanda contrária à do autor, mesmo quando seu pedido se limita à simples improcedência da demanda inicial". SICA, Heitor Vitor Mendonça. **O direito de defesa no processo civil brasileiro: um estudo sobre a posição do réu,** São Paulo: Atlas, 2011. p. 203.

72 "em casos excepcionais se permite o alargamento do objeto litigioso através da contestação. Quando isto se permite, diz-se que a ação tem caráter dúplice. A contestação, nessa modalidade de ação, não somente formula defesa do réu, como também poderá conter autênticos pedidos em seu favor, sem necessidade de reconvenção". WATANABE, Kazuo. Ação dúplice. **Revista de Processo.** Vol. 31, Ano 8, São Paulo: Ed. RT, 1983. p. 141.

73 "Ao juiz é proibido exceder o pedido ou julgar fora do pedido, mas não nos esqueçamos de que há o dever, para o juiz, de pronunciar-se sobre todo o pedido; nada além

Um outro limite que o pedido delimita para a ação como um todo é a identificação desta com as demais possíveis futuras ou pretéritas para a identificação da litispendência, perempção, coisa julgada e conexão. É a partir do pedido que se sabe o alcance material do que se discute e, dessa maneira, se torna possível a comparação sobre os limites de cada processo e a identificação, ou não, de similitude.

O pedido também define monetariamente a causa, com a sua definição valorativa para efeitos de custo do processo, conforme a fixação de seu valor, nos moldes do art. 292 do CPC.

Obviamente que o pedido constante da reconvenção ou pedido contraposto pelo réu tem a mesma função de definir os limites – no caso, redefinir – da ação e da decisão, uma vez que não deixa de ser uma nova petição inicial interna do processo.

No tocante ao direito de defesa, os limites do pedido têm a serventia de garantirem o direito específico de defesa, de ninguém ser processado além do que foi pedido[74].

Dessa maneira, o juízo tem limites materiais para a prolação da decisão, com a obrigação de decidir claramente numa correlação entre o pedido e o decidido, respondendo na medida exata do que foi pleiteado, seja pela procedência, parcial procedência ou improcedência. Se julgar de modo diverso, será uma decisão viciada, seja além, abaixo ou diferente, o que geraria decisões *ultra*[75], *citra*[76]

---

do pedido, mas todo o pedido. O vício de uma sentença que não julga o pedido por inteiro é tão grave quanto o vício de uma sentença que extravasa os limites do pedido. O chamado vício do julgamento citra petita é tão grave quanto o do julgamento *ultra* ou *extra petita*. Há exemplos muito óbvios, como o de ações cumuladas, inclusive no caso de ação primitiva e reconvenção porventura oferecida pelo réu." BARBOSA MOREIRA, José Carlos. Correlação entre o pedido e a sentença. **Revista de Processo.** Vol. 83, Ano 20, p. 207-215, São Paulo: Ed. RT, Jul/1996. p. 59.

74 BARBOSA MOREIRA, José Carlos. Correlação entre o pedido e a sentença. **Revista de Processo**. Vol. 83, Ano 20, p. 207-215, São Paulo: Ed. RT, Jul/1996. p. 59.

75 Conceituando decisão *ultra petita*: "Diz-se *ultra petita* a decisão que *(i)* concede à parte mais do que ela pediu, *(ii)* analisa não apenas os fatos essenciais postos pelas partes como também outros fatos essenciais ou *(iii)* resolve a demanda em relação aos sujeitos que participaram do processo, mas também em relação a outros sujeitos, não participantes." DIDIER JR., Fredie; BRAGA, Paula Sarno; OLIVEIRA, Rafael Alexandria de. Comentário ao art. 492. In: CABRAL, Antonio do Passo, CRAMER, Ronaldo (orgs.). **Comentários ao novo código de processo civil**. 2ª ed. Rio de Janeiro: Forense, 2016. p. 727.

76 Conceituando decisão *citra petita: "Citra petita* (ou *infra petita*) é a decisão que deixa de analisar *(i)* pedido formulado, *(ii)* fundamento de fato ou de direito trazidos pela parte ou *(iii)* pedido formulado por ou em face de um determinado sujeito do processo." DIDIER JR., Fredie; BRAGA, Paula Sarno; OLIVEIRA, Rafael Alexandria de. Comentário

e *extra petita*[77]. Todas essas decisões estão, além da congruência, ultrapassando a matéria adstrita, tornando-as viciadas processualmente.

1.3 A CUMULAÇÃO E O PROCESSO OBJETIVAMENTE COMPLEXO

1.3.1 *A complexidade da demanda: entre cumulação de partes e cumulação de pedidos*

Todos os elementos da demanda podem ser múltiplos, tornando-a complexa, com uma pluralidade de partes, causas de pedir ou pedidos.

Dessa maneira, é perfeitamente possível que uma mesma demanda contenha uma pluralidade de pedidos, com o cumprimento dos requisitos para tanto, dispostos no art. 327 do CPC, ou, ainda, que necessite ou faculte a inclusão de uma pluralidade de partes, dada a disposição legal daquela pretensão a ser pleiteada ou a própria relação jurídica da pretensão material abra essa inclusão plúrima de partes.

Nessas hipóteses, apesar de ser somente uma demanda processualmente, a cumulação de partes ou dos pedidos torna-a uma pluralidade de relações jurídicas, como uma demanda com diversas ações internas existentes no mesmo processo[78].

Dessa forma, o motivo da abertura para a possibilidade da cumulação é a própria pluralidade de ações[79] possíveis entre as mesmas partes dentro da relação

---

ao art. 492. In: CABRAL, Antonio do Passo, CRAMER, Ronaldo (orgs.). **Comentários ao novo código de processo civil**. 2ª ed. Rio de Janeiro: Forense, 2016. p. 727.

77 Conceituando decisão *citra petita*: "Diz-se *extra petita* a decisão que *(i)* tem natureza diversa ou concede à parte coisa distinta da que foi pedida, *(ii)* leva em consideração fundamento de fato não suscitado por qualquer das partes, em lugar daqueles que foram efetivamente suscitados, ou *(iii)* atinge sujeito que não faz parte do processo." DIDIER JR., Fredie; BRAGA, Paula Sarno; OLIVEIRA, Rafael Alexandria de. Comentário ao art. 492. In: CABRAL, Antonio do Passo, CRAMER, Ronaldo (orgs.). **Comentários ao novo código de processo civil**. 2ª ed. Rio de Janeiro: Forense, 2016. p. 727.

78 CARREIRA ALVIM, José Eduardo. Cumulação de pedidos, cumulação de ações e concurso de ações. **Revista Dialética de Direito Processual.** São Paulo, v. 28, p. 58-65, 2005. p. 60.

79 A cumulação de pedidos é uma cumulação de ações, pelo fato de que diversas ações existentes serão anexadas para um só processo. No entanto, é importante diferenciar cumulação de ações e concurso de ações, uma vez que a cumulação seria a possibilidade de serem concomitantes e julgadas ao mesmo tempo, já no concurso de ações, uma vez que se ajuíza uma das ações, com uma determinada pretensão, outra ação não será possível, por ser incompatível. Ambos fazem parte da cumulação de pedidos, sendo classificados os primeiros como próprios e os posteriores como impróprios. De

jurídica material entre estas, o que leva a um interesse de que haja a reunião de todas – quando forem processualizadas – em uma só, seja para que as decisões proferidas sejam coerentes, seja para uma economia processual[80].

A cumulação tem o intuito de através de uma mesma demanda e processo resolver vários conflitos de interesse, com ou sem a mesma causa de pedir. A economia processual é evidente e notória, dada a possibilidade de utilizar-se de mesmos atos processuais, mesmas citações e intimações, instrução probatória, atos decisórios e tudo mais. É a redução, em regra, de várias ações em somente uma sentença a ser prolatada, contudo esta terá um conteúdo plúrimo, com a existência de várias decisões internamente.

Outra qualidade da cumulação está em evitar a prolação de decisões contraditórias sobre mesmos fatos. Uma vez cumulados vários pedidos ou relações entre várias partes sobre pontos fáticos idênticos, ao proporcionar que somente um juízo conheça daqueles fatos, naturalmente, esta cognição valerá para julgar todos os pedidos e relações jurídicas existentes naquele processo, não contendo contradição na decisão a ser exarada, pela sua própria construção da narrativa fática decisória.

Um só processo para resolver diversas pretensões que poderiam multiplicar-se em tantas outras é uma economia para o Judiciário e, também, para as partes. Da mesma forma, é o impacto da harmonia entre as decisões, tanto para as partes quanto para o Judiciário, sendo pertinente que as decisões sejam construídas de maneira idêntica faticamente para as situações que impactam as mesmas partes, com causa de pedir idênticas ou interseccionais e, por vezes, pedido idêntico[81]. Tanto na existência de pluralidade de pedidos quanto plurali-

---

outro modo, Carreira Alvim entende de maneira diversa, que cumulação de ações seriam as ações em separado sendo juntas numa só demanda e cumulação de pedidos, aquela em que não haveria a compatibilidade: "haverá cumulação de ações sempre que permitida a propositura de duas ou mais ações em separado, vierem a ser, por conveniência da parte, ajuizadas conjuntamente, num único processo. (...) Haverá, no entanto, cumulação de pedidos sempre que, proposta uma das ações, não possa outra vir a ser ajuizada, por falta de objeto." CARREIRA ALVIM, José Eduardo. Cumulação de pedidos, cumulação de ações e concurso de ações. **Revista Dialética de Direito Processual.** São Paulo, v. 28, p. 58-65, 2005. p. 60.

80 GRECO, Leonardo. **Instituições do processo civil.** Vol. I. 5ª. ed. Rio de Janeiro: Forense, 2015. p. 200; ARMELIN, Donaldo. Notas sobre sentença parcial e arbitragem. **Revista de Arbitragem e Mediação.** n. 18, v. 5, São Paulo: Ed. RT, jul/set/2008. p. 280.

81 Sobre a harmonia de julgamentos sobre os mesmos pontos que possibilitaram a cumulação: "Esta necessidade – ao menos inicial – de julgamento simultâneo é decorrência de outro importante fundamento ligado à cumulação de demandas: a harmonia entre julgados. Busca-se evitar a prolação de decisões judiciais contraditórias acerca de pedidos conexos, situação que gera sentimento de injustiça e, consequentemente, de descrédito do Poder Judiciário." OLIVEIRA FILHO, Silas Dias de. **Julgamento fracionado**

dade de partes há uma economia processual e uma harmonização dos conteúdos das decisões sobre os fatos.

Mesmo diante dessas vantagens para as partes e para o Judiciário, a demanda se torna mais complexa, impactando essa complexidade no seu conteúdo, no objeto do processo, no objeto litigioso, na pretensão e no mérito, cada qual com a multiplicação e acréscimos materiais, com mais capítulos formais e materiais a serem analisados.

A cumulação pode ocorrer já no momento da petição inicial[82], com a indicação da sua complexidade diante de pedidos diferentes ou a formação de litisconsórcio – tanto ativo quanto passivo; ou, em momento ulterior[83], seja pela atitude do réu em ampliar a ação, em eventual reconvenção, com novos pedidos e partes ou requerendo a intervenção de terceiros.

Diante disso, a demanda passa a ser complexa em seu objeto quando tem mais de uma parte em um dos polos ou mais de um pedido entre partes únicas de cada polo. Consequencialmente, o procedimento torna-se mais complexo, o conteúdo múltiplo, os pressupostos processuais individualizam em cada parte e pedido, com mais questões e um objeto do processo mais complexo.

É importante enfrentar as duas possibilidades de pluralidade na demanda[84]: *de partes e de pedidos.*

1.3.1.1 A cumulação subjetiva ou de partes: litisconsórcio

A cumulação subjetiva de ações pode ocorrer pela pluralidade de partes no polo ativo, passivo ou em ambos[85].

---

do mérito e implicações no sistema recursal. São Paulo, SP, 2013. 256 p. Dissertação (Mestrado). Universidade de São Paulo. Programa de Pós-Graduação em Direito. p. 90.

82 DINAMARCO, Cândido Rangel. **Capítulos de sentença.** 3ª. ed. São Paulo: Malheiros, 2008. p. 64.

83 DINAMARCO, Cândido Rangel. **Capítulos de sentença.** 3ª. ed. São Paulo: Malheiros, 2008. p. 67.

84 "Com finalidade puramente didática, a doutrina costuma classificar as diversas espécies de cumulação de ações em função de dois critérios: o primeiro é o critério do elemento diverso nas ações cumuladas. De acordo com esse critério, a cumulação pode ser objetiva, quando o elemento diverso é um dos elementos objetivos da demanda, pedido ou causa de pedir; ou subjetiva, quando o elemento diverso é um ou mais de um dos sujeitos que são partes nas várias demandas." GRECO, Leonardo. Concurso e cumulação de ações. **Revista de Processo.** Vol. 147, Ano 32, p. 11-26, São Paulo: Ed. RT, mai/2007. p. 15.

85 "A cumulação de ações será subjetiva quando o polo ativo ou passivo for ocupado por mais de uma pessoa, ou quando houver pluralidade de sujeitos em ambos os polos." QUEIROZ, Pedro Gomes de. A cumulação de pedidos relativos ao Direito de

Essa cumulação não será sobre a causa de pedir e o pedido em si, mas no sentido de aumentar a subjetividade em torno da relação jurídica da ação, com a inclusão de mais de uma parte presente no polo ativo ou passivo.

Numa formação de um litisconsórcio, há uma junção de diversas ações, o que sugere uma cumulação de pedidos, ainda que não seja visível essa cumulação entre o mesmo autor e mesmo réu, mas uma ampliação das partes gera um desencadear de cumulações de pedidos, de outro modo[86], por mais que somente exista um pedido formalmente realizado, este será individualizado entre cada indivíduo de cada polo, numa relação complexa da própria ação.

A cada parte a mais do que a relação una de autor-réu, mesmo que de um polo ou de outro, cria uma cumulação subjetiva, uma ampliação do processo por causa da existência de um litisconsórcio ou intervenção de terceiros[87], tornando uma relação umbilical entre este instituto e a cumulação em si, multiplicando os pedidos da ação, mesmo que seja somente um[88].

A cumulação subjetiva – o litisconsórcio – pode ser classificada de diferentes modos, com critérios diversos[89]. Se for em relação aos polos do processo – ativo, passivo ou misto. Quanto ao momento de sua formação, pode ser na inicial ou em momento posterior/ulterior. Quanto a necessidade de sua formação classifica-se em necessário ou o facultativo. Quanto a possibilidade de cisão do objeto do processo e as decisões serem para cada um ou impactando todos conjuntamente, o litisconsórcio pode ser simples ou unitário.

A cumulação subjetiva, apesar de ser mais denominada como litisconsórcio, tem o condão de trazer consequências de caráter objetivo à ação, primeiramente por tornar o objeto litigioso do processo complexo e proporciona a divisão da própria ação e sua cognição judicial dividida em capítulos,

---

Família no CPC/2015. **Revista de Processo.** Vol. 262. ano 41. p. 261-285. São Paulo: Ed. RT, dez. 2016. p. 264.

86 Com a ponderação de Assis: "do ponto de vista substancial, a presença de várias pessoas, na qualidade de autores ou de réus, sugere um número correspondente de ações." ASSIS, Araken de. **Cumulação de ações.** 4ª. ed. São Paulo: Ed. RT, 2002. p. 136.

87 "O réu alarga o objeto do processo, ainda, quando chama ao processo um terceiro ou lhe denuncia a lide, em ambos os casos com pedido da condenação deste." DINAMARCO, Cândido Rangel. **Capítulos de sentença.** 3ª. ed. São Paulo: Malheiros, 2008. p. 67.

88 "pedir a condenação de dois a pagar é pedir uma sentença que, em capítulos autônomos, condene um e condene outro; e o juiz poderá condenar ambos, ou não condenar nenhum ou condenar só um deles e o outro não." DINAMARCO, Cândido Rangel. **Capítulos de sentença.** 3ª. ed. São Paulo: Malheiros, 2008. p. 69.

89 Ainda existe a figura do litisconsórcio eventual e o alternativo, nas bases do que explicamos sobre as cumulações de mesma espécie, o que significa que além de ocorrer a cumulação de pedidos, há a troca de parte impactada para o outro provimento judicial, seja eventual, seja alternativo.

com diferentes pedidos e impactos perante a cada autor e cada réu litisconsorte, dependendo da relação existente entre cada ator processual.

Um exemplo é um pedido de dano moral de um autor contra duas empresas que fizeram parte da relação jurídica consumerista, apesar de conter no processo somente um pedido de indenização pelo autor, há um pedido de condenação da empresa A e outro pedido de condenação da empresa B, com a necessidade de que a cognição judicial alcance cada um desses pedidos, por mais que pareça ser somente um, podendo, para tanto, ter a condenação de ambas, de somente uma delas ou a improcedência de ambas, o que torna uma cumulação de pedidos autêntica, na modalidade objetiva simples, apesar de o autor ter realizado aparentemente só um pedido.

A diferença está no litisconsórcio unitário, aquele que a decisão de mérito atinge todos as partes de igual maneira, sem conter ações cindidas[90]. A sentença prolatada será somente uma, como nas demais, mas sem a possibilidade de cisão em capítulos, mesmo com pluralidade de partes, pelo fato de que o pedido continua sendo somente um, mesmo produzindo eficácia a diversos atores, contudo é o mesmo efeito para todos unitariamente.

No litisconsórcio unitário, estas partes cumuladas em um dos polos se relacionam com o processo, com o outro polo e com os pedidos de modo uno, como se fosse somente uma parte, não como uma real pluralidade.

Outra ampliação subjetiva do processo está na hipótese do art. 73 do CPC, quando numa ação em que o objeto do processo versar sobre direito real imobiliário, para figurarem como autores, um cônjuge, caso não inclua o outro como litisconsorte, necessitará do consentimento daquele ausente para propor ação, salvo quando casados sob o regime de separação absoluta de bens. No caso de intentarem a demanda conjuntamente haverá um litisconsórcio ativo, o que nada diferencia das ações com pluralidade de partes, contudo caso não formem um litisconsórcio, há a necessidade do consentimento, porém com ambos se sujeitando ao resultado do julgamento final.

1.3.1.2 A cumulação objetiva ou de pedidos

Se o pedido é a delimitação material da demanda e a determinação do objeto litigioso do processo, com a consequência de que o juízo somente pode decidir nestes limites e com vedação a decisão diversa, além ou aquém, o

90 Sobre as cumulações e o cúmulo de demandas, imputando que a exceção é o litisconsórcio unitário: "É a hipótese do litisconsórcio ativo, passivo ou bilateral, sendo que, na grande maioria dos casos – a exceção é litisconsórcio unitário –, quando há cúmulo subjetivo, também há cúmulo objetivo de demandas." NOGUEIRA, Gláucia Assalin. **O julgamento parcial: possibilidade de cisão do julgamento de mérito relativamente à parte incontroversa da demanda.** São Paulo, SP, 2009. 191 p. Dissertação (Mestrado). Universidade de São Paulo. Programa de Pós-Graduação em Direito. p. 79.

pedido é o cerne do objeto do processo, o ponto consequencial do necessário esclarecimento pelas partes sobre os fatos a serem narrados ou, simplesmente, a causa de pedir.

Esse é o normal de uma ação, um autor, um réu, uma causa de pedir e um pedido.

O CPC/2015, em modo geral e igual aos ordenamentos anteriores, organiza a processualística voltada para uma demanda com um só pedido, afinal, "um único pedido singulariza uma única demanda[91]." Os institutos e a procedimentalidade comum é imaginada, abstratamente, para resolver uma ação com um só pedido, o que se denomina de pedido simples. Obviamente que o processo não fecha as portas para mais pedidos, somente não resolve todos os problemas de modo simplificado, permitindo, portanto, uma cumulação de pedidos, mas com uma sempre necessária acomodação procedimental, em graus de menor ou maior complexidade, pela própria economicidade e harmonia nas decisões futuras.

No entanto, pela quantidade de relações jurídicas e a complexidade da vida em sociedade e fatos juridicamente relevantes, é normal que uma mesma causa de pedir – seja remota, seja próxima – proporcione diversos direitos entre as diferentes partes, com a possibilidade de haver uma pluralidade entre danos ou controvérsias jurídicas entre estas e, assim, será cabível uma pluralidade de ações entre as mesmas partes.

Se é cabível, numa mesma causa de pedir entre aquelas partes, mais de uma ação, o art. 327 do CPC autoriza a cumulação de pedidos em uma mesma demanda. Essa cumulação possibilita ao autor em um só processo pleitear uma série de pretensões – tanto processuais quanto materiais, sem a necessidade de ajuizamento de diversas ações entre as mesmas partes, permitindo a reunião de todas em uma só demanda por jurisdição, com a concentração de atos[92] e economia processual[93].

Mas também é possível que se faça a cumulação de pedidos pelo autor sobre pontos materiais que não tenham conexão entre si, com causa de pedir totalmente diversa, como uma cumulação de ações totalmente diferentes entre si sobre os fatos, contudo com as mesmas partes no processo. Nessa hipótese,

---

91 TUCCI, José Rogério Cruz e. Reflexões sobre a cumulação subsidiária de pedidos. **Revista dos Tribunais (São Paulo).** Vol. 786, p. 57-67, Abril/2001. p. 59.

92 Numa demanda individual e simples, objetivamente, será somente uma citação, um juízo, uma instrução e uma sentença, em regra.

93 "em decorrência do princípio da economia processual, uma vez que o autor que possui mais de uma pretensão contra o mesmo réu, poderá cumular num único processo todos os pedidos, ao invés de ajuizar uma ação para cada um deles." ARRUDA, Paulo Gonçalves de. A sentença parcial vista pelos Tribunais e o reflexo do fracionamento do mérito no anteprojeto do novo Código de Processo Civil. **Revista de Processo.** Vol. 222, Ano 38, p. 257-292, São Paulo: Ed. RT, ago/2013. p. 266.

serão mesmas partes com pedidos diversos, o que torna uma cumulação de ações diversas com causas de pedir igualmente diferentes e não somente de pedidos dentro de uma mesma causa de pedir.

Essa economia processual com a cumulação de várias ações em uma só, de vários pedidos conjuntamente, torna mais fácil e célere o decorrer processual como um todo, contudo amplia objetivamente o processo[94], tornando-o mais complexo, no geral.

Num primeiro momento pode parecer que o processo ficará mais moroso ou com um andar mais delineado em minúcias e atrasos, com parcial razão, porém deve-se imaginar em cada ação caso fosse autônoma e seus consequentes procedimentos apartados seriam com prazos e trâmites diferentes, o que geraria mais trabalho e uma ineficiência em resolver todos os pontos conjuntamente, o que permite a visão de que numa cumulação de pedidos, mesmo que haja atrasos, no todo, proporciona uma economia processual e uma melhoria na prestação jurisdicional pela coerência e integridade do que se decide.

Para que seja possível a cumulação de pedidos, necessita-se do cumprimento de requisitos autorizantes para tanto. O art. 327, § 1º do CPC delineia que são requisitos de admissibilidade da cumulação: *(i) os pedidos sejam compatíveis entre si*[95]*; (ii) seja competente para conhecer deles o mesmo juízo; (iii) seja adequado para todos os pedidos o tipo de procedimento.*

O primeiro requisito é a compatibilidade entre os pedidos a serem realizados. Estes devem ter a possibilidade de coexistência na ação, sem a impossibilidade de que possam ser pleiteados conjuntamente. Um exemplo seria o pedido de anulação de um contrato, com outro de cobrança de uma cláusula do próprio contrato. Se todos os pedidos foram cumulados de modo próprio e

---

94 "a estrutura da demanda fica ampliada e, de igual modo, ampliados os limites do provimento jurisdicional possível." DINAMARCO, Cândido Rangel. **Instituições de direito processual civil.** Vol. II 6ª ed. São Paulo: Malheiros, 2009. p. 135.

95 A necessidade de que seja somente um procedimento é para a cumulação em que se deseja que todos os pedidos sejam julgados, no entanto, na cumulação imprópria, o intuito será de que não sejam julgados todos os pedidos, o que permite que hajam pedidos que sejam incompatíveis, pelo fato de que não se almeja o julgamento integral de ambos: "Por isso mesmo, aparece o art. 326 para explicar que, quando o autor sinalizar uma ordem prioritária de apreciação de demandas incompatíveis, não estará incorrendo no tipo do referido inciso, mas, em seu lugar, indicando ao magistrado que se satisfará, ainda que não integralmente, com outra(s) possibilidade(s) de acesso à tutela jurisdicional, que não aquela necessariamente indicada como primeira opção." EXPÓSITO, Gabriela; LIMA, Bernardo. Comentário ao art. 327. **Novo código de processo civil comentado – Tomo II (art. 318 ao art. 770).** Orgs: RIBEIRO, Sergio Luiz Almeida; GOUVEIA FILHO, Roberto Pinheiro Campos; PANTALEÃO, Izabel Cristina; GOUVEIA, Lucio Grassi de. São Paulo: Lualri, 2017. p. 37.

simples, com o intuito de que se analise todos os pedidos, logicamente estes são incompatíveis e, dessa maneira, não podem continuar a coexistirem.

Numa hipótese em que não houver a compatibilidade, o juízo deve intimar o autor a realizar a escolha sobre qual pedido almeja a continuidade. Excepcionalmente, em cumulação subsidiária ou alternativa, os pedidos podem ser incompatíveis, até pelo fato de que estes não devem ser apreciados ao mesmo tempo, mas subsidiária ou alternativamente, dispensando a compatibilidade como requisito.

O próximo requisito é a necessidade de que a competência seja a mesma para todos os pedidos. A cumulação somente pode existir, ser válida e possível se o juízo detiver todas as competências para julgar cada qual dos pedidos, seja material, territorial ou em razão das pessoas em juízo.

O primordial é que o juízo seja competente para o conhecimento da matéria e para julgar as pessoas em juízo, contudo sobre a territorialidade, se o autor optar pela cumulação de pedidos que em que o juízo não tem esta competência[96], não há a impossibilidade inicial de se cumular, somente com a pendência de que o réu alegue em contestação a incompetência relativa para aquele pedido, o que faria a necessidade de desmembramento daquele pedido para remessa ao juízo competente.

Por outro lado, se silente o réu na contestação, ocorrerá a prorrogação da competência[97] quanto ao pedido que o juízo não detinha a competência territorial, com a possibilidade de julgamento também desse pedido e, consequentemente, o cumprimento desse requisito.

Não é concebível uma cumulação em que o juízo somente tenha competência para um dos pedidos e não detenha para outro, se for em razão da matéria ou em das pessoas em juízo. Numa situação processual dessa, não há

---

96 Se a diferença sobre a competência for somente sobre a territorial, não há, inicialmente, uma incompetência para a cumulação, com a dependência sobre a manifestação do réu sobre a incompetência relativa, a qual, caso não seja alegada, prorrogará a competência para aquele juízo sobre o pedido cumulado: "Já em se tratando de incompetência em razão do território ou valor da causa (relativa), caso o réu não se oponha, o juiz não deverá repelir de ofício a cumulação, prorrogando-se a competência em relação a todos os pedidos." THAMAY, Rennan Faria Kruger. **Manual de direito processual civil.** 1. ed. São Paulo: Saraiva, 2018. p. 266.

97 Sobre prorrogação de competência: "Competência é a 'quantidade de jurisdição cujo exercício é atribuído a cada órgão ou grupo de órgãos', ou seja: a esfera dentro da qual todos os processos lhe pertencem. Essa esfera é determinada por outras regras, não pelas que acabamos de ver. A prorrogação, ao contrário, determina a modificação, em concreto, na esfera de competência de um órgão (isto é, com referência a determinado processo): trata-se, assim, de uma modificação da competência já determinada segundo outros critérios." CINTRA, Antônio Carlos de Araújo; DINAMARCO, Cândido Rangel; GRINOVER, Ada Pellegrini. **Teoria geral do processo.** 26ª. ed. São Paulo: Malheiros, 2010. p. 206.

como continuar com a cumulação, com a necessidade de opção da mantença do pedido que o juízo detém a competência e o desmembramento do outro para a remessa ao juízo competente.

O último dos requisitos é a necessidade de que todos os pedidos sejam adequados para o mesmo tipo de procedimento[98]. Esse requisito foi mantido no CPC/2015 de modo quase que inadequado. O requisito prima para que todos os pedidos detenham o mesmo procedimento, justamente para que haja a possibilidade de cumulação[99].

No ordenamento anterior era mais razoável tal requisito, pela existência de um rito sumário e um rito ordinário dentro do procedimento comum, além da existência de procedimentos especiais. Todavia, no CPC/2015 somente existe procedimento comum e especial[100], sem a bipartição que existia no procedimento comum.

---

98 O mesmo ocorre na execução, com a possibilidade de cumulação de execuções, desde que tenham o mesmo procedimento. O art. 780 do CPC dispõe o seguinte: "O exequente pode cumular várias execuções, ainda que fundadas em títulos diferentes, quando o executado for o mesmo e desde que para todas elas seja competente o mesmo juízo e idêntico o procedimento." Já Medina sobre o assunto: I. Cumulação de execuções. Presentes os requisitos previstos no art. 780 do CPC/2015, admite-se a cumulação de várias execuções. Em caso de incompatibilidade entre as execuções cumuladas, deve a execução ser extinta (nesse sentido, STJ, REsp 670.233/RN, 4.ª T., j. 04.03.2008, rel. Min. João Otávio de Noronha), desde que, intimado na forma do art. 801 do CPC/2015, o exequente não corrija o vício. Na jurisprudência, vem se decidindo que "é cabível a cumulação das execuções das obrigações de fazer – implantação do reajuste – e de pagar quantia certa – pagamento dos valores vencidos –, calcadas em título executivo oriundo de ação ajuizada contra a Fazenda Pública visando a percepção de reajuste de vencimentos, em homenagem aos princípios da efetividade e da celeridade da prestação jurisdicional" (STJ, REsp 952.126/RS, rel. Min. Laurita Vaz, 5.ª T., j. 18.08.2011). MEDINA, José Miguel Garcia. **Novo código de processo civil comentado.** 2ª ed. São Paulo: Ed. RT, 2015. p. 680.

99 Sobre não ter esse requisito quando se falar de cumulação imprópria: "Contudo, sinalizando a parte que deseja submeter a apreciação de pedidos incompatíveis por ordem subsidiária ou por alternatividade, conforme autoriza o Art. 326, nenhuma hipótese de indeferimento da inicial será observada." EXPÓSITO, Gabriela; LIMA, Bernardo. Comentário ao art. 327. **Novo código de processo civil comentado – Tomo II (art. 318 ao art. 770).** Orgs: RIBEIRO, Sergio Luiz Almeida; GOUVEIA FILHO, Roberto Pinheiro Campos; PANTALEÃO, Izabel Cristina; GOUVEIA, Lucio Grassi de. São Paulo: Lualri, 2017. p. 38.

100 Marcato explica a diferenciação que permeia a necessidade de existência de procedimentos especiais: "Os procedimentos especiais diferenciam-se do ordinário com maior ou menor intensidade, sendo bastante freqüente, aliás, que em alguns deles aquele rito passe a vigorar a partir de um determinado momento, até o provimento final. Por isso mesmo, há procedimentos especiais que diferem do ordinário apenas pelo acréscimo de um ato inicial (v.g., ações possessórias), outros são inicialmente especiais, mas conversíveis ao rito ordinário (v.g., ação de depósito), outros também são inicialmente

Dessa feita, esse requisito funciona como um meio para que o procedimento especial não seja atrapalhado pelo procedimento comum, numa espécie de impossibilidade de cumulação e da manutenção da especialidade. Mas, sobre o que ocorria entre o sumário e o ordinário, não há mais nada que impacte, pelo fato de que o sumário não mais existe no ordenamento.

Há uma preocupação mútua nessa ressalva de possível incompatibilidade entre os pedidos de procedimentos diversos. A cautela persiste em uma visão de mão dupla, tanto o procedimento comum de determinado pedido não tornando ineficaz um procedimento especial quanto ao inverso, com a especialidade ser tamanha que inviabilize o procedimento comum[101].

Diante de tal requisito, se a parte propuser uma demanda pelo procedimento especial, para que continue por esse rito, não poderia continuar com a cumulação de pedido que fosse pelo procedimento comum, contudo a recíproca não seria verdadeira, com a possibilidade de que o procedimento comum acatasse pedidos que podem ser realizados via especiais, ao menos em regra. Essa já era a posição do ordenamento anterior e, manteve-se no atual, na dicção de parte do art. 327, § 2° do CPC quando houver a cumulação de um pedido naturalmente de procedimento comum com outro que seja de procedimento especial, será admitida a cumulação se o autor empregar o procedimento comum para ambos.

A amplitude cognitiva, a possibilidade de ampla defesa, com mais prazos e instrução probatória permitem que o procedimento comum suporte pedidos que são de procedimentos especiais, apesar de que isso pode representar uma perda ao autor, justamente por realizar essa opção. Há, de certa maneira, uma opção do autor pela procedimentalidade comum e um transcurso temporal maior, teoricamente.

No entanto, o art. 327, § 2° do CPC representa uma quebra ou ruptura do requisito sobre a incompatibilidade[102]. A inteireza de sua dicção é completada pela

---

especiais, convertendo-se, após, ao rito das ações cautelares (v.g., ação de nunciação de obra nova), e outros há, finalmente, irredutivelmente especiais (v.g., o inventário)." MARCATO, Antonio Carlos. **Procedimentos especiais.** São Paulo, 1997. p. 37/38.

101 "Só não será possível, então, esta cumulação quando as técnicas diferenciadas forem realmente incompatíveis com o procedimento comum, e seu uso desnaturaria o procedimento especial por completo (como se daria, por exemplo, em algum caso em que se quisesse cumular uma demanda de inventário e partilha com outra de investigação de paternidade, a qual segue o procedimento comum, pois isto desnaturaria completamente o procedimento especial do inventário e partilha)." CÂMARA. Alexandre Freitas. **O novo processo civil brasileiro.** 4ª ed. São Paulo: Atlas, 2018. p. 194.

102 No tocante a procedimentos diversos, o art. 327, § 2º do CPC traz uma outra concepção ao requisito da compatibilidade de procedimentos, com a viabilidade de flexibilizar o comum para adequar técnicas especiais. "Contudo, o § 2º prevê que, se adotado o procedimento comum, poderá haver cumulação pedidos de diversos ritos, pois, quando, para cada pedido, corresponder tipo diverso de procedimento, será admitida a cumulação

possibilidade de seguir o procedimento comum, mesmo com pedido atinente a procedimento especial, sem prejuízo do emprego das técnicas processuais diferenciadas previstas nos procedimentos especiais a que se sujeitam um ou mais pedidos cumulados, desde que não sejam incompatíveis com as disposições sobre o procedimento comum.

Esse ponto é novel no ordenamento e permite uma interpretação dialógica mais ampla para esse requisito, uma espécie de adaptabilidade maior pelo procedimento comum das especialidades dos procedimentos específicos. Uma vez proposta uma ação em que houver cumulação entre pedidos de procedimentos diversos – comum e especial, observar-se-á, para todos os pedidos, o procedimento comum[103], adaptando o pedido com procedimento especial para a generalidade, com a devida inclusão, para o pedido especial, das técnicas diferenciadas e peculiares daquele procedimento, continuando possíveis e pertinentes para aquela demanda.

Ou seja, há um total diálogo entre os procedimentos, com a possibilidade de utilizar os pontos específicos inerentes ao procedimento especial trazendo-os

---

se o autor empregar o procedimento comum, sem prejuízo do emprego das técnicas processuais diferenciadas previstas nos procedimentos especiais a que se sujeitam um ou mais pedidos cumulados, que não forem incompatíveis com as disposições sobre o procedimento comum." THAMAY, Rennan Faria Kruger. **Manual de direito processual civil.** 1. ed. São Paulo: Saraiva, 2018. p. 266.

103 Ainda no ordenamento passado, Barbosa Moreira realizava uma ressalva procedimento sobre a escolha sobre os pedidos e tal compatibilização, sugerindo várias hipóteses e, no final, possibilitando todos os pedidos pelo rito ordinário. No CPC/2015 não há o rito ordinário, dada a desnecessidade de diferenciação com o sumário, existindo, portanto, o comum, o que seria o equivalente ao ordinário citado por Barbosa Moreira: "A falta de requisito de compatibilidade entre os pedidos (quando exigível) acarreta o indeferimento da petição inicial, por inepta. (...) Quanto à adequação do procedimento, convém distinguir três hipóteses: a) o autor pretende cumular pedidos para os quais indica, corretamente, ritos diversos (erro concernente à cumulabilidade, não à indicação dos procedimentos adequados): é inviável o processo conjunto, mas a inicial pode ser deferida em relação a um dos pedidos, restando ao autor – a quem se deve abrir a oportunidade de manifestar-se – destacar o outro para o processamento em separado (...) b) o autor pretende cumular pedidos a que deveriam corresponder ritos diversos, indicando para todos, entretanto, o mesmo rito não-ordinário (erro concernente à indicação de procedimentos adequados): a cumulação é inadmissível (...), cumprindo ao juiz indeferir a inicial no tocante aos pedidos a que corresponda rito diferente do indicado pelo autor (...), a menos que este concorde, sendo possível, em vê-los processos todos pelo rito ordinário (...); c) o autor pretende cumular pedidos a que corresponderiam ritos diversos, indicando para todos o ordinário: se nenhum pedido for com este incompatível, admitir-se-á a cumulação; relativamente ao que o for, será indeferida a inicial." BARBOSA MOREIRA, José Carlos. **O novo processo civil brasileiro.** 20°. ed. Rio de Janeiro: Forense, 2000. p. 17/18.

para o procedimento comum, adaptando para aquele pedido em específico[104]. De certo modo, o art. 327, § 2º do CPC redimensiona o requisito da compatibilidade procedimental para a cumulação, com a sua manutenção legal, mas com total liberdade de adaptabilidade.

A princípio pode parecer que a conexão[105] fosse necessária para que houvesse a cumulação de pedidos, contudo o *caput* do art. 327 do CPC finaliza com a positivação sobre a desnecessidade de conexão entre os pedidos. Não há, portanto, nenhuma necessidade de que os pedidos sejam conexos, se forem sobre as mesmas partes, com o intuito de solucionar-se o que existir de matérias e conflitos entre as mesmas, será lícita a cumulação, obviamente que se atentando ao preenchimento dos outros requisitos para a cumulação.

1.3.2 As espécies de cumulação de pedidos

A possibilidade de os pedidos serem cumulados passa pela economicidade das ações e da própria prestação jurisdicional guardar harmonia decisória, porém, apesar de toda essa abertura para tanto, as cumulações de pedidos não serão sempre as mesmas, dependendo das espécies de pedidos a serem realizados, das relações jurídicas narradas e do modo que sejam realizados, o que importa, consequentemente, que as cumulações sejam também de maneiras diferentes.

Desse modo, haverá cumulação *própria* e *imprópria*[106], as quais serão enfrentadas uma a uma a seguir.

---

104 Essa compatibilização excepcional dos procedimentos, trazendo o comum como base e certas peculiaridades do especial, no entanto essa tentativa não deve ocasionar nenhuma prejudicialidade: "Caso se cumulem pedidos que devam tramitar por procedimentos diversos, devem ambos tramitar pelo procedimento comum. Muitos dos procedimentos especiais o são apenas em sua fase inicial, ou em relação a alguma peculiaridade, e seguem, em sua maior parte, o procedimento comum (p.ex., quanto às ações possessórias, art. 566 do CPC/2015). Assim, não se afasta a observância de técnicas processuais específicas, previstas em procedimentos especiais, desde que compatíveis com o procedimento comum (cf. § 2.º do art. 327 do CPC/2015). É o que pode ocorrer, quando cumulam-se pedido de consignação em pagamento e de revisão de cláusulas contratuais (cf. STJ, REsp 464.439/GO, 3.ª T., j. 15.05.2003, rel. Min. Nancy Andrighi)." MEDINA, José Miguel Garcia. **Novo código de processo civil comentado.** 2ª ed. São Paulo: Ed. RT, 2015. p. 335.

105 A conexão não é necessária, contudo se houver conexão, mais fácil a própria construção da cumulação. Sobre conexão e tríplice identidade: ARAGÃO, E. D. Moniz de. Conexão e tríplice identidade. **Revista de Processo**. Vol. 29, Ano 8, p. 50-57, São Paulo: Ed. RT, Jan/Mar/1983.

106 Assis divide em nomenclatura diversa, nomeando como sentido estrito a simples e sucessiva e sentido amplo a eventual ou subsidiária: ASSIS, Araken de. **Cumulação de ações.** 4ª. ed. São Paulo: Ed. RT, 2002. p. 200.

1.3.2.1 A cumulação própria

A cumulação própria existe pela intenção do autor em trazer na ação proposta uma pluralidade de pedidos com o intuito de que todos sejam analisados pelo juízo[107], para o devido pronunciamento judicial sobre todos aqueles que foram incluídos no ato de demanda do autor. Ou seja, o autor cumula os pedidos com o intuito de que sua totalidade seja devidamente apreciada e julgada, sendo todos os pedidos devidamente componentes daquela ação.

É uma autêntica cumulação de ações, com a busca pelo autor de que todas os pedidos sejam acolhidos ao mesmo tempo, sem excluir um pedido pelo julgamento do outro. Persiste, portanto, uma autonomia entre os pedidos realizados e cumulados.

A cumulação própria divide-se em *simples* e *sucessiva*.

Cabe, então, a análise das espécies dessa divisão.

1.3.2.1.1 Cumulação simples

A cumulação simples é a realização de dois ou mais pedidos na demanda que guardam total independência entre si, não importando o resultado de um pedido para que se julgue o outro. Não há, portanto, condicionamento entre os pedidos, podendo até um ser de total procedência e outro ser de total improcedência ou qualquer outro resultado.

O fundamento para cumular as ações está na economicidade para todos os atores processuais, mas não há nenhuma necessidade para tanto, uma vez que há total autonomia e independência entre os pontos, com a possibilidade até de propor ações autônomas para cada pedido[108]. Um dos exemplos mais simples e utilizado é o mesmo fato que gera a possibilidade de um pedido de dano material ensejar a cumulação do pedido de dano moral[109]. Há uma notória autonomia e

---

107 "A consequência decorrente da conexão é a possibilidade de reunião dessas demandas, para que sejam julgadas simultaneamente (CPC, arts. 55, caput e § 1º). Na verdade, são possíveis de identificação na conexão o interesse das partes e o interesse público a exigir que semelhantes questões sejam julgadas pelo mesmo magistrado." LUCON, Paulo Henrique dos Santos. **Relação entre demandas.** 2ª. ed. Brasília: Gazeta Jurídica, 2018. p. 85.

108 "os pedidos nada têm de comum entre si, a não ser os sujeitos. Poderiam ser formulados em processos autônomos, sem qualquer prejuízo, salvo maior dispêndio de tempo e de dinheiro. O juiz poderá acolher a todos, ou rejeitar a todos, como por igual acolher algum e rejeitar outros." CALMON DE PASSOS, José Joaquim. **Comentários ao código de processo civil.** Vol. III, 6ª ed. Rio de Janeiro: Forense, 1989. p. 202.

109 É o que se tem, por exemplo, no caso de o autor formular, com base em um mesmo evento, reparação por danos materiais e morais.

independência, sem a necessidade de procedência do dano material para que haja o moral e vice-versa.

Nessa espécie, como não há relação entre os pedidos, não há subordinação, tampouco hierarquia entre estes. Todavia, há de se imaginar dois pontos diferentes sobre a cumulação simples e as relações destes pedidos com a causa de pedir e as questões de fato a serem resolvidas: *dependentes; ou independentes.*

Num primeiro ponto pode haver conexão entre os pedidos e as narrativas fáticas, o que impõe uma dificuldade de imaginar uma independência total entre as ações cumuladas, justamente pelos fatos e a causa de pedir serem inerentes a ambos os pedidos. Ou seja, ambos os pedidos dependem da resolução das mesmas questões de fato insertas na causa de pedir.

Nessa hipótese, evidentemente que apesar de existir autonomia de cada pedido cumulado, pela ampla possibilidade de resultado que cada qual pode conter, ainda assim, há uma conexão na causa de pedir sobre a resolução das questões de cognição fática, por exemplo. Mesmo que houvesse a possibilidade de propor ações independentes, os processos seriam reunidos pela conexão[110] de causa de pedir[111], nos moldes do art. 55, § 1º do CPC[112], para que não fossem prolatadas decisões diversas sobre as mesmas questões de fato controvertidas.

---

110 "Conexão é fenômeno típico da relação de semelhança entre duas ou mais demandas que tenham um ou mais elementos constitutivos em comum, sem terem todos porque não seriam, nesse caso, conexas (ou semelhantes), mas iguais." LUCON, Paulo Henrique dos Santos. **Relação entre demandas.** 2ª. ed. Brasília: Gazeta Jurídica, 2018. p. 81.

111 "A conexão própria é aquela que leva em conta a identidade parcial em relação aos elementos identificadores da demanda, causa de pedir e/ou pedido." LUCON, Paulo Henrique dos Santos. **Relação entre demandas.** 2ª. ed. Brasília: Gazeta Jurídica, 2018. p. 83.

112 Sobre a junção de ações já distribuídas, mas com conexão: "No entanto, o fato de serem os processos reunidos para decisão conjunta, não significa que as ações sejam necessariamente conexas, porque podem não ser, e, no entanto, ainda assim, as sentenças deverem ser proferidas em conjunto. Destarte, embora duas ou mais ações, por serem conexas, devam ser decididas por um mesmo juízo, para evitar decisões contraditórias, nem toda reunião de ações, para evitar decisões contraditórias, resulta necessariamente da conexão. Nem sempre o propósito de evitar decisões contraditórias resulta, necessariamente da conexão de causas, como também, nem toda conexão de causas é imposta para evitai" decisões contraditórias, podendo sê-lo por simples questão de economia processual. Exemplo da primeira hipótese se tem numa ação de cobrança ajuizada pelo credor do título contra o seu devedor, e outra ação anulatória desse mesmo título ajuizada por um terceiro contra o credor do título, casos em que não há perfeita identidade de partes; a causa de pedir é diversa, o objeto, embora comum, também é diverso – num caso é a cobrança e. no outro, a anulação – mas impõe-se a reunião dos processos para evitar sentenças conflitantes." ARAÚJO, André Luiz Maluf de. Comentário ao art. 55. **Novo código de processo civil comentado – Tomo I (art. 1 ao 317).** Orgs: RIBEIRO, Sergio Luiz Almeida; GOUVEIA FILHO, Roberto Pinheiro Campos; PANTALEÃO, Izabel Cristina; GOUVEIA, Lucio Grassi de. São Paulo: Lualri, 2017. p. 68.

No segundo ponto, totalmente diferente será aquela cumulação entre pedidos forem independentes na questão de fato, sem conexão de causa de pedir, o que enseja uma independência nessa cognição sobre a análise da causa de pedir e as questões de fato ali envoltas, independendo totalmente as ações que estão juntas pelos pedidos de uma das partes.

Nessa situação, não há nenhum impacto de uma resolução na outra, nem em questões anteriores, mas uma independência total entre os pedidos, sem nenhuma interferência da resolução da causa de pedir de cada qual no outro pedido. Essas ações até poderiam ser propostas em separado, contudo pela economicidade, o autor pode entender como pertinente propor tudo em uma só demanda, mesmo que não haja necessidade de decisão idêntica sobre as questões de fato, justamente por estas serem independentes para cada pedido.

1.3.2.1.2 Cumulação sucessiva

A cumulação sucessiva ocorre quando um segundo pedido somente tem a possibilidade de ser apreciado quando o primeiro for julgado[113] e, ainda, o resultado for pela procedência do anterior[114] – ou parcial procedência, dependendo do conteúdo. Há uma total interligação e subordinação do segundo pedido à procedência do primeiro pedido, sem nenhum grau de independência, apesar de autônomos em termos materiais.

Notadamente, há um vínculo entre os pedidos, com hierarquia de apreciação[115] e condicionamento de resultado para que se aprecie o segundo pedido. O primeiro pedido será analisado em sua integralidade – quando estiver proces-

---

113 "Sucessiva é a cumulação quando entre os pedidos haja relação de tal dependência que a decisão do segundo dependa da acolhida do primeiro. Ex.: ação de filiação cumulada com a petição de herança, ação de demarcação cumulada com a de divisão." SANTOS, Moacyr Amaral. **Primeiras linhas de direito processual civil: Processo de conhecimento.** Vol. I, 25ª. ed. Rio de Janeiro: Saraiva, 2007. p. 191.

114 Nesse sentido: "Concebe-se o autor formular um segundo pedido que, em relação ao primeiro, dependa de sua procedência. Ele pede o acolhimento dos dois pedidos; apenas o último, em virtude do seu caráter de dependência, decorre do êxito do primeiro." ASSIS, Araken de. **Cumulação de ações**. 4ª. ed. São Paulo: Ed. RT, 2002. p. 255/256.

115 Dependendo da cumulação pretendida pelo autor, há uma relação de hierarquia temporal e sucessiva entre os pedidos, sendo possível o julgamento único ou a decisão parcial, com a necessidade de que não se julgue parcialmente o que somente pode ser conhecido dependendo do resultado de outro pedido. Armelin discorre sobre essa restrição: "É fundamental que as cumulações, sendo o caso, respeitem a relação existente entre as pretensões cumuladas, de modo a que aquela subordinada ao êxito da outra não se decida em primeiro lugar por sentença parcial." ARMELIN, Donaldo. Notas sobre sentença parcial e arbitragem. **Revista de Arbitragem e Mediação.** n. 18, v. 5, São Paulo: Ed. RT, jul/set/2008. p. 274.

sualmente apto a fazê-lo, contudo não se pode garantir que o segundo pedido seja apreciado e julgado, justamente por ser sucessivo ao primeiro, somente ocorrendo sua apreciação se houver a procedência ao primeiro[116].

O segundo pedido detém uma relação de prejudicialidade[117] quanto ao primeiro, uma vez que se este último for julgado improcedente estará prejudicada qualquer análise quanto ao pedido posterior.

No entanto, é pertinente não se confundir, necessariamente, a sucessividade e a sua relação de condicionamento e hierarquia[118] de apreciação sobre qualquer vinculação de resultado específico do pedido posterior, sobre o segundo pedido, uma vez que o primeiro pedido é somente uma condição prejudicial para

---

116 Sobre a vinculação entre os pedidos, o principal e o sucessivo: "Tratar-se-á de cumulação sucessiva quando houver vinculação entre os pedidos, de tal forma que os posteriores somente possam ser deferidos em caso de procedência também do primeiro pedido. Os pedidos posteriores ao primeiro não podem ter existência sem o primeiro. Por exemplo, somente podem ser concedidos os pedidos de alimentos, ou de petição de herança, se deferido o primeiro pedido, que tratava da definição da paternidade, ou da maternidade do autor; ou, em outra hipótese, somente pode haver a condenação ao pagamento de uma determinada multa, se antes for decidida a rescisão do contrato pelo seu descumprimento pelo réu." TJÄDER, Ricardo Luiz da Costa. **Cumulação eventual de pedidos.** Porto Alegre: Livraria do Advogado, 1998. p. 34.

117 "é aquela em que um pedido é prejudicial a outro, vale dizer, o segundo pedido somente será apreciado quando procedente o primeiro." CALMON DE PASSOS, José Joaquim. **Comentários ao código de processo civil.** Vol. III, 6ª ed. Rio de Janeiro: Forense, 1989. p. 203.

118 Barbosa Moreira denomina como antecedência lógica. BARBOSA MOREIRA, José Carlos. Questões prejudiciais e questões preliminares. **Direito processual civil (ensaios e pareceres).** Rio de Janeiro: Borsoi, 1971. p. 53. "Com a propositura da ação declaratória incidente passa o processo a ter duplo objeto: ambas as questões – a subordinante e a subordinada – passam a ser questões principais, integrando o *thema decidendum*, que se dilata. Até então, o juiz teria sem dúvida de examinar a questão subordinante, mas apenas – repita-se – como etapa lógica do seu itinerário mental. Agora, cumpre-lhe julgá-la. Desde a propositura da declaratória incidente, há processo cumulativo. O órgão judicial defronta-se com duas ações, a cada uma das quais corresponde um pedido perfeitamente individualizado. A sentença que se pronunciar sobre ambas será objetivamente complexa: conterá, na verdade, dois julgamentos, o do pedido primitivo e o do pedido superveniente (formulado pela mesma ou pela outra parte) de declaração da existência ou inexistência da relação jurídica subordinante, É profunda, como se vê, a transformação sofrida pela estrutura do processo quando se propõe ação declaratória incidente." BARBOSA MOREIRA, José Carlos. Os limites da coisa julgada no sistema do novo código de processo civil. **Temas de direito processual civil.** São Paulo: Saraiva, 1977. p. 94.

a apreciação ou não do segundo.[119] Um exemplo notório está na ação rescisória, no pedido rescindendo e rescisório. Se alcançar-se o julgamento de mérito da ação rescisória, necessariamente haverá a apreciação e julgamento do pedido rescindendo, se a decisão transitada em julgado com suposto vício será, ou não, anulada. Com esse julgamento, se o resultado for pela procedência da rescisão e anulação, abre-se a possibilidade para o julgamento do pedido rescisório, para que se julgue novamente a demanda.

Nesse exemplo, há uma cumulação sucessiva de pedidos.

O primeiro pedido deve ser apreciado e, dependendo do seu resultado pela procedência, abre-se a possibilidade, em sucessividade, de análise do segundo pedido. Por outro lado, se o primeiro pedido for pela improcedência – no exemplo, da ação rescisória – não necessita de análise o segundo pedido, restando prejudicado.

No entanto, não há nenhuma relação entre a procedência do primeiro pedido e a procedência do segundo pedido. Há a relação de sucessividade, contudo não há vinculação de resultados. Ainda no exemplo da ação rescisória, o pedido rescindendo pode ser procedente, com a abertura para a análise do pedido posterior, o rescisório, com a total liberdade e autonomia sobre este, com qualquer possibilidade de resultado.

De maneira geral, na cumulação sucessiva, o primeiro pedido é a premissa[120] para a análise do segundo pedido, mesmo com a autonomia entre eles.

1.3.2.2 A cumulação imprópria

A cumulação será imprópria nas hipóteses em que o autor que assim pleiteia não almeja a análise e o provimento de todos os pedidos, somente quer a análise de um pedido, seja um determinado ou outro, ambicionando, processual e cognitivamente, a amplitude de pedidos existentes como um salvaguardo para a improcedência de um determinado. Não há o intento pelo autor para que o

---

119 "a relação entre os dois pedidos pode ser de prejudicialidade sem acessoriedade, pois ambos os pedidos guardam sua própria autonomia, embora o acolhimento de um deles seja premissa necessária para o acolhimento do outro. É o que ocorre na cumulação do pedido de reconhecimento de paternidade com a petição de herança: sem que seja tornada certa a filiação, impossível se apreciar o direito à sucessão." CALMON DE PASSOS, José Joaquim. **Comentários ao código de processo civil.** Vol. III, 6ª ed. Rio de Janeiro: Forense, 1989. p. 203.

120 "Os mesmos requisitos de admissibilidade incidem sobre o cúmulo de pedidos ligados por relação de subordinação. Mas, nessa hipótese, o juiz somente apreciará o pedido cumulado (subordinado) uma vez acolhido o primeiro pedido (subordinante)." LUCON, Paulo Henrique dos Santos. **Relação entre demandas.** 2ª. ed. Brasília: Gazeta Jurídica, 2018. p. 59.

pronunciamento judicial seja sobre todos os pedidos, porém somente na hipótese de não ser procedente um deles, que o outro seja.

Essa é a diferença entre a cumulação própria e a imprópria.

A primeira classificação cumula os pedidos com o intuito de todos serem analisados, com a pretensão de que o juízo proceda à análise da completude do que for pleiteado, já na imprópria, o enquadramento é diverso, com o autor aproveitando-se da existência de um processo para que possa realizar pedidos diversos, contudo contenta-se com a análise de um deles.

Na cumulação imprópria, o intuito é o acolhimento de somente um dos pedidos[121] e, assim sendo, positivamente, há a desnecessidade de análise dos demais, como uma exclusão da jurisdição para estes, justamente pela jurisdição do anterior julgado satisfazer a pretensão do autor.

A cumulação imprópria divide-se em *eventual* e *alternativa.*

1.3.2.2.1 Cumulação eventual ou subsidiária

A cumulação eventual trabalha em outro plano da cumulação sucessiva[122], uma vez que existe uma pluralidade de pedidos, porém a apreciação de um segundo pedido está condicionada a ser analisada somente se o primeiro pedido não for julgado procedente, conforme a dicção do art. 326 do CPC.

Os pedidos serão listados de modo subsidiário, com uma ordem de preferência para a análise do juízo formulada pelo autor, com a possibilidade de conhecimento do pedido posterior somente quando o juízo não acolher o anterior. O intuito do autor não está na análise de todos os pedidos, mas na possibilidade ampliativa de análise de outro pedido, na hipótese do primeiro não

121 "ao passo que nas hipóteses de cumulação alternativa e de cumulação eventual são chamadas de casos de cumulação imprópria, exatamente porque, nelas, o que se postula é apenas um dos pedidos formulados." CUNHA, Leonardo José Carneiro da. O § 6º do art. 273 do CPC: Tutela Antecipada Parcial ou Julgamento Antecipado Parcial da Lide? **Revista Dialética de Direito Processual.** n. 1, p. 109-126, São Paulo: Dialética, Abril/2003. p. 112.

122 De certa maneira, há também uma sucessividade na cumulação subsidiária, no entanto as diferenças estão nos resultados necessários para que a apreciação do pedido ocorra. Na primeira, a própria sucessiva, a procedência do primeiro pedido permite a análise do pedido posterior, já na segunda, a imprópria subsidiária ou eventual, a improcedência de um determinado pedido permite a análise do pedido posterior. Há, portanto, uma sucessividade em ambos, contudo no primeiro é uma questão de prejudicialidade, de condicionamento da análise do segundo pedido pela procedência do primeiro, uma interligação entre ambos. Na segunda cumulação, a condição é a própria escolha do autor que dispõe de duas possibilidades de jurisdição, contudo elenca uma preferência por uma e, caso esta não ocorra a procedência, abre-se o caminho para a análise do segundo pleito.

ser acolhido. Como há uma ordem nos pedidos, evidentemente, há um pedido principal e os demais são subsidiários e somente serão julgados na eventualidade do não acolhimento do principal pelo juízo[123].

Há uma prejudicialidade[124] entre os pedidos, sem a possibilidade de que todos sejam analisados concomitantemente. O autor, apesar de cumular diversos pedidos, insere uma ordem de preferência sobre os pedidos para aquela solução jurídica, com a menção de que um posterior somente será julgado quando ocorrer o não acolhimento de um determinado pedido anterior.

No eventual acolhimento do pedido anterior, consequentemente, há o prejuízo dos demais pedidos, sem a possibilidade de julgá-los, não por prejuízo para a parte, mas pela própria escolha realizada por esta, por satisfazer-se com o acolhimento de determinado pedido principal[125].

Apesar de não ter nenhum intuito de que todos os pedidos sejam apreciados, uma vez que determinou a sua preferência e hierarquia entre os pedidos, pode acontecer de todos os pedidos sejam analisados, caso o primeiro seja não acolhido, com a subsidiariedade para a análise do pedido conseguinte e, se houver mais pedidos, de mesmo modo, com a improcedência de um gerando a abertura para a análise do próximo.

Um ponto pertinente a se observar nessa espécie de cumulação é a identidade de causa de pedir, contudo com a disposição pelo autor de diversos pedidos sobre a mesma causa de pedir com o intuito de solucioná-la, judicialmente, por meios diferentes, porém com a satisfação do autor numa ordem de preferência de soluções. Se a primeira solução almejada for procedente, a

---

123 O normal será que haja um pedido principal, aquele que o autor explicita ser o preferencial para a procedência, contudo pode ser que esse não seja o mais fundamento pedido, o que pode sofrer críticas: "inconveniente desta cumulação, perfeitamente apanhado pelo tirocínio de José Alberto dos Reis, e repetido por Calmon de Passos, a crer-se na falta de ordem específica, reside na dúvida do autor sobre o acolhimento da ação principal, e, por isso, formula a outra, talvez mais sólida, para o caso de não vingar a primeira. Este aspecto frágil da inicial merecerá a crítica do réu atento, que, por certo, irá explorá-lo." ASSIS, Araken de. **Cumulação de ações**. 4ª ed. São Paulo, Ed. RT, 2002. p. 236.

124 "os pedidos não se situam no mesmo plano, mas um deles é formulado como principal e outro, só na eventualidade de não ser possível acolher o principal." CALMON DE PASSOS, José Joaquim. **Comentários ao código de processo civil.** Vol. III, 6ª ed. Rio de Janeiro: Forense, 1989. p. 204.

125 "o provimento jurisdicional de procedência do primeiro fulmina (implicitamente) o interesse processual e, consequentemente, exaure a pretensão do autor em relação ao pedido subsidiário." TUCCI, José Rogério Cruz e. Reflexões sobre a cumulação subsidiária de pedidos. **Revista dos Tribunais (São Paulo).** Vol. 786, p. 57-67, Abril/2001. p. 60.

causa de pedir está julgada e resolvida, sem adentrar-se nos outros pedidos, os quais são descartados e impossibilitados de serem novamente demandados[126].

Dessa maneira, não há uma cumulação *a priori* de ações, mas somente uma cumulação de pedidos possíveis, por tais motivos de modo impróprio, até pelo fato de que se julgado procedente o primeiro pedido, o segundo nem será considerado, o que levaria a uma só demanda inserta no processo.

Nessa hipótese os pedidos podem até ser de procedimentos incompatíveis[127], pelo fato de que não almeja o julgamento conjunto, mas subsidiário[128].

1.3.2.2.2 Cumulação alternativa

A cumulação alternativa[129] existe quando o autor formular mais de um pedido de modo alternativo, com a liberdade para que o juízo acolha qualquer deles[130], em conformidade com o art. 326, parágrafo único do CPC.

---

126 Nessa hipótese, há uma coisa julgada sobre aquilo que não foi julgado, no teor do art. 508 do CPC, o qual descreve-se para uma melhor análise: **Art. 508.** Transitada em julgado a decisão de mérito, considerar-se-ão deduzidas e repelidas todas as alegações e as defesas que a parte poderia opor tanto ao acolhimento quanto à rejeição do pedido.

127 Sobre a possibilidade de pedidos incompatíveis: "Cumulação imprópria, ao revés, é o fenômeno da presença de pluralidade de demandas incompatíveis (v. §3o do Art. 327), de maneira que o seu deferimento simultâneo configura bis in idem, circunstância vedada pela ordem jurídica. Ora, a oferta de demandas incompatíveis gera, a priori, conforme estatuído no inc. IV do Art. 330 do CPC, a inépcia da petição inicial e, por consequência, o seu indeferimento liminar." EXPÓSITO, Gabriela; LIMA, Bernardo. Comentário ao art. 327. **Novo código de processo civil comentado – Tomo II (art. 318 ao art. 770).** Orgs: RIBEIRO, Sergio Luiz Almeida; GOUVEIA FILHO, Roberto Pinheiro Campos; PANTALEÃO, Izabel Cristina; GOUVEIA, Lucio Grassi de. São Paulo: Lualri, 2017. p. 37.

128 Se o pleito do autor é pela análise de um pedido e, somente após a improcedência deste, analisa-se o outro, são duas demandas que não serão necessariamente julgadas: "Verifica-se que no concernente aos pressupostos de admissibilidade da cumulação subsidiária de pedidos não prevalecem com a mesma intensidade aqueles ditados pelo art. 292 do CPC (LGL\1973\5) para as demais espécies de cumulação. Com efeito, a legislação processual dispensa, nesse tipo de cúmulo, qualquer compatibilidade ou nexo substancial entre os pedidos. E isso porque, como já afirmado, não se inserem eles no mesmo plano axiológico." TUCCI, José Rogério Cruz e. Reflexões sobre a cumulação subsidiária de pedidos. **Revista dos Tribunais (São Paulo).** Vol. 786, p. 57-67, Abril/2001. p. 60.

129 Alguns não consideram como uma cumulação, tanto que nem a colocam nessa categoria: "inexiste cúmulo de ações no pedido alternativo porque os pedidos não são somados." ASSIS, Araken de. **Cumulação de ações.** 4ª. ed. São Paulo: Ed. RT, 2002. p. 242.

130 Sobre as diferenças entre o pedido subsidiário ou eventual com o alternativo, os quais não podem ser colocados como idênticos: "o único ponto de contato ou de semelhança

Apesar de dois ou mais pedidos existentes, o intuito é a apreciação de somente um, a procedência de somente um dos pedidos, sem intentar-se a análise de todos, tampouco a procedência de todos. O autor, ao optar por tal modo de cumulação, apresenta um rol de pedidos sobre aquela causa de pedir que lhe garantem uma satisfação enquanto resolução jurídica à sua pretensão processual e material, sem nenhuma hierarquia de apreciação, com total indiferença sobre qual o pedido for julgado procedente.

Não há nenhuma hierarquia, tampouco subordinação entre os pedidos realizados pelo autor, somente a possibilidade aberta para que a procedência satisfativa seja de modo alternativo.

Se o juízo for julgar procedente um dos pedidos alternativos, não há necessidade de que aprecie qualquer dos outros pedidos realizados, uma vez que o autor não demonstrou nenhuma intenção de que determinado pedido fosse necessariamente analisado caso fosse procedente qualquer deles. Diante de tal situação, a procedência daquele que o juízo julgou satisfaz o autor em sua plenitude[131], seja qual for o pedido julgado desse modo[132].

Todavia, de modo diverso, se o juízo for julgar improcedente, deve analisar todos os pedidos para demonstrar que não seria possível a procedência de nenhum dos pedidos.

Um ponto relevante de observar-se está na ausência de pluralidade de ações na cumulação alternativa. O intuito do autor ao cumular tais pedidos é o provimento de somente um deles, com somente uma prestação jurisdicional[133]. Só há uma ação, uma causa de pedir e a satisfação com qualquer dos pedidos

---

é que aparecem deduzidos sob forma alternativa: pede-se uma coisa ou outra. Mas nos pedidos subsidiários a alternativa é meramente formal, aparente; na realidade não há alternativa, porque falta a característica essencial da obrigação alternativa: a equivalência das prestações." REIS, José Alberto dos. **Breve estudo sobre a reforma do processo civil e comercial.** 2ª ed., Coimbra: Coimbra Ed., 1929. p. 137.

131 Há uma junção de hipóteses de respostas judiciais que satisfazem plenamente o autor, ainda que seja uma ou outra, desde que procedente. "Na cumulação alternativa, prevista no parágrafo único do art. 326 do Novo CPC, o autor cumula os pedidos, mas não estabelece uma ordem de preferência entre eles, de maneira que a escolha do pedido a ser acolhido fica a cargo do juiz, dando-se o autor igualmente por satisfeito com o acolhimento de qualquer um deles." NEVES, Daniel Amorim Assumpção. **Manual de Processo Civil.** Volume único. Salvador: Juspodivm, 2016. p. 187.

132 Nessa hipótese, há também a formação de uma coisa julgada sobre aquilo que não foi julgado, no teor do art. 508 do CPC, sobre os pedidos alternativos que não foram julgados pela procedência de um deles. O autor não pode pleitear esse pedido em outra demanda, justamente por este citado artigo.

133 "ao objeto mediato, posto que o objeto imediato, ou seja, a natureza do provimento jurisdicional propugnado pelo demandante, é sempre o mesmo." LEONEL, Ricardo Barros. Objeto litigioso do processo e o princípio do duplo grau de jurisdição. In: TUCCI, José

realizados[134], sem a existência de uma cumulação de ações, até pelo fato de que o autor não pleiteia a análise de todos os pedidos, mas somente de um pedido, com a indiferença de qual seria para a solução daquela demanda, desde que consiga o que almeja, ao menos uma procedência em seu pleito jurisdicional.

1.3.3 Os momentos processuais para a cumulação

A cumulação de pedidos ou de partes é realizada com a regra lógica de que seja realizada pelo autor, no momento da petição inicial, diante da sua narrativa sobre os fatos.

No entanto, as cumulações podem ocorrer de modo diverso, seja como pluralidade de pedidos ou de partes, em outros momentos processuais, sem ser necessariamente pelo autor e, tampouco ser na inicial. Logo, os momentos processuais possíveis de ampliação do objeto litigioso do processo ou das relações jurídicas entre partes são vários, com um amplo leque de legitimados para tais ampliações, com cada um deles podendo atuar em momentos diversos, mas todos com a possibilidade de cumulação de partes ou de pedidos em momentos posteriores à inicial.

Dessa maneira, pertinente o enfrentamento de cada um desses momentos possíveis de cumulação, tanto de pedidos quanto de partes.

1.3.3.1 A cumulação inicial

Nas cumulações normais e mais corriqueiras de ocorrer no processo – simples, sucessiva e até alternativa e eventual – o momento quase sempre será na petição inicial, por iniciativa do autor. Ou seja, desde a petição inicial se delimita o modo complexo do objeto litigioso do processo, seja pela pluralidade de pedidos, seja pela pluralidade de partes em algum dos polos da demanda.

Esse é o momento em que o autor – ou autores, dependendo da relação jurídica – desenvolve a narrativa fática e determina quais as consequências jurí-

---

Rogério Cruz e; BEDAQUE, José Roberto dos Santos (Coord.). **Causa de pedir e pedido no processo civil (questões polêmicas).** São Paulo: RT, 2002. p. 369.

134 Um exemplo de uma cumulação alternativa: "Assim é que o autor pode pedir que o réu seja condenado a lhe entregar o bem objeto do contrato de compra e venda ou a lhe devolver o preço recebido; pode ainda pedir a declaração de nulidade de certo contrato ou a sua anulação. Da mesma forma como, realizada venda ad mensuram e entregue imóvel com área menor que a ajustada, o comprador pode cumular em alternativa os pedidos de complemento da área ou de redução do preço, para que um deles seja acolhido, sem expressar preferência por um ou outro resultado." AMBRIZZI, Tiago Ravazzi. **Julgamento fracionado do mérito no processo civil brasileiro.** São Paulo, SP, 2014. 231 p. Dissertação (Mestrado). Universidade de São Paulo. Programa de Pós-Graduação em Direito. p. 135/136.

dicas almejadas e, também, o objeto litigioso do processo, através dos pedidos e da quantidade destes que serão realizados e pleiteados na petição inicial.

O autor pode cumular, nos moldes já explicitados no art. 326 do CPC, pedidos que entender viáveis diante da mesma causa de pedir ou correlatos pela coincidência de partes, bem como, de acordo com os arts. 113 e 114 do CPC, indicar mais réus para responder a demanda, também considerando a própria relação jurídica que será julgada.

Dessa maneira, ao autor cabe a determinação do alcance do objeto litigioso do processo, com a total possibilidade de cumulação de pedidos e a delimitação de complexidade objetiva do processo, seja para que todos os pedidos sejam julgados, seja uma cumulação imprópria – eventual ou alternativa, sem a intenção de que julguem todos os pedidos, mas uma alternatividade ou subsidiariedade destes pedidos.

De todo modo, cabe ao autor na inicial determinar a quantidade de pedidos que serão feitos.

De igual maneira, também é incumbência do autor especificar a quantidade de componentes processuais em cada um dos polos, seja se atuará sozinho ou em litisconsórcio no polo ativo, seja se terá pluralidade de réus no outro polo.

Ao ser deferida a inicial, com todo o seu conteúdo e partes, eventual citação considerará, para a triangularização do processo, o que consta da peça inicial, das partes ali indicadas e suas relações jurídicas, bem como os pedidos ali realizados, produzindo todos os efeitos naturais da citação[135].

---

135 Sobre os efeitos da citação no CPC/2015, um pouco diferente do ordenamento anterior: "A citação válida, ainda quando ordenada por juízo incompetente, produz três efeitos, sendo um deles processual e dois deles substanciais (art. 240 e seus §§). Além disso, há um efeito substancial do despacho que ordena a citação que merece ser aqui também examinado. O efeito processual da citação é induzir litispendência. Significa isto dizer que, a partir da citação, a pendência do processo alcança o demandado, atingindo-o com seus efeitos. Assim, por exemplo, ao réu de processo possessório só é proibido ajuizar em face do autor demanda de reconhecimento do domínio (art. 557) após sua citação. Do mesmo modo, configura-se a fraude de execução apenas depois da citação válida do executado nos casos previstos no art. 792, IV (tendo o ato fraudulento ocorrido "quando, ao tempo da alienação ou oneração, tramitava contra o devedor ação capaz de reduzi-lo à insolvência"). O primeiro efeito substancial da citação é tornar litigiosa a coisa. Em outros termos, a partir do momento em que o demandado tenha sido validamente citado deve-se considerar que o bem jurídico disputado no processo é litigioso e, por conseguinte, é só a partir da citação do demandado que se pode cogitar de alienação da coisa ou direito litigioso (art. 109). O segundo efeito substancial da citação é constituir em mora o devedor. Como sabido, considera-se em mora o devedor quando não efetua o pagamento no tempo, lugar e forma estabelecidos pela lei ou pela convenção. Em alguns casos, produz-se a mora ex re (isto é, pelo mero fato de não ter sido cumprida a prestação positiva e líquida no seu termo). Neste caso, vencida a dívida já está o devedor em mora (art. 397 do CC). Também se considera em mora de pleno

1.3.3.2 A cumulação ulterior

Uma vez determinado que cabe, inicialmente, ao autor – ou autores – a delimitação dos atores processuais da demanda e do objeto litigioso do processo, dada essa definição, este detém a incumbência da cumulação inicial, seja objetiva, seja subjetiva, culminando na definição, desde logo, se o processo será simples no tocante ao seu objeto ou complexo, dependendo das relações existentes na petição inicial.

No entanto, apesar de ser pertinente que o autor traga todas essas informações no processo, pelo fato de ser o interessado no exercício da jurisdição e do seu alcance objetivo ou subjetivo, é possível que mesmo diante dessa determinação inicial pelo autor na inicial, ocorram outras cumulações em momentos processuais posteriores à inicial, seja de partes, seja de pedidos, o que seria definida como uma cumulação ulterior[136], seja pela própria iniciativa do autor, seja por ordem judicial, seja por iniciativa do réu, seja por iniciativa de terceiros[137].

Essa cumulação ulterior ganha esse nome justamente por não ser realizada na inicial e, com isso, ampliar o processo e seu alcance objetivo ou subjetivo em momento posterior ao protocolo e distribuição feita pelo autor. Será ulterior,

---

direito o devedor nos casos em que a obrigação provenha de ato ilícito (art. 398 do CC). Nos demais casos, não havendo termo para o cumprimento da obrigação, a mora se produz ex persona e se constitui mediante interpelação judicial ou extrajudicial (art. 397, parágrafo único, do CC). Não sendo, porém, caso de mora ex re, e não tendo sido o devedor interpelado para ser constituído em mora, considera-se o devedor em mora a partir da citação válida, daí se produzindo os efeitos da inexecução da obrigação. Por fim, o efeito substancial do despacho que ordena a citação é aperfeiçoar a interrupção da prescrição (art. 240, §§ 1º a 4º)." CÂMARA. Alexandre Freitas. **O novo processo civil brasileiro.** 4ª ed. São Paulo: Atlas, 2018. p. 134.

136 Se o autor, mesmo numa situação posterior à inicial, pleitear uma tutela provisória de urgência de natureza cautelar, há uma ampliação objetiva do processo? Há a possibilidade de que haja uma cisão cognitiva? A ampliação objetiva da demanda é óbvia pelo fato de que a cautelar seria um incidente a mais para ser julgado, seja advinda da inicial, seja em momento posterior, contudo há de se imaginar a cautelar seria sobre uma matéria diversa daquela da inicial, mas que ela tem o intuito de assegurar um direito até a prolação da sentença ou outra decisão posterior, justamente para que cumpra o seu viés assecuratório, desfazendo-se no mundo jurídico diante da prolação da tutela definitiva. Ou seja, o pedido cautelar somente tem sentido até o julgamento da demanda, da tutela jurídica definitiva. Logo, uma possível ampliação objetiva em momento posterior à inicial não possibilita essa cisão, pelo fato de que seria incidental para que fosse assegurado um direito a ser decidido na tutela jurídica definitiva. No entanto, se imaginarmos que há a possibilidade do indeferimento, este seria uma cisão cognitiva, ainda que de modo provisório.

137 A iniciativa da parte para a intervenção de terceiros. Dependendo da intervenção de terceiro a iniciativa pode ser do réu ou do autor.

então, toda e qualquer cumulação realizada em momento posterior à inicial, seja por qual parte for – autor ou réu – ou eventualmente terceiro.

A cumulação ulterior pode ser: *(i) pelo autor, num aditamento da inicial, objetiva ou subjetivamente, ampliando os polos ou pedidos, seja por iniciativa própria ou por ordem do juízo; (ii) pelo réu, via reconvenção ou pedido contraposto, ampliando o objeto litigioso do processo, ou via intervenção de terceiros, ampliando subjetivamente a ação.*

Necessário enfrentar cada uma dessas cumulações ulteriores.

1.3.3.2.1 O aditamento da inicial e do objeto litigioso do processo pelo autor

O responsável pelo ato postulatório inicial é igualmente responsável pelo seu conteúdo, pela sua narrativa e pelo alcance objetivo e subjetivo da ação ali existente. Dessa maneira, cabe ao autor essa delimitação do processo, num primeiro momento, na inicial.

Todavia, o autor pode aditar a inicial, modificando-a posteriormente.

Essa possibilidade é aberta até o saneamento do processo, o momento de estabilização da demanda para as partes e o juízo[138].

Primeiramente, é importante salientar que aditar a inicial é diferente de emendar ou alterar/modificar a inicial. O aditamento da inicial significa acrescentar algo que não existia anteriormente, com a manutenção do que já constava na inicial da ação. Ou seja, o autor pode acrescentar pontos que não constavam na petição inicial, seja nos fundamentos, seja incluindo novas partes[139], seja realizando mais pedidos.

---

138 Sobre a estabilização da demanda e o sistema de preclusões para a ampliação do objeto litigioso do processo, Talamini explica o funcionamento e critica a opção de restrições: "O CPC/2015 mantém a rigidez preclusiva do modelo processual civil brasileiro já presente no CPC/1973. São inúmeras as regras preclusivas, dentre elas, as que fixam os momentos de estabilização do objeto do processo. Sobre esse tema, a regra permanece a mesma do CPC/1973, na medida em que o art. 329 do CPC/2015 prescreve que a alteração unilateral dos elementos objetivos da demanda (pedido e causa de pedir) é possível até a citação (inciso I). Da citação até o saneamento, a alteração é permitida, desde que haja consentimento do réu (bilateral). Após o saneamento, não é mais possível nenhuma alteração (preclusão) (inciso II)." TALAMINI, Eduardo. Comentário ao art. 329. In: CABRAL, Antonio do Passo, CRAMER, Ronaldo (orgs.). **Comentários ao novo código de processo civil**. 2ª ed. Rio de Janeiro: Forense, 2016. p. 516.

139 A cumulação ulterior pode ser de partes também, seja para incluir uma nova parte, seja para aumentar o alcance das partes que deveriam figurar na demanda, mesmo que seja pela sucessão ao exequente originário, como na execução, no disposto no art. 778, § 1º: Pode promover a execução forçada o credor a quem a lei confere título executivo. § 1º Podem promover a execução forçada ou nela prosseguir, em

Além do aditamento da inicial, o autor pode emendar ou alterar a inicial[140]. A emenda é simplesmente uma correção de um vício existente, para aclaramento de uma situação narrativa ou de direito ou até para a correção de um pedido, mas sem a alteração do seu conteúdo inicial pretendido. Por outro lado, o autor pode alterar a inicial, com a retirada de pontos que entende indevidos e a substituições por outros, tanto nos fundamentos quanto nos pedidos.

Enquanto na emenda o que se almeja é a correção de um ponto específico, na alteração se pretende modificar substancialmente a petição inicial. A emenda à inicial ocorre principalmente por ordem judicial[141], uma vez que houve a percepção de um vício notório no processo, o que ensejaria a emenda, já a alteração também pode ser pela ordem judicial, mas pode ser por mera iniciativa do autor. Todavia, a regra, em ambos, é de que não há ampliação do objeto litigioso do processo, nem ampliação subjetiva da demanda, somente corrigindo o vício existente na emenda e com alterações de pontos na alteração.

No entanto, pode ser que por ordem judicial para a emenda ou alteração há a necessidade de inclusão de algum litisconsorte necessário, o que possibilitaria, na análise perfunctória da inicial, a ampliação subjetiva do processo, dada a inclusão de um novo réu.

Dessa maneira, a cumulação ulterior pelo autor ocorre, em regra, via aditamento, quando este acrescenta algum pedido que não havia anteriormente realizado ou quando inclui um réu que não tinha ainda sido incluído, bem como, excepcionalmente, pode acrescentar um autor para figurar a seu lado

---

sucessão ao exequente originário: I- o Ministério Público, nos casos previstos em lei; II- o espólio, os herdeiros ou os sucessores do credor, sempre que, por morte deste, lhes for transmitido o direito resultante do título executivo; III- o cessionário, quando o direito resultante do título executivo lhe for transferido por ato entre vivos; IV- o sub-rogado, nos casos de sub-rogação legal ou convencional.

140 Sobre a diferença entre emenda, alteração e aditamento do pedido: "O pedido pode ser emendado, mudado ou aditado. Diz-se que há emenda quando se corrige simples erro manifesto. Exemplificava-se com a hipótese de o autor pedir 100, referindo-se a documento que apenas lhe dava o direito a 10. Temos que erros desse tipo são corrigíveis, mas não fosse como conseqüência do que dispõem os arts. 284 e 463, I, por analogia aplicáveis ao autor. Há mudança do pedido quando o inicialmente formulado é substituído por outro, conservados os fundamentos da demanda, ou alterando-se os mesmos. Admite-a o Código, antes da citação, livremente, e depois da citação, com o consentimento do réu (art. 264), desde que o faça antes do saneamento do processo, como limita o parágrafo único. Aditamento do pedido é acrescentar-lhe alguma coisa que falta." CALMON DE PASSOS, José Joaquim. **Comentários ao código de processo civil.** Vol. III, 6ª ed. Rio de Janeiro: Forense, 1989. p. 211.

141 Enunciado nº. 292 do FPPC: Antes de indeferir a petição inicial, o juiz deve aplicar o disposto no art. 321.

no polo ativo, apesar de mais raro, mas pode ser de modo excepcional em uma emenda ou alteração.

Todavia, é pertinente diferenciar que a cumulação ulterior pelo autor tem a limitação quanto à sua liberdade de realização. Até a citação, o autor tem total liberdade de ampliar a ação, seja objetiva, seja subjetivamente, uma vez que não foi formada a relação processual com o réu – ou réus, o que não trará nenhum prejuízo a este se o autor ampliar o objeto litigioso do processo ou o alcance dos réus a formarem aquela relação processual.

Por outro lado, se o réu foi citado, qualquer aditamento – ou alteração – deve ser realizado somente com a sua anuência, com poder de veto em caso de discordância e a mantença dos termos da relação já processualizada, tanto objetiva quanto subjetivamente. Se a relação processual já foi formada com a citação do réu e o autor ainda deseja ampliar o objeto litigioso do processo, ao realizar tal pedido, o juízo ouvirá o réu, com a ampliação somente possível se houver a concordância do réu com tal feito. Sem a concordância, a ação permanecerá com o mesmo objeto litigioso.

Outro momento limítrofe para a cumulação ulterior de pedidos e ampliação do objeto litigioso do processo será aquele da decisão de saneamento e organização do processo[142], após a fase postulatória. Depois deste momento, a ação estabiliza-se e, dessa maneira, não será possível o aditamento, em qualquer de suas opções, mesmo que haja provocação do autor, com ou sem anuência do réu, sendo possível esta, então, no ínterim temporal processual entre a citação e o saneamento.

O art. 329, II do CPC dispõe que tais modificações e acréscimos à inicial após a citação, somente devem ser possíveis com consentimento do réu[143]., assegurando o contraditório mediante a possibilidade de manifestação deste

---

142 Sobre a importância do saneamento e organização do processo: PEDRON, Flávio Barbosa Quinaud; COSTA, Jéssica Nayara Duarte. O saneamento no processo civil como instrumento de efetividade da atividade jurisdicional. **Revista de Processo.** Vol. 274, ano 42. p. 161-203, São Paulo: Ed. RT, 2017.

143 Sobre o contraditório necessário para a modificação ou aditamento da inicial após a citação: "O inciso II do art. 329 do CPC/2015 busca compatibilizar a possibilidade de alteração do pedido, após a citação do réu, com o devido processo legal. Nesse sentido, esclarece que não basta o consentimento do réu para a alteração do pedido e da causa de pedir. É necessário garantir a ele a possibilidade de se manifestar sobre tal mudança (em quinze dias), incluindo a faculdade de requerer novas provas, de forma a implementar adequadamente o contraditório, possibilitando que o réu tenha condições de se defender das pretensões alteradas ou adicionadas pelo autor e influenciar efetivamente na formação do convencimento do magistrado. Somente dessa forma se garante a compatibilidade da regra processual à moldura constitucional." TALAMINI, Eduardo. Comentário ao art. 329. In: CABRAL, Antonio do Passo, CRAMER, Ronaldo (orgs.). **Comentários ao novo código de processo civil**. 2ª ed. Rio de Janeiro: Forense, 2016. p. 517.

no prazo mínimo de 15 (quinze) dias, logo seria uma base legal para utilizar-se como um contraditório efetivo na hipótese de ampliação após citação, mesmo diante de réu revel[144].

1.3.3.2.2 A cumulação objetiva pela manifestação do réu: reconvenção ou pedido contraproposto

No momento em que é oportuno ao réu apresentar sua defesa, sua contestação, ele pode oferecer juntamente a reconvenção ou, em determinadas situações excepcionais, pedido contraproposto.

Na contestação, nos moldes do art. 343 do CPC, é possível que o réu proponha reconvenção, realizando um pedido que seja maior do que a improcedência, com pleitos de condenação do autor, além dos simples ônus da sucumbência e de honorários advocatícios. A reconvenção é a proposição de uma nova ação, agora proposta pelo réu contra o autor[145], invertendo os polos para essa matéria proposta, utilizando do processo já existente para aumentá-lo objetivamente.

---

144 Importante uma ressalva a se realizar sobre o aditamento da inicial após a citação, em uma situação em que o réu deixou de contestar, sendo revel. Antes, no art. 321 do CPC/73 tinha especificação de que com a revelia não caberia o aditamento – nem modificação ou alteração da inicial – com a necessidade de nova citação. O teor do citado artigo não foi reeditado no CPC/2015, o que não pode parecer que o autor possa livremente aditar a inicial posteriormente ao prazo para a contestação que não foi utilizado pela sua não apresentação, tornando-o réu revel. Araújo sobre o art. 321 do CPC/73 e as restrições para a ampliação do objeto litigioso do processo: "Deve-se registrar, por outro lado, que mesmo no caso de revelia, deve haver restrição quanto à alteração ou mesmo ampliação do objeto litigioso do processo, como prevê o art. 321 do CPC." ARAÚJO, José Henrique Mouta. **A resolução parcial de mérito e a coisa julgada progressiva: reflexos no sistema processual como forma de assegurar a brevidade da prestação jurisdicional.** Belém, PA, 2004. 302 p. Tese (Doutorado). Universidade Federal do Pará. Programa de Pós-Graduação em Direito. p. 134. Sem a reedição do revogado art. 321 do ordenamento passado, há a possibilidade de aditamento mesmo pós revelia, contudo é pertinente que essa ampliação do objeto litigioso do processo em momento posterior àquele prazo para a apresentação de contestação, com a configuração do réu como revel, ocorra com a consequente intimação pessoal do mesmo para que haja ciência inequívoca do aditamento realizado pelo autor, para que não seja demandado ou julgado por pretensão que não tinha ciência inequívoca para que exercesse o silêncio. Se assim ocorrer, o réu revel deve ser cientificado pessoalmente para tanto, ainda que não haja regra específica no CPC/2015, mas utilizando como base o bem jurídico tutelado pelo art. 321 do CPC/73, o qual impunha uma nova citação, o que não deve ocorrer, mas uma intimação pessoal sobre as alterações ou aditamentos realizadas pelo autor entre o prazo da contestação e a decisão de saneamento e organização do processo.

145 Conceituando reconvenção: "A reconvenção consiste em ampliação objetiva da demanda, pelo réu, no mesmo processo. É o contra-ataque do réu face ao autor. Verdadeira

É direito do réu, no ato de defesa quanto à petição inicial, propor ação que entenda ter direito contra o autor, cumulando pedidos e tornando complexo o objeto desse processo, com uma nova ação dentro do processo já em curso.

É um pedido de contra-ataque do réu para o autor[146], invertendo, para esse novo pedido, os polos da ação. O autor passa a ser réu do novo pedido e o réu passa a ser autor, com a necessidade de cumprir todos os requisitos do art. 319 do CPC, como uma inicial.

Mesmo que a ação originária só contenha um pedido, com a reconvenção proposta pelo réu, agora serão, no mínimo, dois pedidos existentes, mesmo que estes sejam em polos invertidos. Ou seja, a existência de uma reconvenção ampliou objetivamente a complexidade do processo, uma vez que agora são dois processos dentro de somente um, com uma cumulação de ações, ainda que realizado por partes diferentes em polos diferentes da ação.

Como cumulação de pedidos, a reconvenção é uma cumulação ulterior[147], ou seja, que se forma no andamento do processo, em momento posterior à inicial, com uma ampliação da ação, do processo e sua discussão material. A ampliação deve ser objetiva, por sempre haver um pedido contra o autor e, pode, também, ser subjetiva com a inclusão de mais partes na ação, contudo estas limitadas[148] ao objeto exposto na reconvenção.

Além de ampliar o processo em termos da quantidade de pedidos, com a ação do réu (agora reconvinte) contra o autor (reconvindo), o réu pode incluir no polo passivo reconvencional um terceiro que responderá junto com o autor esse

---

cumulação de pedidos, veiculada por partes contrapostas." MALAFAIA, Evie Nogueira e. Comentário ao art. 343. **Novo código de processo civil comentado – Tomo II (art. 318 ao art. 770).** Orgs: RIBEIRO, Sergio Luiz Almeida; GOUVEIA FILHO, Roberto Pinheiro Campos; PANTALEÃO, Izabel Cristina; GOUVEIA, Lucio Grassi de. São Paulo: Lualri, 2017. p. 70.

146 Nas lições de Lima: "A reconvenção, como é elementar, é contra-ataque, e, não, reação do réu com referência ao autor, dentro da própria ação desse. Por economia e brevidade é que se permite, havendo os pressupostos exigidos, o pedido do réu contra o autor, independentemente de ação própria." LIMA, Alcides de Mendonça. Reconvenção. **Revista de Processo.** Vol. 9, Ano 3, p. 265-272, São Paulo: Ed. RT. jan/mar/1978. p. 267.

147 DINAMARCO, Cândido Rangel. **Capítulos de sentença.** 3ª. ed. São Paulo: Malheiros, 2008. p. 67.

148 "O que se pretende dizer é que a reconvenção subjetivamente ampliativa apresenta a possibilidade de o sujeito ser considerado apenas parte do processo, vinculando-se exclusivamente à sua demanda.24 Com relação à demanda primitiva, portanto, o indivíduo é alheio e faz surgir a curiosa, mas não rara, – situação na qual, em uma mesma unidade jurídica processual, cumula-se a condição de parte, da demanda, e de terceiro – aqui considerado apenas como parte do processo." LIBARDONI, Carolina Uzeda. Reconvenção subjetivamente ampliativa: a posição processual do terceiro-interveniente. **Revista de Processo.** Vol. 285, Ano 43, 2018, p. 43-64, São Paulo: Ed. RT, 2018. p. 47.

contra-ataque. De igual maneira, a reconvenção pode ser proposta pelo réu em litisconsórcio com terceiro, ampliando também o processo em sua complexidade.

O direito à reconvenção é um direito de ação e, portanto, totalmente disponível para o réu, como uma faculdade em seu exercício. Com isso, há toda uma nova ação dentro do processo existente[149], com impacto na procedimentalidade, pelo fato de que a réplica à contestação terá viés de contestação e terá, se for o caso, uma nova réplica, agora pelo réu, sobre a contestação à reconvenção[150].

Apesar de o intuito ser possibilitar que todas as ações sejam julgadas em um só processo[151], este se torna mais complexo por causa da reconvenção, seja subjetiva, seja objetivamente.

A grande novidade sobre a reconvenção é a sua inserção como matéria da contestação, sem ser apartada como no CPC/73. Tudo ficou concentrado na

---

149 "O mesmo pode acontecer entre o reconvinte que no fundo é o autor, e o reconvindo, que na reconvenção ocupa a posição de demandado; na ação de regresso contida na denunciação da lide, em que o litisdenunciante é autor ao pedir a condenação do litisdenunciado a ressarcir e este é o réu dessa demanda." DINAMARCO, Cândido Rangel. **Capítulos de sentença.** 3ª . ed. São Paulo: Malheiros, 2008. p. 76.

150 A réplica do autor à contestação serve como contestação do que se pleitou em reconvenção, com a abertura de possibilidade de uma réplica a réplica, dependendo que o autor, agora como réu na reconvenção, argumente ou junte documentos nessa peça de defesa – na sua réplica/contestação à reconvenção. A mesma importância que a contestação detém para a contradição na demanda sobre as narrativas e pontos de contradição sobre questões de fato valem para a réplica à contestação que tem internamente a reconvenção. "Resposta do reconvindo: O autor, réu na reconvenção, será intimado na pessoa do seu advogado para responder à demanda. Note-se que, conquanto o termo empregado seja intimação, o ato tem natureza de citação, tendo em vista que a não apresentação de contestação implicará a incidência dos efeitos da revelia. Trata-se de hipótese excepcional em que a lei confere poderes para o advogado do réu receber citação, ainda que esse poder não conste expressamente da procuração que lhe foi outorgada. O terceiro que venha a compor a relação jurídica reconvencional deverá ser citado. O termo "resposta", utilizado no art. 343, § 1º, é mais amplo que o termo "contestação" empregado no art. 316 do CPC/73, razão pela qual resta a salvo de dúvidas o cabimento de reconvenção da reconvenção, desde que cumpridos os requisitos elencados nos itens 1 e 2 acima, a exceção da ação monitória, por força da vedação contida no art. 702, § 6º. O termo "resposta" autoriza, ainda, que o reconvinte denuncie à lide e promova o chamamento ao processo." MALAFAIA, Evie Nogueira e. Comentário ao art. 343. **Novo código de processo civil comentado – Tomo II (art. 318 ao art. 770).** Orgs: RIBEIRO, Sergio Luiz Almeida; GOUVEIA FILHO, Roberto Pinheiro Campos; PANTALEÃO, Izabel Cristina; GOUVEIA, Lucio Grassi de. São Paulo: Lualri, 2017. p. 70.

151 No sentido de que a reconvenção previne decisões contraditórios de demandas conexas, apesar de inversas entre os polos: DINAMARCO, Cândido Rangel. **Instituições de direito processual civil.** Vol. III. 3ª ed. São Paulo: Malheiros, 2003. p. 515.

contestação, não mais em peça apartada[152], o que, se for o caso, pode gerar preclusão consumativa da peça posterior[153] – qualquer delas. Mas, há uma exceção sobre a ausência de contestação e a apresentação da reconvenção autônoma, porém é importante frisar que a reconvenção não substitui a contestação[154].

Não há nenhuma necessidade de uma formalidade[155] na contestação para entender-se como reconvenção, somente de que o pedido constante da contestação seja mais do que a simples improcedência dos pedidos do autor. Ou seja, os pedidos do réu na contestação que ditarão se a reconvenção foi apresentada ou não, mediante os seus próprios requisitos, como valor da causa, dentre outros.

---

152 Sobre a ineficácia da formalidade sobre a utilização da contestação, ou não, para o oferecimento da reconvenção, dada a necessidade, se for o caso, da conexão entre as demandas: "A exigência de que a reconvenção seja apresentada no mesmo ato da contestação não impede o réu de exercer sua pretensão em momento ulterior em via autônoma e, se não houver incompatibilidade procedimental, o resultado que se obterá será o mesmo, as demandas serão reunidas para julgamento conjunto." LUCON, Paulo Henrique dos Santos. Admissibilidade da reconvenção segundo o código de processo civil de 2015. **Estudos de direito processual civil em homenagem ao Professor José Rogério Cruz e Tucci.** p. 637-651. Salvador: Juspodivm, 2018. p. 645.

153 A preclusão será no tocante a desconsiderar a reconvenção com todos os benefícios que detém, no entanto, sem entender que deva ser retirada do processo, uma vez que ela é uma inicial a ser considerada, somente não contendo os benefícios processuais da reconvenção, quais sejam: ausência de custas judiciais e intimação no lugar de citação. LUCON, Paulo Henrique dos Santos. Admissibilidade da reconvenção segundo o código de processo civil de 2015. **Estudos de direito processual civil em homenagem ao Professor José Rogério Cruz e Tucci.** p. 637-651. Salvador: Juspodivm, 2018. p. 645.

154 Didier Jr. explica que a revelia do autor-reconvindo que não contestação a reconvenção não deve ser de plano considerada pela conexão entre a ação principal e a reconvenção, podendo, para tanto, ter fatos que são interligados e que devem ser decididos em conjunto e, por isso, o conjunto das alegações impediria a revelia, o que também vale ao inverso, quando o réu não apresenta a contestação, mas apresenta a reconvenção com argumentos fáticos pertinentes a rebater, via reconvenção, as alegações da inicial do autor, impedindo, portanto, a revelia. "Disso decorre que se o autor-reconvindo for revel na reconvenção, mas a reconvenção for conexa à ação principal, de molde a que o julgamento de ambas passe pela apreciação da existência de fatos comuns, o juiz, pela regra da comunhão da prova (art. 371, CPC), não poderá presumir existentes, para fins da reconvenção, fatos que foram considerados não-ocorridos por conta da instrução probatória ocorrida na ação originária." DIDIER JR, Fredie. **Curso de direito processual civil: teoria geral do processo e processo de conhecimento.** 17ª. ed. Salvador: Juspodivm, 2015. p. 679.

155 Enunciado n.º 45 do FPPC: Para que se considere proposta a reconvenção, não há necessidade de uso desse *nomen iuris*, ou dedução de um capítulo próprio. Contudo, o réu deve manifestar inequivocamente o pedido de tutela jurisdicional qualitativa ou quantitativamente maior que a simples improcedência da demanda inicial.

A reconvenção é autônoma à ação principal[156], criando uma nova ação, com independência e autonomia sobre a primeira, sendo que seus pedidos devem ser analisados na mesma decisão, se for o caso, mas sem interligação de resultado em relação ao que se julgar da ação principal, conforme o art. 343, § 2.º do CPC. Tanto que há um juízo de admissibilidade da reconvenção nos mesmos moldes da petição inicial, com a possibilidade de emenda, inépcia, indeferimento, etc, o que importaria em uma decisão específica sobre a matéria da reconvenção, bem como a ação principal pode ser julgada extinta, por qualquer motivo, até por desistência, sem afetar o rumo e o andamento da reconvenção, dada a existência dessa autonomia.

Além dos pressupostos de qualquer ação, a reconvenção tem outros pontos: *(i) a necessidade de causa pendente; (ii) o prazo para defesa ainda ser existente; (iii) a competência ao mesmo juízo para julgar as demandas – principal e reconvencional; (iv) a compatibilidade de procedimentos; (v) a conexão entre o que se discute na ação principal.*

Há uma conjunção entre os requisitos para a cumulação de pedidos[157], com a inclusão de conexão, causa pendente e prazo ainda não precluso. A conexão, por exemplo, não é requisito para cumular pedidos na inicial, mas é para o oferecimento da reconvenção[158], seja com o que se tem apresentado

156 "A reconvenção é demanda autônoma, ou seja, a pretensão deduzida poderia servir de fundamento ao ajuizamento de um novo processo. A sua reunião tem como finalidade servir à economia processual e buscar sintonia entre as decisões, o que não implica dizer que há dependência entre a demanda primitiva e a reconvencional." LIBARDONI, Carolina Uzeda. Reconvenção subjetivamente ampliativa: a posição processual do terceiro-interveniente. **Revista de Processo.** Vol. 285, Ano 43, p. 43-64, São Paulo: Ed. RT, 2018. p. 46.

157 Há também os requisitos inerentes a própria cumulação de pedidos: "Com a reconvenção, dá-se cumulação superveniente de ações. Assim, para que seja admissível a reconvenção, deve haver compatibilidade entre os procedimentos desta e da ação originária. Admite-se a reconvenção sempre que procedimento da ação originária tiver alguma peculiaridade apenas em sua fase inicial." MEDINA, José Miguel Garcia. **Novo código de processo civil comentado.** 2ª ed. São Paulo: Ed. RT, 2015. p. 359.

158 Sobre a admissibilidade restritiva da reconvenção: "A admissibilidade da reconvenção, nesse sentido, está condicionada à relação que ela mantém com a pretensão deduzida pelo autor. (...) Uma interpretação restrita do requisito da conexão, nesse caso, limitado, por exemplo, apenas à análise dos elementos identificadores da demanda, pode ensejar conclusão contrária à admissibilidade da reconvenção, mesmo havendo outras razões que justificariam o processo conjunto das demandas." LUCON, Paulo Henrique dos Santos. Admissibilidade da reconvenção segundo o código de processo civil de 2015. **Estudos de direito processual civil em homenagem ao Professor José Rogério Cruz e Tucci.** p. 637-651. Salvador: Juspodivm, 2018. p. 640.

na causa de pedir do autor[159], seja com os argumentos apresentados pelo réu na contestação.

Sobre o julgamento das ações – a principal e a reconvencional, estas devem ser julgadas conjuntamente, contudo não há nada que impeça que sobre uma ou outra seja proferida uma decisão parcial, com ou sem mérito. Não há nenhuma obrigação da prolação em momento comum, em uma só sentença, apesar de ser a regra[160].

A reconvenção, dentro da visão de cumulação de ações, resulta em complexidade na demanda, no mínimo, com o aumento do objeto do processo, bem como o objeto litigioso, dada a existência de ao menos um novo pedido. Todavia, se houver a inclusão de terceiro essa ampliação também é subjetiva, com ainda mais complexidade e cumulação de ações.

Outra possibilidade de ampliação do objeto do processo por manifestação do réu, de modo ulterior, tornando-a objetivamente complexa é a apresentação pelo réu de um pedido contraposto inserto na contestação. Não se trata de algo comum ou normal na processualística civil, mas excepcionalmente pode ser aceito, como nos juizados especiais cíveis ou na hipótese das ações possessórias.

Esse pedido contraposto é incomum no processo civil de modo geral, com a possibilidade somente em hipóteses excepcionais, como um modo mais

---

159 A reconvenção somente tem sentido pela economia processual de cumular essa ação do réu contra o autor utilizando do mesmo processo se a matéria for conexa com o que foi narrado na inicial como causa de pedir ou que seja interligado com o fundamento da defesa utilizada pelo réu em sua contestação, o que não deixa de demonstrar que deve ter uma linha conectiva entre essa nova ação e as discussões da já existente na demanda originária. "O que justifica o cúmulo objetivo que decorre da reconvenção é a otimização da eficiência do processo, pois por meio dela se possibilita que o processo conceda não apenas uma, mas duas tutelas. Amplia-se o número de controvérsias que serão decididas no processo." YARSHELL, Flávio Luiz; PEREIRA, Guilherme Setoguti J.; RODRIGUES, Viviane Siqueira. **Comentários ao novo código de processo civil: artigos 334 ao 368.** Coords: MARINONI, Luiz Guilherme; ARENHART, Sérgio Cruz; MITIDIERO, Daniel. 1ª ed., São Paulo: Ed. RT, 2016. p. 180.

160 Didier Jr. considerando os aspectos da regra da reconvenção considera que devem ser julgadas ao mesmo tempo, contudo há de se realizar a ressalva em relação a possibilidade das decisões parciais, enquadrando a reconvenção como qualquer outra cumulação subjetiva ou objetiva. "Reconvenção e ação principal hão de ser julgadas na mesma sentença, embora sejam autônomas: não há obrigatoriedade de ambas terem seus respectivos méritos apreciados, pois pode o autor desistir da demanda principal ou ela não ser apreciada por algum defeito que comprometa a sua admissibilidade (art. 343, §2°, CPC). Agora, se houverem de ser julgadas, haverão de sê-lo na mesma sentença. Essa autonomia justifica, inclusive, condenações independentes às verbas da sucumbência." DIDIER JR, Fredie. **Curso de direito processual civil: teoria geral do processo e processo de conhecimento.** 17ª. ed. Salvador: Juspodivm, 2015. p. 668.

simplificado de uma reconvenção[161], sem os mesmos requisitos e ditames específicos que esta, mas igualmente com a cumulação ulterior de pedidos na ação, com a ampliação do objeto litigioso do processo, constando a manifestação do réu para tanto.

O pedido contraposto é a representação de uma ação formulada pelo réu contra o autor dentro de um mesmo processo, contudo diferencia-se da reconvenção pela restrição quanto ao seu âmbito, com a necessidade de que se atenha aos mesmos fatos de que o pedido principal narra, ou seja, que nos limites dos mesmos pontos narrados na causa de pedir inicial[162], não somente com a necessidade de conexão, como na reconvenção. É uma espécie de reconvenção com menos requisitos, com uma restrição específica em ser atrelada aos fatos da causa ou a uma espécie de pedido especificado em lei, como na indenização no caso das possessórias, sem uma abertura de pleitear o que entender de direito.

No CPC, o art. 556 autoriza claramente que o réu na contestação[163], alegando que é o verdadeiro detentor da posse e, se comprovar que foi ofendido em sua posse, demande a proteção possessória e a indenização pelos prejuízos resultantes da turbação ou do esbulho cometido pelo autor. Evidentemente que

---

161 "No direito brasileiro, porém, o pedido contraposto apresenta-se como uma demanda mais simplificada do que a reconvenção. Uma é a sua característica peculiar: há restrição legal quanto à sua amplitude (nos juizados especiais, deve ficar restrito aos "fatos da causa"; nas possessórias, admite-se apenas o pedido de indenização)." DIDIER JR, Fredie. **Curso de direito processual civil: teoria geral do processo e processo de conhecimento.** 17ª. ed. Salvador: Juspodivm, 2015. p. 674.

162 "Em sendo formulado pedido do réu em face do autor, não haverá alteração nos polos ativo e passivo da ação. A instrução probatória será a mesma e os pedidos serão julgados na mesma sentença." PORTO, Mônica Monteiro. Comentário ao art. 556. **Novo Código de Processo Civil Comentado – Tomo II (art. 318 ao art. 770).** Orgs: RIBEIRO, Sergio Luiz Almeida; GOUVEIA FILHO, Roberto Pinheiro Campos; PANTALEÃO, Izabel Cristina; GOUVEIA, Lucio Grassi de. São Paulo: Lualri, 2017. p. 386.

163 Para Gouveia Filho e Costa Filho, o pedido contraposto estaria inserto no modelo de reconvenção, pela nova visão de que este instituto é inserto à contestação, não sendo uma peça a parte, não guardando, portanto, tantas diferenças entre ambos os institutos de ampliação da demanda. "Na sistemática atual, o chamado pedido contraposto, denominado, na forma do art. 343 do CPC/2015, reconvenção (sem adentrar aqui os pormenores, a nosso ver cerebrinos, entre uma suposta diferença entre este e a reconvenção, para além dos aspectos puramente formais), compõe o regramento geral, de modo que a previsão é desnecessária. Frise-se, por fim, que a possibilidade de o réu formular o pedido contra o autor independentemente de contestar ou não é, conforme o § 6º. do mencionado dispositivo, aplicável no âmbito do procedimento especial das ações possessórias." GOUVEIA FILHO, Roberto Pinheiro Campos; COSTA FILHO, Venceslau Tavares. Comentário ao art. 556. In: STRECK, Lenio Luiz; NUNES, Dierle; CUNHA, Leonardo (orgs.). **Comentários ao código de processo civil.** 2ª. ed. São Paulo: Saraiva, 2017. p. 825.

essa possibilidade de pedido contraposto tem a abertura legal pelo fato da ação ser dúplice[164-165], culminando na visão de que ambas as partes, numa ação possessória, estão a defender a sua posse.

Dessa maneira, há a possibilidade de uma ação ser ampliada em sua complexidade pelo fato do réu utilizar-se do pedido contraproposto[166].

De todo modo, nas hipóteses em que é possível o pedido contraposto, há, evidentemente, uma cumulação objetiva ulterior à inicial por iniciativa do réu.

1.3.3.2.3 A cumulação subjetiva via intervenção de terceiros

O autor delimita o alcance objetivo do processo quando define quais são os pedidos que realizará, podendo este processo ser simples ou complexo, quando há diversos pedidos cumulados, como já enfrentado. Nesse mesmo sentido, também cabe ao autor, *a priori*, definir o alcance subjetivo do processo, com a indicação, na petição inicial, do réu ou dos réus, em caso de litisconsórcio.

No entanto, mesmo que o autor somente indique um réu para a ação, este em sua manifestação defensiva pode indicar terceiros para que possam integrar, conjuntamente, a ação e o polo passivo, importando em uma cumulação subjetiva ulterior, durante o desenrolar do processo, em momento posterior à inicial.

O ordenamento processual autoriza que terceiros não indicados na inicial possam participar do processo, seja indicado pelo autor, seja pelo réu[167], seja por

---

164 "O caráter dúplice limita-se à tutela da posse, não podendo o réu formular contra o autor, na própria contestação, pedido que não seja possessório ou dele decorrente, no caso a indenização." PORTO, Mônica Monteiro. Comentário ao art. 556. **Novo Código de Processo Civil Comentado – Tomo II (art. 318 ao art. 770).** Orgs: RIBEIRO, Sergio Luiz Almeida; GOUVEIA FILHO, Roberto Pinheiro Campos; PANTALEÃO, Izabel Cristina; GOUVEIA, Lucio Grassi de. São Paulo: Lualri, 2017. p. 386/387.

165 Obviamente que o caráter dúplice da demanda permite que o processo seja objetivamente complexo, contudo a duplicidade da jurisdição impõe uma outra sistemática para a definição da decisão, em termos de complexidade. Enquanto as demais cumulações de pedidos tratam de decisões diferentes em seus pontos, o caráter dúplice da ação faz com que uma mesma decisão tenha que optar por quem detém o direito, numa decisão conjunta entre uma parte e outra. Logo, a procedência de um pedido do autor culmina na improcedência do caráter dúplice do que o réu almejava além da defesa e vice-versa, o que impossibilita uma relação das ações dúplices com a decisão parcial, justamente por serem pedidos antagônicos, mas relacionais entre si.

166 O pedido contraposto não deixa de ser um modo específico de reconvenção. "Enfim, reconvenção e pedido contraposto são espécies de um mesmo gênero: demanda do réu contra o autor. Distinguem-se pela amplitude da cognição judicial a que dão ensejo." DIDIER JR, Fredie. **Curso de direito processual civil: teoria geral do processo e processo de conhecimento.** 17ª. ed. Salvador. Juspodivm, 2015. p. 674.

167 Sobre as intervenções que são provocadas por uma das partes para um terceiro adentrar à relação jurídica, este pode questionar a sua própria legitimidade e interesse. "Nas

iniciativa própria. O intuito dessa intervenção passa pelo impacto[168] que esse eventual terceiro sofrerá pelos efeitos da decisão daquela ação e, por isso, que seja, desde logo, incluído durante a tramitação processual com o intuito de ser também parte[169], com a possibilidade de participar e influenciar o transcorrer processual, exercendo o devido contraditório.

Dessa maneira, a intervenção de terceiros é um fato jurídico-processual que possibilita que um terceiro, utilizando mecanismos dispostos na norma, possa ingressar na ação para ser transformado em parte[170]. As hipóteses de intervenção de terceiros previstas no ordenamento são: *(i) assistência; (ii) denunciação da lide; (iii) chamamento ao processo; (iv) incidente de desconsideração da personalidade jurídica; e (v) amicus curiae.*

Para a cumulação subjetiva que interessa a este trabalho, algumas intervenções de terceiros não ampliam o objeto litigioso do processo, nem as relações jurídicas a serem resolvidas, o que é o cerne da cumulação subjetiva ulterior mediante intervenção de terceiros.

---

intervenções provocadas (em que o terceiro é convocado para o processo), o destaque das categorias legitimidade e interesse se faz de maneira ainda mais nítida. Deveras, enquanto que o denunciado, por exemplo, assiste sempre interesse processual em se defender, sua legitimidade poderá ser questionada por ele próprio." RODRIGUES, Daniel Colnago. **Intervenção de terceiros.** 1ª. Ed. São Paulo: Ed. RT. 2018. p. 46.

168 Sobre o interesse jurídico do terceiro: "o interveniente deveria demonstrar seu interesse jurídico na demanda, ou seja, comprovar a repercussão que a discussão do processo poderá ter sobre uma relação jurídica titularizada por ele." CABRAL, Antonio do Passo. Despolarização do processo, legitimidade ad actum e zonas de interesse: sobre a migração entre polos da demanda. In: ZUFELATO, Camilo; YARSHELL, Flávio Luiz. (Org.). **40 anos da Teoria Geral do Processo no Brasil: passado, presente e futuro.** 1ª. ed. p. 43-95. São Paulo: Malheiros, 2013. p. 67.

169 Rodrigues traz a visão da intervenção de terceiros como diferentes modos: "intervenções de terceiro em sentido amplo sempre que um terceiro ingressar em um processo pendente e, a partir disso, tornar-se parte, havendo, para tanto, duas maneiras: a) por meio das chamadas intervenções de terceiro em sentido estrito, isto é, mediate alguma modalidade interventiva prevista em lei; b) em razão da sucessão processual, voluntária ou causa mortis, pela qual o sucessor passa a titularizar posições jurídicas processuais tornando-se parte." RODRIGUES, Daniel Colnago. **Intervenção de terceiros.** 1ª. Ed. São Paulo: Ed. RT, 2018. p. 31/32.

170 Em termos de conceituação da intervenção de terceiro de modo amplo: "Em geral, a doutrina costuma conceituar intervenção de terceiros como sendo o mecanismo pelo qual um sujeito, autorizado em lei, ingresso em processo pendente, transformando-se em parte. Trata-se de um instituto que tem aptidão para transformar um terceiro em parte. No entanto, nem toda modificação subjetiva constitui uma intervenção de terceiros." RODRIGUES, Daniel Colnago. **Intervenção de terceiros.** 1ª. Ed. São Paulo: Ed. RT. 2018. p. 32.

Dessa maneira, apesar de ser intervenção de terceiros, a *assistência*, em regra[171], não amplia subjetivamente[172] o processo de modo a este interessado ser parte no processo, uma vez que, nos moldes do art. 119 do CPC, descrita como uma intervenção voluntária na relação jurídica já existente, como uma espécie de coadjuvante, com o intuito inicial de prestação de auxílio para uma das partes[173], num viés de influir com sua participação processual na sentença a ser proferida, que pode lhe atingir positiva ou negativamente.

Com isso, o pretendente a assistente pode pleitear a sua admissão no processo, em qualquer dos polos, para assistir o autor ou o réu, de acordo com os seus próprios interesses. As espécies de assistência, previstas no CPC/2015, podem ser simples ou litisconsorcial[174]. O pleito para a entrada do assistente pode ser feito por esse terceiro interessado[175] ou, ainda, pelas partes – autor ou

---

171 Na simples não, mas na litisconsorcial pode ampliar.

172 "a) que o assistente não propõe nova demanda; b) nem há ampliação do litígio em virtude de seu ingresso; c) que a sua função processual é de auxiliar a parte assistida." MAURÍCIO, Ubiratan de Couto. **Assistência simples no direito processual civil.** São Paulo: Ed. RT, 1983. p. 87.

173 O assistente não tem a serventia de somente ajudar a parte nos mesmos atos que esta já realizou, mas de influir no resultado da demanda, somente não podendo realizar ato contrário ao que a parte assistida realizou. MAURÍCIO, Ubiratan de Couto. **Assistência simples no direito processual civil.** São Paulo: Ed. RT, 1983. p. 124.

174 "O projeto do novo CPC subdivide o capítulo concernente à assistência em três seções. A primeira delas trata das disposições comuns à assistência simples e à assistência litisconsorcial, enunciando que cabem, enquanto pendente a causa, em qualquer procedimento e em todos os graus de jurisdição, além de estabelecer o procedimento a ser adotado. Já a segunda seção dedica-se à assistência simples, ao passo que a terceira seção, composta de apenas um artigo, dirige-se à assistência litisconsorcial. A disciplina normativa da assistência, no projeto do novo CPC, apresenta-se mais organizada. A divisão que se faz atende ao que já se defendia na doutrina, pois há dispositivos que dizem respeito apenas à assistência simples, sendo certo que a assistência litisconsorcial rege-se pelas regras do litisconsórcio unitário." CUNHA, Leonardo Carneiro da. **A assistência no projeto do novo código processo civil brasileiro.** www.academia.edu/9253866/a_assistência_no_projeto_do_novo_código_processo_civil_brasileiro. Acessado dia 28 de março de 2019.

175 Há a possibilidade de uma intersecção entre a assistência e a denunciação da lide, mas justamente pelo fato de nenhuma das partes ter utilizado da denunciação da lide e o possível litisdenunciado ser interessado na demanda, podendo, portanto, oferecer-se como assistente para uma das partes, a qual entende ser aquela que a impacta. Dessa maneira, pela ausência de utilização pelas partes da denunciação da lide, aquele que seria eventualmente denunciado pode atuar como assistente, mas nos limites e alcance dessa assistência. Nesse sentido: "Por sua vez, na assistência litisconsorcial, o interesse jurídico do assistente é equivalente ao da parte, tanto que poderia igualmente ter sido deduzido em juízo em face do adversário do assistido." RODRIGUES, Daniel Colnago. **Intervenção de terceiros.** 1ª. Ed. São Paulo: Ed. RT. 2018. p. 69.

réu, em ambos com a necessária alegação do vínculo jurídico de interesse com a causa em questão.

A diferença da assistência simples da litisconsorcial está na intensidade da relação do assistente com o objeto litigioso do processo. Se o interesse for somente em influir no resultado da relação jurídica de outrem pelo impacto que possam sobrevir em uma relação sua com o assistido, será simples, contudo, de maneira mais forte, se o impacto for equivalente como se fosse parte, será uma ampliação subjetiva do processo, uma vez que poderia figurar como parte do processo desde logo[176].

Outra modalidade de intervenção de terceiro delineada no CPC/2015, é o *amicus curiae*.

O instituto não é novo no ordenamento brasileiro, com ampla utilização no âmbito dos Tribunais Superiores, principalmente em ações constitucionais ou em julgamentos por amostragem. O art. 138 do CPC positiva tal instituto, concedendo-lhe a ampliação de possibilidades processuais, incluindo-o no rol das intervenções de terceiro. Todavia, não é propriamente uma intervenção de terceiro típica[177], com o interesse e vínculo jurídico na causa, mas com o interesse subjetivo pela relevância social da matéria e da ação, com a expertise de poder ajudar sobre a temática em questão. Quando se manifesta, o *amicus curiae* cumpre a função de amigo da corte[178-179], com o intuito de conceder detalhes

---

176 RODRIGUES, Daniel Colnago. **Intervenção de terceiros.** 1ª. Ed. São Paulo: Ed. RT. 2018. p. 69.

177 "diante do conceito de terceiro e da etimologia da palavra intervenção, deve ser considerada a manifestação do *amicus curiae* como intervenção de terceiros." CABRAL, Antonio do Passo. Pelas asas de Hermes: a intervenção do *amicus curiae*, um terceiro especial. **Revista de Processo.** Vol. 117, Ano 29, São Paulo: Ed. RT, 2004. p. 17.

178 No Brasil não há necessidade de concordância sobre a intervenção do *amicus curiae*, dependendo somente da admissão pelo juízo, como pontuam Nery Jr. e Nery: "Tendo em vista a relevância da matéria objeto do incidente, a intervenção de qualquer pessoa física, jurídica, professor de direito, cientista, órgão ou entidade, desde que tenha respeitabilidade, reconhecimento científico ou representatividade para opinar sobre a matéria objeto da questão constitucional, pode ser admitida pelo relator em decisão irrecorrível. Trata-se de figura do *amicus curiae*, originária do direito anglo-saxão. No direito norte-americano, há a intervenção por consenso entre as partes ou por permissão da Corte. O sistema brasileiro adotou a segunda solução, de modo que a intervenção do *amicus curiae* (...) dar-se-á de acordo com decisão positiva do relator". NERY JR, Nelson; NERY, Rosa Maria de Andrade. **Código de Processo Civil Comentado.** 16ª. ed. São Paulo: Ed. RT, 2016. p. 629.

179 Ou um terceiro enigmático, na visão de Bueno. BUENO, Cassio Scarpinella. ***Amicus curiae* no processo civil brasileiro: um terceiro enigmático.** São Paulo: Saraiva, 2006. p. 125.

técnicos sobre determinada matéria[180], para melhor esclarecimento ao juízo sobre ao objeto material em questão. Se por um lado, não há vínculo imediato com a causa, por outro, para ter a legitimidade de atuação como tal, deve ter conhecimento da matéria demandada[181], para que possa opinar e dar seu parecer com propriedade, influenciando a discussão do processo e tirando as possíveis dúvidas técnicas[182].

Com a admissão do *amicus curiae* na ação, não há a cumulação subjetiva, tampouco a objetiva, somente um ator processual desligado de interesse específico, mas com expertise para atuar tecnicamente para opinar, ainda que possa ter um interesse subjetivo maior, como a manifestação de um Conselho de determinada categoria, mas não se confunde com o interesse das partes ou de terceiros a estes interligados.

Outro instituto inserido no CPC/2015 dentre as intervenções de terceiro é o *incidente de desconsideração da personalidade jurídica*[183], previsto no art.

---

180 Araújo vê, acertadamente, no novel ordenamento que o *amicus curiae* teve uma ampla positivação, com o direito de participação em qualquer demanda em que se demonstre um interesse maior: "Percebe-se, portanto, que a ampliação desta modalidade de intervenção demonstra o novo momento do sistema processual nacional. A coletivização dos conflitos permite a intervenção do *amicus curiae* em qualquer causa judicial, com participação nesse processo de sedimentação da decisão judicial a ser vinculante pelos magistrados." ARAÚJO, José Henrique Mouta. Os precedentes vinculantes e o novo CPC: o futuro da liberdade interpretativa e do processo de criação do direito. **Precedentes.** Organizadores: DIDIER JR., Fredie; CUNHA, Leonardo Carneiro da; MACEDO, Lucas Buril de; ATAIDE JR, Jaldemiro Rodrigues de. Salvador: Juspodivm, 2015. p. 433.

181 "A função do *amicus curiae* é a de levar, espontaneamente ou quando provocado pelo magistrado, elementos de fato e/ou de direito que de alguma forma relacionam-se intimamente com a matéria posta para julgamento. É por isto que me refiro insistentemente ao *amicus curiae* como um "portador de interesses institucionais" a juízo. Ele atua, no melhor sentido do fiscal da lei, como um elemento que, ao assegurar a imparcialidade do magistrado por manter a indispensável "terzietà" do juiz com o fato ou o contexto a ser julgado, municia-o com os elementos mais importantes e relevantes para o proferimento de uma decisão ótima que, repito, de uma forma ou de outra atingirá interesses que não estão direta e pessoalmente colocados (e, por isto mesmo, defendidos) em juízo." BUENO, Cassio Scarpinella. *Amicus curiae*. **Revista Nacional da Magistratura**. Ano II, n. 5. Brasília: Escola Nacional da Magistratura/ Associação dos Magistrados Brasileiros, maio/2008. p. 135.

182 Del Prá traz uma concepção dúbia sobre a natureza do *amicus curiae*, dependendo da iniciativa de sua intervenção. Se pelo juiz, a atuação do *amicus curiae* seria mais afeta ao poder instrutório do juízo, por outro lado, se for por iniciativo própria, seria como um real amigo da corte e mais propenso a ser uma intervenção de terceiro. DEL PRÀ, Carlos Gustavo Rodrigues. **Amicus curiae**. Curitiba: Juruá, 2008. p. 52.

183 "A teoria da desconsideração da pessoa jurídica já era admitida há tempos pelo ordenamento brasileiro, como uma disposição do direito material, sem, no entanto, existir

133 do CPC, com o intuito de permitir em qualquer fase do processo, seja em conhecimento, inclusive recursal, na fase de cumprimento de sentença e na execução por título extrajudicial, do autor realizar o requerimento para que haja um incidente com o intuito de desconsiderar a figura da pessoa jurídica, citando os sócios da empresa para figurarem como réus do processo – ou somente um deles.

O intuito é convocar para o processo outros indivíduos que poderão responder com o seu próprio patrimônio sobre o objeto litigioso do processo e as consequências do que se discute na ação. Se a pessoa jurídica é o réu de determinada ação na fase de conhecimento, o intuito do incidente é que determinado sócio – ou sócios – já adentrem ao processo para a discussão jurídica nessa fase, uma vez que há a alegação que de houve atuação de modo autorizante a desconsiderar a figura jurídica da empresa – como no art. 50 do Código Civil[184] ou art. 28 do Código de Defesa do Consumidor[185].

O novel ordenamento processual não criou[186] esse instituto da desconsideração, somente positivou um contraditório específico para a devida utilização do incidente, justamente para garantir o contraditório e as garantias constitucionais dos sócios que serão atingidos em seu patrimônio.

---

correspondente no direito processual. (...) Assim, para garantir a segurança jurídica e o próprio respeito ao devido processo legal, que o Código trouxe a procedimentalização da desconsideração da personalidade jurídica." MADRUGA, Eduardo; MOUZALAS, Rinaldo; TERCEIRO NETO, João Otávio. **Processo Civil Volume Único.** 8ª. ed. Salvador: Juspodivm, 2016. p. 242.

184 "Hipóteses do CDC. O CDC 28 possui previsão mais ampla de desconsideração da personalidade jurídica (englobando casos de falência, insolvência e encerramento/inatividade de pessoa jurídica causada por má administração). Também estabelece a responsabilidade conforme a natureza da sociedade envolvida." NERY JR, Nelson; NERY, Rosa Maria de Andrade. **Código de Processo Civil Comentado.** 16ª. ed. São Paulo: Ed. RT, 2016. p. 623.

185 "Prevista pela primeira vez no CDC 28, a desconsideração da personalidade jurídica foi incorporada pelo CC 50. Consiste na possibilidade de ignorar a personalidade jurídica autônoma da entidade moral sempre que esta venha a ser utilizada para fins fraudulentos ou diversos daqueles para os quais foi constituída, permitindo que o credor de obrigação assumida pela pessoa jurídica alcance o patrimônio particular de seus sócios ou administradores para a satisfação de seu crédito." NERY JR, Nelson; NERY, Rosa Maria de Andrade. **Código de Processo Civil Comentado.** 16ª. ed. São Paulo: Ed. RT, 2016. p. 621.

186 "O que o novo Código fez foi, em respeito ao devido processo legal, tipificar o procedimento através do qual se legitima a desconsideração da personalidade societária, em ordem a possibilitar que o terceiro atingido pela decisão integre a relação posta em juízo e participe ativamente do processo: contestando o pedido contra si formulado, produzindo provas específicas sobre a ocorrência dos pressupostos legais, e, em geral, manifestando-se nos autos." RODRIGUES, Daniel Colnago. **Intervenção de terceiros.** 1ª. Ed. São Paulo: Ed. RT, 2018. p. 32.

O incidente é aberto mediante requerimento do autor ou do Ministério Público para que se cite o sócio ou os sócios para responderem ao pedido de inclusão destes no polo da ação, desconsiderando a personalidade jurídica para alcançar o patrimônio destes sócios, tornando-os réus no processo. Um incidente processual será aberto, por procedimento comum, para a discussão sobre a existência, ou não, dos fundamentos autorizantes para a desconsideração[187], com os sócios sendo citados para a defesa sobre tal ponto, depois réplica, se for o caso, saneamento e instrução, também caso necessário e, por fim, a decisão sobre o deferimento da inclusão ou não[188] do sócio como réu no processo[189].

Dada a configuração de alguma das hipóteses autorizantes de desconsiderar a personalidade jurídica, o intuito é trazer os sócios para a ação, no lugar da personalidade jurídica anteriormente existente, para que sofram os impactos de eventual condenação, arcando, desde logo, com este ônus[190]. Não há uma ampliação do objeto litigioso do processo, somente a substituição para que os sócios respondam desde logo por aquela discussão jurídica da ação, obviamente que se forem vários sócios, há uma ampliação subjetiva do processo[191], com um

---

187 "Prova da necessidade da desconsideração. As situações de desvio de finalidade ou confusão patrimonial devem ser provadas pela parte requerente ou pelo MP, bem como a sua inocorrência deve ser demonstrada pelo sócio ou administrador e pela própria pessoa jurídica." NERY JR, Nelson; NERY, Rosa Maria de Andrade. **Código de Processo Civil Comentado.** 16ª. ed. São Paulo: Ed. RT, 2016. p. 623.

188 "A decisão que põe fim ao procedimento incidental de desconsideração da pessoa jurídica (art. 136) que comporta contraditório e produção de provas, em respeito ao precedente constitucional de que ninguém será privado de seus bens sem antes ser ouvido, também está sujeita a agravo de instrumento." ALVIM, Teresa Arruda; CONCEIÇÃO, Maria Lúcia Lins; RIBEIRO, Leonardo Ferres da Silva; MELLO, Rogério Licastro Torres de. **Primeiros comentários ao novo código de processo civil.** São Paulo: Ed. RT, 2015. p. 1.014.

189 Assis entende que há a ampliação do polo passivo: "Fenômeno análogo, mas por outras causas, ocorre no litisconsórcio necessário (art. 115, parágrafo único) e na correção do polo passivo (art. 339, § 2º)." ASSIS, Araken de. **Processo civil brasileiro**. Vol. II, Tomo I, São Paulo: Ed. RT, 2015. p. 591.

190 O intuito é trazer os sócios para o polo passivo da ação e a qualquer momento, mesmo que já tenha estabilidade processual, sendo uma exceção a esta: "Pois agora, ainda mais por se tratar de uma demanda, que altera a causa de pedir original e repercute no arranjo subjetivo do processo, deve-se reconhecer que o incidente reflete uma exceção ao princípio da estabilização objetiva e subjetiva da demanda." RODRIGUES, Daniel Colnago. **Intervenção de terceiros.** 1ª. Ed. São Paulo: Ed. RT. 2018. p. 101.

191 "existe ampliação do polo passivo da demanda, em razão da insuficiência patrimonial da parte originária." ASSIS, Araken de. **Processo civil brasileiro.** Vol. II, São Paulo: Ed. RT, 2015. 591.

autor – ou mais autores, se já existente esse litisconsórcio – agora em face de vários sócios, se houver essa pluralidade procedente como resultado do incidente.

Diante disso, para a cumulação subjetiva ulterior, via intervenção de terceiros, o intuito deste trabalho é focar nos institutos que detêm uma ampliação das relações jurídicas do processo, seja ampliando o objeto litigioso, seja ampliando subjetivamente o processo via novas partes na relação jurídica. Para tanto, os institutos mais importantes para estudo são a denunciação da lide e o chamamento ao processo, justamente por representarem essa ampliação da ação em mais pedidos a serem resolvidos ou a mais relações jurídicas a serem resolvidas, aumentando a complexidade objetiva do processo.

A *denunciação da lide* é uma intervenção de terceiro proveniente de uma provocação para que indivíduo estranho à lide integre um dos polos do processo, nos moldes do art. 125 do CPC. Tanto pode ser promovida pelo autor quanto pelo réu, apesar de sua ocorrência ser mais na segunda hipótese, por fundar-se em direito de regresso[192], em sua maior possibilidade.

A denunciação da lide é uma ação incidente, regressiva, eventual e antecipada[193-194].

O fato de ser considerada como uma ação incidente está no fato de que já há uma ação em curso entre o autor e réu originários e o denunciado responderá uma ação incidental à principal, com o acréscimo de mais uma relação jurídica a ser objeto litigioso do processo, com a ampliação deste[195]. Logo, consequencialmente, terão duas ações: *(i) a principal; e (ii) a incidente.*

---

192 Sobre intervenção de terceiros no CPC/73: "Essa modalidade de intervenção de terceiro objetiva integrar à relação processual aquele que deve suportar eventual direito de regresso. Trata-se de verdadeira ação de regresso incidental àquela já em curso, ampliando-se o objeto litigioso. Com efeito, visando à economia processual, procura o denunciante, na relação jurídica já em curso, estabelecer desde já a garantia regressiva, passando o então terceiro a se tornar parte na relação processual em curso." ARAÚJO, José Henrique Mouta. **A resolução parcial de mérito e a coisa julgada progressiva: reflexos no sistema processual como forma de assegurar a brevidade da prestação jurisdicional.** Belém, PA, 2004. 302 p. Tese (Doutorado). Universidade Federal do Pará. Programa de Pós-Graduação em Direito. p. 140.

193 "verdadeira propositura de uma ação de regresso antecipada, para a eventualidade da sucumbência do denunciante" BARBOSA MOREIRA, José Carlos. **Estudos sobre o novo código de processo civil.** Rio de Janeiro: Líber Juris, 1974. p. 87.

194 "Em sentido mais estrito, porém, que é o empregado pela atual legislação brasileira, a denunciação da lide representa verdadeira demanda incidente, ainda que eventual e antecipada." RODRIGUES, Daniel Colnago. **Intervenção de terceiros.** 1ª. Ed. São Paulo: Ed. RT. 2018. p. 79.

195 "A denunciação da lide, portanto, consiste em uma demanda incidente que promove ampliação objetiva e subjetiva do objeto litigioso do processo." LUCON, Paulo Henrique dos Santos. **Relação entre demandas.** 2ª. ed. Brasília: Gazeta Jurídica, 2018. p. 138.

Obviamente que a relação jurídica da ação principal deve ser julgada de modo antecedente à incidental, até pela relevância e impacto que a resolução desta terá sobre o julgamento da ação posterior e incidental[196]. Há, evidentemente, uma relação de dependência entre as ambas. Um exemplo é a denunciação da lide para que a seguradora de um automóvel participe da ação como denunciada, primeiramente será julgada a ação entre o autor e o réu originário, sobre a existência, ou não, de uma responsabilidade civil indenizável do réu para o autor e, caso seja procedente, será possível julgar a ação incidental, sobre a relação entre o réu originário e a denunciada.

No entanto, é possível que o autor já na inicial denuncie a lide, contudo, essa possibilidade não enquadrará como uma intervenção de terceiros, mas como a formação de um litisconsórcio desde o início da ação, somente cabendo ao denunciado a escolha de figurar no polo ativo ou passivo, apesar de existir, nesta situação configurada, uma pluralidade de ações, haja vista que o autor inicial e o denunciado que optou por seguir na ação no polo ativo terão entre si uma lide, mas como a inserção do último no mesmo polo, como um litisconsórcio, com a possibilidade de que este, inclusive, adite a inicial sobre pontos que considera importante para o prosseguimento da ação.

A ação denunciada é regressiva por se almejar a inclusão do terceiro para que responda a uma ação em que existe um direito de regresso de ação do réu originário perante este terceiro, caso perca a ação principal. Como o réu figura passivamente num processo, com a possibilidade de ser condenado a arcar com valores, a ação posterior e regressiva está no fato de que o réu requer que o denunciado, caso haja condenação do processo originário, seja aquele que arcará com os valores da primeira condenação.

Por ser uma ação denunciada, há uma relação jurídica entre o réu denunciante e o litisdenunciado, sem existir, necessariamente, uma relação entre o autor e o réu litisdenunciado. O réu denunciante tem o intuito de pleitear que o litisdenunciado arque com os eventuais prejuízos que tenha no processo principal.

Essa ação denunciada é também eventual pelo fato de que depende do julgamento e do recurso da primeira, com a possibilidade, ou não de vir a ser julgada. Como o réu denunciante requereu a intervenção do denunciado para responder por eventuais prejuízos existentes na ação principal, somente será necessário o julgamento da ação proveniente da denunciação da lide se a primeira for procedente, com a necessidade de indenização, cabendo, para tanto, que o

---

196 Nas palavras de Silva, a denunciação da lide "é o ato pelo qual o autor ou o réu chama a juízo um terceiro a que se liguem por alguma relação jurídica de que decorra, para este, a obrigação de ressarcir os prejuízos porventura ocasionados ao denunciante, em virtude de sentença que reconheça a algum terceiro direito sobre a coisa por ele adquirida, ou para que este reembolse dos prejuízos decorrentes da demanda." SILVA, Ovídio Baptista. **Curso de processo civil.** Vol. I, 4ª. ed. São Paulo: Ed. RT, 1998. p. 293.

juízo passe a julgar o segundo pedido ou abra o procedimento para instruir essa segunda relação jurídica existente no processo.

Por outro lado, se a ação principal for julgada improcedente, não há que se falar em julgamento da ação denunciada, justamente pela improcedência do direito do autor principal, o que impede que seja julgada a ação posterior, pelo fato de não haver prejuízo a ser analisado ou apurada a responsabilidade civil, conforme já condiciona o art. 129 do CPC, ao dizer que o juízo somente passará ao julgamento da denunciação da lide se o denunciante for vencido na ação principal.

A denunciação da lide também é uma ação antecipada pelo denunciante, ao realizar tal pedido de intervenção de terceiros, ter o intuito de se antecipar a possível prejuízo que venha a sofrer na ação principal, com uma condenação futura, abrindo a ação denunciada para que não necessite arcar com essa eventual procedência e prejuízos da ação principal, uma vez que desde já almeja a discussão jurídica sobre o ressarcimento.

Apesar de o autor[197] poder já realizar na inicial a denunciação da lide[198], como cumulação ulterior esta deve ser realizada pelo réu no momento da contestação, nos moldes do art. 126 do CPC, com pedido específico sobre esse incidente processual, com a indicação sobre o denunciado, com o intuito de que seja citado para integrar a lide, caso a intervenção seja admitida pelo juízo.

Uma vez citado para ser réu denunciado na ação, de acordo com o art. 128 do CPC, o terceiro, agora já parte do processo[199], pode atuar de três

197 A denunciação da lide pode ser realizada pelo autor ou pelo réu. Se for realizada pelo autor, será a inclusão do denunciado já na inicial, totalmente possível e viável, contudo não será uma cumulação ulterior e sim inicial: "Quando a denunciação da lide parte do autor, o momento de sua propositura confunde-se com o da própria ação. É o caso em que, por exemplo, um veículo foi objeto de apreensão policial promovida por alguém que se diz dono e vítima de furto. O comprador, então, move ação reivindicatória ou possessória e, desde logo, inclui o vendedor na demanda como responsável pela garantia da evicção. Na petição inicial, portanto, será pedida a citação do denunciado, juntamente com a do réu, fundada em pretensão regressiva da qual o autor se alega titular. Haverá, assim, um litisconsórcio eventual inicial entre o réu e o denunciado." THEODORO JR., Humberto. **Curso de direito processual civil.** Vol. I, 59ª ed. Rio de Janeiro: Forense, 2018. p. 390.

198 "Se a denunciação da lide for promovida pelo autor, ele deverá requerer a citação do denunciado juntamente com ao do réu na petição inicial." LUCON, Paulo Henrique dos Santos. **Relação entre demandas.** 2ª. ed. Brasília: Gazeta Jurídica, 2018. p. 139.

199 As hipóteses de manifestação do denunciado no processo: "Em relação à lide principal, o denunciado poderá: a) apresentar defesa no prazo de 15 dias a contar da citação (art. 335, III), oferecendo resistência à pretensão formulada na ação regressiva (arts. 336 e 337) e, também, à pretensão formulada na ação principal, inclusive podendo apresentar argumentos distintos e mais amplos do que o denunciante assistido; b) manter-se inerte

maneiras diversas no processo: *(i) contestar o pedido formulado pelo autor; (ii) restar silente e ser revel; (iii) atuar em juízo para confessar os fatos alegados na ação principal.*

Em todas essas hipóteses, as relações jurídicas foram ampliadas, de maneira a tornar o processo objetivamente complexo[200], com um conjunto maior de relações do que o autor tinha imaginado ou almejado na petição inicial, com a necessidade de resolução de todas essas relações pelo juízo[201].

Se o denunciado contestar o pedido do autor, o processo prosseguirá tendo, na ação principal, em litisconsórcio, denunciante e denunciado, pelo fato de que ambos integram o polo passivo e, na defesa, controvertem o que foi narrado pelo autor. Mesmo diante disso, se a ação for julgada procedente, o juízo deve decidir, posteriormente, sobre os impactos dessa procedência na ação denunciada, entre o litisconsórcio passivo formado entre o denunciante e o

---

(art. 128, II), hipótese em que a defesa do réu, seu litisconsorte unitário, lhe aproveitará, salvo se este "deixar de prosseguir com sua defesa" (art. 128, II), ou seja, se o réu mudar de postura e, diante da inércia do denunciado, reconhecer a procedência do pedido formulado pelo autor; ou, c) expressamente "confessar os fatos alegados pelo autor na ação principal" (art. 128, III) e reconhecer a procedência do pedido por este formulado, hipótese em que o réu também poderá mudar de postura, e, diante do assentimento expresso do denunciado, aderir "a tal reconhecimento". Como o denunciante, na lide principal, ocupa a condição de assistente litisconsorcial, em litisconsórcio unitário, não se aplica a regra de independência entre os litisconsortes, de modo que tal ato de disponibilidade só produzirá efeito em relação aos dois se for ratificado pelo outro, no caso, pelo réu (art. 117), ou seja, se este, como diz a parte final do inciso III do art. 128 aderir "a tal reconhecimento". Em relação à lide secundária, o denunciado poderá: (a) apresentar defesa no prazo de 15 dias a contar da citação (art. 335, III), oferecendo resistência à pretensão formulada na ação regressiva (arts. 336 e 337); (b) não oferecer qualquer resistência, hipótese em que incorrerá nos efeitos da revelia (art. 344 c/c o art. 128, II); (c) reconhecer a procedência do pedido, formulado na ação regressiva (art. 487, III, "a"), concentrando ou não forças na resistência à pretensão da lide principal." CAMARGO, Luiz Henrique Volpe. Comentário ao art. 128. In: CABRAL, Antonio do Passo, CRAMER, Ronaldo (orgs.). **Comentários ao novo código de processo civil**. 2ª ed. Rio de Janeiro: Forense, 2016. p. 219.

200 "Dessa maneira, o objetivo do incidente é instaurar um cúmulo de ações sucessivas, ampliando o objeto do processo, sobre que irá se formar a coisa julgada." THEODORO JR., Humberto. **Curso de direito processual civil.** Vol. I, 59ª ed. Rio de Janeiro: Forense, 2018.p. 389.

201 "Ocorrendo a denunciação, o processo se amplia objetiva e subjetivamente. Subjetivamente porque ingressa o denunciado, o qual passará a demandar juntamente com o autor se o denunciante for o autor, e juntamente com o réu se o denunciante for o réu. Objetivamente porque se insere uma demanda implícita do denunciante contra o denunciado de indenização por perdas e danos." GRECO FILHO, Vicente. **Intervenção de terceiros.** 3ª. ed. São Paulo: Saraiva, 1991. p. 83.

denunciado. Por outro lado, se ação for julgada improcedente, não há necessidade de outra decisão sobre a ação denunciada.

Se o litisdenunciado não se manifestar sobre o que foi pedido pelo autor, será considerado revel e, assim, o denunciante pode deixar de prosseguir com sua defesa na ação principal, até abstendo de impugnar e recorrer, restringindo sua atuação à ação regressiva sobre os impactos de eventual condenação na principal, agindo de modo a que o litisdenunciado seja condenado a arcar com todos os impactos da condenação principal, com a necessidade, portanto, de uma decisão sobre a ação principal e, posteriormente, sobre a denunciada.

O litisdenunciado ao manifestar-se na ação e se acaso confessar ou aquiescer os fatos alegados pelo autor na ação principal não impõe que o denunciante também assim proceda, podendo este prosseguir com sua defesa ou, ainda, pode aderir a tal reconhecimento ou aquiescência, com a possibilidade de pedir apenas a procedência da ação de regresso.

O intuito dessa ação regressiva via denunciação da lide está disposta nas hipóteses de relações jurídicas das partes com terceiros, mediante o conteúdo do art. 125 do CPC, os quais listamos: *(i) ao alienante imediato, no processo relativo à coisa cujo domínio foi transferido ao denunciante, a fim de que possa exercer os direitos que dá evicção lhe resultam; (ii) àquele que estiver obrigado, por lei ou pelo contrato, a indenizar, em ação regressiva, o prejuízo de quem for vencido no processo.*

A primeira hipótese explicitada está na intenção do denunciante em garantir o resguardo quanto a possível evicção do bem objeto litigioso do processo, uma vez que denuncia o alienante imediato desse referido bem, com o intuito de que se perder os direitos sobre este bem na ação principal, já será tratada na ação denunciada a restituição do preço, das garantias ou dos danos nessa relação jurídica.

A segunda hipótese está na intenção do denunciante de que o litisdenunciado que detém a obrigação por contrato ou por lei de lhe indenizar, em eventual ação regressiva, sobre os prejuízos possíveis sobre a causa de pedir e o pedido da principal, seja incluído no processo para que desde logo participar das tratativas e já ter a garantia de uma ação condicionada sobre estes aspectos.

A responsabilidade civil sobre o cerne da causa de pedir é o motivador dessa denunciação da lide, com o pedido de inclusão do terceiro que o denunciante acredita que faz parte da relação jurídica por lei ou pelo contrato, devendo ser incluído para que numa ação denunciada seja o responsável por eventuais prejuízos oriundos da procedência da principal.

Diante da possibilidade da denunciação da lide para a inclusão desse terceiro para a discussão sobre um direito de regresso – em qualquer das hipóteses, este poderá denunciar sucessivamente um outro terceiro para inclusão deste no processo também, contudo somente nessa única vez. Ou seja, o réu pode ser denunciante de um terceiro, esse terceiro será denunciado e, com a possibilidade de ser denunciante de um outro terceiro, o qual não poderá denunciar ninguém, sem prejuízo de poder reclamar sobre prejuízos e perdas e danos em eventual ação autônoma, como prevista no art. 125, § 2º do CPC.

Na denunciação da lide, com a admissão pelo juízo, o processo aumenta objetivamente a sua complexidade, pela inclusão de uma nova ação para que o juízo decida[202], com uma cumulação de pedidos e de partes, uma vez que há um pedido na ação regressiva/denunciada e a inclusão de um terceiro, com total ampliação do objeto litigioso do processo, passando este a ser aquele que já era delimitado na ação originária/principal com o acréscimo da ação denunciada.

Outra espécie de intervenção de terceiro é o *chamamento ao processo.*

Essa modalidade trata da intenção daquele réu na ação originária, pela existência de solidariedade existente na obrigação discutida como objeto litigioso do processo[203], em chamar ao processo o seu codevedor solidário.

O fundamento para que seja possível o chamamento ao processo é a solidariedade na relação obrigacional material alegada na causa de pedir e formada como o objeto litigioso do processo. O réu entende que aquela obrigação é solidária e, desse modo, que o chamado deve responder a ação conjuntamente[204].

O chamamento ao processo é uma intervenção a critério e responsabilidade do réu[205].

O art. 130 do CPC regulamenta ser admissível o chamamento ao processo: *(i) do afiançado, na ação em que o fiador for réu; (ii) dos demais fiadores, na ação*

---

202 "A denunciação da lide provoca verdadeira cumulação de ações, ampliando o objeto do processo, a sentença a ser ali pronunciada será composta ao menos de dois capítulos: o primeiro, destinado ao julgamento da causa entre as partes originárias; o segundo, voltado à verificação do direito de regresso, existindo, entre eles, uma relação de prejudicialidade." RODRIGUES, Daniel Colnago. **Intervenção de terceiros.** 1ª. Ed. São Paulo: Ed. RT. 2018. p. 88.

203 O conceito no CPC/2015: "Chamamento ao processo é o incidente pelo qual o devedor demandado chama para integrar o mesmo processo os coobrigados pela dívida, de modo a fazê-los também responsáveis pelo resultado do feito (art. 132).177 Com essa providência, o réu obtém sentença que pode ser executada contra o devedor principal ou os codevedores, se tiver de pagar o débito." THEODORO JR., Humberto. **Curso de direito processual civil.** Vol. I, 59ª ed. Rio de Janeiro: Forense, 2018. p. 401.

204 Sobre a finalidade do chamamento ao processo: "favorecer o devedor que está sendo acionado, porque amplia a demanda, para permitir a condenação também dos demais devedores, além de lhe fornecer, no mesmo processo, título executivo judicial para cobrar deles aquilo que pagar." BARBI, Celso Agrícola. **Comentários ao código de processo civil. Vol. I,** Tomo. II, n. 434, Rio de Janeiro: Forense, 1975. p. 359.

205 O chamamento ao processo é uma espécie de intervenção de terceiros que se dá por *inserção*. É intervenção *provocada* que depende da *iniciativa exclusiva do réu*." CAMARGO, Luiz Henrique Volpe. Comentário ao art. 130. In: CABRAL, Antonio do Passo, CRAMER, Ronaldo (orgs.). **Comentários ao novo código de processo civil**. 2ª ed. Rio de Janeiro: Forense, 2016. p. 520.

proposta contra um ou alguns deles; e (iii) dos demais devedores solidários, quando o credor exigir de um ou de alguns o pagamento da dívida comum.

Em todas as possibilidades o cerne é a solidariedade, com base no art. 275 do Código Civil, seja na fiança, seja nos devedores solidários. Obviamente que o chamado ao entender que não faz parte da relação jurídica solidária pode alegar que não tem legitimidade para ser réu na ação, com uma defesa não somente contra a ação como um todo, mas também com a sua inclusão nesta, podendo, inclusive recorrer sobre a decisão de admissão[206].

O chamamento ao processo é a formação de um litisconsórcio[207] passivo, ulterior e facultativo[208-209]. Essa faculdade está na escolha do réu originário em chamar o devedor que entender também ser solidário naquela relação obrigacional. Se entender pertinente, realiza na contestação o chamamento ao processo, contudo não é obrigatório, podendo inclusive ser realizada a discussão sobre a solidariedade ou não em ação posterior ou até de modo em pretensão material, como um acerto de contas, extrajudicialmente.

Diferentemente da denunciação da lide, o chamamento ao processo não amplia o objeto litigioso do processo[210], somente amplia de modo sub-

---

206 O recurso adequado sobre a decisão de admissão ou inadmissão da intervenção de terceiros, qualquer delas, é o agravo de instrumento, se esta se der em uma decisão interlocutória, dentre as hipóteses elencadas no art. 1.015 do CPC.

207 Sobre a interligação entre litisconsórcio e intervenção de terceiros: "se entrelaçam em um sistema único de pluralidade de partes no processo civil." SICA, Heitor Vitor Mendonça. Notas críticas ao sistema de pluralidade de partes no processo civil brasileiro. **Revista de Processo.** Vol. 200, Ano 36, São Paulo: Ed. RT, 2011. p. 64.

208 "Elas têm conseqüentemente, legitimidade passiva ordinária *ad causam*: poderiam até ter sido demandadas diretamente pelo autor. Por isso, a lei dispõe que, vindo elas ao processo por iniciativa do réu, acabem ficando também sob a mira da demanda proposta em face de um apenas – tanto quanto o processo ficaria se a demanda inicial já as houvesse incluído. É fácil compreender, diante disso, por que se forma entre o chamador e todos os chamados uma autêntica situação de litisconsórcio passivo. Trata-se de litisconsórcio passivo ulterior e não originário – como seria se tivesse sido provocado pelo autor e não pelo réu-chamado." DINAMARCO, Cândido Rangel. **Intervenção de terceiros.** 3ª. ed. São Paulo: Malheiros, 2002. p. 162/163.

209 USTÁRROZ, Daniel. **A intervenção de terceiros no processo civil brasileiro.** Porto Alegre: Livraria do Advogado, 2004. p. 131.

210 "Portanto, não se configurando hipótese de intervenção de terceiro mediante ação, não há a ampliação objetiva nem, muito menos, qualquer cumulação ulterior de ações. A sentença não será em capítulos, restando apenas a necessidade de apreciar a responsabilidade de cada um dos obrigados (chamante e chamados)." ARAÚJO, José Henrique Mouta. **A resolução parcial de mérito e a coisa julgada progressiva: reflexos no sistema processual como forma de assegurar a brevidade da prestação jurisdicional.** Belém, PA, 2004. 302 p. Tese (Doutorado). Universidade Federal do Pará. Programa de

jetivo as relações jurídicas a serem decididas[211], com a inclusão de um novo ator processual, com uma nova relação jurídica a ser resolvida pelo juízo na sentença[212]. Com o deferimento do chamamento ao processo e a citação do chamado, este será incluído como parte para sofrer não somente os efeitos de eventual sentença condenatória, mas ser impactado pela coisa julgada material de igual modo ao chamante[213].

Há, ainda, um outro modo de formação ulterior de litisconsórcio, contudo que não está elencado como intervenção de terceiro, sendo uma hipótese excepcional: *a alegação do réu pela sua ilegitimidade passiva e a opção do autor em manter o réu originária com a inserção do terceiro indicado pelo réu para a formação de um litisconsórcio passivo.*

Se houver a alegação de ilegitimidade passiva na contestação, é dever do réu, na dicção do art. 338 do CPC[214], indicar qual seria o real réu adequado para estar naquela ação no polo passivo. Evidente que somente há de se cobrar do réu essa imputação se for nítido ou facilmente verificável a sapiência sobre quem

---

Pós-Graduação em Direito. p. 142. De modo diverso: "Para alguns, ainda, dentro dessa linha, o chamamento seria um instrumento que amplia subjetivamente o processo e que, embora não seja exercido mediante ação, acaba por ampliar igualmente o objeto litigioso deduzido em juízo." RODRIGUES, Daniel Colnago. **Intervenção de terceiros.** 1ª. Ed. São Paulo: Ed. RT. 2018. p. 93.

211 "Daí termos a ampliação subjetiva a relação processual, antes constituída por um autor e um réu, e a partir do chamamento ao processo constituída de um autor e mais de um réu [o réu primitivo e o(s) chamado(s)]." JORGE, Flávio Cheim. **Chamamento ao processo.** 2ª. ed. São Paulo: Ed. RT, 1999. p. 38.

212 Por outro lado, Silva entendia que havia uma intersecção entre a denunciação da lide e o chamamento ao processo, por ser igualmente uma ação regressiva, contudo com um objeto consequente da primeira relação, diferente de uma ação denunciada. "a propositura de uma ação regressiva eventual do réu contra o chamado ao processo." SILVA, Ovídio Baptista da. **Curso de processo civil**. Vol. I. 4ª. ed. São Paulo: Ed. RT, 1998. p. 303.

213 "Como fartamente demonstrado, configurando-se o chamamento ao processo, teremos a formação de litisconsórcio entre o chamante e o chamado, ambos situados na posição de réus perante o credor originário, sendo igualmente atingidos pela coisa julgada material." JORGE, Flávio Cheim. **Chamamento ao processo.** 2ª. ed. São Paulo: Ed. RT, 1999. p. 38.

214 "Substituição do réu: O Código inova quando, ao mesmo tempo em que retira a nomeação à autoria como figura interventiva, em afirmação à eficiência, possibilita, de forma ampla, a substituição do réu. Nos termos do art. 338, alegando o réu, na própria contestação (sem necessidade de petição autônoma), ser parte ilegítima ou não ser o responsável pelo prejuízo invocado, o juiz facultará ao autor, em 15 dias, a alteração da petição inicial para substituição do réu." MOUZALAS, Rinaldo. Comentários ao art. 338 e 339. **Novo código de processo civil comentado – Tomo II (art. 318 ao art. 770).** Orgs: RIBEIRO, Sergio Luiz Almeida; GOUVEIA FILHO, Roberto Pinheiro Campos; PANTALEÃO, Izabel Cristina; GOUVEIA, Lucio Grassi de. São Paulo: Lualri, 2017. p. 60.

é o verdadeiro responsável pelo conflito[215]. Sem essa ciência sobre a questão, não há como imputar essa responsabilidade ao réu quando fizer a alegação de ilegitimidade passiva.

Uma vez constante na contestação a alegação de ilegitimidade passiva, o autor deve ser intimado para que se manifeste[216] sobre a substituição proposta pelo réu, com a possibilidade de acatar ou rejeitar. Na primeira opção, exclui-se o réu originário e cita-se o novo réu, aquele indicado. Na segunda, o autor entende que o réu correto é o originário e opta pela mantença da relação processual nos mesmos moldes da inicial. Uma terceira opção possível ao autor, quando manifestar-se sobre a alegação de ilegitimidade passiva feita pelo réu na contestação, é a escolha pela inclusão do indicado como possível legitimado pelo réu originário, sem optar pela exclusão deste. Há, nessa hipótese de escolha pelo autor, a manutenção do réu originário no polo da ação, com a formação

---

215 "São casos em que, pelas circunstâncias do caso, o réu tem conhecimento de quem seja o legitimado passivo (art. 339, caput, CPC)." DIDIER JR, Fredie. **Curso de direito processual civil: teoria geral do processo e processo de conhecimento.** 17ª ed. Salvador: JusPodivm, 2015. p. 647. "Caso o réu não saiba quem é o verdadeiro responsável, terá de declarar expressamente esse desconhecimento, a fim de liberar-se da obrigação de reparar o dano do autor (e, por força dos princípios da cooperação e da boa-fé, deve-se considerar que não basta a mera declaração do réu de que não conhece o verdadeiro legitimado e, caso fique provado que ele tinha esse conhecimento, deverá ele responder por perdas e danos e pelas despesas processuais)." CÂMARA. Alexandre Freitas. **O novo processo civil brasileiro.** 4ª ed. São Paulo: Atlas, 2018. p. 203.

216 Sobre a necessidade de seguir as diretrizes da manifestação do autor: "Vê-se que a substituição depende de consentimento do autor, que, recusando-a, assume o risco de, posteriormente, a alegação de ilegitimidade passiva ad causam ser acolhida, extinguindo-se o processo sem resolução do mérito (art. 485, VI, do CPC/2015)." MEDINA, José Miguel Garcia. **Novo código de processo civil comentado.** 2ª ed. São Paulo: Ed. RT, 2015. p. 356. De modo diverso, Aurelli entende que não é uma faculdade ao autor, mas um ônus: "Consta do dispositivo que haveria faculdade para o autor aceitar, ou não, a indicação feita pelo réu. Mas será mesmo uma faculdade, ou deve-se entender tratar-se de um ônus? Veja-se que, caso o autor não aceite alterar a petição inicial para possibilitar a sucessão processual, correrá o risco de o órgão julgador, acatando a preliminar de ilegitimidade ad causam, levantada pelo réu, extinguir o processo, sem julgamento do mérito. Para analisar se realmente se trata de um ônus, deve-se indagar se poderia o autor, após o decurso, in albis, do prazo de quinze dias concedido pelo juiz requerer a emenda da inicial para alterar o polo passivo da ação. Haveria preclusão? Certamente a resposta há que ser positiva. Portanto, caso o autor não atenda à determinação judicial, deixando transcorrer o prazo que lhe foi dado para requerer a sucessão processual, ou substituição do polo passivo, nas palavras do novo CPC, preclusa estará sua oportunidade. Em razão disso, entendemos que se trata de ônus e não de faculdade." AURELLI, Arlete Inês. Comentários ao art. 338 e 339. In: STRECK, Lenio Luiz; NUNES, Dierle; CUNHA, Leonardo (orgs.). **Comentários ao código de processo civil.** 2ª. ed. São Paulo: Saraiva, 2017. p. 513.

do litisconsórcio passivo[217] pela somatória de um novo réu ao polo passivo já existente, nos moldes indicados pelo art. 339, § 2º do CPC.

A escolha do autor passa por não excluir o réu originário, entendendo que a legitimidade passiva deve ser dividida entre o réu originário e aquele indicado por este para substituí-lo, dando razão parcial ao que foi alegado na contestação. De igual modo das demais opções, o juiz deve acatar a escolha do autor[218], com a determinação do prosseguimento do processo em face do réu originário e a inclusão devida do agora novo réu litisconsorte.

O autor, ao proceder por esse caminho, tem a ciência de que a formação do litisconsórcio passivo é a saída processual mais apropriada, pelo entendimento que ambos devem responder passivamente pelo objeto litigioso do processo.

Nesse caso, em momento posterior – no saneamento ou no momento da prolação da sentença – o juízo deve decidir sobre a formação desse ulterior litisconsórcio passivo, se ambos devem responder ou não, se têm ou não legitimidade para responder a ação e aos pedidos ali constantes. Se ambos forem legítimos, o juízo deve julgar todas as relações jurídicas ali existentes do autor com cada um dos réus, por outro lado, se entender que um deles deve ser retirado da ação, deve, quanto a este, extinguir essa relação específica, sem julgamento de mérito, seja em decisão parcial, seja em sentença, com a condenação em despesas processuais e honorários advocatícios, agora em patamares normais, sem a diminuição prevista no art. 338, parágrafo único do CPC[219].

1.3.3.2.4 A cumulação como direito da parte

A decisão de cumular as ações, pedidos ou partes em um mesmo processo, em qualquer das possibilidades, transita dentro do interesse da própria parte que assim escolhe[220]. O autor pode intentar várias ações ou somente uma e, se for o caso, intentar outra depois. Não há óbice para tanto.

---

217 "Por fim, pode o autor optar por alterar a petição inicial (sempre respeitado o prazo de quinze dias) para incluir no processo o nomeado, o que acarretará a formação de um litisconsórcio passivo ulterior (art. 339, § 2º)." CÂMARA. Alexandre Freitas. **O novo processo civil brasileiro.** 4ª ed. São Paulo: Atlas, 2018. p. 204.

218 A defesa pela falta de discricionariedade do juízo sobre a escolha realizada pelo autor: LEMOS, Vinicius Silva. A extinção da nomeação à autoria como intervenção de terceiros e a nova forma procedimental de correção do polo passivo. **Revista Jurídica.** Vol 1, p. 9-30, Porto Alegre, 2018.

219 **CPC/2015.** Art. 338. (...) Parágrafo único. Realizada a substituição, o autor reembolsará as despesas e pagará os honorários ao procurador do réu excluído, que serão fixados entre três e cinco por cento do valor da causa ou, sendo este irrisório, nos termos do art. 85, § 8º.

220 Sobre a cumulação e a economicidade: "A técnica de cumulação de demandas em um mesmo processo (que em sentença resultará em diversos capítulos de sentença) é

Logo, é conclusivo imaginar que a cumulação de ações, pedidos ou partes seja um direito da parte. Essa conclusão é correta, contudo se for a cumulação subjetiva, a relação jurídica pode inserir a necessidade de que haja uma cumulação por lei ou pela própria relação jurídica a ser discutida, não sendo somente critério da parte, apesar de que dependendo dessa cumulação, a ação pode ser um só pedido e relação jurídica[221].

Fora isso, o argumento da possibilidade de cumulação de ações, pedidos ou partes têm guarida na relação entre economia processual e harmonia das decisões sobre questões que detêm intersecção cognitiva e, por isso, seria benéfico para o Judiciário a cumulação e, assim, seria de interesse público, tanto quanto de interesse do autor.

Essa conclusão, apesar de ter atinência sobre os pontos de economia e harmonia, não tornam a cumulação um instituto engessado e longe dos critérios de conveniência do próprio autor. Se há uma faculdade do autor em fazê-lo, uma escolha, haveria um impedimento processual para que a prolação das decisões que resolvem cada pedido cumulado, cada ação específica sejam mantidos de modo uno até o final da ação para a prolação de uma só decisão? A resposta, evidentemente é negativa.

Se o autor cumula por sua iniciativa, com a melhoria na prestação jurisdicional pela economia e harmonia[222], o Judiciário, mediante a possibilidade

---

interessante ao Estado, por razões de economia, e ao cidadão, que terá a segurança de ter seus diversos pedidos sendo analisados por um mesmo magistrado, o que evitará decisões conflitantes em relação a, por exemplo, um mesmo contrato." BARBOSA, Bruno Valentim. **Julgamentos parciais de mérito no processo civil individual brasileiro. São Paulo**, SP, 2013. 161 p. Dissertação (Mestrado). Universidade de São Paulo. Programa de Pós-Graduação em Direito. p. 28.

221 Sobre litisconsórcio unitário: "a falta de citação, no caso de litisconsórcio necessário e unitário, gera a nulidade da sentença de mérito. Dá-se o litisconsórcio unitário quando a decisão de mérito deve ser uniforme para todos os litisconsortes. No caso, além de unitário, o litisconsorte deve ser necessário, para acarretar a nulidade da sentença de mérito." ARAÚJO, Luciano Vianna. Comentário ao art. 115. In: CABRAL, Antonio do Passo, CRAMER, Ronaldo (orgs.). **Comentários ao novo código de processo civil**. 2ª ed. Rio de Janeiro: Forense, 2016. p. 187.

222 Sobre a cumulação de pedidos como um meio de evitar a prolação de decisões conflitantes e contraditórias: "A cumulação de pedidos tem seu tratamento genérico no art. 292 do CPC. Contudo, seu estudo perpassa por situações e hipóteses distintas, as quais passam a ser interpretadas, todas voltadas a buscar maior brevidade à tutela jurisdicional, inclusive, evitando decisões contraditórias." ARAÚJO, José Henrique Mouta. **A resolução parcial de mérito e a coisa julgada progressiva: reflexos no sistema processual como forma de assegurar a brevidade da prestação jurisdicional.** Belém, PA, 2004. 302 p. Tese (Doutorado). Universidade Federal do Pará. Programa de Pós-Graduação em Direito. p. 121/122.

de solucionar parte daquele processo, com a resolução parcial - com ou sem mérito - deve assim proceder.

1.4 A DIVISÃO DO OBJETO LITIGIOSO DO PROCESSO EM CAPÍTULOS PELA COMPLEXIDADE OBJETIVA DO PROCESSO

1.4.1 Evolução histórica da noção de capítulos da sentença

Diante de uma ação, o juízo deve realizar várias cognições, analisar vários pontos e decidir. Todavia, tal decisão não é fundamentalmente simples, nos aspectos da processualística, com a possibilidade de que uma ação contenha vários pontos diversos a serem decididos, com várias relações jurídicas postas em juízo, dividindo o que se pretende à jurisdição em capítulos da própria jurisdição, mesmo que a decisão a sobrevir seja somente uma, justamente pela abertura para a existência de capítulos em uma mesma ação e, consequentemente, capítulos de uma mesma decisão ou sentença.

Para que haja uma divisão de uma ação e, consequentemente, de um processo e da própria decisão em capítulos, há a necessidade de que várias relações jurídicas estejam presentes no pedido de jurisdição e, desse modo, necessitem cada qual de uma decisão própria, dividindo a prestação jurisdicional em diferentes decisões internas para aquelas partes, contudo sobre pontos diversos, pela própria formação de um processo objetivamente complexo.

A divisão da ação em capítulos é a base da teoria dos capítulos da sentença[223], com construção enfática e destacada da doutrina italiana. Chiovenda, um dos primeiros a se manifestar sobre o tema, enfrentava o tema no intuito de entender que a existência de capítulos diversos na sentença partia da necessidade da ação ser dividida em diferentes capítulos[224].

Nesse entendimento de Chiovenda, somente seriam capítulos da sentença o que fosse enquadrado como uma subdivisão da ação em termos de mérito, com pedidos diferentes e, dessa maneira, ensejando respostas autônomas na sentença. A cumulação de pedidos seria um exemplo claro de uma divisão da ação em capítulos e, também, da sentença, uma vez que cada pedido detém autonomia perante o outro, com a possibilidade de ser intentada uma ação própria, o que entender-se-ia como capítulos diferentes[225].

---

223 "definem-se portanto os capítulos de sentença, diante do direito positivo brasileiro e dessas considerações, como unidades autônomas do decisório da sentença." DINAMARCO, Cândido Rangel. **Capítulos de sentença.** 3ª. ed. São Paulo: Malheiros, 2008. p. 35.

224 CHIOVENDA, Giuseppe. **Principii di diritto processuale civile.** 4ª. ed. Nápoles, 1928. p. 1.150.

225 Diante desse ponto defendido por Chiovenda, somente haveria capítulos de sentença o que seria possível ser objeto de um processo à parte: "a autonomia de cada um dos capítulos da concepção chiovendiana significa que as diversas parcelas do *petitum*

Esse ponto de vista trazia problemas em sua concepção mediante a existência de pedidos que são conexos ou sucessivos, bem como para outros pontos, num entendimento bem limitado quanto a autonomia da sentença em capítulos.

Por outro lado, Calamandrei dialogava com Chiovenda no entendimento de que somente seria um capítulo autônomo da sentença o que pudesse proporcionar uma ação em apartado[226]. Se o pedido ou questão pudesse ser o objeto litigioso de um outro processo e estaria ali cumulado naquele mesmo processo, seria, portanto, um capítulo da ação. De modo diverso, sem essa autonomia em termos de possibilidade de demandas apartadas, não se conseguiria, no pensamento de Calamandrei, entender que a vontade da lei estaria possível de ser divisível a decisão, justamente por não ser possível uma nova ação.

Cada capítulo, tanto para Chiovenda[227] quanto para Calamandrei[228], seria uma ação em apartado que estariam voluntariamente juntas, diante da cumulação de partes ou pedidos, somente pela conveniência processual, pela economia e coerência das decisões.

Liebman concede um passo adiante ao que Chiovenda e Calamandrei defendiam[229], apesar de ter a base no mesmo prisma, ao entender que a divisão dos capítulos não seria somente no ato de decidir a ação, mas a responder os pedidos realizados naquela jurisdição pleiteada. O pedido tem a divisão entre imediato[230] e mediato[231], num primeiro ponto de pleito para que a jurisdição

---

poderiam ter sido objeto de demandas separadas, propostas em tempos diferentes e dando origem a dois ou mais processos distintos." DINAMARCO, Cândido Rangel. **Capítulos de sentença.** 3ª. ed. São Paulo: Malheiros, 2008. p. 20.

226 Na visão de Calamandrei, o conceito de capítulo: "capítulo é a declaração de uma específica vontade de lei, isto é, um ato jurisdicional completo e capaz de constituir por si só, mesmo separadamente de outros capítulos, o conteúdo de uma sentença." CALAMANDREI, Peiro. Appunti sulla reformatio in pejus. **Rivista di Diritto Processuale Civile,** 1932. p. 300.

227 CHIOVENDA, Giuseppe. **Principii di diritto processuale civile.** 4ª. ed. Nápoles, 1928. p. 1.136.

228 CALAMANDREI, Peiro. Appunti sulla reformatio in pejus. **Rivista di Diritto Processuale Civile,** 1932. p. 300.

229 LIEBMAN, Enrico Tullio. Parte o "capo" di sentenza. **Rivista di Diritto Processuale Civile.** n. 5, 1964. p. 55.

230 "A pretensão à tutela jurídica é abstrata, pois todos aqueles que possuem a capacidade de ser parte, dela são titulares; e universal; pois o Direito a confere a todos indistintamente e até a certes entes desprovidos de personalidade, mas que são titulares da capacidade de ser parte." NOGUEIRA, Pedro Henrique. O juízo de admissibilidade do processo e as condições da ação: uma releitura a partir da teoria da ação de direito material. **Revista Dialética de Direito Processual.** Vol. 76, p. 93-105, 2009. p. 95.

231 "O direito subjetivo configura a posição de titularidade de vantagem que o Direito confere a alguém, em virtude da ocorrência de determinada situação no mundo dos

seja exercida e respondida e, ainda, num aspecto posterior, que seja proferida uma decisão, qualquer que seja o seu conteúdo, somente que seja uma resposta ao pleito e, no segundo momento, o cerne é versar sobre o conteúdo da decisão, com uma especificidade quanto ao bem jurídico almejado pelo pedido.

Liebman entendia que as questões sobre o pedido imediato[232] também perfazem um capítulo da decisão, ou seja, também será um capítulo à parte a possibilidade, ou não, de entregar uma decisão ao pleito pela jurisdição, preferencialmente de mérito, dada a análise necessária sobre a admissibilidade da ação, com o trato sobre questões preliminares. Dessa maneira, no tocante à admissibilidade, há um capítulo à parte da sentença e, tal qual ocorre no mérito, concordando neste ponto com os autores anteriores sobre a divisão em capítulos.

Dessa maneira, na construção realizada por Liebman, toda ação tem, no mínimo, dois capítulos[233]: *a admissibilidade; e o mérito.*

Esse entendimento ocorria independentemente do resultado da admissibilidade, fosse para decidir pela impossibilidade de julgar a ação, com a necessidade de extinção desta, sem mérito; fosse para entender que a ação era admissível e passar ao julgamento de mérito, o que seria, ainda, uma divisão em capítulos, aquele que decidiu pela admissibilidade positiva da ação e aquele que decidiu a ação em si.

De outro modo é o pensamento de Carnelutti[234], com um enfoque totalmente diferente dos demais, refletindo que a teoria dos capítulos da sentença não fosse somente alocado no conteúdo dispositivo decisório da demanda, mas na motivação. A divisão da decisão em capítulos estaria atrelada a existência de questões a serem resolvidas, deslocando o centro de concentração dos capítulos para a fundamentação da decisão, não somente para o ato de decidir, ampliando o entendimento sobre capítulo para cada questão que mereça ser resolvida. Claramente um pensamento diverso dos demais, tanto nos moldes de Chiovenda e Calamandrei quanto Liebman.

---

fatos. Já a pretensão revela um plus em relação ao conceito de direito subjetivo: a exigibilidade." NOGUEIRA, Pedro Henrique. O juízo de admissibilidade do processo e as condições da ação: uma releitura a partir da teoria da ação de direito material. **Revista Dialética de Direito Processual.** Vol. 76, p. 93-105, 2009. p. 93/94.

232 No entanto, Liebman não entendia que internamente cada questão sobre a admissibilidade era um capítulo em si, mas um só capítulo sobre admissibilidade. LIEBMAN, Enrico Tullio. Parte o "capo" di sentenza. **Rivista di Diritto Processuale Civile.** n. 5, 1964. p. 50/51.

233 LIEBMAN, Enrico Tullio. Parte o "capo" di sentenza. **Rivista di Diritto Processuale Civile.** n. 5, 1964. p. 55.

234 CARNELUTTI, Francesco. Capo di sentenza. **Rivista di Diritto Processuale Civile,** 1933. p. 119.

Outro ponto de reflexão dos posicionamentos italianos está no pedido julgado pelo juízo, mas com a possibilidade de ser decomponível[235]. Um exemplo sobre um pedido que possa ser julgado de modo parcialmente procedente em termos de valores, com uma procedência no direito, contudo sem a total procedência em torno dos valores[236].

Carnelutti entendia que nessa situação a resolução era de somente um capítulo sobre aquele pedido, sobre aquela ação em específico, uma vez que poderia ser base para uma ação autônoma[237]. Por outro lado, numa situação dessa, Chiovenda sustentava que uma condenação parcial envolvia dois capítulos diversos[238], por ser possível apurar-se desse ponto, duas questões diferentes: *a procedência para o autor de um capítulo possível de assim ser julgado; e a improcedência de outro capítulo em sentido diverso.*

1.4.2 A divisão do processo litigioso do processo em capítulos

Diante das visões italianas, no Brasil, o autor que mais se destacou no estudo dos capítulo decisórios foi Dinamarco, apesar de outros terem se manifestado de modo menos enfático sobre o tema[239].

Dinamarco explorou a teoria dos capítulos da sentença[240], coadunando na visão com o que Liebman entendia[241], no sentido de que a sentença terá a

---

235 Sobre o pedido decomponível: "havendo admissão parcial da pretensão pelo réu, quando, por exemplo, o autor pede 200 e o réu admite a dívida, mas diz que o valor é de 100, na verdade há parte da pretensão sobre a qual não houve controvérsia. Nada obsta que o autor peça o adiantamento da parte incontrovertida, sob a forma de tutela antecipatória, como, aliás bem previsto no art. 186-bis do Código de Processo Civil italiano, introduzido pela reforma que ocorreu naquele país em 1990." NERY JR., Nelson. **Atualidades sobre o processo civil: a reforma do código de processo civil brasileiro de 1994 e de 1995**. 2ª ed., São Paulo: Ed. RT, 1996. p. 70/71.

236 "Importante é também a hipótese de objeto que tivesse inicialmente uma estrutura unitária e que venha ser cindido na sentença em dois objetos distintos." LIEBMAN, Enrico Tullio. Parte o "capo" di sentenza. **Rivista di Diritto Processuale Civile.** n. 5, 1964. p. 53.

237 "a questão decidida sobre o quantum debeatur é ou ao menos pode ser uma só e, portanto, a sentença pode ter um só capítulo." CARNELUTTI, Francesco. Capo di sentenza. **Rivista di Diritto Processuale Civile,** 1933. p. 127.

238 "Quando se trata de quantidade, a sentença pode ser cindida em tantos capítulos quantas forem as unidades." CHIOVENDA, Giuseppe. **Principii di diritto processuale civile.** 4ª. ed. Nápoles: Jovene, 1928. p. 988.

239 DINAMARCO, Cândido Rangel. **Capítulos de sentença.** 3ª. ed. São Paulo: Malheiros, 2008.

240 Dinamarco menciona em seu trabalho sobre capítulos da sentença o pouco trato da doutrina brasileira à época sobre a divisão da sentença em capítulos, elencando os autores que parcialmente examinaram, mesmo que somente para tratar do impacto recursal: GUIMARÃES, Luiz Macedo Soares Machado. Limites objetivos do recurso de

quantidade de capítulos em que contiver de deliberações próprias, com uma decomposição do conteúdo decisório de uma demanda entre, no mínimo, a admissibilidade e mérito e, neste último, ainda podendo ser dividido em mais capítulos, mediante a complexidade objetiva do processo.

Dessa maneira, apesar de a sentença ser somente uma, a cada deliberação específica sobre a questão de admissibilidade, há um capítulo decisório igualmente autônomo[242], ocorrendo o mesmo sobre a divisão porventura existente no mérito.

Sobre o mérito da ação, quando houver uma pluralidade de pedidos, evidentemente que haveria uma capitulação decisória, com a divisão da sentença entre os pontos que devem ser decididos. Nesse ponto, não existiriam, quanto a divisão do mérito, diferenças entre a posição de Liebman e Chiovenda, somente divergindo o primeiro que existem outros capítulos além destes, o que é corroborado por Dinamarco, posição que entende-se como correta[243].

Adotando a convergência de pensamento com Liebman, Dinamarco entende que a questão sobre admissibilidade – análise dos pressupostos pro-

---

apelação. **Estudos de Direito Processual.** Rio de Janeiro: Jurídica Universitária, 1969; MARQUES, José Frederico. **Instituições de direito processual.** 2ª. ed. Rio de Janeiro: Forense, 1963; CINTRA, Antonio Carlos de Araújo. **Sobre os limites objetivos da apelação civil.** 116 f. Tese (Professor Titular), Faculdade de Direito do Largo São Francisco, Universidade de São Paulo – USP, 1986; ARAGÃO, Paulo Cézar. **Recurso adesivo.** São Paulo: Saraiva, 1974; MOREIRA, José Carlos Barbosa. Sentença Objetivamente Complexa, Trânsito em Julgado e Rescindibilidade. **Revista Dialética de Direito Processual.** Vol. 45, São Paulo: Dialética, dez/2006; SILVA, José Afonso da. **Do recurso adesivo no processo civil brasileiro**. 2ª. ed. São Paulo: Ed. RT, 1977.

241 Liebman ia no sentido de que toda ação tem modo bifronte, ou seja, com necessidade de duas análises, em relação aos pedidos imediato e mediato e, assim, no mínimo, dois capítulos da sentença: "é composta por dois capítulos, um que declara a admissibilidade do julgamento de mérito e outro que contém esse julgamento." LIEBMAN, Enrico Tullio. Parte o "capo" di sentenza. **Rivista di Diritto Processuale Civile.** n. 5, 1964. p. 55.

242 Sobre autonomia: "uma unidade elementar autônoma, no sentido de que cada um deles expressa uma deliberação específica; cada uma dessas deliberações é distinta das contidas nos demais capítulos e resulta da verificação de pressupostos próprios, que não se confundem com os pressupostos das outras." DINAMARCO, Cândido Rangel. **Capítulos de sentença.** 3ª. ed. São Paulo: Malheiros, 2008. p. 34.

243 Sobre as pretensões – material e processual – e a existência de um capítulo para cada qual: "Essa dualidade de pretensões que se associam a partir do ato de incoação processual impõe a consideração de que toda demanda inicial do processo é necessariamente bifronte, por resolver-se na dedução das duas pretensões e pedido de satisfação de ambas." DINAMARCO, Cândido Rangel. **Capítulos de sentença.** 3ª. ed. São Paulo: Malheiros, 2008. p. 39.

cessuais[244-245] – do processo é também um capítulo autônomo para a sentença, não somente haveria a capitulação e divisão interna no mérito, mas em todas as questões, o que faz, diante dessa concepção, toda sentença dividir-se em no mínimo dois capítulos[246]: *(i) admissibilidade*[247]*; e (ii) mérito.*

Dinamarco relaciona essa dualidade mínima dos capítulos de sentença de uma ação pela existência de uma análise sobre o pedido imediato – o provimento ou não jurisdicional de mérito[248] – e a própria análise sobre o mérito, sendo este o pedido mediato[249]. Se o autor pleiteia em juízo o provimento jurisdicional de um determinado bem da vida – o objeto litigioso do processo, primeiramente o juízo deve analisar se há viabilidade processual de julgar a ação e, após este exame com resultado positivo, passa-se à análise sobre o acolhimento ou não da pretensão do autor sobre o bem da vida pleiteado.

Portanto, cada uma dessas análises são capítulos autônomos[250].

---

244 Sobre o estudo dos pressupostos processuais: DIDIER JR., Fredie. **Pressupostos processuais e condições da ação.** 1ª ed. São Paulo: Editora Saraiva, 2005; BULOW, Oscar Von. **Teoria das exceções e dos pressupostos processuais.** 2ª. ed. Tradução Ricardo Rodrigues Gama, Campinas: LZN, 2005.

245 "Os pressupostos processuais definem as condições nas quais o direito subjetivo alegado pelo autor pode obter a tutela jurisdicional concedida através de uma decisão de procedência." SOUSA, Miguel Teixeira de. Sobre o sentido e a função dos pressupostos processuais. **Revista de Processo**. Vol. 65, Ano 16, São Paulo: Ed. RT, 1991. p. 71.

246 "toda demanda deduzida em juízo como ato inicial de um processo traz em si a soma de duas pretensões, ou seja, de duas aspirações que o demandante apresenta ao juiz em busca de um reconhecimento e satisfação. Uma delas, de direta relevância substancial, porque envolvida com bens e situações da vida comum dos litigantes em sociedade. (...) a outra pretensão que a demanda apresenta ao juiz – e que antecedente logicamente àquela – consiste na aspiração a um provimento jurisdicional em relação à primeira." DINAMARCO, Cândido Rangel. **Capítulos de sentença.** 3ª. ed. São Paulo: Malheiros, 2008. p. 38/39.

247 "toda decisão sobre um objeto autônomo do processo, atinente à sua admissibilidade ou ao mérito." CINTRA, Antonio Carlos de Araújo. **Sobre os limites objetivos da apelação civil.** 116 f. Tese (Professor Titular), Faculdade de Direito do Largo São Francisco, Universidade de São Paulo – USP, 1986. p. 45/46.

248 DINAMARCO, Cândido Rangel. **Capítulos de sentença.** 3ª. ed. São Paulo: Malheiros, 2008. p. 40.

249 DINAMARCO, Cândido Rangel. **Capítulos de sentença.** 3ª. ed. São Paulo: Malheiros, 2008. p. 39/40.

250 A indagação da mesma premissa para que saiba quais são os pontos que realmente formam capítulos:"só os tópicos do decisório de mérito têm relevância, ou também os pronunciamentos decisórios sobre o processo e a relação processual, ou ainda a solução de questões?" DINAMARCO, Cândido Rangel. **Capítulos de sentença.** 3ª. ed. São Paulo: Malheiros, 2008. p. 37.

Por outro lado, Barbosa Moreira trabalhava – ainda que somente de passagem pela matéria – com outra visão sobre os capítulos da sentença[251], dividindo-os somente sobre a pluralidade de decisões sobre o mérito, o que seria uma sentença objetivamente complexa[252]. Ou seja, os capítulos da sentença somente existiriam no dispositivo da sentença, quando essa tivesse que enfrentar pedidos diversos, sem entender como existente um capítulo de sentença sobre admissibilidade da ação.

Esse entendimento guarda convergência com a posição de Chiovenda[253], com a divisão meramente para o mérito.

Nessa visão de Barbosa Moreira, somente haveriam capítulos da sentença em duas possibilidades, ambas internas ao mérito da causa: *(i) a análise pelo juízo por mais de um pedido ou relação jurídica, o que levaria a existência de capítulos diferentes no julgamento de mérito da ação; (ii) quando houvesse um pedido com a possibilidade de condenação parcial, com a existência de sucumbência recíproca em um mesmo pedido, o que tornaria esse único – ou dentro desse pedido – uma autonomia dos capítulos da sentença, um com a procedência ao autor e outro com a improcedência a favor do réu*[254].

Em ambos os modos de capítulos de sentença pelo entendimento de Barbosa Moreira, o mérito que seria cindido, o que não se difere do entendimento, neste ponto, de Dinamarco, contudo para Barbosa Moreira não haveria divisão sobre os capítulos decisórios que levam até a sentença, as questões processuais – a admissibilidade da ação[255].

---

251 BARBOSA MOREIRA, José Carlos. Sentença objetivamente complexa, trânsito em julgado e rescindibilidade. **Revista Dialética de Direito Processual.** Vol. 45, São Paulo: Dialética, dez/2006. p. 54.

252 "as sentenças cujo dispositivo contém mais de uma decisão. Também seria possível caracterizar a sentença objetivamente complexa como aquela que se compõe de mais de um capítulo". BARBOSA MOREIRA, José Carlos. Sentença objetivamente complexa, trânsito em julgado e rescindibilidade. **Revista Dialética de Direito Processual.** Vol. 45, São Paulo: Dialética, dez/2006. p. 54.

253 CHIOVENDA, Giuseppe. **Principii di diritto processuale civile.** 4ª. ed. Nápoles, 1928. p. 1.136.

254 Sobre essa sucumbência parcial e a divisão da sentença e da análise judicante em dois capítulos, Barbosa Moreira explica num exemplo: "complicam-se as coisas quando, divisível que seja a prestação, o juiz só em parte acolhe um pedido. Imagine-se, por exemplo, que ele reduza o valor da cláusula penal, por entender presente alguma das circunstâncias previstas no art. 413 do Código Civil. O autor pedira a condenação no valor total de 100, e a sentença não lhe concede mais que 80. Para diversos efeitos — inclusive, conforme se verá, para o que mais importa aqui —, deve-se tratar a espécie como de dois capítulos, um relativo aos 80 concedidos, outro aos 20 negados." BARBOSA MOREIRA, José Carlos. Sentença objetivamente complexa, trânsito em julgado e rescindibilidade. **Revista Dialética de Direito Processual.** Vol. 45, São Paulo: Dialética, dez/2006. p. 55.

255 Sobre o juízo de admissibilidade da demanda: "o juízo de admissibilidade impõe-se como uma espécie de 'mecanismo de filtragem', separando, dentre os pedidos que batem às

Diante disso, Dinamarco, para melhor entender as divisões em capítulos[256], classifica-os para um melhor posicionamento: *(i) capítulos puramente processuais*[257]; *(ii) capítulos de mérito*[258].

A explicação sobre os capítulos puramente processuais é notória e simples, sendo "aqueles que dispõem acerca de preliminares, pronunciando-se, portanto, positiva ou negativamente, sobre os pressupostos de admissibilidade do julgamento de mérito[259]."

Sobre esse capítulo meramente processual, há, ainda, a divisão dentre a análise dos pressupostos, pelo fato de que muitos deles podem ser decididos positivamente, culminando na possibilidade de julgamento de mérito, ultrapassando aquele determinado pressuposto, contudo acaba por outro pressuposto não ser ultrapassado. Dinamarco exemplifica sobre a decisão que rejeita a incompetência[260], com a mantença naquele juízo, mas posteriormente julga extinto por falta de outro pressuposto, mesmo na admissibilidade do processo haveria uma divisão sobre capítulos diferentes da sentença[261].

Neste exemplo, seria um capítulo sobre a incompetência rejeitada e outro sobre o pressuposto que foi negado, com a extinção da ação. Dois capítulos

---

portas do judiciário, aqueles que se apresentam como passíveis de exame substancial, do que podem, de pronto, ser descartados, já por questões respeitantes à existência e validade do processo, apenas, através do qual se desenvolve a ação, já por motivos que prenunciam se esta mesma insuscetível de levar a uma decisão de fundo sobre o direito invocado." DANTAS, Marcelo Navarro Ribeiro. Admissibilidade e mérito na execução. **Revista de Processo.** Vol. 47, Ano 12, p. 24-42, São Paulo: Ed. RT, 1987. p. 25.

256 DINAMARCO, Cândido Rangel. **Capítulos de sentença.** 3ª. ed. São Paulo: Malheiros, 2008. p. 79.

257 DINAMARCO, Cândido Rangel. **Capítulos de sentença.** 3ª. ed. São Paulo: Malheiros, 2008. p. 79.

258 DINAMARCO, Cândido Rangel. **Capítulos de sentença.** 3ª. ed. São Paulo: Malheiros, 2008. p. 63.

259 DINAMARCO, Cândido Rangel. **Capítulos de sentença.** 3ª. ed. São Paulo: Malheiros, 2008. p. 40/41.

260 DINAMARCO, Cândido Rangel. **Capítulos de sentença.** 3ª. ed. São Paulo: Malheiros, 2008. p. 40.

261 Dessa maneira, Dinamarco colocava que se fosse um pressuposto com sua positividade, o próximo ponto que poderia ensejar uma extinção seria um capítulo diverso daquele que fora aceito. "é o que se dá, por exemplo, quando o juiz rejeita preliminar de incompetência absoluta, prosseguindo a julgar, mas em seguida extingue o processo por carência de ação; se ele acolher a incompetência absoluta, nem haverá um segundo capítulo, porque o julgamento fica somente nesse tópico, nem estará proferindo uma sentença, porque é interlocutória a decisão que determina a remessa do processo a outro juízo." DINAMARCO, Cândido Rangel. **Capítulos de sentença.** 3ª. ed. São Paulo: Malheiros, 2008. p. 41.

autônomos e meramente processuais, ainda que ambos influenciantes somente à análise de admissibilidade.

No entanto, na visão de Dinamarco, se houvesse pluralidade de pressupostos processuais a ensejarem todos a extinção da demanda, a divisão seriam de questões e não de capítulos[262]. Liebman posicionava de modo diverso, com a visão de que "se as questões impeditivas forem várias, cada uma delas dará lugar a um capítulo de sentença[263]."

Já os capítulos de mérito serão aqueles que julgam a demanda em seu mérito, com a divisão pelos pedidos, seja por estes serem cumulados[264], seja por estes serem cindíveis quantitativamente. Há, ainda, o entendimento sobre o capítulo sobre os custos do processo, contudo o CPC/2015 colocou esses pedidos como implícitos, sem a necessidade de fazê-los, porém com a obrigatoriedade de que sejam apreciados e julgados, sendo vistos como pedidos aparentes ou acessórios.

De todo modo, estes pedidos, ainda que implícitos, também representam um capítulo decisório à parte[265].

Outra classificação proposta por Dinamarco passa pelo resultado sobre a deliberação judicante dos capítulos, podendo classificar as sentenças nos moldes do seu conteúdo, sendo possível, espécies diferentes[266]: *(i) sentenças homogêneas; (ii) sentenças heterogêneas*[267].

---

262 "Quando as preliminares são todas extintivas (litispendência ou coisa julgada, ilegitimidade ad causam, inépcia da petição inicial, incompetência internacional etc), na sentença haverá apenas questões, sem pluralidade de capítulos processuais." DINAMARCO, Cândido Rangel. **Capítulos de sentença.** 3ª. ed. São Paulo: Malheiros, 2008. p. 41.

263 LIEBMAN, Enrico Tullio. Parte o "capo" di sentenza. **Rivista di Diritto Processuale Civile.** n. 5, 1964. p. 55.

264 Ou pela pluralidade de partes resultando em pluralidade de relações jurídicas a serem resolvidas e decididas.

265 "São os capítulos principais. Contudo, existem determinados capítulos em que sua existência depende do capítulo principal. Os honorários e a correção monetária são subordinados à existência de outro capítulo. São denominados capítulos subordinados ou acessórios." SÁ, Renato Montans de. **Manual de direito processual civil.** São Paulo: Saraiva, 2015. p. 483.

266 "Daí a afirmação da existência, conforme o caso, de capítulos homogêneos ou heterogêneos." DINAMARCO, Cândido Rangel. **Capítulos de sentença.** 3ª. ed. São Paulo: Malheiros, 2008. p. 40.

267 "Se uma ou algumas preliminares foram suscitadas e nenhuma acolhida, passa o juiz do capítulo ou capítulos de mérito, em que apreciará diretamente a pretensão do autor à tutela jurisdicional. Haverá nesse caso a convivência entre dois capítulos sentenciais heterogêneos, a saber: (a) o primeiro, em que o juiz acolhe a pretensão do autor ao julgamento do mérito; (b) o segundo, em que ele acolhe ou rejeita a pretensão ao bem da vida (procedência ou improcedência)." DINAMARCO, Cândido Rangel. **Capítulos de sentença**. 3ª. ed. São Paulo: Malheiros, 2008. p. 80.

A primeira seria sobre aquele que somente chegou na análise de preliminares, não ultrapassando-as, com a extinção do processo[268] e, passando para a fase de deliberação sobre o custo do processo, um capítulo acessório, de mérito, mas sem impor uma análise sobre o bem da vida que se pugnou no processo. Essa sentença seria homogênea, por não chegar a adentrar no julgamento de mérito da ação[269]. Até a parcela de mérito que seria os capítulos acessórios sobre o custo do processo são atrelados ao pedido da pretensão processual, não sobre acessórios, neste caso, à pretensão material, uma vez que não se alcançou a decisão de mérito.

A segunda espécie seria a heterogênea, quando ultrapassa a questão de admissibilidade, mesmo que enfrente também questões prejudiciais, desde que desacolha-as[270], com a possibilidade de análise de mérito, com o julgamento dos pedidos realizados pelo autor[271].

Nesse caso, haveria uma duplicidade de matérias analisadas pelo juízo, um capítulo de admissibilidade e outro sobre o mérito, formando sentenças que tem conteúdos diversos em sua composição, em sua formação. Há o pronunciamento de jurisdição de mérito, aquele que responde o pedido imediato e, consequentemente, o conteúdo deste, com a resposta ao pedido mediato, além do conteúdo da admissibilidade positiva, sendo uma decisão com heterogenia em termos de sua matéria múltipla.

1.4.3 A divisão em capítulos de sentença: uma comunhão entre Dinamarco, Liebman e Carnelluti

Neste estudo, é importante, após a explanação sobre os entendimentos doutrinários, definir o que se entende como capítulos de sentença.

---

268 "sem os quais o processo é extinto e o mérito fica sem julgamento." DINAMARCO, Cândido Rangel. **Capítulos de sentença.** 3ª. ed. São Paulo: Malheiros, 2008. p. 39.

269 Por sentença homogênea: "Obviamente, como dito antes, se alguma preliminar fosse acolhida não haveria capítulo algum do mérito." DINAMARCO, Cândido Rangel. **Capítulos de sentença.** 3ª. ed. São Paulo: Malheiros, 2008. p. 80.

270 "Desse modo, (a) sendo acolhida uma, duas ou várias preliminares com poder de determinar a extinção do processo, a sentença contraria somente o capítulo que o estive ao lado daquele que dispõe sobre o custo processual; b) sendo rejeitadas todas as preliminares, ocorrerá o cúmulo heterogêneo de sentenciais representando por aquele (único) que as rejeita, para que o processo receba julgamento de meritis, e aquele, ou aqueles, que dispõe sobre o mérito." DINAMARCO, Cândido Rangel. **Capítulos de sentença.** 3ª. ed. São Paulo: Malheiros, 2008. p. 41/42.

271 "tanto pode haver capítulos distintos, alusivos apenas ao processo (sem julgar o mérito), como ainda a convivência entre uns e outros, ou seja, entre capítulos de meritis e processuais." DINAMARCO, Cândido Rangel. **Capítulos de sentença.** 3ª. ed. São Paulo: Malheiros, 2008. p. 40.

Dinamarco entende que os capítulos se dividem entre aqueles que detêm somente questões de admissibilidade[272] e outras divisões possíveis dependendo da quantidade de pedidos, a ser respondido na parte dispositiva da sentença. Já Barbosa Moreira se posiciona que os capítulos da sentença seriam somente aqueles de mérito[273], sem entender que as decisões sobre os pressupostos seriam pontos necessários de dividir no ato decisório, mas como mera consequência da prestação jurisdicional para alcançar o mérito, como parte do mérito e, caso não se chegasse no mérito, seria a própria decisão.

Ou seja, há uma diferenciação sobre os posicionamentos de capítulos de sentença, com Dinamarco num prisma de que toda ação tem capítulos de admissibilidade e mérito, numa tendência de diálogo com Liebman e Barbosa Moreira com um assentamento de que a divisão somente ocorreria na parte dispositiva, na resposta ao objeto litigioso do processo, com diversos capítulos de mérito por uma cumulação de pedidos, por exemplo, no mesmo entendimento de Chiovenda.

Para Dinamarco, toda ação tem diversos capítulos[274], independentemente de sua complexidade objetiva, já para Barbosa Moreira a divisão em capítulos necessitava de uma pluralidade de partes ou de pedidos[275].

Duas visões distintas sobre os capítulos de sentença, cada qual com um diálogo com um pensamento italiano.

No entanto, há uma inovação pertinente no CPC/2015 sobre a questão prejudicial[276] e o seu enfrentamento que leva a impactar a teoria dos capítulos da

---

272 Ao admitir que são capítulos de sentença também aqueles que versem somente sobre processo: "capítulos puramente processuais são aqueles que dispõem acerca das preliminares, pronunciando-se portanto, positiva ou negativamente, sobre os pressupostos de admissibilidade do julgamento do mérito." DINAMARCO, Cândido Rangel. **Capítulos de sentença.** 3ª. ed. São Paulo: Malheiros, 2008. p. 40/41.

273 BARBOSA MOREIRA, José Carlos. Sentença objetivamente complexa, trânsito em julgado e rescindibilidade. **Revista Dialética de Direito Processual.** Vol. 45, São Paulo: Dialética, dez/2006. p. 54.

274 DINAMARCO, Cândido Rangel. **Capítulos de sentença.** 3ª. ed. São Paulo: Malheiros, 2008. p. 40/41.

275 BARBOSA MOREIRA, José Carlos. Sentença objetivamente complexa, trânsito em julgado e rescindibilidade. **Revista Dialética de Direito Processual.** Vol. 45, São Paulo: Dialética, dez/2006. p. 54.

276 Conceituação de coisa julgada prejudicial por Thamay: "A questão, verdadeiramente, depende do desacordo entre autor e réu sobre a existência ou a validade de determinada relação jurídica, que será considerada necessariamente antes da decisão do mérito, sendo, então, a depender do caso, uma questão prejudicial que poderá receber a imutabilidade e, consequente, indiscutibilidade da coisa julgada." THAMAY, Rennan. **Coisa julgada.** São Paulo. Ed. RT. 2018. p. 143. "O termo "questão prejudicial" contido no § 1° do art. 503, CPC, tem, portanto, um sentido específico: trata-se da

sentença para um entendimento além daquele proposto por Dinamarco, com a necessidade de realizar, excepcionalmente, uma conjunção com o entendimento de Carnelutti[277].

Para Carnelutti, a divisão por capítulos estaria atrelada mais as questões a serem discutidas do que somente as divisões da parte dispositiva da sentença sobre a resolução de mérito[278], mas sobre qualquer questão a ser decidida[279], o que poderia se entender sobre a questão de fato, por exemplo. Esse ponto não será necessariamente corroborado neste trabalho pelo fato de que as questões incidentais seriam, como o próprio nome dispõe, atreladas a uma questão principal, sendo internas a esta, sem a devida autonomia para formar um capítulo decisório específico.

Todavia, a inclusão positivada no CPC/2015 da formação da coisa julgada para a questão prejudicial, nos moldes do art. 503, § 1° do CPC, abre a necessidade de exceção para o posicionamento de Dinamarco e Liebman, com a inclusão dessa questão que não é admissibilidade, tampouco é mérito daquela ação inicial, mas é um capítulo autônomo e que forma coisa julgada, com a obrigatoriedade de entender como um capítulo existente naquela ação em que contiver essa ocorrência da questão prejudicial, nos moldes determinados na norma, até por representar, incidentalmente, uma ação dentro daquela principal.

---

relação de prejudicialidade que um dos elementos da causa de pedir remota tem com o pedido. Por fim, quando a questão prejudicial é, além de tudo, objeto de um pedido próprio, ela, obviamente, adquire contornos de principal, passando, para fins de coisa julgada, a ser regida pelo já abordado caput do art. 503, CPC." GOUVEIA FILHO, Roberto Pinheiro Campos. Comentário ao art. 503. Novo Código de Processo Civil Comentado – Tomo II (art. 318 ao art. 770). Orgs: RIBEIRO, Sergio Luiz Almeida; GOUVEIA FILHO, Roberto Pinheiro Campos; PANTALEÃO, Izabel Cristina; GOUVEIA, Lucio Grassi de. São Paulo: Lualri, 2017. p. 291.

277 "capítulo de sentença é a resolução de uma questão referente a uma lide." CARNELUTTI, Francesco. Capo di sentenza. **Rivista di Diritto Processuale Civile,** 1933. p. 119.

278 Para Carnelutti, os capítulos de uma sentença seriam as questões a serem decididas para alcançar o mérito, não a divisão do próprio mérito. Na complexidade do processo, com vários pedidos, para Carnelutti seriam várias sentenças, mesmo que fosse uma só, numa concepção de pluralidade de sentenças e não de capítulos internos que se dividem. "O capítulo não é uma parte ou fração do interesse ou do bem em lide, mas uma das questões mediante as quqais a tutela do interesse é contestada ou o bem, controvertido." CARNELUTTI, Francesco. Sulla *reformatio in peius*. **Rivista di Diritto Processualle Civile**, 1927. p. 184.

279 "Por isso, capítulo de sentença corresponde a capítulo da lide. E, como há lides que têm uma só questão e outras que têm um enxame delas, há sentenças com um só capítulo e sentenças com muitos capítulos." CARNELUTTI, Francesco. Capo di sentenza. **Rivista di Diritto Processuale Civile,** 1933. p. 119.

Para tal possibilidade, diante da alteração legal sobre o julgamento e a coisa julgada sobre questão prejudicial, há um novo mérito no processo, não nos pedidos realizados na inicial, contestação com reconvenção ou pedido contraposto, mas em manifestações das partes ou até do juízo, com pontos necessários de enfrentamento para que se possa julgar a questão principal - o mérito do processo.

Dessa maneira, para o entendimento deste estudo, o referencial de capítulos de sentença está na doutrina de Dinamarco[280], apoiada em Liebman, com a definição da divisão de capítulos entre admissibilidade e mérito[281], com o mérito ainda sendo dividido mediante a complexidade objetiva do processo e das relações jurídicas a serem resolvidas, seja pela cumulação de pedidos, seja pela pluralidade de partes, contudo incluindo a parcela da visão de Carnelutti sobre a questão prejudicial como um capítulo decisório autônomo.

1.4.4 Autonomia e independência entre capítulos

A construção de uma teoria de capítulo da sentença - ou da decisão - nasce da própria complexidade da prestação jurisdicional, qualquer que seja a posição doutrinária que se entenda impactar a teoria e as suas divisões e consequências, mas se houver uma complexidade objetiva do processo, obviamente que a divisão entre capítulos será ainda mais notória. Fato é que quanto maior a complexidade do objeto do processo, evidentemente que mais capítulos comporão a sentença a ser proferida[282], ampliando a cognição a ser realizada.

280 "é no isolamento dos diversos segmentos do decisório que residem critérios aptos a orientar diretamente a solução dos diversos problemas já arrolados." DINAMARCO, Cândido Rangel. **Capítulos de sentença.** 3ª. ed. São Paulo: Malheiros, 2008. p. 35.

281 A concepção de capítulo de sentença é toda aquela que unidade que pode ser decidida e for autônoma à outra, ainda que de outra dependente. "Foi aí que se chegou à noção anunciada no item precedente, onde se define os capítulos de sentença como unidades autônomas do decisório da sentença – o que importa, de um lado, incluir todas as unidades elementares portadoras de concreto preceitos imperativos sobre a causa e sobre o processo e, de outro, excluir soluções dadas, na motivação sentencial, as questões de fato e de direito." DINAMARCO, Cândido Rangel. **Capítulos de sentença.** 3ª. ed. São Paulo: Malheiros, 2008. p. 37.

282 Sobre a complexidade do processo, o que Dinamarco coloca como objeto do processo: "A complexidade do objeto do processo, seja em virtude da cumulação de pedidos na demanda de vida pelo autor, seja pela superveniência de pedidos (...), repercute necessariamente nasceu demérito mediante a necessária a presença de tantos capítulos quantos forem os pedidos postos dia do juiz à espera do julgamento." DINAMARCO, Cândido Rangel. **Capítulos de sentença.** 3ª. ed. São Paulo: Malheiros, 2008. p. 42.

Diante disso, é importante delinear o grau de interação que os capítulos terão entre si, o que se divide[283] entre dois aspectos: *(i) autonomia; e (ii) independência.*

Para o devido entendimento de cada um é importante conceituar cada qual.

A autonomia é condição elementar para que exista um capítulo da sentença. Não há a divisão de capítulos da sentença sem essa parcela da ação ser autônoma em relação as demais, seja em termos processuais, seja no próprio mérito. A autonomia é ponto basilar da própria construção de uma teoria de capítulo da sentença ou decisão. Sem ser possível conter autonomia, consequentemente, não existe um capítulo decisório diverso ou apartado dos demais.

Mas, como aferir a existência, ou não, de autonomia para que se forme um capítulo da ação e, consequentemente, da sentença? Seguindo Chiovenda, a autonomia dos capítulos da sentença seria evidente, pela constatação de dois pontos: "a) o da possibilidade de que cada um deles fosse objeto de um processo separado e b) o da regência de cada um por pressupostos próprios, que não se confundem necessariamente nem por inteiro com os pressupostos dos demais[284]".

Ou seja, no mérito, se houver a possibilidade daquela matéria ser uma ação em apartado, é um capítulo da sentença, justamente por ser distinto dos demais, existindo, portanto, autonomia. Na questão dos pressupostos processuais, essa parcela da demanda, necessariamente, é autônoma ao capítulo da resolução de mérito, uma vez que há a separação dos capítulos entre os meramente processuais e os de resolução de mérito. A análise de pressupostos processuais é anterior e condicionante[285] ao mérito[286], o que leva a deter uma autonomia para a sua análise.

---

283 As concepções de autonomia e independência não podem ser confundidas para que se entenda a teoria dos capítulos de sentença: "na teoria dos capítulos de sentença autonomia não é sinônimo de independência, havendo capítulos que comportariam julgamento em outro processo e também, em alguns casos, um capítulo que não comportaria (o que rejeita preliminares)." DINAMARCO, Cândido Rangel. **Capítulos de sentença.** 3ª. ed. São Paulo: Malheiros, 2008. p. 34.

284 DINAMARCO, Cândido Rangel. **Capítulos de sentença.** 3ª. ed. São Paulo: Malheiros, 2008. p. 43.

285 "Há dependência, também, do capítulo portador do julgamento do mérito, em relação ao que se decide sobre a admissibilidade desse julgamento." DINAMARCO, Cândido Rangel. **Capítulos de sentença.** 3ª. ed. São Paulo: Malheiros, 2008. p. 44.

286 "Quando um não pode logicamente subsistir se o outro tiver sido negado." CHIOVENDA, Giuseppe. **Principii di diritto processuale civile.** 4ª. ed. Nápoles: Jovene, 1928. p. 1.136.

No entanto, sobre essa autonomia entre os pressupostos processuais e o mérito, esta deve ser considerada como diversa[287] da autonomia entre os capítulos de mérito, uma vez que estes são totalmente autônomos entre si. Já os pressupostos processuais existem para a admissibilidade do processo[288], com o propósito de julgar o mérito. Diferentemente da autonomia entre os capítulos de resolução de mérito, a autonomia dos pressupostos processuais é relativa[289] no tangente ao de resolução de mérito ao ser condicionante sobre a permissibilidade, ou não, deste ser julgado.

Todavia, há de se salientar que cada mérito autônomo em seu capítulo terá seus próprios pressupostos processuais, os quais serão autônomos absolutamente em relação aos pressupostos processuais da outra parcela da demanda que forma o capítulo de mérito apartado. Essa autonomia é importante para que se vislumbre a base de pedidos que podiam ensejar demandas em apartado e, dessa maneira, são capítulos diversos e autônomos de uma mesma sentença.

Diante desse ponto, se o capítulo de resolução de mérito é autônomo a outro, evidentemente que a autonomia chega até os pressupostos processuais de cada pedido, apesar destes estarem cumulados. Cada um dos pedidos orbitam em pontos processuais diversos e, dessa maneira, os seus pressupostos também, sendo plenamente possível estes estarem presentes para um pedido e ausentes para outro, imputando uma inadmissibilidade de um pedido e uma admissibilidade do outro.

---

287 "Quando se passa aos capítulos exclusivamente processuais (...) só no segundo desses sentidos é possível falar em autonomia, ou seja, eles são reciprocamente autônomos mas não tem aptidão uma vida própria, em processos instituídos somente em relação a eles." DINAMARCO, Cândido Rangel. **Capítulos de sentença.** 3ª. ed. São Paulo: Malheiros, 2008. p. 43.

288 Sobre a análise de pressupostos, existem as questões processuais preliminares, mas há também as prejudiciais: "abarca todas as etapas necessárias para que o mérito da pretensão seja enfrentado, incluídas todas as questões de cunho processual pelas quais deve passar o juiz antes de chegar no mérito (prejudiciais ou não) e as próprias questões de fato e de direito que anteponham-se como fundamentos necessários para que se atinja uma solução final para a lide exposta em juízo. Logo se vê que essa categoria é bastante ampla e se subdivide em questões incidentais de mérito e questões incidentais processuais, e podem ser elas prejudiciais ou não." SICA, Heitor Vitor Mendonça. **Preclusão no processual civil.** 2ª Ed. São Paulo: Atlas, 2008. p. 194.

289 "Nesse plano, a autonomia dos diversos capítulos da sentença revela apenas uma *distinção funcional entre eles*, sem que necessariamente todos sejam portadores de aptidão a constituir objeto de julgamentos separados, em processos distintos e mediante mais de uma sentença: a autonomia *absoluta* só se dá entre os capítulos de mérito, não porém em relação ao que contém julgamento da pretensão ao julgamento deste (capítulo que aprecia preliminares")." DINAMARCO, Cândido Rangel. **Capítulos de sentença.** 3ª. ed. São Paulo: Malheiros, 2008. p. 36.

O ponto de autonomia do capítulo sobre os pressupostos processuais dos demais tem um outro prisma, apesar de igualmente autônomo, sendo constatada de maneira diversa da autonomia entre capítulos de resolução de mérito. A decisão sobre o preenchimento ou não da admissibilidade do processo é autônoma aos capítulos de resolução de mérito, podendo gerar uma decisão pela extinção da demanda e impossibilitar a própria análise do próprio mérito, o que já demonstra a sua autonomia, contudo essa autonomia não passa pelo mesmo critério de Chiovenda que classifica em ser uma ação que possa existir por si só, esse capítulo depende da existência de um outro capítulo de resolução de mérito, porém não será atrelado a este em termos cognitivos e decisórios, podendo por si só ser o motivo de extinção da ação.

Expostas as definições sobre autonomia, impondo como imprescindível para a própria formação de um capítulo de sentença, passa-se ao entendimento sobre a independência entre os capítulos, a qual não pode ser confundida com autonomia em nenhum momento, por serem institutos e divisões diversas.

A independência está na falta de influência que um capítulo detém sobre outro[290].

Se dois capítulos não influenciam o julgamento um do outro, são independentes. Ao inverso, se um capítulo influencia o julgamento do outro, aquele que for influenciado será dependente do anterior. O foco para que se saiba sobre a independência é a prejudicialidade[291] do julgamento de um capítulo em outro.

Para uma análise sobre a independência entre os capítulos esta deve ser realizada num prisma comparativo entre os capítulos existentes naquele processo pelo fato que ao mesmo tempo um capítulo pode ser dependente de um outro determinado e independente de um terceiro. O capítulo sobre a admissibilidade do processo no exame dos pressupostos é independente do julgamento do próprio mérito e pode ser independente da análise dos pressupostos de outro pedido. Já no mérito, o capítulo que era dependente da admissibilidade pode ser independente a outros capítulos também de mérito[292], de acordo com a relação entre

290 Dinamarco definia bem que a relação de dependência entre os capítulos, seja pela inexistência de um capítulo sem outro, seja pela prejudicialidade existente entre ambos: DINAMARCO, Cândido Rangel. **Capítulos de sentença.** 3ª. ed. São Paulo: Malheiros, 2008. p. 44.

291 Sobre prejudicialidade: "São três, portanto, os requisitos essenciais para a conceituação da prejudicialidade: 1º) anterioridade lógica; 2º) necessariedade; 3º) autonomia. Os dois primeiros referem-se à relação de subordinação lógica e necessária entre a questão prejudicial e a prejudicada. O último é voltado para a questão prejudicial exigindo que tenha aptidão para ser objeto de processo autônomo". BARBOSA MOREIRA, José Carlos. Questões prejudiciais e questões preliminares. **Direito processual civil (ensaios e pareceres).** Rio de Janeiro: Borsoi, 1971. p. 47.

292 A relação de independência entre os capítulos pode se diferenciar pelos conteúdos de cada capítulo. Se forem entre dois de mérito é uma relação diversa de dependência

cada capítulo e, ainda, num outro viés, é possível que um capítulo de resolução de mérito seja dependente de um outro de resolução de mérito.

Em cumulação de pedidos simples[293], os capítulos de resolução de mérito são independentes, com o pedido pelo julgamento de todos e o resultado de um não influencia o de outro e vice-versa. Na cumulação sucessiva, há uma clara relação de dependência do segundo pedido em relação ao resultado do primeiro pedido, dada a possibilidade, ou não, do julgamento do segundo pedido pela procedência do primeiro pedido[294]. Logo, há claramente uma relação de dependência entre pedidos nessa hipótese de cumulação, contudo somente do segundo em relação ao primeiro e não vice-versa.

Diante disso, mediante a métrica da independência, os capítulos podem ser *condicionantes* ou *dependentes.*

---

ou independência do que a relação entre capítulo de admissibilidade e mérito. "Há uma relevante diferença conceitual entre os casos de dependência entre capítulos de mérito e os casos de dependência deste em relação a capítulos puramente processuais." DINAMARCO, Cândido Rangel. **Capítulos de sentença.** 3ª. ed. São Paulo: Malheiros, 2008. p. 44.

293 "são capítulos independentes aqueles que proferem decisões que não dependem de nenhum outro pronunciamento, contido na mesma ou em outra sentença, para subsistir, enquanto dependentes são aqueles capítulos cuja existência está condicionada a outra decisão. Assim, por exemplo, a decisão que, por falta de pressuposto processual, extingue o módulo processual em que proferida sem resolução de mérito é um capítulo independente da sentença (que, normalmente, conterá mais de um capítulo, sobre a obrigação de pagar pelo custo do processo). Do mesmo modo, são independentes os capítulos que julgam pedidos cumulados quando se trata de cumulação simples de demandas. De outro lado, é dependente o capítulo que julga o segundo pedido formulado em uma cumulação sucessiva de demandas (já que este só pode ser apreciado se o segundo tiver sido acolhido)." CÂMARA, Alexandre Freitas. **Lições de direito processual civil.** 25ª. ed. São Paulo: Atlas, 2014. p. 436.

294 O exemplo de cumulação sucessiva e prejudicialidade, com dependência entre capítulos de mérito: "É o que se verifica, também, na cumulação sucessiva, em que os pedidos são unidos por vínculo de prejudicialidade, podendo ocorrer o acolhimento do segundo (pedido subordinado) desde que o primeiro (pedido subordinante) não haja sido rechaçado (por exemplo: ação de rescisão de contrato, cumulada com pedido de reintegração de posse)." AMBRIZZI, Tiago Ravazzi. **Julgamento fracionado do mérito no processo civil brasileiro.** São Paulo, SP, 2014. 231 p. Dissertação (Mestrado). Universidade de São Paulo. Programa de Pós-Graduação em Direito. p. 127. Na cumulação subsidiária, há também uma possível prejudicialidade, contudo de modo inverso: "porque o provimento jurisdicional de procedência do primeiro fulmina (implicitamente) o interesse processual e, consequentemente, exaure a pretensão do autor em relação ao pedido subsidiário." TUCCI, José Rogério Cruz e. Reflexões sobre a cumulação subsidiária de pedidos. **Revista dos Tribunais (São Paulo).** Vol. 786, p. 57-67, Abril/2001. p. 65.

Os *condicionantes* são aqueles que condicionam outros capítulos a serem julgados ou não. Se forem analisados com determinado resultado, permitem a análise daquele dependente, de modo contrário, num outro resultado, impedem o julgamento do capítulo subsequente[295]. Logo, é o resultado desse julgamento do capítulo condicionante que impõe, ou não, o prosseguimento das análises dos capítulos posteriores, decorrente de uma ascendência do primeiro em relação ao segundo.

Além de determinar se o subsequente será possível ou não, o capítulo condicionado pode determinar o próprio resultado do posterior, numa relação de prejudicialidade[296]. Dessa maneira, os *dependentes* são aqueles que serão impactados[297] por eventual resultado do capítulo condicionante, com a necessidade do julgamento deste e de um resultado em específico que seja autorizante da abertura cognitiva para o seu julgamento.

---

295 Explicando a relação de subordinação e condicionamento: "Em ambos os grupos de hipóteses existe uma relação de subordinação, ou condicionamento, entre capítulos de sentença – seja porque o teor de um deles pode impedir a emissão do outro (preliminar), seja porque ele pode determinar o teor dos subsequentes (prejudicados)." DINAMARCO, Cândido Rangel. **Capítulos de sentença.** 3ª. ed. São Paulo: Malheiros, 2008. p. 45/46.

296 Sobre prejudicialidade na sentença e nos capítulos: "Serão prejudiciais as questões que, antecedentes, logicamente, ao mérito, exerçam influência, pelo menos parcial, no modo por meio de que a este será dada uma solução; preliminares serão as questões cujas soluções antecedem logicamente à da lide, mas lhe determinam não o como ser, mas o ser. Aquelas influem, pois, no teor da decisão do pedido; estas, por sua vez, determinam a possibilidade de resolução das questões que logicamente lhe seguem." ALVIM, Teresa Arruda. **Nulidades do processo e da sentença.** 7ª. ed. São Paulo: Ed. RT, 2014. p. 99.

297 Sobre a diferenças entre prejudiciais e preliminares: "O critério mais apropriado para a distinção entre as questões prejudiciais e preliminares é este baseado na diversidade de subordinação imposta à questão subordinada. A preliminar impede, impossibilita a decisão sobre a subordinada. A prejudicial condiciona o teor da decisão sobre a subordinada." FERNANDES, Antonio Scarance. **Prejudicialidade.** São Paulo: Ed. RT, 1988. p.51.

2

A COMPLEXIDADE COGNITIVA E O PROCESSO OBJETIVAMENTE COMPLEXO

2.1 A COGNIÇÃO JUDICIAL

2.1.1 A cognição num aspecto geral

A jurısdição é exercida pelo Estado[1] como uma heterocomposição, ou seja, pela substituição[2] da relação entre as partes e sua possível autotutela ou autocomposição pela função estatal e o seu resultado judicante.

Se a jurisdição é exercida pela heterocomposição, o Estado deve estipular que um agente público seja o responsável por esta tarefa, pelo julgamento do que se pleiteia em juízo. Ou seja, há a necessidade de uma decisão proferida por um órgão do Estado. Logo, esse órgão deve ser representado por uma pessoa, por um indivíduo com poderes e investido para tanto, o juiz.

O exercício da jurisdição está envolto sobre o ato de decidir, na busca por encontrar a solução jurídica para o conflito posto ou que o direito seja reconhecido em situações que não contenha um conflito. Para tal ato decisional,

---

1 Em regra pelo Estado, mas com possibilidades abertas para a arbitragem, por exemplo.

2 "A ideia de transferência e substituição está atrelada a condição de que esse órgão a quem cabe a decisão deve, aplicando o direito, proferir uma decisão que restabelecendo o fato ocorrido seja capaz de determinar as consequências jurídicas dele decorrentes na medida em que pretendidas pelas partes em conflito." DIAS, Jean Carlos. Reflexões acerca da teoria da cognição no processo. **Argumenta (FUNDINOPI)**, v. 6, p. 203-219, 2006. p. 204.

há a necessidade do conhecimento de toda a narrativa das partes, tanto do autor quanto do réu, bem como o máximo de provas que estas puderem produzir e subsidiar o Estado para a melhor compreensão dos fatos e exercício da cognição.

O ato de decidir requer uma atividade cognitiva pelo juiz, aquele que ocupa o órgão Judiciário. Mas, o que seria a cognição? A princípio, a cognição não é somente atrelada ao estudo do direito e ao ato judicial de decisão, mas tem um entendimento multidisciplinar, até por ser uma reconstituição dos fatos, dos acontecimentos, do que se discute e das narrativas, para a partir das impressões do julgador e o devido conhecimento sobre determinada situação, possa entender os objetos dispostos e apresentados, entender as suas relações e conseguir formular uma aptidão para a prolação de uma decisão.

Ou seja, o ato de decidir é posterior ao ato de cognição, contudo totalmente atrelado de modo consequencial a este. O ato decisional não é somente o judicial, mas em toda atividade humana há uma série de atos decisionais, nos quais a cognição é essencial para a tomada de decisão, com um caráter antecedente.

Cognição, portanto, não é um sinônimo de decisão ou de decidir. Esse é um primeiro ponto a ser esclarecido.

Outro ponto necessário de ser fixado é a relação entre cognição e conhecimento.

Para a cognição ser possível, há necessidade de conhecimento[3], não podendo utilizar-se de uma relação de sinonímia as palavras cognição e conhecimento, pelo fato de uma depender da outra. O conhecer é antecedente à cognição e necessita de três elementos: *sujeito, objeto e elemento mediador*[4].

O sujeito que conhecerá deter-se-á a olhar o objeto para criar uma concepção perceptiva do observar, como um elemento mediador. O conhecimento não é um entrelaço entre o sujeito e o objeto, mas uma mediação entre os dois, uma reconstrução intelectual de seu sentido[5].

Dessa maneira, o que permanece é uma imagem acerca do objeto, não o próprio objeto.

O ato de conhecer é o ato de criar imagens representativas de objetos, pela percepção humana, de acordo com o elemento que mediará essa relação. Esse conhecimento não é de fácil visualização, tampouco explicação, mas um entrelaçar de pequenos pontos de situações a serem entendidas e memorizadas

---

3 Sumário ou exauriente, mas um conhecimento em algum grau.

4 PINO, Angel. O Biológico e o cultural nos processos cognitivos. **Linguagem, Cultura e Cognição.** Belo Horizonte: Autentica, 2001. p. 23.

5 Citação de Piaget em obra de Pino: "não existe registro cognitivo sem a intervenção de um funcionamento organizador que se conserva a partir de situações anteriores." PINO, Angel. O Biológico e o cultural nos processos cognitivos. **Linguagem, Cultura e Cognição.** Belo Horizonte: Autentica, 2001. p. 23.

diante da relação com os objetos, configurando-se por uma imagem associativa a cada fato, a cada ponto.

Para Kant, o conhecimento tem início através da experiência, com a produção de sentidos pelo contato com os objetos, com a criação de suas próprias representações[6]. Ou seja, há uma relação do conhecer com a experiência do sujeito e a sua própria concepção construtiva com os objetos e suas sensações, suas representações do que entenderá como correto e verdadeiro.

O sujeito, então, media a análise sobre o objeto e constrói a sua própria percepção de conhecimento. A partir desse conhecimento, desse emaranhado de percepções, o sujeito estará apto à cognição e, portanto, se for o caso de tomada de decisão, assim também estará pronto para tal desiderato. Obviamente que o entrelaçar entre a cognição e a decisão existe, mas o momento adequado entre os dois é bem tênue, com a antecedência[7] da cognição quanto à decisão.

Logo, o conhecimento é sempre antecedente à própria cognição, diante da experiência do sujeito em relação a cada objeto.

Numa interligação dessa concepção com o processo, as partes[8] produzem as provas de acordo com a sua própria narrativa fática e seus ônus e

---

6 A visão de Kant sobre a produção de conhecimento, primeiramente pela sensibilidade, via os dados intuitivos e o entendimento via a percepção dos objetos: "Que todo o nosso conhecimento começa com a experiência, não há dúvida alguma, pois, do contrário, por meio do que a faculdade de conhecimento deveria ser despertada para o exercício senão através de objetos que tocam nossos sentidos e em parte produzem por si próprios representações, em parte põem em movimento a atividade do nosso entendimento para compará-las, conectá-las ou separá-las e, desse modo, assimilar a matéria bruta das impressões sensíveis a um conhecimento dos objetos que se chama experiência? Segundo o tempo, portanto, nenhum conhecimento em nós precede a experiência, e todo ele começa com ela. Mas embora todo o nosso conhecimento comece com a experiência, nem por isso todo ele se origina justamente da experiência. Pois poderia bem acontecer que mesmo o nosso conhecimento de experiência seja um composto daquilo que recebemos por impressões e daquilo que a nossa própria faculdade de conhecimento (apenas provocada por impressões sensíveis) fornece de si mesma, cujo aditamento não distinguimos daquela matéria-prima antes que um longo exercício nos tenha tornado atentos a ele e nos tenha tornado aptos à sua abstração." KANT, Immanuel. **Crítica da razão pura.** Vol. I. São Paulo: Nova Cultural, 1987. p. 1.

7 Sobre a precedência da cognição quanto à decisão: "A imperatividade do julgado se subordina sempre ao ato de inteligência que o precede e lhe dá substância, visto que provém das indagações realizadas pelo órgão jurisdicional para investigar e resolver a respeito das questões jurídicas de fato focalizadas no processo." MARQUES, José Frederico. **Instituições de direito processual civil.** Vol. 3, Campinas: Millennium, 1999. p. 4.

8 Sobre o agir comunicativo das partes para a construção democrática do conhecimento: "Na ação comunicativa, os participantes não estão orientados primeiramente para o seu próprio sucesso individual, eles buscam seus objetivos individuais respeitando a con-

cargas sobre o que alegaram, no entanto, a construção do conhecimento acaba por ser um ato judicante, exatamente da percepção do sujeito julgador sobre os objetos inerentes à ação, seja o documento, seja perícia, seja depoimento pessoal, seja testemunha.

Essa é a experiência do juízo[9] que tornará o conhecimento completo, nos moldes das sensações construídas pelo juiz, na percepção[10] do agente julgador sobre todos os aspectos narrativos do processo.

Uma vez com o conhecimento próprio sobre os objetos apresentados, dada as percepções, intuições, deduções e comunicações, o sujeito[11] – no caso, o juiz – estará apto a exercer a sua cognição, justamente pelo fato de conhecer a matéria, os fatos e o direito para aquela situação[12].

O conhecimento é a base para que haja a cognição. Enquanto não houver conhecimento, ainda que sumário, mesmo que precário, não há como exercer cognição.

---

dição de que podem harmonizar seus planos de ação sobre as bases de uma definição comum de situação." HABERMAS, Jürgen. The theory of communicative action. Vol 1. **Reason and the rationalizalion of society.** Boston, Beacon Press. 1984. p. 285/286.

9 A razão não existiria sem a experiência e, de modo inverso, a experiência seria inócua sem a razão. "Se não começarmos da experiência ou se não procedermos segundo leis de interconexão empírica dos fenômenos, nos vangloriamos em vão de querer adivinhar ou procurar a existência de qualquer coisa." KANT, Immanuel. **Crítica da razão pura.** Vol. I. São Paulo: Nova Cultural, 1987. p. 273/274.

10 Sobre como o mundo dos fatos não é possível ser transposto para o mundo cognitivo, mas uma percepção do que apresentou-se para o julgador: "Ele só pode ser conhecido como mundo para si, ou seja, como objeto da representação que dele se faz." PINO, Angel. O Biológico e o cultural nos processos cognitivos. **Linguagem, Cultura e Cognição.** Belo Horizonte: Autentica, 2001. p. 23.

11 Sobre a limitação da atividade cognitiva pela limitação do próprio julgador – ou mediador: "A atividade cognitiva na medida em que representativa não possui qualquer limite senão em decorrência das próprias limitações da função cerebral que articula percepção, representação, associação e resgate. De todo o modo, vimos que é essencial a um estudo sobre a cognição o reconhecimento da representação do objeto que é meio padrão de apreensão intelectual." DIAS, Jean Carlos. Reflexões acerca da Teoria da Cognição no Processo. **Argumenta (FUNDINOPI)**, v. 6, p. 203-219, 2006. p. 207.

12 "Por outro lado, avançando, é preciso reconhecer que a representação assume dois sentidos: o primeiro ligado à capacidade de nossa mente de substituir uma coisa por outra e utilizá-la como forma de evocação da representada; o segundo, está conectado a uma função semiótica à medida em que permite a decomposição/recomposição do objeto mental através da palavra." DIAS, Jean Carlos. Reflexões acerca da Teoria da Cognição no Processo. **Argumenta (FUNDINOPI)**, v. 6, p. 203-219, 2006. p. 206.

Dessa maneira, a cognição, de modo amplo e geral, "é um processo transformador, onde coisas do mundo do ser são representadas intelectualmente por meio de signos que se constituem a base do pensamento a respeito delas[13]."

2.1.2 Conceito de cognição judicial

A cognição judicial é um "ato de inteligência, consistente em considerar, analisar e valorar as alegações e as provas produzidas pelas partes (...) cujo resultado é o alicerce, o fundamento do *iudicium*, do julgamento do objeto litigioso do processo[14]."

Diante da conceituação de Watanabe, entende-se que a cognição judicial é o ato inteligível[15] do juiz em conhecer as questões colocadas à apreciação, entender as controvérsias existentes, estar apto a resolver as questões, formando uma base para julgar a ação. Cognição não é o ato de julgar, mas a técnica de conhecimento e enfrentamento das questões para estar apto a julgar[16].

A existência de uma ação pressupõe a necessidade de heterocomposição de um conflito de interesses, com o Estado prestando a jurisdição. Diante de tal ponto, o juiz, representando o poder estatal, deve conhecer todo o contraditório, tanto pelos pedidos do autor quanto pelas possíveis contestações defensivas do réu, de maneira imparcial, entendendo cada ponto e resolvendo as questões para estar a apto a decidir[17].

A partir do início do processo até o momento em que se instrui as provas, com o encerramento dessa fase, restando o processo apto à decisão,

---

13 DIAS, Jean Carlos. Reflexões acerca da Teoria da Cognição no Processo. **Argumenta (FUNDINOPI)**, v. 6, p. 203-219, 2006. p. 206.

14 WATANABE, Kazuo. **Da cognição no processo civil.** 3ª. ed. São Paulo: Perfil, 2005. p. 67.

15 WATANABE, Kazuo. **Da cognição no processo civil.** 3ª. ed. São Paulo: Perfil, 2005. p. 67.

16 Barbosa Moreira leciona sobre questões: "solução das "questões" é meio de que se vale o juiz para julgar: a "questão" não constitui, em si, objeto do julgamento, mas, uma vez resolvida, insere-se nos fundamentos da decisão, entre as razões de decidir." BARBOSA MOREIRA, José Carlos. Item do pedido sobre o qual não houve decisão: possibilidade de reiteração noutro processo. **Temas de direito processual civil.** Vol 2. 2ª. ed. São Paulo: Saraiva, 1988. p. 243.

17 Sobre a cognição transportada para o mundo judicial ser igualmente uma busca pelo entendimento da representação pelas partes dos acontecimentos. Um processo pelo conhecimento como aptidão para a decisão: "A cognição judicial, assim, é um processo de conhecimento de um objeto produzido por um pensamento de natureza abstrata aliado a uma série de representações que serão produzidas pela mente do juiz no curso do processo." DIAS, Jean Carlos. Reflexões acerca da Teoria da Cognição no Processo. **Argumenta (FUNDINOPI)**, v. 6, p. 203-219, 2006. p. 208.

o procedimento encontra-se em constante cognição[18], com questões a serem enfrentadas, das mais variadas espécies.

O próprio ordenamento processual utiliza o termo cognição para conceituar como uma fase processual[19] apta a propiciar o juízo de conhecer todas as postulações, sanabilidades, instruções e encerrar com uma decisão judicial. E, cognição não pode se confundir com o conhecimento, pura e simplesmente, tampouco com a decisão judicial em si. Relaciona-se com ambos os institutos, sem ser sinônimo de nenhum destes.

Todo e qualquer pronunciamento judicial necessita de cognição, com diferentes gradações de incidência. Se for um pronunciamento judicial, mesmo que seja para o enquadramento numa situação de mero impulso oficial, haverá uma cognição judicante para tanto. Se for um ato de conteúdo decisório, evidentemente, que a cognição judicial, além de existente, é ainda maior e complexa.

Para a devida prolação do ato decisório o juízo deve conhecer questões, enfrentá-las, valorá-las e resolver cada questão colocada em juízo, num caminhar para propiciar a prolação da decisão judicial[20].

Como cognição não se confunde com a decisão em si[21], apesar de alicerçá-la, esta estará na fundamentação da decisão[22], não na parte dispo-

---

18 "A cognição torna-se necessária no momento em que o Estado avoca para si o monopólio da justiça, interpondo-se entre os homens em conflito de interesse. A interposição do Estado atende à razão política de evitar o prevalecimento do mais forte e de substituir a força pela justiça, num esforço de solucionar os conflitos pelos meios mais civilizados, e isso somente se consegue conhecendo-se as razões de ambas as partes." WATANABE, Kazuo. **Da cognição no processo civil.** 3ª. ed. São Paulo: Perfil, 2005. p. 37.

19 O art. 203, § 1º do CPC dispõe que sentença é o ato decisório que encerra a fase de cognição, como se houvesse uma fase de cognição. O que está evidentemente equivocado, pelo fato de que todo o processo, independentemente de qualquer fase, detém cognição, com gradações diferentes. Tanto Pontes de Miranda quanto Watanabe têm essa posição de que a cognição é inerente a qualquer fase, mesmo que uma detenha mais cognição do que a outra. PONTES DE MIRANDA, Francisco Cavalcante. **Comentários ao Código de Processo Civil.** Vol. I. Rio de Janeiro: Forense, 1996. p. 70/71; WATANABE, Kazuo. **Da cognição no processo civil.** 3ª. ed. São Paulo: Perfil, 2005. p. 67.

20 Na mesma direção: "a relação de cognição, tende, toda, em seu desenvolvimento à sentença." CHIOVENDA, Giuseppe. **Instituições de direito processual civil.** Vol. 3. Campinas-SP: Bookseller. 1998. p. 229.

21 Se distingue o objeto da cognição do objeto da decisão: DIDIER JR., Fredie. Cognição, construção de procedimentos e coisa julgada: os regimes diferenciados de formação da coisa julgada no direito processual civil brasileiro. **Genesis.** Curitiba, n. 22, p. 709-734, out./dez. 2001.

22 Se a cognição é o caminho para a decisão, pode ser visto como uma ponte entre o alegado pelas partes e o decidir pelo juízo: "Na verdade, a cognição funciona como um

sitiva, apresentando os argumentos dos enfrentamentos de todas as questões necessárias[23] para o caminhar processual.

A cognição, de certo modo, está a resolver questões a cada andamento que é realizado no processo, seja na horizontalidade entre parcial e total, seja na profundidade entre sumário ou exauriente. Mas, quais as questões que devem ser conhecidas e resolvidas? Esse é um ponto necessário de enfrentamento.

Antes de tudo, é necessário o devido entendimento sobre o termo questão[24], o qual tem acepção aberta, com possibilidade de entendimentos diversificados.

O primeiro seria no plano restrito, como "qualquer ponto de fato ou de direito controvertido, de que dependa o pronunciamento judicial[25]." Questão é controvérsia argumentada pelas partes e que imbuem o juízo de resolver esse ponto através da cognição[26].

---

ponto de contato, ou uma "ponte", que permite a ligação entre a realidade do direito material e a de um processo que proponha a realizá-lo o mais plenamente possível." MACHADO, Antônio Cláudio da Costa. **Tutela antecipada.** 2ª. ed. São Paulo: Oliveira Mendes, 1998. p. 74.

23 Se a cognição é a preparação para a decisão, sendo a resolução de questões para tornar a decisão possível, deve estar na fundamentação da decisão e não no próprio ato dispositivo de decidir: "A análise da cognição judicial é, portanto, o exame da técnica pela qual o magistrado tem acesso e resolve as questões que lhe são postas para apreciação. É importante perceber que o objeto da cognição é formado por essas questões." DIDIER JR., Fredie. **Pressupostos processuais e condições da ação: o juízo de admissibilidade do processo.** São Paulo: Saraiva, 2005. p. 53.

24 Sobre o termo questão: "A palavra questão em teoria geral do processo civil é utilizada com uma série de significados. Inicialmente, questão é o ponto controvertido de fato ou de direito da qual depende o julgamento do mérito." ARAÚJO, José Henrique Mouta. **A resolução parcial de mérito e a coisa julgada progressiva: reflexos no sistema processual como forma de assegurar a brevidade da prestação jurisdicional.** Belém, PA, 2004. 302 p. Tese (Doutorado). Universidade Federal do Pará. Programa de Pós-Graduação em Direito. p. 74. Dinamarco afirma que um ponto se converte em questão por meio da controvérsia das partes a seu respeito: "A controvérsia das partes sobre um ponto erige-o em questão – e daí ser esta conceituada como dúvida em torno de um ponto de fato ou de direito ou, como também se diz, ponto controvertido de fato ou de direito." DINAMARCO, Cândido Rangel. **Instituições de direito processual civil.** Vol. II 6ª ed. São Paulo: Malheiros, 2009. p. 187.

25 DIDIER JR., Fredie. Objeto da cognição judicial. **Revista Dialética de Direito Processual.** Vol. 6, p. 12-23, São Paulo: Dialética, set/2003. p. 12.

26 Falando sobre dos requisitos necessários para ser uma questão: "Ou seja, para se ter uma questão, são pressupostos: (i) que se trate de matéria que precisará necessariamente ser resolvida para decidir, o que pode se dar por estar vinculada diretamente ao objeto da decisão ou a algum argumento relevante para esclarecer a *causa petendi,* uma exceção

De certo modo, é relacional a conceituação de questão com a própria cognição. Questão é contradição posta em jurisdição e cognição é o meio necessário para resolver a contradição.

E, numa outra visão, o termo questão seria o mesmo que o próprio pedido, o que gera, evidentemente, uma confusão sobre o termo questão. Os ordenamentos, tanto o CPC/73[27] quanto o CPC/2015, não trabalharam a definir qual o significado correto do termo, apesar de utilizá-lo no texto legal, como neste último na redação do art. 489, II em dispor que o juízo fundamenta a análise das questões de fato e de direito, bem como dispõe-se a resolver as questões principais submetidas pelas partes.

Adotando que não há a definição sobre a questão como só um dos meios, evidentemente que a cognição se relaciona com as questões, contudo importante entender que terão questões incidentes e questões principais, como o próprio ordenamento explicita, apesar de não enfrentar adequadamente.

Na análise de todas as questões haverá cognição, independente de ser uma incidental ou principal[28]. Nos termos utilizados pelo art. 489 do CPC, as questões incidentais seriam os argumentos fáticos e jurídicos colocados em contraditório pelas partes para discussão em juízo, com a necessidade de enfrentamento, com a devida resolução pelo juízo, contudo sem o condão de uma decisão e eventual trânsito em julgado. Já as questões principais seriam aquelas colocadas para que o juízo decida como objeto litigioso da demanda, a resposta ao pedido realizado pelo autor, com a consequência de resolução do mérito e a formação de coisa julgada se transitado em julgado[29].

As primeiras devem ser conhecidas, enfrentadas e resolvidas, contudo sem conter uma decisão que transite em julgado[30]; as posteriores são o cerne da

---

substancial ou, ainda, em tema processual; (ii) é fundamental que as partes tenham contraditado a matéria, gerando a necessidade de solução judicial – o que não se dá, por exemplo, nos argumentos fáticos admitidos." MACÊDO, Lucas Buril. Coisa julgada sobre fato? análise comparativa com o *collateral estoppel* de sua possibilidade de *lege lata* ou de *lege ferenda*. **Revista de Processo.** vol. 260, p. 355 – 412, São Paulo: Ed. RT, Out / 2016. p. 357.

27 No CPC/73, o art. 458, II e III, respectivamente.

28 Classificadas como questões *incidenter tantum* (mera cognição) e *principaliter tantum* (decisão). DIDIER JR., Fredie. Objeto da cognição judicial. **Revista Dialética de Direito Processual.** Vol. 6, p. 12-23, São Paulo: Dialética, set/2003. p. 13.

29 "Uma coisa é a pretensão vinda da vida comum e que constituirá um material em torno do qual giram as atividades processuais, recebendo solução na parte dispositiva; outra, o conjunto de dúvidas (questões) a serem resolvidas no *iter* de formação daquela conclusão final." DINAMARCO, Cândido Rangel. **Capítulos de sentença.** 3ª. ed. São Paulo: Malheiros, 2008. p. 60.

30 Com exceção, pelo art. 503, § 1º do CPC, da possibilidade da coisa julgada de questão prejudicial.

prestação jurisdicional, o motivo pelo qual o autor foi a juízo, com a necessidade de conhecimento, enfrentamento, resolução como base para fundamentar a decisão, e, portanto, culminando, se cumpridas as regras, na formação da coisa julgada material.

Diante dessa explicação, qual seria o objeto da cognição? Esse questionamento durante muito tempo entendeu-se como predominante na doutrina brasileira a busca por um trinômio[31-32] de questões: *(i) aquelas inerentes a pressupostos processuais; (ii) as inerentes a condições da ação; (iii) as inerentes ao mérito da causa.*

Essa tripartição está na doutrina pela concepção assentada no CPC/73 de uma categorização sobre diferenciação de condições da ação e pressupostos processuais, ambos antecedentes e condicionantes ao julgamento de mérito. As condições seriam relacionadas ao direito de ação, compostos – no ordenamento revogado – por legitimidade, interesse processual e possibilidade jurídica do pedido. Os pressupostos estariam no âmbito sobre questões da relação jurídica proveniente do processo.

A concepção deste trabalho é de maneira diversa, inserindo e posicionando, para tanto, que as questões, em termos de cognição, dividem-se em pressupostos de admissibilidade do processo e juízo de mérito, sem uma tripartição, com o devido entendimento de que a cognição, num aspecto amplo das questões, apesar de outros aspectos divisórios sobre estas que tornar-se igual-

31 Câmara expõe que a cognição na doutrina teriam objetos diversos, dependendo da ótica: "Há que se referir, em primeiro lugar, aos autores que defendem a ideia de que o objeto da cognição é um binômio, formado pelos pressupostos processuais e pelas "condições da ação". De outro lado, encontram os os defensores da ideia segundo a qual o objeto da cognição judicial é formado por um trinômio de questões: "condições da ação", pressupostos processuais e mérito. Não se pode, ainda, deixar de referir a teoria segundo a qual o objeto da cognição seria um quadrinômio: pressuposto processual, supostos processuais, "condições da ação" e mérito da causa". Apesar de entender que a doutrina dominante entenderia que o trinômio seria a visão correta, traz uma outra concepção para a mesma definição: "parece-me mais acertado falar-se que os componentes de tal trinômio são questões preliminares, questões prejudiciais e questões referentes ao mérito da causa (objeto do processo)." Essa concepção iguala o lugar ontológico dos pressupostos e condições da ação, se existentes, e subdividiria as questões de mérito entre prejudiciais e de mérito." CÂMARA, Alexandre Freitas. **Lições de direito processual civil.** 25ª. ed. São Paulo: Atlas, 2014. p. 308/309.

32 As análises dos atos postulatórios seriam entre admissibilidade e mérito. Nesse ponto: BARBOSA MOREIRA, José Carlos. **O novo processo civil brasileiro.** 20º. ed. Rio de Janeiro: Forense, 2000. p. 116. Já na parte da anterior ao mérito, terão questões prévias, as quais podem ser meramente preliminares ou prejudiciais. Sobre o assunto: BARBOSA MOREIRA, José Carlos. Questões prejudiciais e questões preliminares. **Direito processual civil (ensaios e pareceres).** Rio de Janeiro: Borsoi, 1971. p. 76.

mente necessário de enfrentamento, divide-se, de modo macro, em questões de admissibilidade e questões de mérito.

No entanto, apesar de a cognição ser dividida entre admissibilidade e mérito[33], é notório que ela se envolve no conhecimento, entendimento e resolução de questões, e estas serão enfrentadas em diversos momentos, tanto na admissibilidade quanto no mérito, com classificações que ora serão em um ponto e ora em outro, sem serem excludentes, mas concorrentes.

Para o melhor enfrentamento sobre a cognição judicial e a sua função de enfrentar questões, é importante delinear, igualmente já feito sobre as incidentais e principais, as outras modalidades de questões existentes e que devem igualmente ser mencionadas.

2.1.3 Espécies das cognições

A cognição judicial pode ser analisada, diante da concepção de Watanabe[34], em dois planos e, internamente a estes, em outros desdobramentos possíveis, com a necessidade consequencial de um estudo sobre as espécies existentes de cognição.

Uma divisão possível de análise sobre a cognição é aquele em que possa ocorrer em dois planos diversos[35]: *(i) o horizontal – nos moldes de sua extensão; (ii) e o vertical – nos moldes da sua profundidade.*

---

33 "Como todo ato postulatório, a impugnação da decisão judicial por meio de recurso submete-se a exame sob dois ângulos diversos. Primeiro, cumpre verificar se estão satisfeitas as condições impostas pela lei para que se possa apreciar o conteúdo da postulação (*juízo de admissibilidade*); depois, e desde que o resultado tenha sido positivo – isto é, que o recurso seja *admissível*-, cumpre decidir a matéria impugnada através deste, para acolher a impugnação, caso *fundada*, ou rejeitá-la, caso *infundada* (*juízo de mérito*)." BARBOSA MOREIRA, José Carlos. **O novo processo civil brasileiro.** 20°. ed. Rio de Janeiro: Forense, 2000. p. 116.

34 WATANABE, Kazuo. **Da cognição no processo civil.** 3ª. ed. São Paulo: Perfil, 2005. p. 84.

35 Delineando esses dois planos a partir da visão de Watanabe: "é possível visualizar o estudo da cognição em dois planos: a) o plano horizontal (extensão), referindo-se à amplitude das matérias (questões) que podem ser discutidas e decididas em dada relação jurídica processual. Aqui é possível falar em cognição parcial ou plena; b) o plano vertical (profundidade) refere-se ao modo como as matérias são levadas a conhecimento, ou ao momento procedimental em que é feita a análise:316 fala-se em cognição sumária ou exauriente, sendo ou não profundo o exame a ser feito pelo juiz." ARAÚJO, José Henrique Mouta. **A resolução parcial de mérito e a coisa julgada progressiva: reflexos no sistema processual como forma de assegurar a brevidade da prestação jurisdicional.** Belém, PA, 2004. 302 p. Tese (Doutorado). Universidade Federal do Pará. Programa de Pós-Graduação em Direito. p. 77/78.

Cada plano trabalha com uma espécie de cognição, por um prisma de divisão e análise diversa da outra, contudo interseccional, diante das cognições terem, ao mesmo tempo, características específicas em cada plano, não sendo estes excludentes entre si.

É pertinente e necessário o estudo dessa divisão entre as espécies de cognições[36].

2.1.3.1 Horizontal e vertical

Na visão de uma cognição no plano horizontal, esta pode ser realizada de maneira *plena* ou *limitada.*

Sobre a primeira, a cognição é aquela em que o juízo conhece, diante das possibilidades processuais, todas as questões suscitadas pelas partes[37]. Já a segunda – cognição limitada[38] – ocorre quando algum dispositivo legal impossibilita que naquele procedimento o juízo julgue todas as questões, tornando a atividade cognitiva um ato limitado[39].

Se as partes puderem alegar todas as questões materiais possíveis e, igualmente, o juízo puder analisá-las, evidentemente que a cognição será, no plano

---

36 Porto salienta a necessidade de não se confundir as técnicas cognitivas: "Não há, outrossim, que confundir a extensão e a profundidade da cognição com a técnica dos cortes para sumarização. Com efeito, enquanto – de um lado – em nível de cognição, a extensão diz respeito ao plano horizontal, e a profundidade, ao plano vertical; de outro, em nível de cortes (ou seja, a limitação a ser concretamente imposta), operam-se exatamente em sentido inverso, pois que, para que haja limitação na extensão, é necessário que se opere um corte vertical no conhecimento, e para que haja limitação na profundidade impõe-se traçar um corte horizontal neste. A partir deste procedimento, pelo qual se separa sumarização propriamente dita dos respectivos cortes para implementação desta, tornam-se compreensíveis a proposta e a sua técnica de aplicação." PORTO, Sérgio Gilberto. **Coisa julgada civil.** Rio de Janeiro: AIDE, 1998. p. 92/93.

37 "A cognição é completa quando apta a abranger todos os possíveis fundamentos de interesse do autor ou do réu." DINAMARCO, Cândido Rangel. **Instituições de direito processual civil.** Vol. III. 3ª. ed. São Paulo: Malheiros, 2003. p. 738.

38 Marinoni delimita essa cognição como parcial: "O legislador, através da técnica da cognição parcial, pode desenhar procedimentos reservando determinadas exceções, que pertencem à situação litigiosa, para outros procedimentos; o juiz fica impedido de conhecer as questões reservadas nos procedimentos de cognição parcial, ou seja, as questões excluídas pelo legislador para dar conteúdo à outra demanda." MARINONI, Luiz Guilherme. **A antecipação da tutela.** 5ª. ed. São Paulo: Malheiros, 1999. p. 24.

39 "Mas nem sempre ela abrange toda a área de possíveis razões de fato ou de direito que em tese poderiam influir na existência do possível direito do autor, sendo então limitada e não completa." DINAMARCO, Cândido Rangel. **Instituições de direito processual civil.** Vol. III. 3ª. ed. São Paulo: Malheiros, 2003. p. 738.

horizontal, plena, porém, de modo inverso, se o procedimento impuser que alguma questão seja impossibilitada de ser arguida, o juízo somente realiza a cognição possível, legalmente, com a limitação que lhe é imposto. Câmara exemplifica a cognição limitada na ação possessória quando o cerne da discussão em juízo é a posse e há a limitação de versar sobre o domínio, tanto pelas partes – autor e réu – quanto pelo juízo, resguardando essa limitação material para que seja realizada em ação própria[40].

Logo, o juízo somente poderá realizar, nessa situação, uma cognição limitada ao que se pode prestar a jurisdição.

O cerne para o entendimento sobre essa cognição é a extensão desta[41], se pode versar sobre todas as questões possíveis sobre o objeto litigioso ou se tem limitações. Quanto maior a extensão possibilitada, mais plena a cognição será e, de modo inversamente proporcional, quanto maior a restrição, mais limitada será a cognição[42].

Por isso, o plano da horizontalidade das cognições está vinculado à sua própria extensão[43].

---

40 Sobre as possessórias e suas limitações cognitivas: "Exemplo de processo de cognição limitada é o das "ações possessórias", em que não se pode examinar qualquer alegação de existência de propriedade. Outro exemplo é o dos processos em que se discute obrigação representada por título de crédito que tenha circulado, nos quais não se admite discussão acerca da relação jurídica de direito material que deu origem ao título." CÂMARA, Alexandre Freitas.**O novo processo civil brasileiro.** 4ª ed. Atlas, São Paulo: Atlas, 2018. p. 184.

41 "No plano horizontal, em que se verifica a amplitude da cognição judicial, o que se busca é saber qual a extensão com que são analisados os elementos componentes do objeto da cognição." CÂMARA, Alexandre Freitas. **Lições de direito processual civil.** 25a. ed. São Paulo: Atlas, 2014. p. 309.

42 Nesse sentido: "O procedimento de cognição parcial privilegia os valores certeza e celeridade – ao permitir o surgimento de uma sentença com força de coisa julgada material em um tempo inferior àquele que seria necessário ao exame de toda a extensão litigiosa (...) O que devemos verificar, portanto, em cada hipótese específica é a quem interessa a limitação da cognição no sentido horizontal ou, em outros termos, a tutela jurisdicional célere e imunizada pela coisa julgada material em detrimento da cognição das exceções reservadas." MARINONI, Luiz Guilherme. **Efetividade do processo e tutela de urgência.** Porto Alegre: Sérgio Antonio Fabris, 1994. p. 16.

43 Chama-se *plano horizontal* o da amplitude da cognição. É que há processos de cognição plena (aqueles em que qualquer questão que venha a ser suscitada terá de ser examinada e resolvida) e processos de cognição limitada (em que há restrições ao objeto da cognição, havendo matérias que não podem ser objeto de apreciação pelo juiz)." CÂMARA, Alexandre Freitas. **O novo processo civil brasileiro.** 4ª ed. São Paulo: Atlas, 2018. p. 184.

Por outro lado, no plano vertical[44], a divisão sobre a cognição está entre *exauriente* ou *sumária.*

Sobre a primeira, é a regra quando se almeja o exercício da jurisdição, apesar de não ser o único modo.

O ordenamento processual trabalha no sentido de almejar que a cognição seja exauriente, possibilitando um procedimento construído em contraditório, com a oportunização das partes alegarem as suas narrativas fáticas e as produções de prova, com a abertura para que o juízo possa conhecer todas as questões e a profundidade concreta para exercer um juízo de certeza sobre o que julgar[45].

De outro modo funciona a segunda espécie no plano vertical, a cognição sumária.

Essa é a cognição do juízo de probabilidade. A abertura para que a cognição seja exercida é a necessidade de alteração no custo do tempo do processo, com a viabilidade, pela existência da conjunção entre probabilidade de direito[46] e risco ao resultado útil do processo, com o perigo do dano ou necessidade de prevenir ou remover ilícito. Se uma parte comprovar que não consegue aguardar a tutela definitiva nos moldes procedimentais comuns, é possível que seja antecipada a tutela ou acautelado o direito, sempre numa cognição sumária, numa análise de probabilidade.

Não se discute o direito como existente nessa cognição sumária, mas a possibilidade de existência deste.

O plano da verticalidade relaciona-se com o grau de profundidade da análise judicante sobre o que se decidirá no processo, quanto mais profundo, mais será possível exaurir a discussão sobre o assunto, quanto menos profundo, mais superficial a análise e, consequentemente, maior a sumariedade da cognição.

---

44 "No plano vertical, a cognição significa que o limite para o conhecimento do objeto cognoscível é demarcado pelo momento procedimental nos diferentes tipos de procedimentos, ou seja, de acordo com suas respectivas fases até o encerramento." NUNES, Luiz Antônio. **Cognição judicial nas tutelas de urgência.** São Paulo: Saraiva, 2000. p. 35.

45 "é exauriente quando comporta indagações tão profundas que sejam capazes de eliminar toda possível dúvida e incutir certeza no espírito do juiz." DINAMARCO, Cândido Rangel. **Instituições de direito processual civil.** Vol. III. 3ª. ed. São Paulo: Malheiros, 2003. p. 738.

46 "No caso desta tutela provisória, enquanto não ordinarizada, é de cognição sumária (simplificada) que não preza pelos mecanismos exaurientes de contraditório e da ampla defesa, razão porque restaria desautorizada a formação da coisa julgada." THAMAY, Rennan Faria Kruger. **Manual de direito processual civil.** 1ª. ed. São Paulo: Saraiva, 2018. p. 243.

A verticalidade trabalha no sentido da completude sobre a análise, quanto mais completa, mais profunda e, consequentemente, mais exauriente sobre o objeto litigioso do processo.

Somente as análises exaurientes se relacionam com a coisa julgada[47], uma vez que as cognições sumárias têm a precariedade como característica. Como a cognição exauriente trabalha no campo de um juízo de certeza tem aptidão de formar coisa julgada, pela sua estabilidade e segurança jurídica e, inversamente, a sumária com o campo da probabilidade e, por isso, impossível de ter aptidão para a coisa julgada, justamente por trabalhar no campo do imediatismo e da probabilidade, com alta possibilidade de reversão, dada a precariedade cognitiva.

As cognições sumárias tendem a ser provisórias[48] e, assim, inverterem o ônus do tempo do processo[49], com a possibilidade de uma análise sumária sobre determinada questão, sem o ar de completude, tampouco de definitividade, mas como uma resolução proveniente de uma cognição ainda sobre a probabilidade da questão, o que torna sumária qualquer conclusão sobre a questão.

As cognições podem ser variáveis e interseccionais entre as espécies: *i) plena e exauriente; ii) limitada e exauriente; iii) plena e sumária; iv) limitada e sumária.*

A cognição é somente uma, mas com as características próprias de cada situação.

Numa cognição *plena e exauriente*, no plano horizontal é possível analisar todas as questões, sem qualquer limitação ou parcialidade, com a viabilidade

---

47 A cognição exauriente, em sua conceituação, e a relação com a coisa julgada: "A cognição exauriente é aquela que permite ao juiz proferir uma decisão baseada em *juízo de certeza*. Exige a mais profunda análise de alegações e provas, capazes de chegar ao ponto de permitir que sejam *exauridas* todas as possibilidades, levando o juiz a encontrar a decisão correta para a questão que lhe tenha sido submetida. Esta decisão, baseada na mais profunda cognição possível, é capaz de se tornar – desde que observadas algumas exigências legais, de que mais tarde se tratará – imutável e indiscutível (por força de um fenômeno conhecido como *coisa julgada*)." CÂMARA, Alexandre Freitas. **O novo processo civil brasileiro.** 4ª ed. São Paulo: Atlas, 2018. p. 184.

48 "Será sumária a cognição quando reduzida para que se possa, em todos os instrumentos processuais procedimentais tradicionais decidir sobre tutela emergencialmente pretendida em caráter provisório." THAMAY, Rennan Faria Kruger. **Manual de direito processual civil.** 1ª. ed. São Paulo: Saraiva, 2018. p. 225.

49 Sobre a inversão do ônus do tempo do processo via tutela provisória: MITIDIERO, Daniel. Direito fundamental ao julgamento definitivo da parcela incontroversa: uma proposta de compreensão do art. 273, § 6º do CPC, na perspectiva do direito fundamental a um processo sem dilações indevidas (art. 5º, LXXVIII, da CF/1988). **Revista de Processo.** Vol. 149, p. 105-119, São Paulo: Ed. RT, Jul/2007.

de uma ampla análise material e, ainda, com a prolação de um juízo de certeza, passível de formação de coisa julgada[50].

Já na *limitada e exauriente*[51], a cognição é realizada num juízo de certeza, contudo com limitação material[52], destacando a impossibilidade de conhecimento judicante sobre alguma matéria específica, com a formação de coisa julgada somente nos limites do que foi possível exaurir a cognição material, sem a plenitude das possibilidades de discussões.

Por outro lado, pode ser uma cognição *plena e sumária*, com ampla possibilidade material, sem nenhuma restrição, porém com a urgência que somente permita um juízo de probabilidade, não de certeza, o que impede, naquele momento, um exaurimento cognitivo. E, ainda, a cognição também pode ser *limitada e sumária*, nos moldes de uma decisão ainda no juízo de probabilidade e com a impossibilidade de conhecimento de determinadas matérias[53].

Geralmente o juízo de probabilidade atém-se às tutelas provisórias ligadas à urgência – ou evidência – e o juízo de certeza à tutela definitiva.

Na primeira, a cognição possível será a sumária, diante das circunstâncias temporais e processuais, no segundo será aquela a ser realizada ao final de um procedimento, diante de todas as possibilidades de contraditório e a preparação processual para um juízo de certeza.

---

50 Sobre essa conjunção de cognição ser a regra da jurisdição a ser prestada: "a solução definitiva do conflito de interesses é buscada através de provimento que assente em cognição plena e exauriente, vale dizer em procedimento plenário quanto à extensão do debate das partes e da cognição do juiz, e completo quanto à profundidade dessa cognição. Decisão proferida com base em semelhante cognição propicia um juízo com índice de segurança maior quanto à certeza do direito controvertido de sorte que a ela o Estado confere autoridade da coisa julgada." WATANABE, Kazuo. **Da cognição no processo civil.** 3ª. ed. São Paulo: Perfil, 2005. p.87.

51 Um exemplo dessa possibilidade: "A cognição pode ser parcial e exauriente: a limitação é apenas do que; quanto às questões que podem ser resolvidas, a cognição é exauriente, de sorte que a sentença (julgado) tem aptidão para produzir coisa julgada material. Ao estabelecer as limitações, o legislador leva em conta a) as peculiaridades do direito material, e/ou b) a necessidade de tornar o processo mais célere." DIDIER JR., Fredie. Objeto da cognição judicial. **Revista Dialética de Direito Processual.** Vol. 6, p. 12-23, São Paulo: Dialética, set/2003. p. 22.

52 Um exemplo dessa espécie: "Mais uma vez, vale suscitar o caso do Mandado de Segurança. (...) Logo, percebe-se que no procedimento especial do MS há limitação de cognição, superando muitos incidentes processuais que comumente são observados no procedimento comum." ARAÚJO, José Henrique Mouta. **A resolução parcial de mérito e a coisa julgada progressiva: reflexos no sistema processual como forma de assegurar a brevidade da prestação jurisdicional.** Belém, PA, 2004. 302 p. Tese (Doutorado). Universidade Federal do Pará. Programa de Pós-Graduação em Direito. p. 72/73.

53 Um exemplo dessa cognição será na tutela provisória específica da ação possessória.

O procedimento comum é criado para que seja possível a cognição plena e exauriente, com o intuito de que o juízo seja pleno, materialmente, e exauriente, em termos procedimentais para que seja possível conhecer e enfrentar todas as questões, com a oportunização de todos os meios de prova possíveis, bem como as manifestações condizentes pelas partes.

2.1.4 A divisão da cognição em resolução de questões: resolução incidenter tantum e resolução principaliter tantum

Uma vez exercido o pleito pela jurisdição, a cognição será para que se alcance o conhecimento devido pelo juízo para a resposta sobre o todo, para a resposta sobre a procedência ou não do pedido realizado pelo autor. No entanto, para que seja exercida a jurisdição, o juízo deve enfrentar uma série de questões para alcançar a possibilidade de resposta que resolva o mérito.

Dessa maneira, as partes suscitam diferentes questões[54] que se tornam um conjunto conectivo de análises, com a necessidade de que cada ponto material seja enfrentado, cognitivamente.

Mas, o que seria uma questão? Nos dizeres de Watanabe, "o direito e os fatos podem aparecer na causa como pontos conhecidos e incontroversos, ou a respeito deles surgir dúvidas e controvérsias, quando então receberão o nome de questões[55]."

O conhecimento das narrativas fático-jurídicas das partes possibilita que o juízo conheça os argumentos, tanto fáticos quanto jurídico e, diante de convergência, o decidir se torna uma concordância sobre o que as partes já convergiram, no entanto, de modo diverso, quando há contraposição com os argumentos das partes, há uma controvérsia, nascendo a questão e, consequentemente, a necessidade de cognição sobre a mesma, tornando-se o objeto desta[56].

As questões podem versar tanto sobre aspectos meramente processuais quanto matérias postas para a definição na jurisdição, como pontos fáticos e jurídicos[57].

---

54 Sobre questão ser um ponto em que há contestação e, assim, controvertido: "In quanto una affermazione, compresa nella ragione (della pretesa o della contestazione), possa generare un dubbio e così debba essere verificata, diventa una questione. Perciò la questione si può definire un punto dubbio, di fatto o di diritto, e la sua nozione è correlativa a quella di affermazione." CARNELUTTI, Francesco. **Sistema di diritto processuale civile.** Vol. I. Padova: Cedam, 1936. p. 353.

55 WATANABE, Kazuo. **Da cognição no processo civil.** 3ª. ed. São Paulo: Perfil, 2005. p. 55.

56 "o objeto de cognição do juiz são todas as questões ligadas ao processo em si mesmo." WATANABE, Kazuo. **Da cognição no processo civil.** 3ª. ed. São Paulo: Perfil, 2005. p. 57.

57 "ponto é, em prestigiosa doutrina, aquele fundamento da demanda ou da defesa, que haja permanecido incontroverso durante o processo, sem que as partes tenham

Diante disso, o juízo conhece das questões numa ordem procedimental, nos moldes de sua apresentação no transcorrer processual[58], justamente para que resolva cada uma e possibilite a abertura da cognição da próxima questão. Ou seja, há um desdobramento de cognições sobre as questões[59], ao resolver uma será possível a solução de uma próxima questão, até chegar na cognição que se almeja na prestação jurisdicional – a possibilidade de conhecimento tamanho para a cognição que resulte na decisão judicial[60].

No entanto, apesar de existirem muitas questões, estas devem ser separadas sobre o resultado a ser proferido pelo juízo, uma vez que todas as questões devem ser enfrentadas dentro do seu caráter lógico e, assim, solucionadas, contudo somente algumas serão insertas ao objeto do julgamento. Logo, algumas questões serão alvo de uma cognição para a sua solução, outras, além de solucionadas, são julgadas para que seja realizada a jurisdição.

---

levantado discussão a respeito (e sem que o juiz tenha, de ofício, posto em dúvida o fundamento); discordem as partes, porém, isto é, havendo contestação de algum ponto por uma delas (ou, ainda, havendo o juiz suscitado a dúvida), o ponto se erige em questão. Questão é, portanto, o ponto duvidoso. Há questões de fato, correspondentes à dúvida quanto a uma assertiva de fato contida nas razões de alguma das partes; e de direito, que correspondem à dúvida quanto à pertinência de alguma norma ao caso concreto, à interpretação de textos, legitimidade perante norma hierarquicamente superior." DINAMARCO, Cândido Rangel. O conceito de mérito em processo civil. **Revista de Processo.** Vol. 34, Ano 9, p. 20-46, São Paulo: Ed. RT, Abril/Jun/1984. p. 25.

58 "A cognição, então, incide sobre as questões postas ao magistrado. Essas questões possuem diversos planos de análise pela doutrina: questões de fato e de direito, questões subordinadas e subordinantes, questões principais e incidentes, questões preliminares e prejudiciais." MINAMI, Marcos; PEIXOTO, Ravi. Da questão prejudicial incidental constitucional no STF e o novo regime de coisa julgada. **Revista de Processo.** Vol. 263, Ano 42, p. 77-104, São Paulo: Ed. RT, 2017. p. 80.

59 "A cognição, no processo civil, dirige-se às questões no intuito de fixar-lhes soluções. São as questões o objeto da cognição." SILVA, Beclaute Oliveira. **A cognição no mandado de segurança sob o prisma dialógico de Mikhail Bakhtin.** 291 f. Tese (Doutorado em Direito) – Programa de Pós-Graduação em Direito, Centro de Ciências Jurídicas/FDR, Universidade Federal de Pernambuco, Recife, 2011. p. 105.

60 "Aliás, é possível distinguir o objeto de cognição e o objeto de decisão. Naquele, as questões são conhecidas e enfrentadas, neste a questão (aqui sendo principaliter tantum) é conhecida e decidida, inclusive, formando coisa julgada material. Não se deve olvidar que a palavra "questões" em direito processual civil é utilizada com uma série de significados. Inicialmente, questão é o ponto controvertido de fato ou de direito da qual depende o julgamento do mérito." ARAÚJO, José Henrique Mouta. **A resolução parcial de mérito e a coisa julgada progressiva: reflexos no sistema processual como forma de assegurar a brevidade da prestação jurisdicional.** Belém, PA, 2004. 302 p. Tese (Doutorado). Universidade Federal do Pará. Programa de Pós-Graduação em Direito. p. 74.

Dessa maneira, as questões podem ser divididas entre aquelas resolvidas *incidenter tantum* e questões resolvidas *principaliter tantum*, sendo, portanto, para a ação o *thema decidendum*, o objeto da decisão.

As questões resolvidas *incidenter tantum* são aquelas que devem ser enfrentadas de modo a possibilitar o conhecimento das próximas questões, importando na continuidade do procedimento, funcionando com uma etapa a ser cumprida para o julgamento posterior, sem comportar que essa resolução da questão seja uma decisão pertinente fora do processo.

É um desenlaçar de nós para que se chegue a abertura para o julgamento da ação. Tanto que não há formação de coisa julgada sobre a solução da questão *incidenter tantum*[61-62-63].

Já as questões resolvidas *principaliter tantum* são aquelas que se relacionam com o objeto litigioso do processo e o próprio exercício da jurisdição, como *thema decidendum* ou objeto da decisão. O autor pleiteou em juízo uma demanda para que fosse resolvida e decidida, a questão principal deve ser conhecida e decidida, uma vez que compõe o julgamento em seu objeto.

As *incidenter tantum* são, como o próprio nome diz, incidentais e, por isso, fundamentam a decisão e o caminho construtivo que o juízo realizou, contudo, apesar de precluírem, não transitam em julgado, não tendo o condão de transformar o que foi resolvido na questão em coisa julgada, em regra. As questões que são resolvidas *principaliter tantum* trabalham diante do prisma de julgar o que se demandou, de todas as questões anteriores terem sido enfrentadas e ser possível julgar a questão principal, pronunciando decisoriamente sobre o tema, com o condão de formar coisa julgada, como disposto no art. 503 do CPC.

---

61 DIDIER JR., Fredie. Objeto da cognição judicial. **Revista Dialética de Direito Processual.** Vol. 6, p. 12-23, São Paulo: Dialética, set/2003. p. 12.

62 No entanto, é possível que uma questão seja aparentemente *incidenter tantum* para a continuidade do processo, mas que seja passível de formação de coisa julgada prejudicial, nos moldes do art. 503, § 1º do CPC. Sobre o tema: LEMOS, Vinicius Silva; GOUVEIA, Lúcio Grassi. A coisa julgada prejudicial e a sua delimitação. **R. Bras. Dir. Proc. – RBDPro.** Belo Horizonte, ano 26, v. 104, p. 1-20, 2018.

63 Araújo já enfrentava a questão prejudicial no ordenamento passado mediante questão *incidenter tantum* que poderia, via ação declaratória incidental, virar uma questão *principaliter tantum*: "Contudo, como é por todos conhecida, há a possibilidade de ampliação do objeto litigioso do processo, fazendo com que a questão prejudicial deixe de ser *incidenter tantum* e passe a ser *principaliter tantum*, de acordo com as previsões dos arts. 5º, 325 e 470 da legislação adjetiva civil (mediante a ação declaratória incidental)." ARAÚJO, José Henrique Mouta. **A resolução parcial de mérito e a coisa julgada progressiva: reflexos no sistema processual como forma de assegurar a brevidade da prestação jurisdicional.** Belém, PA, 2004. 302 p. Tese (Doutorado). Universidade Federal do Pará. Programa de Pós-Graduação em Direito. p. 76.

A regra, então, é a questão *incidenter tantum* somente ser resolvida para o prosseguimento da cognição e precluir, por outro lado, a *principaliter tantum* ser resolvida pela decisão da jurisdição e transitar em julgado.

No entanto, excepcionalmente, nos ditames do art. 503, §§1° e 2° do CPC, é possível que uma questão que é *incidenter tantum* para a ação transite em julgado, mesmo que seja dessa maneira resolvida somente, sem ser o *thema decidendum* do processo, mesmo sem ser uma questão *principaliter tantum* como um todo. A questão prejudicial, nos moldes citados acima, nasce como uma questão *incidenter tantum,* mas se configurada as diretrizes legais[64], transforma-se em uma questão *principaliter tantum* em si própria, com a formação de uma coisa julgada prejudicial[65].

O art. 503, § 1º do CPC determina que uma questão incidental enfrentada pode formar coisa julgada material, desde que se cumpram certos requisitos dispostos: *(i) dessa resolução depender o julgamento do mérito; (ii) a seu respeito tiver havido contraditório prévio e efetivo, não se aplicando no caso de revelia; (iii) o juízo tiver competência em razão da matéria e da pessoa para resolvê-la como questão principal; (iv) ausência de restrições probatórias ou limitações à cognição.*

Dessa maneira, a questão *incidenter tantum* tem dois regramentos sobre a preclusão da sua resolução no CPC/2015: *(i) a coisa julgada prejudicial ocorre se todos os pressupostos estiverem presentes; e, (ii) em sentido contrário, na ausência de um deles, com mera preclusão da resolução da questão para aquela demanda, sem formação de coisa julgada material.*

Já a questão *principaliter tantum* dialoga com a própria prolação da jurisdição, com o ato decisório responsivo sobre a demanda proposta, com a formação da coisa julgada nos moldes do art. 503 do CPC.

---

64 Sobre a necessidade de cumprimento de requisitos e as suas ausências como impossibilidade de formação de coisa julgada prejudicial: "O legislador, na linha da objeção de ausência de contraditório, exige que a cognição da prejudicial incidental não tenha sido prejudicada por eventuais restrições probatórias (como acontece no mandado de segurança) ou limitações à cognição (como acontece no processo de inventário e partilha (art. 612, CPC), nos Juizados Especiais Cíveis, ou no procedimento da desapropriação, art. 34, caput, e parágrafo único, do Dec.-lei 3.365/1941). Assim, por exemplo, a coisa julgada não se estenderá à resolução da prejudicial de validade do decreto expropriatório contida na sentença do processo de desapropriação." DIDIER JR., Fredie. Extensão da coisa julgada à resolução da questão prejudicial incidental no novo Código de Processo Civil brasileiro. **Civil Procedure Review.** Vol. 6, nº. 1: 81-94, jan-apr., 2015. p. 90.

65 "Isso significa que a estabilização pela *res judicata* pode ocorrer independentemente da natureza da questão prejudicial. Basta que sejam cumpridos cumulativamente os requisitos legais." SILVA, Ricardo Alexandre. **Limites objetivos da coisa julgada e questões prejudiciais.** Tese (Doutorado em Direito)- Universidade Federal do Paraná. 2016. p. 147.

2.1.5 A tipologia das questões

A cognição judicial é realizada para o conhecimento sobre questões constantes da tramitação procedimental que se apresentam para que o juízo as enfrente, com a resolução de cada uma[66]. Ou seja, o caminhar processual funciona diante de um desdobramento de cognições, as quais enfrentam questões, mirando um andar procedimental para os atos futuros mediante o resultado das suas resoluções.

Diante da complexidade de questões existentes numa ação, o juízo deve realizar diversas cognições, deparando-se com diferentes tipos delas, o que necessita, portanto, de uma devida classificação destas.

No entanto, é importante delinear que essas classificações não são estanques, com a possibilidade de uma questão transitar por diversas tipos, sem ater-se a ser somente atrelada a uma tipologia.

2.1.5.1 Questões de fato e questões de direito

Diante das divisões sobre as questões que serão alvo da cognição judicial, a mais complexa está na questão entre fato e direito[67].

Para a base construtiva da ação e da discussão do conteúdo da jurisdição necessita-se de uma exposição dos fatos para que se explicite a causa de pedir, a qual nos requisitos da inicial se dispõe como os fatos e, também, os fundamentos jurídicos que constituem o direito do autor[68].

---

66 "Entende-se por cognição a atividade consistente na análise de alegações e provas. Trata-se de uma técnica destinada a permitir a prolação de decisões. Não é difícil imaginar que o magistrado só pode proferir uma decisão depois de ter analisado as alegações e as provas relevantes para a resolução das questões que tenha de enfrentar. Pois ao longo do processo de conhecimento o juiz exerce atividade cognitiva, analisando alegações e provas para poder proferir a decisão." CÂMARA, Alexandre Freitas. **O novo processo civil brasileiro.** 4ª ed. São Paulo: Atlas, 2018. p. 182.

67 Sobre a importância dessa definição diferencial, como uma demonstração da possibilidade desta visão dicotômica: "Convém, portanto, distingui-las com base em critério funcional." DIDIER JR., Fredie. **Curso de direito processual civil: teoria geral do processo e processo de conhecimento.** 17ª. ed. Salvador: Juspodivm, 2015. p. 447.

68 Sobre o enquadramento, para Dinamarco, dos fundamentos fático-jurídicos: "Os fundamentos chamam-se também pontos que se resolvem em alegações de fato de direito. Cada ponto é uma coluna sobre a qual se apoia demanda, a defesa ou a sentença. Toda vez que surge uma controvérsia em torno de um ponto – com um dos sujeitos afirmando e outro negando ou cada um deles apresentando sua versão fática ou interpretação jurídica diferente – diz-se que esse ponto se erigiu em questão." DINAMARCO, Cândido Rangel. **Capítulos de sentença.** 3ª. ed. São Paulo: Malheiros, 2008. p. 62.

Logo, é perceptível que o juiz deve debruçar-se sobre a narrativa do autor e a contraposição do réu sobre as questões de fato e de direito[69], justamente para que se possa entender todos os pontos fáticos e os seus efeitos jurídicos. Para que se resolvam as questões antecedentes ao ato de decidir, importante que conheça, enfrente e resolva as questões sobre como os fatos ocorreram ou como as partes argumentam sobre essa ocorrência e, conseguem, com a instrução probatória, provar, justamente para o exercício de uma cognição sobre os fatos e, posteriormente, a resolução dos efeitos jurídicos, se existem ou não, se acolhidos ou não.

No entanto, é difícil o entendimento de que seria possível separar basicamente os fatos do direito e de modo estanque delinear que são pontos cindidos totalmente[70]. Mas, é importante o entendimento de que o próprio procedimento tem uma fase somente para delinear uma comprovação das narrativas fáticas, ou seja, a instrução probatória[71], a qual tem a função exata de propiciar o conhecimento sobre essas narrativas e os possíveis argumentos, para, após todo esse suporte cognitivo, que o juízo realize o enfrentamento e a resolução das questões de fato[72], tornando apto, posteriormente, para as questões de direito.

---

69 A causa de pedir da demanda é o conjunto de fundamentos fático-jurídicos que compõe a narrativa do que se pretende, a nosso ver, em concordância com Dinamarco, são questões de mérito, para o caminho da sentença ser construída e decidida, mas não o próprio mérito. No entanto, Dinamarco denomina esses pontos de *incidenter tantum*, como incidentes, apesar de ser possível a diferenciação entre mérito e questões de mérito, que seria o melhor enquadramento dessas questões, entre pontos incidentes e a resposta ao pedido. "As questões de fato e de direito referentes a pretensão do autor são apreciados e dirimidas, na motivação da sentença, *incidenter tantum*." DINAMARCO, Cândido Rangel. **Capítulos de sentença.** 3ª. ed. São Paulo: Malheiros, 2008. p. 62.

70 "Evidentemente, há graus de indeterminação. Juridicamente, consideram-se vagos ou indeterminados conceitos que têm um grau maior de indeterminação." ALVIM, Teresa Arruda. Distinção entre questão de fato e questão de direito para fins de cabimento de recurso especial. Revista de Processo. vol. 92. p. 52-70. São Paulo: Ed. RT, 1998. p. 68.

71 Relacionando a questão de fato com a instrução probatória e uma fase somente para tal definição: "Questão de fato, portanto, tem como correspondência algum ponto da demanda no qual uma parte aponta um fato como existente e a outra como inexistente ou existente de modo relevantemente distinto, precisando o órgão-julgador solucionar a controvérsia." MACÊDO, Lucas Buril. Coisa julgada sobre fato? análise comparativa com o *collateral estoppel* de sua possibilidade de *lege lata* ou de *lege ferenda*. **Revista de Processo.** vol. 260, p. 355 – 412, São Paulo: Ed. RT, Out / 2016. p. 357.

72 "é sempre possível distinguir a questão de direito, a qual pode ser posta com abstração do fato, cuja estrutura não se discute; ou então para saber, em tese, quais os requisitos que deve reunir um fato para ter ou não a qualificação pretendida pelas partes. É claro que muitas vezes não é fácil, podendo mesmo ser extremamente difícil, extremar uma questão da outra. Em casos excepcionais, quando as questões de fato e de direito se acham estreita e essencialmente vinculadas, a tal ponto de uma exigir a outra, é sinal que existe algo a ser esclarecido em tese, sendo aconselhável o julgamento prévio do

Os atos postulatórios processuais descrevem, obrigatoriamente, as questões sobre os fatos, podendo, em certos casos, ocorrer preclusão e sanção sobre tal ponto, como na contestação[73]. Mas, não somente nesses atos gerais, como inicial, contestação, recursos, etc, todo ato que se postula no processo alega-se a ocorrência de um ou outro fato, mesmo que incidental, nem que seja pertinente somente para aquele ato postulatório, mas há de se ter um fato narrado.

Obviamente que fato e norma são interligados, não há como se contrapor a isso, sem a existência de um fato, não há fenômeno jurídico[74]. E a cognição, necessariamente, passa pelo enfrentamento, análise e resolução de questões de fato e de direito, por mais que seja complexa a distinção entre as questões.

Há quem diga que é impossível essa distinção de modo estanque[75-76] e, dessa maneira, seria inviável discorrer sobre as diferenças[77-78], contudo a própria processualidade insere a posição lógica de que há uma resolução de questões de

---

Tribunal, ou a admissão do recurso especial ou extraordinário." REALE, Miguel. **Lições preliminares de direito.** 27ª ed., São Paulo: Saraiva, 2002. p. 211.

73 Na inicial também tem a preclusão, mas não a mesma sanção que o réu tem com a revelia, tanto no aspecto material quanto processual.

74 "O facto não tem existência senão a partir do momento em que se torna matéria de aplicação do direito, o direito não tem interesse senão no momento em que se trata de aplicar o facto; pelo que, quando o jurista pensa o facto, pensa-o como matéria do direito, quando pensa o direito, pensa-o como forma destinada ao facto." CASTANHEIRA NEVES, Antonio. **Questão-de-facto e questão-de-direito. O problema metodológico da juridicidade (ensaio de uma reposição crítica).** Coimbra: Almedina, 1967. p. 586.

75 ALVIM, Teresa Arruda. Distinção entre questão de fato e questão de direito para fins de cabimento de recurso especial. **Revista de Processo.** vol. 92. p. 52-70. São Paulo: Ed. RT, 1998. p. 53.

76 "É impossível, impraticável e ilusório o corte proporcionado pelo critério fato/direito, ou, quando menos, o sentido tradicional que se assinou a tal dicotomia, a respeito de suas implicações específicas no âmbito do Recurso Especial." KNIJNIK, Danilo. **O Recurso Especial e a revisão da questão de fato pelo Superior Tribunal de Justiça.** Rio de Janeiro: Forense, 2005. p. 57.

77 Ou com extrema dificuldade: CASTANHEIRA NEVES, Antonio. **Questão-de-facto e questão-de-direito. O problema metodológico da juridicidade (ensaio de uma reposição crítica).** Coimbra: Almedina, 1967. p. 586.

78 No mesmo sentido de ser inviável: "a doutrina mais autorizada defende a impossibilidade da separação estanque das questões de fato das de direito. O fenômeno jurídico pressupõe que aquelas não podem ser definitivamente separadas destas, haja vista que o fato deve ser verificado em função da norma que o regula; por outro lado, a norma deve ser individualizada e interpretada em função do fato que o regula. Como o fenômeno jurídico deve ser analisado a partir da incidência da norma aos fatos, não há que se cogitar da separação absoluta entre fato e direito." OLIVEIRA, Gleydson Kleber Lopes de. **Recurso Especial.** São Paulo: Ed. RT, 2002. p. 279.

fato atreladas à produção das provas e que as jurídicas não dependem das provas, mas dependem do arcabouço fático definido e resolvido.

Não se tem um viés estanque de que um fato gera, automaticamente, uma questão de fato e um direito, consequentemente, uma questão de direito, essa visão seria simplória, mas o pertinente é conectar a existência de uma questão de fato sobre a sua necessidade de produção de provas e, nas questões de direito, sem essa necessidade.

Ou seja, não há necessidade de provas para a resolução das questões de direito, mas estas dependem das questões de fato resolvidas[79]. E, ainda, no processo, caso as questões de fato já sejam resolvidas de plano, sem a necessidade de uma instrução e produção de provas, o próprio ordenamento autoriza o julgamento antecipado da lide, por exemplo, dentre outras possibilidades, justamente por não conter a necessidade de discutir-se as questões de fato.

Portanto, há uma diferenciação entre questão de fato e questão de direito, por mais complexa[80] que seja essa distinção, talvez até impossível em planos teóricos, porém para a compreensão da cognição judicial é importante entender essa possibilidade como viável, com o estudo devido dos critérios para tal dissociação entre as questões[81].

A cognição sobre o todo na demanda será repartida e separada, uma vez que a questão de fato está envolta ao argumento das partes sobre a descrição do

---

79 "As questões de fato compõem o objeto da prova; as questões de direito não requerem prova- não confundir, entretanto, com a prova do direito, a que se refere o art. 376 do CPC, pois, neste caso, o teor e a vigência do direito objetivo são fatos." DIDIER JR., Fredie. **Curso de direito processual civil: teoria geral do processo e processo de conhecimento.** 17ª. ed. Salvador: Juspodivm, 2015. p. 448.

80 Sobre a complexidade dessa separação: "A singeleza dessa afirmação, vale ressalvar, não esgota as dimensões de um problema bem mais complexo do que à primeira vista se afigura: a própria distinção entre questões de fato e questões de direito nem sempre é muito fácil de traçar com nitidez." BARBOSA MOREIRA, José Carlos. **Comentários ao Código de Processo Civil.** 16ª ed. Rio de Janeiro: Forense, 2011. p. 593.

81 Até pelo fato de que no cotidiano forense ocorre essa diferenciação entre questões de fato e de direito, até nos recursos excepcionais aos Tribunais Superiores, como bem delineado sobre o tema no trabalho de Fonseca: FONSECA, João Francisco Naves da. **Exame dos fatos nos recursos extraordinário e especial.** São Paulo, SP, 2010. 192 p. Dissertação (Mestrado). Universidade de São Paulo. Programa de Pós-Graduação em Direito; Sobre essa diferenciação na Corte de Cassarão Italiana: u Enrico Tullio Liebman: "En armonía con la función institucional de la Casación, el confín entre cuestión de derecho y cuestión de hecho debe señalarse tendencialmente en el sentido de individualizar el objeto del control en los errores que tienen aptitud para difundirse más allá del caso concreto y para reproducirse en casos similares, representando, por eso, un peligro de degeneración del proceso de actuación de la ley." LIEBMAN, Enrico Tullio. **Manual de Direito Processual Civil I.** Rio de Janeiro: Forense, 1984. p. 508.

acontecimento que se pleiteia o direito[82] e, dessa maneira, a questão de fato, por mais próxima que seja da questão de direito, é independente e anterior a esta, a qual será enfrentada em momento posterior.

Alvim, considerando os graus de predominância na questão – entre fato e direito[83], divide em dois critérios possíveis de se entender essa distinção sobre as questões. A primeira seria na seara substancial, pela própria característica de cada questão – fato e direito – determinando se uma questão é de cada ponto dependendo de sua substância; e outro critério voltando para o técnico-processual, dependendo de como deve se portar para uma revisão das provas em efeitos recursais.

No aspecto substancial, o intuito é perceber o caráter ontológico da análise da questão[84]. Se for uma análise de como os fatos ocorreram, seria predominantemente fática; se a atividade do juízo for envolta de como situar o texto

---

82 Sobre a defesa de uma diferenciação possível: "Considera-se questão de fato toda aquela relacionada aos pressupostos fáticos da incidência; toda questão relacionada à existência e às características do suporte fático concreto, pouco importa se, examinada pela perspectiva do objeto, é questão de fato ou questão de direito." DIDIER JR., Fredie. **Curso de direito processual civil: teoria geral do processo e processo de conhecimento.** 17ª. ed. Salvador: Juspodivm, 2015. p. 447.

83 "se passa de semelhante averiguação à qualificação jurídica do fato apurado, mediante o respectivo enquadramento de determinado conceito legal, já se enfrenta questão de direito. Basta ver que, para afirmar ou para negar a ocorrência de tal ou qual figura jurídica, necessariamente se interpreta a lei. Interpretação é o procedimento pelo qual se determinam o sentido e o alcance da regra de direito, a sua compreensão e a sua extensão. Dizer que ela abrange ou não abrange certo acontecimento é, portanto, interpretá-la. Admitir a abrangência quando o fato não se encaixa na moldura conceptual é aplicar erroneamente a norma, como seria aplicá-la erroneamente não admitir a abrangência quando o fato se encaixasse na moldura conceptual. Em ambos os casos, viola-se a lei, tanto ao aplicá-la a hipótese não contida em seu âmbito de incidência, quanto ao deixar de aplicá-la a hipótese nele contida" BARBOSA MOREIRA, José Carlos. Alegação de compensação rejeitada no despacho saneador... Questão de qualificação jurídica: possibilidade de exame mediante recurso extraordinário. **Temas de Direito Processual – 2ª série.** 2ª ed. São Paulo: Saraiva, 1988. p. 235.

84 "está na raiz do raciocínio do juiz, no momento em que nasceu o direito, no instante em que a lei incidiu sobre os fatos. Se essa relação de incidência da lei sobre os fatos se dá de modo defeituoso, tudo o que lhe segue será inexoravelmente ilegal. Casos há em que a infração da lei ocorre num momento lógico posterior ao da qualificação jurídica dos fatos. É o que ocorre se, estabelecidos os fatos, se lhes dá a qualificação jurídica correta e se estabelece uma consequência jurídica prevista pelo sistema jurídico como conectada com outro instituto e não com aquele diante do qual se está." ALVIM, Teresa Arruda. Distinção entre questão de fato e questão de direito para fins de cabimento de recurso especial. **Revista de Processo.** vol. 92. p. 52-70. São Paulo: Ed. RT, 1998. p. 53.

normativo para aquela situação, esta será predominantemente jurídica, voltando a imaginar a subsunção[85].

A percepção diferencial estaria no âmbito da atividade elucidativa do juízo. Se a preocupação for para definir o suporte fático concreto, a questão seria fática e, consequentemente, ao se pensar na subsunção, a questão seria jurídica[86].

No aspecto técnico-processual, considerando as palavras de Alvim sobre a revisão fática em sede de recursos excepcionais[87], se houver a necessidade de revisão para redefinir o modo como os fatos ocorreram é uma questão predominantemente de fato e, de modo diverso, se a revisão das provas for para uma revaloração da prova, pela existência de erros jurídicos no momento valorativo probatório, a questão seria predominantemente de direito.

Dependendo do qual critério se adote, uma questão poderia estar em ser fática para um e de direito para outro e vice-versa[88-89]. Nesse sentido, a questão poderia ser mais fática do que jurídica, ou vice-versa, sem a possibilidade de uma questão puramente fática ou puramente jurídica[90].

---

85 "se o foco de atenção do raciocínio do juiz estiver situado em como deve ser entendido o texto normativo, já que estariam 'resolvidos' os aspectos fáticos" ALVIM, Teresa Arruda. Distinção entre questão de fato e questão de direito para fins de cabimento de recurso especial. **Revista de Processo.** vol. 92. p. 52-70. São Paulo: Ed. RT, 1998. p. 54.

86 "Será questão de direito toda aquela relacionada com a aplicação da hipótese de incidência no suporte fático; toda questão relacionada às tarefas de subsunção do fato (ou conjunto de fatos) à norma cu de concretização do texto normativo." DIDIER JR., Fredie. **Curso de direito processual civil: teoria geral do processo e processo de conhecimento.** 17ª. ed. Salvador: Juspodivm, 2015. p. 447.

87 ALVIM, Teresa Arruda. Distinção entre questão de fato e questão de direito para fins de cabimento de recurso especial. **Revista de Processo.** vol. 92. p. 52-70. São Paulo: Ed. RT, 1998. p. 58.

88 ALVIM, Teresa Arruda. Distinção entre questão de fato e questão de direito para fins de cabimento de recurso especial. **Revista de Processo.** vol. 92. p. 52-70. São Paulo: Ed. RT, 1998. p. 58.

89 No mesmo sentido: ALVIM, Teresa Arruda. **O Controle das decisões judiciais por meio de recursos de estrito direito e de ação rescisória.** São Paulo: Ed. RT, 2002. p. 153/165; ALVIM, Teresa Arruda. Questão de Fato, Conceito Vago e a Sua Controlabilidade Através de Recurso Especial. **Aspectos Polêmicos e Atuais do Recurso especial e do Recurso Extraordinário.** Coord. ALVIM, Teresa Arruda. São Paulo, Ed. RT, 1997. p. 429/430.

90 "o querer reduzir a realidade, o mundo real (não apenas 'idéia' transcendental) do homem real (não do 'sujeito em geral' ou gnoseológico) a 'puro facto' ou vê-lo apenas como a matéria de puros juízos-de-facto. O que nela verdadeiramente é dado não são os átomos perceptivos e independentes da determinação abstracta, mas situações, acontecimentos, unitárias realidades de sentido." CASTANHEIRA NEVES, Antonio. **Questão-de-facto e questão-de-direito. O problema metodológico da juridicidade (ensaio de uma reposição crítica).** Coimbra: Almedina, 1967. p. 500.

Numa outra visão, sutilmente diversa, Didier Jr. também admite a dificuldade da distinção das questões e ressalta a inadequação de dividi-las pelo objeto da questão, que seria simplesmente ser "fática a questão que tiver por objeto um fato; jurídica, aquela que tiver por objeto uma norma, um fato jurídico ou um efeito jurídico[91]."

O fundamento dessa inadequação é a possibilidade do suporte fático concreto ser voltado a um fato jurídico, como nas ações que tem por objeto a existência de um efeito jurídico ou consequência desse fato jurídico, exemplificando a ação rescisória que não há como dissociar a questão de fato do efeito jurídico autorizante para a hipótese de cabimento da própria ação rescisória.

Diante disso, a divisão melhor, ainda baseado em Didier Jr.[92], seria considerar questão de fato a relacionada a pressupostos fáticos de ocorrência e de direito qualquer que seja relacionada à tarefa de subsunção. Ou seja, no conhecimento das questões para a resolução da descrição narrativa das partes postas em contraditório e com hipóteses de incidência do suporte fático concreto de questão de fato ainda que se trata de um fato jurídico ou de efeito jurídico, importando o relacionamento com a causa de pedir e a questão jurídica seria toda aquela teve uma questão anteriormente resolvida sobre hipótese de incidência e, a partir daí, a autorização para o início da tarefa de subsunção[93].

Maior interesse recai em perquirir sobre esse segundo critério, considerando mais adequado ao que desenvolvimento a ser realizado neste trabalho e, ainda, que se relaciona com o critério substancial de Alvim[94].

Ou seja, quando a atividade judicante está na definição da hipótese de incidência do suporte fático concreto – ou na definição do modo de ocorrência dos fatos – entende-se como uma questão de fato; de modo consequente, se a partir da definição da ocorrência dos fatos, o juízo passar a proceder a

91 DIDIER JR, Fredie. Objeto da cognição judicial. **Revista Dialética de Direito Processual.** Vol. 6, p. 12-23, São Paulo: Dialética, set/2003. p. 14.

92 DIDIER JR., Fredie. Objeto da cognição judicial. **Revista Dialética de Direito Processual.** Vol. 6, p. 12-23, São Paulo: Dialética, set/2003. p. 15.

93 "o que aconteceu" (fato) se subsume à norma jurídica (direito), por vezes, uma situação de fato somente pode ser descrita com as expressões da ordem jurídica. Assim, para que se possa perguntar com sentido pela "existência" de um acontecimento, é preciso que esse acontecimento seja apreciado, interpretado e valorado de forma jurídica." LARENZ, Karl. **Metodologia da ciência do direito.** 2ª. ed., Lisboa: Calouste Gulbenkain, 1991. p. 295/296.

94 ALVIM, Teresa Arruda. Distinção entre questão de fato e questão de direito para fins de cabimento de recurso especial. **Revista de Processo.** vol. 92. p. 52-70. São Paulo: Ed. RT, 1998. p. 53.

subsunção da norma à estrutura dos acontecimentos fático, é uma questão de direito[95].

De certa maneira, a questão de fato, por mais complexa que seja de cindi-la da questão de direito, ela é antecedente a esta[96], com a necessidade de uma cognição prévia numa caminho anterior a ser seguido para conceder a aptidão à resolução da questão de direito, apesar de auxiliá-la e, com sutil aparência de caminhar conjuntamente.

2.1.5.2 Questões prévias: preliminares e prejudiciais

Depois de enfrentada a definição da tentativa de sistematização lógica entre questão de fato e de direito, faz-se necessária a análise de outras questões pertinentes para o devido entendimento cognitivo do juízo no caminhar processual em busca da resolução da questão *principaliter tantum: as questões prévias.*

Se existem questões que são prévias, logicamente, estas são prévias a algo, a uma outra questão, a qual será vista como uma questão de mérito, sendo esta explicada mais a frente. Logo, as questões prévias são assim chamadas por serem, necessariamente, definidas de modo anterior a outras questões e, dessa maneira, serem relacionadas entre elas[97].

Se há relação entre questões e suas resoluções, igualmente, há a prevalência sobre a antecedência de conhecimento, definição e cognição de uma determinada questão, para, somente após, ser possível conhecer, definir e realizar a cognição sobre uma próxima questão, qualquer que seja. Há uma lógica na resolução destas questões, organizadas em antecedência entre elas, as quais umas serão prévias a outras[98].

---

95 DIDIER JR., Fredie. Objeto da cognição judicial. **Revista Dialética de Direito Processual.** Vol. 6, p. 12-23, São Paulo: Dialética, set/2003. p. 15.

96 Para Câmara seriam pontos controvertidos sobre os fatos. CÂMARA, Alexandre Freitas. **O novo processo civil brasileiro.** 4ª ed. São Paulo: Atlas, 2018. p. 182.

97 "Questões prévias são aquelas que devem ser conhecidas e "decididas antes e fora do mérito", constituindo uma ampla e variada sorte de pontos e questões, a respeito dos quais deve o juiz dirigir o seu conhecimento com o objetivo de verificar se o processo e a ação portam os requisitos exigidos para o seu acolhimento, tornando-os hábeis a atingir a apreciação do mérito no epílogo da etapa de cognição." NORONHA, Carlos Silveira. **Sentença civil: perfil histórico-dogmático.** São Paulo: Ed. RT, 1995. p. 102.

98 "Questão prévia é aquela que tem, por razões lógicas, necessariamente de ser resolvida antes de outra. São, em outros termos, *antecedentes lógicos* de outras questões." CÂMARA, Alexandre Freitas. **O novo processo civil brasileiro.** 4ª ed. São Paulo: Atlas, 2018. p. 182.

Evidentemente que numa situação relacional entre questões, a subordinação[99] será a base dessa relação: "há uma questão subordinante e outra subordinada; aqui, a relação é de mera coordenação, no sentido de que as duas questões, ou mais exatamente as soluções que se lhe deem, estão ordenadas a um fim comum[100]."

Dessa maneira, as questões são prévias pela cronologia necessária de sua resolução mediante o grau de relacionamento de suas resoluções, não somente por serem meramente anteriores ao mérito. A cronologia, nesse viés, não deve ser o critério para entender-se uma questão como prévia, mas pelo fato de que há uma relação lógica de subordinação.

A cronologia atende a logicidade, não o inverso.

Óbvio que a questão de mérito será a última a ser julgada e, por isso, as questões prévias são antecedentes ao mérito, mas não deve ser o único critério para conceituar essa relação, com a melhor adequação sobre a subordinação, afinal o "tipo de relação entre a questão subordinante e a questão subordinada tampouco depende da pertinência de uma ou de outra ao direito material ou ao direito processual[101]."

Ou seja, as questões prévias podem ser tanto de direito processual quanto de direito material, sendo relacionais entre duas diversas, em qualquer dos polos de subordinação – subordinante ou subordinado, ou em duas do mesmo direito – material ou processual.

Um exemplo sobre a subordinação entre questões de direito processual é a competência ser subordinante a outras questões sobre pressupostos processuais. Todas essas questões seriam processuais e, mesmo assim, há uma relação de subordinação e antecedência lógica.

De mesmo modo, há a possibilidade de uma relação de subordinação entre questões de direito material, como a validade de um contrato ser analisada como questão anterior para a procedência, ou não, de uma revisão de cláusula contratual.

---

99 "O critério mais apropriado para a distinção entre as questões prejudiciais e preliminares é este baseado na diversidade de subordinação imposta à questão subordinada. A preliminar impede, impossibilita a decisão sobre a subordinada. A prejudicial condiciona o teor da decisão sobre a subordinada." FERNANDES, Antonio Scarance. **Prejudicialidade.** São Paulo: Ed. RT, 1988. p. 51.

100 BARBOSA MOREIRA, José Carlos. Questões prejudiciais e questões preliminares. **Direito processual civil (ensaios e pareceres).** Rio de Janeiro: Borsoi, 1971. p. 76.

101 BARBOSA MOREIRA, José Carlos. Questões prejudiciais e questões preliminares. **Direito processual civil (ensaios e pareceres).** Rio de Janeiro: Borsoi, 1971. p. 81.

Ultrapassado esse ponto sobre a antecedência, dividem-se as questões prévias[102-103] em duas: *(i) preliminares; (ii) prejudiciais.*

Ambas são aquelas que devem ser resolvidas de modo prévio a outra questão existente[104], contudo seu conteúdo[105] e o grau de impacto no restante da resolução das questões definirá se ela será, numa relação com essa questão ulterior, preliminar ou prejudicial.

A diferença entre ambas está no ser ou modo de ser[106-107].

---

102 "No curso de uma causa, muitas vezes o juiz quer examinar vários pontos, que são premissas para a decisão final sobre o pedido do autor. Esses pontos são preliminares, ou prejudiciais, à questão principal, quando surge entre as partes controvérsias sobre esses pontos, transformam-se eles em questões preliminares, ou questões prejudiciais". BARBI, Celso Agrícola. **Ação declaratória principal e incidental.** 7a. ed. Rio de Janeiro: Forense, 1995. p. 166.

103 Didier Jr. explicando as diferentes concepções de questões preliminares para Barbosa Moreira: "José Carlos Barbosa Moreira identifica três tipos de questões preliminares. Eis a sua classificação. a) Preliminares ao conhecimento do mérito da causa. Os pressupostos de admissibilidade do exame do mérito (pressupostos processuais) são questões preliminares, na medida em que, a depender da solução que se lhes dê, podem impedir o exame do objeto litigioso do processo. Essas preliminares são questões processuais. b) Preliminares de recurso: "questões de cuja solução depende a possibilidade de julgar-se o mérito da impugnação." São preliminares de recurso todos os seus requisitos de admissibilidade: cabimento, legitimidade, interesse, inexistência de fato impeditivo ou extintivo do direito de recorrer, tempestividade, regularidade formal e preparo. c) Preliminares de mérito: "as questões já situadas no âmbito do *meritum* causal, mas suscetíveis, se resolvidas em certo sentido, de dispensar o órgão julgador de prosseguir em sua atividade cognitiva (v. g., a questão da prescrição)." DIDIER JR., Fredie. **Curso de direito processual civil: teoria geral do processo e processo de conhecimento.** 17ª. ed. Salvador: Juspodivm, 2015. p. 449.

104 A diferenciação entre as questões preliminares e prejudiciais: "As primeiras impedem o julgamento da questão principal e envolvem vícios da relação material ou da própria relação processual, já as segundas são condicionadoras do julgamento de mérito." ARAÚJO, José Henrique Mouta. **A resolução parcial de mérito e a coisa julgada progressiva: reflexos no sistema processual como forma de assegurar a brevidade da prestação jurisdicional.** Belém, PA, 2004. 302 p. Tese (Doutorado). Universidade Federal do Pará. Programa de Pós-Graduação em Direito. p. 75.

105 "O que importa, portanto, para a distinção entre prejudicial e preliminar, não é, assim, a natureza da questão vinculada, mas o teor de influência que a questão vinculante terá sobre aquela (vinculada)". ALVIM, Thereza Arruda. **Questões prévias e os limites objetivos da coisa julgada.** São Paulo: Ed. RT, 1977. p. 15.

106 BARBOSA MOREIRA, José Carlos. Questões prejudiciais e questões preliminares. **Direito processual civil (ensaios e pareceres).** Rio de Janeiro: Borsoi, 1971. p. 82/83.

107 "a solução de determinada questão pode influenciar a de outra: (a) tornando dispensável ou impossível a solução dessa outra; ou (b) predeterminando o sentido em que

A preliminar deve ser enfrentada previamente sobre o propósito de verificação sobre a possibilidade de continuidade da demanda, se o processo continuará ou não na sua sequência lógica de resolução de questões até culminar na questão de mérito. Não há condicionamento do resultado da questão posterior pelo resultado de conteúdo da questão prévia, somente a possibilidade de que se possa resolver essa posterior. Ou seja, na preliminar, o sentido que resolver-se a questão prévia subordina a essência do ser da questão posterior, se existirá ou não uma análise sobre ela[108].

Na prejudicial, o plano é sobre o modo de ser[109].

A resolução da questão não somente subordina a resolução da questão posterior, mas, sobretudo, condiciona o seu modo de ser, o seu próprio resultado[110]. Se a questão prejudicial for julgada de modo positivo, a questão posterior deve ser conforme esse ponto solucionado, já se for julgado de modo negativo, condiciona-se o resultado da questão posterior em outra resolução, nunca independente da resolução da questão prévia, uma vez que esta se relaciona de modo determinante, em termos de conteúdo, com o resultado da posterior.

A prejudicialidade[111] está no condicionamento da resolução dessa questão prévia para que seja possível um determinado resultado na questão de

---

a outra há de ser resolvida." BARBOSA MOREIRA, José Carlos. **Questões prejudiciais e coisa julgada.** Rio de Janeiro: Borsoi, 1967. p. 22.

108 "Considera-se questão preliminar aquela cuja solução, conforme o sentido em que se pronuncie, cria ou remove obstáculo à apreciação da outra. A própria possibilidade de apreciar-se a segunda depende, pois, da maneira por que se resolva a primeira." DIDIER JR., Fredie. **Curso de direito processual civil: teoria geral do processo e processo de conhecimento.** 17ª. ed. Salvador: Juspodivm, 2015. p. 448.

109 BARBOSA MOREIRA, José Carlos. Questões prejudiciais e questões preliminares. **Direito processual civil (ensaios e pareceres).** Rio de Janeiro: Borsoi, 1971. p. 82/83.

110 Sobre as questões prejudiciais no CPC/73, num sistema diverso do atual sobre a coisa julgada prejudicial: "a expressão questão prejudicial foi tomada como ponto controvertido ou duvidoso de fato ou de direito, de cuja solução o julgamento de mérito depende. Segundo tais dispositivos, se a questão prejudicial surgir no processo de modo incidente, sendo apenas mais um degrau para a solução da lide, a decisão sobre ela não será revestida da autoridade da coisa julgada. Entretanto, se a questão prejudicial surgir no curso do processo e for requerido o seu julgamento por intermédio de uma ação declaratória incidental (arts. 5º. e 325 do CPC), desde que atendidos os seus pressupostos, deixará ela, então, de ser uma simples questão, para passar a ser objeto de julgamento da ação declaratória incidental. Nesse caso, por determinação do art. 470 do CPC, a decisão definitiva que julgar a ação declaratória incidental, e, por conseguinte, a questão prejudicial, será acobertada pela autoridade da coisa julgada material." RODRIGUES, Marcelo Abelha. **Elementos de direito processual civil.** Vol. I. 3ª. ed. São Paulo: Ed. RT, 2003. p. 350.

111 Araújo classifica a prejudicialidade entre externa e interna: "Portanto, a questão prejudicial poderá ser interna ou externa, (levando-se em conta se está ou não sendo discutida

mérito, posterior. Não é somente uma autorização para que seja resolvida a questão principal, mas o modo de ser dessa resolução será impactado pela questão prejudicial[112].

Mesmo diante dessa divisão, as questões não nascem por si só como preliminares ou prejudicais, com a necessidade de apreciação diante do contexto em que será inserida.

Uma questão numa demanda pode ser prejudicial, em outro preliminar ou até mérito[113].

2.1.5.3 Questões de mérito

As questões de mérito são aquelas pelas quais a demanda tem o intuito da prestação jurisdicional. Se existe uma lide é justamente para que haja a decisão de heterocomposição para julgar o mérito, para resolver a questão de mérito, com a decisão sobre ela.

Desse modo, o processo gira em torno do que o autor pediu e definiu como limites da ação. Evidentemente que há todo um arcabouço jurídico sobre o pedido, substanciando a sua própria existência e constituição, pelo autor e, em contraponto, toda a contestação desta existência e constituição, pelo réu, em eventual contraposição.

Dessa maneira, as questões de mérito, apesar de não serem o próprio mérito em si da jurisdição, são posteriores às outras questões (prévias, preliminares, prejudiciais ou incidentais)[114]. Após as demais questões serem resolvidas,

---

na mesma base procedimental), homogênea ou heterogênea, também conhecidas por interjurisdicionais, sendo que apenas as que o sistema permite provocação em demanda autônoma podem ser suscitadas via declaratória incidental." ARAÚJO, José Henrique Mouta. **A resolução parcial de mérito e a coisa julgada progressiva: reflexos no sistema processual como forma de assegurar a brevidade da prestação jurisdicional.** Belém, PA, 2004. 302 p. Tese (Doutorado). Universidade Federal do Pará. Programa de Pós-Graduação em Direito. p. 76/77.

112 O maior dos exemplos da questão prejudicial seria a defesa de um réu em ação de prestação de alimentos que alega que não é o pai/genitor, evidentemente que a resolução dessa questão é prejudicial à questão de fundo, de mérito, uma vez que sem ser o pai, não poderá ser condenado em alimentos. Não há uma relação somente de anterioridade resolutiva, mas também de como será o resultado da resolução da questão posterior.

113 "Salientemos, ainda, que uma mesma questão pode, em uma lide, ser preliminar e, em outra, prejudicial." ALVIM, Thereza. **Questões prévias e os limites da coisa julgada**. São Paulo: Ed. RT, 1977. p. 24.

114 Sobre a relação das demais questões com as questões de mérito ou questões principais: "De outro lado, questões principais são aquelas que só podem ser examinadas após as questões prévias estarem resolvidas (e, no caso das preliminares, podem até mesmo ter seu exame vedado pelo modo como a questão prévia tenha sido solucionada)."

as questões de mérito estão aptas para a sua devida resolução, com a definição de cada ponto, diante das controvérsias apresentadas na demanda das partes[115] – tanto pela inicial quanto pela contestação.

As questões de mérito são internas ao mérito[116], uma vez que a cognição sobre o mérito já inicia desde o conhecimento e a análise sobre os argumentos de ambas as partes, pelas suas postulações, alegações de prejudiciais ou contradireitos, controvérsias sobre a causa de pedir e demais pontos que possam surgir no decorrer da demanda até chegar o momento de responder sobre o pedido, se será possível e passível de acolhimento ou não, que é a resposta de mérito propriamente dita.

São diversas as questões que podem surgir em um processo para que o juízo possa responder a jurisdição pleiteada pelo autor na petição inicial, delimitada pelo seu pedido. Toda e qualquer questão que seja envolta ao pedido, com intuito de relacionar-se com o mérito, será uma questão de mérito[117], apesar de não ser a questão principal, o mérito propriamente dito[118].

CÂMARA, Alexandre Freitas. **O novo processo civil brasileiro.** 4ª ed. São Paulo: Atlas, 2018. p. 183.

115 A solução dada para as questões de mérito não são o próprio mérito. "Ou seja, a solução dada a elas é um meio técnico indispensável a preparação do julgamento da pretensão mas não se confunde com esse julgamento." DINAMARCO, Cândido Rangel. **Capítulos de sentença.** 3ª. ed. São Paulo: Malheiros, 2008. p. 62.

116 Apesar de já ter alterado a sua visão sobre o mérito, divide o mérito geral em questões diferentes: "As questões de mérito (lato sensu) devem ser divididas: a) há as questões de mérito (stricto sensu) que serão resolvidas pelo magistrado como simples fundamento: as defesas do réu, o exame da questão preliminar, o exame da causa de pedir, etc; b) o mérito propriamente dito, que é a questão principal, o(s) pedido(s), o objeto litigioso. Não podem ser confundidas uma e outra, pois somente a decisão acerca destas (b) é que pode coisa julgada (...) chama-se juízo de mérito a decisão sobre as questões de mérito (lato sensu)." DIDIER Jr., Fredie. Objeto da cognição judicial. **Revista Dialética de Direito Processual.** Vol. 6, p. 12-23, São Paulo: Dialética, set/2003. p. 21.

117 "O conhecimento do juiz é conduzido com o objetivo de decidir se o pedido formulado no processo é procedente ou improcedente e, em conseqüência, se deve ser acolhido ou rejeitado. Todas as questões cuja resolução possa direta ou indiretamente influir em tal decisão formam, em seu complexo, o mérito da causa. (...) Não se pode estabelecer qualquer regra sobre a ordem lógica em que as várias questões de mérito deverão ser examinadas: deverá o juiz, caso por caso, examiná-las e resolvê-las na ordem que lhe parecer mais conveniente." LIEBMAN, Enrico Tullio. **Manual de Direito Processual Civil I.** Rio de Janeiro: Forense, 1984. p. 170/171.

118 Sobre a questão principal: "Sem dúvida, a questão principal ficará sujeita à coisa julgada, enquanto as questões suscitadas e suscitáveis (de fato e/ou de direito) ficam sujeitas ao efeito preclusivo decorrente da coisa julgada, salvaguardando a segurança jurídica." ARAÚJO, José Henrique Mouta. **A resolução parcial de mérito e a coisa julgada progressiva: reflexos no sistema processual como forma de assegurar a brevidade da**

Dentro das questões de mérito pode-se identificar aquelas sobre a relação de direito material que as partes alegam como existentes para si ou que alegam como inexistentes, algo que talvez seja mais relacional, na maioria das vezes sobre causas de pedir remotas, bem como o próprio mérito, que é a definição da existência ou não do direito material vindicado pelo autor na inicial[119], algo mais relacional com a causa de pedir próxima.

O que se discute no processo sobre o pedido é um pleito argumentativo diante de um direito que deve ser demonstrado em sua constituição, como descrito na causa de pedir remota, e sobre a violação ou ameaça a direito[120], mais atinente a causa de pedir próxima e, ainda, em contraposição defensiva, no que o réu contrapuser sobre ambas as alegações.

Todos esses pontos da causa de pedir – remota e próxima – e das contraposições argumentativas entre autor e réu são questões que devem ser resolvidas e que influenciam o julgamento do mérito[121], o julgamento do pedido, apesar de não serem, por si só, o próprio mérito. São, portanto, questões de mérito[122].

Sobre esses pontos narrativos da causa de pedir e sua contraposição na contestação, diversas dúvidas podem surgir com controvérsias sobre questões relativas a esse direito vindicado pelo autor e contestado pelo réu e, estas dúvidas serão, evidentemente, necessárias de serem resolvidas[123], contudo não são a própria definição do mérito, apesar de ser inclusas no objeto litigioso do processo e na construção do próprio mérito[124].

---

prestação jurisdicional. Belém, PA, 2004. 302 p. Tese (Doutorado). Universidade Federal do Pará. Programa de Pós-Graduação em Direito. p. 82.

119 DINAMARCO, Cândido Rangel. **Fundamentos do processo civil moderno.** 3ª. ed. São Paulo: Malheiros, 2000. p. 241.

120 Nos casos em que seriam necessárias a violação ou ameaça a direito.

121 "Questões de mérito não se confundem com o próprio mérito: são questões relativas a ele, da mesma forma como as dúvidas sobre a regularidade do processo se definem como questões processuais, mas com o processo em si mesmo não se confundem." DINAMARCO, Cândido Rangel. O conceito de mérito em processo civil. **Revista de Processo.** Vol. 34, Ano 9, p. 20-46, São Paulo: Ed. RT, Abril/Jun/1984. p. 36.

122 DINAMARCO, Cândido Rangel. **Capítulos de sentença.** 3ª. ed. São Paulo: Malheiros, 2008. p. 62.

123 "Ora, resolver as questões que na dinâmica do processo surgem das controvérsias em torno de fatos e do direito não é o mesmo que julgar a pretensão posta na demanda do autor (ou seja, o mérito)." DINAMARCO, Cândido Rangel. **Capítulos de sentença.** 3ª. ed. São Paulo: Malheiros, 2008. p. 62.

124 O juízo de mérito é a resposta da questão principal: "Chama-se de juízo de mérito a decisão sobre a questão de mérito principal, em que se examinam as outras questões de mérito (fundamentos)." DIDIER JR., Fredie. **Curso de direito processual**

Numa ação em que se discute o inadimplemento de uma obrigação contratual, questões como a prescrição, o cumprimento integral do contrato ou sobre a exceção do contrato não cumprido, dentre outras, são questões necessárias para possibilitar o julgamento de mérito, sendo, portanto, questões de mérito, ainda que não sejam o próprio mérito como um todo, porém estão imbuídas no ato cognitivo de julgar o mérito, futuramente.

As questões de mérito estão na fundamentação da decisão[125], enquanto a resposta jurisdicional ao pedido, o mérito propriamente dito, está na parte dispositiva da sentença, o que por si só pode ser um modo diferencial de estabelecer o que são questões de mérito e a resposta ao pedido, o que será a construção do mérito final[126], apesar de o último ser consequência de todo o caminhar cognitivo possível sobre as questões[127], de modo que o mérito é um conjunto de questões de mérito, mas nem todas as questões de mérito serão, sozinhas, o próprio mérito.

A resposta ao pedido é relacionada claramente com a formação de coisa julgada, enquanto a resolução das questões de mérito somente estarão ligadas à coisa julgada[128] pela construção relacional com o pedido, pela causa de pedir da inicial do autor e os argumentos do réu.

A questão de mérito é parcela do mérito, com importância na construção da decisão pelo fundamento sobre o qual o pedido será respondido, com a formação da coisa julgada nos moldes dos arts. 337, §§ 1º, 2º e 4º e 508, todos do CPC.

---

civil: teoria geral do processo e processo de conhecimento. 17ª. ed. Salvador: Juspodivm, 2015. p. 452.

125 DINAMARCO, Cândido Rangel. **Fundamentos do processo civil moderno.** 3ª. ed. São Paulo: Malheiros, 2000. p. 241.

126 Estabelecendo as diferenças: "Essa é uma indevida confusão entre mérito e questões de mérito." DINAMARCO, Cândido Rangel. **Capítulos de sentença.** 3ª. ed. São Paulo: Malheiros, 2008. p. 60.

127 "As questões que não hajam sido solucionadas antes, sê-lo-ão na sentença, porém todas as soluções assim dadas terão sede nos "motivos" e constituirão os fundamentos da conclusão que virá a seguir." DINAMARCO, Cândido Rangel. O conceito de mérito em processo civil. **Revista de Processo.** Vol. 34, Ano 9, p. 20-46, São Paulo: Ed. RT, Abril/Jun/1984. p. 36.

128 No sentido de que questão de mérito não é o mérito e, com isso, não transitam em julgado: "resolver o mérito não é o mesmo que resolver questões de mérito e a jurisdição não tem o escopo de resolver questões mas sim de decidir o pedido formulado, conforme art. 469 do CPC." DINAMARCO, Cândido Rangel. O conceito de mérito em processo civil. **Revista de Processo.** Vol. 34, Ano 9, p. 20-46, São Paulo: Ed. RT, Abril/Jun/1984. p. 26. No mesmo sentido: BARBOSA MOREIRA, José Carlos. Sentença Objetivamente Complexa, Trânsito em Julgado e Rescindibilidade. **Revista Dialética de Direito Processual.** Vol. 45, São Paulo: Dialética, dez/2006.

2.1.5.4 Questão principal como o objeto final da cognição

Dessa maneira, a cognição judicial é o ato inteligível do juízo para conseguir responder ao pleito jurisdicional, como um caminhar processual para alcançar o conhecimento de todas as questões postas para a apreciação pelas partes.

Todo esse caminhar procedimental existe para que a jurisdição seja prestada, nos moldes do pleito do autor e, se for o caso, dos pleitos do réu, caso amplie objetivamente o processo. A cognição perpassa a análise de todas as questões, com a resolução destas, tanto as prévias quanto as de mérito, tudo para que seja possível realizar a análise mais importante na cognição: *a questão principal.*

A questão principal é a resolução cognitiva do próprio objeto litigioso do processo[129], o motivo pelo qual as partes litigam, com a análise agora decisória pelo juízo, depois de todo o conhecimento e cognição, com a aptidão para prolatar a decisão[130], seja de procedência, parcial procedência ou improcedência do pedido do autor.

Todo o exercício da cognição, a aptidão da resolução de todas as questões num caminho coordenado processualmente é justamente para ter a possibilidade de enfrentar as questões de mérito e construir a resposta à questão principal e, consequentemente, a prolação de sentença de mérito, com a possibilidade de formação de coisa julgada sobre o que se decidiu[131] e a eficácia da coisa julgada sobre as questões de mérito[132].

---

129 Sobre o objeto litigioso do processo e a sua resposta como questão principal – apesar de Câmara chamar de objeto do processo: "Entenda-se por objeto do processo aquilo que na linguagem do CPC é chamado de *mérito do processo*. O objeto do processo é a *pretensão* deduzida no processo, entendendo-se aqui o termo *pretensão* no seu sentido processual, isto é, como a *intenção de submeter o interesse alheio ao próprio*." CÂMARA, Alexandre Freitas. **O novo processo civil brasileiro.** 4ª ed. São Paulo: Atlas, 2018. p. 183.

130 "Nele se contém a decisão da causa." THEODORO JR., Humberto. **Curso de direito processual civil.** Vol. I, 59ª ed. Rio de Janeiro: Forense, 2018. p. 1.048.

131 "Qual a conseqüência da diferenciação entre a coisa julgada e a eficácia preclusiva decorrente da coisa julgada? Simples! A coisa julgada imuniza a questão principal (*principaliter tantum*) e a preclusão "imuniza" as questões deduzidas ou dedutíveis pelas partes." ARAÚJO, José Henrique Mouta. **A resolução parcial de mérito e a coisa julgada progressiva: reflexos no sistema processual como forma de assegurar a brevidade da prestação jurisdicional.** Belém, PA, 2004. 302 p. Tese (Doutorado). Universidade Federal do Pará. Programa de Pós-Graduação em Direito. p. 83.

132 BARBOSA MOREIRA, José Carlos. A eficácia preclusiva da coisa julgada material no sistema do processo civil brasileiro. **Temas de direito processual civil – Primeira série.** 2ª. ed. São Paulo: Saraiva, 1988. p. 103/104.

O objeto da cognição é o caminho para que possa ser exercida a jurisdição, a análise de todas as questões que culminam na possibilidade de julgar o que se pleitou, como uma decisão de mérito[133].

Durante todo esse caminho o juízo tem a cognição sobre cada questão que lhe é apresentada pelas partes ou pela própria processualidade, com a resolução das mesmas, todas as prévias, tanto as preliminares quanto as prejudiciais, até chegar nas questões de mérito e, posteriormente, ao próprio mérito. Todavia, há uma notória diferença sobre a última questão – a *principaliter tantum*: além da cognição, também haverá a decisão e, consequentemente, a possibilidade da formação de coisa julgada[134].

2.2 A CONCEPÇÃO DE FATO NA DEMANDA

2.2.1 A definição de fato para o processo

Todo ato postulatório inicial deve conter a sua narrativa fática, um conjunto de fatos que desencadeiam uma situação em que o autor necessita da jurisdição, com a sua versão do que e como ocorreram os fatos.

Logo, não existe uma ação e, consequentemente, processo que não tenha uma narrativa fática.

Do mesmo modo que o autor apresenta a sua alegação de fato, igualmente o réu pode apresentar a sua narrativa, diante da sua visão e pertencimento sobre o que entende que ocorreu, nos ditames do que acredita ser a melhor percepção dos acontecimentos.

Os fatos dentro de um processo podem ser dos mais variados graus de importância para a discussão ali existente, dependendo da relação com o próprio pedido e o poder de influência para o seu acolhimento ou não. Um fato pode

---

133 "Na solução trazida pelo dispositivo, a cognição do magistrado incidirá sobre as questões principais, aquelas postas como pedido pelas partes – análise *principaliter*. Se se pede alimentos, sua concessão ou negativa ocorrerá aqui. A resposta ao caso é o que alguns chamam de regra individual que regula o caso e que deriva justamente da regra geral do caso encontrada principalmente na fundamentação." PEIXOTO, Ravi; MINAMI, Marcos Youji. As questões prejudiciais incidentais, o regime especial da coisa julgada e os possíveis. **Revista de Processo.** Vol. 277, Ano 43, p. 323-343, São Paulo: Ed. RT, 2018. p. 327.

134 Sobre esse caminho de cognições e a decisão: "Em relação a todas haverá cognição; em relação às últimas, haverá também julgamento. Todas compõem o objeto de conhecimento do órgão julgador, mas somente as últimas compõem o objeto de julgamento (*thema decidendum*)." DIDIER JR., Fredie. Extensão da coisa julgada à resolução da questão prejudicial incidental no novo Código de Processo Civil brasileiro. **Civil Procedure Review.** Vol. 6, nº. 1: 81-94, jan-apr., 2015. p. 82/83.

ser narrado para guardar uma relação com a construção dos acontecimentos, mas não ter uma relevância para a cognição judicial. Depende, portanto, do seu grau de impacto ao que se almeja no pedido.

Mas, o que seria a definição de fato[135] para o processo civil? O fato pode ser visto como: *acontecimento; evento; ou linguagem.*

O fato diante dessa divisão de concepções pode ser visto como um acontecimento. Fato, na visão de Chiovenda, "pode ser definido como o acontecimento ou circunstância concreta, determinado no espaço e no tempo, passado e presente, do mundo exterior ou da vida psíquica humana – v.g., a vontade, a intenção – que o direito objetivo considera pressuposto de um efeito jurídico[136]."

Dessa maneira, o fato seria um *acontecimento* da vida das partes que concede o suporte para a narrativa posta ao juízo, tanto pelo autor quanto pelo réu. Obviamente que o fato é uma percepção diante de uma situação, o olhar do interlocutor e a narrativa de sua visão sobre o que ocorreu na circunstância concreta.

O acontecimento para ser tido como um fato deve desencadear um efeito jurídico[137], justamente para que seja possível entender que aquele acontecimento influencia no direito do autor – por ser quem pleiteia a demanda – ou do réu – se for este que suscita o fato. Uma narrativa de um fato que não detém nenhuma consequência jurídica não é um acontecimento que influencia o processo e, por isso, não é um fato a ser considerado juridicamente e, processualmente, não é um fato.

O fato seria, diante dessa lógica, um acontecimento que impacta a vida juridicamente[138] entre determinados indivíduos num conflito de interesse ou de um só indivíduo quando necessita da intervenção estatal.

---

135 "O "mundo da vida", com as alterações ocorridas no campo das experiências tangíveis e submetido a nossa intuição sensível, naquele "caos de sensações" a que se referiu Kant. O que sucede neste domínio e não é recolhido pela linguagem social não ingressa no plano por nós chamado de "realidade", e, ao mesmo tempo, tudo que dele faz parte encontra sua forma de expressão nas organizações lingüísticas com que nos comunicamos; exatamente porque todo o conhecimento é redutor de dificuldade, reduzir as complexidades do objeto da experiência e uma necessidade inafastável para se obter o próprio conhecimento." CARVALHO, Paulo de Barros. **Direito tributário: linguagem e método.** São Paulo: Noeses, 2008. p. 07.

136 CHIOVENDA, Giuseppe. apud FONSECA, João Francisco Naves da. **Exame dos fatos nos recursos extraordinário e especial**. Rio de Janeiro: Saraiva, 2012. p. 87.

137 "Um determinado fato é tomado como premissa para uma consequência jurídica." TARUFFO, Michele. **A prova.** Tradução: João Gabriel Couto. São Paulo: Marcial Pons, 2014. p. 16.

138 O aludido acontecimento é aquele descrito como hipótese de uma norma jurídica: SILVA, Beclaute Oliveira. **A cognição no mandado de segurança sob o prisma dialógico de Mikhail Bakhtin.** 291 f. Tese (Doutorado em Direito) – Programa de Pós-Graduação em

O fato como acontecimento sempre deve conter a sua aptidão de produzir efeitos jurídicos[139].

Por outro lado, o fato pode ser interpretado como um *evento*, uma vez que ele ocorreu no mundo fenomênico independente de sua utilização na seara jurídica, dentro de um processo. Ou seja, o fato é um evento que ocorreu ou deixou de ocorrer no mundo.

Não haveria nessa concepção a diferença entre o evento e o fato, sendo sinônimos, independentemente do seu efeito jurídico, o que diferenciaria da concepção do fato como um acontecimento, uma vez que neste deve ter um entrelaçar entre o fato e o efeito que impacta no mundo jurídico.

Diante dessa perspectiva, o fato seria o próprio evento, independentemente do que for narrado e como for a construção narrativa, bem como a sua consequência jurídica existente ou não para determinada pretensão, tanto material quanto processual.

Já o fato como *linguagem* está na interligação da ocorrência do fato com a necessidade de ser posto no mundo jurídico via uma utilização linguística. A argumentação de qualquer das partes de que um fato ocorreu de determinada maneira é uma utilização de linguagem, numa interligação entre um evento[140] e um fato, justamente pela apresentação de uma versão do evento, numa tentativa de reconstrução dos fatos, usando, para tanto, a linguagem.

Diante desse aspecto, fato nada mais seria do que a versão daquela parte sobre a sua narrativa de um evento[141].

Direito, Centro de Ciências Jurídicas/FDR, Universidade Federal de Pernambuco, Recife, 2011. p. 244.

139 Em determinados momentos Aroca entende o fato como argumento e outros como acontecimento. MONTERO AROCA, Juan. **La prueba en el proceso civil.** 5ª ed. Madrid: Civitas, 2007. p. 71.

140 "Estipula-se uma dicotomia entre evento e fato. O primeiro é irrepetível e efêmero, pois se dá no mundo fenomênico. Consome-se na cadeia temporal dos acontecimentos. Já o segundo é um relato daquilo que foi percebido pelo sujeito cognoscente. Assim, o fato não é o evento, mas o que dele se diz." SILVA, Beclaute Oliveira. **A cognição no mandado de segurança sob o prisma dialógico de Mikhail Bakhtin.** 291 f. Tese (Doutorado em Direito) – Programa de Pós-Graduação em Direito, Centro de Ciências Jurídicas/FDR, Universidade Federal de Pernambuco, Recife, 2011. p. 155.

141 "Os eventos não provam nada, simplesmente porque não se expressam no mundo da linguagem. Sempre uma linguagem deverá resgatá-los para que eles efetivamente existam no universo humano." MOUSSALLEM, Tárek Moysés. **Fontes do direito tributário.** 2. ed. São Paulo: Max Limonad, 2006. p. 27.

O fato não seria o próprio evento do mundo fenomênico[142], mas a linguagem de sua utilização por alguém[143]. A descrição de uma realidade[144] pela utilização da linguagem, o evento que ocorreu somente será transformado em fato pela linguagem, pela utilização de sua argumentação pela linguística, o que inclui a percepção de que dessa linguagem se utiliza, o modo com que se utiliza[145], etc.

Enquanto o evento já ocorreu no mundo fenomênico, o fato é sua inserção no mundo jurídico através da linguagem[146], num momento posterior e diante de uma construção narrativa específica. Logo, quando as partes trazem os seus argumentos fáticos, diante da narrativa construtiva sobre tais pontos, utilizam através da linguagem do que perceberam sobre o evento no mundo fenomênico, não somente o que realmente seria a verdade do que ali ocorreu, até por ser uma visão, uma linha perceptiva do que ocorreu, não necessariamente o que ocorreu.

A linguagem é o fato, é o meio de esclarecer o evento, utilizando, portanto, os fatos como linguagem[147]. Mas, evidentemente que somente será fato, mesmo

---

142 "É preciso distinguir entre fato e evento. A travessia de Rubicão por César é um evento. Mas "César atravessou o Rubicão" é um fato. Quando, pois, dizemos que "é um fato que César atravessou o Rubicão", conferimos realidade ao evento. "Fato" não é pois algo concreto, sensível, mas um elemento lingüístico capaz de organizar uma situação existencial como realidade." FERRAZ JR., Tércio Sampaio. **Introdução do estudo do direito.** São Paulo: Atlas, 1991. p. 253.

143 "o que realmente sabemos sobre os eventos são suas versões, concretizadas por meio de linguagens que os descrevem e que os transformam em fatos." FERRAGUT, Maria Rita. **Presunções no direito tributário.** 2a. ed. São Paulo: Quartier Latin, 2005. p. 53.

144 "fato não é pois algo concreto, sensível, mas um elemento linguístico capaz de organizar uma situação existencial como realidade." FERRAZ JR., Tércio Sampaio. **Introdução do estudo do direito.** São Paulo: Atlas, 1991. p. 278.

145 "A constituição do evento em fato, por intermédio da linguagem, é possível em qualquer contexto, seja ele social, político, e, entre outros, até mesmo no contexto jurídico." KIRCHNER, Juliana Leite. **Teoria das provas e fato jurídico no processo administrativo tributário.** São Paulo, SP, 2012. 297 p. Dissertação (Mestrado). Pontifícia Universidade Católica de São Paulo. Programa de Pós-Graduação em Direito. p. 61.

146 "Para que se tenha comunicação, uma das condições necessárias é a existência de linguagem, idiomática ou não. Tal é a indissociabilidade entre comunicação e linguagem que esta tem sido entendida não apenas como código mediante o qual se realiza o ato comunicativo, mas também, em sentido lato, como a própria comunicação." TOMÉ, Fabiana del Padre. A prova no direito tributário. São Paulo: Noeses, 2005. p. 40.

147 "Entendemos, então, que a linguagem é de suma importância para permitir a ocorrência da comunicação, bem como para juridicizar um fato qualquer, possibilitando que venha a existir no Direito. Notadamente, tendo em vista que os fatos são construções em linguagens, e logo, representações metafóricas do próprio evento." KIRCHNER, Juliana Leite. **Teoria das provas e fato jurídico no processo administrativo tributário.** São Paulo,

que enquanto linguagem se for, se contiver um efeito jurídico[148], uma relevância para o mundo jurídico[149].

Dessa maneira, essas são as três possibilidades de concepção de fato no processo.

2.2.2 A relação do fato com a produção de provas

As narrativas fáticas são inerentes ao próprio pleito por jurisdição e, de modo contrário, à defesa de quem foi chamado à jurisdição. Não há como existir uma demanda ou pretensão à tutela jurídica, sem a descrição narrativa dos fatos que fundam o direito a ser pleiteado, seja para o pleito do autor, seja para a defesa do réu, ambos constroem os seus argumentos pela narrativa dos fatos.

Após toda uma fase postulatória, o procedimento passa para a fase probatória, aquela que gira em torno dos fatos e busca pelas provas de cada narrativa realizada pelas partes e as controvérsias entre estas, com a necessidade, diante de cada caso, da comprovação de cada fato.

Dessa maneira, os fatos têm uma estreita relação com a prova, justamente por serem narrativas sobre um evento ou acontecimento que impacta o mundo jurídico, com as suas consequências jurídicas que concedem sustentáculos ao pedido do autor ou à defesa do réu. Aqueles fatos que não forem admitidos pela outra parte ou que não detém notoriedade de sua realidade serão objeto de prova, com o intuito de conhecer as probabilidades das narrativas e permitir ao juízo uma melhor cognição jurídica e judicial.

A relação entre o fato e a prova tem diferentes aspectos e modos, dependendo da construção que for realizada entre a prova como um meio de declarar

SP, 2012. 297 p. Dissertação (Mestrado). Pontifícia Universidade Católica de São Paulo. Programa de Pós-Graduação em Direito. p. 61.

148 "instaura-se o vínculo abstrato, que une as pessoas, exatamente no instante em que aparece a linguagem competente que relata o evento descrito pelo legislador. Em um só tempo, constroem-se fato e relação jurídica, bem como ocorre incidência e aplicação no ordenamento posto." CARVALHO, Paulo de Barros. **Curso de direito tributário.** 21. ed. São Paulo: Saraiva, 2009. p. 281/282.

149 "Uma tormenta em alto-mar, que não atinja coisa (um navio) ou pessoa, é fato natural juridicamente irrelevante, quer dizer, nenhuma relação mediata ou imediata tem com condutas humanas, e, por isso, nenhuma conseqüência jurídica traz. Mas, se atinge navio, com carga e pessoas, e o fato foi tido, em contrato de seguro, como sinistro, como evento futuro e incerto, a mesma tormenta reveste-se da qualidade de fato jurídico, trazendo consequências como a indenização de vidas e cargas pelo segurador em favor do segurado." VILANOVA, Lourival. **Causalidade e relação no direito.** 4. ed. São Paulo: Ed. RT, 2000. p. 135.

que um fato ocorreu, ou seja, numa constatação da real ocorrência ou numa visão constitutiva do fato a partir da prova.

A primeira concepção da prova em relação ao fato alegado pela parte é meramente de cunho declaratório, uma vez que o intuito seria trazer a clareza de uma situação que já ocorreu e que deve ser declarada como assim realizada, como existente. Não seria a reconstituição do fato, mas a mera declaração do que já existe, uma constatação e não uma constituição.

Silva[150] organiza essa busca pela declaração de um fato via a prova da seguinte maneira: *(i) como uma situação no mundo fenomênico; (ii) como um argumento.*

A concepção da prova como uma *situação no mundo fenomênico* está na visão de que a utilização desta é somente para a comprovação de que determinado fato é verdade, a declaração desta verdade, a busca desta verdade.

A função da prova é agir como um "meio pelo qual a inteligência chega à descoberta da verdade. É um meio utilizado para persuadir o espírito de uma verdade[151]". O fato já ocorreu no mundo fenomênico e foi narrado pelas partes – autor ou réu – e a prova é justamente o meio pelo qual se verifica a verdade sobre a mesma. As narrativas construídas pelas partes, apesar de importantes, somente são um meio para que a prova chegue ao resultado de demonstrar a verdade sobre o fato, a ocorrência real de que determinado fato é verdadeiro.

A concepção declaratória está nessa busca pela verificação de que o fato é real e verdadeiro, não a narrativa posta, mas o acontecimento que foi narrado, independentemente de como foi narrado[152]. A prova diante da sua relação com o fato seria somente para declarar a verdade do que realmente ocorreu ou deixou de ocorrer como uma situação no mundo fenomênico[153].

150 Essa divisão bem delineada por: SILVA, Beclaute Oliveira. **A cognição no mandado de segurança sob o prisma dialógico de Mikhail Bakhtin.** 291 f. Tese (Doutorado em Direito) – Programa de Pós-Graduação em Direito, Centro de Ciências Jurídicas/FDR, Universidade Federal de Pernambuco, Recife, 2011. p. 145.

151 SANTOS, Moacyr Amaral. **Prova judiciária no cível e comercial: parte geral.** Vol. I. 2ª ed. São Paulo: Max Limonad, 1952. p. 12.

152 Silva explica a premissa de Couture sobre a prova, numa tripartição entre verificação, averiguação e convicção. "Idêntica premissa é utilizada por Eduardo J. Couture. Nele a prova é um método de verificação, averiguação e convicção." SILVA, Beclaute Oliveira. **A cognição no mandado de segurança sob o prisma dialógico de Mikhail Bakhtin.** 291 f. Tese (Doutorado em Direito) – Programa de Pós-Graduação em Direito, Centro de Ciências Jurídicas/FDR, Universidade Federal de Pernambuco, Recife, 2011. p. 147.

153 SILVA, Beclaute Oliveira. **A cognição no mandado de segurança sob o prisma dialógico de Mikhail Bakhtin.** 291 f. Tese (Doutorado em Direito) – Programa de Pós-Graduação

Ainda nessa concepção declaratória, contudo diante de outro prisma, a prova pode ser vista como um *argumento para a declaração do fato*. O intuito da produção da prova é a persuasão do argumento em torno desta e não realmente o acontecimento do fato. As partes realizam as suas narrativas sobre os fatos e as provas têm a função de argumentação sobre a realidade desses fatos narrados, diante dessa construção no processo, não somente como foram realmente os fatos que constam no processo.

O argumento utilizado pelas partes é mais importante do que a existência ou não do fato propriamente dito.

Os fatos não voltam, não há reconstituição, mas mera declaração dos acontecimentos pelas partes e a argumentação para que seja tida como uma ou outra versão[154]. O campo da prova é a comprovação da alegação realizada pela parte que o fez, não de que o fato foi realmente um acontecimento verdadeiro[155], mas que o argumento foi verdadeiro dentro do que se pode provar.

A outra concepção, totalmente diversa da declaratória, está na *constitutiva*, baseada na obra de Carnelutti[156]. Não há declaração ou busca pela constatação de como ocorreu, ou não, determinado fato, mas na percepção constitutiva da prova em relação ao fato.

O fato será estipulado pela prova, e estas serão fatos novos e presentes que ajudarão a constituir a existência ou não de um fato passado. A função da prova é a constituição do fato[157].

---

em Direito, Centro de Ciências Jurídicas/FDR, Universidade Federal de Pernambuco, Recife, 2011. p. 146.

154 Ela enfoca a prova como meio destinado a demonstrar os argumentos sobre os fatos, e não os fatos propriamente ditos alegados no processo, já que estes não podem ser apreendidos, pois se exaurem no tempo e no espaço, são efêmeros. SILVA, Beclaute Oliveira. **A cognição no mandado de segurança sob o prisma dialógico de Mikhail Bakhtin.** 291 f. Tese (Doutorado em Direito) – Programa de Pós-Graduação em Direito, Centro de Ciências Jurídicas/FDR, Universidade Federal de Pernambuco, Recife, 2011. p. 149.

155 "o que alega tem de provar a alegação." PONTES DE MIRANDA, Francisco Cavalcante. **Comentários ao código de processo civil.** Tomo V. 3ª ed. Rio de Janeiro: Forense, 1997. p. 248.

156 "Dizer, portanto, que prova em sentido jurídico é a demonstração da verdade formal ou judicial, ou dizer, entretanto, que é a determinação dos fatos discutidos, é no fundo, a mesma coisa: aquela é somente uma expressão figurada, e esta uma expressão direta de um conceito essencialmente idêntico." CARNELUTTI, Francesco. **A prova civil.** 2ª ed. Trad. Lisa Pary Scarpa. Campinas: Bookseller, 2002. p. 73.

157 "as provas (probare) são fatos presentes sobre os quais se constrói a probabilidade da existência ou da inexistência de um fato passado." CARNELUTTI, Francesco. **Como se faz um processo.** Trad. Hiltomar Martins Oliveira. 2ª ed. Belo Horizonte: Editora Lider, 2002. p. 50.

Como a prova seria uma constituição dos fatos e não uma declaração, a prova é vista como um fato que tem a serventia para a construir a probabilidade de existência ou inexistência de um outro fato, aquele narrado pelas partes – autor ou réu – sobre o primeiro fato.

A prova é um fato para que seja possível constituir o outro fato, um fato presente e um fato passado.

Há, então, uma interligação entre a prova com a constituição do fato, mas a utilização desta prova como um fato novo para a constituição de que ocorreu em determinado modo um fato anterior[158], realmente sendo um fato que constitui um fato passado, diferenciando-se da maneira declaratória, mas totalmente constitutiva.

Obviamente que todas essas concepções apresentam problemas para a sua utilização de modo estanque, uma vez que ora podem ser apresentadas de um modo, ora de outro, contudo entende-se para este trabalho que concepção declaratória como argumento seria a mais adequada.

2.2.3 *Fato da causa como* thema probandum

A narrativa fática pelas partes importa para o processo diante da relevância que estes guardam com a causa de pedir, tanto a remota quanto a próxima, até mais para esta última. Com a existência de narrativas das partes sobre os fatos[159], estes devem ser considerados para que possam entender as consequências jurídicas para a definição do direito que melhor solucionará o conflito, prestando corretamente a jurisdição.

Desse modo, os fatos devem ser objeto de cognição, com a necessidade de que sejam definidos pelo juízo de um modo condizente e plausível, dada as

---

158 "Sua função é constituir o fato, que deixa de ser um elemento do mundo fenomênico e passa a ser uma categoria da linguagem. Estipula-se uma dicotomia entre evento e fato. O primeiro é irrepetível e efêmero, pois se dá no mundo fenomênico. Consome-se na cadeia temporal dos acontecimentos. Já o segundo é um relato daquilo que foi percebido pelo sujeito cognoscente. Assim, o fato não é o evento, mas o que dele se diz." SILVA, Beclaute Oliveira. **A cognição no mandado de segurança sob o prisma dialógico de Mikhail Bakhtin.** 291 f. Tese (Doutorado em Direito) – Programa de Pós-Graduação em Direito, Centro de Ciências Jurídicas/FDR, Universidade Federal de Pernambuco, Recife, 2011. p. 155.

159 "provar é demonstrar que uma alegação é boa, correta e portanto condizente com a verdade. o fato existe ou inexiste, aconteceu ou não aconteceu, sendo portanto insuscetível dessas adjetivações ou qualificações. As alegações, sim, é que podem ser verazes ou mentirosas- e daí a pertinência de prová-las, ou seja, demonstrar que são boas e verazes." DINAMARCO, Cândido Rangel. **Instituições de direito processual civil.** Vol. III. 3 ed. São Paulo: Malheiros, 2003. p. 58.

narrativas existentes sobre os acontecimentos. Como as narrativas tendem a ser diversas entre si[160], os fatos serão passíveis de serem provados, contudo somente assim serão aqueles que guardem conexão com o que se pleiteou na causa, dada a sua relevância para a solução do conflito.

Se houver um fato na demanda – por qualquer das partes – que seja existente, mas que não guarde relação de relevância com o cerne da discussão posta em juízo, não há necessidade de prova, justamente por não serem influentes para a decisão. Qual seria a necessidade de provar no processo um fato que não influi a decisão final? A resposta, obviamente, é a ausência dessa necessidade, pela falta de relevância e influência[161].

Somente há necessidade de cognição sobre fatos que influenciam no desdobramento das questões, com a busca pela decisão sobre o que se pleiteou a jurisdição. Sem interligação de determinado fato com as questões necessárias para culminar na decisão consequente da jurisdição, o fato será irrelevante e, dessa maneira, sem ter necessidade de cognição sobre este, tampouco decisão.

Não detêm necessidade de provas os fatos tidos, então, como irrelevantes, sendo aqueles que não têm o poder de influir na solução da ação, seja por serem impossíveis de provar, seja por serem impossíveis em sua ocorrência, seja pela falta de relevância para a consequência jurídica almejada.

Desse modo, os fatos alegados pelas partes guardam influência na fase probatória, por justamente serem o cerne da própria existência dessa fase processual, uma vez que somente há necessidade de provas quando os fatos ainda não estão bem definidos nas narrativas ou quando as alegações forem conflitantes, guardando pontos de dúvidas sobre como ocorreram os fatos, justamente por terem narrativas controvertidas entre as partes sobre o mesmo fato.

A prova somente se torna essencial por essa controvérsia sobre os fatos, quando um acontecimento ou evento necessário para o deslinde da ação, diante das argumentações realizadas pelas partes, resultar em uma controvérsia sobre as narrativas e, ainda, houver relevância deste sobre o que se discute em juízo, o que torna este fato um *thema probandum*.

---

160 "Ademais, a função probatória tem se dirigido apenas aos fatos controvertidos, como se no incontroverso ela não existisse. Ora, a existência ou não do incontroverso é fato, logo necessita de comprovação, ou seja, de prova, ainda que isso seja posto de lado. Ademais, se é incontroverso é porque de alguma forma está provado." SILVA, Beclaute Oliveira. **A cognição no mandado de segurança sob o prisma dialógico de Mikhail Bakhtin.** 291 f. Tese (Doutorado em Direito) – Programa de Pós-Graduação em Direito, Centro de Ciências Jurídicas/FDR, Universidade Federal de Pernambuco, Recife, 2011. p. 156.

161 DIDIER JR., Fredie; BRAGA, Paula Sarno; OLIVEIRA, Rafael Alexandria de. **Curso de processo civil.** Vol. 2. 10a. ed. Salvador: Juspodivm, 2015. p. 52.

O *thema probandum* é aquele fato que influencia e é relevante para a ação[162], sobre o qual ainda guardam-se dúvidas, seja pela controvérsia sobre a sua ocorrência ou modo de ocorrência; seja pela sua falta da plausibilidade da narrativa.

Dessa maneira, o objeto da prova é a alegação[163] de alguma questão de fato pelas partes[164] com influência e relevância para a decisão sobre o direito alegado no processo pelas mesmas partes.

Para a solução do *thema probandum*, os meios de prova são necessários, diante das técnicas existentes em cada qual, para a investigação sobre aqueles fatos que são relevantes para a solução do conflito ou para o próprio exercício da jurisdição.

2.2.4 A (im)possibilidade de dissociação entre alegação de fato e alegação de direito

Com a definição sobre a concepção de fato para este trabalho e a sua relação com a prova, o intuito deve ser definir se é possível a distinção entre fato e direito. Obviamente que não é questão fácil, o que muitos ditam com impossível[165]. Uma alegação de fato muitas vezes se confunde com uma alegação de direito e vice-versa, o que torna uma complicação para que se entenda que uma questão a ser provada ou debatida no processo será de fato ou de direito, havendo para muitos uma impossibilidade de tal distinção[166].

---

162 "O critério de seleção de necessidade ou de desnecessidade da prova recai na relação objetiva que se estabelece entre prova e *thema probandum*." THAMAY, Rennan Faria Kruger. **Manual de direito processual civil.** 1. ed. São Paulo: Saraiva, 2018. p. 287.

163 "provar é demonstrar que uma alegação é boa, correta e portanto condizente com a verdade. o fato existe ou inexiste, aconteceu ou não aconteceu, sendo portanto insuscetível dessas adjetivações ou qualificações. As alegações, sim, é que podem ser verazes ou mentirosas- e daí a pertinência de prová-las, ou seja, demonstrar que são boas e verazes." DINAMARCO, Cândido Rangel. **Instituições de direito processual civil.** Vol. III. 3 ed. São Paulo: Malheiros, 2003. p. 58.

164 "Enfim, rigorosamente, o objeto da prova é a "alegação de fato"." DIDIER JR., Fredie; BRAGA, Paula Sarno; OLIVEIRA, Rafael Alexandria de. **Curso de processo civil.** Vol. 2. 10a. ed. Salvador: Juspodivm, 2015. p. 52.

165 Já houve a introdução a este tema na cognição sobre questões de fato e de direito, contudo a diferença pertinente para o trabalho está alegação de fato ou de direito pelas partes, o que seria um momento antecedente à própria constituição da questão, uma vez que quando o autor, por exemplo, alega, não há ainda a ideia de que haverá a contraposição de argumentos e alegações.

166 "Como se vê, a temática é tão madura quanto incerta na doutrina. Contudo, não há receio na escolha, certo que não é o tema que determina a qualidade do trabalho —

As partes no processo realizam as devidas construções narrativas, seja de fato, seja de direito, mas é possível realizar tal distinção? Essa indagação é primordial para que se entender o fato como visualizável de maneira estanque ao direito, ao ponto que a discussão no processo se dará de modo a resolver fatos e, posteriormente, resolver direito ou se a resolução é una e conjunta, dada uma impossibilidade de dissociação.

Em primeiro plano, há de se salientar que a própria norma jurídica já detém em si um suporte fático para sua hipótese abstrata[167]. Não existe um direito positivado sem imaginar uma situação fática hipotética para a sua aplicabilidade. A construção da positivação de uma norma nasce da imaginação de uma situação fática em que ocorreria uma necessidade de norma regulamentadora.

Logo, a ponderação será pela existência de um suporte fático possibilitador da incidência da norma jurídica. Há, portanto, uma separação entre o fato e o direito, ainda que difícil.

De modo diverso, Castanheira Neves entende que não há uma questão meramente de direito, justamente por uma questão de direito necessitar de uma questão de fato, o que geraria um caráter umbilical entre ambos, sem a possibilidade de dissociação[168]. O jurista, ainda na concepção do mesmo autor, não tem maneira de pensar o fato de modo estanque se interligar com a sua consequência jurídica e vice-versa, o que gera uma impossibilidade de pensar que há uma separação bem delineada entre fato e direito[169].

---

tampouco o fato de haver sido ele exaustivamente explorado — mas sim a profundidade da pesquisa e o comprometimento com padrões científicos na sua realização. Assim, ficamos à vontade para prosseguir caminhos já trilhados com maestria, não só por Castanheira Neves e Henke, mas também por Arruda Alvim, Teresa Arruda Alvim Wambier e Knijnik, apenas para citar autores brasileiros mais recentes." COSTA, Henrique Araújo. **Reexame de prova em recurso especial: a súmula 7 do STJ.** Brasília: Thesaurus, 2008. p. 11.

167 "o suporte fático que o direito reputou pertencer ao mundo jurídico. (...) (a) uma que designa o enunciado lógico da norma em que se representa a hipótese fáctica condicionante de sua incidência; (b) outra, que nomeia o próprio fato quando materializado no mundo." MELLO, Marcos Bernardes de. **Teoria do fato jurídico.** 1ª. ed. São Paulo: Saraiva, 2000. p. 39.

168 "Ao considerar-se a questão-de-fato; ao considerar-se a questão-de-direito não pode prescindir-se da solidária influência da questão-de-fato." CASTANHEIRA NEVES, Antonio **Questão-de-facto e questão-de-direito. O problema metodológico da juridicidade (ensaio de uma reposição crítica).** Coimbra: Almedina, 1967. p. 55.

169 "para dizer a verdade o "puro fato" e o "puro direito" não se encontram nunca na vida jurídica: o facto não tem existência senão a partir do momento em que se torna matéria de aplicação do direito, o direito não tem interesse senão no momento em que se trata de aplicar o facto; pelo que, quando o jurista pensa o facto, pensa-o como

O mesmo dispõe Alvim com a concepção de que existe uma complexidade de entender que o fato é puramente fato e o direito é puramente direito[170], se este último somente ocorre mediante a ocorrência de um fato, o problema será diante de uma questão que pode tender para um lado ou para o outro, mas nunca estanque.

Dessa maneira, ainda na visão de Alvim, a questão de fato detém uma grande parcela de direito para que possa ser chamada somente de questão de fato e, igualmente, mas de modo inverso, a questão de direito também tem uma grande parcela de incidência fática específica para que se possa interpretá-la[171], numa visão de retroalimentação.

Diante dessas concepções, os fatos não seriam estanques à norma jurídica e vice-versa.

Por outro lado, a dissociação entre questão de fato e direito pode ser plenamente viável, com um delinear construtivo a ser desenvolvido diante da concepção dos argumento das partes. Se o autor delineia a sua versão sobre os fatos, esta versão é o fato que lhe importa e, consequentemente, trará efeitos jurídicos, o que torna este ponto um momento posterior a ser analisado.

De igual maneira quando o réu apresentar a sua narrativa fática, com a sua construção dos argumentos de como ocorrem os fatos, é também um argumento fático, não, ainda, jurídico.

Logo, para o devido entendimento dessa possibilidade de dissociação do fato e do direito, as provas são a base para tanto. Não se precisa provar o direito, mas todo direito será aplicado diante de um suporte fático existente. A própria norma positivada é criada através de um suporte fático que imagina a sua incidência. Uma vez que um determinado fato imaginado se torna existente, a norma tenta entendê-lo para normatizá-lo com diretrizes para a sua ocorrência ou até punibilidade sobre esta.

A norma positivada está atrelada sempre a uma base fática, ainda que seja realizada em abstrato, para a sua aplicabilidade depende do caso em concreto, dos fatos no mundo fenomênico.

---

matéria do direito, quando pensa o direito, pensa-o como forma destinada ao facto." CASTANHEIRA NEVES, Antonio **Questão-de-facto e questão-de-direito. O problema metodológico da juridicidade (ensaio de uma reposição crítica).** Coimbra: Almedina, 1967. p. 56.

170 ALVIM, Teresa Arruda. Distinção entre questão de fato e questão de direito para fins de cabimento de recurso especial. **Revista de Processo.** Vol. 92. p. 52-70. São Paulo: Ed. RT, 1998. p. 53.

171 ALVIM, Teresa Arruda. Distinção entre questão de fato e questão de direito para fins de cabimento de recurso especial. **Revista de Processo.** Vol. 92. p. 52-70. São Paulo: Ed. RT, 1998. p. 53.

Todavia, no processo existe uma clara diferença entre os fatos e o direito e esta concepção é construída diante da necessidade de que o primeiro seja provado[172], seja como objeto da prova, seja pela desnecessidade de prova como objeto de incontrovérsia[173].

As questões jurídicas a serem resolvidas dependem das questões de fato e, por isso, são consequentes a estas[174]. Há, portanto, uma relação de subsequência, da existência de um desencadear lógico, com a definição primeiro dos pontos fáticos para após o ocorrer o delinear jurídico no processo.

A distinção é existente, apesar de entrelaçada.

Castanheira Neves admite essa distinção, apesar de dizê-la ser tortuosa essa conclusão e estudo, justamente pela dificuldade existente[175] para separá-las

---

172 "A distinção entre questão de facto e de direito perpassa todo o direito processual; o princípio dispositivo pressupõe, especialmente esta distinção. O juiz julga sobre a "questão de facto" com base no que é aduzido pelas partes e na produção da prova; a questão de direito decide-a sem depender do que é alegado pelas partes, com base no seu próprio conhecimento do Direito e da lei, que tem de conseguir por si (iura novit curia). Só os factos, isto é, os estados e acontecimentos fácticos, são susceptíveis e carecem de prova; a apreciação jurídica dos factos não é objeto de prova a aduzir por uma das partes, mas tão-só de ponderação e decisão judicial." LARENZ, Karl. **Metodologia da ciência do direito.** 2ª. ed., Lisboa: Calouste Gulbenkain, 1991. p. 370/371.

173 Ou de notoriedade, por exemplo.

174 Silva expõe o pensamento de Perelman sobre a distinção entre questão de fato e de direito da seguinte maneira: "Essa qualificação faz com que a questão de fato deixe de ser a simples descrição do ocorrido e ganhe contornos axiológicos sempre. Ademais, essa valoração será ultimada pelo direito. Ou seja, a questão de fato e a questão do direito acabam sendo ambas jurídicas, uma vez que o fato é visto sob o prisma do direito. Conforme sua visão, compete ao magistrado estabelecer os fatos que justificam o pedido e, após, determinar as suas consequências jurídicas." SILVA, Beclaute Oliveira. **A cognição no mandado de segurança sob o prisma dialógico de Mikhail Bakhtin.** 291 f. Tese (Doutorado em Direito) – Programa de Pós-Graduação em Direito, Centro de Ciências Jurídicas/FDR, Universidade Federal de Pernambuco, Recife, 2011. p. 108.

175 Silva ao delinear o pensamento de Castanheiro Neves: "No aludido autor, a questão de fato é composta por dois momentos fundamentais: a – âmbito de relevância jurídica da situação: o acontecimento objeto da cognição será submetido à análise a fim de se verificar se é apto a objetivar o caso jurídico concreto. Será definido como caso jurídico concreto porque nele se coloca um problema (caso) em determinada situação objetiva apta a repercutir no mundo jurídico; b – comprovação: que diz respeito ao momento em que a situação sob análise é justificada mediante prova, no intuito de se aferir a verdade jurídica, que é colocada como verdade prática, já que possui correlação com a práxis jurídica e social. A verdade prática delineada é distinta da verdade científica, já que não é demonstrada, mas motivada. A prova, no contexto de Castanheira Neves, não possui uma perspectiva retórica, mas como meio apto a justificar o caso jurídico concreto, que não é fato puro, senão aquilo que do acontecimento terá relevância jurídica. De certa forma, o conceito do autor

da aplicação à solução jurídica para o caso em concreto. A relevância do fato é importante para que seja uma questão objeto de cognição e a relevância é justamente o impacto que esta detém no mundo jurídico, a sua capacidade de produzir os efeitos e consequências jurídicas.

Didier Jr. sintetiza isso numa explicação de que o fato seria a narrativa colocada sobre o acontecimento nas petições, ou seja, o que as partes assim narram sobre o fato, já a questão jurídica será aquela em que a norma é aplicada, com o fato anterior sendo a base inicial e o efeito jurídico consequente[176].

A alegação das partes pode ser sobre um acontecimento que impacta tanto o fato quanto o direito, como um não pagamento ou inadimplemento. Ao mesmo tempo, o acontecimento da vida social de um determinado indivíduo não ter realizado o pagamento para outrem deve ser comprovado como um fato, mas gera também a sua consequência jurídica, uma vez que o pagamento é um instituto jurídico com a produção de efeitos também nessa seara, sendo vistos como fundamentos jurídicos.

Logo, esse exemplo é somente um daqueles em que se dispõe que não há nenhum ponto que seja eminentemente fático e outro que seja eminentemente jurídico, o que geraria uma impossibilidade de dissociação de tais argumentos.

Mas, essa impossibilidade não prospera, utilizando este exemplo como base, o inadimplemento deve ser provado como um argumento sobre um acontecimento da vida, no mundo fenomênico, e, assim, quando for comprovado de que não ocorreu o adimplemento, este impactará as suas consequências jurídicas, como a mora, a multa e ademais efeitos jurídicos inter-relacionais entre os litigantes.

Dessa maneira, há uma dissociação entre fato e direito.

O que pode causar ainda maior complicação e confusão nessa dissociação entre fato e direito é justamente quando o objeto litigioso do processo for a alegação de outro processo, como na ação rescisória, estabelecendo que o primeiro já seria direito e não seria somente um fato.

No entanto, essa perspectiva também não se coaduna com a realidade, uma vez que o acontecimento processual anterior também é um fato no mundo

---

de caso jurídico concreto muito se aproxima do conceito de suporte fático delineado por Pontes de Miranda, malgrado o teórico lusitano não se valha do conceito de subsunção, incidência, como delineado pelo pensador brasileiro." SILVA, Beclaute Oliveira. **A cognição no mandado de segurança sob o prisma dialógico de Mikhail Bakhtin.** 291 f. Tese (Doutorado em Direito) – Programa de Pós-Graduação em Direito, Centro de Ciências Jurídicas/FDR, Universidade Federal de Pernambuco, Recife, 2011. p. 112.

176 DIDIER JR, Fredie. Objeto da cognição judicial. **Revista Dialética de Direito Processual.** Vol. 6, p. 12-23, São Paulo: Dialética, set/2003. p. 14.

fenomênico, sem a possibilidade de entender-se como uma questão de direito. Se, por exemplo, um juiz cometeu um crime que possibilite uma ação rescisória, este é um fato, não um direito, contudo esse fato impacta o processo anterior, mediante a premissa de que houve um acontecimento entrelaçado com o processo anterior, sendo uma questão de fato, não de direito.

A existência, ou não, de um vício é questão de fato, já a aplicação e impacto deste vício no processo transitado em julgado é uma questão de direito, sendo possível, portanto, tal dissociação.

2.2.5 As diferentes espécies de fatos

Os fatos podem ser de diferentes maneiras[177], para a comprovação de diferentes espécies de acontecimentos e relações, mediante os argumentos utilizados pelas partes para a sua construção narrativa fática.

Pode-se dividir os fatos, por exemplo, em positivos ou negativos.

Os primeiros seriam para a comprovação da existência de um determinado evento, logo, por lógica, os negativos serão o inverso disso, a inexistência de um evento. O pagamento, por exemplo, pode ensejar que uma das partes utilize o argumento de que foi realizado, de modo positivo e a outra argumentar o inverso, de que não ocorreu, ou seja, negativamente.

Muitas vezes o mesmo fato pode gerar uma argumentação diversa para cada parte, com o autor argumentando pela sua existência e o réu ao inverso ou vice-versa. Uma parte alega a positividade do fato e a outra a negatividade.

Os fatos podem ser jurídicos, com a necessidade de que se prove que existe uma relação jurídica entre as partes, um acontecimento no mundo jurídico, como um contrato, como um pagamento, como uma prestação. No entanto, Rodrigues dá uma outra concepção a fato jurídico, não somente sobre a comprovação de uma relação jurídica, mas sendo "aqueles que justificam o acesso do autor ao Judiciário, ou seja, os acontecimentos geradores do seu direito, sem os quais o demandante não teria como sustentar seu pedido em juízo[178]."

Os fatos também podem ser simples, aqueles que narram um acontecimento secundário, sem serem a causa de pedir próxima, nem a remota, contudo

177 "Qualquer fato pode ser objeto da prova: fatos jurídicos (ex.: contrato) e fatos simples (ex: cor de uma camisa, marca de um pneu); fatos positivos (celebração de um casamento) ou negativos (inexistência de ocorrência policial em nome de determinado sujeito)." DIDIER JR., Fredie; BRAGA, Paula Sarno; OLIVEIRA, Rafael Alexandria de. **Curso de processo civil. Vol. 2.** 10.ed. Salvador: Juspodivm, 2015. p. 52.

178 RODRIGUES, Marco Antônio dos Santos. **A modificação objetiva da demanda no processo civil.** 2013. 334 f. Tese (doutorado). Universidade do Estado do Rio de Janeiro, Faculdade de Direito. p. 57.

que servem para uma ilustração de relevância para a construção da narrativa argumentativa[179].

Estes se diferenciam dos fatos principais, aqueles atrelados à causa de pedir[180-181].

Ainda existem os fatos notórios, aqueles que são de conhecimento de uma determinada comunidade ou grupo social naquela época que o processo tramita[182]. Mas, é importante que seja notório para o juízo, diante das perspectivas de realidade daquela localidade, sem a necessidade de concordância da outra parte sobre tal notoriedade.

2.3 A COMPLEXIDADE DE QUESTÕES DE FATO

2.3.1 A complexidade do processo e a complexidade na cognição

Partindo de uma situação em que há um processo complexo, com uma pluralidade de partes ou de pedidos, naturalmente é de se prever que, igualmente, haverá uma complexidade nas questões cognitivas, culminando numa pluralidade de questões a serem conhecidas, enfrentadas e resolvidas.

A pluralidade de questões já é inerente à própria processualidade, uma vez que numa ação existirão questões preliminares, prejudiciais e de mérito, além de questões de fato e de direito, as quais não são conceitos isolados, com uma questão podendo ser de fato e preliminar ou de direito e preliminar, de direito e prejudicial e, seguindo nessa interligação e complexidade.

---

179 "Os fatos simples ou secundários, por sua vez, não são essenciais à configuração da causa de pedir." RODRIGUES, Marco Antônio dos Santos. **A modificação objetiva da demanda no processo civil.** 2013. 334 f. Tese (doutorado). Universidade do Estado do Rio de Janeiro, Faculdade de Direito. p. 57.

180 "Destaque-se que a diferenciação entre os fatos principais e os secundários não é puramente teórica, mas acaba por ter conseqüência prática de grande relevância: os fatos simples, diferentemente dos jurígenos, não integram a causa de pedir. Assim sendo, a alteração de um fato simples não caracteriza modificação da demanda, ao contrário dos jurídicos, que, por integrarem esse elemento da ação, caso sejam alterados, acarretam uma mudança nesta última." RODRIGUES, Marco Antônio dos Santos. **A modificação objetiva da demanda no processo civil**. 2013. 334 f. Tese (doutorado). Universidade do Estado do Rio de Janeiro, Faculdade de Direito. p. 58.

181 TUCCI, José Rogério Cruz e. **A *causa petendi* no processo civil**. 3ª. ed. São Paulo: Ed. RT, 2009. p. 163.

182 MONTERO AROCA, Juan. **La prueba en el proceso civil.** 5ª ed. Madrid: Civitas, 2007. p. 63.

Logo, todo processo já traz uma série de questões a serem resolvidas pela cognição judicial[183], independente da quantidade de partes, pluralidade ou não de pedidos e sua complexidade objetiva. Todavia, quando se imaginar que um processo terá uma complexidade objetiva, seja pela pluralidade de partes, seja pela cumulação de pedidos, evidentemente que refletirá, igualmente, numa multiplicidade de questões a serem resolvidas, via cognição judicial.

Se há uma cumulação de pedidos, há uma conjunção de diversas ações no mesmo processo, com a necessidade de que o juízo decida, prestando devidamente jurisdição, sobre cada um desses pedidos e, consequentemente, com a igual pertinência de que enfrente as questões inerentes a cada um desses pedidos, o que torna ainda mais complexa a atividade judicante[184], com um emaranhado de questões a serem conhecidas, enfrentadas e resolvidas, com uma clara complexidade cognitiva.

Se a pluralidade for de partes, haverá uma pluralidade de relações jurídicas, com uma relação específica entre cada parte com o outro polo[185], ensejando

---

183 Assis relaciona o objeto do processo, com o objeto da cognição, com a necessidade de que sejam resolvidas várias questões, uma vez que o objeto litigioso do processo se difere do primeiro instituto: "Objeto da cognição do juiz, que abrange o próprio processo, adquire uma dimensão maior que o objeto litigioso, ou *thema decidendum*, ou mérito, em princípio definido, irreversivelmente, como a ação material." ASSIS, Araken de. **Cumulação de ações.** 4ª. ed. São Paulo: Ed. RT, 2002. p. 120.

184 "O processo cumulativo necessita de disciplina própria, conforme a respectiva espécie, e apresenta inúmeras dificuldades no que tange à técnica do julgamento do mérito, a distribuição das despesas do processo, e o efeito devolutivo da apelação. Por exemplo, formulando o autor dois pedidos, um em caráter principal, o outro subsidiário, ensejando que o juiz somente examine este na hipótese de rejeição daquele, na chamada cumulação eventual (*omissis*), a teor do art. 326, caput, do NCPC, surgirá ao menos dois problemas no caso de o juiz efetivamente rejeitar o pedido antecedente e acolher o pedido subsequente, a saber: (a) a existência de decaimento parcial do autor, com o fito de atribuir-lhe, em parte, os ônus da sucumbência; (b) a possibilidade de o autor recorrer, postulando o acolhimento do pedido principal, e, faltando essa iniciativa, a do órgão *ad quem* apreciar o pedido rejeitado, no caso de prover a apelação do réu quanto ao pedido secundário. Por outro lado, acolhido o pedido principal, há outra questão: a possibilidade de o órgão *ad quem*, provendo a apelação do réu quanto a esse pedido, estimar devolvido o conhecimento do segundo pedido, e passar a julgá-lo diretamente, havendo sido produzidas provas suficientes para tal juízo." ASSIS, Araken de. **Processo civil brasileiro: parte geral – fundamentos e distribuição de conflitos.** Vol. I, São Paulo: Ed. RT, 2015. p. 537.

185 Quando o litisconsórcio for não unitário, a pluralidade de partes cria uma pluralidade de relações jurídicas, de demandas internas no processo, sendo uma cumulação, de certo modo, de pedidos, apesar de ser de partes diferentes, a cada relação entre cada autor e cada réu. "Em casos assim o que se tem é uma pluralidade jurídica de demandas, também unidas só formalmente; cada um dos litisconsortes é parte legítima apenas com

ao mesmo tempo uma complexidade subjetiva e objetiva ao processo. Fora a hipótese de um litisconsórcio unitário[186], nas demais possibilidades, se tiver mais de um autor ou réu, cada um destes, individualmente, se relaciona com cada parte do outro polo, tendo uma relação jurídica específica, com pedidos específicos e, assim, com questões cognitivas inerentes a cada uma dessas relações, multiplicando o que deve ser conhecido, enfrentado e resolvido pelo juízo, em cada relação jurídica.

Desse modo, uma complexidade objetiva do processo proporciona uma complexidade de questões ainda maior do que uma eventual existência de algumas questões numa ação que seja relacionalmente simples, com uma parte em cada polo e somente um pedido.

Essa complexidade de questões não funciona de modo estanque, com relações isoladas a cada relação e a cada pedido, é natural que algumas questões sejam ao mesmo tempo influenciantes em um ou mais pedidos, em uma ou em várias relações. Uma vez que se resolva uma destas possíveis questões, pode-se resolver diversas relações ou influenciá-las, o que permite diversos outros desdobramentos, dependendo da resolução das questões e o caminho decisório a ser trilhado.

2.3.2 A possibilidade de cisão cognitiva como consequência da complexidade do processo

A complexidade objetiva do processo proporciona uma multiplicidade de questões e uma divisão entre pedidos e ações dentro de um mesmo processo. Se terão diversas ações e pedidos num mesmo processo, ou diversas partes, igualmente terão relações jurídicas múltiplas, com divisão em capítulos

---

referência àquela porção do objeto do processo que lhe diz respeito, e, consequentemente, entende-se que seu *petitum* se reduz a essa parcela. Trata-se, efetivamente, de um cúmulo de demandas, não só subjetivo mas também objetivo, na medida em que à pluralidade de sujeitos corresponde uma soma de pedidos, todos eles amalgamados no complexo objeto que esse processo tem." DINAMARCO, Cândido Rangel. **Litisconsórcio.** 8ª ed. São Paulo: Malheiros, 2009. p. 86.

186 Não se pode cindir a cognição pela pluralidade de partes se o litisconsórcio for unitário. Lucca menciona, no entanto, a possibilidade da cisão cognitiva se todos os litisconsortes forem atingidos por igual, porém essa menção é quase que irrelevante, pelo fato de que a cisão cognitiva seria pela cumulação de pedidos e não pela pluralidade de partes. "Se o cúmulo for subjetivo, não poderá ser proferida decisão de mérito parcial para apenas um dos litisconsortes unitários (art. 116 do NCPC). Trata-se de vedação ínsita à própria categoria jurídica. A fragmentação do mérito somente será autorizada se o julgamento parcial abranger todos os litisconsortes unitários." LUCCA, Rodrigo Ramina de. Julgamentos antecipados parciais de mérito. **Revista de Processo.** Vol. 257, Ano 41, p. 125-150. São Paulo: RT, jul/2016. p. 139.

diferentes da mesma demanda[187], com necessários enfrentamentos e decisões para cada ponto, e, assim, igualmente terão, também, uma multiplicidade de questões a serem resolvidas.

Toda essa complexidade objetiva do processo proporciona uma multiplicidade de questões para a cognição judicial, sendo esta naturalmente dividida em diversas questões, com a necessidade de que o juízo enfrente, por exemplo, cada ponto sobre pressupostos processuais, sobre o cumprimento ou não destes, bem como eventuais questões preliminares ou prejudiciais, com a necessidade de enfrentamento dessa diversidade de questões para alcançar a possibilidade de estar apto a resolver a própria demanda, da cognição sobre as questões de direito e poder julgar o objeto litigioso do processo – ou objetos litigiosos do processo por causa da complexidade objetiva deste.

Desse modo, para a decisão final e pretendida pelo autor em qualquer processo, o juízo deve ultrapassar uma série de cognições, diante do devido andamento procedimental, com a análise de preliminares e prejudiciais[188], resolução de questões de fato e de direito, culminando na possibilidade de julgar a demanda, julgar cada pedido, analisando todas as questões de mérito, respondendo a cada um dos pleitos do autor, pela procedência ou improcedência de cada pedido ou de cada relação jurídica, há uma complexidade objetiva de questões cognitivas no processo, independentemente da complexidade objetiva do processo, mas esta aumenta a pluralidade de questões cognitivas a serem enfrentadas.

Se qualquer ato postulatório já detém uma pluralidade de cognição, com no mínimo uma bipartição entre questões de admissibilidade e mérito[189], quando há uma complexidade objetiva do processo, com uma profusão de questões que

---

187 Sobre os capítulos de sentença, por Dinamarco: "Foi aí que se chegou à noção anunciada no item precedente, onde se define os capítulos de sentença como unidades autônomas do decisório da sentença – o que importa, de um lado, incluir todas as unidades elementares portadoras de concreto preceitos imperativos sobre a causa e sobre o processo e, de outro, excluir soluções dadas, na motivação sentencial, as questões de fato e de direito." DINAMARCO, Cândido Rangel. **Capítulos de sentença.** 3ª. ed. São Paulo: Malheiros, 2008. p. 37.

188 Sobre preliminares e prejudiciais: "No curso de uma causa, muitas vezes o juiz quer examinar vários pontos, que são premissas para a decisão final sobre o pedido do autor. Esses pontos são preliminares, ou prejudiciais, à questão principal, quando surge entre as partes controvérsias sobre esses pontos, transformam-se eles em questões preliminares, ou questões prejudiciais". BARBI, Celso Agrícola. **Ação declaratória principal e incidental.** 7a. ed. Rio de Janeiro: Forense, 1995. p. 166. No mesmo sentido: BARBOSA MOREIRA, José Carlos. Questões prejudiciais e questões preliminares. **Direito processual civil (ensaios e pareceres).** Rio de Janeiro: Borsoi, 1971. p. 76.

189 "tanto pode haver capítulos distintos, alusivos apenas ao processo (sem julgar o mérito), como ainda a convivência entre uns e outros, ou seja, entre capítulos de meritis e processuais." DINAMARCO, Cândido Rangel. **Capítulos de sentença.** 3ª. ed. São Paulo: Malheiros, 2008. p. 40.

devem ser resolvidas, seja na admissibilidade, seja como preliminares, seja nas prejudiciais, seja nos fatos, seja no próprio mérito, há uma notória complexidade maior do próprio exercício da cognição.

Se num processo de relação simples – um pedido e uma parte em cada polo – já existe, no mínimo, uma dualidade de cognições, dada a existência de uma admissibilidade e mérito, contudo diante de uma complexidade objetiva do processo, além da visualização normal de diversas cognições, é possível que estas sejam cindidas, com a viabilidade de um fracionamento decisório, pelo fato de que terão pontos de análise diversos que não guardam dependência[190] entre si, podendo um ser julgado e outro ainda depender da resolução de questões inerentes à sua própria resolução.

Essa é a abertura para uma cisão cognitiva do processo, com a possibilidade de prolação de uma decisão específica sobre parcela do processo, cumprindo essa parcela de jurisdição e o prosseguimento do restante com a jurisdição ainda a ser prestada.

Portanto, se parcela do processo objetivamente complexo puder ser resolvida desde logo, não haverá óbice para tanto[191], diferentemente de um processo simples, quando a separação da cognição entre admissibilidade e mérito é normal e existente, contudo se o juízo decidir pela extinção, esta será sobre a totalidade do processo e, se ultrapassar essa fase, passará para a cognição a caminho de julgar o mérito também sobre a totalidade, uma vez que somente há um pedido – e uma relação jurídica – sem pluralidade de partes.

No processo com complexidade objetiva o panorama é outro[192], como são diversas relações jurídicas com pedidos cumulados ou pluralidade de partes, cada

---

190 "Essa dependência pode ser vista em todos os casos nos quais se apresente uma relação de prejudicialidade entre duas pretensões, de modo que o julgamento de uma delas (prejudicial) determinará o teor julgamento da outra (prejudicada)." DINAMARCO, Cândido Rangel. **Capítulos de sentença.** 3ª. ed. São Paulo: Malheiros, 2008. p. 43.

191 "não faria sentido que as demandas fossem cumuladas por medida de economia, para que, a partir de então, jamais pudessem ser separadas, mesmo que isso importasse em amarrar o andamento de uma por conta das demais." SICA, Heitor Vitor Mendonça. Algumas implicações do novo conceito de sentença no processo civil, de acordo com a lei nº. 11.232/2005. In: Carlos Alberto Carmona. (Org.). **Reflexões sobre a reforma do Código de Processo Civil.** 1ª ed. São Paulo: Atlas, 2007. p. 193.

192 Sobre a complexidade objetiva da demanda ser requisito da decisão parcial e o fracionamento decisório, via cisão cognitiva: *"i) necessariamente,* a existência de *complexidade objetiva* referente ao pedido, seja porque há cúmulo de pedidos, estando um ou alguns deles pronto para julgamento, seja porque, embora em um único pedido, há possibilidade de fracionamento. A redação do *caput* do art. 356, CPC, é, porém, *atabalhoada*. Isto porque, num primeiro momento, por força da expressão: "um ou mais dos pedidos formulados", aparentemente ela refere-se à hipótese de *cumulação de pedidos;* todavia, o termo: "ou parcela deles", contido na parte final dela, acaba por deixar dúvidas se se refere à pos-

uma destas detém autonomia em relação a outra, com a abertura da possibilidade de cisão cognitiva[193] e fracionamento decisório, uma vez que a multiplicidade de questões cognitivas acompanha cada parcela da demanda, não o todo.

Ou seja, a admissibilidade passa ser sobre cada parcela do processo, não sobre o todo de modo estanque e inflexível e, posteriormente, quando ultrapassar a admissibilidade, cada mérito existente é diverso entre si, com autonomia[194] e, *a priori*, independência.

Se um dos pedidos cumulados não ultrapassar a admissibilidade, nada impede que outro pedido prossiga, caso neste os pressupostos de admissibilidade estejam presentes especificadamente. Cada parte em litisconsórcio ou cada pedido terá a sua própria admissibilidade, de maneira apartada ao restante da demanda.

Em todo requerimento existente no processo há a necessidade de resposta judicial, contudo esta se dará em dois planos, uma no âmbito processual, com a verificação do cumprimento de requisitos e, outro, no âmbito material, após a análise de todos os argumentos e requerimentos, seja o pedido da demanda, seja qualquer requerimento interlocutório. A análise no segundo plano, sobre o que se requer, evidentemente, só ocorrerá se a análise do primeiro plano restar positiva, com plausibilidade processual para tanto[195]. Logo, há primeiro a necessidade de cognição sobre sua admissibilidade[196] para depois enfrentar-se

---

sibilidade de algum (ou alguns) dos pedidos cumulados estar, parcialmente, pronto para julgamento ou se este é possível mesmo não havendo cumulação, pois o pedido formulado tem alguma de suas partes já em *pé de resolução*." GOUVEIA FILHO, Roberto P. Campos. **O art. 356, CPC, é base normativa suficiente para regular o fracionamento decisional? (final)** https://emporiododireito.com.br/leitura/o-art-356-cpc-e-base-normativa-suficiente-para-regular-o-fracionamento-decisional-final Acesso no dia 19 de junho de 2019.

193 "Se um direito (ou parcela de um direito) pode se mostrar controvertido, ou evidenciado, no curso do processo destinado a investigar a existência de outro direito (ou da outra parcela do direito) que requer instrução probatória, é necessário que este processo seja dotado de uma técnica que, atuando no seu interior, viabilize a realização imediata do direito incontrovertido. Isso porque é injusto obrigar o autor a esperar a realização de um direito que não se mostra controvertido." MARINONI, Luiz Guilherme. **Tutela Antecipatória, julgamento antecipado e execução imediata da sentença.** 2ª. ed. São Paulo: Ed. RT, 1998. p. 98.

194 Autonomia tem diversas visões, mas não se confundem com independência. Pode ser um capítulo autônomo e dependente. DINAMARCO, Cândido Rangel. C**apítulos de sentença.** 3ª. ed. São Paulo: Malheiros, 2008. p. 43.

195 "primeiro, verifica-se se será possível o exame do conteúdo da postulação; após, e em caso de um juízo positivo no primeiro momento, examina-se a procedência ou não daquilo que se postula". CUNHA, Leonardo Carneiro da; DIDIER JR., Fredie. **Curso de direito processual civil.** Vol.3. 13ª. ed. Salvador: JusPodivm, 2016. p. 105.

196 "Como todo ato postulatório, a impugnação de decisão judicial por meio de recurso submete-se a exame sob dois ângulos diversos. Primeiro, cumpre verificar se estão satisfeitas as condições impostas pela lei para que se possa apreciar o conteúdo da

o mérito, numa relação de clara interligação de antecedência e subordinação. Não há análise de mérito, sem uma anterior análise de admissibilidade, perfazendo, em qualquer requerimento e, assim, em qualquer processo, um mínimo de dualidade de análises.

Diante de tal complexidade mínima por causa da dualidade cognitiva existente em qualquer requerimento – admissibilidade e mérito, num processo objetivamente complexo essa mesma divisão é ainda mais complexa, culminando em microdivisões de admissibilidade e mérito sobre cada um dos diversos pontos do processo. A cada pedido realizado de jurisdição, há uma admissibilidade e igualmente um mérito, transformando a complexidade objetiva numa consequente complexidade cognitiva.

Dessa maneira, há, nos processos objetivamente complexos, uma repartição de cognições a cada pedido realizado. Cada um destes pedidos tem um mundo cognitivo próprio dentro de si mesmo e sua relação com as partes que são impactadas, sem relacionar-se, *a priori*, com os outros pedidos. Cada qual conterá a sua própria admissibilidade, as suas próprias preliminares, prejudiciais, questões de fato e de mérito, até culminar na possibilidade de julgar o seu mérito, especificadamente[197].

Todo esse caminho existente cognitivo para cada um dos pedidos pode andar em conjunto e até dividir cognições com outros pedidos, como, por exemplo, uma preliminar ou uma prejudicial pode ser comum a dois pedidos, como uma prescrição, servindo a resolução desta para ambos os pedidos. O normal, procedimentalmente, será o andamento conjunto de todos os pedidos e suas cognições para culminar na prolação de uma só sentença, com o cuidado procedimental de que as fases respeitem cada uma das complexidades objetivas do processo, proporcionando o contraditório para todos os momentos, podendo produzir provas específicas de cada relação, deixando o processo pronto para ser julgado como um todo[198], com todos os pedidos sendo julgados em uma só sentença a ser prolatada.

---

postulação (juízo de admissibilidade); depois, e desde que o resultado tenha sido positivo – isto é, que o recurso seja admissível -, cumpre decidir a matéria impugnada através deste, para acolher a impugnação, caso fundada, ou rejeitá-la, caso infundada (juízo de mérito)." BARBOSA MOREIRA, José Carlos. O **novo processo civil brasileiro.** 20º. ed. Rio de Janeiro: Forense, 2000. p. 115.

197 Para Dinamarco, seguindo Liebman, a autonomia dos capítulos da sentença é evidente, com a necessidade de verificação de dois pontos: "a) o da possibilidade de que cada um deles fosse objeto de um processo separado e b) o da regência de cada um por pressupostos próprios, que não se confundem necessariamente nem por inteiro com os pressupostos dos demais." DINAMARCO, Cândido Rangel. **Capítulos de sentença.** 3ª. ed. São Paulo: Malheiros, 2008. p. 41.

198 A teoria da unicidade não sai da sentença, sendo totalmente possível e viável, seja na última redação do código revogado ou no CPC/2015, a possibilidade de uma sentença

No entanto, dada a existência dessa complexidade objetiva no processo, apesar da separação cognitiva entre questões de admissibilidade e mérito, há a possibilidade da cisão cognitiva entre as parcelas do processo que forem estanques, caso se configure uma situação processual que assim permita a cisão, com o fracionamento decisório para tanto.

Logo, se num processo existem dois pedidos, com duas lógicas decisórias apartadas, há a total possibilidade de julgar em determinado momento um pedido, com uma parcela decisória desde já e, deixar o restante que ainda não é possível de julgamento para momento posterior[199].

Essa é a cisão cognitiva inerente ao próprio processo objetivamente complexo[200].

No CPC/2015, houve a positivação de cada uma dessas possibilidades de julgamento parcial - arts. 354, parágrafo único e 356 do CPC, com a cindibilidade da demanda e da sua concepção decisória, contudo seria necessária a positivação para tanto? Na concepção do ordenamento anterior, não havia nada sobre a disposição de tal cisão, com a utilização do que Liebman defendia de que qualquer cindibilidade iria em sentido contrário à teoria da unicidade da sentença e somente seria possível com a autorização legal[201].

A doutrina já se debruçava, no ordenamento anterior, ainda que timidamente, sobre o tema, com a defesa de que o processo objetivamente

---

que concentre todos os capítulos decisórios. Todavia, não é obrigatório que assim seja, apesar de que, inicialmente, o juízo busque, procedimentalmente, essa decisão completa. Nesse sentido: DIAS, Jean Carlos. A reforma do CPC (LGL\1973\5) e o fim da teoria da unidade da sentença – Lei 11.232/2005. **Revista Dialética de Direito Processual.** Vol. 40, p. 79-84, São Paulo: Dialética, Jul/2006. p. 81.

199 "Uma fruta que está madura não precisa esperar o amadurecimento da outra, ainda verde, para ser colhida." DIDIER JR., Fredie. Inovações na antecipação dos efeitos da tutela e a resolução parcial do mérito. **Revista de Processo.** Vol. 110, Ano 28, p. 225-251, São Paulo: Ed. RT, abr/jun/2003. p. 232.

200 Sobre a divisão entre quais os capítulos possíveis na sentença e na demanda que possibilitam a cisão: "a divisão pode ser realizada da seguinte forma: a) capítulo referente aos pressupostos processuais de admissibilidade do julgamento de mérito; b) diferentes capítulos decidindo no mérito diferentes pedidos; c) nos pedidos decomponíveis a existência de dois capítulos quando do julgamento de parcial procedência; d) capítulo referente ao custo financeiro do processo". DINAMARCO, Cândido Rangel. **Instituições de direito processual civil.** Vol. III. 3ª ed. São Paulo: Malheiros, 2003. p. 665.

201 Sobre a unicidade e a necessidade de norma para a sua excecionalidade, na visão de Liebman, destacada por Dinamarco: "tal é o princípio da unidade estrutural da sentença, que só pode ser contrariado quando uma específica norma de direito o autorizar (Liebman)." DINAMARCO, Cândido Rangel. **Instituições de direito processual civil.** Vol. III. 3ª ed. São Paulo: Malheiros, 2003. p. 700/701.

complexo já possibilitava essas cisões[202], independentemente de autorização legal[203].

Depois de duas alterações legais, primeiro com a inclusão do § 6° ao art. 273 do CPC/73[204], pela Lei n° 10.444/02 e depois a alteração da conceituação de sentença, com a redação do art. 162, § 1° do CPC/73 modificada pela Lei n° 11.232/05, o estudo da cisão cognitiva e cisão de decisões[205], quebrando a unicidade da sentença, com a possibilidade de prolação de sentenças parciais, passou a ser alvo de maior aprofundamento e, consequentemente, de mais controvérsias[206], apesar

---

202 Já admitindo a cisão cognitiva por causa do indeferimento da inicial no ordenamento revogado: "O indeferimento pode ser total ou parcial." BARBOSA MOREIRA, José Carlos. **O novo processo civil brasileiro.** 20°. ed. Rio de Janeiro: Forense, 2000. p. 25.

203 No sentido de que já era possível a cisão cognitiva e a prolação de decisões parciais, ainda no ordenamento passado, mesmo na ausência de positivação: ARAÚJO, José Henrique Mouta. **A resolução parcial de mérito e a coisa julgada progressiva: reflexos no sistema processual como forma de assegurar a brevidade da prestação jurisdicional.** Belém, PA, 2004. 302 p. Tese (Doutorado). Universidade Federal do Pará. Programa de Pós-Graduação em Direito; NOGUEIRA, Gláucia Assalin. **O julgamento parcial: possibilidade de cisão do julgamento de mérito relativamente à parte incontroversa da demanda.** São Paulo, SP, 2009. 191 p. Dissertação (Mestrado). Universidade de São Paulo. Programa de Pós-Graduação em Direito; AMBRIZZI, Tiago Ravazzi. **Julgamento fracionado do mérito no processo civil brasileiro.** São Paulo, SP, 2014. 231 p. Dissertação (Mestrado). Universidade de São Paulo. Programa de Pós-Graduação em Direito; BARBOSA, Bruno Valentim. **Julgamentos parciais de mérito no processo civil individual brasileiro**. São Paulo, SP, 2013. 161 p. Dissertação (Mestrado). Universidade de São Paulo. Programa de Pós-Graduação em Direito; OLIVEIRA FILHO, Silas Dias de. **Julgamento fracionado do mérito e implicações no sistema recursal.** São Paulo, SP, 2013. 256 p. Dissertação (Mestrado). Universidade de São Paulo. Programa de Pós-Graduação em Direito; CORREIA FILHO, Antonio Carlos Nachif. **Julgamentos parciais no processo civil.** São Paulo, SP, 2015. 176 p. Dissertação (Mestrado). Universidade de São Paulo. Programa de Pós-Graduação em Direito.

204 Nesse sentido: DOTTI, Rogéria Faria. A **tutela antecipada em relação à parte incontroversa da demanda.** 2a. ed. São Paulo: Ed. RT, 2003; CUNHA, Leonardo José Carneiro da. O § 6º do art. 273 do CPC: Tutela Antecipada Parcial ou Julgamento Antecipado Parcial da Lide? **Revista Dialética de Direito Processual.** n. 1, p. 109-126, São Paulo: Dialética, Abril/2003; DIDIER JR., Fredie. Inovações na antecipação dos efeitos da tutela e a resolução parcial do mérito. Revista de Processo. Vol. 110, Ano 28, p. 225-251, São Paulo: Ed. RT, abr/jun/2003; MARINONI, Luiz Guilherme. **Abuso de defesa e parte incontroversa da demanda.** São Paulo: Ed. RT, 2007.

205 Toda essa evolução do ordenamento processual, desde o revogado até o panorama atual da cisão cognitiva e o fracionamento decisório no CPC/2015 estarão melhor delineado no capítulo quatro, com a análise da evolução histórica mais detalhadamente.

206 A defesa da impossibilidade de cisão no CPC/73: "absolutamente contrária ao sistema, porque todas as questões relacionadas ao mérito devem ser julgadas em um ato só."

de não ser um assunto que tenha se esgotado, com resistência pela sua ausência de norma autorizante e dificuldade de compreensão, o que fez a jurisprudência não caminhar nesse sentido[207], ao menos diante do ordenamento anterior revogado.

DINAMARCO, Cândido Rangel. **Instituições de direito processual civil.** Vol. III. 3 ed. São Paulo: Malheiros, 2003. p. 668.

207 Ainda sobre a égide do CPC/73, em 2015 o STJ teve a oportunidade de julgar um Recurso Especial sobre o tema da cisão cognitiva e a possibilidade de cindir o processo em quantas decisões fossem necessárias, dada a possibilidade de julgamento com as resoluções de questões de fato assim autorizando. Todavia, o entendimento foi no sentido de não adotar a quebra da unicidade da sentença e negar recurso especial para tanto, vejamos: RECURSO ESPECIAL Nº 1.281.978 - RS (2011/0224837-2) EMENTA RECURSO ESPECIAL. PROCESSO CIVIL. REFORMA PROCESSUAL. LEI Nº 11.232/2005. ADOÇÃO DO PROCESSO SINCRÉTICO. ALTERAÇÃO DO CONCEITO DE SENTENÇA. INCLUSÃO DE MAIS UM REQUISITO NA DEFINIÇÃO. CONTEÚDO DO ATO JUDICIAL. MANUTENÇÃO DO PARÂMETRO TOPOLÓGICO OU FINALÍSTICO. TEORIA DA UNIDADE ESTRUTURAL DA SENTENÇA. PROLAÇÃO DE SENTENÇA PARCIAL DE MÉRITO. INADMISSIBILIDADE. CISÃO INDEVIDA DO ATO SENTENCIAL. ART. 273, § 6º, DO CPC E NOVO CÓDIGO DE PROCESSO CIVIL. INAPLICABILIDADE. 1. Cinge-se a controvérsia a saber se as alterações promovidas pela Lei nº 11.232/2005 no conceito de sentença (arts. 162, § 1º, 269 e 463 do CPC) permitiram, na hipótese de cumulação de pedidos, a prolação de sentença parcial de mérito, com a resolução definitiva fracionada da causa, ou se ainda há a obrigatoriedade de um ato único para resolver integralmente o mérito da lide, pondo fim a uma fase do processo. 2. A reforma processual oriunda da Lei nº 11.232/2005 teve por objetivo dar maior efetividade à entrega da prestação jurisdicional, sobretudo quanto à função executiva, pois o processo passou a ser sincrético, tendo em vista que os processos de liquidação e de execução de título judicial deixaram de ser autônomos para constituírem etapas finais do processo de conhecimento; isto é, o processo passou a ser um só, com fases cognitiva e de execução (cumprimento de sentença). Daí porque houve a necessidade de alteração, entre outros dispositivos, dos arts. 162, 269 e 463 do CPC, visto que a sentença não mais "põe fim" ao processo, mas apenas a uma de suas fases. 3. Sentença é o pronunciamento do juiz de primeiro grau de jurisdição (i) que contém uma das matérias previstas nos arts. 267 e 269 do CPC e (ii) que extingue uma fase processual ou o próprio processo. Em outras palavras, sentença é decisão definitiva (resolve o mérito) ou terminativa (extingue o processo por inobservância de algum requisito processual) e é também decisão final (põe fim ao processo ou a uma de suas fases). Interpretação sistemática e teleológica, que melhor se coaduna com o atual sistema lógico-processual brasileiro. 4. A novel legislação apenas acrescentou mais um parâmetro (conteúdo do ato) para a identificação da decisão como sentença, pois não foi abandonado o critério da finalidade do ato (extinção do processo ou da fase processual). Permaneceu, dessa forma, no Código de Processo Civil de 1973 a teoria da unidade estrutural da sentença, a obstar a ocorrência de pluralidade de sentenças em uma mesma fase processual. 5. A sentença parcial de mérito é incompatível com o direito processual civil brasileiro atualmente em vigor, sendo vedado ao juiz proferir, no curso do processo, tantas sentenças de mérito/terminativas quantos forem os capítulos (pedidos cumulados) apresentados pelo autor da demanda. 6. Inaplicabilidade do art. 273, § 6º, do CPC, que admite, em certas circunstâncias, a decisão interlocutória definitiva de mérito, visto que não foram

Dessa maneira, de modo geral, a cisão cognitiva e o fracionamento decisório existente no CPC/2015, estão dispostos no art. 354, parágrafo único e no art. 356, ambos do CPC.

A primeira hipótese trata de uma cisão sobre as questões de admissibilidade do processo. Cada pedido de um processo objetivamente complexo detém uma admissibilidade própria e peculiar, com o dever do juízo em analisar cada questão sobre o cumprimento devido de cada pressuposto. Quando proceder essa análise e, porventura, um dos pressupostos não estiver presente, sem a possibilidade de sanabilidade, o juízo deve decidir pela extinção, dada a inviabilidade do prosseguimento do processo.

Todavia, se essa ausência de preenchimento dos pressupostos for de um vício que somente impacta parcela do processo, o juízo deve decidir pela extinção parcial, extinguindo aquele pedido ou excluindo uma parte que não deveria ali constar, sem atingir a totalidade do processo, realizando uma autêntica cisão cognitiva.

De mesmo modo, quando analisar que um dos pedidos do processo está apto a ser respondido antes dos demais também existentes no pleito do autor, o juízo deve, desde logo, decidir o que é possível, cindindo o processo e prosseguindo com a parcela que não for possível decidir naquele momento.

Se no ordenamento processual anterior não havia tal previsão positivada, com a necessidade de construção doutrinária para tanto, com a defesa de que a complexidade objetiva já autorizaria essa cisão em situações processuais que os fatos e ocorrências concretas possibilitassem, o CPC/2015 positiva essas cisões, vislumbrando que a análise das questões podem levar a cognição ser cindida, tanto nas questões de admissibilidade quanto no próprio objeto litigioso do processo, em ambos com a viabilidade de julgamento de modo parcial.

No entanto, importante diferenciar as cisões, uma vez que, apesar de levarem a cognições e decisões parciais[208], são motivadas por diretrizes total-

---

cumpridos seus requisitos. Ademais, apesar de o novo Código de Processo Civil (Lei nº 13.105/2015), que entrará em vigor no dia 17 de março de 2016, ter disciplinado o tema com maior amplitude no art. 356, permitindo o julgamento antecipado parcial do mérito quando um ou mais dos pedidos formulados na inicial ou parcela deles (i) mostrar-se incontroverso ou (ii) estiver em condições de imediato julgamento, não pode incidir de forma imediata ou retroativa, haja vista os princípios do devido processo legal, da legalidade e do *tempus regit actum*. 7. Recurso especial não provido.

208 Se a cognição pode ser dividida mediante os capítulos decisórios, a processualística pode dividir as decisões entre totais e parciais. No CPC/73: SCARPARO, Eduardo Kochenborger. Sentenças parciais? Considerações a partir de reforma do art. 162, §1º, do CPC. **Revista de Processo.** n. 148, Ano 32, p. 153-168, São Paulo: Ed. RT, Jun/2007. No CPC/2015: DIDIER JR., Fredie. Comentários ao art. 485. In: CABRAL, Antônio do Passo; CRAMER, Ronaldo (Coord.). **Comentários ao novo Código de Processo Civil**. Rio de Janeiro: Forense, 2015.

mente diversas, não sendo correto enquadrá-las como idênticas, o que importa em diferenciá-las para entender a espécie de cisão que ocorre em cada situação.

No tocante às decisões interlocutórias parciais sem mérito, o art. 354, parágrafo único do CPC é a sua norma autorizante, possível no momento em que o juízo analisa os pressupostos processuais, geralmente no momento do saneamento e organização do processo, com a percepção de que existe alguma questão processual com vício intransponível[209] e, assim, decide parcialmente pela extinção do processo, com o prosseguimento da parcela não alcançada materialmente por esse pressuposto processual não cumprido e que impede a continuidade dessa parcela.

Para entender essa cisão e a possibilidade da prolação de um julgamento parcial sem mérito, esta ocorrerá quando houver uma pluralidade de partes ou cumulação de pedidos e a ausência de pressupostos processuais somente incorrer em um deles: *(i) falta pressupostos processuais para autorizar o prosseguimento sobre determinado pedido, com intransponibilidade do vício; (ii) falta pressuposto processual para autorizar o prosseguimento de determinada parte, em um dos polos do processo*[210].

---

209 Se uma demanda não for complexa, somente com um pedido, uma vez não preenchidos os pressupostos processuais, a sentença será para extinção. Todavia, de modo diverso, se for objetivamente complexa, essa decisão pode ser parcial, atingindo somente o pedido que dependa daquele pressuposto viciado, caso o vício seja também específico daquela parcela da demanda. "Se o juiz rejeita essa pretensão e extingue o processo sem julgamento do mérito, provavelmente não haverá cisão alguma, sendo a sentença preenchida exclusivamente por esse teor extintivo do processo." DINAMARCO, Cândido Rangel. **Capítulos de sentença.** 3ª. ed. São Paulo: Malheiros, 2008. p. 52.

210 Por exemplo, a possibilidade da exclusão de litisconsorte, como veremos detalhadamente a posterior, será na percepção na cognição dos pressupostos da demanda que uma das partes – ativa ou passiva – não é legítima para figurar como autora ou ré, sem relação com o direito ali vindicado, perfazendo uma decisão que prima por excluir aquele determinado litisconsorte e continuar com o objeto da demanda, com o mesmo mérito, somente alterando – com a exclusão – um dos polos. "Exclusão de litisconsorte (VII): a ilegitimidade ad causam é matéria cognoscível por provocação do interessado e também ex officio (art. 337, XI e § 5.o) e pode ser reconhecida apenas quanto à parte dos litigantes, de modo a não extinguir o processo por completo (art. 485, II), mas permitir que o processo continue a tramitar sem o litisconsorte desprovido de legitimidade. Coerente com a nova definição de sentença acolhida no art. 203, § 1.º, trata-se de decisão interlocutória e, por força do dispositivo ora em comento, agravável. Por fim, entendo que não caberá agravo de instrumento nos seguintes casos: (a) contra a decisão que rejeita a alegação de ilegitimidade e mantém o litisconsorte na relação processual; (b) contra a decisão que procede à exclusão do réu original e a sua troca por outro sujeito, nos termos dos arts. 338 e 339, pois não se trata propriamente de "exclusão de litisconsorte" e, ademais, ambos os dispositivos pressupõem concordância do autor (haverá, nesse caso, preclusão lógica, mercê do art. 1.000); (c) recurso

Em qualquer dessas hipóteses, a cisão cognitiva é possível pelo reconhecimento de uma questão de admissibilidade não superável, que tem uma parcela intransponível, sem alcançar a integralidade do processo, o que permite cindir o processo e as cognições pertinentes somente sobre o determinado vício no devido impacto que ele proporciona aos elementos objetivos e subjetivos do processo, sem extingui-lo totalmente, mas somente nos limites do que o vício alcança[211].

A cisão cognitiva existente, nessa hipótese, está em retirar parcela do processo que não alcançou viabilidade processual de ser julgado ou retirar da relação jurídica uma parte que não demonstrou motivos autorizantes de sua permanência na litispendência, prolatando, em qualquer das hipóteses, uma decisão interlocutória parcial sem mérito.

De outro modo funciona a cisão que envolve o mérito, há uma divisão do que se cumulou no mesmo processo, uma bipartição do próprio exercício pela jurisdição. Se um processo se tornou objetivamente complexo pela existência de múltiplas relações existentes, com diversos pedidos ou diversas partes, essa cisão cognitiva tem a função de dividir o próprio processo, julgando a parcela do mérito que já puder ser resolvida, nos moldes da dicção do art. 356 do CPC.

Numa situação em que parcela do mérito já encontra-se com a possibilidade de prolação de decisão imediata de mérito e o restante ainda não, com pedidos ainda com necessidade de instrução e definição probatória, é dever do juízo, no momento em que analisar todo o processo para saneá-lo e organizá-lo, se tiver a percepção de que parcela do processo deverá prosseguir para a instrução probatória – ou qualquer outra situação correlata[212] – e que determinada parcela do processo já preenche todas as condições processuais e cognitivas

---

interposto pelo autor apenas contra o capítulo da decisão que fixa as verbas honorárias em favor do réu que foi citado, contratou advogado, se defendeu e restou excluído;" SICA, Heitor Vitor Mendonça. Comentário ao art. 1.015. In: STRECK, Lenio Luiz; NUNES, Dierle; CUNHA, Leonardo (orgs.). **Comentários ao código de processo civil.** 2ª. ed. São Paulo: Saraiva, 2017. p. 1.375.

211 Sobre os pontos processuais, há um capítulo próprio sobre os pressupostos processuais. De modo geral, há, diante da análise do cumprimento ou não dos pressupostos, a possibilidade do resultado negativa (extinção da demanda) ou positivo (admissibilidade para o julgamento de mérito). No entanto, num processo objetivamente complexo, cada capítulo de mérito tem os seus próprios pressupostos, sendo possível, para tanto, uma extinção parcial: "Nessas hipóteses o preceito decisório imperativo a respeito de toda a matéria processual é um só, a saber: a) a extinção processual por falta de um ou mais dos pressupostos para prosseguir; ou b) a afirmação de que todos os pressupostos estão presentes e, portanto, o julgamento do mérito é admissível, perdurando todo o processo." DINAMARCO, Cândido Rangel. **Capítulos de sentença.** 3ª. ed. São Paulo: Malheiros, 2008. p. 41.

212 O normal da prolação de uma decisão parcial com mérito será em conjunto com o saneamento, uma vez que é o momento imaginado pelo ordenamento para que se

para ser julgada, prolatar uma decisão definitiva, a qual não será uma sentença, mas uma decisão interlocutória parcial de mérito, fracionando o processo em seu viés decisório.

A cisão cognitiva proposta pelo ordenamento nesse tocante é uma cisão de pedidos constante na demanda, uma vez que consta mais de um pedido do processo dada a cumulação de pretensões do autor, o que importa no fracionamento do processo, com uma decisão que possibilita uma desacumulação de pedidos existentes naquele processo.

Os pedidos que envolvem o objeto litigioso do processo pretendido pelo autor sofrerão uma cisão em sua cognição e procedimentalidade, com o julgamento da parcela possível nesse determinado momento interlocutório e a postergação do restante do objeto litigioso – demais pedidos – para a análise após a instrução probatória do que restou materialmente no processo, justamente pela necessidade de definição cognitiva sobre questões de fato atinentes a estes pontos do mérito, para posterior encerramento da fase cognitiva e prolação da sentença.

A parcela do processo que não detém necessidade de instrução ou de discussão sobre as questões de fato será passível da prolação de uma decisão interlocutória parcial de mérito.

Obviamente que essas duas possibilidades de cisão cognitiva – parcial sem a resolução do mérito e com a resolução do mérito – são diversas e a primeira classificação que deve ser feita com base no que o próprio ordenamento enquadra como diversidade na decisão interlocutória, sendo possível, portanto, o fracionamento decisório com conteúdo resolutivo de mérito ou sem resolubilidade do mérito[213].

No entanto, outros pontos de análise são necessários para o devido entendimento sobre as decisões interlocutórias parciais e quais as espécies de cisões cognitivas, sobre os impactos em questões de admissibilidade, preliminares e prejudicais, prévias ou principais, de fato e de direito, e, ainda, o grau de independência dessas questões em relação àquelas que ainda serão julgadas, com os devidos reflexos processuais e procedimentais que podem ocorrer.

E essa construção de requisitos autorizantes para a decisão parcial ser possível, independentemente de seu conteúdo, é o cerne deste trabalho, com a pesquisa sobre estes pontos necessários de constância no processo para essa situação ser possível.

---

verifique as providências preliminares do juízo. Todavia, é possível que ocorra em outros momentos decisórios.

213 Versando também sobre a decisão parcial sem mérito: MEIRELES, Edilton. Julgamento antecipado parcial do mérito. **Revista de Processo.** Vol. 252, Ano 41, p. 133-146, São Paulo: Ed. RT, fev/2016.

2.3.3 As questões de fato num processo complexo objetivamente

Tanto na subcapítulo sobre a cognição quanto naquele sobre a definição de fato para o processo foi exposto e enfrentado sobre a dificuldade de distinção das questões de fato das questões de direito, com o quanto que elas estão umbilicalmente[214] interligadas e na dificuldade – ou talvez impossibilidade[215] – de separá-las, principalmente na impugnabilidade do ato decisório[216].

Para o desenvolvimento da consequência da complexidade objetiva do processo e as questões de fato, defende-se neste trabalho a divisão entre questão de fato e de direito como possível, apesar de difícil, em dois polos: *(i) a existência de controvérsia sobre algum ponto de fato necessário para a subsunção; (ii) a necessidade de instrução probatória sobre essa questão para possibilitar a subsunção.*

A atividade do juízo se dividirá, ao menos numa cronologia procedimental, em um momento para definição das questões de fato, com a necessidade, ou não, da instrução probatória e, após a definição destas, o início da resolução das questões de direito, com a subsunção[217] pertinente para a resolução destas questões e a aptidão para a decisão do processo, aquela que terá o condão de formar coisa julgada.

Enquanto o juízo estiver com a atribuição em definir a correta – ou mais provável – narrativa fática, as questões cognitivas serão predominantemente fáticas, ainda que delineadas pelo direito e, depois dessa fase, com tais resoluções já realizadas dado o enfrentamento cognitivo pelo juízo, a atividade judicante passa a debruçar-se sobre as questões de direito, justamente com base no suporte fático concreto outrora decidido, desenvolvendo-se com predominância jurídica, apesar do arcabouço de fatos existentes e fixados.

---

214 Sobre a relação entre questão de fato e questão de direito, com as influências sobre a existência, ou não, de controvérsia sobre os fatos: "Todo direito subjetivo decorre do binômio norma-fato. O conhecimento é problema do juiz. Esta, todavia, produzirá determinado efeito se e quando presente estiver o fato sobre o qual incide, cumprindo às partes, conforme o caso, o ônus de provar o fato controvertido no processo." MACHADO, Hugo de Brito. As questões de fato e a sentença de mérito. **Revista Dialética de Direito Processual.** Vol. 96. p. 65-71. São Paulo, mar/2011. p. 68.

215 No sentido de predominância de um sobre o outro, mas nunca de isolamento: ALVIM, Teresa Arruda. Distinção entre questão de fato e questão de direito para fins de cabimento de recurso especial. **Revista de Processo.** vol. 92. p. 52-70. São Paulo: Ed. RT, 1998. p. 53.

216 Sobre essa discussão no âmbito recursal superior: FONSECA, João Francisco Naves da. **Exame dos fatos nos recursos extraordinário e especial.** São Paulo, SP, 2010. 192 p. Dissertação (Mestrado). Universidade de São Paulo. Programa de Pós-Graduação em Direito.

217 DIDIER JR., Fredie. Objeto da cognição judicial. **Revista Dialética de Direito Processual.** Vol. 6, p. 12-23, São Paulo: Dialética, set/2003. p. 15.

De certa maneira, a questão de fato, por mais complexa que seja de cindi-la da questão de direito, ela é antecedente a esta[218], com a necessidade de uma cognição prévia[219] num caminho anterior a ser seguido para conceder a aptidão à resolução da questão de direito, apesar de auxiliá-la e, com sutil aparência de caminhar conjuntamente.

Posta essa distinção como possível, a questão de fato é importante para o desenvolvimento da pretensão em juízo, diante da existência de pontos fáticos contraditados[220] pelas narrativas do autor e do réu ou pela impossibilidade de presunção de veracidade[221], com o juízo prosseguindo com a instrução probatória em todos esses casos.

Não há demanda que não se baseie em uma narrativa fática, com total potencial para que possa se transformar em uma questão de fato a ser resolvida, pelo contraditório inerente aos acontecimentos de fato, caso o réu se contraponha ao que foi narrado pelo autor[222]. Ou seja, não há o que se demandar sem

---

218 Greco fala exatamente sobre essa antecedência sobre a questão de fato à questão de direito, justamente pela necessidade de comprovar a situação fática controvertida, para somente após discutir-se a questão jurídica. "De nada adianta o direito em tese ser favorável a alguém se não consegue demonstrar que se encontra numa situação que permite a incidência da norma." GRECO FILHO, Vicente. **Direito processual civil brasileiro.** Vol II. 16ª. ed. São Paulo: Saraiva, 2003. p. 181.

219 "para ser objeto de prova, o fato precisa ser controvertido, isso é, afirmado por uma parte e negado por outra." WAMBIER, Luiz Rodrigues; TALAMINI, Eduardo. **Curso avançado de processo civil.** vol. 2, 5ª. ed. São Paulo: Ed. RT, 2016. p. 242.

220 "aqueles que são afirmados por uma parte e impugnados pela parte contrária. (...) Todo fato relevante à causa, que influa no convencimento do juiz, precisa ser provado." ALVIM, Arruda. **Novo contencioso cível no CPC.** São Paulo: Ed. RT, 2016. p. 242.

221 Sobre a presunção da veracidade, não é automática, não é absoluta, com a necessidade de análise sobre a possibilidade de ocorrência: "Uma das características da *praesumptionis juris*, está no seu efeito: dispensa do ônus da prova aquele que as tem em seu favor. (...) É preciso que se entenda essa regra nos seus devidos limites (...) Quem a invoca deverá necessariamente demonstrar que está na situação de poder invocá-la. Por ser legal, a presunção não deixar de ser uma presunção, e, portanto, constituída de três elementos: 1º.) o fato conhecido; 2º.) o fato desconhecido; 3º.) o nexo de causalidade entre o ato conhecido e o fato desconhecido. O fato desconhecido é havido como provado pela lei, que também tem como reconhecido e preestabelecido o nexo de causalidade, mas isto e aquilo se verificam quando quem invoca a presunção faça provado o fato do qual ela dimana, isto é, o fato conhecido." MALUF, Carlos Alberto Dabus. As presunções na teoria da prova. **Revista de Processo.** Vol. 24, Ano 6, p. 62-88, São Paulo: Ed. RT, Out/Dez/1981. p. 77.

222 "Assim, o juiz, ao julgar, deve fazer três indagações: a) se os fatos se passaram como afirmado pelo demandante ou não; b) que norma(s) jurídicas(s) disciplinam os fatos; e c) quais as consequências determinadas pela(s) norma(s) jurídica(s). Por tal razão, costuma-se, para fins didáticos, equiparar a atividade do juiz a um silogismo: há a

narrativas de fatos, contudo pode haver demanda sem questão de fato a ser resolvida, pela hipótese de falta de argumentação contraditória do réu sobre tal ponto, passando-se automaticamente para a subsunção da norma diante desse suporte fático já delineado como incontroverso.

2.3.3.1 *A pluralidade das questões de fato num processo complexo objetivamente*

A existência de uma pluralidade de relações jurídicas no processo, seja por diversas partes nos polos, seja pela cumulação de pedidos, não pressupõe que haja uma pluralidade de questões de fato. Pode ocorrer um processo complexo objetivamente que dependa somente de uma questão de fato para solucionar todas as bases jurídicas a serem decididas, ainda que seja em caráter excepcional.

Ou seja, um processo objetivamente complexo não significa que seja faticamente complexo, dependendo obviamente da disposição da narrativa fática realizada pelas partes em suas postulações. Se houver pluralidades de partes ou pedidos e uma só questão de fato cerne para a cognição do processo, por mais complexa que seja essa pluralidade de relações a serem respondidas pelo juízo, estas dependerão de somente uma definição sobre pontos fáticos, importando em um só ato decisório, numa inviabilidade da cisão cognitiva e o fracionamento do processo em dois momentos decisórios.

Um exemplo seria uma ação sobre a alegação de inscrição indevida no cadastro de inadimplentes com pedidos cumulados: *(i) declaração de inexistência de débito; (ii) obrigação de fazer para a retirada do nome do cadastro citado.* Para ambos os pedidos serem julgados somente há a necessidade da resolução de uma questão de fato: a controvérsia se a inscrição é devida ou indevida.

Com a resolução desta questão de fato, o juízo pode julgar tanto a declaração de que o débito é existente ou não quanto se há ou não obrigação de fazer para retirar o nome do cadastro de inadimplentes. Logo, não há como cindir o processo para uma decisão sobre um pedido em um momento processual, com a postergação do outro pedido para a sentença, justamente por ambos dependerem de somente uma resolução fática. Uma vez esta determinada questão de fato resolvida, todos os pedidos podem ser julgados na sentença, num único ato decisório, sem cindibilidade.

---

subsunção de uma premissa menor (os fatos) a uma premissa maior (a regra jurídica)." YOSHIKAWA, Eduardo Henrique de Oliveira. A distinção entre prescrição e decadência no Direito brasileiro e a teoria da ação de direito material. **Revista Dialética de Direito Processual.** Vol. 109, p. 9-27, São Paulo: Dialética, 2012. p. 30/31.

Por outro lado, num processo complexo objetivamente, com diversas relações jurídicas a serem solucionadas, há a possibilidade de existência de uma pluralidade de questões de fato, diante de uma igual complexidade dos acontecimentos fáticos narrados pelas partes em suas postulações e com a necessidade consequente de que todas essas questões sejam enfrentadas para que se possa realizar a cognição judicial, com a posterior subsunção.

Numa situação destas, há a confluência entre um processo complexo objetivamente e uma complexidade de questões de fato, tornando ainda mais complexa a cognição judicial a ser realizada, contudo abrindo a viabilidade permissiva de uma possível cisão cognitiva e fracionamento decisório, caso se configurem os requisitos pertinentes para que o julgamento seja fracionado, com a possibilidade de momentos decisórios separados na prestação da jurisdição.

Dessa maneira, diante de uma situação processual como essa, com pluralidade de partes ou pedidos e igualmente plural em suas questões de fato, abre-se a possibilidade de que uma destas questões contenha resolubilidade desde logo, seja por ser incontroversa (motivo mais comum), seja pelas partes terem possibilitado uma dispensa de produção de prova, ambas viabilizando a abertura da possibilidade de decisão sobre esta questão de fato e a análise se alguma das relações jurídicas existentes no processo dependa somente dessa determinada questão de fato.

Obviamente que não é a mera resolubilidade de uma das questões de fato que permite a cisão cognitiva e o fracionamento decisório, mas uma série de requisitos, com a necessidade de análise entre as interligações de cada questão de fato e a cognição judicial sobre cada uma das relações jurídicas a serem resolvidas, seja pela pluralidade de partes, seja pela pluralidade de pedidos.

2.3.3.2 A pluralidade das questões de fato e a sua resolubilidade parcial como requisitos para a possibilidade da decisão parcial

Quando um processo for complexo objetivamente, seja pela cumulação de pedidos, seja pela pluralidade de partes em um dos polos, o processo será dividido em capítulos para serem resolvidos de modo autônomo[223], nos moldes da teoria dos capítulos de sentença.

Esses capítulos são divididos entre a admissibilidade e mérito, ou, ainda, internamente dentro do próprio mérito, com relações autônomas entre estes ca-

---

223 DINAMARCO, Cândido Rangel. **Capítulos de sentença.** 3ª. ed. São Paulo: Malheiros, 2008. p. 42.

pítulos, dada a possibilidade do juízo em analisar de maneira específica e isolada cada um desses capítulos[224], com respostas igualmente específicas e separadas.

No tocante à divisão entre o capítulo da admissibilidade[225], o juízo deve analisar se os pressupostos processuais estão preenchidos e, esse ponto é autônomo em relação ao pleito da jurisdição, com a antecedência de análise e subordinação. Não haverá julgamento de mérito sem a análise positiva da admissibilidade, em capítulo autônomo e, evidentemente, que essa análise pode culminar numa admissibilidade negativa.

No tocante à divisão interna do próprio mérito, o processo pode ser complexo objetivamente[226] pela existência de diversas relações jurídicas, seja pela cumulação de diversos pedidos na mesma demanda, seja pela inclusão de uma pluralidade de autores ou de réus – ou de ambos, tornando uma demanda múltipla em pedidos ou em relações jurídicas a serem resolvidas.

Diante disso, no mérito, cada capítulo será autônomo a outros capítulos, um pedido será julgado com autonomia a outro pedido, cada relação jurídica entre as partes será julgada com autonomia sobre cada relação, com exceção ao litisconsórcio unitário[227].

Se todos os capítulos do processo podem ser julgados de modo autônomo, em todas as situações pode ocorrer uma cisão cognitiva e fracionamento decisório, separando capítulos para serem julgados em decisão parcial e com outros aguardando para uma decisão somente no ato da sentença? A resposta é negativa, mesmo diante de um processo complexo objetivamente, o que determina a possibilidade de cisão será a relação do processo, dos seus capítulos decisórios autônomos com as questões de fato, seja do próprio processo, seja de situações específicas, como fatos atinentes a um pressuposto processual específico.

No entanto, pertinente entender que as questões de fato não perfazem capítulos do processo, somente trabalham diante de uma cognição judicial ne-

---

224 "o tipo de sentença que importa para os fins desse trabalho é aquele em que coexiste mais de uma resolução de mérito." BARBOSA MOREIRA, José Carlos. Sentença Objetivamente Complexa, Trânsito em Julgado e Rescindibilidade. **Revista Dialética de Direito Processual.** Vol. 45, São Paulo: Dialética, dez/2006. p. 54.

225 "o exame da admissibilidade do procedimento nada mais é do que o exame da possibilidade de o objeto litigioso ser apreciado." DIDIER JR., Fredie. **Curso de direito processual civil: teoria geral do processo e processo de conhecimento.** 17ª. ed. Salvador: Juspodivm, 2015. p. 445.

226 Sobre a nomenclatura: BARBOSA MOREIRA, José Carlos. Sentença Objetivamente Complexa, Trânsito em Julgado e Rescindibilidade. **Revista Dialética de Direito Processual.** Vol. 45, São Paulo: Dialética, dez/2006. p. 54.

227 Por este ser considerado como somente uma "pessoa" em juízo, para fins processuais e relacionais, apesar da pluralidade.

cessária para definição da narrativa fática[228] a ser considerada como um suporte fático concreto para a resolução dos capítulos.

Logo, na existência de um processo objetivamente complexo, com cumulação de pedidos ou pluralidade de partes, a cognição judicial estará envolta a resolver questões de fato[229] que serão a base para a definição das questões de direito e, consequentemente, do julgamento de cada capítulo do processo e, em algumas hipóteses, possibilitar que esse julgamento seja cindido cognitivamente, com a resolução dos capítulos em momentos diversos do processo, fracionando os momentos decisórios existentes.

A cisão de um processo somente será possível se tivermos *um processo objetivamente complexo*, o que seria o primeiro requisito para a possibilidade que o juízo perceba a viabilidade de prolatar uma decisão parcial, com o prosseguimento da instrução do capítulo – ou capítulos – restante.

Mesmo diante das espécies de decisão parcial – com ou sem resolução do mérito, o processo ser objetivamente complexo é a base para essa específica pluralidade cognitiva e, diante disso, a abertura para uma cisão e fracionamento decisório.

Por outro lado, se um processo não detém essa complexidade objetiva, igualmente não é cindível. Essa pluralidade e complexidade que possibilitam a cisão cognitiva e o fracionamento decisório, afinal, somente pode ser cindido aquilo que é plural[230], aquilo que é passível de divisão[231].

---

228 DIDIER JR., Fredie. Objeto da cognição judicial. **Revista Dialética de Direito Processual.** Vol. 6, p. 12-23, São Paulo: Dialética, set/2003. p. 15.

229 "Há questões de fato, correspondentes à dúvida quanto a uma assertiva de fato contida nas razões de alguma das partes." DINAMARCO, Cândido Rangel. O conceito de mérito em processo civil. **Revista de Processo.** Vol. 34, Ano 9, p. 20-46, São Paulo: Ed. RT, Abril/Jun/1984. p. 25.

230 Sobre a necessidade de pluralidade e divisibilidade: "Obviamente, apenas pode-se cogitar de resolução parcial do mérito quando comportar ele próprio, o *meritum causae*, divisão." SIQUEIRA, Thiago Ferreira. O julgamento antecipado parcial do mérito no Novo Código de Processo Civil brasileiro. **Civil Procedure Review.** Vol. 7, p. 165-208, 2016. p. 182.

231 "Assim, é possível a ocorrência de desmembramento na apreciação (acolhimento, rejeição, extinção parcial do processo) dos pedidos durante o andamento da relação processual, fazendo com que, o processo passe a tratar apenas de pedido simples ou a diminuição dos pedidos cumulados. Eventualmente, esse desmembramento poderá ensejar decisão definitiva, inclusive, com cognição suficiente para ensejar a imunização do julgado." ARAÚJO, José Henrique Mouta. **A resolução parcial de mérito e a coisa julgada progressiva: reflexos no sistema processual como forma de assegurar a brevidade da prestação jurisdicional.** Belém, PA, 2004. 302 p. Tese (Doutorado). Universidade Federal do Pará. Programa de Pós-Graduação em Direito. p. 145.

Ultrapassada a necessidade da complexidade objetiva do processo para que seja possível a cisão, passa-se à análise do segundo requisito: *a pluralidade de questões de fato a serem resolvidas.* No entanto, se houver a complexidade objetiva que dependa de somente uma questão de fato, como já enfrentado, com todos os atores processuais e as matérias atinentes à resolução do processo interligados à mesma questão de fato, há uma evidente impossibilidade da cisão, dada a necessidade da prolação de uma única decisão – com a resolução da única questão de fato e o impacto desta em todos os pedidos.

Ou seja, mesmo diante de um processo com diversos capítulos autônomos no direito, se forem interligados faticamente, a aptidão e conclusão para a resolução do mérito – ou até sem resolução do mérito – será integral, sem a possibilidade de cisão cognitiva ou procedimental.

De outro modo, se houver pluralidade de questões de fato, diante de um processo complexo objetivamente, abre-se a possibilidade, diante da interligação das questões e dos pedidos e partes para que se possa cindir a cognição, com a prolação, se cumpridos critérios de resolução e incontrovérsia parcial fática[232], de uma decisão parcial da demanda.

Depois desse requisito, um ponto fundamental para possibilitar que o juízo prolate uma decisão parcial é a estabilização ou resolubilidade de ao menos uma das questões de fato. Desse modo, se for viável que o juízo resolva determinada questão de fato, seja por já ser passível de resolução[233], seja pelo reconhecimento das partes sobre da questão de fato base para determinado pedido, tornando-se incontroversa[234], abre-se outro requisito para a prolação de uma decisão parcial, com cisão cognitiva e fracionamento decisório.

---

232 Sobre a possibilidade dessa incontrovérsia fática ser de modo tácito: "Será, por exemplo, a hipótese do réu que, contestando, repelisse as consequências jurídicas pretendidas pelo autor, sem infirmar a verdade dos fatos por ele arguidos, mas sem acolhê-los, expressamente, como verdadeiros. (...) A questão será puramente de direito, exigindo, de logo, o seu julgamento."CALMON DE PASSOS, José Joaquim. **Comentários ao código de processo civil.** Vol. III, 6ª ed. Rio de Janeiro: Forense, 1989. p. 422.

233 "As questões de fato são resolvidas mediante prova; a prova, portanto, é um argumento de certificação para que o juiz possa ter como verdadeira ou procedente determinada argumentação fática." MACÊDO, Lucas Buril. Coisa julgada sobre fato? análise comparativa com o *collateral estoppel* de sua possibilidade de *lege lata* ou de *lege ferenda.* **Revista de Processo.** vol. 260, p. 355 – 412, São Paulo: Ed. RT, Out / 2016. p. 363.

234 Se um determinado fato é relevante para a demanda, com potencial de ser uma questão de fato pertinente à solução de um dos pedidos – ou vários pedidos – e o réu concorda com a narrativa do autor, há uma incontrovérsia fática, tornando resolvida aquela outrora potencial questão de fato: "Diz-se que no processo existe questão simplesmente de direito quando não há controvérsia relativa ao fato. Autor e réu admitem a presença, no caso, de determinado fato. Estão de acordo quanto ao modo de ser desse fato."

Em qualquer dessas hipóteses, a questão de fato é o ponto de partida - junto com a complexidade objetiva do processo - para a quebra cognitiva do processo, é o momento em que abre-se a possibilidade para a cindibilidade, dada a configuração de uma bifurcação cognitiva existente pela resolubilidade ou estabilização da questão de fato[235] autorizante - ou pela incontrovérsia desta[236] - e vinculada a um pedido ou uma cognição específica.

Obviamente que a estabilização dessa questão de fato específica, tornando-a incontroversa ou a abertura para a sua resolubilidade, devem relacionar-se com a possibilidade de julgamento de parcela específica do processo, utilizando como base somente esse ponto fático resolúvel cognitivamente, sem a necessidade de que prossiga, uma vez que não depende de outras questões de fato serem resolvidas.

O que pode ser julgado de modo a cindir o processo deve depender somente dessa questão de fato específica e, com a configuração da viabilidade dessa resolução, consequentemente, abre-se a possibilidade de cindir o processo.

No entanto, há mais um requisito, a necessidade de que a outra parcela do processo - os demais pedidos - ainda necessitem de, no mínimo, outra questão de fato ainda pendente, com a exigência de uma instrução probatória para tanto.

Logo, são requisitos, para a cisão cognitiva, a existência de uma pluralidade de questões de fato a serem resolvidas[237], e, após a resolução e estabilização de, no mínimo, uma determinada questão de fato, que esta autorize o julgamento de parcela de demanda, com outras questões de fato - ou ao menos uma - continuando pendentes, proporcionando o prosseguimento do restante do processo - os demais pedidos, dada a pendência fática para sua cognição total.

MACHADO, Hugo de Brito. As questões de fato e a sentença de mérito. **Revista Dialética de Direito Processual.** Vol. 96, p. 65-71, São Paulo, mar/2011. p. 68.

235 Para que uma questão de fato seja resolvível antecipadamente, as provas devem estar ali dispostas para tanto, sem necessidade de novas produções de provas: "A solução de uma questão de fato depende, evidentemente, da prova que seja oferecida pelas partes." MACHADO, Hugo de Brito. As questões de fato e a sentença de mérito. **Revista Dialética de Direito Processual.** Vol. 96, p. 65-71, São Paulo, mar/2011. p. 69.

236 Sobre a incontrovérsia dos fatos: "a incontrovérsia dos fatos pode ser expressa ou tática. Deriva, a tácita, do comparecimento e da contestação do réu, que silencie sobre os fatos postos pelo autor." GRINOVER, Ada Pellegrini. O julgamento antecipado da lide: enfoque constitucional. **Revista de Processo.** Vol. 5, Ano 2, p. 101-114, São Paulo: Ed. RT, Jan/Mar/1977. p. 106.

237 "Diante de um fato controvertido, o primeiro cuidado do julgador deve ser examinar sua pertinência; subsequentemente, relevância, se acaso admitido como pertinente; por último, a pertinência e a relevância, não mais do fato em si mesmo, sim da prova que sobre esse fato a parte pretende produzir." CALMON DE PASSOS, José Joaquim. **Comentários ao código de processo civil.** Vol. III, 6ª ed. Rio de Janeiro: Forense, 1989. p. 423/424.

Ou seja, como requisitos para uma cisão cognitiva, há a seguinte construção necessária: *(i) a complexidade objetiva do processo por cumulação de pedidos ou pluralidade de partes; (ii) a pluralidade de questões de fato; (iii) a resolubilidade ou estabilização via incontrovérsia de uma questão de fato e pendência de, no mínimo, outra questão de fato; (iv) a dependência de parcela da demanda somente da questão de fato já resolvida/estabilizada.*

Por mais que o ordenamento processual não mencione nada sobre a relação da questão de fato e a possibilidade da prolação de decisões parciais e cisões cognitivas, evidentemente que a questão de fato resolvida – ou em estado cognitivo para tanto – é uma das bases possibilitantes para a resolução parcial de um processo que for complexo objetivamente e houver pluralidade de questões de fato, resolvendo um capítulo e postergando os demais para uma prolação de sentença após a resolução de outras questões de fato outrora pendentes.

Se todas as questões de fato necessitarem[238] de instrução probatória para resolver a demanda, ainda que complexa objetivamente, não há possibilidade de cisão cognitiva, por resolver-se tudo ao mesmo tempo, ou seja, na prolação da sentença.

De igual maneira, se uma questão de fato contiver resolubilidade desde logo na procedimentalidade, mas não for totalmente influenciante a algum pedido, com todos os pleitos necessitando da resolução de outras questões, igualmente deve-se aguardar tais resoluções para a prolação da sentença, posteriormente, decidindo toda a complexidade do processo ao mesmo tempo.

Ou seja, diante dessas questões, é importante delinear que a resolução de questão de fato é um dos requisitos para a cindibilidade do processo complexo objetivamente, diante dos requisitos expostos, no entanto, outros desdobramentos sobre a questão de fato devem ser configurados para que seja possível a cisão cognitiva e o fracionamento decisório, tais como: *(i) a pluralidade de questões de fato; (ii) a relação específica dessa questão de fato com um dos pedidos; (iii) a pendência de outras questões de fato para outro pedido.*

Após esse ponto é importante analisar a interligação das questões de fato com a possibilidade das decisões parciais sem e com mérito.

---

238 Sobre questão de fato, para que seja necessário o seu deslinde e a produção de prova deve ser, além de contraditória nas narrativas fáticas, pertinentes e relevantes, como ensina Calmon de Passos: "Existindo fatos controvertidos, a necessidade de prova a respeito deles exige, ainda, que esses fatos controvertidos sejam pertinentes e relevantes. Fato pertinente é o que diz respeito à causa, o que não lhe é estranho. Fato relevante, aquele que, sendo pertinente, é também capaz de influir na decisão da causa." CALMON DE PASSOS, José Joaquim. **Comentários ao código de processo civil.** Vol. III, 6ª ed. Rio de Janeiro: Forense, 1989. p. 428. Por outro lado, sobre a possível impertinência do fato: "Fato impertinente é o que não diz respeito à causa, por ser-lhe estranho." GRINOVER, Ada Pellegrini. O julgamento antecipado da lide: enfoque constitucional. **Revista de Processo.** Vol. 5, Ano 2, p. 101-114, São Paulo: Ed. RT, Jan/Mar/1977. p. 107.

2.3.3.3 As questões de fato para a cognição da decisão parcial sem mérito

A extinção da demanda é uma possibilidade decisória consequente da análise sobre preenchimento pelo autor[239] dos pressupostos processuais inerentes ao próprio ato de postular e o resultado pela constatação de alguma irregularidade. Se o processo não cumprir algum dos pressupostos de existência[240] ou de validade[241], consequentemente, não terá a admissibilidade para que prossiga em sua procedimentalidade, bem como não alcançará o julgamento de mérito.

Inicialmente, uma vez constatada a existência de um vício no processo, é salutar que o juízo analise se este é sanável e oportunize que ao autor o prazo para corrigir o vício[242], para o devido prosseguimento da demanda, com diversos dispositivos nesse sentido. Se for sanável, com prazo para sanabilidade concedido e não for realizada tal feito, o processo deve ser extinto[243], bem como se o vício

---

239 Ou do réu em eventual reconvenção.

240 Sobre o termo "pressuposto de existência": CARVALHO, José Orlando Rocha de. **Teoria dos pressupostos e dos requisitos processuais.** Rio de Janeiro: Lumen Juris, 2005.

241 Sobre a validade, a acepção correta seriam requisitos de validade e não pressupostos: "Costuma-se falar em pressupostos de existência e de validade. A terminologia merece uma correção técnica. Pressuposto é aquilo que precede ao ato e se coloca como elemento indispensável para a sua existência jurídica; requisito é tudo quanto integra a estrutura do ato e diz respeito à sua validade (...). Assim, é mais técnico falar em requisitos de validade, em yez de "pressupostos de validade"." DIDIER JR., Fredie. **Curso de direito processual civil: teoria geral do processo e processo de conhecimento.** 17ª. ed. Salvador: Juspodivm, 2015. p. 315.

242 Sobre a sanabilidade do vício na demanda e a necessidade de oportunizar ao autor prazo devido para tanto, impossibilitando o juízo de prolatar uma decisão automática de extinção: "São vícios que o maculam. Se puderem ser sanados, o juiz deverá ordenar neste sentido, cabendo providenciar a parte, em prazo não superior a trinta (30) dias." LIMA, Alcides Mendonça de. As providências preliminares no código de processo civil brasileiro de 1973. **Revista de Processo.** Vol. 1, Ano 1, p. 26-42, São Paulo: Ed. RT, 1976. p. 39. No CPC/2015: "a regra é a de que se deve aplicar, ao exame dos pressupostos processuais, o sistema de invalidades do CPC, segundo o qual se deve buscar, sempre, a correção do defeito processual, mesmo que se trate da falta de um pressuposto processual. Remetemos o leitor aos capítulos sobre as normas fundamentais do processo civil (princípio da primazia da decisão de mérito) e invalidades processuais." DIDIER JR., Fredie. **Curso de direito processual civil: teoria geral do processo e processo de conhecimento.** 17ª. ed. Salvador: Juspodivm, 2015. p. 315.

243 Sobre a extinção do processo por vício insanável: "Assim, fazendo presente aquilo que prevê o art. 317 deve o juiz, antes de proferir decisão sem resolução do mérito, que não é o objetivo do processo, deve oportunizar à parte a faculdade de corrigir o noticiado vício, desde que sanável, por óbvio." THAMAY, Rennan Faria Kruger. **Manual de direito processual civil.** 1. ed. São Paulo: Saraiva, 2018. p. 254. Esse cuidado para que haja a

for diretamente insanável, partindo logo para sua extinção[244], uma vez que seria impossível de conceder prazo para sanar o que não tem sanabilidade.

Para que seja possível a prolação de uma decisão parcial sem resolução de mérito, igualmente deve preencher os requisitos delineados e mencionados no subcapítulo anterior sobre a necessidade de complexidade objetiva da demanda, pluralidade de questões de fato e resolubilidade parcial destas questões, bem como a pendência de resolução de uma questão com impacto na parcela que prosseguirá em litispendência.

A complexidade objetiva da demanda continua sendo necessária para a cisão cognitiva do processo, mesmo que esta seja para julgar parcela sem exame de mérito, com base no art. 354, parágrafo único do CPC. Há, portanto, a necessidade de que haja uma pluralidade de partes em um dos polos da demanda ou que se tenha uma cumulação de pedidos para que seja possível a prolação de uma decisão parcial sem resolução do mérito[245].

---

possibilidade de sanabilidade seria uma das manifestações do dever de prevenção do juízo: MARINONI, Luiz Guilherme; ARENHART, Sérgio Cruz; MITIDIERO, Daniel. **Novo código de processo civil comentado.** São Paulo: Ed. RT, 2015. p. 331.

244 Sobre a insanabilidade do vício e a necessidade de prolação de decisão sem mérito: "Se, porém, a matéria tiver de ser decidida a favor do réu, acolhendo uma ou alguma de suas alegações (como o reconhecimento de coisa julgada ou de carência de ação), ou se houver nulidade insanável, o juiz deverá proferir sentença, extinguindo o processo (...) Ocorrerá um caso do julgamento conforme o estado do processo, embora sem decidir o mérito." LIMA, Alcides Mendonça de. As providências preliminares no código de processo civil brasileiro de 1973. **Revista de Processo.** Vol. 1, Ano 1, p. 26-42, São Paulo: Ed. RT, 1976. p. 39. No CPC/2015: "extingue o processo em função de outro pressuposto processual, como a capacidade da parte, a inépcia da petição inicial, a litispendência, a coisa julgada ou, simplesmente, porquanto a ação se exauriu, como no caso da sentença que extingue a execução." TESHEINER, José Maria Rosa; THAMAY, Rennan Faria Kruger. **Teoria Geral do Processo: em conformidade com o Novo CPC.** Rio de Janeiro: Forense, 2015. p. 173.

245 Sobre essa decisão parcial sem mérito como possível no ordenamento processual anterior: "E, sendo um, pode sofrer extinção quanto à parte apenas do seu objeto, ou só com respeito a um ou alguns dos litisconsorciados, quando inadmitida, ou separadamente julgada no seu mérito, uma só ou só algumas das ações que nele se processam; ou ainda quando se verifique alguma das situações definidas no art. 267 que só afete a uma ou algumas das ações submetidas a *simultaneus processus*. Essa é a situação que propomos denominar extinção "imprópria" do processo e que, como a verdadeira extinção, pode-se dar com ou sem julgamento do mérito. Dizemo-la imprópria porque a denominação não se ajusta ao conteúdo conceitual, nem se compatibiliza, do ponto de vista semântico, com a continuação do processo que aí ocorre. Extinção contém a idéia de encerramento, término, ponto final. E, no caso, tal não se dá, pois o processo deve prosseguir sua marcha. Trata-se, pois, de extinção impropriamente dita – ou, mais

Se houver pluralidade de partes em um dos polos – ou de ambos – do processo, é possível analisar os pressupostos sobre cada relação jurídica existente entre autor x réu, de cada autor com cada réu, com a possibilidade de exclusão de quem não for legitimado para estar em juízo, com a continuidade das relações que forem legítimas para aquela relação jurídica e aquele processo.

Desse modo, somente é excluído quem não detiver legitimidade para estar em juízo, tanto ativa quanto passivamente, com a prolação de uma decisão parcial sem resolução do mérito.

Se houver cumulação de pedidos, os pressupostos processuais são isolados a cada pedido, com a devida análise se a demanda individual de cada pedido cumulado é possível e cumpriu os requisitos atinentes a cada um destes.

Como os pressupostos processuais devem ser preenchidos de modo individualizado para cada um dos pedidos, se um pedido não tiver esse preenchimento e os demais sim, de modo positivo, é possível a prolação da decisão parcial sem resolução do mérito, com a extinção parcial do processo[246] sobre aquele pedido que não cumpriu os pressupostos processuais a ele inerentes.

Mas, existirá uma relação dessa decisão parcial sem resolução do mérito com as questões de fato? A resposta é positiva, afinal toda a análise sobre o preenchimento ou não dos pressupostos processuais será diante de um suporte fático concreto sobre a admissibilidade do processo, com total influência das questões de fato sobre a cognição judicial das preliminares de conhecimento do processo.

Igualmente as questões de fato devem ser plurais para a possibilidade de uma cisão cognitiva do processo sem mérito, com a resolução de uma questão específica sobre o ponto do processo que será extinto. Todavia é importante diferenciar as questões de fato sobre a própria demanda e determinado pedido das questões de fato sobre a admissibilidade desse mesmo pedido.

Um exemplo seria a existência de uma cláusula compromissória de arbitragem para o objeto de um pedido, mas que não alcança o outro pedido do processo, a análise desse pressuposto processual negativo será no limite do pedido impactado. A existência, ou não, dessa cláusula é uma questão de fato que culminará na resolução de uma questão de direito que impedirá o prosseguimento desse pedido na jurisdição estatal, com a prolação de uma

---

simplesmente, extinção imprópria." FABRÍCIO, Adroaldo Furtado. **Ensaios de direito processual.** Rio de Janeiro: Forense, 2003. p. 237.

246 Câmara critica esse termo "extinção parcial": "Veja-se que neste caso não há uma "extinção parcial do processo" (ideia absolutamente equivocada, absurda mesmo, já que nada pode ser "parcialmente extinto"). O que há nessas hipóteses é a redução subjetiva ou objetiva do processo, por decisão interlocutória, impugnável por agravo de instrumento (art. 354, parágrafo único)." CÂMARA, Alexandre Freitas. **O novo processo civil brasileiro.** 4ª ed. São Paulo: Atlas, 2018. p. 201.

decisão parcial sem resolução do mérito para esse pedido, mas que possibilita o prosseguimento do restante do processo, referente ao pedido não impactado pela referida cláusula.

Logo, sobre o preenchimento dos pressupostos processuais podem ser analisadas as questões de fato narradas pelo autor para toda a demanda e processo, bem como outros fatos específicos de cada pressuposto, diante de ocorrências e alegações do réu na demanda e processo, ou do próprio juízo no que puder conhecer de ofício, como na existência de coisa julgada de somente um dos pedidos, por exemplo.

Sobre a legitimidade e interesse de agir, a análise poderá ser perfunctória, baseada já na narrativa dos fatos pelo próprio autor[247], uma vez que a extinção parcial impactará somente ele. Se o autor narrar os fatos e não demonstrar que é legítimo ou que tenha interesse processual para determinado pedido, o juízo pode pedir esclarecimentos e sanabilidade e, se for o caso, julgar extinto o processo para aquela parte. Se houver uma pluralidade de partes, se for um litisconsórcio, somente deve ser excluído este litisconsorte, seja por ilegitimidade, seja por falta de interesse deste em relação aos pedidos.

Nessa situação, a própria narrativa do autor[248] pode servir como base para essa análise já na inicial, contudo pode também ser somente em momento posterior, com alegações sobre esses pontos pelo réu, na peça de defesa, com análise posterior, no saneamento, por exemplo, extinguindo parcialmente a demanda, com a exclusão daquele determinado litisconsorte que não for legítimo ou o pedido que não for demonstrado interesse processual existente.

De qualquer modo, há a necessidade da resolução cognitiva de uma questão de fato que possibilite a extinção somente de parcela da demanda. No entanto, é pertinente o entendimento de que esta questão de fato autorizante da prolação de uma decisão parcial sem mérito não é necessariamente uma questão de fato sobre a matéria de fundo, mas uma alegação de fato sobre o preenchimento ou não dos pressupostos processuais inerentes a própria formação da relação processual.

---

247 Seria a base da teoria da asserção: "O que importa é a afirmação do autor, e não a correspondência entre a afirmação e a realidade, que já seria problema de mérito." MARINONI, Luiz Guilherme. **Novas linhas do processo civil.** 3• ed. São Paulo: Malheiros, 1999. p. 212.

248 Explicando a teoria da asserção: "A aferição das "condições da ação" se faz através de uma técnica conhecida como *teoria da asserção*. Não obstante este nome, de uso consagrado, não se está aí diante de uma verdadeira teoria, mas de uma técnica para verificação da presença das "condições da ação". Asserção, como cediço, significa *afirmação*, e daí vem o nome desta técnica, por força da qual as "condições da ação" devem ser examinadas *in statu assertionis*, isto é, no estado das afirmações feitas pela parte em sua petição." CÂMARA, Alexandre Freitas. **O novo processo civil brasileiro.** 4ª ed. São Paulo: Atlas, 2018. p. 36.

2.3.3.4 As questões de fato para a cognição da decisão parcial com mérito: uma classificação

Para que seja possível uma decisão parcial de mérito são necessários vários requisitos preenchidos, como exposto, contudo é importante delinear como requisito também a existência de uma pluralidade de questões de fato e, ainda, que haja uma interligação entre essas questões de fato e a complexidade objetiva da demanda, com a concepção sobre uma independência total entre as questões de fato, com a uma total possibilidade de cindir o processo e julgar parcialmente ou uma independência parcial, autorizando, de igual maneira, a cisão cognitiva, mas com algumas diferenças.

Para tanto, há a necessidade de classificar essas situações entre as impossibilidades de cisões por causa da ausência de independência fática e as possibilidades entre independência total e parcial.

2.3.3.4.1 Impossibilidade de cisão de mérito: processo com total dependência entre a resolução das questões de fato e os pedidos ou relações jurídicas entre as partes

Apesar do enfrentamento de questões de fato em um processo objetivamente complexo, é pertinente lembrar que num processo simples também pode conter diversas questões de fato a serem resolvidas, todas insertas na causa de pedir e influenciantes às questões de direito e ao pedido constante no pleito de jurisdição.

No entanto, aos processos simples objetivamente, apesar da possibilidade de diversas questões de fato, não há a possibilidade de cisão cognitiva por estarem envoltos diante de uma matéria de fundo somente, dada a unicidade do pedido e da relação entre um autor e um réu.

Diante disso e numa comparação com os processos complexos objetivamente, são três situações sobre questões de fato que se tem como descartáveis para este estudo, pela inadequação à situação que enfrentada, dada a impossibilidade de cisão de mérito, justamente pela sua relação com as questões de fato, as quais são listadas da seguinte maneira: *(i) pluralidade de questões de fato, um só pedido e somente uma parte em cada polo; (ii) pluralidade de pedidos ou partes em algum dos polos, contudo com somente uma questão de fato; (iii) pluralidade de pedidos ou de partes em um dos polos, com questões de fato que forem entrelaçadas, com a resolução de todos os pedidos ou relações do processo dependendo de todas as questões de fato.*

Quando houver *pluralidade de questões de fato e um só pedido, com somente uma parte em cada polo* será impossível a cisão cognitiva de mérito e fracionamento decisório pelos motivos a serem enfrentados.

Nessa situação, a primeira impossibilidade de cisão cognitiva no mérito passa pela existência de somente um pedido, o que por si só já impede ou dificulta tal cisão, tornando esse processo simples objetivamente.

A segunda impossibilidade fundamenta-se, por mais que as questões de fato sejam múltiplas, no fato do pedido depender da resolução de todas as questões de fato para que seja possível ser julgado, o que impede que essa multiplicidade proporcione uma grande cisão ou complexidade processual nos impactos de cada questão de fato resolvida.

A ligação do pedido único no processo com múltiplas questões de fato impede que a resolução de somente uma questão de fato autorize a decisão sobre o pedido, dada a pendência de outras questões de fato para tal desiderato decisório.

Essa questão de fato com resolubilidade ou incontrovérsia pode gerar uma decisão interlocutória e não ser resolvida somente na sentença? Esse ponto é interessante e importante, mas seria uma espécie diferente de fracionamento decisório, sem ser uma decisão sobre o mérito, sobre o pedido e a jurisdição em si, mas a resolução de uma questão de fato, sem enquadrar-se em uma decisão parcial.

Então, se o processo não pode ser fracionado por conter somente um pedido, importaria a quantidade de questões fáticas? Se as partes forem somente uma em cada um dos polos, a princípio a resposta tenderia a ser negativa. Todavia, é possível que o pedido seja decomponível[249], com a interligação de uma questão de fato para a procedência do pedido e a outra para a decomposição[250]. Ou seja, se há a possibilidade de que a procedência do pedido seja possível, justamente pela resolubilidade da questão de fato que a constitui, contudo ainda haja a necessidade de instrução sobre outra questão de fato essencial para a quantificação da condenação outrora julgada.

Mas, será que um pedido decomponível não seria visto como uma pluralidade de pedidos? Essa é outra questão pertinente.

---

249 "quando a pretensão incide sobre bens sujeitos a alguma espécie de quantificação, seja por unidades (dinheiro, coisas fungíveis em geral), por peso, volume etc. A decomponibilidade do objeto do processo significa que o juiz pode conceder ao autor toda a quantidade que ele pediu, ou nada, ou parte dessa quantidade." DINAMARCO, Cândido Rangel. **A reforma da reforma.** 3ª ed. São Paulo: Malheiros, 2002. p. 101.

250 Sobre a decomposição de objeto único: "São várias as situações que conduzem a divisão de uma sentença em dois ou mais capítulos de mérito, cada um dos quais decidindo sobre um desses objetos autônomos. Agrupam-se essas situações em dois blocos distintos, (a) um dos quais é apresentado pelo cúmulo de pretensões de algum modo deduzidas em um só processo e (b) o outro decorre de uma abstração condizente na decomposição do objeto único." DINAMARCO, Cândido Rangel. **Capítulos de sentença.** 3ª. ed. São Paulo: Malheiros, 2008. p. 64.

Fora dessas hipóteses de decomposição do pedido, essa pluralidade de questões de fato e um só pedido não trará grande complexidade para a cognição, justamente pelo processo não ser objetivamente complexo nestas configurações processuais.

Nesse caso, pelo pedido ser somente um, mesmo que a quantidade de questões de fato seja plural, esta diversidade somente multiplica a cognição sobre tais pontos fáticos, sem complicações de interligações com diversos pedidos ou partes e, consequentemente, sem a possibilidade de prolação de uma decisão parcial de mérito, sem a cindibilidade do processo.

Ou seja, essa eventual complexidade na cognição sobre as questões de fato descreve que todas são atinentes a um só pedido, impedindo a cisão cognitiva de mérito, tampouco fracionamento decisório, com toda a solução judicial a ser prolatada tendo o momento da sentença como o correto a ser decidido.

Um exemplo seria a discussão sobre um pedido de indenização sobre danos materiais por causa de um acidente de trânsito. O pedido seria somente a condenação para o pagamento de danos pelo prejuízo material, contudo pode se ter questões de fato diversas, como a própria existência do acidente (apesar de improvável alegação pelo réu), o modo como o acidente ocorreu e, ainda, a existência ou não de dano a ser reparado. Todas as possíveis questões de fato são inerentes a subsidiar o pedido de dano material, o que importa de uma pluralidade de questões de fato para fundamentar um só pedido, o que impede a cisão, como explanado.

Quando houver *pluralidade de pedidos ou partes em algum dos polos, contudo com somente uma questão de fato* influenciando todos os pedidos ou relações jurídicas entre as partes, a resolução desta questão impacta o processo como um todo, com a exigência de aguardo desta questão para que todos os pedidos sejam julgados.

Por mais que o processo seja objetivamente complexo, se há somente um fato a ser resolvido – o que deve certo modo é excepcional[251] – e se tem dois ou mais pedidos cumulados ou pluralidade em algum dos polos, tem-se a interligação entre a resolução da questão de fato com o próprio desenrolar das questões de mérito e do próprio mérito do processo como um todo, por ser somente uma controvérsia fática que concederá o suporte concreto para a decisão em sua integralidade, de todos os pedidos ou de todas as relações jurídicas entre as diferentes partes, possibilitando o juízo a julgar toda a matéria com somente uma cognição fática, prolatando somente um ato decisório – a sentença.

---

251 Já exemplificado anteriormente essa hipótese quando houver uma ação com pedido de inexistência de débito e obrigação de fazer para retirar o nome do cadastro de inadimplentes. Dois pedidos e uma só questão de fato base para o deslinde da situação processual.

Nesse ínterim, natural que a decisão sobre a pluralidade de pedidos ou das relações jurídicas entre as partes ocorrerá em momento conjunto, na prolação de sentença, sem tanta complexidade cognitiva sobre questão de fato, uma vez que ao resolver essa questão de fato ainda aberta em controvérsia, todos os pedidos cumulados e relações jurídicas estarão aptas a serem julgadas, sem permitir qualquer cisão de mérito na cognição, sem permitir qualquer decisão parcial, até pela desnecessidade desta pela iminência da prolação de uma sentença que encerre todo o procedimento.

Mesmo que haja a incontrovérsia ou resolubilidade antecipada sobre essa questão de fato e a possibilidade de julgamento antecipado, todos os pedidos poderão ser julgados antecipadamente, o que também impossibilita uma cisão cognitiva por causa dessa única questão de fato a ser resolvida no processo.

Quando houver *pluralidade de pedidos ou de partes em um dos polos, com questões de fato que forem entrelaçadas, com a resolução de todos os pedidos ou relações do processo dependendo de todas as questões de fato* serem resolvidas também será inviável a cisão cognitiva de mérito.

Nessa situação, os pedidos cumulados – ou relações jurídicas entre a pluralidade de partes – dependem das mesmas questões de fato serem resolvidas, sem conter nenhuma independência entre a resolução das questões de fato e o restante da matéria da demanda.

Por todas as matérias de fundo do processo serem impactadas pelas mesmas questões de fato, quando estas forem resolvidas, o processo como um todo já poderá ser julgado, com a autorização e conclusão para a prolação de uma só decisão, ou seja, o julgamento de toda a matéria na sentença, sem a possibilidade de cisão cognitiva, uma vez que por mais que haja cumulação de pedidos ou pluralidade de partes, a interligação de ambos às mesmas questões de fato autoriza o julgamento dos pedidos somente quando todas essas questões forem resolvidas e, quando forem, apesar dos pedidos ou relações serem independentes materialmente entre si, são dependentes da resolução das mesmas questões de fato.

Essa hipótese traz consigo um processo objetivamente complexo, mas somente isso não autoriza a cisão cognitiva, uma vez que a complexidade de interligações das questões de fatos com toda a matéria do processo impede esse fracionamento decisório, dada a existência de diversas questões de fato, porém com todas influenciando todos os pontos materiais do processo, culminando, quando resolvidos os fatos, na prolação da sentença, com a resolução integral do processo.

Se todos os pedidos ou relações entre as partes dependem das mesmas questões de fato, não há independência fática para a prolação de uma decisão parcial de mérito, com a necessidade de que toda a matéria do processo fique apta ao mesmo tempo para a prolação da sentença, uma vez que dependem da cognição judicial sobre os mesmos fatos, ainda que estes sejam plurais. Quando estes forem resolvidos, toda a matéria poderá ser enfrentada, resolvida e julgada na prolação da sentença, sem cisão cognitiva, até por sua desnecessidade diante dessa situação específica.

Todas essas hipóteses acima explanadas e explicadas entram na categoria de *impossibilidade de cisão cognitiva de mérito* pela conjunção da questão de fato e cumulação de pedidos ou pluralidade das partes, pelos motivos expostos.

2.3.3.4.2 A possibilidade de cisão de mérito pela independência fática

A cisão cognitiva do processo que permite uma decisão parcial de mérito tem como requisito inicial ser objetivamente complexo[252], seja pela cumulação de pedidos, seja pela pluralidade de partes e, ainda, a possibilidade de julgar um dos pedidos no transcorrer do procedimento[253] e postergar os demais pedidos para a prolação da sentença.

Além da complexidade objetiva do processo, essa hipótese necessita de todos os outros requisitos mencionados, como a conjunção da pluralidade de questões de fato, a resolubilidade ou estabilização de uma questão de fato e pendência de, no mínimo, outra questão de fato e a dependência[254] de parcela do processo somente da questão de fato já resolúvel ou estabilizada.

Ou seja, as questões de fato, a resolubilidade de uma delas e seu grau de influência nos pedidos é determinante para que seja possível a prolação da decisão parcial de mérito, nos moldes do art. 356 do CPC.

Nessas hipóteses, a questão de fato não possibilita por si só a cisão cognitiva do processo, sem ser a autorização única da prolação de decisão parcial de mérito, mas a questão de fato e sua resolubilidade ou estabilização demonstram que o modo, quantidade e o impacto desta são importantes para a possibilidade, ou não, da prolação de uma decisão parcial de mérito.

---

252 BARBOSA MOREIRA, José Carlos. Sentença objetivamente complexa, trânsito em julgado e rescindibilidade. **Revista Dialética de Direito Processual.** Vol. 45, São Paulo: Dialética, dez/2006. p. 54.

253 "Em caso de acumulação de demandas, na qual apenas um pedido (correspondente a uma demanda) foi julgado, sem que se tenha examinado o outro, parece existir omissão total, porquanto na verdade eram duas as demandas a serem julgadas por uma única sentença, esta dividida substancialmente em capítulos." OLIVEIRA, Vallisney de Souza. **Nulidade da sentença e o princípio da congruência.** São Paulo: Saraiva, 2004. p. 270.

254 Dinamarco explica a independência dos capítulos de sentença no tocante aos seus objetos, o que propomos o trabalho aqui é a visão de que essa independência material dos pedidos e capítulos não enseja, automaticamente, uma independência fática, o que importa em entendermos que a questão de fato – ou ponto fático – deve ser analisado para que possa ser possível, ou não, uma cisão cognitiva entre os capítulos de sentença. DINAMARCO, Cândido Rangel. **Capítulos de sentença.** 3ª. ed. São Paulo: Malheiros, 2008. p. 43.

Numa situação hipotética como essa, a interligação entre questões de fato com os pedidos deve ser considerada para a devida classificação e entendimento sobre as diferenças entre as situações processuais e, dessa maneira, com a configuração de uma situação autorizante do fracionamento decisório no processo.

Para tanto, importante delinear os graus de interligação entre as questões de fato e os pedidos para que se saiba as espécies dessa relação, o que se pode construir uma classificação como: *(i) pluralidade de questões de fato e interligação específica de cada pedido com um fato; (ii) pluralidade de questões de fato, com uma destas com impacto em ambos os pedidos e uma outra questão de fato que impacta somente um dos pedidos.*

Diante dessa classificação acima mencionada, é pertinente o enfrentamento de cada uma dessas hipóteses em que a resolução de questão de fato autoriza no processo objetivamente complexo a cisão cognitiva e um fracionamento decisório, com a possibilidade de prolação de uma decisão parcial de mérito.

2.3.3.4.2.1 Independência fática total

A cisão cognitiva será possível se um processo contiver uma pluralidade de pedidos ou de partes em um dos polos e uma pluralidade de questões de fato – exemplo, duas questões de fato e dois pedidos cumulados ou pluralidade de partes em um dos polos.

Se um processo tem *duas questões de fatos e dois pedidos diferentes, com cada questão de fato relacionada a um só pedido*, estes guardam, faticamente, independência entre si. Dessa maneira, a resolubilidade de cada questão de fato impacta somente ao pedido específico a ela relacionada, sem qualquer impacto no outro pedido, o que importa em não existir nenhuma interligação entre as questões de fato.

Numa hipótese como essa, não há relação entre as questões de fato e na interligação entre essas questões e as de direito, cada relação é estanque, criando duas relações – questão de fato/questão de direito – totalmente e igualmente estanques no processo. Cada resolubilidade de fato possibilita a cognição e decisão de uma questão de direito que será fundamento para um pedido, podendo, portanto, a partir da resolução da questão de fato passar-se ao julgamento daquela parcela do processo.

Desse modo, há total independência entre as cumulações, justamente pelas questões de fato não serem interligadas entre si, o que importa, dessa feita, numa situação em que resolvendo uma questão de fato, somente um pedido é impactado, sem qualquer influência no outro pedido.

Se uma questão de fato for resolúvel ou resolvida de modo precoce, sem a resolução da outra questão de fato existente, aquele pedido que tem interligação específica com a questão de fato já resolúvel ou resolvida, deve ser julgado em decisão parcial de mérito, com o prosseguimento do processo para a instrução probatória da questão de fato ainda pendente de resolução e, consequentemente, com o pedido da parcela restante do processo aguardando o desenrolar dessa instrução probatória.

Um exemplo seria uma cumulação de pedidos sobre a ocorrência de um acidente de trânsito, com o pedido de danos materiais pelo prejuízo no veículo e danos materiais por gastos hospitalares. Sem controvérsia sobre como o acidente ocorreu, as questões de fato seriam sobre a existência de cada dano – uma questão de fato sobre o prejuízo no veículo e outra sobre os gastos hospitalares. Se houver incontrovérsia sobre os danos materiais no veículo, mas ainda há controvérsia se existem gastos hospitalares ou se estes são relacionados com o acidente, o juízo pode, desde logo, cindir o processo com a prolação de uma decisão parcial de mérito sobre o pedido de dano material pelo prejuízo no veículo, justamente pela relação questão de fato e pedido, neste caso, ser estanque, sem a questão de fato do prejuízo pelo dano no veículo impactar o do hospital e vice-versa.

Essa hipótese melhor é visualizável quando a cumulação for de pedidos que não compartilhem a mesma causa de pedir[255], tornando as questões de fato sobre cada ponto totalmente diversas e, consequentemente, independentes. Todavia, mesmo que seja em pedidos da mesma causa de pedir, é possível a mesma autonomia, justamente se contiver a ocorrência de fatos estanques entre si na sua relação com os pedidos.

Uma vez configurada tal situação inter-relacional entre fatos e direito, é possível a decisão parcial de mérito pela total independência entre os capítulos do processo, seja no direito, seja nos fatos.

Essa hipótese pode ser definida como uma *cumulação de pedidos com autonomia entre os capítulos decisórios e independência fática.*

2.3.3.4.2.2 Independência fática parcial

Outra hipótese é um processo que contém *duas – ou mais – questões de fato e pedidos cumulados, com uma questão comum a todos os pedidos, com um pedido dependente somente desta uma questão de fato e os outros pedidos com a necessidade da definição de outra questão de fato.* Seriam duas questões de fato e dois pedidos, uma questão de fato é comum aos dois pedidos e uma questão de fato é somente a um dos pedidos.

---

255 Sobre pedidos cumulados com causa de pedir diversas na mesma ação, seria uma mesma ação cobrando, por exemplo, dois contratos diversos entre o mesmo autor e réu, cada pedido relacionado com cada contrato, o que geraria uma independência de causas de pedir e pedidos e, consequentemente, as questões de fato também serem estanques e, dessa maneira, totalmente viável a cisão do processo com a prolação de uma decisão parcial, caso configurável a resolubilidade de parcela do processo.

Nesse caso, se resolvida a questão de fato comum a todos os pedidos, para aquele pedido que somente depende dessa resolução fática, abre-se a possibilidade da prolação da decisão parcial de mérito, pela existência da independência desse pedido pela questão de fato que lhe é atinente já ser resolvida, mesmo que esta questão também influencie os demais pedidos.

Esse pedido não depende de qualquer outra questão de fato, podendo, então, ser julgado desde logo, sem a necessidade de instrução probatória.

O outro pedido que ainda depende da resolução da outra questão de fato aguardará a instrução probatória, porém utilizará o que se decidiu sobre a questão de fato resolvida e decidida na decisão parcial de mérito com o acréscimo da resolução da questão de fato que ainda necessita de resolução, numa junção da questão de fato decidida na decisão parcial e essa questão a ser enfrentada somente na sentença para se definir o suporte fático para esse pedido a ser julgado na sentença.

Obviamente que essa situação não é de fácil percepção e depende de muito cuidado na análise do juízo e das partes. O processo já é complexo objetivamente e contém uma pluralidade de questões de fato, contudo a configuração da situação processual é autorizante em potencial da cisão cognitiva por um dos pedidos depender da resolução de somente uma questão de fato, independentemente desta também influenciar um outro pedido que dependerá desta questão e de outra, ainda pendente de resolução, com a necessidade de instrução probatória.

Logo, a questão de fato já resolúvel ou resolvida é impactante a todos os pedidos, mas por conter subsídios para a cognição em relação à sua resolução e esta impactar um dos pedidos com a possibilidade de uma cognição exauriente, essa situação e enquadramento de bifurcação processual permite que haja uma cisão cognitiva para julgar o pedido que depender somente desta questão, fracionando a decisão do processo em dois momentos – um via interlocutório e um na sentença.

Todavia, essa resolução da questão de fato na decisão parcial de mérito impactará o outro pedido, dada uma independência fática somente de modo parcial. O complexo dessa hipótese é a recorribilidade dessa decisão parcial que define o fato comum a todos os pedidos, uma vez que o agravo de instrumento impugnativo dessa decisão parcial de mérito pode versar sobre a definição da questão de fato, com pedido de reexame de provas e análise dos fatos e um eventual êxito recursal pode impactar essa resolução fática para este pedido julgado na decisão parcial e os demais.

Mesmo com a prolação da decisão parcial de mérito, há uma continuidade da interligação entre os pedidos – o já julgado e o que ainda depende da resolução de outras questões de fato.

Essa hipótese pode ser definida como uma *cumulação de pedidos com autonomia entre os capítulos decisórios e independência fática parcial, somente sobre uma das questões.*

Um exemplo dessa situação seria uma ação de danos morais e materiais pelo cancelamento – ou overbooking – de um voo por uma companhia aérea. O cancelamento pode ser uma questão de fato, se controvertido, que influencia tanto os danos morais quanto os materiais, contudo com a resolubilidade pela existência do cancelamento, os danos morais podem ser julgados – em casos *in re ipsa* – sem nenhum outro desdobramento fático, contudo os danos materiais necessitariam de uma questão de fato, a comprovação do prejuízo material, mas o cancelamento também é base para seu suporte fático. Uma vez que se julga pela existência do cancelamento e o julgamento de danos morais, essa definição fática serve para a decisão parcial, com a possibilidade de cisão e fracionamento do processo, bem como será suporte fático para a prolação da sentença posteriormente, sobre os danos materiais.

2.3.3.5 O impacto da classificação de independência total e independência parcial nas espécies de cumulação

Diante do preenchimento de requisitos[256] e da classificação entre impossibilidade de cisão por dependência das questões de fato e possibilidade de cisão por independência, com esta última se dividindo entre independência total e parcial, é importante delinear a relação dessas possibilidades com cada espécie de cumulação de pedidos.

As cumulações se dividem entre objetiva (pedidos) e subjetiva (litisconsórcio), com subdivisão interna a estes, as quais serão discriminados para uma melhor classificação.

Sobre as cumulações de pedidos, estas são a base inicial para possibilitar que o processo seja objetivamente complexo e, posteriormente, se cumprir os demais requisitos delineados, seja possível a cisão cognitiva. As cumulações são divididas entre: *simples, sucessiva, eventual/subsidiária e alternativa.*

As possibilidades relacionais entre cumulação de pedidos e questões de fato podem ocorrer nas seguintes situações: *(i) pluralidade de pedidos e unidade de questão de fato; (ii) pluralidade de pedidos e pluralidade de questões de fato, com interligação de todas as questões a todos os pedidos; (iii) pluralidade de pedidos e pluralidade de questão de fato, com interligação específica de pedido/questão de*

---

256 Essa classificação proposta sobre a possibilidade de cisão cognitiva com fracionamento decisório do processo tem como base os requisitos apresentados como necessários para essa cindibilidade, os quais são: *(i) a complexidade objetiva do processo por cumulação de pedidos ou pluralidade de partes; (ii) a pluralidade de questões de fato; (iii) a resolubilidade ou estabilização via incontrovérsia de uma questão de fato e pendência de, no mínimo, outra questão de fato; (iv) a dependência de parcela da demanda somente da questão de fato já resolvida/estabilizada.*

fato; (iv) pluralidade de pedidos e pluralidade de questão de fato, com um fato específico de um pedido e outro fato comum a todos os pedidos.

Na *cumulação simples*, o intuito do autor é que todos os pedidos sejam julgados, com a cumulação de pedidos para a própria economicidade processual e a harmonia das decisões de matérias comuns, se houver a conexão da causa de pedir.

Essa cumulação proporciona uma divisão autônoma do processo em capítulos e independência em termos materiais, uma vez que o julgamento de um dos pedidos não condiciona o resultado do outro pedido, tampouco o seu julgamento.

No entanto, deve-se diferenciar essa independência existente na cumulação de pedidos sobre a matéria de cada um dos pedidos e a independência em termos fáticos, sobre as questões de fato. Essa total independência entre os pedidos significa que não importa o resultado de um pedido para que se julgue o outro, tampouco um resultado condiciona o resultado do outro, podendo um pedido ser procedente e outro improcedente, com ambos sendo julgados, uma vez que não há relação de subordinação, tampouco hierarquia entre estes.

Todavia, essa independência material não é sinônimo da independência sobre a questão de fato diante da construção dos requisitos apresentados neste trabalho, sendo esta construção inerente à autorização, ou não, da possibilidade de cindir a cognição via uma série de requisitos entre processo objetivamente complexo e resolubilidade das questões de fato.

Como a cumulação simples é a mais aberta de todas, como a regra do que seria a cumulação, com a independência entre pedidos, no tocante às questões de fato seguirão a construção proposta, ou seja, quando houver cumulação de pedidos, mas com questões de fato – uma ou várias – que são atinentes, ao mesmo tempo, a todos os pedidos, não deterão independência fática e deverão ser julgados ao mesmo tempo, no momento da prolação da sentença.

De outro modo, se houver alguma questão de fato que seja específica de um pedido simples[257], sem atinência ao outro pedido, com a resolubilidade ou resolução dessa questão de modo anterior às outras questões de fato, o processo com cumulação de pedidos simples pode ser cindido, dada a independência material e fática.

---

257 Essa é a hipótese mais fácil de exemplificação, com a cumulação de pedidos de danos morais e materiais, com questões de fato diversas entre si, o que resulta na possibilidade de julgar parcialmente se uma das questões de fato se tornar incontroversa ou com resolubilidade antecipada. Por outro lado, se ambas dependerem de uma mesma questão de fato, somente será possível na sentença, como já exemplificado em momento anterior, uma ação de inexistência de débito e obrigação de fazer para retirar o nome do cadastro de inadimplentes, ambos os pedidos dependem da mesma questão de fato.

Na *cumulação sucessiva* de pedidos, o intuito do autor é realizar dois pedidos, contudo com a sucessividade de análise.

Desse modo, apesar de existente dois – ou mais pedidos, um deles é antecedente e condicionante ao outro, com a necessidade de que haja a procedência – ou parcial procedência – do primeiro para que se possa conhecer desse segundo, com ulterior decisão.

Nessa situação, há primeiro a concentração cognitiva em relação ao julgamento do primeiro pedido e somente após a procedência desse pedido, cognitivamente, passa-se de mera possibilidade de julgar-se o segundo pedido para a realidade de iniciar o julgamento.

De outro modo, se o primeiro pedido for improcedente, o segundo sequer é julgado.

Não há uma independência entre as matérias e pedidos cumulados, justamente pela própria subordinação e hierarquia existente. Mas, sobre a questão de fato, a independência trabalha no mesmo plano? Evidentemente que não, dependendo, igualmente à cumulação simples, sobre como funcionará a interligação entre as questões de fato e os pedidos realizados.

No entanto, cumpre diferenciar as espécies de cumulação sucessiva: *a cumulação sucessiva do procedimento comum; e a cumulação sucessiva dos procedimentos especiais.*

É importante essa diferenciação pelo fato de que a cumulação sucessiva do procedimento comum possibilita que a sentença a ser prolatada possa conter, ao mesmo tempo, a resolução do pedido condicionante e do pedido condicionado.

Pela cumulação ser sucessiva, no procedimento comum, somente há uma subordinação e hierarquia nessa sucessividade, com a necessidade de análise primeiro de determinado pedido condicionante e, em caso de procedência, passa-se à cognição das questões envoltas ao segundo pedido, com a possibilidade de julgamento deste, o qual pode ser na mesma sentença, se for possível em termos das questões de fato inerentes a este segundo pedido.

Se todos as questões de fato forem resolvidas sobre o segundo pedido, na procedência do primeiro, a mesma sentença já pode iniciar o julgamento do subsequente.

Nessa cumulação sucessiva, se a dependência dos dois pedidos existentes for sobre a mesma questão de fato, ao julgar o primeiro pedido procedente, na sentença já inicia-se o julgamento seguinte. Igualmente ocorre quando forem duas questões de fato que impactam ambos os pedidos, com a necessidade de que ambas sejam resolvidas para possibilitar o primeiro julgamento e, assim, novamente se for procedente, passa-se ao seguinte.

Nessas duas hipóteses, os pedidos têm interligação e dependência das mesmas questões de fato.

No entanto, se nessa sucessividade, houver questão de fato independente para o pedido condicionante, com pendência fática para o segundo, o juízo prolata a decisão somente sobre o primeiro pedido, a qual terá duas hipóteses de espécie de decisão: *(i) se for procedente será uma decisão parcial de mérito; (ii) e se for improcedente, já será uma sentença, pela desnecessidade de julgar o pedido posterior/sucessivo.*

Na procedência da decisão parcial de mérito, nesse caso, abre-se o procedimento para a resolução da questão de fato pendente para o julgamento do segundo pedido, aquele que somente foi possível a abertura cognitiva pela procedência do primeiro.

O mesmo ocorrerá quando os pedidos sucessivos tiverem uma pluralidade de questão de fato, contudo com a resolução de uma questão de fato comum a ambos, porém que esta possibilite o julgamento do pedido condicionante, autorizando, portanto, a prolação da decisão parcial de mérito, se for procedente, ou sentença, se for pela improcedência.

De igual maneira, se for uma decisão parcial de mérito pela procedência[258], abrir-se-á um procedimento para a resolução da questão de fato inerente ao segundo pedido, aquele condicionado.

Já na cumulação sucessiva dos procedimentos especiais, a cisão cognitiva é inerente à própria procedimentalidade imaginada pelo legislador, com a diferença específica entre os procedimentos, com o primeiro pedido contendo uma procedimentalidade até o seu julgamento, que pode ser uma decisão parcial de mérito, se for julgada procedente – ou parcialmente – e pode ser uma sentença, se julgada improcedente.

O legislador entendeu que, nas hipóteses desses pedidos sucessivos em procedimentos especiais[259], os procedimentos são diferentes, com um específico para chegar à primeira decisão e, na hipótese de procedência desta, inaugura-se um novo procedimento rumo a alcançar uma nova decisão.

---

258 Calmon de Passos exemplifica situações em que há cumulação sucessiva: "É o que ocorre na cumulação do pedido de reconhecimento da paternidade com o de petição de herança: sem que seja tornada certa a filiação, impossível se apreciar o direito à sucessão. Mas a relação entre os pedidos pode ser de principal para acessório, como a acumulação dos pedidos de pagamento do principal e dos juros, da reintegração na posse e da condenação em perdas e danos etc." CALMON DE PASSOS, José Joaquim. **Comentários ao código de processo civil.** Vol. III, 6ª ed. Rio de Janeiro: Forense, 1989. p. 203.

259 A regra é diferente nos procedimentos especiais bipartidos, por não ser uma demanda que nasce para ser una e biparte-se, mas, ao inverso: "verificam-se algumas previsões expressas de julgamentos parciais também no âmbito de determinados procedimentos especiais que se podem denominar bifásicos ou bipartidos, como se demonstra a seguir." CORREIA FILHO, Antonio Carlos Nachif. **Julgamentos parciais no processo civil.** São Paulo, SP, 2015. 176 p. Dissertação (Mestrado). Universidade de São Paulo. Programa de Pós-Graduação em Direito. p. 80.

A cisão cognitiva nos procedimentos especiais especificados no ordenamento é obrigatória[260] em resultado de procedência, sem a possibilidade de julgar todos os pedidos em uma só sentença. Ou o primeiro pedido é improcedente e, desse modo, não possibilita a continuidade do processo, sem julgar o segundo pedido, por ser sucessivo, ou julga-se procedente o primeiro pedido em uma decisão necessariamente parcial de mérito, com a abertura da procedimentalidade para discutir-se a cognição do segundo pedido.

Ou seja, a decisão parcial de mérito é inserta de alguns procedimentos especiais como sua procedimentalidade base, como na ação de exigir contas, divisão e demarcação de terras e consignação em pagamento com dúvida sobre o credor. O próprio legislador percebe que há uma independência das matérias e de questões de fato e, ainda, uma sucessividade, com dois procedimentos diversos, com o segundo somente existindo na procedência do primeiro pedido.

As duas outras cumulações serão *impróprias*, com o pleito pelo julgamento de um pedido específico, mas com subsidiariedade ou alternatividade a este. A cumulação existente de modo impróprio não trabalha com a intenção de que todos os pedidos sejam julgados, mas com o pleito por um julgamento, uma só jurisdição a ser prestada, porém com a possibilidade de outros julgamentos, seja de modo subsidiário, seja de modo alternativo.

Na *cumulação subsidiária ou eventual*, a apreciação de um segundo pedido está condicionada a ser analisada somente se o primeiro pedido não for julgado procedente, conforme a dicção do art. 326 do CPC. Os pedidos serão listados de modo subsidiário, com uma ordem de preferência para a análise do juízo formulada pelo autor, com a possibilidade de conhecimento do pedido posterior quando o juízo não acolher o anterior.

---

260 Essa obrigatoriedade não nasce somente da vontade do legislador em transformar um procedimento em especial, mas pela própria lógica daquela tutela a ser proferida. A própria natureza do direito que se discute tem esse formato, com a especialidade como uma tutela diferenciada necessária. "Atentos respeitando tais premissas não podemos nem devemos esquecer que outros requisitos não existem simplesmente pela vontade do legislador, mas porque atende exigências cientificamente postas ou a serem postas, por serem corolários de verdades, normalmente encontradas nos rincões do direito material." ROCHA, José de Moura. Sobre os procedimentos especiais. **Revista de Processo.** Vol. 53, Ano 14, p. 22-30, São Paulo: Ed. RT, jan/mar/1989. p. 26. No CPC/2015: "Além do procedimento comum, o Código prevê vários procedimentos especiais contenciosos, cuja estrutura básica é a mesma do procedimento comum, mas adaptada ritualmente às necessidades específicas da tutela reclamada por determinadas relações ou situações de direito material. É o que se passa, por exemplo, com as ações de família, os juízos divisórios e demarcatórios, a sucessão *causa mortis*, as consignações em pagamento, as prestações de conta e várias outras demandas, cujo acertamento não se comportaria, adequadamente, dentro do procedimento comum." THEODORO JR., Humberto. **Curso de direito processual civil.** Vol. I, 59ª ed. Rio de Janeiro: Forense, 2018. p. 779.

É o inverso da cumulação sucessiva. Há uma prejudicialidade[261] entre os pedidos, sem a possibilidade de que todos sejam analisados concomitantemente, pelo fato de que o autor pleiteou uma só jurisdição e deu opções para o exercício desta, com a diferença de que na subsidiária optou por posicionar as opções em uma ordem de preferência.

O importante para o autor, na cumulação subsidiária, é o julgamento do primeiro pedido listado, na ordem de preferência. Se esse pedido for julgado procedente, não há que se falar em julgar outros pedidos[262], contudo se o resultado for pela improcedência, procede-se a abertura cognitiva para julgar o próximo pedido.

Mas, há uma influência da questão de fato sobre essa cumulação e a possibilidade, ou não, de prolação de decisão parcial de mérito? Essa indagação é pertinente.

Sobre a independência sobre as questões de fato, se houver unidade de questão de fato sobre os pedidos, o primeiro na ordem e o subsidiário, na hipótese de julgamento improcedente do primeiro, na mesma sentença o juízo já decide o segundo, sem a possibilidade de cisão cognitiva. Da mesma forma ocorrerá se houver pluralidade de questões de fato, com interligação de todas as questões a ambos pedidos.

No entanto, se houver uma pluralidade de questões de fato, contudo com uma questão que possibilita o pedido condicionante, já será possível a prolação da decisão sobre este pedido. Se for pela procedência, será prolatada em sentença, sem necessidade de julgar nenhum outro pedido. Caso contrário, se for pela improcedência, seria uma decisão parcial de mérito, com a abertura cognitiva para julgar o segundo pedido, contudo este segundo pedido necessitaria de uma instrução probatória própria, dada a pendência de uma questão de fato para ser resolvida para esse julgamento subsidiário.

De igual maneira, será possível a decisão parcial em cumulação subsidiária se houver pluralidade de questão de fato, com um fato comum aos dois

261 "os pedidos não se situam no mesmo plano, mas um deles é formulado como principal e outro, só na eventualidade de não ser possível acolher o principal." CALMON DE PASSOS, José Joaquim. **Comentários ao código de processo civil.** Vol. III, 6ª ed. Rio de Janeiro: Forense, 1989. p. 204.

262 Um exemplo seria num contrato de compra e venda de um automóvel, com a constatação de defeito no automóvel, com a ação pleiteando de modo preferencial a devolução com a restituição dos valores e, caso improcedente, que seja determinada a obrigação de fazer de reparos no automóvel. Como ambos os pedidos dependem da questão de fato sobre a existência ou não do defeito, ambos somente seriam viáveis de serem julgados na sentença, contudo com a necessidade da análise do primeiro pedido e, se improcedente, o do pedido posterior. Todavia, se para o segundo pedido houver uma questão de fato específica, há a possibilidade da prolação da improcedência do primeiro pedido em decisão parcial e o restante com a postergação para a sentença.

pedidos já resolvido – condicionante e subsidiário – e, quando o primeiro for julgado improcedente, ainda há um fato específico para que se julgue esse pedido subsidiário[263], o que ensejaria a cisão numa decisão parcial de mérito pela improcedência do primeiro pedido e a abertura para a instrução probatória para a resolução da questão de fato que possibilitará julgar o segundo pedido, agora na sentença.

Na *cumulação alternativa,* o autor formula mais de um pedido no processo, contudo de modo alternativo[264], com a liberdade para que o juízo acolha qualquer deles, em conformidade com o art. 326, parágrafo único do CPC ou pela natureza da obrigação, o devedor puder cumprir a prestação de mais de um modo, no art. 325 do CPC.

Sobre a primeira hipótese, apesar de dois ou mais pedidos existentes, o intuito é a apreciação de somente um, o que nem seria uma cumulação autêntica de pedidos, mas uma cumulação de ações que podem ser totalmente diferentes entre si[265]. Para o autor, a procedência de somente um dos pedidos já lhe basta, sem o intento de querer a análise de todos, tampouco a procedência de todos, sem nenhuma hierarquia de apreciação, tampouco subordinação entre os pedidos realizados pelo autor, somente a possibilidade aberta para que a procedência satisfativa seja de modo alternativo.

O julgamento pela procedência de um dos pedidos já encerra a prestação jurisdicional, o que possibilita entender que se um dos pedidos for pela procedência, independe a questão de fato sobre os demais pedidos, uma vez que sequer serão analisados, dada a impossibilidade escolhida pelo próprio autor ao realizar tal espécie de cumulação.

No entanto, caso haja a improcedência de um pedido, não gera o encerramento da jurisdição, com a necessidade de que se analise o outro pedido, o que pode importar em uma cisão cognitiva pela improcedência, via decisão parcial de mérito, e a necessidade de prosseguimento sobre as outras questões de fato para poder julgar o pedido alternativo que restou.

---

263 Não se pode é julgar primeiro o pedido subsidiário, numa inversão da ordem de preferência estipulada pelo autor: ""É fundamental que as cumulações, sendo o caso, respeitem a relação existente entre as pretensões cumuladas, de modo a que aquela subordinada ao êxito da outra não se decida em primeiro lugar por sentença parcial." ARMELIN, Donaldo. Notas sobre sentença parcial e arbitragem. **Revista de Arbitragem e Mediação.** n. 18, v. 5, São Paulo: Ed. RT, jul/set/2008. p. 274.

264 Alguns não consideram como uma cumulação, tanto que nem a colocam nessa categoria: ASSIS, Araken de. **Cumulação de ações.** 4ª. ed. São Paulo: Ed. RT, 2002. p. 242.

265 O mesmo exemplo da compra e venda de automóvel cabe para este pedido cumulado de modo alternativo, somente que o autor tenha pleiteado de modo alternativo, sem uma ordem sequencial, com o mesmo contexto sobre a improcedência de um ou outro e a decisão parcial de mérito, no caso com a necessidade de seja improcedente.

Todavia, isso somente será possível diante de uma questão de fato ser comum a todos os pedidos, podendo, portanto, já enfrentá-los todos em uma sentença, por causa da improcedência de um dos pedidos e o julgamento do outro. Mas, se a questão de fato for independente entre os pedidos, com a improcedência[266] pode gerar uma decisão parcial de mérito e a cisão cognitiva, com a abertura da busca pela resolubilidade da questão de fato inerente ao pedido não julgado ainda.

Na segunda hipótese de cumulação alternativa, quando a obrigação puder ser cumprida de modo alternativo, o pedido é somente um, mas o cumprimento é possível em modo à escolha do réu, o que deve ser mencionado por este na contestação ou no cumprimento de eventual sentença, não em divisão na condenação que possibilite uma cisão cognitiva.

Na *cumulação subjetiva*, o que existe é uma pluralidade de partes no polo ativo, passivo ou em ambos. Essa cumulação aumenta a subjetividade em torno da relação jurídica da demanda, com a inclusão de mais de uma parte presente no polo ativo ou passivo. Mesmo que haja somente um pedido, o fato de haver um litisconsórcio, desde que não seja unitário[267], a relação jurídica

---

266 "Entretanto, é possível imaginar a prolação de decisão parcial de improcedência de um dos pedidos alternativos (v.g., autor pleiteia o cumprimento da obrigação mediante pagamento de quantia em dinheiro ou mediante a cessão de quotas hereditárias de pessoas vivas). Neste caso, eliminar-se-ia um dos bens da vida (pedido mediato) visados pelo autor, prosseguindo o processo para o exame de seu direito à obtenção do bem da vida restante. Todavia, como a procedência de qualquer dos pedidos alternativos satisfaz integralmente a pretensão (que é única) do demandante, verifica-se que os honorários advocatícios somente deverão ser fixados ao final do processo, tendo em vista que, neste momento, não seria possível a aferição da sucumbência." OLIVEIRA FILHO, Silas Dias de. **Julgamento fracionado do mérito e implicações no sistema recursal.** São Paulo, SP, 2013. 256 p. Dissertação (Mestrado). Universidade de São Paulo. Programa de Pós-Graduação em Direito. p. 113; "não se enxerga óbice a que o juiz rejeite um dos pedidos inclusive na cumulação imprópria alternativa, quando note, por exemplo, que a entrega do bem comprado seja impossível, restando apenas a análise quanto ao direito de devolução do preço e seus termos." BARBOSA, Bruno Valentim. **Julgamentos parciais de mérito no processo civil individual brasileiro. São Paulo**, SP, 2013. 161 p. Dissertação (Mestrado). Universidade de São Paulo. Programa de Pós-Graduação em Direito. p. 29.

267 A diferença está no litisconsórcio unitário, aquele que a decisão de mérito atinge todos as partes de igual maneira, sem conter lides cindidas. A sentença prolatada será somente uma, como nas demais, mas sem a possibilidade de cisão em capítulos, mesmo com pluralidade de partes, pelo fato de que o pedido continua sendo somente um, mesmo produzindo eficácia a diversos atores, contudo é o mesmo efeito para todos unitariamente. Sobre litisconsórcio unitário: THAMAY, Rennan Faria Kruger. **Manual de direito processual civil.** 1. ed. São Paulo: Saraiva, 2018. p. 178/179.

se torna plúrima[268], com esse pedido se multiplicando entre cada polo e suas quantidades.

A cumulação subjetiva ou litisconsórcio tem o condão de trazer consequências de caráter objetivo ao processo[269], primeiramente por tornar o objeto litigioso do processo complexo e proporciona a divisão da própria lide e sua cognição dividida em capítulos, com diferentes pedidos e impactos perante cada autor e cada réu litisconsorte, dependendo da relação existente entre cada ator processual.

Nessa cumulação subjetiva há uma pluralidade de relações jurídicas entre os polos, com diversos pedidos diante da subjetividade das relações internas no processo, com a mesma questão sobre a questão de fato e a possibilidade, ou não, de cisão cognitiva dos pedidos.

Se o processo girar em torno da relação entre essa pluralidade de partes e unidade de questão de fato, a sentença será o momento de decidir todas as relações, julgando o pedido existente, sem possibilidade de cisão cognitiva, pela questão de fato ser una. Igualmente será se houver pluralidade de partes e pluralidade de questões de fato, com interligação de todas as questões a todos os pedidos, ocorrendo o mesmo, com a sentença resolvendo todas as questões e relações.

No entanto, se houver pluralidade de partes, sem ser litisconsórcio unitário, e pluralidade de questão de fato, com interligação específica de cada questão de fato com a relação de cada parte – autor-réu[270], se resolvida uma questão determinada, resolve-se via decisão parcial de mérito as relações possíveis, com a continuidade do processo em busca da resolução da questão de fato para resolver a relação que ainda está pendente, na sentença.

268 "do ponto de vista substancial, a presença de várias pessoas, na qualidade de autores ou de réus, sugere um número correspondente de ações." ASSIS, Araken de. **Cumulação de ações.** 4ª. ed. São Paulo: Ed. RT, 2002. p. 140.

269 "pedir a condenação de dois a pagar é pedir uma sentença que, em capítulos autônomos, condene um e condene outro; e o juiz poderá condenar ambos, ou não condenar nenhum ou condenar só um deles e o outro não." DINAMARCO, Cândido Rangel. **Capítulos de sentença.** 3ª. ed. São Paulo: Malheiros, 2008. p. 69.

270 "Em todos os referidos exemplos parece existir um traço comum: o litisconsórcio induziu ao alargamento do objeto litigioso. A presença de plúrimas partes no polo ativo ou passivo, ampliando o esquema mínimo da demanda (do ponto de vista do elemento subjetivo), deu ensejo a um acúmulo de pedidos, nas suas mais variadas modalidades, com a consequência (i) de tornar complexo o objeto litigioso e (ii) de impor a segmentação da resposta jurisdicional, no mais das vezes, em múltiplos capítulos de mérito." AMBRIZZI, Tiago Ravazzi. **Julgamento fracionado do mérito no processo civil brasileiro.** São Paulo, SP, 2014. 231 p. Dissertação (Mestrado). Universidade de São Paulo. Programa de Pós-Graduação em Direito. p. 141.

De igual maneira, quando houver pluralidade de partes e pluralidade de questão de fato[271], com um fato específico de uma relação autor-réu e outro fato comum a todos as relações, se resolver essa segunda questão de fato, julga-se em decisão parcial de mérito as relações que forem possíveis, com a manutenção da litispendência em busca da instrução probatória do fato que não foi resolvido ainda, com a prolação ulterior da sentença.

Há uma bifurcação cognitiva entre os pedidos, porém também há a interligação entre eles, que são autônomos na matéria, mas dependentes sobre a mesma questão de fato, o que importa no impacto em caso de provimento do recurso que impugnar a definição fática.

271 Existem diversos exemplos possíveis, desde um litisconsórcio em que o autor inseriu duas partes no polo passivo de uma só indenização e a necessidade de julgar cada uma delas em relação ao dever de indenizar. Se uma questão de fato for possível sobre um réu e o sobre a conduta do outro necessitar de uma questão de fato ser instruída, logo, será possível a decisão parcial de mérito sobre o primeiro réu a ser julgado. Nas intervenções de terceiros também são possíveis, como na denunciação da lide, a questão de fato sobre a lide principal ser possível de resolubilidade e gerando a procedência em decisão parcial, pode-se continuar o processo para a instrução entre o denunciado e o denunciado, se houver questão de fato a se discutir sobre o dever de indenizar do litisdenunciado.

3

A EVOLUÇÃO HISTÓRICA DA CISÃO COGNITIVA NO DIREITO BRASILEIRO

3.1 A VISÃO CONCEITUAL DA CISÃO COGNITIVA

3.1.1 O conceito de cisão cognitiva

A cognição judicial está dividida em diversas questões[1] a serem solucionadas para que se possa alcançar o julgamento do próprio mérito[2], a resposta ao pedido realizado pelo autor como pleito à jurisdição[3]. Para que seja possível a atividade cognitiva do mérito do processo é necessário ultrapassar a questão de admissibilidade e, ainda, se for o caso, outras questões prévias.

---

1 Barbosa Moreira leciona sobre questões: "solução das "questões" é meio de que se vale o juiz para julgar: a "questão" não constitui, em si, objeto do julgamento, mas, uma vez resolvida, insere-se nos fundamentos da decisão, entre as razões de decidir." BARBOSA MOREIRA, José Carlos. Item do pedido sobre o qual não houve decisão: possibilidade de reiteração noutro processo. **Temas de direito processual civil.** Vol 2. 2a. ed. São Paulo: Saraiva, 1988. p. 243.

2 "A análise da cognição judicial é, portanto, o exame da técnica pela qual o magistrado tem acesso e resolve as questões que lhe são postas para apreciação. É importante perceber que o objeto da cognição é formado por essas questões." DIDIER JR., Fredie. **Pressupostos processuais e condições da ação: o juízo de admissibilidade do processo.** São Paulo: Saraiva, 2005. p. 53.

3 WATANABE, Kazuo. **Da cognição no processo civil.** 3ª. ed. São Paulo: Perfil, 2005. p. 67.

No entanto, num processo objetivamente complexo[4], com várias relações jurídicas existentes, cada capítulo autônomo do processo gera uma cognição à parte, com igual autonomia e, também, com a necessidade de que seja analisada de modo em separado sobre cada ponto da decisão, perfazendo o que seria um capítulo de sentença[5].

De certa maneira, a complexidade objetiva do processo leva a uma série de análises a serem realizadas cognitivamente pelo julgador no momento em que for prolatar a decisão, contudo a estrutura processual está moldada para que seja prolatada, via de regra, uma única decisão, a prolação de uma sentença com a cognição exauriente de todos os pedidos e relações jurídicas existentes entre as partes.

Na autonomia dos capítulos do processo e da sentença já se encontra uma cisão cognitiva interna da sentença, uma vez que cada capítulo é autônomo em relação a outro capítulo[6], o que leva cada cognição, se for o caso, a ser realizada de modo igualmente autônomo, mesmo que seja proferida na mesma decisão, numa única sentença.

Todavia, a possibilidade de uma cisão cognitiva está na construção de que as cognições sobre capítulos autônomos possam ser realizadas em momentos procedimentais separados[7], com a quebra da unicidade da prolação de somente uma decisão que encerra a totalidade do procedimento, com a desnecessidade de que todos os capítulos sejam decididos em um só momento[8].

---

4 BARBOSA MOREIRA, José Carlos. Sentença objetivamente complexa, trânsito em julgado e rescindibilidade. **Revista Dialética de Direito Processual.** Vol. 45, São Paulo: Dialética, dez/2006. p. 55.

5 DINAMARCO, Cândido Rangel. **Capítulos de sentença.** 3ª. ed. São Paulo: Malheiros, 2008. p. 38.

6 "do ponto de vista substantivo, portanto, cada capítulo da sentença é como se fosse uma sentença parcial em si, reunidos todos os capítulos num único ato judicial, uma sentença abrangente do todo." FONSECA, Rodrigo Garcia da. A arbitragem e a reforma processual da execução. **Revista de Arbitragem e Mediação.** n. 14, São Paulo: Ed. RT, jul/set/2007. p. 37.

7 No CPC/73, já com a defesa de que seria possível essa divisão da sentença: SICA, Heitor Vitor Mendonça. Algumas implicações do novo conceito de sentença, de acordo com a Lei nº. 11.232/2005. CARMONA, Carlos Alberto (coord.). **Reflexões sobre a reforma do Código de Processo Civil.** São Paulo: Atlas, 2007. p. 194.

8 "Ora, se os capítulos – ou quase-sentenças parciais – podem ser reunidos num mesmo ato, mas são essencialmente separáveis, qual a razão jurídica para que não pudessem ser proferidos em momentos diferentes, se assim fosse do interesse dos litigantes e da melhor administração da Justiça, agilizando a resolução do litígio?" FONSECA, Rodrigo Garcia da. A arbitragem e a reforma processual da execução. **Revista de Arbitragem e Mediação.** n. 14, São Paulo: Ed. RT, jul/set/2007. p. 37.

A conceituação de uma cisão cognitiva está na existência de um processo objetivamente complexo que pode conter dois ou mais momentos decisórios, com o desmembramento – cindibilidade – em decisões atinentes somente a uma parcela do processo originalmente proposto – ou ulteriormente composto.

Ou seja, mesmo que um processo seja iniciado com uma complexidade que resultaria em uma sentença igualmente complexa objetivamente, não há obrigatoriedade que o procedimento prossiga até o final com a mesma complexidade. É uma possibilidade, mas não uma obrigatoriedade, como a regra da unicidade da sentença permeava.

Desse modo, uma vez possível que parcela do processo esteja apto a ser julgado, pelo seu contexto fático já estar pronto para tal feito, sem a mesma possibilidade alcançar, nesse momento, quanto aos demais pontos do processo, é viável que este seja cindido, tanto na sua procedimentalidade quanto na sua cognição, com o dever de já realizar a prestação jurisdicional apta a ser prolatada, com o prosseguimento do que não for possível naquele momento com a instrução probatória e postergação da decisão para um momento posterior, quando houver um novo contexto da definição fática para estes pontos.

Essa cisão é possível claramente dada a positivação dos arts. 354, parágrafo único e 356, ambos do CPC.

No procedimento comum, no ordenamento anterior, não era claramente possível essa cisão cognitiva, apesar de defensável[9] pelas hipóteses encontradas nos casos em concreto e na evolução do direito processual. Até pelo fato de que havia uma concepção de prioridade à oralidade[10] e a concentração da resolução do processo em um só momento[11], o que seria a unicidade do processo e da sentença.

No entanto, mesmo no CPC/73, era possível a cisão cognitiva nos procedimentos especiais[12], o que demonstra que essa cisão não era estranha ao ordenamento processual, somente relegada a necessidade de positivação específica e diferenciação procedimental para que fosse cabível na processualística brasileira.

E, ainda, a evolução do direito processual, com as alterações legislativas realizadas no CPC/73 no decorrer do tempo, a cisão cognitiva passou a

9 SOUZA JR., Sidney Pereira de. **Sentenças parciais no processo civil – consequências no âmbito recursal.** São Paulo: Método, 2009. p. 55.

10 CASSOL, Maria Helena. Perspectivas atuais da tutela antecipada e a quebra do princípio da unicidade da sentença. **Revista AJURIS.** nº. 111, Porto Alegre: AJURIS, set/2008. p. 173.

11 Marinoni já criticava essa visão, como uma impossibilidade de seguir tal modelo e o esvaziamento dessa concepção: "o projeto de Chiovenda, ligado à oralidade, esvaziou-se tanto na Itália quanto no Brasil." MARINONI, Luiz Guilherme. **Técnica processual e tutela dos direitos**. São Paulo: Ed. RT, 2004. p. 141/142.

12 Sobre os procedimentos especiais no CPC/73: MARCATO, Antonio Carlos. **Procedimentos especiais.** 7ª. ed. São Paulo: Malheiros, 1997.

ser ainda mais viável no procedimento comum, o que diferenciava tanto do texto legal original do ordenamento anterior quanto da sua possibilidade no procedimento especial.

Necessário, portanto, o enfrentamento dessa evolução sobre a cisão cognitiva no processo civil brasileiro.

3.2 A EVOLUÇÃO DA CISÃO COGNITIVA E FRACIONAMENTO DECISÓRIO NO DIREITO POSITIVO BRASILEIRO

3.2.1 A visão da unicidade da sentença como regra restritiva no procedimento comum no CPC/73

No ordenamento processual anterior, mesmo diante de um processo objetivamente complexo, com a divisão em capítulos, a sentença era una, com um só ato, diante da necessidade de uma prolação decisória que integrasse a demanda como um todo.

Com a regra da unicidade, para o devido entendimento dessa teoria, o pensamento de Chiovenda e Liebman devem ser revisitados sobre o tema.

Essa ideia de somente um julgamento de mérito para a prestação jurisdicional foi a partir da incorporação no CPC/73 da visão de Chiovenda de que a processualística deveria desenvolver-se de maneira oral[13], numa audiência de instrução como prioridade e, desse modo, concentrar as decisões sobre os pedidos do autor para um só momento.

O principal intuito era não possibilitar que o processo fosse demasiadamente formal e escrito, utilizando-se da oralidade para que a pessoa do indivíduo juiz tivesse maior contato com os atores processuais[14], com a construção de pensamento que este juiz deveria ser o mesmo em todo o processo, atrelando sua identidade física ao julgamento, com o devido acompanhamento da produção das provas e, se possível, a concentração desses atos numa audiência, culminando na prolação da sentença sobre todo o processo.

Diante dessa visão de processo baseado na oralidade de Chiovenda, a teoria da unicidade da sentença era válida, baseada ainda com a sua visão pela irrecorribilidade das decisões interlocutórias[15-16].

---

13 No sentido da oralidade como base processual: CHIOVENDA, Giuseppe. La idea romana en el proceso civil moderno. In: CHIOVENDA, Giuseppe. **Ensayos de derecho procesal civil.** Vol. I, p. 351-372, Buenos Aires: Ediciones Jurídicas Europa-América, 1949.

14 Corroborando a visão da oralidade advinda de Chiovenda: MARINONI, Luiz Guilherme. **Técnica processual e tutela dos direitos.** São Paulo: Ed. RT, 2004. p. 141/142.

15 A visão da teoria da unicidade da sentença como também uma visão de concentração dos atos processuais: "Ao elaborar o princípio da unidade da sentença, Chiovenda tinha em mente um outro princípio, qual seja, o da concentração. O princípio da concentração

Com essas regras postas, a teoria da unicidade da sentença era salutar e natural, com a concentração de muitos atos em um só, bem como a facilitação da produção de provas, incluindo também a irrecorribilidade das interlocutórias[17] e a concentração da resolução das questões na sentença. Dada a oralidade, rapidez e concentração dos atos, não haveria motivos de admitir-se que uma sentença ou os pedidos que foram realizados pelo autor seriam bipartidos ou cindidos, com a excelência de pensamento processual, com celeridade e duração razoável.

O posicionamento de Chiovenda era inserto no CPC/39 dada a redação dos arts. 270 e 271[18] daquele ordenamento processual, quando dispunham que haveria uma audiência de instrução e julgamento contínua, com a realização da instrução probatória, os debates e o julgamento, num só dia.

Com o encerramento do debate, o juiz proferia a sentença.

Logo, se a regra era uma audiência de instrução e julgamento, a oralidade era importante e presente, bem como todas as assertivas que Chiovenda entendia como importantes para o processo, como o mesmo juiz instruir e julgar, a imediatividade da inteiração entre as partes, os procuradores e o juiz, concentrando seu andamento, relacionando-se com as partes e com as decisões interlocutórias, em regra, não sendo recorríveis[19].

---

foi concebido para que as atividades processuais se concentrem em breve período de tempo e se desdobrem sem interrupção, resolvendo-se os incidentes em ato contínuo, no intuito de assegurar a continuidade do processo." SANT'ANNA, Paulo Afonso de Souza. Sentença parcial. **Revista de Processo.** Vol. 151, Ano, 33, p. 150-184, São Paulo: Ed. RT, 2007. p. 151.

16 Hoje essa visão está mais atrelada ao processo do trabalho, desde a oralidade, unicidade, irrecorribilidade das decisões interlocutórias, concentração de atos em audiência.

17 CINTRA, Antônio Carlos de Araújo; DINAMARCO, Cândido Rangel; GRINOVER, Ada Pellegrini. **Teoria geral do processo.** 26ª. ed. São Paulo: Malheiros, 2010. p. 326.

18 **CPC – 1939.** Art. 270. A audiência será contínua, e só por motivo de força maior se interromperá. Não sendo possível concluir a instrução, o debate e o julgamento num só dia, o juiz, independentemente de novas intimações, marcará a continuação para dia próximo.
Art. 271. Encerrado o debate, o juiz proferirá a sentença. Parágrafo único. Se não se julgar habilitado a decidir a causa, designará, desde logo, outra audiência, que se realizará dentro de dez (10) dias, afim da publicar a sentença.

19 Sobre a irrecorribilidade das interlocutórias: "Com o claro objetivo de solucionar essa situação, que era vista como um defeito do sistema então vigente (CPC italiano de 1865), o modelo de processo oral chiovendiano baseava-se nos princípios (i) da imediatidade da relação do juiz com os jurisdicionados, (ii) da identidade física do juiz, (iii) da concentração e (iv) da irrecorribilidade das interlocutórias, dentre outros." CORREIA FILHO, Antonio Carlos Nachif. **Julgamentos parciais no processo civil.** São Paulo, SP, 2015. 176 p. Dissertação (Mestrado). Universidade de São Paulo. Programa de Pós-Graduação em Direito. p. 32.

Chiovenda entendia que toda essa oralidade e aproximação de um juiz específico traria maiores benefícios ao procedimento e, assim, desnecessária seria a prolação de sentenças parciais, concentrando para um só ato processual.

Com a oralidade como base do processo civil, sem motivos para a prolação de sentenças parciais e a divisão procedimental entre parcela do processo em via recursal e a outra em primeiro grau, com a possibilidade de um conteúdo influenciar o seguinte. A concentração dos atos decisórios só numa sentença contribuiria para o andamento processual e para a correta divisão entre os momentos de atribuição do primeiro e do segundo grau[20], sem tantos desdobramentos processuais ou dificuldades recursais para a processualística.

Com base na oralidade e concentração de atos na audiência de instrução, naturalmente o CPC/39 adotava a teoria da unicidade da sentença, como o único momento para a decisão sobre o acolhimento ou não dos pedidos do autor. No entanto, mesmo positivado no CPC/39, o princípio da oralidade não teve o impacto almejado, pela própria incapacidade de efetivação pelo Judiciário[21], pela morosidade existente e o estoque de demandas nas crises do próprio sistema.

Como consequência a oralidade foi diminuída na construção do CPC/73, com a continuidade da audiência de instrução e julgamento como o momento chave para a produção de provas, contudo mitigou-se quando permitiu-se diversas exceções, como o julgamento antecipado da lide[22], em hipóteses em que

---

20 A relação entre a unicidade da sentença e os recursos é explicada por Marques. Faz sentido essa visão de que uma só decisão melhora a sistemática única recursal, mas nos leva a imaginar se a decisão pode ser adiada somente por causa do seu recurso impugnativo? A resposta tende a ser não, inapropriado que o recurso seja a base influenciante de um ato antecedente."Formado o processo cumulativo, não pode o juiz decidir antecipadamente um ou alguns dos litígios e deixar os demais para a sentença a ser proferida a final. Todos os litígios devem ser julgados numa só sentença (sentença antecipada sobre a lide ou sentença em audiência), uma vez que não se pode suspender o curso do procedimento em havendo apelação, com efeito suspensivo, para aguardar o julgamento do recurso. E como seria absurdo, contra *ius* e contra *legem,* entender-se que aí caberia o agravo de instrumento, - o princípio da economia processual (que é um dos inspiradores do art. 330) impede aquela suspensão do processo cumulativo, e, consequentemente, julgamento antecipado de apenas uma ou algumas das lides contidas em simultâneos processos." MARQUES, José Frederico. **Manual de direito processual civil.** Vol. II, 2ª ed., Rio de Janeiro: Saraiva, 1976. p. 165.

21 MARINONI, Luiz Guilherme. **Técnica processual e tutela dos direitos.** São Paulo: Ed. RT, 2004. p. 141/142.

22 GRINOVER, Ada Pellegrini. O julgamento antecipado da lide: enfoque constitucional. **Revista de Processo.** Vol. 5, Ano 2, p. 101-114, São Paulo: Ed. RT, Jan/Mar/1977. p. 106.

era dispensada a audiência de instrução e julgamento, com sentença prolatada desde logo[23].

Fora isso, o cotidiano forense demonstrou que era inviável engessar o processo e o seu andamento com a identidade física do juiz, quebrando o que se entendia como primordial sobre o imediatismo da noção do juiz sobre a percepção do que se produziu, sem ater-se a relatórios existentes, mas com a vivência da própria produção de provas.

Diante de tais inovações no CPC/73, o princípio da oralidade foi menos prestigiado[24] e, consequentemente, o processo com sua morosidade trabalha em outro centro, em outro prisma, sem ater-se na audiência como base para a cognição e da concentração dos atos do processo para o juiz.

Outro ponto da transição do CPC/39 para o CPC/73 foi a amplitude da recorribilidade das decisões interlocutórias, o que Chiovenda entendia como necessário para que a oralidade fosse a base para o processo civil, com uma duração mais arrastada, como de fato a prática demonstrou, a tendência foi liberar a recorribilidade das interlocutórias[25], com a possibilidade no art. 522 do CPC/73[26] abrindo para qualquer hipótese de decisão interlocutória o cabimento do agravo de instrumento.

---

23 Sobre julgamento antecipado no CPC/73 e a dispensa da audiência preliminar, também dependiam da necessidade de produção de prova ou não, mediante a definição ou possibilidade de resolução das questões de fato. "Se existem questões de fato no processo, mas essas são estranhas à questão principal, é de se aplicar a regra que autoriza o julgamento antecipado da lide. Isto porque a dispensa da audiência ocorrerá quando existirem fatos relevantes para a decisão da causa que não dependam de prova. Se houver requerimentos de prova acerca de fatos irrelevantes, ou estando os relevantes devidamente provados, é, da mesma forma, de se proceder ao julgamento antecipado da lide." ALVIM, Alvim. **Manual de direito processual civil.** Vol. II, 6ª ed., São Paulo: Ed. RT, 1997. p. 381/382.

24 Sobre a mitigação da oralidade no CPC/73: "No entanto, o princípio da oralidade foi bastante mitigado pelo legislador de 1973, que previu exceções à imediatidade, à identidade física do juiz (art. 132) e à realização de audiência de instrução e julgamento (art. 330) e consagrou a recorribilidade em separado das interlocutórias (art. 522)." OLIVEIRA FILHO, Silas Dias de. **Julgamento fracionado do mérito e implicações no sistema recursal.** São Paulo, SP, 2013. 256 p. Dissertação (Mestrado). Universidade de São Paulo. Programa de Pós-Graduação em Direito. p. 65.

25 Chiovenda defendia a unicidade da sentença como o corolário da efetivação do princípio da oralidade e concentração do processo, o que tornaria inviável, inusual e desnecessária a bipartição do processo. "Ora, eu adverti mais de uma vez que a proibição de apelação imediata das interlocutórias é compreensível e útil na medida em que constitua uma partícula do processo oral, quer dizer, um adminículo indispensável para assegurar a concentração. Fora daí, é desarrazoado e prejudicial." CHIOVENDA, Giuseppe. **Instituições de direito processual civil.** Vol. 3. Campinas-SP: Bookseller. 1998. p. 237.

26 Sobre a história do agravo de instrumento: LEMOS, Vinicius Silva. **Agravo de Instrumento à luz do Novo CPC.** 2ª. ed. Curitiba: Juruá, 2018.

Diante desses pontos, a construção da teoria da unicidade da sentença para Chiovenda não merecia mais subsistir mesmo no ordenamento revogado[27]. No entanto, Liebman, também responsável por essa visão, sustentava os arts. 458, II e 459 do CPC/73 como os representantes legais da concentração dos atos decisórios sobre o pleito do autor na sentença.

Os arts. 458, II e 459 do CPC/73 tinham o condão de conceder base legal para essa teoria no entendimento de Liebman pelo fato de disporem, em conjunto, que na sentença constariam os fundamentos de análise sobre as questões de fato e de direito e a resposta sobre a acolhida, ou não, em todo ou em parte, o pedido do autor[28].

O posicionamento era sobre a sentença ser o ato pelo qual o juiz colocava termo ao processo, decidindo ou não o mérito da causa, como disposto na redação original do CPC/73, quando o art. 162, §1º especificava claramente: "sentença é o ato pelo qual o juiz põe termo ao processo, decidindo ou não o mérito da causa."

Ou seja, numa análise temporal, o conceito de sentença era de um ato único de encerramento da jurisdição, quando o juízo de primeiro grau, ao analisar se decide o processo com ou sem o mérito, colocando fim ao processo. O ato sentencial estava atrelado ao ato de encerramento da análise pelo juízo, separando entre uma decisão terminativa ou definitiva, com o fim do processo.

Essa conceituação baseava-se, diante de tal dispositivo, em dois pontos que na época faziam sentido: *(i) a completa cisão procedimental entre o processo de conhecimento e de execução, com a necessidade de outra petição inicial e citação*[29]*; (ii) a visão de prestação jurisdicional una.*

---

27 Sobre a derrocada da oralidade como base central do processo civil brasileiro e, com isso, a desnecessidade da unicidade da sentença: "o projeto de Chiovenda, ligado à oralidade, esvaziou-se tanto na Itália quanto no Brasil. A falta de estrutura do Poder Judiciário para dar conta das inúmeras causas apresentadas tornou impossível a concentração dos atos processuais, enquanto a demora do processo trouxe grande dificuldade para a implementação da identidade física, o que, por consequência lógica, reduziu a zero o benefício que poderia ser trazido pela imediatidade" MARINONI, Luiz Guilherme. **Técnica processual e tutela dos direitos.** São Paulo: Ed. RT, 2004. p. 141/142.

28 Sobre a unicidade e concentração da sentença: "atrelando a ideia de sentença à conclusão do processo, automaticamente vetava a possibilidade de sentenças parciais e sucessivas. Aludia-se também aos artigos 458, II, e 459 – cuja redação segue inalterada, evidenciando a atualidade da discussão –, enxergando-se neles o dever de concentração" AMBRIZZI, Tiago Ravazzi. **Julgamento fracionado do mérito no processo civil brasileiro.** São Paulo, SP, 2014. 231 p. Dissertação (Mestrado). Universidade de São Paulo. Programa de Pós-Graduação em Direito. p. 78.

29 Sobre essa divisão da jurisdição entre conhecimento e execução: "É indiscutível que o Direito Brasileiro vigente foi estruturado com base na ideia de autonomia entre os dois processos, cognitivo e executivo. Tal se deu, até mesmo, pela inegável influência

O primeiro aspecto era a realidade do processo imaginado no CPC/73 quando a sentença encerrava a prestação jurisdicional em primeiro grau e o julgamento de eventual recurso igualmente encerrava nos Tribunais. Não havia mais aquele processo depois do trânsito em julgado, apesar de formar coisa julgada e título executivo, este deveria ser executado com novos trâmites processuais, ainda que utilizando da prevenção e do mesmo processo, tanto que havia a necessidade de nova citação da parte a ser executada.

Outro aspecto era a definição de que o juízo ao sentenciar o faria respondendo ao mérito ou decidindo sem resolução deste. Em contrapartida, a conceituação da outra decisão possível para o juízo de primeiro grau – a interlocutória – era como "o ato pelo qual o juiz, no curso do processo, resolve questão incidente," conforme a dicção do art. 162, § 2º do CPC/73.

Portanto, se o juízo ao decidir durante o processo somente podia ater-se a resolver incidente, todas as questões sobre o mérito eram postergadas para a sentença, o momento pelo qual o juízo deveria encerrar o processo e sua jurisdição, numa relação evidente entre decisões e conteúdos: *(i) interlocutória – incidentes; (ii) sentença – análise do mérito ou extinção sem mérito.*

Somada essas conceituações de sentença e decisão interlocutória, não seria possível que o juízo decidisse sobre pedido do autor contrariando o disposto no conceito da sentença – art. 162, § 2º, conjuntamente com o teor dos arts. 458, II e 459, todos do CPC/73.

Diante da sentença ser o ato decisório que encerrava a prestação jurisdicional com a resolução das questões o enfrentamento, ou não, do mérito, com o acolhimento, no todo ou em parte, do pleito do autor, Liebman entendia que a unicidade da sentença estava presente, mesmo com a mitigação da oralidade[30].

Em seu entendimento, para que pudesse ser prolatada uma decisão parcial com os mesmos conteúdos inerentes a um ato sentencial, haveria de ter expressa positivação autorizante, dada a construção de que somente na sentença era momento de decidir o que o autor pediu na demanda.

Diante dessa construção processualística dos códigos anteriores, mais acentuada no de 1939 e mitigada no 1973, o princípio da unicidade era a regra[31]

---

das ideias de Liebman sobre nosso sistema processual." CÂMARA, Alexandre Freitas. **Lições de direito processual civil.** 25ª. ed. São Paulo: Atlas, 2014. p. 223/224.

30 "Sendo assim, é importante remontar às bases das ideias de LIEBMAN sobre o princípio da unidade da sentença para verificar se elas podem ou não ser "importadas" para o direito processual civil brasileiro." CORREIA FILHO, Antonio Carlos Nachif. **Julgamentos parciais no processo civil.** São Paulo, SP, 2015. 176 p. Dissertação (Mestrado). Universidade de São Paulo. Programa de Pós-Graduação em Direito. p. 37/38.

31 Sobre a regra da unicidade relacionar-se sobre a impossibilidade de cisão cognitiva e divisão sobre a extinção do processo, com a necessidade de prolação de somente uma decisão: BONÍCIO, Marcelo José Magalhães. Notas dobre a tutela antecipada parcial na

e um dogma para a sentença, mesmo diante de um processo complexo objetivamente, com diversas relações jurídicas para serem resolvidas, seja por cumulação de pedidos, seja por pluralidade de parte.

Obviamente que houve uma mitigação da unicidade da sentença, da oralidade e da construção de que a sentença era o único momento decisório para a resposta da jurisdição, mas a unicidade ainda freava o entendimento formal e legal claro sobre a cisão cognitiva no procedimento comum.

3.2.2 A cisão cognitiva como base da especialidade de algumas hipóteses de procedimentos especiais no CPC/73

A cisão cognitiva não é, tampouco era, novidade no ordenamento processual brasileiro, contudo, diante da inflexibilidade visualizada pelo legislador anterior sobre a cisão cognitiva no procedimento comum, era vista como quase inexistente, impossível ou indesejada[32].

Dessa maneira, se a cisão cognitiva não era possível no procedimento comum, algumas situações processuais ensejavam a bipartição do processo em dois momentos decisórios, justamente pela configuração de uma autonomia entre capítulos distintos do processo e a necessidade de que o julgamento de cada capítulo fosse julgado em momentos diversos, um antecedente do outro.

Ou seja, mesmo no CPC/73, se o procedimento comum não admitia a cisão cognitiva, nas situações em que o processo exigia, claramente, o legislador previu hipóteses em procedimentos especiais[33].

Se havia o dogma de que a sentença seguia o princípio da unicidade[34], com uma só prolação, este somente era pertinente ao procedimento comum, com a

---

nova reforma do Código de Processo Civil. **Revista dos Tribunais.** Vol. 808, São Paulo: Ed. RT, 2003. p. 74; FONSECA, Rodrigo Garcia da. A arbitragem e a reforma processual da execução. **Revista de Arbitragem e Mediação.** Vol. 14, São Paulo: Ed. RT, jul/set/2007. p. 34.

32 "afirmava-se que, pelo princípio da unicidade, a sentença não poderia se dispersar ao longo do processo, devendo ser prolatada em momento único, quando acarretaria a extinção da relação jurídica processual." OLIVEIRA FILHO, Silas Dias de. **Julgamento fracionado do mérito e implicações no sistema recursal.** São Paulo, SP, 2013. 256 p. Dissertação (Mestrado). Universidade de São Paulo. Programa de Pós-Graduação em Direito. p. 65.

33 "verificam-se algumas previsões expressas de julgamentos parciais também no âmbito de determinados procedimentos especiais que se podem denominar bifásicos ou bipartidos." CORREIA FILHO, Antonio Carlos Nachif. **Julgamentos parciais no processo civil.** São Paulo, SP, 2015. 176 p. Dissertação (Mestrado). Universidade de São Paulo. Programa de Pós-Graduação em Direito. p. 80.

34 Corroborando que o processo civil brasileiro sempre admitiu a cisão cognitiva: "Existem situações que corroboram para a superação do dogma da incindibilidade da sentença:

normal existência de cisão cognitiva, contudo relegando as previsões positivas para a especialidade dos procedimentos específicos e especiais[35].

Essa viabilidade existente na cisão cognitiva nos procedimentos especiais, mesmo no CPC/73, estava na cumulação sucessiva de determinados casos e, ainda, a necessidade de que a resolução do pedido antecedente fosse apartada da decisão sobre o pedido posterior, como na ação de prestação de contas, demarcação e divisão de terras e consignação em pagamento.

Na ação de prestação de contas havia um procedimento específico para a cognição judicial sobre a obrigação de prestar ou não as contas e, uma vez decidida pela procedência da prestação de contas, abria-se nova fase procedimental para a própria prestação de contas conjuntamente com a apuração de haveres[36].

Logo, nesse exemplo, o julgamento do pedido antecedente deve ocorrer em modo apartado do pedido posterior, dada a necessidade, a partir da

---

a consignação em pagamento, a ação prestação de contas e a de improbidade administrativa." ARAÚJO, José Henrique Mouta. **A resolução parcial de mérito e a coisa julgada progressiva: reflexos no sistema processual como forma de assegurar a brevidade da prestação jurisdicional.** Belém, PA, 2004. 302 p. Tese (Doutorado). Universidade Federal do Pará. Programa de Pós-Graduação em Direito. p. 273.

35 Sobre o dogma equivocado da unicidade da sentença e a existência positivada dos procedimentos especiais: "o fato é que tal dogma representa, na verdade, um mito, pois o próprio Código de Processo Civil sempre previu, de forma expressa, situações em que, dentro do mesmo processo e em razão da natureza deste, proferir-se-iam mais de uma sentença, que, sendo sucessivas, na verdade, seriam parciais. Assim, em certa medida, o fracionamento da tutela definitiva não se mostra novidade no sistema processual brasileiro, ainda que até então tenha tido sua incidência limitada a casos específicos." OLIVEIRA FILHO, Silas Dias de. **Julgamento fracionado do mérito e implicações no sistema recursal.** São Paulo, SP, 2013. 256 p. Dissertação (Mestrado). Universidade de São Paulo. Programa de Pós-Graduação em Direito. p. 66.

36 A cisão cognitiva já era existente na prestação de contas no CPC/73, conforme Araújo explana: "Já na ação de prestação de contas, movida por quem pretende exigir contas, é possível ocorrer a situação prevista no art. 915, § 2º, a saber: o réu, uma vez citado, não contesta ou não nega a obrigação de prestar contas. Ocorrendo tais hipóteses, a legislação adjetiva determina o julgamento antecipado da lide, condenando o demandado a prestar as contas no prazo de 48 horas, sob pena de aceitar as contas apresentadas pelo autor. Referido dispositivo legal atinge frontalmente o dogma da indivisibilidade da sentença, por várias razões: I) referido pronunciamento é interlocutório; II) em seguida, adentrar-se-á na segunda fase do procedimento, que envolvendo efetivamente o quantum e a sua referida execução judicial; III) a solução de mérito, a rigor, é dividida em dois momentos: o primeiro ligado ao dever de prestar contas e o segundo, envolvendo o quantum." ARAÚJO, José Henrique Mouta. **A resolução parcial de mérito e a coisa julgada progressiva: reflexos no sistema processual como forma de assegurar a brevidade da prestação jurisdicional.** Belém, PA, 2004. 302 p. Tese (Doutorado). Universidade Federal do Pará. Programa de Pós-Graduação em Direito. p. 273.

procedência do primeiro, de um novo procedimento que culmine na possibilidade de julgamento do pedido posterior. Ou seja, a instrução do segundo pedido somente será realizada a partir da procedência do primeiro pedido e, por isso, a necessidade de uma cisão cognitiva do processo autorizada pela criação de um procedimento especial pertinente a tanto.

A especialidade inerente a esses determinados procedimentos estava justamente na viabilidade de uma cisão cognitiva e a quebra da unicidade da sentença, uma vez que era impossível, *a priori*, que fosse realizada tal cisão no procedimento comum do ordenamento revogado.

Para tanto, a criação de um procedimento específico ocorria para atender a essa pertinência e necessidade da situação imaginada pelo legislador.

Outro exemplo de cisão cognitiva nos procedimentos especiais está na ação de demarcação e divisão de terras[37], com a mesma cumulação de pedidos de modo sucessivo[38] e com a cisão cognitiva como regra, tanto no CPC/73 quanto no CPC/2015.

Na ação de consignação em pagamento, excepcionalmente, quando houvesse dúvida sobre o credor a receber, o art. 898 do CPC/73 previa que fosse julgada extinta a obrigação do autor, com a quitação do mesmo, contudo com a necessidade de que prosseguisse o processo entre os possíveis credores para que fosse instruído o processo e prolatada uma nova decisão, agora uma sentença[39]. Era, ainda sob a égide do CPC/73, uma autêntica cisão cognitiva, com um julgamento parcial e um definitivo posterior.

Dessa maneira, a existência de uma cisão cognitiva não é novidade no processo civil brasileiro, somente não era admissível como técnica possível no procedimento comum, sempre relegada à necessidade de uma expressa previsão legal, escanteando-a para os procedimentos especiais, tornando a cisão cognitiva um procedimento estanque, sem comunicação com a procedi-

---

37 Sobre o fato da ação de demarcação e divisão de terras também ser, ainda no CPC/73, uma cisão cognitiva: REDONDO, Bruno Garcia. Sentença parcial de mérito e apelação em autos suplementares. **Revista de Processo.** Vol. 160, Ano 33, p. 142-156, São Paulo: Ed. RT, jun/2008. p. 148.

38 O fato da cumulação ser sucessiva não importa na necessidade de que ocorra a cisão, uma vez que é plenamente possível que haja um julgamento conjunto, no mesmo ato decisório, do pedido antecedente e, se procedente, já julgue a parcela consequente.

39 "o ato judicial contendo a declaração de validade e pertinência do depósito (com a consequente exoneração do autor original tanto da obrigação quanto da relação jurídica processual) não é uma simples decisão – mesmo entendida esta como sentença interlocutória de mérito" – mas, sim, verdadeira sentença de mérito, contendo o julgamento do pedido consignatório (art. 269, I) e apelável, portanto." MARCATO, Antonio Carlos. **Ação de consignação em pagamento.** 6ª ed. São Paulo: Malheiros, 2001. p. 122/123.

mentalidade comum e a normalidade do entendimento do que seria o básico do processo brasileiro.

A cisão cognitiva era existente, viável e possível, somente o legislador à época do ordenamento processual anterior inserindo-a como uma especialidade procedimental, diferenciando do procedimento comum, específico e autorizante.

A unicidade da sentença era a regra para o procedimento comum e relegava a cindibilidade da sentença e da cognição para a necessidade de um procedimento específico para aquela resolubilidade material, com um procedimento autorizante para tanto.

Unicidade no procedimento comum, cisão cognitiva e procedimental na especificidade do procedimento especial.

3.2.3 A antecipação da tutela de pedido incontroverso: o art. 273, § 6º do CPC/73 pela Lei nº 10.444/2002

O procedimento comum no ordenamento revogado mantinha-se diante uma rigidez e inflexibilidade pela teoria da unicidade da sentença[40], com a visão de que somente seria possível a prolação de uma decisão no processo, com a necessidade de que todos os pontos e capítulos da demanda fossem julgados em um só momento.

A Lei nº 10.444/2002 inseriu uma novidade, à época, sobre a antecipação da tutela legal, com a inserção do § 6º ao art. 273 do CPC/73, com a possibilidade da tutela antecipada também poderia ser concedida quando um ou mais dos pedidos cumulados, ou parcela deles, mostrar-se incontroverso.

Aparentemente, a inclusão de uma hipótese a mais na antecipação da tutela legal parecia criar uma modalidade de tutela provisória em hipótese em que houvesse cumulação de pedidos ou possibilidade de decomposição do pedido em parcelas e, quando houvesse incontrovérsia sobre esse ponto específico.

O intuito, evidentemente, era conceder maior celeridade ao que já pudesse ser considerado como incontroverso, como uma nova espécie de antecipação da tutela legal[41].

---

40 "mantendo-se, contudo, o dogma da unicidade do julgamento de mérito (artigos 162, §1º, e 459)." OLIVEIRA FILHO, Silas Dias de. **Julgamento fracionado do mérito e implicações no sistema recursal.** São Paulo, SP, 2013. 256 p. Dissertação (Mestrado). Universidade de São Paulo. Programa de Pós-Graduação em Direito. p. 65.

41 "Disciplinou-se expressamente a possibilidade de mais uma hipótese de concessão da tutela antecipada. Já estavam expressamente previstas as hipóteses de antecipação assecuratória (fundada na situação de urgência – receio de dano irreparável ou de difícil reparação, nos termos do art. 273, I e antecipação punitiva (fundada no abuso do direito de defesa ou manifesto propósito protelatório do réu, nos termos do art. 273, II). A nova hipótese está fundada na incontroversa parcial da demanda." SOUZA, Wilson Alves de.

O primeiro problema sobre essa hipótese recaia no que seria essa incontrovérsia e, ainda, sobre o posicionamento de muitos na doutrina sobre a natureza desta ser por uma tutela definitiva do pedido incontroverso. Esse ponto sobre a incontrovérsia teve redação equivocada, pelo fato de que a incontrovérsia pode ser entendida sobre uma questão não contestada, mas não sobre um pedido. Mesmo que um pedido não seja contestado, não leva à incontrovérsia quanto à sua procedência[42].

Ou seja, a tutela antecipada nesse caso era sobre a incontrovérsia sobre a questão de fato em torno do pedido, não uma incontrovérsia sobre o pedido, como a norma descrevia.

Diante desse prisma, a tutela poderia ser antecipada quando não houvesse controvérsia a ser solucionada sobre os fatos em torno de um pedido, contudo com a necessidade de que outras questões de fato fossem solucionadas para os outros pedidos, ou parcela destes.

Um dos exemplos possíveis utilizados para a explanação sobre a tutela antecipada do pedido incontroverso seria a possibilidade numa cumulação de pedidos sucessivos, com um condicionante e um posterior, a contestação somente versar sobre o pedido posterior, com a notória incontrovérsia do pedido condicionante.

Num processo com pedido de cobrança de um determinado valor e juros sobre a mora desta cobrança inadimplida, se o réu contestasse somente os juros, automaticamente estaria incontroverso o pedido condicionante ou principal, com a discussão permanecendo somente sobre o pedido posterior.

Tutela antecipada em caso de incontrovérsia parcial da demanda: breves comentários à proposta do poder executivo de alteração do § 1º do art. 273 do código de processo civil. In: **A segunda etapa da reforma processual civil.** Luiz Guilherme Marinoni; Fredie Didier Jr. (Coord.). São Paulo: Malheiros, 2001. p. 54.

42 Sobre isso, Zavaski entendi que não era uma tutela definitiva, mas somente uma antecipação dos efeitos possíveis numa decisão final, com base na incontroversa fática, mas não na incontrovérsia do pedido: "Numa primeira acepção puramente literal poder-se-ia afirmar, assim, que pedido incontroverso seria aquele a cujo respeito não se estabeleceu controvérsia entre as partes. Em outras palavras, para configurar "incontrovérsia", bastaria que o demandado não se opusesse ao pedido do demandante. Pergunta-se, contudo: a mera ausência de oposição significará, por si só, que o pedido é incontroverso para os fins do § 6º? A resposta, certamente, deve ser negativa. Pode ocorrer, por exemplo, que o demandado não conteste determinado pedido, o qual, contudo, na avaliação do juiz, é manifestamente descabido. Em caso tal, considerando que a sentença final será de improcedência, é lógico concluir que, embora se trate de pedido a cujo respeito não há controvérsia entre as partes, a sua antecipação será inadmissível." ZAVASCKI, Teori. A**ntecipação da tutela em face de pedido incontroverso.** http://www.abdpc.org.br/abdpc/artigos/teori%20zavascki(2)%20-formatado.pdf Acesso no dia 26 de março de 2019.

Mas, seria um pedido incontroverso ou um reconhecimento do pedido, o que ensejaria não a procedência em si, porém a homologação do reconhecimento? No entender deste trabalho, mesmo diante do ordenamento revogado, o reconhecimento seria no art. 269, II do CPC/73, não pelo inciso I, ou seja, nesse caso, o reconhecimento não geraria a procedência e sim o reconhecimento do direito do autor pelo réu, o que retiraria do julgamento pelo juízo, somente importando numa homologação desse reconhecimento, não um julgamento de procedência.

A questão de fato sendo vista como incontroversa permitia ao juízo debruçar-se, desde logo, sobre uma parcela da demanda, sobre um pedido específico que já pudesse ser resolvido por depender somente daqueles fatos incontroversos, mas toda definição jurídica do pedido seria realizada pelo juízo, com a possibilidade de procedência ou improcedência, afinal, a incontrovérsia dos fatos não leva a uma incontrovérsia do pedido[43], necessariamente.

Logo, a ausência de impugnabilidade sobre um ponto fático na contestação levava o juízo a poder decidir pelo art. 273, §6° do CPC/73, com a antecipação da tutela por causa dessa incontrovérsia nos fatos, alcançando e impactando um dos pedidos ou parcela destes, mas sem tornar o próprio pedido como incontroverso.

No entanto, o próximo problema estava na visão sobre essa decisão[44], se era uma antecipação da tutela legal, como uma provisoriedade da decisão ou um julgamento definitivo de modo antecipado? Essa discussão ocorria na

---

43 Nesse sentido da possibilidade de improcedência: "Quem admite a procedência do pedido impede que o juiz julgue, propriamente, o mérito, já que o processo deve ser encerrado com julgamento do mérito somente em virtude de o réu ter admitido que o autor tem razão. Na confissão e na não-contestação, o réu apenas aceita como verdadeiros determinados fatos, o que não implica, automaticamente, em uma sentença de procedência ao autor, já que dos fatos confessados ou não contestados podem não decorrer os efeitos jurídicos pretendidos." MARINONI, Luiz Guilherme. **Tutela antecipatória e julgamento antecipado: parte incontroversa da demanda.** 5ª. ed. São Paulo: Ed. RT, 2003. p. 125.

44 Araújo levantava diversas indagações sobre essa possibilidade, com a visão de que a norma trouxe mais dúvidas do que certezas: "Sob outro prisma, havendo pedidos cumulados, tornando-se incontroverso apenas um deles, a recente alteração processual admite a tutela antecipada do pedido incontroverso. Contudo, como restará enfrentado logo em seguida, algumas perguntas devem ser formuladas: a) ora, se o sistema permite – e até mesmo incentiva – a cumulação simples, por que não permitiria a descumulação? b) se o réu já teve oportunidade de defesa, trata-se de julgamento com base em cognição sumária ou exauriente? c) a decisão interlocutória será em caráter definitivo ou ainda estará sujeita à confirmação quando da prolação da sentença; d) ocorre violação ao princípio do contraditório?" ARAÚJO, José Henrique Mouta. **A resolução parcial de mérito e a coisa julgada progressiva: reflexos no sistema processual como forma de assegurar a brevidade da prestação jurisdicional.** Belém, PA, 2004.

época da alteração e gerou grande debate na doutrina, com visões diversas sobre o assunto[45].

A antecipação da tutela legal tinha a serventia da inversão do ônus do tempo do processo[46] do autor para o réu, com a possibilidade, dada a urgência do pleito e a demora processual, da prolação de uma decisão que possibilitasse a produção de eficácia imediata a uma tutela jurisdicional ainda provisória. O art. 273 do CPC/73 era calcado nessa visão da possibilidade de antecipar-se os efeitos de uma tutela jurisdicional da sentença para o início ou o meio do processo, justamente para permitir que a urgência não causasse ainda mais prejuízo a quem tivesse uma probabilidade de direito, diante de prova inequívoca.

Já a antecipação incluída posteriormente com base no art. 273, §6º do CPC/73 trabalhava diante um prisma de incontrovérsia e não probabilidade de direito ou prova inequívoca[47]. O entendimento, portanto, estava na falta de discussão sobre as questões de fato sobre um dos pedidos ou parcela destes,

---

302 p. Tese (Doutorado). Universidade Federal do Pará. Programa de Pós-Graduação em Direito. p. 198.

45 A doutrina procurou entender corretamente cada possibilidade sobre a alteração no CPC/73 que inseria a tutela antecipada de pedido incontroverso. Sobre este ponto, Oliveira Filho descreve as três formas de análise: "Pois bem. Há, na doutrina pátria, três correntes acerca da natureza jurídica da decisão proferida com fulcro no art. 273, § 6º, do Código: (i) Trata-se de decisão fundada em cognição exauriente, dotada de definitividade e apta a adquirir a coisa julgada material. Seria hipótese de fracionamento do julgamento do mérito, seja por decisão interlocutória ou por sentença parcial. (ii) Trata-se de decisão fundada em cognição exauriente, mas que não é dotada de definitividade, nem é capaz de transitar materialmente em julgado, visto que o ordenamento brasileiro veda a cisão do julgamento de mérito. Seria hipótese excepcional de concessão de antecipação dos efeitos práticos da tutela, fundada em cognição plena. (iii) Trata-se de decisão fundada em cognição sumária, provisória, revogável e insuscetível de transitar materialmente em julgado, como qualquer outra modalidade de antecipação dos efeitos da tutela, obedecendo às regras processuais gerais pertinentes à categoria." OLIVEIRA FILHO, Silas Dias de. **Julgamento fracionado do mérito e implicações no sistema recursal.** São Paulo, SP, 2013. 256 p. Dissertação (Mestrado). Universidade de São Paulo. Programa de Pós-Graduação em Direito. p. 127/129.

46 Sobre a inversão do ônus do tempo do processo: MITIDIERO, Daniel. Direito fundamental ao julgamento definitivo da parcela incontroversa: uma proposta de compreensão do art. 273, § 6º do CPC, na perspectiva do direito fundamental a um processo sem dilações indevidas (art. 5º, LXXVIII, da CF/1988). **Revista de Processo.** Vol. 149, p. 105-119, São Paulo: Ed. RT, Jul/2007. p. 105.

47 Sobre a mudança da ótica da cognição, não sendo esta de probabilidade, mas de incontrovérsia: "O pronunciamento, portanto, não se dá com base em mera probabilidade, mas com espeque em cognição exauriente, da mesmíssima profundidade apta a autorizar e determinar o julgamento antecipado da lide, consoante o artigo 330, II, do Código." AMBRIZZI, Tiago Ravazzi. **Julgamento fracionado do mérito no processo**

com a possibilidade da prolação de uma decisão provisória sobre tal ponto da inicial ou parcela deste.

Para parte da doutrina, essa possibilidade não abria a viabilidade da prolação de uma decisão interlocutória provisória sobre parcela da demanda, mas de uma decisão interlocutória de julgamento parcial do processo em que houve uma incontrovérsia sobre o pedido. Afora o entendimento adotado neste trabalho de que a incontrovérsia era sobre os fatos relacionantes ao pedido, uma vez que houvesse a falta de questões de fato a serem decididos referentes a um pedido e a permanência de questão ou questões sobre o outro pedido ou parcela, haveria a possibilidade de julgar o mérito do processo, definitivamente.

Para tanto, a cognição dessa decisão era exauriente[48], com a prolação de um julgamento completo do pedido ou da parcela destes, com base no art. 273, § 6o do CPC/73, importando, portanto, em uma cisão cognitiva do processo, com um autêntico julgamento parcial do mérito por uma decisão interlocutória, sendo uma antecipação da tutela legal no sentido de bipartir-se a sentença, mas não sendo com um ar de provisoriedade.

Se a cognição era exauriente, consequentemente, a decisão prolatada com base nessa antecipação da tutela fundada em pedido incontroverso gerava, caso não recorrida, a formação da coisa julgada[49]. E, de mesmo modo, a executividade era definitiva[50] e não provisória.

Por outro lado, Zavascki[51] entendia que a tutela do art. 273, § 6º do CPC/73 não seria um julgamento do mérito do processo, mas uma mera antecipação do que se poderia julgar posteriormente. Não seria uma decisão interlocutória com a

---

civil brasileiro. São Paulo, SP, 2014. 231 p. Dissertação (Mestrado). Universidade de São Paulo. Programa de Pós-Graduação em Direito. p. 42.

48 Nesse sentido: "No caso de pronunciamento judicial fundado no § 6º do art. 273 do CPC, a cognição do juiz é exauriente, justamente por decorrer de uma certeza, obtida pela incontrovérsia referida no dispositivo." CUNHA, Leonardo José Carneiro da. O § 6º do art. 273 do CPC: Tutela Antecipada Parcial ou Julgamento Antecipado Parcial da Lide? **Revista Dialética de Direito Processual.** n. 1, p. 109-126, São Paulo: Dialética, Abril/2003. p. 122.

49 "Daí por que tal pronunciamento tem força para gerar coisa julgada material." CUNHA, Leonardo José Carneiro da. O § 6º do art. 273 do CPC: Tutela Antecipada Parcial ou Julgamento Antecipado Parcial da Lide? **Revista Dialética de Direito Processual.** n. 1, p. 109-126, São Paulo: Dialética, Abril/2003. p. 122.

50 DALL'ALBA, Felipe Camilo. Julgamento antecipado ou antecipação dos efeitos da tutela do pedido incontroverso?. **Revista de Processo.** Vol. 128, Ano 40, p. 2007-223, São Paulo: Ed. RT, 2005. p. 221.

51 ZAVASCKI, Teori. **Antecipação da tutela em face de pedido incontroverso.** http://www.abdpc.org.br/abdpc/artigos/teori%20zavascki(2)%20-formatado.pdf. Acesso no dia 26 de março de 2019.

possibilidade de passar em julgado[52], tampouco que fosse uma decisão definitiva, mas somente uma decisão que antecipava os efeitos de uma futura sentença[53].

A opção, diante dessa visão, não seria de uma sentença parcial[54], tampouco uma decisão interlocutória com a possibilidade de trânsito em julgado e formação de coisa julgada, mas uma mera antecipação dos efeitos de uma futura sentença que, provavelmente[55], pelo alto teor da probabilidade[56], seria de confirmação da tutela antecipada[57].

---

52 Em sentido diverso, sobre a formação de coisa julgada dessa decisão não recorrida. CALMON DE PASSOS, José Joaquim. **Comentários ao código de processo civil.** Vol. III, 6ª ed. Rio de Janeiro: Forense, 1989. p. 72.

53 "Sendo assim, também aqui, como nas demais hipóteses de antecipação da tutela, o que se outorga antecipadamente é a eficácia social da futura sentença de procedência, não a jurídico-formal. Em outras palavras: não se condena por antecipação, nem se declara e nem se constitui ou desconstitui. O que se faz, simplesmente, é adiantar os efeitos executivos que poderão decorrer da futura sentença definitiva condenatória, declaratória, constitutiva ou desconstitutiva. Efeitos executivos, entenda-se bem, considerados no sentido amplo: são os efeitos que se passam, não no mundo dos pensamentos, mas no plano da realidade, a saber, os que se destinam ou têm aptidão para produzir ou induzir a manutenção ou a modificação do estado de fato." ZAVASCKI, Teori. **Antecipação da tutela em face de pedido incontroverso.** http://www.abdpc.org.br/abdpc/artigos/teori%20zavascki(2)%20-formatado.pdf Acesso no dia 26 de março de 2019.

54 Optando por entender não ser uma sentença parcial, tampouco um julgamento parcial, filiando-se ao que entendia ser uma tutela provisória de pedido incontroverso: "Que pena! O legislador não quis ousar mais, a ponto de autorizar nesses casos um parcial julgamento antecipado do mérito." DINAMARCO, Cândido Rangel. **A reforma da reforma.** 3ª ed. São Paulo: Malheiros, 2002. p. 96.

55 "Para a imediata tutela da parte incontroversa do pedido, talvez a melhor solução tivesse sido a da cisão do julgamento, permitindo sentença parcial, mas definitiva, de mérito. Ter-se-ia, com essa solução, a possibilidade de outorgar, relativamente ao pedido incontroverso, a imediata, completa e definitiva tutela jurisdicional. Não foi essa, todavia, a opção do legislador, que preferiu o caminho da tutela antecipada provisória. Com isso, limitou-se o âmbito da antecipação aos efeitos executivos da tutela pretendida." ZAVASCKI, Teori. **Antecipação da tutela em face de pedido incontroverso.** http://www.abdpc.org.br/abdpc/artigos/teori%20zavascki(2)%20-formatado.pdf. Acesso no dia 26 de março de 2019.

56 Dois aspectos, todavia, merecem trato destacado: o que diz respeito à proibição de deferir antecipação "quando houver perigo de irreversibilidade do provimento" (§ 2º) e o que trata da "efetivação da tutela antecipada" (§ 3º). Relativamente a tais pontos, é indispensável considerar a natureza especial da tutela prevista no § 6º, notadamente o elevado grau de verossimilhança do direito que lhe serve de pressuposto." ZAVASCKI, Teori. **Antecipação da tutela em face de pedido incontroverso.** http://www.abdpc.org.br/abdpc/artigos/teori%20zavascki(2)%20-formatado.pdf. Acesso no dia 26 de março de 2019.

Diante dessa visão, a cognição seria precária, ainda de modo sumário[58], somente diante dos efeitos do que se pleitou e não exauriente[59], a qual somente se daria quando houvesse a confirmação da antecipação na prolação da sentença[60].

Apesar de tal inovação e discussão na doutrina, o impacto de tal alteração no cotidiano forense foi pequeno, dada a pouca utilização do instituto, justamente pela indefinição da norma sobre a sua natureza e, ainda, da inclusão como uma tutela provisória, sendo que teria se situado de modo mais correto no tangente

---

57 Julgamento do STJ no sentido de impossibilidade de coisa julgada da tutela antecipada de pedido incontroverso: "(...) não se discute que a tutela prevista no § 6º do artigo 273 do CPC atende aos princípios constitucionais ligados à efetividade da prestação jurisdicional, ao devido processo legal, à economia processual e à duração razoável do processo, e que a antecipação em comento não é baseada em urgência, nem muito menos se refere a um juízo de probabilidade (ao contrário, é concedida mediante técnica de cognição exauriente após a oportunidade do contraditório). Porém, como já dito, por questão de política legislativa, a tutela acrescentada pela Lei nº 10.444/02 não é suscetível de imunização pela coisa julgada. Assim sendo, não há como na fase de antecipação da tutela, ainda que com fundamento no § 6º do artigo 273 do CPC, permitir o levantamento dos consectários legais (juros de mora e honorários advocatícios), que deverão ser decididos em sentença." STJ. 3ª Turma. REsp 1.234.887-RJ, Rel. Min. Ricardo Villas Bôas Cueva, julgado em 19/9/2013.

58 OLIVEIRA FILHO, Silas Dias de. **Julgamento fracionado do mérito e implicações no sistema recursal.** São Paulo, SP, 2013. 256 p. Dissertação (Mestrado). Universidade de São Paulo. Programa de Pós-Graduação em Direito. p. 138.

59 Oliveira Filho filiava-se a corrente de Zavascki ao entender que a cognição era meramente sumária e com a antecipação dos efeitos da decisão, não com a antecipação da tutela definitiva: "Sendo assim, é possível constatar que a técnica inserta no § 6º do art. 273 é tipicamente uma antecipação dos efeitos da tutela final, e não a antecipação da própria tutela, pois: (i) não é fundada em cognição exauriente, visto que proferida em cenário de ausência de impugnação especificada dos fatos, capaz de gerar tão-somente presunção relativa de veracidade das alegações do autor; (ii) apesar de situação semelhante à da revelia total, não há aqui expressa autorização legal para a concessão de tutela definitiva com base em cognição sumária; (iii) não se destina a solucionar de forma definitiva o litígio; (iv) visa a afastar os efeitos deletérios do tempo causados pelo estado de insatisfação do direito pleiteado." OLIVEIRA FILHO, Silas Dias de. **Julgamento fracionado do mérito e implicações no sistema recursal.** São Paulo, SP, 2013. 256 p. Dissertação (Mestrado). Universidade de São Paulo. Programa de Pós-Graduação em Direito. p. 146.

60 Entendendo ser uma decisão provisória, sem o condão de transitar em julgado: "Melhor refletindo, a alternativa legal parece-me adequada, pois produz os efeitos práticos pretendidos, sem retirar do juiz a possibilidade de revogar a antecipação por haver concluído, à luz dos elementos dos autos, pela inexistência do direito, mesmo em relação aos fatos incontroversos." BEDAQUE, José Roberto dos Santos. **Tutela cautelar e tutela antecipada: tutelas sumárias e de urgência (tentativa de sistematização)**. 3ª. ed. São Paulo: Malheiros, 2003. p. 362/363.

à antecipação do julgamento da lide e a possibilidade de decisão parcial, o que não foi feito, deixando uma confusão sobre o instituto e a sua ineficiência[61].

A inclusão da possibilidade da tutela antecipada do pedido incontroverso quebrava a premissa de unicidade procedimental na norma processual com a existência de um só caminho para a sentença, com a inclusão para que se decidisse, ainda que provisoriamente, um pedido do autor ou de um real julgamento de parcela da demanda já possível de resolução[62].

3.2.4 A alteração no conceito de sentença pela Lei nº 11.232/2005 e o impacto na abertura para a cisão cognitiva no procedimento comum do CPC/73

Se o CPC/73 já não corroborava com o princípio da oralidade nos mesmos moldes do anterior e permitia o julgamento antecipado, com uma nova realidade na formalidade do processo, abrindo a possibilidade da visão pela viabilidade

61 Didier Jr. defendia que a técnica adotada para a inclusão do art. 273, § 6.º do CPC/73 era uma técnica de julgamento antecipado parcial, não da concessão de uma tutela provisória antecipada de pedido incontroverso: "defender a tese de que se trata este § 6.º de simples hipótese de antecipação da tutela é retirar-lhe qualquer utilidade. Se o art. 273 do CPC prevê uma tutela antecipada atípica, genérica, inominada, bastando o preenchimento dos seus requisitos, qual seria a utilidade de o legislador dizer que, quando parte do pedido é incontroversa, seria possível a antecipação da tutela? Se apenas se tratasse de uma decisão provisória, essa menção seria ociosa, pois a situação em análise enquadrar-se-ia, à perfeição, na hipótese de abuso do direito de defesa (inc. II) – realmente, a permanência da defesa do réu, no caso, seria manifestamente abusiva, em razão da incontrovérsia." DIDIER JR., Fredie. Inovações na antecipação dos efeitos da tutela e a resolução parcial do mérito. **Revista de Processo.** Vol. 110, Ano 28, p. 225-251, São Paulo: Ed. RT, 2003. p. 225/226.

62 Sobre essa decisão que era possível pela última redação do art. 273, §6º do CPC/73, a norma dizia que era uma espécie de tutela provisória por incontrovérsia, mas a doutrina entendia que o correto seria nomear de uma sentença antecipada, contudo mantinha a necessidade de confirmação dessa tutela antecipada na sentença. No sentido de entender como um julgamento parcial: "À evidencia, para que um ato jurisdicional seja identificado como sentença, é preciso que todo procedimento em primeiro grau desencadeado com o processo seja extinto. Não importa o conteúdo desse ato, mas sim a extinção de todo o procedimento que tramitou perante o juiz de primeira instância. O sistema processual brasileiro não impede que uma decisão interlocutória, por exemplo, trate de matéria de mérito, não pré-fixando conteúdo para cada tipo de ato judicial." CUNHA, Leonardo José Carneiro da. O § 6º do art. 273 do CPC: Tutela Antecipada Parcial ou Julgamento Antecipado Parcial da Lide? **Revista Dialética de Direito Processual.** n. 1, p. 109-126, São Paulo: Dialética, Abril/2003. p. 119.

de uma cisão cognitiva, ainda que tímida, a inclusão do art. 273, § 6º[63] naquele ordenamento corroborou para a defesa dessa cisão ser possível e viável, com a quebra da unicidade como regra estática processual.

Uma outra alteração legal no CPC/73 que impactou na visão sobre a quebra da unicidade da sentença como regra foi realizada pela Lei nº 11.232/2005, mediante a nova redação do art. 162, § 1º do CPC/73 para os seguintes termos: "sentença é o ato do juiz que implica alguma das situações previstas nos arts. 267 e 269 desta Lei".

Se antes dessa redação a sentença era aquela que encerrava o processo com ou sem a discussão de mérito, extinguindo na primeira e acolhendo ou não o pedido do autor na segunda, a partir dessa redação, sentença passou a ser uma decisão que versasse sobre os arts. 267 (sem resolução de mérito) e 269 (com resolução de mérito) do CPC/73.

Retirou-se qualquer menção a encerramento de procedimento[64], de fase processual ou de prestação jurisdicional, somente com a atinência ao conteúdo decisório, ou julgando extinto, ou julgando o mérito do processo.

Dessa maneira, qualquer decisão que versasse sobre o mérito ou que extinguisse a lide seria sentença, ainda que não encerrasse o processo[65-66]. Lo-

---

63 Sobre o tema: ARAÚJO, José Henrique Mouta. Tutela antecipada do pedido incontroverso: estamos preparados para a nova sistemática processual? **Revista de Processo.** Vol. 116, Ano 29, p. 207-230, São Paulo: Ed. RT, Jul/2004.

64 O intuito da alteração foi para que fosse compatível com um processo sincrético, numa nova concepção processual, sem imaginar outros problemas para a inter-relação com outros institutos. "Em outras palavras, o legislador objetivava a adaptação do conceito à nova realidade do cumprimento de sentenças, sem que houvesse vontade política de permitir o fatiamento do julgamento da lide, o que criaria uma incompatibilidade com o sistema recursal do Código." CARMONA, Carlos Alberto. Ensaio sobre a sentença arbitral parcial. **Revista de Processo.** Vol. 165, Ano 33, p. 9-28, São Paulo: Ed. RT, Nov/2008. p. 14.

65 Essa visão sobre "encerrar o processo" era trabalhada de modo potencial, não de realmente encerrar o processo, pelo fato de que caberia recurso: "Havendo recurso, a relação processual não se desfaz, prosseguindo na instância recursal. No rigor dos termos, portanto, sentença não é a decisão de primeiro grau que extingue o processo, mas aquela que sempre tem a força de fazê-lo, quando contra ela não se interpõe recurso." SANTOS, Ernane Fidélis. **Manual de direito processual civil.** 9ª. ed. São Paulo: Saraiva, 2002. p. 2006.

66 "o novo art. 267 do CPC continua tendo como eixo de análise a aptidão para o encerramento do processo." DIAS, Jean Carlos. A reforma do CPC e o fim da teoria da unidade da sentença – Lei 11.232/2005. **Revista Dialética de Direito Processual.** Vol. 40, p. 79-84, São Paulo: Dialética, Jul/2006. p. 81.

go, se o juiz indeferisse parcialmente a inicial, estaria, pelo conceito ampliado, sentenciando, o que levou à abertura da possibilidade de sentenças parciais[67].

Qualquer decisão que tivesse como base os pressupostos processuais para extinção e o acolhimento ou não de pedido do autor seria uma sentença[68], independentemente da fase processual[69]. Evidentemente que isso proporcionava dúvidas maiores[70] do que as certezas dessa nova redação, como, por exemplo, a recorribilidade[71], coisa julgada[72] e execução do que se decidiu, bem como as diretrizes para essa prolação.

---

67 "A classificação dos atos judiciais estava amparada exclusivamente nas suas localizações no procedimento. Enquanto a sentença estava ao fim, pondo fim ao procedimento, a decisão interlocutória era decidida no curso do processo. Para tanto, mostrava-se irrelevante saber se o mérito da demanda havia ou não sido apreciado." SCARPARO, Eduardo Kochenborger. Sentenças parciais? Considerações a partir de reforma do art. 162, §1º, do CPC. **Revista de Processo.** n. 148, Ano 32, p. 153-168, São Paulo: Ed. RT, Jun/2007. p. 158.

68 "A partir da reforma, o conceito de sentença de mérito está centrado no exame do pedido, ou nas situações que foram ficcionalmente assemelhadas a ele, e não mais no resultado extinção do processo. Isso quer dizer que, pela atual redação, a análise do mérito poderá ou não levar à extinção." DIAS, Jean Carlos. A reforma do CPC e o fim da teoria da unidade da sentença – Lei 11.232/2005. **Revista Dialética de Direito Processual.** Vol. 40, p. 79-84, São Paulo: Dialética, Jul/2006. p. 81.

69 "Diante das observações até agora tecidas, é possível fixar outra relevante premissa: a Lei nº. 11.232/2005 inseriu expressamente no Código de Processo Civil a possibilidade de análise fracionada do objeto do processo por meio de sentenças parciais de mérito, as quais são definidas exclusivamente com base em seu conteúdo, não sendo possível haver sentença terminativa parcial, visto que esta ainda tem o condão de necessariamente extinguir o processo." OLIVEIRA FILHO, Silas Dias de. **Julgamento fracionado do mérito e implicações no sistema recursal.** São Paulo, SP, 2013. 256 p. Dissertação (Mestrado). Universidade de São Paulo. Programa de Pós-Graduação em Direito. p. 42.

70 Sobre a conceituação dada pela sentença na Lei no. 11.232/05, Barbosa Moreira não identificava grandes alterações: "Em suma: as recentes reformas não produzem mudanças substanciais na maneira pela qual se identificam os pronunciamentos judiciais e se caracterizam os respectivos regimes. Podem, quando muito, forçar o intérprete a tal ou qual manobra hermenêutica, para acomodar conceitos e flexibilizar arestas." BARBOSA MOREIRA, José Carlos. A nova definição de sentença (Lei nº. 11.232). **Revista Dialética de Direito Processual.** Vol. 39. p. 78-85. São Paulo: Dialética, Jun/2006. p. 84.

71 Sobre a recorribilidade e a necessidade de adaptabilidade à sentença parcial no CPC/73: "permitir aos juízes que profiram tantas sentenças parciais quantas julgarem adequadas, de acordo com o paulatino amadurecimento da causa", inexiste dúvida de que "haverá certamente situações em que o juiz poderá, com vantagem, valer-se das sentenças parciais, devendo o sistema recursal ser adaptado à novidade." CARMONA, Carlos Alberto. Ensaio sobre a sentença arbitral parcial. **Revista de Processo.** Vol. 165, Ano 32, São Paulo: Ed. RT, nov./2008. p. 13.

A sentença era, por si só, maior do que seu conceito processual antes imaginado, com uma alteração ampliativa e, de certa maneira, assistêmica[73] dada a existência de mais problemas do que soluções, pelo fato de que o legislador não se preocupou em incluir esse conceito numa visão geral e impacto no CPC/73 inteiro, deixando o conceito deslocado dentro do sistema.

Todavia, diante dessa conceituação de sentença, abriu-se uma possibilidade legal de entender sentença como todo ato que era atinente aos assuntos dos arts. 267 e 269 do CPC/73[74], ainda que parcial[75], significando o fim da teoria da unicidade da sentença como regra[76], mas somente deixando como uma possibilidade processual.

Evidentemente que não se adotou a visão de que fosse possível a prolação de diversas sentenças durante o procedimento de conhecimento, mas com a última redação do art. 162, §1º do CPC/73 era certo que diversas decisões eram possíveis de versar sobre matérias que normalmente eram atinentes à sentença, julgando vícios processuais extintivos de parcela da demanda ou julgando parcela do mérito.

---

72 Sobre o regime de coisa julgada da sentença parcial no CPC/73 e a coisa julgada progressiva: ARAÚJO, José Henrique Mouta. **A resolução parcial de mérito e a coisa julgada progressiva: reflexos no sistema processual como forma de assegurar a brevidade da prestação jurisdicional.** Belém, PA, 2004. 302 p. Tese (Doutorado). Universidade Federal do Pará. Programa de Pós-Graduação em Direito.

73 Sobre o conceito de sentença proposta no CPC/73 pela alteração pela Lei nº. 11.232/05: "nem é tecnicamente correta, nem clara, nem – menos que tudo – elegante." BARBOSA MOREIRA, José Carlos. A nova definição de sentença (Lei nº. 11.232). **Revista Dialética de Direito Processual.** Vol. 39. p. 78-85. São Paulo: Dialética, Jun/2006. p. 85.

74 "tudo está a recomendar, portanto, que se ignore a parte inicial do *caput* do artigo 267, e coerentemente à exegese dos artigos 162, § 1º e 269, caput, se reconheça que as sentenças terminativas não necessariamente põem fim ao processo. Em outras palavras, do conjunto normativo decorrente da Lei nº 11.232/2005, é também inevitável reconhecer que haja, no curso do processo, sentenças parciais terminativas." SICA, Heitor Vitor Mendonça. Algumas implicações do novo conceito de sentença, de acordo com a Lei nº 11.232/2005. CARMONA, Carlos Alberto (coord.). **Reflexões sobre a reforma do Código de Processo Civil.** São Paulo: Atlas, 2007. p. 197.

75 Sobre essa posição de sentenças parciais: "Resta, portanto, inteiramente descartado o critério topológico de diferenciação dos atos decisórios, pois agora, em meio ao procedimento tanto poderão surgir sentenças quanto decisões interlocutórias." OLIVEIRA, Bruno Silveira. Um novo conceito de sentença. **Revista de Processo.** Vol. 149, Ano 32, p. 120-138, São Paulo: Ed. RT, Jul/2007. p. 121.

76 Sobre a alteração "O direito positivo torna evidente a superação do princípio da unicidade, de acordo com o qual o exame do mérito deveria ocorrer em apenas uma decisão." SILVA, Ricardo Alexandre. **Limites objetivos da coisa julgada e questões prejudiciais.** Curitiba, PR, 2016. 218 p. Tese (Doutorado em Direito). Universidade Federal do Paraná. Programa de Pós-Graduação em Direito. p. 47.

Por mais que a discussão passou-se a ser sobre a natureza jurídica dessa decisão ser ou não uma sentença, diante do conteúdo do art. 162, §1º do CPC/73, com a opção entre ser uma sentença parcial ou uma decisão interlocutória de mérito, caso se entendesse que sentença era um conceito rígido, abria-se a visão de que outras decisões além da sentença eram passíveis de conter um julgamento que anteriormente só se imaginava quando se encerrava o procedimento, quando se extinguia a prestação jurisdicional.

Apesar de toda essa discussão sobre a natureza jurídica dessas decisões com conteúdos sentenciais parciais, não havia uma definição clara positivada, com discussões doutrinárias sobre o tema.

3.3 O PANORAMA ATUAL DA CISÃO COGNITIVA E FRACIONAMENTO DECISÓRIO NO CPC/2015

3.3.1 A positivação da cisão cognitiva e a decisão parcial na fase de conhecimento

Com o advento de uma nova norma processual e novos conceitos de antigos institutos, optou-se por uma positivação da possibilidade da bipartição cognitiva do processo objetivamente complexo[77].

Um processo que tem várias relações jurídicas, seja pela cumulação de pedidos, seja pela pluralidade de partes, almeja, de igual maneira, um julgamento conjunto e uno de todas essas relações no ato sentencial, como uma busca pela unicidade de todas as decisões, contudo sem atrelar-se a impossibilidade de quebra dessa unidade decisória.

---

77 Nesse sentido, sobre diferentes aspectos da decisão parcial no CPC/2015: ARRUDA, Paulo Gonçalves de. A sentença parcial vista pelos Tribunais e o reflexo do fracionamento do mérito no anteprojeto do novo Código de Processo Civil. **Revista de Processo.** Vol. 222, Ano 38, p. 257-292, São Paulo: Ed. RT, 2013; MEIRELES, Edilton. Julgamento antecipado parcial do mérito. **Revista de Processo.** Vol. 252, Ano 41, p. 133-146, São Paulo: Ed. RT, fev/2016; LUCCA, Rodrigo Ramina de. Julgamentos antecipados parciais de mérito. **Revista de Processo.** Vol. 257. ano 41. p. 125-150. São Paulo: RT, jul/2016; SILVA, Beclaute Oliveira; ARAUJO, José Henrique Mouta; SILVA, I. L. Eficácia do agravo de instrumento na decisão antecipada parcial de mérito. **Revista Eletrônica de Direito Processual.** v. 1, p. 57-75, 2016; LEMOS, Vinicius Silva. O agravo de instrumento contra decisão parcial de mérito. **Revista de Processo.** Vol. 259, Ano 41, p. 275-303, São Paulo: Ed. RT, Set/2016; LESSA, Guilherme Thofehrn. Julgamento parcial do mérito e a necessidade de aplicação do procedimento recursal adequado. **Revista de Processo.** Vol. 281, Ano 43, p. 281-303, São Paulo: Ed. RT, Jul/2018; PEDRON, Flávio Barbosa Quinaud; MILAGRES, Allan. Reflexões sobre o julgamento antecipado parcial do mérito no processo civil e no processo do trabalho. **Revista de Processo.** Vol. 285, ano 43, p. 273-289, São Paulo: Ed. RT, 2018.

O processo pode ser bipartido em seu objeto litigioso, tanto pelo fato de que uma parcela – pedidos ou partes – não estará apta a ser julgada, com a presença de um vício insanável, ou se sanável, sem ter realizado a sanabilidade, julgando sem mérito esse ponto da demanda, quanto de modo a bipartir-se o próprio julgamento do mérito, com a possibilidade de enfrentamento parcial do processo, com posterior análise do restante do mérito, com um pedido ou parcela deste sendo julgado num momento processual interlocutório e na sentença, após a instrução probatória, o que ainda tiver que ser enfrentado.

Desse modo, o CPC/2015 positivou as decisões interlocutórias parciais, as quais devem ser entendidas como enquadradas nessa espécie de natureza decisória pelo fato de coadunarem com o disposto no art. 203, §§ 1° e 2° do CPC, no tocante à conceituação de sentença[78] e decisão interlocutória.

A primeira será a decisão que encerra a fase de cognição, diante de um julgamento com ou sem o enfrentamento do mérito, já a segunda será qualquer ato decisório do juízo de primeiro grau que não se enquadre na conceituação de sentença, sem encerramento de uma fase.

Diante dessas conceituações, a opção não foi por uma sentença parcial[79], mas no enquadramento conceitual em ser uma decisão interlocutória parcial, seja de mérito, seja sem mérito.

O CPC/2015 possibilitou a cisão cognitiva do objeto litigioso do processo, sem a necessidade de que haja a unicidade da sentença[80], com o dever do juízo em

78 Sobre o conceito de sentença no CPC atual: "Para o novo Código, *sentença* é o pronunciamento por meio do qual o juiz, com fundamento nos arts. 485 e 487 do NCPC, põe fim à fase cognitiva do procedimento comum, bem como extingue a execução (art. 203, § 1º), ou seja, é tanto o ato que extingue o processo sem resolução de mérito como o que o faz resolvendo o mérito da causa." THEODORO JR., Humberto. **Curso de direito processual civil.** Vol. I, 59ª ed. Rio de Janeiro: Forense, 2018. p. 1.088.

79 Na abertura da possibilidade da cisão cognitiva no CPC/73, muitos admitiam a nomenclatura sentença parcial: MITIDIERO, Daniel. Sentenças parciais de mérito e resolução definitiva fracionada da causa: lendo um ensaio de Fredie Didier Júnior. **Ajuris.** Porto Alegre, v. 94, p. 39-50, 2004; SCARPARO, Eduardo Kochenborger. Sentenças parciais? Considerações a partir de reforma do art. 161, §1º, do CPC. **Revista de Processo.** n. 148, Ano 32, p. 153-168, São Paulo: Ed. RT, Jun/2007; OLIVEIRA, Bruno Silveira. Um novo conceito de sentença. **Revista de Processo.** Vol. 149, Ano 32, p. 120-138, São Paulo: Ed. RT, Jul/2007.

80 A unicidade ainda é possível, somente não é mais regra estanque da sentença. Sobre a alteração da conceituação de sentença no CPC/2015 e o fim da teoria da unicidade da sentença pelo direito positivo: "O direito positivo torna evidente a superação do princípio da unicidade, de acordo com o qual o exame do mérito deveria ocorrer em apenas uma decisão." SILVA, Ricardo Alexandre. **Limites objetivos da coisa julgada e questões prejudiciais**. Curitiba, PR, 2016. 218 p. Tese (Doutorado em Direito). Universidade Federal do Paraná. Programa de Pós-Graduação em Direito. p. 47.

julgar as parcelas do processo que já forem possíveis pela situação fático-jurídica apresentada, dada a existência dos requisitos autorizantes, como a cumulação de pedidos ou partes, a pluralidade de questões de fato e a possibilidade de imediata resolução de uma delas, com a pendência da relação entre uma questão e um dos pedidos ou parcela deste.

Se o processo objetivamente complexo enquadrar-se numa situação em que todos os requisitos estão presentes, não há motivos para respeitar-se a unicidade da sentença e do processo, com a total possibilidade de cisão cognitiva, decisória e procedimental.

O art. 354, parágrafo único permite duas espécies de decisões parciais: *(i) as extintivas pela presença de um vício processual impeditivo do julgamento de mérito – hipóteses do art. 485 do CPC; (ii) as extintivas de mérito, com base no art. 487, II e III do CPC – prescrição, decadência e as homologatórias de transação, reconhecimento do pedido pelo réu e renúncia do autor ao direito.*

A cisão cognitiva é possível para extinguir parcela do objeto litigioso sem efetivamente julgar o mérito, seja pelo fato de que aquela parcela da demanda está eivada de algum vício, seja pelo fato de que o juízo deve reconhecer a prescrição ou decadência parcial ou homologar transação, renúncia ou reconhecimento parcial, com a resolução de mérito, mas não com a resposta da jurisdição sobre o pedido do autor, mas com a impossibilidade de fazê-lo, nos moldes do art. 487, II e III do CPC.

Já no art. 356 do CPC, a cisão cognitiva atinge diretamente o mérito, com a possibilidade de julgamento parcial do pedido ou parcela deste.

Se o processo objetivamente complexo permitir que o juízo julgue, por causa do cumprimento dos requisitos para tanto, um dos pedidos cumulados existentes no processo, sem a possibilidade de julgamento completo do objeto litigioso do processo, será prolatada uma decisão interlocutória parcial do mérito.

Resolve-se parcela do processo, com a realização de parcela da jurisdição e a continuidade do que não pode julgar nesse momento para o início da instrução probatória para tanto.

Um dos requisitos que permite tal possibilidade de julgar parcialmente o mérito é a incontrovérsia sobre os fatos ou a resolubilidade de uma questão de fato, ambos que afetam somente um dos pedidos ou parcela deste, possibilitando um imediato julgamento parcial do mérito. Como não há a resolução integral do objeto litigioso do processo, a cisão cognitiva é a consequência natural da configuração dos requisitos para tanto, com o dever do juízo em prolatar a decisão parcial, com a cindibilidade do processo, com o término da jurisdição sobre parcela deste – ao menos neste grau – e a continuidade no tocante aos demais pontos e as questões de fato necessárias de serem enfrentadas para a completude do julgamento e da jurisdição.

De todo modo, a cisão cognitiva, no CPC/2015, deixa de ser uma mera possibilidade diante da inserção no capítulo de tutela provisória ou antecipação da tutela legal, tampouco como possível somente pela interpretação do conceito da sentença e, também, deixa de ser viável somente nos procedimentos especiais, passando, então, a ser totalmente inserta e pertinente ao ordenamento do procedimento comum do processo civil brasileiro, um caminho procedimental normal e pertinente, com base legal nos arts. 354, parágrafo único e 356 do CPC.

3.3.2 A unicidade da sentença como normalidade e a decisão parcial como acidente processual no CPC/2015: a existência de uma bifurcação procedimental do processo objetivamente complexo

Mesmo diante de uma ampla possibilidade de cisão cognitiva de um processo objetivamente complexo – por decisão parcial com ou sem mérito – o caminho procedimental comum leva a entender que o normal da processualística será almejar uma unicidade do julgamento dos pedidos na sentença.

Mas, almejar a unicidade da sentença não é um caminho fechado de que seja uma busca da jurisdição voltada para somente esse caminho. A visão está de que existe uma bifurcação procedimental possível no ordenamento processual quando houver a complexidade objetiva do processo e a configuração dos requisitos construídos para tanto, com a relação com as questões de fato, a pluralidade de pedidos ou de partes.

Se o autor aciona a jurisdição com uma pluralidade de relações jurídicas, a regra será proporcionar que a resolução de todos os pedidos e relações seja no ato sentencial, com o encerramento do procedimento comum, mantendo a existência e o diálogo da teoria da unicidade da sentença no ordenamento processual.

O caminhar processual é nesse sentido, em todas as fases processuais, desde a fase postulatória, ordinatória, instrutória e a decisão. Uma configuração situacional das questões de fato e os pedidos ou partes existentes no processo que permitirá seguir outro caminho, com a prolação da decisão parcial e, consequentemente, com a cisão cognitiva, fracionamento decisório e uma procedimentalidade diversa da construída pelo ordenamento.

A procedimentalidade comum seria a busca pela unicidade, num caminhar processual normal e a cindibilidade seria um acidente[81]. Possível, viável e

81 A unicidade continua sendo a regra, a sentença ser una é regra e deve ser assim encarada. Gouveia chama a cisão cognitiva ou fracionamento decisional de um acidente processual, diante das configurações de diversas situações autorizantes. "Isto porque não é da *essência* do procedimento comum (e de outros que lhe sejam análogos) ter esse fracionamento, algo que lhe é *acidental*." GOUVEIA FILHO,

configurável, com a possibilidade de uma bifurcação vir a ocorrer, mas não será a regra do processo civil.

Dessa maneira, a positivação dos arts. 354, parágrafo único e do 356 do CPC concedem uma abertura de uma bipartição cognitiva e procedimental não insere nova regra, tampouco retira a unicidade como algo a ser buscável no caminho até a decisão final, somente não deve ser um princípio restritivo de que outras alternativas decisórias e procedimentais podem melhor se adequar àquela situação que se apresenta processualmente.

Não há uma regra fechada procedimental sobre a unicidade decisória ou a construção de que assim seja o processo, mas também não se busca ou se almeja uma decisão parcial, ela ocorre diante das circunstâncias que desenvolve-se na construção deste trabalho, com os requisitos e critérios existentes entre complexidade objetiva do processo, pluralidade de questões de fato e resolubilidade parcial de uma destas e pendência de outra, com a necessidade, ainda, de atinência dessas situações e o devido impacto nas relações jurídicas existentes na complexidade.

Logo, o procedimento comum trabalha com a unicidade como a normalidade e a cisão cognitiva como um acidente, mas amplamente viável, construído e positivado.

Se houver uma resolução somente parcial sobre as questões de fato, com a configuração de uma bifurcação cognitiva, o juízo deve prolatar a decisão parcial de mérito e prosseguir com o restante do processo para o julgamento na sentença.

De igual maneira deve-se proceder diante de uma bifurcação cognitiva que não seja para julgar o mérito, mas para extinguir somente parcela do processo, com a viabilidade procedimental para o julgamento do restante do processo. A parcela processual que detinha um vício não será julgada em seu mérito, mas será extinta e aquela parcela não impactada pelo vício prossegue para alcançar processualmente a viabilidade cognitiva quanto à resolubilidade das questões de fato pertinentes e a possibilidade de julgamento do mérito.

A diferença existente no regramento do CPC/2015 quanto ao CPC/73 está na ausência de uma visão de que a unicidade é algo a ser uno e restringível, sendo somente, em regra, o desejável e dentro da normalidade, mas não mais a base da processualística civil brasileira.

Se a situação apresentável, processualmente, necessitar de uma cisão cognitiva sem mérito, assim será possível ser prolatada tal decisão. Igualmente

---

Roberto P. Campos. **O art. 356, CPC, é base normativa suficiente para regular o fracionamento decisional? (Final).** https://emporiododireito.com.br/leitura/o-art-356-cpc-e-base-normativa-suficiente-para-regular-o-fracionamento-decisional-final Acesso no dia 19 de junho de 2019.

se a bifurcação cognitiva for para cindir o mérito, da mesma maneira ocorrerá esta possibilidade, com total viabilidade e positivação.

3.3.3 A reedição de procedimentos especiais no CPC/2015 com a cisão cognitiva como base da especialidade

Na matéria dos procedimentos especiais, o CPC/2015 não trouxe grandes novidades[82], com a reedição de vários procedimentos específicos para determinadas matérias, como no ordenamento revogado.

No tocante à cisão cognitiva, alguns procedimentos especiais detêm essa especialidade justamente pela permissão dessa cisão, com a divisão da sua procedimentalidade entre uma primeira fase para a resolução das questões sobre um determinado pedido e, se procedente, abre-se uma nova fase em busca da resolução de um novo pedido sucessivo àquele anterior, com a cognição envolta à resolução das questões de fato e de direito pertinentes a esse pedido.

A cisão cognitiva já era possível em procedimentos especiais no CPC/73 e, dessa maneira, foi reeditada no CPC/2015 com diversos procedimentos especiais que detêm tão somente a diferenciação do procedimento comum o fato dessa cisão estar em sua normalidade procedimental.

Esses procedimentos especiais que permitem a cisão cognitiva são: *(i) a ação de exigir contas*[83-84]; *(ii) a ação de divisão e demarcação de terras particulares*[85];

---

82 Sobre os procedimentos especiais e suas poucas novidades no CPC/2015: MARCATO, Antonio Carlos. **Procedimentos Especiais.** 17ª ed. 17ª ed. São Paulo: Atlas, 2017.

83 Conceituando a necessidade de exigir contas e a possibilidade dessa demanda: "Determinadas pessoas, às quais houver sido confiada a administração ou a gestão de bens ou de interesses alheios, têm a obrigação de prestar contas, quando solicitadas, ou dá-las voluntariamente, se necessário." MARCATO, Antonio Carlos. **Procedimentos Especiais.** 17ª ed. São Paulo: Atlas, 2017. p. 106.

84 Sobre os novos aspectos e a mudança na nomenclatura desse procedimento para exigir contas: PEIXOTO, Ravi. Aspectos controvertidos da ação de exigir contas. **Revista Dialética de Direito Processual.** Vol. 151, p. 105-116, São Paulo: Dialética, 2015.

85 Apesar da existência de todo um procedimento especial para a ação de demarcação e a ação de divisão, com a possibilidade de cumulação entre estas, pode, ainda, ser realizado o direito ali existente de modo extrajudicial: "Possibilidade de demarcação e/ou divisão extrajudicial. Caso os interessados estejam de acordo, e desde que sejam maiores e capazes, poderão proceder com a demarcação e divisão por meio de escritura pública, nos moldes do que preceitua o artigo 571." MAZZEI, Rodrigo; GONÇALVES, Tiago Figueiredo. Comentário ao art. 588.**Novo código de processo civil comentado – Tomo II (art. 318 ao art. 770).** Orgs: RIBEIRO, Sergio Luiz Almeida; GOUVEIA FILHO, Roberto Pinheiro Campos; PANTALEÃO, Izabel Cristina; GOUVEIA, Lucio Grassi de. São Paulo: Lualri, 2017. p. 404.

(iii) a ação de consignação em pagamento com dúvida sobre o real credor; (iv) a ação de dissolução parcial de sociedade[86] *e apuração de haveres*[87].

Todas essas ações com procedimentos especiais no atual ordenamento detêm a possibilidade, ainda que em hipóteses excepcionais como na consignação em pagamento, da cisão cognitiva, com a bipartição do procedimento em duas fases, uma para que se alcance o julgamento de um pedido e, posteriormente, o início da instrução do segundo pedido, dada a existência de uma cumulação de pedidos sucessiva.

Sobre esses procedimentos especiais, a consignação em pagamento e a divisão e demarcação de terras particulares foram reeditadas com poucas alterações, mas com a mantença da cisão cognitiva, ainda que somente em algumas hipóteses, como na consignação ou como mera possibilidade de cumulação, como na divisão e demarcação.

A ação de prestação de contas existente no CPC/73 foi trocada pela nomenclatura de exigir contas, dada a percepção de que quem pleiteia as contas discute, cognitivamente, o direito a exigência das contas e, somente a posterior, se procedente tal direito, nasce o direito à prestação de contas e apuração de eventuais haveres. Evidentemente que não são grandes as novidades sobre a

86 Sobre a criação de um procedimento especial específico para a dissolução parcial de sociedade: "Na vigência do CPC/1973, adotava-se o entendimento (STJ, REsp 613629/RJ, 26/09/2006) de que as ações de dissolução parcial de sociedade ficariam submetidas ao procedimento ordinário, ainda que fossem analogicamente aplicáveis os artigos 655 à 674 do CPC/1939 – por força do disposto no artigo 1.218, inciso VII, do CPC/1973. Isso porque a dissolução parcial estaria situada no campo da criação doutrinária e jurisprudencial, sem qualquer regramento processual posto, o que, por si só, afastaria a aplicação do rito especial expressamente previsto no CPC/1939 acerca da dissolução total de sociedade. Diferentemente dos códigos que o antecederam, o Código de Processo Civil de 2015 trouxe, dentre os procedimentos especiais, um novo tratamento legal para o que denominou "ação de dissolução parcial de sociedade." SOUZA, Roney José Lemos Rodrigues de. Comentário ao art. 599. **Novo código de processo civil comentado – Tomo II (art. 318 ao art. 770).** Orgs: RIBEIRO, Sergio Luiz Almeida; GOUVEIA FILHO, Roberto Pinheiro Campos; PANTALEÃO, Izabel Cristina; GOUVEIA, Lucio Grassi de. São Paulo: Lualri, 2017. p. 414.

87 Julgamento no sentido de ser possível a cumulação entre dissolução parcial de sociedade e apuração de haveres: AÇÃO DE DISSOLUÇÃO PARCIAL DE SOCIEDADE C/C APURAÇÃO DE HAVERES. Decisão que afasta a legitimidade do autor à propositura da demanda. Ação proposta por falecidos sócios da sociedade. Autor que, a despeito de não ser sócio, pode exercer a pretensão de receber o valor patrimonial das quotas dos falecidos sócios, de quem é sucessor. Impossibilidade de o autor, que não é sócio, requerer a dissolução parcial da sociedade. Possibilidade de prosseguimento da ação tão somente para apurar e liquidar os haveres que cabem ao autor, na proporção de sua quota hereditária. Recurso parcialmente provido. TJSP, Agravo de Instrumento nº 2205963-15.2016.8.26.0000, 1º de dezembro de 2016.

ação, mas, de igual maneira, a cisão cognitiva é possível, tal qual já era no ordenamento revogado.

A grande novidade dentre esses procedimentos especiais que permitem a cisão cognitiva é a ação de dissolução parcial de sociedade. O intuito desse procedimento especial foi delinear uma ação específica para a liquidação de uma quota societária com a retirada de um dos sócios, o que não existia no ordenamento anterior, com a necessidade de se utilizar o procedimento comum, o que não garantia a melhor prestação jurisdicional.

Sobre essa ação, o procedimento não será, em regra, com a possibilidade da cisão cognitiva, somente quando houver a cumulação entre a dissolução parcial da sociedade e apuração de haveres ou indenização[88], com a primeira decisão sobre a retirada do sócio e, se procedente, o início do procedimento para apuração dos valores a serem percebidos, se existentes.

3.3.4 As decisões parciais de mérito em algumas hipóteses de procedimentos especiais: cisão cognitiva de mérito diversa do art. 356 do CPC/2015

A decisão parcial de mérito permite que se biparta o mérito de um processo objetivamente complexo, nos moldes das possibilidades do art. 356 do CPC. Ocorre, portanto, um encerramento parcial da cognição para um dos pedidos ou uma das relações daquele processo.

A possibilidade da utilização da decisão parcial do mérito deve ser encarada como excepcional ou acidental[89], não no sentido de ser um dever do juízo e

---

88 "Cumulação entre dissolução parcial e apuração de haveres (ou indenização). Pode ser ajuizada ação relativa à dissolução e à apuração de haveres, mas admite-se, também, o ajuizamento de ação apenas referente à dissolução parcial, ou apenas para a apuração de haveres." MEDINA, José Miguel Garcia. **Novo código de processo civil comentado.** 2ª ed. São Paulo: Ed. RT, 2015. p. 582.

89 Gouveia Filho explica que essa especialidade está na decisão judicial, não na autorização legal para tanto, o que parece pertinente. Mesmo um processo objetivamente complexo nasce – em regra, fora os procedimentos especiais específicos de cisão cognitiva – para serem decididos de modo uno na sentença, contudo há a autorização legal para tanto, diante do cumprimento dos requisitos aqui estudados, construídos e defendidos. A decisão judicial, nos moldes defendidos por Gouveia Filho, será o que permitirá a cisão e o fracionamento, não a própria norma legal, não será por força de lei que o procedimento é cindido, será pela decisão parcial amparada na lei. Até então o processo é uno, por mais complexo objetivamente que seja, contudo, via decisão do juízo. "Por tudo isso, no âmbito do espraiamento sentencial, a hipótese prevista no art. 356, CPC, não pode ser classificável como *especialização legal* (em virtude de lei, mais propriamente designando), mas sim por *força judicial,* já que, sem o ato do juiz,

incentivada a sua aplicabilidade no cotidiano jurídico forense, mas na configuração de uma situação processual que se molda ao procedimento, tornando-se um dever do exercício da jurisdição.

O autor não propõe uma ação objetivamente complexa com um intuito de que ela seja bipartida em sua cognição desde o início. A naturalidade ou normalidade do procedimento passa pela unicidade procedimental e, consequentemente, decisória, com todas as relações sendo analisadas, cognitivamente, na sentença, com resolução e decisão num só momento sobre o todo.

Dessa maneira, o processo é construído para que a ação seja julgada de modo unificado, numa única prestação jurisdicional, na sentença, enfrentando todas as questões de fato e de direito, com o julgamento de todos os pedidos e relações jurídicas.

Nesses moldes, o julgamento unificado na sentença é a normalidade procedimental, a decisão parcial, a exceção ou acidente.

No entanto, nos procedimentos especiais têm delimitadas espécies de procedimentos em que a bipartição não é uma exceção ou acidente diante de determinada situação processual, mas uma regra pertinente ao próprio procedimento, talvez até a sua própria existência, sendo o motivo justamente o que o transforma em um procedimento especial, como na ação de exigir contas, divisão e demarcação de terras particulares, consignação em pagamento com real dúvida do credor e dissolução parcial de sociedade com apuração de haveres.

Ou seja, nesses procedimentos específicos, o intuito do autor é na prestação bipartida procedimental, diante do prisma da necessidade construtiva de que um determinado pedido seja julgado num momento e a sua procedência culminará na abertura da procedimentalidade de um segundo pedido para um outro momento.

Essa dualidade decisória é regra e a própria condição da especialidade destes procedimentos.

A bipartição cognitiva do processo em seu mérito não é novidade de modo positivado no ordenamento processual pelo CPC/2015 e o art. 356 do

---

não haverá qualquer tipo de fracionamento da decisão, ao contrário do que ocorre com, por exemplo, o procedimento da *ação divisória,* no qual o fracionamento, estabelecido nos arts. 592, § 1°, 596, *caput,* e 597, § 1°, todos do CPC, é da sua própria essência. Nele, o *especializar* ter-se-ia caso ocorresse o exato oposto: a *fusão* dessas decisões, que, dantes, por lei, estariam fracionadas." GOUVEIA FILHO, Roberto P. Campos. **O art. 356, CPC, é base normativa suficiente para regular o fracionamento decisional? 1ª. Parte.** https://emporiododireito.com.br/leitura/o-art-356-cpc-e-base-normativa-suficiente-para-regular-o-fracionamento-decisional-1-parte Acesso no dia 19 de junho de 2019.

CPC, justamente por já existir nos procedimentos especiais anteriormente e ser reeditado no atual ordenamento, a novidade é a inserção como uma possibilidade normal, corriqueira e regulamentada para o procedimento comum.

Por outro lado, não se pode negar que há um diálogo entre o art. 356 do CPC, suas hipóteses de prolação da decisão parcial, com o fracionamento decisório e a possibilidade da mesma situação processual nos procedimentos especiais, contudo, notadamente, são mundos procedimentais diferentes[90], apesar de dialógicos[91].

No entanto, há a necessidade de separar as cisões – no procedimento comum e nos procedimentos especiais, não pelas espécies de decisões em si, mas por representarem situações procedimentais autorizantes diferentes, ainda que pareçam, num primeiro momento, a mesma concepção de fracionamento.

Os procedimentos especiais que detêm essa bipartição decisória, como a ação de exigir contas[92] ou divisão e demarcação de terras, trabalham com diante da concepção de que precisam solucionar um problema sucessivo a um outro, em procedimentos que não podem caminhar de modo conjunto, mas de modo antecedente logicamente.

Desse modo, há uma cumulação sucessiva necessária, com um pedido para ser analisado e, se julgado procedente, com a abertura para a cognição do

---

90 Sobre os procedimentos especiais: "Há procedimentos que são estruturados para que, ao longo de seu (per)curso, mais de uma decisão seja proferida em sucessão, ou seja, a ação processualizada vai sendo julgada paulatinamente, de modo espraiado." GOUVEIA FILHO, Roberto P. Campos; DI SPIRITO, Marco Paulo Denucci. Sobre o negócio jurídico de espraiamento sentencial. **Revista Brasileira de Direito Processual – RBDPro** | Belo Horizonte, ano 25, n. 100, p. 253-290, out./dez. 2017. p. 277.

91 No sentido de que o que era especial virar comum, pelo fato de que a cisão procedimental e cognitiva ser possível no procedimento comum, com a inserção da técnica especial neste procedimento: "Mais uma vez, o que era especial, virou comum." CABRAL, Antonio do Passo; CUNHA, Leonardo José Carneiro da; DIDIER JR., Fredie. **Por uma nova teoria dos procedimentos especiais: dos procedimentos às técnicas.** 1ª. ed. Salvador: Juspodivm, 2018. p. 111.

92 Mesmo nos procedimentos especiais que detém a fragmentação do mérito em dois momentos, o pedido é realizado conjuntamente na inicial, somente já se sabe que um pedido terá julgamento temporal posterior ao outro, se procedente: "É o que se tem, por exemplo, na "ação de exigir contas", em que o autor afirma pretender que o réu seja condenado a prestar contas e lhe restituir o saldo favorável que seja apurado. Parece evidente que, em casos assim, só se pode cogitar da determinação do valor a ser restituído *depois* da prestação de contas do réu e, portanto, não se pode exigir do autor que formule pedido determinado, sendo admissível o pedido genérico." CÂMARA. Alexandre Freitas. **O novo processo civil brasileiro.** 4ª ed. São Paulo: Atlas, 2018. p. 192.

posterior. Mas, há uma diferença entre a cumulação sucessiva no procedimento comum e a dos procedimentos especiais, uma vez que essa primeira cumulação sucessiva trabalha com o intuito de que os dois pedidos sejam julgados no mesmo momento, na sentença e o procedimento, diante das configurações de resolubilidade das questões de fato e de direito apresentadas, trabalha em seu aspecto construtivo para viabilizar que todos os pontos sejam resolvidos unicamente na sentença, como regra ou normalidade procedimental.

Já na concepção dos procedimentos especiais com previsão de bipartição decisória, os pedidos são resolvidos em sucessividade, contudo em procedimentos diferentes, com um sendo, necessariamente, antecedente e desconectado, sem a possibilidade de serem julgados de modo unificado.

São pontos diversos de construção procedimental. No comum, a cumulação sucessiva é construída cognitivamente para uma sentença una, mas uma configuração situacional pode ensejar uma bipartição cognitiva e decisória. Por outro lado, no procedimento especial, a complexidade objetiva da cumulação sucessiva necessária impõe o fracionamento como regra a ser alcançada, não como acidente procedimental. Se procedente o primeiro pedido, abre-se o procedimento para o segundo pedido ser instruído, sem a possibilidade de que sejam analisados na mesma decisão.

O aspecto dialógico entre essa cumulação sucessiva de pedidos do procedimento comum e os procedimentos especiais com bipartição decisória existe, contudo as questões de fato impõem uma diferenciação[93].

---

93 Há uma aproximação dos institutos do julgamento parcial de mérito e os procedimentos especiais bipartidos legalmente? Obviamente que sim. No entanto, as situações são diferentes. No procedimento comum, o julgamento bipartido é uma possibilidade, mediante uma série de fatos, como cumulação de pedidos, pluralidade de questões de fato, possibilidade de resolução ou incontrovérsia sobre uma delas e pendência sobre outra, com a possibilidade de julgamento de uma parcela da demanda, com a necessidade do aguardo de outra parcela para julgamento pós-instrução. Nos procedimentos especiais que detém essa bipartição, todos esses atributos já são normais e intrínsecos do procedimento, configurados como regramento do procedimento pela percepção do legislador dessa configuração dos requisitos que são possíveis no procedimento comum. Cabral, Cunha e Didier Jr. entendem que essa possibilidade de fracionamento no procedimento comum traz um caráter de especialidade para o procedimento comum, esvaziando a própria necessidade de procedimento especial para a determinada situação de fracionamento cognitivo e decisório, dada a sua possibilidade no comum, como uma normalidade sistêmica. No entanto, há notadamente diferenças entre os procedimentos em termos de regras e possibilidades. "Após o CPC/2015, essa técnica perdeu seu caráter especial. É que, por força do art. 356, o procedimento comum também permite a solução parcial do mérito, por meio do chamado julgamento antecipado parcial de mérito." CABRAL, Antonio do Passo; CUNHA, Leonardo José Carneiro da; DIDIER JR.,

Nos procedimentos especiais, notadamente, o legislador diferencia o procedimento justamente pela constatação imediata de que aquela situação jurídica detém uma questão de fato diferente para cada pedido, uma para o condicionante e outra para o condicionado[94], sendo que estas serão tratadas temporalmente em momentos diversos[95].

No procedimento comum, quando há uma cumulação sucessiva de pedidos, a bipartição do mérito depende da possibilidade de bipartição da questão de fato[96], com as diretrizes apresentadas e a apresentação de uma bifurcação cognitiva, o que pode ou não acontecer, dependendo da situação processual. A normalidade é que todos os pedidos, ainda que cumulados sucessivamente, caminhem no mesmo procedimento, com a mesma instrumentalidade processual e, ao final, sejam julgados no mesmo momento, na mesma sentença.

Numa fixação de premissas, a bipartição da cognição no procedimento comum é exceção e ocorre em uma configuração procedimental acidental, não uma busca por esta bifurcação desde o início da prestação jurisdicional. Nos

---

Fredie. **Por uma nova teoria dos procedimentos especiais: dos procedimentos às técnicas.** 1ª. ed. Salvador: Juspodivm, 2018. p. 111/112.

94 Na ação de exigir contas, por exemplo, a questão de fato sobre a exigência de contas é diferente sobre a questão de fato da prestação de contas ou apuração de haveres, os pedidos subsequentes. Seriam dois procedimentos conectados em antecedência e não dois pedidos sucessivamente julgados no mesmo procedimento.

95 Sobre a fragmentação do julgamento de mérito como a especialidade de procedimento, ou seja, o que faz com que alguns procedimentos sejam especiais será essa técnica de fragmentação do julgamento já com previsão legal: "Fragmentação do julgamento de mérito. Técnica tradicional de especialização do procedimento é a permissão expressa de fragmentação da decisão do caso, em decisões parciais de mérito, cada qual encerrando uma base distinta do procedimento e correspondendo à solução de uma parcela do litígio." CABRAL, Antonio do Passo; CUNHA, Leonardo José Carneiro da; DIDIER JR., Fredie. **Por uma nova teoria dos procedimentos especiais: dos procedimentos às técnicas.** 1ª. ed. Salvador: Juspodivm, 2018. p. 111.

96 Uma hipótese de cumulação sucessiva seria o pedido de investigação de paternidade com a condenação em prestação de alimentos. Nesse caso, somente será analisada a prestação de alimentos se houver a procedência da investigação de paternidade, uma vez que este pedido é condicionante ao posterior. Mas, se ambas as questões de fato atinentes estiverem prontas somente no mesmo momento, a decisão será na sentença, contudo pode ser que haja uma decisão somente sobre a paternidade, se houver prova nesse sentido e, ainda, com pendência da necessidade de prestação de alimentos, como a discussão de maioridade e não configurada ainda prova sobre a pertinência, com instrução probatória sendo necessária. Logo, essa cumulação sucessiva, via procedimento comum, pode ensejar uma só decisão, na sentença, com os pedidos sendo julgados no mesmo ato ou em duas decisões diferentes, com cisão cognitiva e fracionamento, com uma decisão parcial e uma sentença.

procedimentos especiais possíveis dessa bipartição, estas serão a própria regra do procedimento que o torna especial.

Evidentemente que o funcionamento da cumulação sucessiva serve para os procedimentos especiais, com a necessidade de que o primeiro pedido seja julgado procedente para que se abra a procedimentalidade do segundo pedido, o que pode levar a um procedimento especial, mesmo com a característica de bifurcação, ser julgado só por uma sentença, contudo seria uma hipótese em que não se julgou o pedido sucessivo, como na ação de exigir contas quando se julga improcedente a exigência de contas[97], sem a abertura procedimental para a apresentação destas e apuração de haveres.

No procedimento especial que haja a bifurcação, a primeira decisão sendo procedente, abre-se o procedimento para o segundo pedido, sem a possibilidade de ser julgado ambos em uma só decisão, mas num caminho sequencial atinente à própria processualidade da especialidade, diferentemente do fracionamento pelo art. 356 do CPC quando a cumulação sucessiva no procedimento comum pode encerrar-se numa só decisão, na sentença, ou em duas, decisão parcial e sentença, caso assim se configurem os requisitos aqui defendidos.

A diferença da bifurcação cognitiva do procedimento especial da cumulação sucessiva e a decisão parcial de mérito no procedimento comum está nessa última ser uma possibilidade excepcional ou acidental, como um caminho possível, contudo com a necessidade de que as questões de fato propiciem essa visão sobre a bifurcação cognitiva e a bipartição do processo pela independência total ou parcial dessas questões de fato, mas não uma configuração necessária ou previsível, como nos procedimentos especiais específicos com cisão cognitiva.

No procedimento comum, há o pedido de jurisdição, da prolação de uma resposta ao pedido do autor, sem a especificação de como seria realizada decisão, com a normalidade de ser tudo resolvido em uma decisão única, mas pode-se bipartir, já nos procedimentos especiais o intuito é julgar separadamente, em sucessividade decisória e procedimental.

---

97 Somente há o prosseguimento da demanda se houver a procedência sobre a exigência das contas: "De acordo com o § 5.°, caso seja julgada procedente a ação de exigir contas, o magistrado condenará o réu para que as preste no prazo de 15 (quinze) dias. Contra esta decisão, é cabível a interposição de agravo de instrumento." THAMAY, Rennan Faria Krüger; MARINHO, Daniel Octávio Silva. Comentário ao art. 550. **Novo código de processo civil comentado – Tomo II (art. 318 ao art. 770).** Orgs: RIBEIRO, Sergio Luiz Almeida; GOUVEIA FILHO, Roberto Pinheiro Campos; PANTALEÃO, Izabel Cristina; GOUVEIA, Lucio Grassi de. São Paulo: Lualri, 2017. p. 382.

3.3.5 O art. 327, §2º do CPC/2015 e a desnecessidade de procedimentos especiais específicos para cisões cognitivas

O processo pode ser objetivamente complexo, com a junção num só processo de diversos pedidos ou relações jurídicas entre pluralidade de partes, como já visto. No entanto, para ser possível a cumulação de pedidos, o próprio CPC/2015 dispõe requisitos pertinentes, conforme a dicção do art. 327, § 1º do CPC são eles: (i) *compatibilidade entre si; (ii) mesma competência; (iii) seja adequado para todos os pedidos o tipo de procedimento.*

Essa é a regra dos requisitos de cumulação de pedidos.

Sobre a última das regras, sobre a adequação de todos os pedidos no mesmo procedimento, a interpretação usual seria de que todos os pedidos deveriam ser compatíveis ao procedimento comum. No CPC/73, esse procedimento comum era dividido entre ordinário e sumário, o que se entedia que a lógica era de que essa adequação seria uma diretriz para a cumulação entre os pedidos que pudessem ser cumulados e que fossem adequados a somente um, tanto os pedidos pudessem ser no sumário quanto pudessem ser igualmente ser no ordinário.

Todavia, no CPC/2015 não há de se falar mais em dois procedimentos comuns, dada a inexistência de divisão entre sumário e ordinário, sendo somente um procedimento comum. Logo, essa adequação entre os procedimentos deve ser enfatizada como possível a cumulação de pedidos entre o procedimento comum e o especial.

A regra para a cumulação está na possibilidade de que os pedidos estejam no mesmo procedimento, o que viabilizará a própria cumulação. Mas, o art. 327, § 2º do CPC[98] regulamenta a possibilidade de cumulação quando os pedidos forem de procedimentos distintos – comum e especial – e determina o regramento sobre a devida adequação ao procedimento comum[99], com a adaptabilidade de

---

98 Sobre o art. 327, § 2o do CPC e a necessidade de compatibilização do antigo procedimento sumário e o novo procedimento comum: CERQUEIRA, Társis Silva de. A nova face do procedimento comum do novo Código de Processo Civil diante dos procedimentos especiais: uma proposta de interpretação do Art. 327, § 2º, em combinação com o Art.1.049, parágrafo único, ambos do CPC. **Revista de Processo**. Vol. 273, Ano 42, p. 95-145, São Paulo: Ed. RT. Nov/2017; PUPPIN, Bárbara Altoé; OLIVEIRA, Michelle Ivair Cavalcanti de. Breves apontamentos sobre o artigo 327 § 2º do CPC/2015. **In: II Congresso de Processo Civil Internacional. Tutela de Direitos e novas técnicas processuais.** Vitória, 2017.

99 Ainda no ordenamento passado, Barbosa Moreira realizava uma ressalva procedimento sobre a escolha sobre os pedidos e tal compatibilização, sugerindo várias hipóteses e, no final, possibilitando todos os pedidos pelo rito ordinário. No CPC/2015 não há o rito ordinário, dada a desnecessidade de diferenciação com o sumário, existindo, portanto, o comum, o que seria o equivalente ao ordinário citado por Barbosa Moreira: "A falta de requisito de compatibilidade entre os pedidos (quando exigível) acarreta o

todos os pedidos para a viabilidade de um só procedimento, aquele que consegue abarcar todos os pedidos, com os cuidados pertinentes a compatibilizar o pedido do procedimento especial para a generalidade do procedimento comum.

E, mesmo diante de tal conversão do especial para o comum, não há impedimento de utilização, para o pedido especial, das técnicas diferenciadas e peculiares daquele procedimento, continuando possíveis e pertinentes para aquela demanda, com as devidas adequações para a sua utilização no procedimento comum, sem essa peculiaridade poder destoar, procedimentalmente, do rito comum, sob pena de inviabilizar a própria cumulação.

Muitas das especialidades constantes nos procedimentos especiais está em algum ponto específico – ou pontos específicos – que diverge do comum, não adotando um procedimento inteiro diferente, mas somente uma parcela deste.

A partir dessa percepção, se houver a possibilidade de cumular esse pedido especial com um pedido do procedimento comum, somente realizar-se-á a adaptabilidade da peculiaridade ao que for comum, sem nenhuma incompatibilidade. Um exemplo viável é a possibilidade de cumulação um pedido de indenização com o pleito pela consignação em pagamento[100], tornando o procedimento comum como a base procedimental, contudo adaptando a viabilidade do ato consignatório para esse rito geral.

---

indeferimento da petição inicial, por inepta. (...) Quanto à adequação do procedimento, convém distinguir três hipóteses: a) o autor pretende cumular pedidos para os quais indica, corretamente, ritos diversos (erro concernente à cumulabilidade, não à indicação dos procedimentos adequados): é inviável o processo conjunto, mas a inicial pode ser deferida em relação a um dos pedidos, restando a autor – a quem se deve abrir a oportunidade de manifestar-se – destacar o outro para o processamento em separado (...) b) o autor pretende cumular pedidos a que deveriam corresponder ritos diversos, indicando para todos, entretanto, o mesmo rito não-ordinário (erro concernente à indicação de procedimentos adequados): a cumulação é inadmissível (...), cumprindo ao juiz indeferir a inicial no tocante aos pedidos a que corresponda rito diferente do indicado pelo autor (...), a menos que este concorde, sendo possível, em vê-los processados todos pelo rito ordinário (...); c) o autor pretende cumular pedidos a que corresponderiam ritos diversos, indicando para todos o ordinário: se nenhum pedido for com este incompatível, admitir-se-á a cumulação; relativamente ao que o for, será indeferida a inicial." BARBOSA MOREIRA, José Carlos. **O novo processo civil brasileiro.** 20ª. ed. Rio de Janeiro: Forense, 2000. p. 17/18.

100 Sobre o exemplo da adaptação da consignação junto a um procedimento comum, Câmara explicita: "Assim, por exemplo, será possível postular-se a consignação em pagamento do preço de um bem e, no mesmo processo, a condenação do réu a entregar o referido bem, usando-se o procedimento comum sem prejuízo de se admitir a realização do depósito judicial do valor ofertado e, até mesmo, a complementação do depósito insuficiente, técnicas diferenciadas estabelecidas para o procedimento especial da consignação em pagamento." CÂMARA. Alexandre Freitas. **O novo processo civil brasileiro.** 4ª ed. São Paulo: Atlas, 2018. p. 194.

A regra do art. 327, § 2º do CPC permite uma melhor compatibilização na cumulação de pedidos de procedimentos diversos, adotando-se o comum como base, sem prejuízo de importar institutos e fases pontuais para aquele pedido especial. Esse ponto é pertinente pela própria visão do que seria o procedimento especial, dada somente a peculiaridade, na maioria das espécies especiais, de algumas diferenças quanto ao comum, convertendo-se, normalmente, em alguma fase processual, ao procedimento comum.

Existem procedimentos especiais cuja a sua existência está voltada para a permissibilidade da cisão cognitiva, o que, diante da inserção, principalmente, do art. 356 do CPC no ordenamento, permite ao procedimento comum ser cindido quando o processo for objetivamente complexo, o que impõe uma indagação necessária: qual o sentido da mantença de um procedimento especial somente para diferenciar do comum sobre essa viabilidade da cisão cognitiva? Essa indagação é pertinente para que os próprios procedimentos especiais que existem somente para propiciar a cisão cognitiva sejam revistos sobre a necessária reflexão se continuam como especiais ou se podem utilizar-se dos meios de cindibilidade do procedimento comum.

Somente serão incompatíveis os pedidos cumulados quando os procedimentos sejam igualmente inviabilizantes de continuarem no mesmo processo e procedimento, sem a possibilidade de adequação e adaptabilidade entre ambos, o que geraria a necessidade de opção por um dos pedidos. A cautela existe em uma visão de mão dupla, tanto o procedimento comum de determinado pedido não tornando ineficaz um procedimento especial, como ao inverso, com a especialidade ser tamanha que inviabilize o procedimento comum[101].

Se a regra do o art. 327, § 1º do CPC está na necessidade dos pedidos cumulados estarem no mesmo procedimento[102], o conteúdo do art. 327, § 2º do

101 "Só não será possível, então, esta cumulação quando as técnicas diferenciadas forem realmente incompatíveis com o procedimento comum, e seu uso desnaturaria o procedimento especial por completo (como se daria, por exemplo, em algum caso em que se quisesse cumular uma demanda de inventário e partilha com outra de investigação de paternidade, a qual segue o procedimento comum, pois isto desnaturaria completamente o procedimento especial do inventário e partilha)." CÂMARA. Alexandre Freitas. **O novo processo civil brasileiro.** 4ª ed. São Paulo: Atlas, 2018. p. 194.

102 Roque traz uma interpretação pertinente do art. 327, § 2º, utilizando-o para compatibilizar, de igual maneira, dois pedidos com procedimentos especiais, importando ambos para o procedimento comum. Os dizeres de Roque não somente corroboram o que o dispositivo explicita, mas alçam este para solucionar algo que não está previsto, a existência de dois pedidos de procedimentos especiais: "O terceiro requisito para a cumulação é a adequação do procedimento para todos os pedidos cumulados. Se um dos pedidos ensejar procedimento especial, poderá o autor optar por adotar o procedimento comum, viabilizando a cumulação. Nada obsta, ainda, a redução ao procedimento comum, desde que adequado, mesmo que ambos os pedidos se sujei-

CPC representa a exceção, a compatibilização de procedimentos diversos, mas adaptáveis ao utilizarem o comum, sem prejuízo nessa adaptação que contenha a mantença de certas especialidades[103].

Se essa especialidade for somente a cisão cognitiva, como na ação de exigir contas, haveria a necessidade de toda uma procedimentalidade específica para uma determinada situação processual ou material ou seria amplamente possível no procedimento comum, dada a existência do art. 356 do CPC[104]? A

---

tem a procedimentos especiais distintos. (...) Mesmo sendo adotado o procedimento comum, as técnicas processuais diferenciadas dos procedimentos especiais a que sujeitam os pedidos podem ser utilizadas, desde que não sejam incompatíveis com o procedimento comum. Assim, por exemplo, abrindo mão o autor de utilizar o procedimento especial das ações possessórias, em princípio, ainda seria possível a concessão da liminar prevista no art. 562 para o pedido de reintegração ou manutenção da posse." ROQUE, André Vasconcelos. Comentários ao art. 327. STRECK, Lenio. **Comentários ao código de processo civil.** 11ª. ed. São Paulo: Saraiva, 2016. p. 491; Ou seja, se uma inicial for proposta com dois pedidos pertinentes a procedimentos especiais, o rito de compatibilização será o procedimento comum, salvaguardando, obviamente, as suas peculiaridades, onde procedimentalmente for possível, sem prejudicialidade: Alguns exemplos da incompatibilidade são expostos por Costa: "Aludida redução não será viável, contudo, no caso de ações universais, ou seja, que digam respeito a uma universalidade de bens, como são exemplos o inventário, o arrolamento, a falência e a recuperação judicial, que não admitem o procedimento comum, insuficiente para lidar com todas as demandas ou incidentes que podem surgir em tais situações. Também não será possível a redução se o procedimento especial for criado para atender a determinado interesse público, normalmente envolvendo direitos indisponíveis, como ocorre nas ações de estado (exemplo: interdição) ou de controle concentrado de constitucionalidade." COSTA, Susana Henriques da. Comentário ao art. 327. In: CABRAL, Antônio do Passo; CRAMER, Ronaldo (Coord.). **Comentários ao novo Código de Processo Civil**. Rio de Janeiro: Forense, 2015. p. 515.

103 Essa compatibilização excepcional dos procedimentos, trazendo o comum como base e certas peculiaridades do especial, no entanto essa tentativa não deve ocasionar nenhuma prejudicialidade: "Caso se cumulem pedidos que devam tramitar por procedimentos diversos, devem ambos tramitar pelo procedimento comum. Muitos dos procedimentos especiais o são apenas em sua fase inicial, ou em relação a alguma peculiaridade, e seguem, em sua maior parte, o procedimento comum (p. ex., quanto às ações possessórias, art. 566 do CPC/2015). Assim, não se afasta a observância de técnicas processuais específicas, previstas em procedimentos especiais, desde que compatíveis com o procedimento comum (cf. § 2.º do art. 327 do CPC/2015). É o que pode ocorrer, quando cumulam-se pedido de consignação em pagamento e de revisão de cláusulas contratuais (cf. STJ, REsp 464.439/GO, 3.ª T., j. 15.05.2003, rel. Min. Nancy Andrighi)." MEDINA, José Miguel Garcia. **Novo código de processo civil comentado.** 2ª ed. São Paulo: Ed. RT, 2015. p. 335.

104 Essa indagação é pertinente e realizada nesta obra: CABRAL, Antonio do Passo; CUNHA, Leonardo José Carneiro da; DIDIER JR., Fredie. **Por uma nova teoria dos procedimentos especiais: dos procedimentos às técnicas.** 1ª. ed. Salvador: Juspodivm, 2018. p. 111.

única diferença que se imagina sobre esses pontos – procedimentos especias para cisão cognitiva e a cisão cognitiva do art. 356 do CPC no procedimento comum – está no primeiro permear a própria procedimentalidade como uma cisão existente e necessária, dada a cumulação sucessiva dos pedidos assim dispor, com a prolação de uma decisão e, se procedente, com a abertura do procedimento para uma outra decisão, agora do pedido condicionado, enquanto na segunda hipótese, também existe essa cumulação sucessiva, contudo há a possibilidade de que a resolução de ambos os pedidos, apesar de sucessivos, ocorra na mesma decisão – numa sentença, por exemplo, sem necessariamente cindir a demanda cognitivamente.

Ou seja, a única diferença entre as cisões cognitivas – do procedimento comum e especial – está na possibilidade – ou excepcionalidade, ou acidentabilidade – de cisão diante da pluralidade das questões de fatos e a resolução de uma e pendência de outra no procedimento comum e essa mesma situação processual ser regra no procedimento especial, uma necessidade procedimental.

Enquanto o primeiro trabalha na busca pela unicidade, com a cisão como alternativa viável e possível, o segundo trabalha com a cisão cognitiva como a busca almejada pelo autor no procedimento, com a unicidade somente em caso de improcedência do primeiro pedido.

Dessa maneira, apesar de cisões cognitivas serem existentes nos dois procedimentos, os especiais que existem somente para possibilitar tais cisões tornam-se desnecessários com o incremento na legislação de um artigo do porte e conteúdo do art. 356 do CPC, ressalvando somente que para determinadas situações materiais e relações jurídicas o procedimento que utiliza o citado artigo pode ser a regra ao invés da exceção, o que torna esses procedimentos desnecessários sob o prisma de importarem somente serem especiais pela cisão cognitiva.

Mas, importante mencionar que essa desnecessidade de um procedimento especial não configura que estes existentes – como exigir contas e outros – estejam na mesma concepção aberta do art. 356 do CPC, somente que podem usar este dispositivo para moldar a sua viabilidade, porém continuam como uma bipartição necessária e em regra nas hipóteses de cindibilidade decisória como legislado nessas situações especiais.

3.4 O FRACIONAMENTO DECISÓRIO NO DIREITO COMPARADO

A concepção de que a cumulação de pedidos ou de partes é comum no processo civil não é inerente ao direito brasileiro somente, mas ao próprio exercício da jurisdição, o que torna essa matéria pertinente em outros países e seus respectivos direitos processuais.

A complexidade do objeto do processo é uma consequência da própria complexidade das relações humanas existentes e, consequentemente, proporcionam uma jurisdição de igual complexidade. Dessa maneira, diferentes direitos – em diferentes países – lidam com o mesmo problema em suas processualísticas, com uma pluralidade de relações jurídicas em uma mesma demanda, com um pedido de jurisdição e, assim, com a dúvida perene se é melhor uma unicidade do processo e da sentença ou se a bipartição é medida salutar, com a devida procedimentalização de sua possibilidade.

Para tanto, é importante o estudo comparado sobre como alguns ordenamentos tratam a matéria, sem o intuito de esgotar tais ordenamentos e seus pontos sobre o tema, mas como um meio comparativo entre o desdobramento de outros sistemas jurídicos e a escolha realizada no CPC brasileiro.

Os países que detêm maior diálogo processual com o Brasil são a Alemanha, Portugal e a Itália, aqueles que deteremos maior atenção, além de também citar outros modelos de modo mais passageiro, contudo o foco central comparativo perpassa a analisar esses países mais detidamente.

A comparação se torna pertinente para entender o fracionamento decisório e do próprio procedimento, além do trato de uma cisão cognitiva.

3.4.1 No direito alemão

O direito processual alemão trata do mesmo tema, contudo com outra nomenclatura, nomeando como sentença parcial, diferentemente do que houve a opção no processo civil brasileiro, como decisão interlocutória de mérito. Mesmo com um nome diferente para a decisão, há, como se define neste trabalho, uma bipartição do objeto do processo durante a tramitação do mesmo, com uma decisão parcial no meio do decorrer e, posteriormente, a resolução do restante do processo.

Sobre esse ponto, há um dispositivo que regulamenta essa situação processual no ZPO - § 301[105]. O texto, como uma tradução livre, seria o seguinte:

---

105 § 301Teilurteil. 1. Ist von mehreren in einer Klage geltend gemachten Ansprüchen nur der eine oder ist nur ein Teil eines Anspruchs oder bei erhobener Widerklage nur die Klage oder die Widerklage zur Endentscheidung reif, so hat das Gericht sie durch Endurteil (Teilurteil) zu erlassen. 2. Über einen Teil eines einheitlichen Anspruchs, der nach Grund und Höhe streitig ist, kann durch Teilurteil nur entschieden werden, wenn zugleich ein Grundurteil über den restlichen Teil des Anspruchs ergeht.(2) Der Erlass eines Teilurteils kann unterbleiben, wenn es das Gericht nach Lage der Sache nicht für angemessen erachtet.

Em espanhol:§ 301. Sentencia parcial. 1) En caso de que solo una de las pretensiones o parte de una se haya hecho valer en una demanda o en caso de interposición de una contrademanda, siendo que solo la demanda o la contrademanda se encuentran en condiciones de ser resueltas, el tribunal tiene entonces que pronunciar una sentencia definitiva (sentencia parcial). Sobre la parte de una pretensión que es controvertida en

> "§ 301. Sentença parcial 1) No caso de apenas uma das reivindicações ou parte de uma ter sido reivindicada em uma reivindicação ou no caso de reconvenção, uma vez que somente a reivindicação ou reconvenção está nas condições de para ser resolvido, o tribunal deve pronunciar uma sentença final (sentença parcial). Na parte de uma reivindicação que é controversa em seu caso e valor, só pode ser decidida por julgamento parcial, quando uma sentença com reserva de reserva é pronunciada na parte restante da reivindicação. 2) O pronunciamento de uma sentença parcial pode ser deixado de lado quando o tribunal, de acordo com as circunstâncias do caso, não considerar apropriado.

O primeiro ponto a se salientar é que a norma alemã define essa decisão no meio do processo como uma sentença parcial, de modo a entender-se que o conceito de decisão ou de sentença é aberto para que o ordenamento positivado determine a sua conceituação, limite, alcance e incidência.

Ou seja, é totalmente possível que o termo sentença seja definido e conceituado de modos diferentes, dependendo do ordenamento que se entenda, seja como na Alemanha[106] que entende como uma sentença parcial[107], seja como no Brasil como decisão interlocutória, com a variação conceitual de acordo com as suas concepções legais.

su causa y monto puede decidirse solo mediante sentencia parcial, cuando se pronuncie una sentencia con reserva de liquidación sobre la parte restante de la pretensión. 2) El pronunciamiento de una sentencia parcial puede ser dejado de lado cuando el tribunal, de acuerdo con las circunstancias de la causa, no lo considere adecuado.

106 Sobre o assunto de modo detalhado: SCHWAB, Martin. **Zivilprozessrecht.** Müller Jur. Vlg.C.F.; Edição: 5., neu bearbeitete Auflage 2016. p. 171; LANDBRECHT, Johannes. **Teil-Sachentscheidungen und Ökonomie der Streitbeilegun.** 2012. p. 107-112; ZEISS, Walter; SCHREIBER, Klaus Schreiber. **Zivilprozessrecht.** Mohr Siebeck; 12th 12., Neubearb. A. ed. edition, 2014. p. 201.

107 A concepção do direito alemão entende pelo § 300 que uma sentença definitiva é aquela que se encontra em estado de pronúncia, o que seria de prolação da decisão. Também se determina como definitiva aquela que seja parcial, numa conjunção entre o § 300, 2 e o próprio § 301.
O teor do ZPO- § 300: Endurteil. (1) Ist der Rechtsstreit zur Endentscheidung reif, so hat das Gericht sie durch Endurteil zu erlassen. (2) Das Gleiche gilt, wenn von mehreren zum Zwecke gleichzeitiger Verhandlung und Entscheidung verbundenen Prozessen nur der eine zur Endentscheidung reif ist.
Em espanhol: Sentencia definitiva 1) Si el proceso se encuentra en estado para ser decidido el tribunal tiene entonces que pronunciar sentencia definitiva. 2) Lo mismo rige cuando, a los efectos del tratamiento simultáneo para ser decididos conjuntamente se acumularon varios procesos y solo uno de ellos se encuentra en condiciones de ser decidido.

No entanto, é pertinente que se entenda que sentença, no direito alemão, é aquela decisão que deve ser prolatada quando um processo estiver em estado para a decisão, o que seria a sentença definitiva. De certo modo, o termo sentença está atrelado a decidir definitivamente um ponto ou valor, não necessariamente a encerramento de processo ou fase, como no direito brasileiro.

Diante disso, a decisão parcial em um processo, no direito alemão, é uma sentença definitiva sobre aquele ponto, seja para fins decisórios no tocante à jurisdição prestada, seja para fins processuais e a sua própria recorribilidade.

O contexto alemão para a cisão cognitiva do processo está em parâmetros parecidos com o que preconiza o processo brasileiro, contudo com especificações diversas. O dispositivo ZPO - § 301 utiliza os termos "apenas uma das pretensões", "parte de uma" ou "no caso de reconvenção", com a igual visão de que há a necessidade de uma complexidade objetiva do processo para que ela possa ser cindida posteriormente, caso possível.

Ou seja, a pluralidade de ações e, consequentemente de relações jurídicas, dentro de uma mesma demanda (ou decomposição de um pedido) é requisito para que haja a cisão no direito alemão também. Há a necessidade de uma complexidade objetiva do processo.

Posteriormente, há o termo "em condições de ser resolvido" no dispositivo, justamente para indicar de que há a necessidade de condicionamento fático para que seja prolatada uma sentença parcial. Mas, de maneira igual aos dispositivos do processo civil brasileiro, não há nenhuma especificidade do que seria essa condição de resolubilidade, o que coaduna com as diretrizes de correlação fática apresentados neste estudo e os parâmetros necessários para a decisão de parcela do processo no meio de seu procedimento.

Obviamente que esse condicionamento envolve a estabilização ou resolubilidade das questões de fato em parcela do processo e, evidentemente, que siga com outra parcela com a controvérsia ainda a ser resolvida via um estágio probatório necessário. Lieble tem esse posicionamento quando dispõe que dois requisitos são necessários para a prolação da sentença parcial, via ZPO - § 301, no processo alemão[108]: a partibilidade do objeto litigioso ou sua decomponibilidade; o alcance de um prévio amadurecimento de parcela do processo, de modo antecipado ao restante do processo.

Esses requisitos apresentados por Lieble são pertinentes e existentes, contudo são vistos de modo macro, pela própria visão maior do que seria essa partibilidade/decomponibilidade, sendo esta a complexidade objetiva do pro-

108 Sobre a existência de dois requisitos para a prolação de uma sentença parcial no direito processual alemão: (i) a partibilidade do objeto litigioso; (ii) prévio amadurecimento da parcela a ser julgada. LIEBLE, Stephan. **Proceso Civil Alemán.** 2ª Ed. Medellín: Biblioteca Jurídica Diké, 1999. p. 327.

cesso, como dito anteriormente; e, no tocante ao prévio amadurecimento, não há menção do que seria essa percepção, este estágio processual[109].

Essa ausência de descrição sobre o que seria um prévio amadurecimento deixa uma total discricionariedade judicante, contudo coaduna-se com a percepção defendida neste trabalho, sobre os requisitos fáticos que se configuram para a prolação de uma decisão parcial, seja de mérito, seja sem mérito.

Um outro ponto importante é que sobre uma pretensão em que é incontroverso ou já detém resolubilidade a questão de direito, contudo ainda resta controvertida a determinação, o valor a ser decidido. No direito alemão, não se imagina uma sentença genérica, sendo sentença, primordialmente, aquela que decide tanto o direito quanto o montante equivalente a este. No entanto, o ZPO - § 304[110] discrimina sobre uma sentença incidente sobre a causa, quando há uma pretensão em que se pode decidir sobre os fatos e direito, contudo ainda pende determinação de valores, o *quantum debeatur*. É uma sentença definitiva para fins recursais, mas não encerra a jurisdição, considerando-se em si uma sentença parcial, nos moldes do que se discrimina no ZPO - § 301.

Dessa maneira, se o ZPO - § 301 descreve a sentença parcial como um todo, o ZPO - § 304 dispõe sobre a relação ao que o processo brasileiro tem como a fase posterior de liquidação de sentença. De certo modo, no direito alemão, qualquer definição decisória definitiva sobre um ponto – objeto ou parcela do objeto do processo – é uma sentença definitiva e, assim, utiliza-se a nomenclatura de sentença.

Em parte do ZPO - § 301 há a descrição de que em uma situação como esta, em que parcela já pode ser decidida no direito e se declara uma sentença com reserva de liquidação, o que ensejará a continuidade do processo para que chegue a determinação ou liquidação, o que aproxima, nesse determinado ponto, o ZPO - § 301 do § 304. Numa situação como esta, a sentença parcial definitiva somente pode ser prolatada se for com uma reserva de liquidação e continuidade do processo. Esse ponto peculiar está no dispositivo quando discrimina que não sendo possível ainda determinar-se o valor, com a pos-

---

109 LIEBLE, Stephan. **Proceso Civil Alemán.** 2ª Ed. Medellín: Biblioteca Jurídica Diké, 1999. p. 327.

110 § 304 Zwischenurteil über den Grund. (1) Ist ein Anspruch nach Grund und Betrag streitig, so kann das Gericht über den Grund vorab entscheiden. (2) Das Urteil ist in Betreff der Rechtsmittel als Endurteil anzusehen; das Gericht kann jedoch, wenn der Anspruch für begründet erklärt ist, auf Antrag anordnen, dass über den Betrag zu verhandeln sei.Em espanhol: § 304. Sentencia incidental sobre la causa. 1) En el caso de que una pretensión sea controvertida en la causa y monto, entonces el tribunal puede decidir con antelación sobre la causa. 2) La sentencia debe ser vista como sentencia definitiva en lo que corresponda a los recursos; el tribunal puede, sin embargo, a petición de parte ordenar que sea tratado el monto cuando la pretensión sea considerada como fundada.

sibilidade de uma sentença parcial, mas com a necessidade de uma sentença definitiva sobre a liquidação futura.

Sobre a sentença sem mérito de modo parcial, o ZPO - § 301 não dispõe nada sobre essa possibilidade, contudo não haveria problema, desde que haja a configuração de possibilidade de cindibilidade. Todavia, a disposição legal somente descreve a preocupação sobre a resolução parcial do mérito de modo definitivo.

Posteriormente, não há imposição na prolação de uma sentença parcial no processo alemão, mas uma discricionariedade justificada pelo juízo[111].

A análise sobre a configuração fática pertinente para a bipartição fica a critério do juízo, não somente pela sua percepção sobre a incidência dos requisitos, mas pela própria pertinência dessa cindibilidade[112]. Dessa maneira, o juízo deve perceber se é pertinente aquela cindibilidade no momento processual que se configura a bipartição fática e cognitiva ou se pode ser deixado para a prolação junto com a sentença como um todo, num juízo de pertinência, se é ou não apropriado essa cisão, como o tempo da instrução, o quanto falta para a outra parcela do processo ser também amadurecida ou a própria complexidade que a cisão pode causar no procedimento, com esse poder discricionário do juízo, diferente do Brasil em que há uma obrigatoriedade – dever – do juízo em prolatar a decisão parcial quando há a configuração da cisão cognitiva.

O recurso da sentença parcial[113], no direito alemão, é o mesmo de qualquer outra sentença, com a sua determinação pelo ZPO - § 511[114], como *Berufung*.

---

111 LENT. Friedrich. **Diritto Processuale Civile Tedesco.** Parte prima. RICCI, Edoardo F. (Trad.). Morano: Napoli, 1962. p. 233.

112 Se o restante da demanda for possível de ser julgado em um período não tão longo, não há motivos para utilizar-se da sentença parcial: LENT. Friedrich. **Diritto Processuale Civile Tedesco.** Parte prima. RICCI, Edoardo F. (Trad.). Morano: Napoli, 1962. p. 233.

113 ALVIM, Teresa Arruda. **Os agravos no CPC brasileiro.** 4ª ed. São Paulo: Ed. RT, 2006. p. 90.

114 § 511 Statthaftigkeit der Berufung. (1) Die Berufung findet gegen die im ersten Rechtszug erlassenen Endurteile statt. (2) Die Berufung ist nur zulässig, wenn 1. der Wert des Beschwerdegegenstandes 600 Euro übersteigt oder 2. das Gericht des ersten Rechtszuges die Berufung im Urteil zugelassen hat. (3) Der Berufungskläger hat den Wert nach Absatz 2 Nr. 1 glaubhaft zu machen; zur Versicherung an Eides statt darf er nicht zugelassen werden. (4) Das Gericht des ersten Rechtszuges lässt die Berufung zu, wenn 1. die Rechtssache grundsätzliche Bedeutung hat oder die Fortbildung des Rechts oder die Sicherung einer einheitlichen Rechtsprechung eine Entscheidung des Berufungsgerichts erfordert und 2. die Partei durch das Urteil mit nicht mehr als 600 Euro beschwert ist. Das Berufungsgericht ist an die Zulassung gebunden.
Em espanhol: § 511. Procedencia de la apelación. 1) La apelación procede contra las sentencias definitivas pronunciadas en primera instancia. 2) La apelación solo es admisible cuando: 1. El valor del objeto del agravio supera los seiscientos euros o 2. El tribunal de primera instancia haya admitido la apelación en la sentencia. 3) El

Considerando que os recursos contra sentença têm uma limitação valorativa a somente aquelas causas em que forem maiores que 600 euros de condenação ou que se entender que é um direito que mereça recorribilidade e reanálise, com admissibilidade prévia pelo juízo de primeiro grau.

Outra espécie de sentença que pode ser tida como parcial no direito processual alemão é a sentença incidental, disposta no ZPO - § 303[115]. Esta é uma decisão em que versa sobre um incidente estranho ao objeto litigioso do processo, contudo que se apresenta no decorrer do processo e está atrelado ao que se discute naquele processo. É a decisão de um incidente próprio e que seria sentença definitiva sobre ele, mas sem ser uma sentença sobre a causa e seu objeto litigioso.

O termo sentença é utilizado pelo fato de que sobre este ponto a decisão proferida, podendo até ser um objeto litigioso à parte que ensejaria uma declaração incidental, já detém valor para as partes e, por isso, é uma sentença incidental, cumprimento os moldes do ZPO - § 303 e utilizando-se do mesmo sistema recursal, sem, contudo, enquadrar-se nos mesmos critérios do ZPO - § 301 para uma sentença parcial em que se divide o objeto litigioso do processo.

3.4.2 No direito português

No direito português, em seu código de processo civil vigente desde 2013, há o art. 595[116] que dispõe sobre o momento do despacho saneador e a

---

recurrente tiene que acreditar verosímilmente el monto requerido en el apartado 2 número 1 de este parágrafo; no puede admitirse una declaración jurada al respecto que sustituya a aquel. 4) El tribunal de primera instancia admite la apelación cuando: 1. La cuestión de derecho tiene un significado fundamental, colabora al perfeccionamiento del derecho o al aseguramiento de una jurisprudencia unificada y 2. La parte mediante la sentencia no haya sufrido un agravio superior a seiscientos euros. El tribunal de alzada está obligado por la admisibilidad.

115 § 303 Zwischenurteil. Ist ein Zwischenstreit zur Entscheidung reif, so kann die Entscheidung durch Zwischenurteil ergehen.
Em espanhol: § 303. Sentencia incidental. En caso de que un incidente se encuentre en condiciones de ser decidido se puede pronunciar la resolución en forma de sentencia incidental.

116 Artigo 595. Despacho saneador 1 – O despacho saneador destina-se a: a) Conhecer das exceções dilatórias e nulidades processuais que hajam sido suscitadas Pelas partes, ou que, face aos elementos constantes dos autos, deva apreciar oficiosamente; b) Conhecer imediatamente do mérito da causa, sempre que o estado do processo permitir, sem necessidade de mais provas, a apreciação, total ou parcial, do ou dos pedidos deduzidos ou de alguma exceção perentória. (...) 3 – No caso previsto na alínea a) do n. 1, o despacho constitui, logo que transite, caso julgado formal quanto às questões concretamente apreciadas; na hipótese prevista na alínea b), fica tendo, para todos os efeitos, o valor de sentença."

possibilidade de julgamento antecipado. Tal qual o ordenamento anterior, há a possibilidade da bipartição do processo.

No teor do dispositivo, apesar do momento processual após a postulação das partes ser para o saneamento do processo, é possível conhecer do mérito da causa desde logo, sempre que o estado do processo permitir, o que caracteriza o julgamento antecipado do processo. Todavia, ainda dispõe que pode ser um julgamento total ou parcial.

Dessa maneira, além de regular de modo macro o julgamento antecipado, há uma total viabilidade pelo fracionamento do objeto do processo, com um julgamento parcial, diante da configuração de uma bipartição da cognição.

Os critérios para tal ponto são parecidos com aqueles do direito brasileiro, tanto pelos requisitos para que alcancem o mérito quanto pela possibilidade de alcançar parcela do processo que contenha vício peremptório, com a necessidade de extinção desse ponto do processo.

Logo, há a possibilidade de um julgamento antecipado parcial tanto de mérito quanto sem mérito.

Os critérios para que seja possível um julgamento antecipado – total ou parcial nos dizeres legais portugueses – passam por ser possível um estado do processo que possa alcançar o mérito, uma vez que não se teria mais necessidade de provas. Dessa feita, esse estado é totalmente interligado a necessidade, ou não, de provas sobre determinado fato base para o deslinde do objeto do processo, com uma causa de pedir que já esteja estabilizada.

Como o ordenamento português utiliza o mesmo dispositivo para versar sobre o julgamento antecipado total de mérito junto com o parcial e, ainda, dispõe sobre a mesma antecipação quando houver incidência de vícios processuais, também totais ou parciais, há uma normal generalização dos requisitos sobre o impacto que estes, ao serem configurados, causam na possibilidade de o juízo antecipar o julgamento do processo.

Se uma percepção pela configuração da bifurcação cognitiva é viável, diante dos requisitos fáticos, totalmente possível se torna a configuração da aplicabilidade do art. 595 do CPC Português, transformando este ato decisório que seria saneador em uma sentença, como também incluído na dicção do mesmo artigo, quando determina um valor de sentença para a decisão que antecipa o julgamento, seja total, seja parcial.

Dessa maneira, o CPC Português inclui o julgamento antecipado parcial, com ou sem mérito, como uma sentença parcial, justamente pela possibilidade de julgar o todo ou parte do processo ou, ainda, um dos pedidos, quando for possível, diante da desnecessidade de novas provas.

Há, portanto, uma total interligação do disposto no direito português com o defendido neste trabalho, quando há uma construção de requisitos fáticos para a prolação da decisão parcial, mesmo que lá não se nomeie esse ponto. Com uma configuração dos requisitos pertinentes fáticos, há a permissão para que haja a prolação da sentença no processo português, uma vez que o estado do processo permite, justamente pela desnecessidade de mais provas.

No entanto, para que se diferencie o art. 595 do CPC Português nas hipóteses do julgamento antecipado total ou parcial é necessária a configuração parcial também do estado de permissibilidade do julgamento diante da desnecessidade de provas para o deslinde do processo. Se parcela do processo necessita de uma dilação probatória, naturalmente o processo deve continuar, ao menos nos pontos do objeto do processo que se interliguem com essa parcela material, autorizando o julgamento antecipado parcial[117].

O mesmo ocorre sobre a possibilidade do julgamento antecipado parcial extintivo, o que o art. 595 do CPC Português descreve como "alguma exceção perentória." Por esse ponto de exceção perentória entende-se justamente o enfrentamento de algum vício que cause a extinção de parcela do processo, o que seria no CPC brasileiro o equivalente ao art. 354, parágrafo único do CPC, com a possibilidade de extinção parcial do processo pela existência de vício[118].

Desse modo, também se aplicam os mesmos requisitos construídos neste trabalho para o julgamento antecipado parcial peremptório.

Não há uma discricionariedade do juízo sobre a prolação desse julgamento antecipado parcial – com ou sem mérito, com a necessidade de que haja essa decisão quando houver a configuração da bifurcação cognitiva. A disposição legal é por "conhecer imediatamente do mérito da causa, sempre que o estado do processo permitir", com a necessidade de que o juízo julgue antecipadamente sempre que houver a bifurcação cognitiva, seja de modo total, seja de modo parcial, o que não concede margem para que seja deixado para momento posterior, nos mesmos moldes do processo brasileiro, mas rechaçando o que ocorre, como exposto, no processo civil alemão.

Sobre a recorribilidade dessa sentença parcial do art. 595 do CPC Português, desta decisão cabe apelação[119], conforme o art. 644 do mesmo or-

---

117 Sobre essa possibilidade: "sempre que o estado do processo (face aos elementos de prova dele constantes neste momento) o permitir, sem necessidade portanto de mais provas, o juiz deverá conhecer e decidir sobre o mérito da causa, quanto à totalidade ou parte do pedido ou pedidos (incluindo o pedido reconvencional) ou sobre alguma exceção peremptória (invocada pelo réu ou do conhecimento oficioso), quer julgue procedente ou improcedente (já que a lei, após a revisão do CPC, não distingue, diferentemente do que sucedia anteriormente)." BAPTISTA, José João. **Processo civil I: Parte geral e processo declarativo.** 8ª ed., Coimbra: Coimbra Editora, 2006. p. 413/414.

118 "caso o juiz no saneador decida sobre o mérito da causa ou julgue procedente ou improcedente alguma exceção peremptória, o saneador terá o valor de sentença (é o chamado „saneador-sentença")." BAPTISTA, José João. **Processo civil I: Parte geral e processo declarativo.** 8ª ed., Coimbra: Coimbra Editora, 2006. p. 413/414.

119 RIBEIRO, José Antunes. **Código de processo civil anotado.** Coimbra: Verbo Jurídico, 2006. p. 224. 583.

denamento, pelo fato de que este despacho saneador tem valor de sentença, com a mesma recorribilidade. No entanto, essa apelação tem um processamento apartado, como se fosse um agravo de instrumento na comparação com o direito brasileiro.

3.4.3 No direito italiano

O direito processual italiano tem ainda o princípio da concentração e unicidade[120] como meio central do ato decisório, como se retira da parcela inicial do art. 277 do CPC Italiano[121]. Nesse ponto, no ato decisório - sentença - deve-se conter a decisão integral sobre o mérito, devendo decidir todas as questões propostas e as exceções relacionadas, definindo a totalidade do julgamento posta à jurisdição.

No entanto, há a parcela posterior do próprio art. 277 do CPC Italiano, o qual dispõe que o juízo ao analisar o processo se entender que parcela do objeto do processo ainda detém necessidade de instrução, com dilação probatória, o que puder já ser julgado, assim deve sê-lo, sem impedir que a outra parcela, aquela com necessidade de continuar na procedimentalidade em busca da instrução probatória, assim também proceda.

O que já estiver maduro para julgamento deve ser julgado e o que ainda não for possível passará pela instrução probatória. Este dispositivo utiliza do termo "demandas que necessitem de instrução", o que importa em parcelas do que se pleitou que ainda não estejam com configuração fática possível de definição, o que também dialoga com a construção deste trabalho, com a inserção de intersecção fática sobre os requisitos para a prolação de uma decisão somente sobre parcela do processo.

É a bipartição do processo, nos mesmos moldes do processo civil brasileiro, apesar de haver uma tendência maior de respeito ao princípio da concentração e unicidade da sentença. A decisão parcial do objeto litigioso do processo, no direito italiano, tem um ar de definitividade, sem a necessidade de que seja confirmado em momento posterior, o que importa em uma decisão que não

---

120 GAMBA, Cinzia. In: CARPI, Federico; TARUFFO, Michele (Coord.). **Commentario breve al Codice di Procedura Civile.** 4ª Ed. Padova: Cedam, 2002. p. 827.

121 Art. 277. (Pronuncia sul merito) Il collegio nel deliberare sul merito deve decidere tutte le domande proposte e le relative eccezioni, definendo il giudizio. Tuttavia il collegio, anche quando il giudice istruttore gli ha rimesso la causa a norma dell'articolo 187 primo comma, può limitare la decisione ad alcune domande, se riconosce che per esse soltanto non sia necessaria un'ulteriore istruzione, e se la loro sollecita definizione è di interesse apprezzabile per la parte che ne ha fatto istanza.

se interliga com a ulterior sentença[122], com independência entre o outro ponto decisório final[123].

A visão conceitual será uma sentença parcial, com a manutenção do termo decisório como um pronunciamento de mérito e, dessa maneira, uma sentença. A decisão dali proveniente faz coisa julgada material.

Essa possibilidade de bipartição processual no direito italiano está tanto no tocante ao mérito quanto à questões processuais, com a extinção igual de parcela de processo que contenha vícios e o prosseguimento do que não contém, com a busca deste pelo julgamento de mérito posterior.

Todavia, Camardi descreve a necessidade de dois requisitos[124] a serem cumpridos para que seja possível a decisão nas bases da segunda parcela do art. 277 do CPC Italiano: (i) a complexidade objetivo do processo, com parcela material madura e parcela ainda a ser resolvida[125]; (ii) o requerimento das partes para a prolação da decisão nesses moldes[126].

O primeiro requisito é crucial para que seja possível uma sentença parcial no direito processual italiano, contudo o segundo ponto que seria o requerimento das partes, este pode ser tergiversado, com a possibilidade de aplicação *ex officio*, sem qualquer requerimento prévio das partes[127].

Outro ponto em que se entende como possível um fracionamento decisório do processo sobre o objeto litigioso está na possibilidade de prolação de decisão genérica, o que importa em dois momentos decisórios. O art. 278 do CPC Italiano[128] descreve que se o juízo puder estabelecer uma condenação, por causa de um julgamento de mérito, sobre a matéria de direito, contudo não

---

122 LUISO, Francesco Paolo. **Diritto processuale civile.** 2ª ed., Giuffrè, Milano, 1999. p. 193.

123 GAMBA, Cinzia. In: CARPI, Federico; TARUFFO, Michele (Coord.). **Commentario breve al Codice di Procedura Civile.** 4ª Ed. Padova: Cedam, 2002. p. 827.

124 CAMARDI, Giuseppe. **Le sentenze non definitive su questioni preliminari di mérito.** Tesi di dottorato, Universitá di Bologna, disponível em http://amsdottorato.cib.unibo.it/771/1/Tesi_Camardi_Giuseppe.pdfm p. 151.

125 Esse requisito seria construído nos moldes defendidos por este trabalho, numa construção de requisitos fáticas para a percepção da bifurcação cognitiva.

126 NOVELLI, Giovanni; PETITTI, Stefano. **Codice di procedura civile annotato com La giuriprudenza.** p 1.092

127 AMBRIZZI, Tiago Ravazzi. **Julgamento fracionado do mérito no processo civil brasileiro.** São Paulo, SP, 2014. 231 p. Dissertação (Mestrado). Universidade de São Paulo. Programa de Pós-Graduação em Direito. p. 184.

128 Art. 278. (Condanna generica. Provvisionale) Quando è già accertata la sussistenza di un diritto, ma è ancora controversa la quantità della prestazione dovuta, il collegio, su istanza di parte, può limitarsi a pronunciare con sentenza la condanna generica alla prestazione, disponendo con ordinanza che il processo prosegua per la liquidazione. In tal caso il collegio, con la stessa sentenza e sempre su istanza di parte, può altresì

puder sobre a questão de sua liquidez, assim pode proceder. O que no Brasil se subdivide na sentença genérica e em posterior fase de liquidação.

No direito processual italiano, essa decisão é uma sentença parcial, nos moldes do citado art. 278, com a possibilidade de formação de coisa julgada material própria, sem interligação ou necessidade de aguardo da parcela posterior decisória, aquela que definiria o *quantum debeatur* da sentença[129].

No entanto, essa decisão é tida como uma sentença não definitiva, com um aspecto diverso do que da segunda parte do art. 277 do mesmo ordenamento processual. Logo, são dois regramentos diversos sobre sentenças parciais.

No tocante a essa decisão sobre a certeza enquanto definição dos fatos e do direito e o postergar para um momento posterior, o processo continua, o que torna de modo diverso do que o processo brasileiro que entende-se que a jurisdição encerra-se, cognitivamente, na prolação da decisão sobre a demanda do autor e, posteriormente, há a necessidade de uma nova fase, uma nova jurisdição, ainda que específica e interligada com a coisa julgada anterior, sem ser um prosseguimento da mesma fase, como no processo civil italiano.

A definição sobre a possibilidade dessa bipartição não se trata de uma dilação probatória sobre parcela do objeto do processo, mas somente sobre a quantificação do objeto do processo ou parcela deste, com a postergação para depois dessa decisão sobre tal liquidez.

Outras pequenas exceções ao princípio da unicidade existem também nos arts. 103[130] e 104[131] do CPC Italiano, quando dispõe sobre o poder do juízo em desmembrar processos que estejam cumulados, seja por um litisconsórcio

---

condannare il debitore al pagamento di una provvisionale, nei limiti della quantità per cui ritiene già raggiunta la prova.

129 Sobre a decisão que resolve o direito e a decisão que resolve a liquidação no direito italiano: "qualora nel corso del processo venga raggiunta la prova non solo dell"illegittimità dell"ato e dela sua potenzialità danosa (an), ma venga provata anche una parte dell"ammontare del danno (uma parte del quantum), sempre e solo su istanza di parte, il giudice può accoppiare ala sentenza di condanna genérica anche uma sentenza parziale, di condanna in senso stretto, com cui inizia la liquidazione del danno (condanna provvisionale)." PISANI, Andrea Proto. **Lezioni di diritto processuale civile.** Napoli, Jovene, 1994. p. 188.

130 Art. 103. (Litisconsorzio facoltativo) Più parti possono agire o essere convenute nello stesso processo, quando tra le cause che si propongono esiste connessione per l'oggetto o per il titolo dal quale dipendono, oppure quando la decisione dipende, totalmente o parzialmente, dalla risoluzione di identiche questioni. Il giudice può disporre, nel corso della istruzione o nella decisione, la separazione delle cause, se vi è istanza di tutte le parti, ovvero quando la continuazione della loro riunione ritarderebbe o renderebbe piu' gravoso il processo, e può rimettere al giudice inferiore le cause di sua competenza.

131 Art. 104. (Pluralità di domande contro la stessa parte) Contro la stessa parte possono proporsi nel medesimo processo più domande anche non altrimenti connesse, purché

facultativo ativo, seja pela pluralidade de pedidos contra uma mesma parte, mas que em ambos, o juízo entenda que a situação traz complexidade excessiva ao procedimento, com um desmembramento processual e, assim, uma decisão parcial sem mérito, apesar de não ser pela extinção do processo.

Há um ponto relevante e de controvérsia no direito processual italiano sobre a característica da sentença parcial. As sentenças, para fins de impugnação e apelo, estão classificadas entre sentenças definitivas e sentenças não definitivas. Para a primeira espécie, o recurso de apelação é medida que se faz, com a interposição logo após a prolação da sentença, todavia para as sentenças não definitivas há a apelação com reserva.

Nessa segunda hipótese, a parte sucumbente deve reservar o seu direito de recorrer daquela decisão em conjunto com a sentença definitiva.

Sobre a bipartição existente para a divisão cognitiva entre a certeza decisória e a liquidez, é pertinente e fácil a definição que a forma recursal é o apelo com reserva, nos moldes do art. 340 do CPC Italiano[132]. No entanto, há dúvida se a sentença parcial, nos moldes do art. 277, segundo comando, do mesmo código, seja vista uma sentença definitiva ou não definitiva. Se entender-se pelo primeiro, a apelação seria imediata e, se for na segunda hipótese, seria postergada para momento posterior, com o restante da decisão, com a necessidade de um apelo com reserva[133].

---

sia osservata la norma dell'articolo 10 secondo comma. E' applicabile la disposizione del secondo comma dell'articolo precedente.

132 Art. 340. (Riserva facoltativa d'appello contro sentenze non definitive) Contro le sentenze previste dall'articolo 278 e dal n. 4 del secondo comma dell'articolo 279, l'appello può essere differito, qualora la parte soccombente ne faccia riserva, a pena di decadenza, entro il termine per appellare e, in ogni caso, non oltre la prima udienza dinanzi al giudice istruttore successiva alla comunicazione della sentenza stessa. Quando sia stata fatta la riserva di cui al precedente comma, l'appello deve essere proposto unitamente a quello contro la sentenza che definisce il giudizio o con quello che venga proposto, dalla stessa o da altra parte, contro altra sentenza successiva che non definisca il giudizio. La riserva non può più farsi, e se già fatta rimane priva di effetto, quando contro la stessa sentenza da alcuna delle parti sia proposto immediatamente appello.

133 "si tratta, evidentemente, di una disposizione che, con uma sentenza non definitiva non subordinata ad alcuna istanza di parte, mira a rendere più rapida la decisione sul divorzio, nell"ipotesi in cui le stesse parti si trovino d"accordo sul punto, ma siano, invece, „in contrasto sulle domande accessorie di natura economica o su quelle che riguardano l"affidamento dei figli"." CAMARDI, Giuseppe. **Le sentenze non definitive su questioni preliminari di mérito.** Tesi di dottorato, Universitá di Bologna, disponível em http://amsdottorato.cib.unibo.it/771/1/Tesi_Camardi_Giuseppe.pdfm p. 131.

O art. 340 do CPC Italiano descreve que as decisões do art. 278 e 279 do mesmo código têm esse apelo com reserva como a sua diretriz impugnativa, mas não menciona se a sentença parcial possível no art. 277 do mesmo ordenamento também seria por este sistema recursal[134-135].

Uma última questão italiana sobre a decisão parcial é a possibilidade de uma decisão parcial de questões de mérito, não sendo um fracionamento do processo como um todo, justamente pelo fato de que não se julga nenhuma parcela da jurisdição pleiteado, mas uma questão de mérito em si[136].

---

134 A diferença entre sentença não definitiva e sentença provisória não é a mesma do que seria para o Brasil sobre tutela provisória e sentença. As sentenças não definitivas tem o intuito de julgar definitivamente aquela parcela ou aquela questão, contudo não encerram a jurisdição, não sendo a decisão final que fecha o processo: "La giurisprudenza distingue tra sentenze definitive e non definitive, nel senso che è definitive la decisione che esarisca l"oggeto della controversia, attribuendo o negando il bene in contestazione, senza necessità di ulteriore pronunce sul l"oggeto della domanda cui si riferisce la decisione del giudizio (Cass. 14 settembre 1972, n. 2378) mentre no è definitiva la sentenza che, nell"ipotesi di più questione relative alla stessa domanda, ne decida una, dispondendo l"ulteriore instruzione (Cass. 18 aprile 1977, n. 1422; Cass. 11 novembre 1974, n. 3539). Ovviamente le statuizioni della sentenza non definitiva non possono essere modificate dalla sentenza definitiva, perchè il carattere definitivo si riferisce solo all non integralità della decisione (Cass. 5 novembre 1977, n. 4720)." SATTA, Salvatore. **Diritto processuale civile.** Padova: Casa Editrice Dott. Antonio Milani, 1981. p. 365. No mesmo sentido: CAMARDI, Giuseppe. **Le sentenze non definitive su questioni preliminari di mérito.** Tesi di dottorato, Universitá di Bologna, disponível em http://amsdottorato.cib.unibo.it/771/1/Tesi_Camardi_Giuseppe.pdfm p. 131.

135 O sistema recursal tem a apelação como base das sentenças de primeiro grau, contudo esta pode ser imediata, ou com reserva para um momento diferido e, diante da diferença do ato decisório, se tem ciência sobre qual o recurso correto e seu momento: "È certo che il problema assume un rilevante aspetto pratico poiché la distinzione tra sentenza definitiva e non definitiva è determinante agli effetti dell"impugnabilità imediata." COMOGLIO, Luigi Paolo; FERRI, Corrado; TARUFFO, Michele. **Lezioni sul processo civile.** Bologna: Il Mulino, 1995. p. 650.

136 Sobre esse ponto: "in particolare, l"attuale art. 279 consente la sentenza parziale non solo su questioni „preliminari", cioè potenzialmente definitive di tutta la causa (ad es., quando sia giudicata una eccezione di prescrizione o di carente interesse olegittimazione ad causam), ma pur quando il giudice, investito dell"esame unitario di una domanda, ritenga possibile, allo stato del processo, risolvere e precludere ogni contestazione sui singoli aspetti della stessa domanda, ancorché non decisivi sul se, sul come o sul quanto del suo accoglimento o rigetto." MONTESANO, Luigi. Sentenza parziale su questione di merito non „preliminare" di domanda „indivisibile". **In: Riv. dir. proc.** 1970. p. 330.

Esse ponto é possível nos ditames do art. 279 do CPC Italiano[137-138], contudo são sentenças não definitivas, as quais são interligadas em termos de impugnabilidade com o apelo com reserva, sem julgar mesmo qualquer pedido ou qualquer extinção de parcela do processo. Esse fracionamento decisório não se enquadra nos mesmos delineados neste trabalho, pelo fato de que não seria uma bipartição da jurisdição, mas de matérias para que se consiga julgar o mérito, o que são hipóteses diferentes.

No direito processual brasileiro, o art. 489 do CPC delineia que as questões de fato e de direito são decididas na sentença, em um só momento,

---

137 Art. 279. (1) (Forma dei provvedimenti del collegio) Il collegio pronuncia ordinanza quando provvede soltanto su questioni relative all'istruzione della causa, senza definire il giudizio, nonché quando decide soltanto questioni di competenza. In tal caso, se non definisce il giudizio, impartisce con la stessa ordinanza i provvedimenti per l'ulteriore istruzione della causa. Il collegio pronuncia sentenza: 1) quando definisce il giudizio, decidendo questioni di giurisdizione; 2) quando definisce il giudizio decidendo questioni pregiudiziali attinenti al processo o questioni preliminari di merito; 3) quando definisce il giudizio, decidendo totalmente il merito; 4) quando, decidendo alcune delle questioni di cui ai numeri 1, 2 e 3, non definisce il giudizio e impartisce distinti provvedimenti per l'ulteriore istruzione della causa; 5) quando, valendosi della facoltà di cui agli articoli 103, secondo comma, e 104, secondo comma, decide solo alcune delle cause fino a quel momento riunite, e con distinti provvedimenti dispone la separazione delle altre cause e l'ulteriore istruzione riguardo alle medesime, ovvero la rimessione al giudice inferiore delle cause di sua competenza. I provvedimenti per l'ulteriore istruzione, previsti dai numeri 4 e 5 sono dati con separata ordinanza. I provvedimenti del collegio, che hanno forma di ordinanza, comunque motivati, non possono mai pregiudicare la decisione della causa; salvo che la legge disponga altrimenti, essi sono modificabili e revocabili dallo stesso collegio, e non sono soggetti ai mezzi di impugnazione previsti per le sentenze. Le ordinanze del collegio sono sempre immediatamente esecutive. Tuttavia, quando sia stato proposto appello immediato contro una delle sentenze previste dal n. 4 del secondo comma, il giudice istruttore, su istanza concorde delle parti, qualora ritenga che i provvedimenti dell'ordinanza collegiale, siano dipendenti da quelli contenuti nella sentenza impugnata, può disporre con ordinanza non impugnabile che l'esecuzione o la prosecuzione dell'ulteriore istruttoria sia sospesa sino alla definizione del giudizio di appello. L'ordinanza è depositata in cancelleria insieme con la sentenza.

138 Oliveira, ao versar sobre o tema, descreve: "O tema é controvertido, havendo três correntes a seu respeito: (i) privilegiando uma interpretação literal, a sentenza non definitiva pode ser proferida para decidir qualquer questão de mérito; (ii) o termo "questioni" não deve ser interpretado de forma puramente técnica, de modo que a sentenza non definitiva deve ser proferida apenas no julgamento de demandas e não de meras questões; (iii) a norma autoriza, ao mesmo tempo, a prolação de sentenças que decidam questões de mérito e sentenças que decidam algumas demandas." OLIVEIRA FILHO, Silas Dias de. **Julgamento fracionado do mérito e implicações no sistema recursal.** São Paulo, SP, 2013. 256 p. Dissertação (Mestrado). Universidade de São Paulo. Programa de Pós-Graduação em Direito. p. 163.

contudo elas podem ser decididas na decisão parcial, como já construído, no entanto é complexo entender que as próprias questões possam ser fracionadas, ainda que excepcionalmente possam, mas não poderão ser encaixadas ou classificadas no mesmo rito dos arts. 354, parágrafo único e 356 do CPC e as decisões parciais.

3.4.4 Outros países e a possibilidade (ou não) de decisão parcial

Após realizar a análise mais detida aos países que maior diálogo com o direito processual brasileiro (Alemanha – Portugal – Itália), o estudo se debruça em um apanhado de outros países que também dispõem sobre a matéria.

No Chile, pelo Código de Procedimiento Civil, em seu art. 172[139], dispõe que quando há uma complexidade objetiva do processo, com questões que podiam ser de um processo em separado, mas que estão cumuladas em uma mesma demanda, se um destas ou parcela destas se encontrar em situação em uma que permita o fracionamento, pela sua conjuntura fática, é possível a prolação de uma decisão sobre essa parcela e o prosseguimento para o que não puder ainda ser julgado.

No entanto, nessa situação, há uma separação formal, uma bipartição procedimental, com a formação de um processo em separado para a execução, se for o caso.

Nos Estados Unidos, há a Regra 54 (b) da Federal Rules of Civil Procedure[140], a qual determina como se deve proceder sobre um julgamento com múltiplos pedidos, tanto por cumulação de pedidos ou reconvenção quanto para a pluralidade de sujeitos no processo. Todavia, há a necessidade

---

139 Código de Procedimiento Civil. Art. 172. Cuando en un mismo juicio se ventilen dos o más cuestiones que puedan ser resueltas separada o parcialmente, sin que ello ofrezca dificultad para la marcha del proceso, y alguna o algunas de dichas cuestiones o parte de ellas, lleguen al estado de sentencia antes de que termine el procedimiento en las restantes, podrá el tribunal fallar desde luego las primeras. En este caso se formará cuaderno separado con compulsas de todas las piezas necesarias para dictar fallo y ejecutarlo, a costa del que solicite la separación.

140 Federal Rules of Civil Procedure. Regra 54(b). Judgment on multiple Claims or Involving Multiple Parties. When an action presents more than one claim for relief – whether as claim, counterclaim, crossclaim or third-party claim – or when multiple parties are involved, the court may direct entry of a final judgment as to one or more, but fewer than all, claims or parties only if the court expressly determines that there is no just reason for delay. Otherwise, any order or other decision, however designated, that adjudicates fewer than all the claims or the rights and liabilities of fewer than all the parties does not end the action as to any of the claims or parties and may be revisited at any time before the entry of a judgment adjudicating all the claims and all the parties'rights and liabilities.

de uma análise sobre a pertinência dessa bipartição pelo juízo, com uma certa discricionariedade.

O dispositivo estabelece que o juízo somente deve decidir parcialmente no processo quando o aguardo para uma decisão final junto com os demais pontos for injustificável, o que notadamente se impõe que o juízo esclareça se há a pertinência pela bipartição ou não, se aquela parcela do processo que já encontra-se com viabilidade para julgamento pode ser julgada desde logo, de modo fracionário aos demais pontos, ou se deve aguardar o restante, para uma só sentença, o que é o preferível no sistema americano.

Já na Espanha, por causa do art. 71 da Ley de Enjuiciamiento Civil[141], há a impossibilidade de decisão parcial ou fracionamento decisória do objeto do processo. O teor do dispositivo permite a cumulação de pedidos em uma mesma demanda, com a formação de um só processo, contudo essa cumulação deve seguir um mesmo procedimento e ser decidido em uma só sentença.

Dessa maneira, não é pertinente no Direito Espanhol a bipartição cognitiva do processo e o fracionamento decisório.

Na Argentina, apesar do estudo mais complexo pelas codificações serem estaduais, há um Codigo Procesal Civil y Comercial de la Nación, para o direito federal e utilizado na cidade de Buenos Aires. Tomando por base desta análise esta codificação, somente há dispositivos que versem sobre a sentença, como um todo e sobre a antecipação da sentença, também como um todo, enquadrando-se numa comparação com o julgamento antecipado.

O art. 359 do CPC Argentino (de modo geral) descreve que depois de todos os prazos para as postulações das partes, principalmente da defesa, se a matéria for unicamente de direito, sem contestação de fato, o processo será remetido para a sentença, sem necessidade de abertura de procedimento para a produção de provas, sendo já sentenciado, nos moldes do art. 481 do mesmo ordenamento[142].

---

141 Lei de Enjuciamiento Civil. Art. 71. Efecto principal de la acumulación. Acumulación objetiva de acciones. Acumulación eventual.1. La acumulación de acciones admitida producirá el efecto de discutirse todas en un mismo procedimiento y resolverse en una sola sentencia.

142 ARTICULO 359.- Contestado el traslado de la demanda o reconvención, en su caso, o vencidos los plazos para hacerlo, resueltas las excepciones previas, si la cuestión pudiera ser resuelta como de puro derecho, así se decidirá y firme que se encuentre la providencia, se llamará autos para sentencia. Si se hubiesen alegado hechos conducentes acerca de los cuales no hubiese conformidad entre las partes, aunque éstas no lo pidan, el juez recibirá la causa a prueba procediendo de acuerdo a lo preceptuado en el artículo 360. La audiencia allí prevista se celebrará también en el proceso sumarísimo.
ARTICULO 481.- Cuando no hubiese mérito para recibir la causa a prueba, deb erá procederse con arreglo a lo establecido en el artículo 359, en lo pertinente.

3.5 A DEFINIÇÃO DA CISÃO COGNITIVA E FRACIONAMENTO DECISÓRIO VIA DECISÃO PARCIAL COMO INTERLOCUTÓRIA

Quando se entendia como possível a cisão cognitiva, já no CPC/73, com a prolação de uma decisão sobre parcela do processo, de modo autônomo à sentença, parte da doutrina construía que essa situação deveria ser entendida como a prolação de uma sentença parcial[143], seja de mérito, seja sem mérito.

Essa visão era possível pela complicação que a alteração da redação conceitual de sentença[144], realizada pela Lei nº 11.232/05[145], com o devido en-

143 Mas, as sentenças parciais – anteriormente denominadas por parcela da doutrina – eram atreladas à própria existência da processualidade, algo que dispensa a positivação? Armelin já discorria que mesmo antes da alteração da redação final da sentença e interlocutória pela Lei nº 11.232/05, no CPC/73, era possível constatar que decisões possivelmente interlocutórias eram sentenças, em termos de conteúdo, ou, vice-versa, sentenças em termos de conteúdo eram interlocutórias formalmente: "Este conceito não era imune à críticas, pois várias sentenças relativas ao mérito evidentemente que não implicavam o fim do processo, como sucede com aquelas denominadas executivas lato sensu e mandamentais." ARMELIN, Donaldo. Notas sobre sentença parcial e arbitragem. **Revista de Arbitragem e Mediação.** n. 18, v. 5, São Paulo: Ed. RT, jul/set/2008. p. 276.

144 No mesmo sentido: "Esta classificação tríplice dos provimentos judiciais [sentença, decisão interlocutória e despacho], ou atos decisórios, adotada por nosso Código teve, como se sabe, finalidades mais práticas do que propriamente científicas. Pretendendo o legislador simplificar e dar unidade ao sistema de recursos que adotara, houve por bem denominar sentenças a todos os provimentos que ponham termo ao processo, mesmo que esta ocorrência se deva à extinção da relação processual motivada por alguma irregularidade, ocorrida nela própria e que nada tenha a ver com a decisão da causa. (...) Esta concepção adotada pelo legislador de 1973, alterou a tradição de nosso direito, que reservava o recurso de apelação apenas para as decisões finais por meio das quais o juiz decidisse o mérito da causa, reservando para os provimentos a que hoje se dá o nome de sentenças terminativas o recurso de agravo de petição (art. 846 do CPC de 1939)." SILVA, Ovídio Baptista da. C**urso de processo civil: processo de conhecimento.** Vol. 1, Porto Alegre: Sergio Antonio Fabris, 1990. p. 200/201.

145 Mesmo no ordenamento revogado, Mitidiero entendia que a decisão parcial poderia ser via interlocutória e não sentença. A utilização da antiga conceituação da sentença já possibilitava esse entendimento, na visão do autor: "A interlocutoriedade pressupõe estar entre dois marcos: interlocutar significa pronunciar-se sobre algo antevendo a necessidade de um passo adiante, devendo o processo ter curso após a sua prolação. (...) Segundo o legislador, a decisão interlocutória está vocacionada a decidir qualquer questão incidente que venha de surgir no curso do feito. A topologia, o estra aqui ou ali, ressalta na opinião do Código como a segunda nota conceitual que compõe a figura ora em análise. Não interessa ao legislador a matéria a ser tratada: qualquer questão incidente deve ser resolvida pela via da interlocutoriedade." MITIDIERO, Da-

quadramento como sentença de qualquer decisão que versasse sobre os assuntos atinentes aos revogados arts. 267 e 269 do CPC/73[146], sem ou com mérito.

Todavia, o CPC/2015 primou por reorganizar os conceitos dos pronunciamentos judicais, tanto para sentença quanto para decisão interlocutória.

O conceito de sentença, nos moldes do art. 203, §1º do CPC, passou a ser "ressalvadas as disposições expressas dos procedimentos especiais, sentença é o pronunciamento por meio do qual o juiz, com fundamento nos arts. 485 e 487, põe fim à fase cognitiva do procedimento comum, bem como extingue a execução."

Diante dessa preocupação conceitual com a sentença, o cerne foi estipular como o ato sentencial toda decisão que encerre a fase de cognição[147] ou a execução e, se na fase de cognição, tenha um conteúdo dos arts. 485 e 487 do CPC, ou seja, sem ou com mérito. Dois critérios para ser uma sentença[148], um formal, diante da necessidade de encerrar a prestação jurisdicional para a cognição, outro material,

---

niel. Sentenças parciais de mérito e resolução definitiva fracionada da causa: lendo um ensaio de Fredie Didier Júnior. **Ajuris.** Porto Alegre, v. 94, p. 39-50, 2004. p. 44; Sobre o ordenamento anterior e a sua complicação sobre a conceituação de sentença, Dinamarco já dispunha sobre a disparidade entre o instituto conceitualmente e a realidade processual: "Abandonou-se, como se vê, o critério topológico, pois hoje sentença não é mais, por definição, o ato que se situa na extremidade final do processo. Adotou-se, em linhas muito gerais como na vigência do Código de Processo Civil de 1939, um critério substancial – definindo-se a sentença pelo que ela contém, não por onde ela se situa." DINAMARCO, Cândido Rangel. **Instituições de direito processual civil.** Vol. II 6ª ed. São Paulo: Malheiros, 2009. p. 506.

146 Barbosa Moreira ao mencionar sobre as alterações conceituais da sentença pela Lei nº 11.232/05: "Impõe-se frisar que o conceito de sentença, à luz da nova sistemática, deixa de fundar-se em critério topológico para ligar-se no conteúdo do ato." BARBOSA MOREIRA, José Carlos. A nova definição de sentença (Lei nº. 11.232). **Revista Dialética de Direito Processual.** Vol. 39, p. 78-85, São Paulo: Dialética, jun/2006. p. 82.

147 Sobre o conceito de sentença e sua nova versão: "CPC/2015 passa a conceituar a sentença como o ato que põe fim à fase cognitiva do procedimento comum, ou à execução. Portanto, pelo que se pode perceber, procura o novo texto conceituar este pronunciamento pelos seus efeitos (suas consequências) e pela recorribilidade." ARAÚJO, José Henrique Mouta. Os pronunciamentos de mérito no novo CPC: reafirmação de um posicionamento. **Revista Dialética de Direito Processual.** Vol. 149, p. 62-68, São Paulo: Dialética, Ago/2015. p. 66.

148 Ainda sobre o conceito de sentença e os seus critérios: "depreende-se do texto a tentativa de conciliar no conceito de sentença o critério topológico (provimento judicial que põe fim ao processo ou a alguma de suas fases) com o critério de conteúdo (provimento judicial fundamentado nos arts. 485 e 487 – na sistemática atual, arts. 267 e 269)" SANT"ANNA, Igor Pinheiro de; RIBEIRO, Julio César Medeiros. Breves considerações acerca do julgamento antecipado parcial do mérito na sistemática do novo CPC. **Revista Jurídica.** Ano 62, n. 446, p. 45-66, dez/2014. p. 51.

diante da necessidade de que seu conteúdo seja pela extinção por ausência de pressupostos processuais ou pelo julgamento de mérito[149].

A partir dessa premissa, o conceito de decisão interlocutória passa a ser definido, na dicção do art. 203, § 2º do CPC, como todo pronunciamento do juízo de primeiro grau que o seu conteúdo seja decisória, mas sem a possibilidade de enquadrar-se no conceito de sentença. Logo, o conceito de interlocutória é toda decisão que for proferida no processo em primeiro grau que não seja sentença. Totalmente residual, independentemente do conteúdo material, somente que seja com cunho decisório e que não encerre a cognição.

Se o juízo pode prolatar uma decisão que extingue parcela do processo ou que julgue parcela do mérito, consequentemente, em conjunção com os conceitos preconizados no art. 203 do CPC, serão decisões interlocutórias, por mais que contenham matérias que seriam normais de serem decididas em uma sentença[150].

No entanto, não há conceito fechado de conteúdo exclusivo de sentença diante do prisma conceitual imaginado pelo legislador[151].

Optou-se por um conceito fechado de sentença, com critérios conjuntivos entre formais e materiais, com a abertura de uma decisão interlocutória ser propícia de conter questões que anteriormente eram somente restritas à sentença, com questões de admissibilidade e mérito.

É importante tomar-se em conta que o julgamento antecipado parcial, com ou sem mérito, é uma decisão interlocutória[152], ainda que seja com um conteúdo que entendia-se como fechado e restrito a uma sentença.

---

149 Sobre o conceito de sentença no CPC/2015: "CPC/2015 passa a conceituar a sentença como o ato que põe fim à fase cognitiva do procedimento comum, ou à execução. Portanto, pelo que se pode perceber, procura o novo texto conceituar este pronunciamento pelos seus efeitos (suas consequências) e pela recorribilidade." ARAÚJO, José Henrique Mouta. Os pronunciamentos de mérito no novo CPC: reafirmação de um posicionamento. **Revista Dialética de Direito Processual.** n. 149, p. 62-68, São Paulo: Dialética, Ago/2015. p. 66.

150 Ou pela construção histórica legal de que estas matérias seriam somente decididas no ato sentencial, justamente pela unicidade da sentença.

151 Explicação dada pela tese de Didier Jr. sobre a divisão dos atos entre lógico-jurídico ou jurídico-positivo. Os primeiros nascem do próprio fenômeno do direito e os segundos da definição do direito positivo. DIDIER JR., Fredie. **Sobre a Teoria Geral do Processo, essa desconhecida**. 2ª. ed. Salvador: Juspodivm, 2012; No sentido de que o conceito de sentença depende da vontade do legislador: BARBOSA MOREIRA, José Carlos, A nova definição de sentença. **Revista de Processo.** Vol. 136, p. 268-276, São Paulo: Ed. RT, 2006.

152 Nesse sentido, Arruda Alvim: "Embora a decisão que julga antecipadamente parcela do mérito tenha o conteúdo de sentença, não visa a extinguir o processo, sendo decisão

Dessa maneira, não paira dúvida no CPC/2015 sobre a natureza jurídica desse pronunciamento como uma decisão interlocutória parcial[153].

Mesmo que o art. 354 do CPC em seu *caput* discorra sobre a prolação de uma sentença em caso de existência de vício processual e no seu parágrafo a dicção seja de que se o vício for parcial a decisão a que se refere o *caput* pode dizer respeito a apenas parcela do processo. Se a decisão que o *caput* se refere é uma sentença, então seria caso de sentença parcial? Essa conclusão, apesar de possível, é assistêmica, uma vez que o conceito de sentença está elencado no próprio código, no art. 203, § 1º do CPC, com a menção de que é o pronunciamento por meio do qual o juiz, com fundamento nos arts. 485 e 487 do CPC, põe fim à fase cognitiva do procedimento comum, bem como extingue a execução.

Ou seja, o *caput* do art. 354 do CPC dispõe sobre a sentença que versará sobre hipóteses dos arts. 485 e 487, II e III do CPC e encerrar a fase de cognição sem julgar o mérito, e o parágrafo dispõe que a decisão do *caput* pode ser somente de parcela da demanda, o que possibilitaria a sentença parcial como um conceito possível.

Todavia, as conceituações postas pelo art. 203 do CPC e seus parágrafos impõe que sentença tem dois requisitos – o final da cognição e a matéria discutida – e a interlocutória ser toda decisão que não for uma sentença[154].

Logo, se o art. 354, parágrafo único do CPC autoriza que parcela do processo seja extinta, autoriza a prolação de uma decisão interlocutória parcial sem mérito e não uma alteração na conceituação de sentença, tampouco uma sentença parcial.

---

interlocutória passível de agravo de instrumento, nos termos do art. 356, § 5º, do CPC/2015." ALVIM, Arruda. **Novo contencioso cível.** São Paulo: Ed. RT, 2016. p. 236.

153 Nesse sentido: SILVA, Ricardo Alexandre. Comentários aos arts. 355 e 356. In: ALVIM, Teresa Arruda; DIDIER JR., Fredie; TALAMINI, Eduardo; DANTAS, Bruno. (Org.). **Breves comentários ao novo código de processo civil.** p. 956-964. 1ª. ed. São Paulo: Ed. RT, 2015. p. 963; LUCCA, Rodrigo Ramina de. Julgamentos antecipados parciais de mérito. **Revista de Processo.** Vol. 257, ano 41, p. 125-150, São Paulo: Ed. RT, jul/2016. p. 133.

154 Sobre a definição da decisão parcial como interlocutória: "A decisão, então, do juiz que julgar imediata e parcialmente o mérito que não coloque fim ao procedimento cognitivo é uma sentença ou uma decisão interlocutória? Se partirmos do estudo realizado anteriormente, a decisão será considerada interlocutória, uma vez que o procedimento de conhecimento perdurará em busca do julgamento (de mérito) dos demais pedidos." PEDRON, Flávio Barbosa Quinaud; MILAGRES, Allan. Reflexões sobre o julgamento antecipado parcial do mérito no processo civil e no processo do trabalho. **Revista de Processo**. Vol. 285, ano 43, p. 273-289, São Paulo: Ed. RT, 2018. p. 279.

Essa é a base da cisão cognitiva, a prolação de uma decisão interlocutória parcial[155], independentemente de seu conteúdo ser de mérito ou sem mérito, somente com a necessidade de conter uma cisão cognitiva do processo.

155 No sentido de que o CPC/73 permitia uma sentença parcial, sem o trabalho de definir o conceito dessa decisão parcial, com a necessidade de enquadramento como sentença, ainda que parcial e que o CPC/2015 não optou por seguir essa sistemática. "A propósito, é importante destacar que o código não empregou a técnica das sentenças parciais." SILVA, Ricardo Alexandre. **Limites objetivos da coisa julgada e questões prejudiciais.** Curitiba, PR, 2016. 218 p. Tese (Doutorado em Direito). Universidade Federal do Paraná. Programa de Pós-Graduação em Direito. p. 48.

4

A CONSTRUÇÃO DA DECISÃO PARCIAL E SUAS ESPÉCIES

4.1 A MANIFESTAÇÃO DO RÉU NA CONSTRUÇÃO DA DECISÃO PARCIAL

4.1.1 A importância do réu e sua atitude processual para a questão de fato no processo objetivamente complexo

Se a complexidade objetiva do processo trouxer uma pluralidade de narrativa fática, evidentemente que a fixação de questões de fato controversas não pode ser somente a partir do que foi narrado pelo autor, com a necessidade de que o réu seja ouvido para que tenha a oportunidade para defender-se e, dessa maneira, trazer a sua versão sobre a narrativa dos fatos, apresentando os seus argumentos.

Pela postulação do autor e a contradita do réu é que se tem a percepção se um fato está como aberto em controvérsia tornando-se uma questão de fato, com a necessidade de que seja enfrentado, cognitivamente pelo juízo, para a devida resolução sobre esse determinado ponto material.

O réu pode manifestar-se de diferentes maneiras, o que influencia de modo diverso à continuidade do processo, o grau de cognição e a possibilidade de julgamento antecipado[1].

---

1 Sampietro menciona que a aplicação do julgamento antecipado da lide seria quando a causa estiver madura, o que é correto, porém há de atrelar que a possibilidade de estar, ou não, madura tem total interligação com o momento da manifestação do réu, seja

Ou seja, não há a definição total sobre a narrativa fática virar uma questão de fato contraditada antes da oportunidade de defesa do réu, tornando um ponto processual importante para a própria estabilidade das questões de fato, o estabelecimento do contraditório e os desdobramentos processuais posteriores.

Diante disso, pertinente a análise sobre as defesas do réu, as argumentações fáticas possíveis e consequências na demanda.

4.1.2 A contestação, o princípio da eventualidade e a preclusão das questões de fato pelo réu

O momento da contestação é essencial para o contraditório no processo civil, é aquele em que o réu oferece a sua defesa, a oportunidade de que exerça o seu direito subjetivo à defesa[2-3]. É o momento destinado à apresentação da defesa do réu, justamente para a construção argumentativa contraposta ao alegado pelo autor, com as suas teses defensivas sobre questões de fato e de direito, bem como a resposta direta aos pedidos, especificadamente.

Se é dever do autor, na demanda, expor os fundamentos fáticos e jurídicos da causa de pedir, culminando na especificação do pedido, com a delimitação

---

realizando a contestação, seja o conteúdo da contestação, seja transcorrendo o prazo sem manifestação. "Na realidade, o julgamento antecipado do mérito deve acontecer sempre que não haja necessidade de produção de qualquer outra espécie de prova, estando o feito maduro para julgamento." SAMPIETRO, Luiz Roberto Hijo. Aplicação do instituto do julgamento antecipado da lide nas ações sob o rito do juizado especial cível. **Revista Dialética de Direito Processual.** Vol. 86, p. 74-83, maio/2010. p. 78.

2 O réu detém um direito a se defender, mas não é um dever, tampouco obrigação, é uma faculdade, porém caso se recuse ou não se defenda, arcará com um ônus processual. "a ideia do ônus processual é uma das noções mais fecundas da moderna teoria do processo. Quem desenvolveu essa ideia, de maneira muito profunda, que até hoje é útil, foi James Goldschmit. Em seu estudo sobre o processo como situação jurídica, trouxe uma noção precisa a respeito do conceito de "ônus", que não se confunde com "dever", e muito menos se confundiria com "obrigação"." DINAMARCO, Cândido Rangel. Ônus de contestar e o efeito de revelia. **Revista de Processo**. Vol. 11, n.41, p. 185-197, São Paulo: Ed. RT, 1986. p. 185.

3 Sobre o direito de contestar como teoria da exceção: "Exceção, em sentido processual, é defesa, qualquer que seja ela (de mérito, ou não; direta, ou não; peremptória ou dilatória etc.). Exceção substancial é uma espécie de situação jurídica ativa (direito subjetivo, em sentido amplo)- trata-se de um fenômeno do direito material. O exercício de uma exceção substancial é uma defesa – daí a aproximação dos termos, que costumam ser confundidos. Assim como o autor afirma um direito em sua demanda, o réu pode afirmar um direito em sua defesa." DIDIER JR., Fredie. **Curso de direito processual civil: teoria geral do processo e processo de conhecimento.** 17ª. ed. Salvador: Juspodivm, 2015. p. 639.

do mérito da demanda, no momento da contestação é a vez do réu, igualmente, de maneira inversa, delinear os fundamentos fáticos e jurídicos de sua defesa, contrapondo os pontos que discorda da narrativa do autor, controvertendo os argumentos e as questões de fato e de direito.

O réu deve apresentar todos os fundamentos nesse momento, sob pena de preclusão, sem poder, em regra, fazê-lo em momento posterior, como preconiza o art. 336 do CPC, que na contestação deve constar "toda a matéria de defesa, expondo as razões de fato e de direito com que impugna o pedido do autor e especificando as provas que pretende produzir."

Essa é a manifestação do princípio da eventualidade ou da concentração da defesa, que nada mais é do que o dever do réu, caso conteste, de apresentar todos os argumentos defensivos concentrados no mesmo ato/evento processual.

Não pode o réu deixar qualquer argumento para ser utilizado posteriormente, com a necessidade, na existência de defesa, de que utilize esse momento processual para a devida apresentação de todas as teses de defesa – tanto sobre fatos quanto direito, sob pena de precluir o seu direito de fazê-lo, sem a possibilidade de emenda, correção ou aditamento posterior.

Outro ponto presente na contestação é o ônus da impugnação específica dos fatos[4], dialogando com o princípio da eventualidade[5], com a necessidade de contraposição argumentativa[6] sobre as questões de fato da causa de pedir apresentada pelo autor na inicial.

---

4 Sobre o ônus da impugnação específica dos fatos na contestação: "Na contestação, aplica-se o ônus da impugnação específica, preconizado no art. 341 do CPC, sendo o caso de o réu adimplir com o dever de se manifestar, de modo preciso, impugnando especificamente cada ponto da inicial, tornando-o controvertido ou em uma questão, sob pena de serem presumidos verdadeiros os fatos não impugnados, sendo que esse ônus não se aplica ao defensor público, advogado dativo e ao curador especial." THAMAY, Rennan Faria Kruger. **Manual de direito processual civil.** 1. ed. São Paulo: Saraiva, 2018. p. 278/279.

5 Sobre a regra ou princípio da eventualidade: "que obrigam o réu a desfilar todos os meios de defesa na contestação, sob pena de não mais poder fazê-lo (Princípio da eventualidade)." SICA, Heitor Vitor Mendonça. **Preclusão no processual civil.** 2ª Ed. São Paulo: Atlas, 2008. p. 177; "A regra da eventualidade (*Eventualmaxime*) ou da concentração da defesa na contestação significa que cabe ao réu formular toda sua defesa na contestação (art.336, CPC). Toda defesa deve ser formulada de uma só vez como medida de previsão *ad eventum*, sob pena de preclusão. O réu tem o ônus de alegar tudo o quanto puder, pois, caso contrário, perderá a oportunidade de fazê-lo." DIDIER JR., Fredie. **Curso de direito processual civil: teoria geral do processo e processo de conhecimento.** 17ª. ed. Salvador: Juspodivm, 2015. p. 648/649.

6 Sobre a necessidade de que todos os argumentos sejam colocados ao mesmo tempo, ainda que sejam construídas de modo contraditório entre si: "Os litigantes devem produzir as suas alegações simultaneamente, quando a lei assim o disponha. Ainda que as alegações sejam excludentes, deve-se proceder assim na previsão, in eventum,

Caso o réu não se desincumba desse ônus, haverá consequências processuais e cognitivas sobre a não impugnação dos fatos constantes na inicial, conforme o teor do art. 341 do CPC, com a presunção de veracidade para aquilo que não seja contraposto faticamente pelo réu.

Algumas situações são ressalvadas da presunção de veracidade quanto a ausência de impugnação específica, tais como: *não for admissível, a seu respeito, a confissão; a petição inicial não estiver acompanhada de instrumento que a lei considerar da substância do ato; e estiverem em contradição com a defesa, considerada em seu conjunto.*

Desse modo, a contestação é o ato de concentração defensiva do réu, com a necessidade de postulação de todos os seus meios de defesa, tanto fáticos quanto jurídicos, contrapondo-se ao direito de ação do autor, como reação a este, com a construção da defesa do réu[7]. Não existe obrigatoriedade da contestação, é um direito do réu em defender-se, contudo há um ônus sobre a escolha de exercer ou não o direito de contestar e defender-se, sofrendo evidentes sanções processuais caso não exerça o direito de defesa, todavia não se pode inserir a contestação como um dever[8].

Se o réu apresentou contestação, o contraditório foi formado e o juízo deverá, posteriormente, analisar as contraposições argumentativas, com a percep-

---

de que uma delas seja rechaçada, cabendo então considerar a subsequente. (...) Uma expressão exagerada, mas ilustrativa do princípio de eventualidade, e da necessidade de evitar a preclusão das alegações logicamente anteriores, contém-se no seguinte dístico clássico: 'Primeiro, não me deste dinheiro algum; segundo, já o devolvi faz um ano; terceiro, disseste que era um presente; e, finalmente, já prescreveu." COUTURE, Eduardo. **Fundamentos do direito processual civil.** Campinas: Redlivros, 1999. p. 132/133.

7 A construção da defesa do réu ocorre na contestação, pela eventualidade, e com a amplitude de possibilidades construtivas tanto diretas, quanto indiretas, seja controvertendo a narrativa fática e – ou – jurídica, seja trazendo novos elementos impeditivos, modificativos ou extintivos do direito do autor: "quando o réu ataca o fato jurídico que constitui o mérito da causa (a sua causa petendi), tem-se a defesa chamada de mérito. O ataque do contestante pode atingir o próprio fato arguido pelo autor (quando, por exemplo, nega a existência do dano a indenizar), ou suas consequências jurídicas (quando reconhecido o fato, nega-lhe o efeito pretendido pelo autor). Em ambos os casos, diz-se que a defesa de mérito é direta, 'porque dirigida contra a própria pretensão do autor e objetivando destruir-lhe os fundamentos de fato ou de direito'. Mas a defesa de mérito pode, também, ser indireta, quando, embora se reconheça a existência e eficácia do fato jurídico arrolado pelo autor, o réu invoca outro fato novo que seja 'impeditivo, modificativo ou extintivo do direito do autor' (NCPC, art. 350). São exemplos de defesa indireta de mérito a prescrição e a compensação." THEODORO JR., Humberto. **Curso de direito processual civil.** Vol. I, 59ª ed. Rio de Janeiro: Forense, 2018. p. 818.

8 DINAMARCO, Cândido Rangel. Ônus de contestar e o efeito de revelia. **Revista de Processo.** Vol. 11, n.41, p. 185-197, São Paulo: Ed. RT, 1986. p. 187.

ção do que foi contraditado, faticamente[9], e o que restará como incontroverso[10] pela não impugnabilidade da contestação, nos critérios descritos no art. 341 do CPC, considerando as suas exceções.

Esse é o momento e a influência do réu sobre a construção das questões de fato e de direito.

Por outro lado, caso o réu não apresente a sua peça de defesa, será tido como revel[11] e, assim, o processo prossegue com a narrativa fática do autor sendo o delinear da lide, com consequências processuais para o réu por sua inércia. Todavia, a revelia deve ser averiguada pelo juízo em sua ocorrência[12], sem ser automática para a devida concessão dos seus efeitos materiais: *presunção*

---

9 Na análise sobre a contraposição fática do réu, o juízo deve entender as alegações como controversas, pertinentes e relevantes, culminando na necessidade de produção de prova: "as alegações fáticas, para serem objeto de prova, têm de ser controversas, pertinentes e relevantes. Alegação controversa é aquela sobre a qual as partes não se encontram em acordo. Alegação pertinente é aquela que tem relação com o mérito da causa. Alegação relevante é aquela que pode influir sobre a resolução do mérito da causa. Se a alegação de fato não reveste alguma dessas características, a produção probatória é inadmissível e tem o juiz o dever de indeferir eventual requerimento de prova nesse sentido. Do contrário, sendo a alegação controversa, pertinente e relevante, a parte tem direito fundamental à produção da prova dessa alegação (arts. 5º LVI, a contrario sensu, CF, e 369, CPC)." MARINONI, Luiz Guilherme; ARENHART, Sérgio Cruz; MITIDIERO, Daniel. **Novo código de processo civil comentado.** São Paulo: Ed. RT, 2015. p. 379.

10 Sobre a incontrovérsia da questão de fato: "Objeto de prova devem ser apenas os fatos incontroversos. Incontroverso, o fato é certo e pode receber a conotação jurídica que cabe ao juiz conferir-lhe." GRINOVER, Ada Pellegrini. O julgamento antecipado da lide: enfoque constitucional. **Revista de Processo.** Vol. 5, Ano 2, p. 101-114, São Paulo: Ed. RT, Jan/Mar/1977. p. 106.

11 Sobre a conceituação de revelia: "A revelia é o efeito decorrente da não contestação do pedido do autor, importando em presunção de veracidade dos fatos afirmados na inicial." FERNANDES, Raimundo Nonato. Revelia e outros problemas do processo civil. **Revista de Processo.** Vol. 20, Ano 5, p. 204-213, São Paulo: Ed. RT, 1980. p. 204.

12 O efeito processual ocorre quase que automaticamente, em relação a contagem de prazo, no entanto, os demais, tanto o julgamento antecipado, quanto a presunção de veracidade, devem ser averiguadas pelo juízo. "A revelia é um fato processual, o qual pode produzir variados efeitos. Pode-se falar de um *efeito material* e de dois *efeitos processuais* da revelia. O efeito material da revelia é a presunção de veracidade das alegações de fato formuladas pelo autor (art. 344). Dito de outro modo, caso o réu não conteste, o juiz deverá presumir que tudo aquilo que o autor tenha alegado na petição inicial a respeito dos fatos da causa é verdadeiro. (...) O primeiro deles é o *julgamento antecipado do mérito* (art. 355, II). (...) O outro efeito processual da revelia, previsto no art. 346, alcança apenas aqueles casos em que o revel não tenha advogado constituído nos autos." CÂMARA. Alexandre Freitas. **O novo processo civil brasileiro.** 4ª ed. São Paulo: Atlas, 2018. p. 205.

de veracidade na narrativa do autor sobre os fatos; e julgamento antecipado dos pedidos do autor[13].

Evidentemente que presunção para a incontrovérsia dos fatos narrados pelo autor é relativa, seja pela contestação impugnando parcialmente os fatos, seja pela ocorrência da revelia, ambas serão limitadas pelos incisos dos arts. 341 e 345 do CPC, com a possibilidade de que o juízo, apesar da ausência de impugnação pelo réu sobre determinado fato – em qualquer das hipóteses, entenda que as descrições narrativas do autor não bastem para determinar a aplicação da presunção de veracidade e, consequentemente, proceda a abertura procedimental da lide para instrução probatória sobre questões de fato[14], ainda que seja somente para que o autor atue durante essa fase processual[15].

De todo modo, o momento de apresentação da contestação, em regra 15 dias após a audiência infrutífera de conciliação ou mediação[16], é importante

---

13 Obviamente que essa verificação da revelia não é nos seus aspectos processuais, mas em suas consequências materiais, com a presunção de veracidade da narrativa fática do autor, o que enseja, agora nos moldes do art. 355, II do CPC atual, o julgamento antecipado da demanda integralmente, se for reconhecida somente de modo parcial a presunção e for possível a bifurcação cognitiva, o julgamento antecipado parcial do mérito: "Verificada a revelia, tem lugar o julgamento antecipada da lide, cujo caráter obrigatório resulta da forma imperativa do art. 330: "o juiz conhecerá diretamente da lide, proferindo sentença"." FERNANDES, Raimundo Nonato. Revelia e outros problemas do processo civil. **Revista de Processo.** Vol. 20, Ano 5, p. 204-213, São Paulo: Ed. RT, 1980. p. 204.

14 Nos casos em que a presunção da veracidade não for cabível, há a instrução, mesmo com revelia, processualmente: "Cabe destacar que em determinados casos, mesmo sem a resposta do réu, o autor não se desobriga do ônus de provar os fatos jurídicos que servem de base à sua pretensão, como ocorre nos litígios sobre direitos indisponíveis. Nestes casos, haverá a intimação do autor para que especifique as provas que pretende produzir em audiência (art. 348, CPC)". THEODORO JR., Humberto. **Curso de direito processual civil.** Vol. I, 59ª ed. Rio de Janeiro: Forense, 2018. p. 850.

15 Preponderantemente será só o autor, pelo fato de que este deve provar a sua narrativa quando não for possível a presunção de veracidade. No entanto, o réu, mesmo revel, poderá participar da produção das provas do autor, somente para produzir provas contrapropostas ao que o autor deve provar. "O novo Código enfrentou o problema do direito ou não do revel produzir provas. Na linha de jurisprudência antiga, prestigiada pela Súmula 231 do STF, o art. 349, do NCPC assegura ao réu que não contestou a ação o direito de produzir provas contrapostas às alegações do autor. Para tanto, deverá fazer-se representar por advogado nos autos a tempo de praticar os atos processuais indispensáveis a essa produção." THEODORO JR., Humberto. **Curso de direito processual civil.** Vol. I, 59ª ed. Rio de Janeiro: Forense, 2018. p. 850.

16 Sobre as exceções da contagem do prazo para a contestação, quando não for em audiência de conciliação e mediação infrutífera: "Por fim, quando a audiência já não tiver sido designada (por versar a causa sobre direito que não admite autocomposição ou por ter o autor, na petição inicial, optado pela sua não realização), o prazo correrá

para a determinação dos pontos cognitivos sobre o contraditório formado e as questões de fato e direito para o restante do processo[17], com desdobramentos processuais possíveis sobre a sua apresentação ou não, sobre a defesa apresentada com argumentos impugnativos, seja em questões de fato ou direito, e, ainda, pela amplitude dessa contestação ser parcial ou total.

É o momento da possibilidade de contraposição fática e jurídica do réu na demanda e uma vez não exercida, a preclusão[18] é consequencial[19]. Essa preclusão ocorre em todas as suas possíveis atitudes do réu perante a contestação.

---

na forma do disposto no art. 231, conforme a modalidade de citação que tenha sido efetivada (art. 335, III)." CÂMARA. Alexandre Freitas. **O novo processo civil brasileiro.** 4ª ed. São Paulo, Atlas, 2018. p. 205.

17 A contestação é ponto crucial para que se entenda se um fato no processo será um mero ponto fático que não necessita de grande dilação discursiva ou se esse mesmo fato se transforma, por causa do contraditório sobre as narrativas, em uma questão de fato controversa. Dinamarco explica a transformação do ponto em questão, dependendo da manifestação do réu na demanda: "ponto é, em prestigiosa doutrina, aquele fundamento da demanda ou da defesa, que haja permanecido incontroverso durante o processo, sem que as partes tenham levantado discussão a respeito (e sem que o juiz tenha, de ofício, posto em dúvida o fundamento); discordem as partes, porém, isto é, havendo contestação de algum ponto por uma delas (ou, ainda, havendo o juiz suscitado a dúvida), o ponto se erige em questão. Questão é, portanto, o ponto duvidoso. Há questões de fato, correspondentes à dúvida quanto a uma assertiva de fato contida nas razões de alguma das partes; e de direito, que correspondem à dúvida quanto à pertinência de alguma norma ao caso concreto, à interpretação de textos, legitimidade perante norma hierarquicamente superior". DINAMARCO, Cândido Rangel. O conceito de mérito em processo civil. **Revista de Processo.** Vol. 34, Ano 9, p. 20-46, São Paulo: Ed. RT, Abril/Jun/1984. p. 25.

18 Sobre o estudo da preclusão: "Os doutrinadores que escreveram sobre a preclusão, de um modo geral, assinalam que ela significa perda da faculdade de praticar um ato, ou porque se deixar escoar o prazo para fazê-lo ou porque já se praticou ato com ele incompatível." LOPES, João Batista. Breves considerações sobre o instituto da preclusão. **Revista de Processo.** Vol. 23, Ano 6. p. 45-60, São Paulo: Ed. RT, 1981. p. 46; "entendo por preclusão a perda, ou extinção ou caducidade de uma faculdade processual, que se produz pelo fato: a) ou de não haver-se observado a ordem assinalada pela lei para seu exercício, como os termos peremptórios ou a sucessão legal das atuações ou das exceções; (preclusão temporal) b) ou por haver-se realizado um ato incompatível com o exercício da faculdade, como a proposição de uma exceção incompatível com outra, ou a realização de um ato incompatível com a intenção de impugnar uma sentença; (preclusão lógica) c) ou de haver-se exercitado já uma vez validamente a faculdade (consumação propriamente dita); (preclusão consumativa)." CHIOVENDA, Giuseppe. **Instituciones de derecho procesal civil**. Vol. III, Trad. E. Gómez Orbaneja. Madri: Revista de Derecho Privado, 1940. p. 279.

19 É justamente diante dessa concepção de que o ônus ocorre, diante da visão de que a direito de defender-se existe, contudo consequências existirão em caso de inércia.

Será preclusão temporal[20], se ocorrer a revelia processual; será consumativa[21], com a contestação apresentada; ou, ainda, a lógica[22], caso réu concorde com a narrativa fática ou do pedido do autor.

DINAMARCO, Cândido Rangel. Ônus de contestar e o efeito de revelia. **Revista de Processo.** Vol. 41, Ano 11, p. 185-197, São Paulo: Ed. RT, 1986. p. 185.

20 A conceituação da preclusão temporal: "Se não for exercido dentro do tempo e forma estipulados, há, sumariamente, a perda do direito de agir ou reagir. A este fenômeno, de perder o prazo ou a forma para praticar o ato, chamamos de preclusão temporal." RIBEIRO, Roberto Victor Pereira. Preclusão processual e suas nuances. **Revista Dialética de Direito Processual**. Vol. 127. p. 134-141, São Paulo: Dialética, out/2013. p. 136; A importância da preclusão:"a cada ato praticado no processo, abre-se o ensejo à realização de outros atos, vinculados ao anterior. Eis a razão pela qual a preclusão é tão importante para a marcha processual." MARINONI, Luiz Guilherme; ARENHART, Sérgio Cruz. **Manual do conhecimento.** 6ª. ed. São Paulo: Ed. RT, 2007. p. 629.

21 Sobre a possibilidade, ou não, da preclusão consumativa: ""descabendo a possibilidade de, em momento ulterior, tornar a realizálo, emendá-lo ou reduzi-lo." RUBIN, Fernando. **A preclusão na dinâmica do processo civil.** Porto Alegre: Livraria do Advogado, 2010. p. 117/118; "É o tolhimento de um exercício regular do direito (...) Em outras palavras, é afirmar que se o poder processual já foi exercido, ele não poderá ser novamente." RIBEIRO, Roberto Victor Pereira. Preclusão processual e suas nuances. **Revista Dialética de Direito Processual.** Vol. 127. p. 134-141, São Paulo: Dialética, out/2013. p. 136. No entanto, há quem defenda que não há preclusão consumativa, como Sica: ""sob o prisma da possibilidade de emenda de atos já praticados válida ou invalidamente, desde que dentro do prazo que a lei lhes destinou, não há como ver preclusão consumativa." SICA, Heitor Vitor Mendonça. **Preclusão no processual civil.** 2ª Ed. São Paulo: Atlas, 2008. p. 151.

22 Sobre a preclusão lógica: "Ao praticar determinado ato, a parte abre mão de outro, presente ou futuro. A renúncia ao recurso e a aceitação da sentença são logicamente incompatíveis com a interposição dele. O mesmo ocorre com o reconhecimento jurídico do pedido e com a renúncia ao direito. A diferença está na existência ou não do direito de recorrer, no momento em que a parte pratica o ato que dá origem a preclusão lógica. Se atual, dáse a renúncia; se futuro, fato impeditivo. Em ambos, todavia, verifica-se a preclusão lógica." BEDAQUE, José Roberto dos Santos. **Efetividade do processo e técnica processual.** 3ª. ed. São Paulo: Malheiros, 2010. p. 146; "Se não houvesse essa forma de preclusão, haveria risco de algumas demandas persistirem sob o pálio do *venire contra factum proprium*, isto é, ir contra a sua própria ação. Ferir a lógica é de certo modo tomar atitudes paradoxais e antagônicas. Se me comportei de uma forma no passado, seguindo a boa lógica, não poderei agir paradoxalmente no futuro." RIBEIRO, Roberto Victor Pereira. Preclusão processual e suas nuances. **Revista Dialética de Direito Processual.** Vol. 127. p. 134-141, São Paulo: Dialética, out/2013. p. 136; Sobre um exemplo de preclusão lógica: ""É comum ouvir também que, em uma ação de despejo por falta de pagamento, implementa-se a preclusão lógica do direito de o réu locatário contestar, se purgou a mora." SICA, Heitor Vitor Mendonça. **Preclusão no processual civil.** 2ª Ed. São Paulo: Atlas, 2008. p. 149.

Ou seja, ao réu é dado a oportunidade do contraditório, de exercer sua defesa, de apresentar sua narrativa e contrapor os argumentos do autor, seja de fato, seja de direito[23]. Se assim não procede, evidentemente, haverá consequências, importando na preclusão[24-25]. Cada uma das hipóteses de atitudes do réu proporciona uma espécie diferente de preclusão e, dessa maneira, desencadeia uma série de possibilidades ao processo, prenunciando caminhos diferentes decorrentes da manifestação ou não do réu.

Por exemplo, a revelia possibilita a presunção[26], em regra; a contestação, o contraditório da demanda, com a contraposição de questões de fato e direito; a preclusão lógica, a concordância com as questões de fato ou do pedido do autor.

---

23 Em sua contestação, o réu pode ter diversas defesas, contudo somente na primeira alegação que cria uma questão de fato, ao discutir a narrativa fática que o autor alega como correta: "as atitudes do réu são: a) negar o fato alegado pelo autor; b) negar a eficácia jurídica do fato alegado pelo autor (...); c) alegação de fatos novos de Direito material, impeditivos, extintivos, modificativos. (...); d) podem-se também trazer fatos novos, agora de Direito processual." DINAMARCO, Cândido Rangel. Ônus de contestar e o efeito de revelia. **Revista de Processo.** Vol. 41, Ano 11, p. 185-197, São Paulo: Ed. RT, 1986. p. 191.

24 Há uma preclusão específica na contestação sobre o direito de retenção, quando a demanda versar sobre obrigação para entrega de coisa. O art. 538, §§ 1° e 2° do CPC preconiza que eventual existência de benfeitorias deve ser alegada na fase de conhecimento, em contestação, de forma discriminada e com atribuição, sempre que possível e justificadamente, do respectivo valor, além do exercício do direito de retenção por benfeitorias igualmente deve ser exercido na contestação, na fase de conhecimento. Logo, estes dispositivos dispõem sobre uma preclusão sobre o direito do réu em arguir a existência de benfeitos e, ainda, sobre o direito de retenção até ser indenizado: "Os parágrafos 1º e 2º do art. 538 do CPC/2015, esclarecem que, para o exercício do direito de retenção por benfeitorias, a parte precisa alegar sua existência na contestação, discriminando as existentes e atribuindo-lhes os respectivos valores." TESHEINER, José Maria Rosa; PEREIRA, Rafael Caselli. Comentário ao art. 538. **Novo código de processo civil comentado – Tomo II (art. 318 ao art. 770).** Orgs: RIBEIRO, Sergio Luiz Almeida; GOUVEIA FILHO, Roberto Pinheiro Campos; PANTALEÃO, Izabel Cristina; GOUVEIA, Lucio Grassi de. São Paulo: Lualri, 2017. p. 371; "descabida tal alegação em sede de impugnação ao cumprimento de sentença, sendo possível, contudo, a busca pelo ressarcimento das benfeitorias que realizou na coisa por meio de ação autônoma." AMARAL, Guilherme Rizzo. **Comentários às alterações do novo CPC**. 1ª. ed. São Paulo: Ed. RT, 2015. p. 662.

25 Numa concepção de que a necessidade de apresentação de todas as matérias de defesa na contestação seriam mais pela preclusão do que uma regra ou princípio da eventualidade: "A necessidade da apresentação concentrada e simultânea das alegações e meios de prova em cada uma das fases processuais não decorre do princípio da eventualidade, mas da existência de regras preclusivas." TEIXEIRA, Guilherme Freire de Barros. **O princípio da eventualidade no processo civil.** São Paulo: Ed. RT, 2005. p. 46.

26 No sentido de não vinculação automática da narrativa fática do autor ao juízo somente pela ocorrência da revelia processual: "não fica o juiz vinculado, a nosso ver, à aceitação

Diante da atitude do réu, o juízo deve proceder, posteriormente, a análise sobre os argumentos, com a possibilidade de abertura de réplica ao autor, se for o caso. No entanto, todas essas preclusões e consequências para o processo[27], sobre as questões de fato e de direito, podem ocorrer de modo parcial, como: *(i) efeitos materiais parciais da revelia; (ii) contestação somente parcial dos fatos; (iii) concordância parcial com as questões de fato ou do pedido.*

Em todos esses casos, a ocorrência está na complexidade objetiva do processo, seja pela quantidade de pedidos, seja de partes nos polos do processo.

Se houver cumulação de pedidos no processo, o réu, em sua contestação, pode contrapor-se a todos ou a parte deles. Se a pluralidade for de polos e relações jurídicas, cada réu se manifesta sobre cada relação jurídica – cada autor-réu – a ele impactante, seja sobre os pedidos, as questões de fato e de direito. Se a pluralidade for somente ou também em questões de fato, com uma diversidade inerente à narrativa do autor, independentemente da quantidade de pedidos, o réu deve contrapor-se a todos.

Se no momento da contestação, em qualquer dessas hipóteses, o réu concordar com alguns fatos e contrapor-se a outros, as questões de fato a serem resolvidas pelo juízo serão somente aquelas contrapostas, aquelas em que o contraditório está evidente e que se controverteu as narrativas, com a necessidade de uma cognição específica para tal resolução.

Essa concordância parcial sobre as questões de fato[28] pode ocorrer de diversas maneiras, pode ser pela ocorrência da revelia, em seus efeitos materiais, incidir para alguns dos fatos e pedido e em outras questões de fato não ser possível, com a necessidade de dilação probatória; a contestação não versar sobre determinados pontos fáticos, deixando a presunção de veracidade ocorrer para

---

de fatos inverossímeis, notoriamente inverídicos ou incompatíveis com os próprios elementos ministrados pela inicial, só porque ocorra a revelia." BARBOSA MOREIRA, José Carlos. A revelia no direito alemão e a reforma do processo civil brasileiro. **Estudos sobre o novo código de processo civil**. São Paulo: Ed. Liber Juris, 1974. p. 185.

27 Lopes descreve que a preclusão tem nítida relação com a instrução probatória, uma vez que mediante a atitude das partes, dependendo do meio de prova, cada momento pode gerar uma preclusão, ainda que o juízo possa manifestar-se sobre a produção de prova oficiosa: "o estudo do instituto da preclusão é particularmente importante no caso da instrução probatória. (...) os princípios da eventualidade e do impulso oficial atuam intensamente para assegurar um desenvolvimento dinâmico e célere do processo. (...) Para saber em que medida a preclusão opera no campo probatório, é necessário examinar cada um dos meios de prova, assinalando as particulares neles encontradas." LOPES, João Batista. Breves considerações sobre o instituto da preclusão. **Revista de Processo.** Vol. 23, Ano 6, p. 45-60, São Paulo: Ed. RT, 1981. p. 50.

28 Transformando um determinado fato em um ponto fático incontroverso: DINAMARCO, Cândido Rangel. O conceito de mérito em processo civil. **Revista de Processo.** Vol. 34, Ano 9, p. 20-46, São Paulo: Ed. RT, Abril/Jun/1984. p. 25.

os que a omissão imperou, impactando um pedido e necessitando também de continuidade para produção de provas sobre questões de fato que foram contestadas; ou na manifestação de concordância do réu, impugna alguns pontos fáticos, concorda com outros, com a definição sobre os fatos sobre estes últimos e a dilação ser necessária para questões de fato para os demais.

Em todas essas ocorrências sobre a manifestação ou não[29] do réu[30], se estas possibilitarem resolução de questões de fato de modo parcial, há, consequentemente, a possibilidade da prolação de um julgamento antecipado[31], contudo somente de parcela do processo, com a abertura de uma cisão cognitiva[32]. Sobre os demais pedidos que ainda contenham questões de fato pendentes de resolução, a instrução probatória é caminho procedimental inerente a essa cognição.

Decide-se o que for passível de decisão, mediante as questões de fato já possíveis de conhecimento e solução e prossegue com o processo em busca da resolução das demais questões de fato e, posteriormente, demais pedidos.

A consequência da possibilidade de resolubilidade parcial de questões de fatos é a abertura para a resolução cognitiva de uma parcela do processo que dependa somente dessa questão de fato, com a prolação de uma decisão parcial, seja com resolução de mérito, em regra, seja sem resolução de mérito.

Dessa maneira, o ato de oferecimento da contestação e defesa do réu, de modo reativo ao direito de ação do autor, é de suma importância para as definições cognitivas do processo e a formação do contraditório, tanto nas questões de fato quanto nas de direito, para a constatação de quais destes serão controvertidos.

---

29 Sobre a possibilidade de incidência ou não dos efeitos da revelia. "Impõe-se outrossim ao juiz proferir julgamento antecipado parcial do mérito quando configurada a revelia, sempre que coexistentes os pressupostos que viabilizam a apreciação do mérito. Incidindo o efeito material da revelia (art. 344) e não intervindo o revel a tempo de requerer a produção de provas, nos termos do art. 349 do CPC, deve o juiz reconhecer como verdadeiros os fatos narrados pelo demandante, na petição inicial, à falta de contrariedade àqueles, não havendo necessidade da produção de quaisquer provas sempre que, verossímeis, estiverem adequada e juridicamente qualificados pelo autor." TUCCI, José Rogério Cruz e. Comentários aos arts. 318 a 368. In: GOUVEA, José Roberto; BONDIOLI, Luiz Guilherme; FONSECA, João Francisco (Coords.). **Comentários ao código de processo civil.** 1ª. ed. São Paulo: Saraiva, 2017. p. 286.

30 Sobre a influência da manifestação do réu para que os fatos possam ser controversos ou incontroversos: CALMON DE PASSOS, José Joaquim**. Comentários ao código de processo civil.** Vol. III, 6ª ed. Rio de Janeiro: Forense, 1989. p. 202.

31 "Mas, para que o julgamento antecipado da lide efetive-se, necessário se faz que o processo tenha se constituído e desenvolvido regularmente, sem vícios ou nulidades que venham a impedir o conhecimento do mérito." ARAÚJO, Mauro Alves de. **Extinção do processo: saneamento**. São Paulo: Max Limonad, 1999. p. 122.

32 Evidentemente se todos os requisitos construídos e expostos na construção deste estudo estiverem presentes.

Se todos os pedidos têm questões de fato em aberto, todas estas devem ser instruídas, ou, no mínimo, com abertura de oportunidade de instrução para cada fato a ser provado, para somente após ser possível a prolação da sentença, mediante a resolução das questões de fato e de direito, com a devida cognição judicial sobre estas, com a possibilidade de julgamento dos pedidos do processo. Todavia, se algum pedido depende somente de questões de fato que já podem ser resolvidas, seja pelas provas já produzidas, como documental, seja pela incontrovérsia fática já delineada, o juízo deve decidir esse pedido parcialmente, com o prosseguimento do contraditório fático e do procedimento para o que ainda necessitar de produção de provas e, após toda a instrução, chegar na cognição completa das questões de fato e de direito, com a prolação da sentença sobre todos os pontos que ainda restam a ser julgados.

Dessa maneira, o momento do oferecimento da contestação é de suma importância para a definição do grau de controvérsias fáticas na lide e os impactos nos pedidos[33], com pertinência extraordinária sobre a possibilidade de ocorrência, ou não, de cisão cognitiva da demanda, com uma prolação de decisão parcial – com ou sem resolução de mérito, ditando o rumo procedimental dos próximos atos e cognições posteriores.

4.1.3 A contestação com pedido de julgamento antecipado e a réplica do autor: preclusões sobre produção de prova

O autor na sua inicial apresenta a sua fundamentação instruída com os documentos indispensáveis à propositura da ação[34], nos moldes do art. 320 do CPC. Por esses documentos entende-se aqueles que servem para a própria documentação e formalização do processo, como documentos pessoais, procuração, dentre outros, e, sobretudo, todos os documentos existentes para basear o seu direito pleiteado no processo[35].

---

33 Dependendo da conduta do réu em termos de defesa, o processo sofrerá os reflexos preclusivos ou não sobre questões a serem levantadas. Sobre as defesas na contestação e os reflexos: THEODORO JR., Humberto. **Curso de direito processual civil.** Vol. I, 59ª ed. Rio de Janeiro: Forense, 2018. p. 850.

34 No sentido de ser todo documento que se ausente impossibilita o exame do mérito: DINAMARCO, Cândido Rangel. **Instituições de direito processual.** 6ª. ed. Vol. III. São Paulo: Malheiros. 2009. p. 390.

35 O autor deve juntar os documentos para propor a ação, aqueles para a constituição do processo, mas, ainda na inicial, deve trazer todos os documentos possíveis para comprovar o seu direito, instruindo o seu pleito com o máximo de documentos possíveis para a devida comprovação: "Mas, além dos documentos indispensáveis, é recomendável que o autor instrua a petição inicial com outros documentos. Ao analisar os enunciados dos arts. 434 e 435 do CPC/15 é nítido que o legislador preza pela apresentação de docu-

Em contraponto, o réu, uma vez citado e sem conciliação na audiência, pode apresentar a sua defesa e rebater os fundamentos apresentados pelo autor, com a necessidade de apresentar, também, todos os documentos que entenda pertinentes para sua defesa. A fundamentação legal para tanto está nos próprios arts. 336 e 341 do CPC ao determinarem ao réu que alegue, na contestação, toda a matéria de defesa, expondo as razões de fato e de direito com que impugna o pedido do autor e especificando as provas que pretende produzir.

Todavia, a fundamentação mais específica está no art. 434 do CPC que determina que os documentos devem ser anexados na petição inicial para o autor ou na contestação para o réu[36].

Excepcionalmente, as partes podem juntar novos documentos, aqueles que não existiam no momento da inicial ou contestação[37], bem como daqueles que somente se tornaram conhecidos, acessíveis ou disponíveis após esses atos processuais[38], obviamente com a necessidade de que a parte que os produzirem

---

mentos na fase postulatória do processo, de maneira que sua apresentação posterior só se afigura admissível se justificada com fundamento na hipótese de impossibilidade de apresentação do documento quando da fase postulatória." EXPÓSITO, Gabriela; LIMA, Bernardo. Comentário ao art. 320. **Novo código de processo civil comentado – Tomo II (art. 318 ao art. 770).** Orgs: RIBEIRO, Sergio Luiz Almeida; GOUVEIA FILHO, Roberto Pinheiro Campos; PANTALEÃO, Izabel Cristina; GOUVEIA, Lucio Grassi de. São Paulo: Lualri, 2017. p. 32/33.

36 Sobre a regra de apresentação de documentos pelas partes em seus atos postulatórios iniciais na demanda: "Note-se que a regra geral continua sendo aquela que determina que as partes instruam suas peças iniciais no processo (para o autor a petição inicial e para o réu a contestação) com os documentos necessários para a comprovação de suas alegações, ou seja, aquele que alega deve provar." JOBIM, Marco Felix. Comentário ao art. 434. **Novo código de processo civil comentado – Tomo II (art. 318 ao art. 770).** Orgs: RIBEIRO, Sergio Luiz Almeida; GOUVEIA FILHO, Roberto Pinheiro Campos; PANTALEÃO, Izabel Cristina; GOUVEIA, Lucio Grassi de. São Paulo: Lualri, 2017. p. 172.

37 Posição do STJ sobre o assunto e admissão de novos documentos em momento posterior à fase postulatória: "é admitida a juntada de documentos novos após a petição inicial e a contestação desde que: (i) não se trate de documento indispensável à propositura da ação; (ii) não haja má fé na ocultação do documento; (iii) seja ouvida a parte contrária" (STJ, AgRg no AREsp 437.093/SP, 4.ª T., j. 24.06.2014, rel. Min. Luis Felipe Salomão).

38 Sobre a possibilidade de produção de prova documental em momento posterior à fase postulatória: "Nesses casos, por exceção e autorização normativa, permite-se ao réu que durante o processo, e depois de ofertada a contestação com toda sua matéria de defesa, trazer essas questões quando relevantes e relacionadas a fato ou direito superveniente, bem como relativas às questões de ordem pública cognoscíveis de ofício pelo juiz (respeitando o contraditório pleno e efetivo do art. 10 do CPC), assim como quando autorizado normativamente puderem ser formuladas em qualquer tempo e grau de jurisdição." THAMAY, Rennan Faria Kruger. **Manual de direito processual civil.** 1ª. ed. São Paulo: Saraiva, 2018. p. 279.

comprovem os motivos que a impediu de juntá-los anteriormente, na dicção do art. 435 e do seu parágrafo único do CPC.

Há, então, uma preclusão sobre a apresentação de documentos como meio de produção de provas. Para o autor, o momento da inicial, para o réu, o da contestação, como regra, excepcionalizada, para ambos, pelo art. 435 do CPC e seu parágrafo único[39]. Se o autor não produziu todos os documentos para a comprovação da sua narrativa fática, não poderá realizar posteriormente, com a mesma consequência para o réu e o momento da contestação.

No entanto, na peça de contestação, o réu pode contrapor-se a todos os fundamentos fáticos e jurídicos do autor e juntar todas as provas necessárias para sua defesa, sem a necessidade de dilação probatória, requerendo, desde logo, o julgamento antecipado da lide, uma vez que as questões de fato podem ser resolvidas somente com as provas documentais já instruídas na peça de contestação[40].

Esse pedido de julgamento antecipado pelo réu proporciona a preclusão sobre a produção de provas não somente para a juntada de documentos, mas de todas as produções de prova, uma vez que os fatos alegados pelo réu na contestação servirão de interligação ao que se pretenda produzir de provas e, desse modo, caso pleiteie o julgamento antecipado, não há mais que se imaginar a produção de qualquer prova, seja ela pericial, testemunhal, depoimento pessoal, etc.

Ou seja, a contestação com pedido de julgamento antecipado, para o réu importa em preclusão de qualquer produção de prova[41].

---

39 Sobre documentos novos: "não escapando ao legislador o entendimento de que há documentos que não podem ser juntados com a petição inicial ou com a contestação, tendo em vista que ainda não existiam, pois posteriores aos atos processuais mencionados ou para contrapor aqueles novos juntados pela parte contraria." JOBIM, Marco Felix. Comentário ao art. 434. **Novo código de processo civil comentado – Tomo II (art. 318 ao art. 770).** Orgs: RIBEIRO, Sergio Luiz Almeida; GOUVEIA FILHO, Roberto Pinheiro Campos; PANTALEÃO, Izabel Cristina; GOUVEIA, Lucio Grassi de. São Paulo: Lualri, 2017. p. 172.

40 O julgamento antecipado pode ser realizada pelo motivo da questão de fato, mesmo existente e controvertida, já deter meios probatórios para sua resolução, sem a necessidade de outras provas, contudo sem imaginar, necessariamente, a incontrovérsia: "Haverá adiantamento da prestação jurisdicional, com o vero e próprio julgamento do litígio, sempre que não haja necessidade de colheita de prova em audiência: seja porque a questão é só de direito, seja porque a de fato já está deslindada pela prova já produzida (documental) ou prescinde de prova." MALACHINI, Edson Ribas. Do julgamento conforme o estado do processo. **Revista de Processo.** Vol. 6, Ano 2, p. 77-110, São Paulo: Ed. RT, 1977. p. 104/105.

41 "Assim, como se vê, também os poderes de requerer produção de provas estão sujeitos à preclusão se não forem exercitados, respectivamente, na inicial e na contestação." SICA, Heitor Vitor Mendonça. **Preclusão processual civil.** 2ª. Ed. São Paulo: Atlas, 2008. p. 171.

Obviamente que essa manifestação do réu, apesar de impactante para a sua própria preclusão lógica, não impede que o autor, ao ter o prazo para a manifestação sobre os documentos juntados pelo réu – a apresentação de réplica à contestação[42], manifeste-se pela necessidade de dilação probatória, com especificação de provas a serem produzidas e a devida pertinência para a resolução de determinada questão de fato[43].

Se o réu instruir sua contestação com documentos, nos moldes do art. 437 do CPC, o autor deve ser intimado para apresentação de réplica[44], uma vez que desconhece o teor dos documentos juntados e deve ter a oportunidade de manifestação sobre tais provas. Com o pedido de julgamento antecipado pelo réu, o autor deve manifestar-se sobre os documentos anexados pelo réu e, ainda, se for o caso, as provas que pretende ainda produzir, descrevendo-as ou, ao menos, manifestando a sua intenção de produzi-las, deixando a descrição para após a decisão de saneamento.

Diante disso, após a fase de postulações encerrada com a apresentação da réplica pelo autor, o juízo deve sanear o processo e prepará-lo para a instrução, mesmo que o réu tenha requerido o julgamento antecipado da lide, com a determinação dos pontos controvertidos do processo, conforme o art. 357, II do CPC[45], pelo fato de que o autor discorda e pretende a produção de provas.

---

42 O autor terá direito a manifestar-se sobre a contestação protocolada do réu se houver alegação de preliminares, de fatos impeditivos, modificativos ou extintivos, de reconvenção e, também, de documentos. Sobre estes últimos, uma vez que o autor não conhece os documentos juntados pelo réu, pertinente que detenha a possibilidade de analisá-los e manifestar-se sobre tais: "Juntados documentos por uma das partes, a fim de respeitar o princípio do contraditório, o juiz dará à outra o prazo de 15 dias para que se manifeste (art. 437, §1º do CPC), sob pena de preclusão." THAMAY, Rennan Faria Kruger. **Manual de direito processual civil.** 1ª. ed. São Paulo: Saraiva, 2018. p. 309.

43 Se o autor, ao manifestar-se em réplica à contestação, entender pela necessidade de produção de prova sem ser a documental, é pertinente, mesmo que o réu já entenda pelo julgamento antecipado, que seja deferida a produção de prova, depois da análise sobre a controvérsia, pertinência e relevância: "Se a parte requer, portanto, a produção de prova sobre alegação fática controversa, pertinente e relevante, e o juiz a indefere, julgando ainda de maneira imediata o pedido, há violação do direito fundamental à prova." MARINONI, Luiz Guilherme; ARENHART, Sérgio Cruz; MITIDIERO, Daniel. **Novo código de processo civil comentado.** São Paulo: Ed. RT, 2015. p. 379.

44 Sobre a réplica: JOBIM, Marco Felix. Comentário ao art. 434. **Novo código de processo civil comentado – Tomo II (art. 318 ao art. 770).** Orgs: RIBEIRO, Sergio Luiz Almeida; GOUVEIA FILHO, Roberto Pinheiro Campos; PANTALEÃO, Izabel Cristina; GOUVEIA, Lucio Grassi de. São Paulo: Lualri, 2017. p. 172.

45 Sobre a fixação dos pontos controvertidos no saneamento: PEDRON, Flávio Barbosa Quinaud; COSTA, Jéssica Nayara Duarte. O saneamento no processo civil como instrumento de efetividade da atividade jurisdicional. **Revista de Processo.** Vol. 274, ano 42. p. 161-203, São Paulo: Ed. RT, 2017. p. 168.

Caso contrário, se o autor manifestar na réplica sobre os documentos apresentados pelo réu, optando também pelo julgamento antecipado, é pertinente que o juízo assim proceda, pela possibilidade de resolução, desde logo, das questões de fato, passando para a cognição judicial e o julgamento dos pedidos, prolatando, consequentemente, a sentença[46].

De igual maneira ao réu, a manifestação do autor pelo julgamento antecipado da lide em sua réplica importa em preclusão para a produção de prova, seja a oportunidade de juntada de documentos, como qualquer outra prova, inclusive a pericial, dentre outras.

Todavia, se esse pleito comum de julgamento antecipado – do réu, na contestação, com a concordância do autor, na réplica – for somente de modo parcial, com a concepção de que uma questão de fato e um dos pedidos pode ser julgado, enquanto os demais não, o juízo estará pronto, apesar daquela questão de fato ser contraditada pela diferença de narrativas, para resolver aquela questão de fato específica e o pedido que somente dela dependa, com os demais pedidos necessitando de instrução probatória, por dependerem de resoluções de outras questões de fato.

Essa hipótese é diferente da revelia, da incontrovérsia ou da presunção de veracidade dos fatos, por ambas as partes discriminarem suas narrativas fáticas de modo contraditório, com a necessidade de resolução da questão de fato, contudo essa decisão pode ser antecipada das demais pela desnecessidade de produção de provas sobre determinada questão que impacta a completude de pedido específico, justamente pelas provas produzidas já constarem dos autos, pelos documentos apresentados[47].

Nas outras hipóteses outrora mencionadas, a questão de fato foi resolvida por confirmações da narrativa do autor pela conduta do réu, seja pela concordância, seja pela revelia, seja pela presunção de veracidade, mas nessa situação específica não é a mesma das demais, a controvérsia existe e persiste, contudo

46 O julgamento antecipado pode ocorrer também quando as provas já foram produzidas documentalmente, mesmo que não haja a incontrovérsia, mas a mera possibilidade, mediante a produção já realizada de provas pelas partes no processo e, assim, permitindo a decisão, desde logo: "A hipótese da revelia é facilmente detectável. Maiores dificuldades surgem quanto à correta exegese do n. I do art. 330, o qual possibilita o julgamento antecipado em dois casos: a) se for exclusivamente de direito a questão de mérito, ou b) se, sendo esta de direito e de fato, não houver necessidade de produzir provas em audiência." GRINOVER, Ada Pellegrini. O julgamento antecipado da lide: enfoque constitucional. **Revista de Processo.** Vol. 5, Ano 2, p. 101-114, São Paulo: Ed. RT, Jan/Mar/1977. p. 105.

47 Pela existência de questão de fato a ser resolvida, mas desnecessária a dilação probatória por já constar nos autos as provas para a decisão: GRINOVER, Ada Pellegrini. O julgamento antecipado da lide: enfoque constitucional. **Revista de Processo.** Vol. 5, Ano 2, p. 101-114, São Paulo: Ed. RT, Jan/Mar/1977. p. 105.

está pronta para ser julgada sobre aquela questão de fato, somente guardando semelhança pelo fato de não necessitar mais de uma instrução probatória, pelas partes terem assim se manifestado.

Apesar de meios diversos, o julgamento antecipado parcial pleiteado por ambas as partes pode ensejar a cisão cognitiva sobre um dos pedidos, com a possibilidade da prolação da decisão parcial de mérito correlata a questão de fato passível de ser resolvida, evidentemente que será necessário o cumprimento de todos os requisitos sobre a independência entre as questões de fato e pedidos do processo.

4.1.4 As exceções na possibilidade de cisão antes do pronunciamento do réu: análise da admissibilidade da demanda e improcedência liminar do pedido

Apesar da manifestação do réu ser importante para o estabelecimento do contraditório e para que as questões de fato e de direito possam se tornar estabilizadas ou contraditadas, terão duas possibilidades excepcionais de que o juízo possa se manifestar sobre a possibilidade de prolação de uma decisão parcial, mesmo sem qualquer manifestação do réu.

Se o normal é somente após a oportunização do contraditório, essas hipóteses serão excepcionais. São elas: *(i) a decisão parcial sem mérito diante da análise perfunctória da inicial; (ii) a decisão parcial de improcedência liminar do pedido.*

Apesar de a revelia ser uma hipótese em que a questão de fato pode se estabilizar mesmo sem a manifestação do réu, não se considera nesta definição por ser uma omissão à oportunização de contraditório. De modo diverso, nessas hipóteses agora definidas, a cisão cognitiva e o fracionamento decisório seria em momento anterior à própria oportunidade de contraditório, dada a desnecessidade deste para a prolação da decisão parcial.

O motivo é por ser uma decisão parcial em benefício ao réu, pelos fatos narrados pelo próprio autor, o que leva àquela narrativa lhe ser prejudicial, com a desnecessidade de manifestação do réu.

Diante da narrativa realizada pelo autor na inicial, o juízo pode, de plano, analisar alguns dos pressupostos processuais do processo e seu devido preenchimento, ou não. Obviamente que não há nenhuma preclusão sobre essa análise, uma vez que é somente perfunctória, com os elementos que o próprio autor já possibilita pela construção da inicial.

Dessa feita, se o juízo entender numa análise superficial de que parcela daquele processo não cumpre algum dos pressupostos de existência ou de validade do processo e da ação, consequentemente, não terá a admissibilidade para que prossiga em sua procedimentalidade, bem como não alcance o julgamento de mérito.

Obviamente considerando a possibilidade de sanabilidade deste eventual vício, a oportunização para tal feito ou não.

Se a falta de cumprimento de um pressuposto processual já é evidente e visível somente pelos argumentos do autor, com a narrativa posta em sua exordial, o juízo pode, desde logo, mesmo que determine a oitiva do autor para qualquer dúvida sobre a questão ou para que saneie o vício, caso persista o vício ou seja insanável, prolatar a sentença de extinção, contudo se esse vício alcançar somente parcela do processo, a decisão parcial sem mérito pode ser prolatada e o processo prosseguir quanto aos demais itens do processo.

A complexabilidade objetiva continua sendo necessária para a cisão cognitiva do processo nessa hipótese, mesmo que esta seja para julgar parcela do processo sem exame de mérito, com base no art. 354, parágrafo único do CPC. Há a necessidade de que haja uma pluralidade de partes em um dos polos do processo ou que contenha uma cumulação de pedidos para que seja possível a prolação de uma decisão parcial sem mérito.

Nessa situação, a própria narrativa do autor serve como base para essa análise já na inicial, sem qualquer necessidade de oitiva ou manifestação do réu sobre essa falta de pressuposto processual da inicial.

A questão de fato que possibilita essa decisão parcial sem mérito pode ser tanto da demanda como um todo quanto somente atinente àquele pressuposto processual que não foi preenchido.

De qualquer modo, não há nenhuma necessidade da citação do réu sobre essa parcela do processo que já foi julgado, uma vez que a decisão seria favorável à sua situação, ainda que não tenha participado do processo.

A segunda hipótese excepcional será na hipótese de improcedência liminar do pedido[48], possível nos ditames do art. 332 do CPC[49].

---

48 Sobre a improcedência liminar do pedido: CABRAL, Trícia Navarro Xavier. A improcedência liminar do pedido e o saneamento do processo. **Revista de Processo.** Vol. 252, Ano 41, São Paulo: Ed. RT, 2016.

49 Nery Jr. e Nery entendem que a possibilidade de uma sentença liminar de improcedência ataca uma série de dispositivos constitucionais, optando pela necessidade da inconstitucionalidade da demanda. "Inconstitucionalidade. O CPC 332, tal qual ocorria com o CPC/1973 285-A, é inconstitucional por ferir as garantias da isonomia (CF 5o caput e I), da legalidade (CF 5o. II), do devido processo legal (CF 5o. Caput e LIV), do direito de ação (CF 5o. XXXV) e do contraditório e ampla defesa (CF 5o. LV), bem como o princípio dispositivo, entre outros fundamentos, porque o autor tem o direito de ver efetivada a citação do réu. (...) A ofensa à garantia constitucional da legalidade é, ainda, mais gritante quando examina-se o texto normativo ora comentado que estatui ser imperativo o comando: "o juiz julgará improcedente."" NERY JR, Nelson; NERY, Rosa Maria de Andrade. **Código de processo civil comentado.** 16ª. ed. São Paulo: Ed. RT, 2016. p. 988/999. Entendendo que não há guarita nestes argumentos, ainda que contundentes, simplesmente pelo fato que não há ofensa ao direito de ação, uma vez

Se houver um processo sobre determinada matéria, com pedido de procedência com tese contrária a precedente judicial firmado por institutos descritos[50] como aplicáveis para tal norma abstrata, há a possibilidade da prolação, desde logo, pelo juízo de primeiro grau, da sentença de improcedência liminar do pedido[51].

Evidente que para a devida aplicabilidade desse instituto correlato aos precedentes vinculantes deve-se observar alguns pontos: *(i) a devida relação das questões de fato e de direito entre a petição inicial proposta e o precedente judicial existente; (ii) o pedido em sentido oposto ao firmado pelo precedente judicial; (iii) a ausência de novas argumentações ou pedido fundamentado de revisão de tese.*

---

que o autor pode intentar a demanda, contudo, há de se entender que a verificação dos precedentes é obrigação argumentativa da parte, seja para suscitá-los, seja para distingui-los ou, ainda, superá-los. E, o direito de ação é o direito de intentar a demanda, logo não há óbice. De fato, o devido processo legal é alterado aqui, mas para um outro devido processo legal. Vitorelli já dizia que nos novos tempos do processo legal, principalmente quando se julga de maneira a impactos coletivos, deve-se pensar um devido processo mediante a ótica da realidade normativa. VITORELLI, Edilson. **O devido processo legal coletivo: dos direitos aos litígios coletivos.** 1ª. ed. São Paulo: Ed. RT, 2016. p. 32. O devido processo legal é somente pelo procedimento comum? Vejo que há possibilidades infinitas que o próprio CPC preconiza, como a cognição sumária da tutela provisória antecipada antecedente, os procedimentos especiais, a tutela monitória, cada qual tem seu próprio rito, com as nuances de cada realidade. O contraditório, ampla defesa e a isonomia devem ser tratadas diante de um novo prisma, uma vez que com a possibilidade do autor distinguir que a sua demanda nada guarda relação com o precedente ou que desincumbiu-se do ônus de trazer argumentos novos, o autor terá, evidentemente, o direito de prosseguir com a demanda e, caso contrário, há a possibilidade do recurso – apelação em regra e agravo de instrumento em exceção – para que demonstre a inadequação do instituto e a ausência de correlação entre as *rationes decidendi*, possibilitando ainda a retratação do juízo. Ter um contraditório diferente não ofende o prisma constitucional, o que não podemos entender que numa cultura de precedentes, o autor não se desincuba a trazer argumentos novos ou distintivos, litigando contra o precedente sem nada que acrescente à discussão iniciada pelo tribunal competente.

50 Os institutos pertinentes são: enunciado de súmula do STF e STJ; julgamento em recursos excepcionais repetitivos; julgamentos em IRDR e IAC; súmula de tribunal de justiça sobre direito local.

51 Bueno salienta a ênfase que os precedentes têm no novel ordenamento, com o reflexo em demais institutos, como, no caso, na existência da possibilidade de uma improcedência liminar do pedido: "É dispositivo que se harmoniza, portanto, com o art. 927 e com a vocação que aquele dispositivo – e, mais amplamente, o próprio CPC de 2015 – quer emprestar aos "precedentes" dos Tribunais brasileiros, notadamente, mas não exclusivamente, os provenientes do Supremo Tribunal Federal e do Superior Tribunal de Justiça." BUENO, Cassio Scarpinella. **Novo código de processo civil anotado.** São Paulo: Saraiva, 2ª. ed. 2016. p. 313.

Com todos esses requisitos, o juízo que for aplicar a improcedência deve, em sua fundamentação, analisar pormenorizadamente o enquadramento do pleito inicial nesta situação processual, delineando cada um dos pontos e a sua presença inserta à petição inicial, desde a existência do precedente judicial, a relação de identidade de questão de fato e de direito entre o caso presente e aquele sobre o qual o precedente judicial se formou, bem como culminar no resultado de que a aplicação[52] deste ensejará um resultado de improcedência ao que o autor pleiteia na inicial.

Com toda essa fundamentação e explicação, sem nenhuma automaticidade, o juízo deve prolatar a sentença de improcedência liminar do pedido[53] julgando o mérito.

Se na demanda houver cumulação de pedidos e, somente um destes relacionar-se com os precedentes judiciais vinculantes e os demais sem a eles estarem atrelados, não há óbice de se utilizar a improcedência liminar do pedido de maneira parcial[54], com o julgamento, em decisão parcial de mérito pela

52 Obviamente que o precedente deve ser utilizado para o julgamento da improcedência se nenhuma matéria nova ou ônus argumentativo for realizado pelo autor. Sobre ônus argumentativo: BUSTAMANTE, Thomas da Rosa de. A dificuldade de se criar uma cultura argumentativa do precedente judicial e o desafio do novo CPC. **Precedentes.** Orgs: DIDIER JR., Fredie; CUNHA, Leonardo Carneiro da; MACEDO, Lucas Buril de; ATAIDE JR, Jaldemiro Rodrigues de. Salvador: Juspodivm, 2015. p. 296. Se o autor intentar a demanda com argumentos já transpassados na formação do precedente, a aplicação deste será o natural e a improcedência será liminar e natural, até pelo fato de que precedente é estável, com a sua formação diante de uma qualidade do próprio julgado e norma jurídica abstrata criada, com isso, a sua estabilidade deve se manter enquanto houver inércia argumentativa. Nesse sentido, sobre inércia argumentativa: ATAIDE JR, Jaldemiro Rodrigues de. A fundamentação adequada diante do sistema de precedentes instituído pelo NCPC. **Precedentes.** Orgs: DIDIER JR., Fredie; CUNHA, Leonardo Carneiro da; MACEDO, Lucas Buril de; ATAIDE JR, Jaldemiro Rodrigues de. Salvador: Juspodivm, 2015. p. 697.

53 Sobre a improcedência liminar do pedido no CPC/2015 em comparação com o CPC/73: MENDES, Aluisio Gonçalves de Castro; SILVA, Larissa Pochmann da. O julgamento liminar de improcedência do pedido: a previsão do CPC/2015 comparada à do CPC/1973. **Revista de Processo.** Vol. 261, Ano 41, p. 141-156, São Paulo: Ed. RT, 2016.

54 As ações quase nunca são de um só pedido, uma vez que se permite a cumulação daqueles que encontram a conexão. Desse modo, quando houver a cumulação de pedidos numa inicial, mas somente um destes se enquadrar nas hipóteses do art. 332, não há óbice que o juízo aplique somente em parte da demanda, se as demais não forem atingidas pelos precedentes, cabendo, portanto, o recurso de agravo de instrumento e não de apelação, uma vez que a decisão não será a uma sentença e, sim, uma decisão liminar de improcedência: "o julgamento liminar de improcedência pode ser total ou parcial. (...) Se o julgamento de improcedência liminar for parcial, comporta agravo de instrumento, que, quando interposto, o juiz poderá retratar-se. (...) Não interposto o agravo, o réu

improcedência, somente do montante material específico[55] em que exista o enquadramento da questão de fato e de direito com o precedente judicial vinculante, sem ater-se aos outros pontos e pedidos[56], sobre os quais deve decidir perfunctória e independentemente sobre o deferimento da inicial.

Não há nenhuma necessidade de citação do réu para a prolação da improcedência liminar do pedido do autor, pelo fato de que a decisão é benéfica ao réu, sem a possibilidade de que se utilize esse instituto para a procedência da demanda, somente há essa viabilidade para enquadrar o precedente judicial vinculante para obstar o prosseguimento de um processo desnecessário, sem que o réu seja citado.

No entanto, o réu será citado para responder os demais itens do processo, seja no indeferimento parcial da inicial, seja na improcedência liminar parcial da lide.

Nessa hipótese, as meras colocações do autor sobre a questão de fato já serão tidas como enquadráveis ao precedente judicial vinculante, contudo com pleito inverso, sem que o réu se manifeste sobre esses fatos, sendo somente o beneficiário da decisão de improcedência.

4.1.5 A contestação e as preliminares processuais: a abertura para cisão cognitiva sem mérito no saneamento

Uma conduta pertinente do réu e influenciante para a fase postulatória e também inserta no momento da contestação é a possibilidade de realização de uma defesa indireta, com uma contestação que o réu se defende processualmente, com a oposição ao autor por meio de invalidades no processo, sem adentrar-se, nesse ponto específico, sobre o mérito.

Na contestação, em sede de preliminar, o réu pode arguir a ocorrência de alguma das hipóteses de vícios do art. 337 do CPC[57], mas para a devida influência

---

será apenas intimado do trânsito em julgado da decisão, mas o processo continuará em relação à parte ainda não julgada." MADRUGA, Eduardo; MOUZALAS, Rinaldo; TERCEIRO NETO, João Otávio. **Processo Civil Volume Único.** 8ª. ed. Salvador: Juspodivm, 2016. p. 446.

55 No CPC/73, esse instituto era um pouco diferente, apesar das mesmas bases diretivas: "salvaguardando os princípios ligados ao tempo no processo, também se vislumbra possível a desacumulação nos casos envolvendo o art. 285-A do CPC" ARAÚJO, José Henrique Mouta. **A resolução parcial de mérito e a coisa julgada progressiva: reflexos no sistema processual como forma de assegurar a brevidade da prestação jurisdicional.** Belém, PA, 2004. 302 p. Tese (Doutorado). Universidade Federal do Pará. Programa de Pós-Graduação em Direito. p. 147.

56 NERY JR, Nelson; NERY, Rosa Maria de Andrade. **Código de processo civil comentado.** 16ª. ed. São Paulo: Ed. RT, 2016. p. 909.

57 Sobre as alegações de preliminares, na contestação, pelo réu: MOUZALAS, Rinaldo. Comentários ao art. 337. **Novo código de processo civil comentado – Tomo II (art.**

na prolação de uma decisão parcial, com o fracionamento decisório, um desses vícios deve ser inerente a somente uma parcela do processo, impactando-a de modo parcial, não com a integralidade do que se discute materialmente ali.

Dentre as hipóteses ali existentes, fora a incompetência relativa e a convenção de arbitragem[58], todas as demais podem ser analisadas de modo oficioso, mesmo que não suscitados pelo réu em sua contestação.

Essa defesa é interligada com as hipóteses de sentença sem julgamento de mérito[59], delineadas no art. 485 do CPC. Se o citado artigo prescreve que na presença de motivos impeditivos de julgamento de mérito, justamente pela falta de admissibilidade do processo ou algum outro vício, a sentença a ser prolatada será pelo julgamento sem mérito, igualmente o réu pode manifestar-se sobre a presença de alguma dessas hipóteses no processo e, dessa maneira, pleitear a extinção total ou parcial sem conhecimento do mérito do processo.

Todas essas possibilidades de extinção representam obstáculos para que o juízo possa julgar o mérito, seja pela falta de admissibilidade, seja por outros fatos, como morte do autor, abandono[60-61] ou desistência.

As questões preliminares podem se dividir entre aquelas que impossibilitam o julgamento de mérito e aquelas que retardam este julgamento, não gerando a extinção[62].

---

318 ao art. 770). Orgs: RIBEIRO, Sergio Luiz Almeida; GOUVEIA FILHO, Roberto Pinheiro Campos; PANTALEÃO, Izabel Cristina; GOUVEIA, Lucio Grassi de. São Paulo: Lualri, 2017. p. 60; AURELLI, Arlete Inês. Comentários ao art. 338 e 339. STRECK, Lenio. **Comentários ao código de processo civil.** 11ª. ed. São Paulo: Saraiva, 2016.

58 "O art. 337 do CPC lista um rol de defesas processuais que devem ser apresentadas na contestação, antes de o réu discutir o mérito do processo. Excetuada a incompetência relativa e a convenção de arbitragem, todas são questões que o juiz pode conhecer *ex officio* (art. 337, §5°, CPC)." DIDIER JR, Fredie. **Curso de direito processual civil: teoria geral do processo e processo de conhecimento.** 17ª. ed. Salvador: Juspodivm, 2015.

59 "Cabe ao réu usá-la, também, para as defesas de natureza processual, isto é, para opor ao autor alegações que possam invalidar a relação processual ou revelar imperfeições formais capazes de prejudicar o julgamento do mérito. Essas arguições meramente processuais se revestem de caráter prejudicial, de maneira que seu exame e sua solução hão de preceder à apreciação do litígio (mérito)." THEODORO JR., Humberto. **Curso de direito processual civil.** Vol. I, 59ª ed. Rio de Janeiro: Forense, 2018. p. 823.

60 Sobre abandono da causa: SOUZA, Paulo Roberto Pereira de. Abandono da causa. **Revista de Processo.** Vol. 24, Ano 6, p. 117-136, São Paulo: Ed. RT, Out/Dez/1981.

61 "O abandono do processo é configurado pela contumácia do autor, decorrente de sua injustificada omissão, por prazo superior a 30 dias, na prática de um determinado ato processual." TUCCI, José Rogério Cruz e. Abandono do processo. **Revista de Processo.** Vol. 52, Ano 13, p. 41-51. São Paulo: Ed. RT, Out/Dez/1988. p. 43.

62 Nem toda alegação de vício e sua pertinência leva a extinguir o processo, pode proporcionar um atraso processual somente: "entre as preliminares há aquelas cujo acolhi-

Nas primeiras, as alegações levam à impossibilidade de julgar o mérito, justamente por falta de pressupostos de existência ou validade do processo, no tocante as outras, são alguns vícios processuais que também impedem o julgamento do mérito, contudo de modo temporário, com uma impossibilidade dilatória[63], uma vez que resolvida a questão preliminar, o processo volta a poder caminhar rumo ao julgamento de mérito.

O réu, ao manifestar-se sobre essas matérias, impõe ao juízo a necessidade de intimação do autor para que se manifeste em réplica, conforme disposto no art. 351 do CPC, no prazo de 15 dias. Ou seja, a partir da arguição pelo réu sobre as preliminares há um contraditório necessário sobre a presença, ou não, destas preliminares no processo.

A própria alegação pelo réu abre uma questão de fato a ser analisado, contudo não sobre o mérito do processo, mas somente a ocorrência, ou não, de um vício, o que deve ser enfrentado pelo juízo, o que pode até ser fruto de produção específica de prova para esse fato, conforme o art. 351 do CPC, quando dispõe que é permitida a produção de prova igualmente específica sobre essa questão.

Obviamente que o intuito também pode ser a sanabilidade do vício, quando assim for possível, nos moldes do que o art. 352 do CPC delineia. Caso não seja sanável, o juízo deve decidir sobre essa preliminar desde logo, assim que o autor se manifestar em sua réplica.

De igual maneira, mesmo que seja sanável, se o juízo permitir essa sanabilidade no prazo de trinta dias e o autor não proceder pela regularização do vício apresentado, igualmente a sentença deve ser nos moldes do art. 485 do CPC.

Apesar de o juízo pode agir oficiosamente na maioria das hipóteses das matérias enumeradas no art. 337 do CPC, as alegações do réu são de crucial importância para que essas alegações possam influenciar a postulação e o regular andamento do processo, bem como abrir um contraditório prévio sobre essas possibilidades.

No entanto, em um processo objetivamente complexo, se alguma dessas irregularidades ou vícios estiver presente no processo, mas for possível que seja de maneira somente parcial, isso impacta na resolução das questões de fato atinentes à própria existência do vício e, assim, uma vez resolúvel, pode-se julgar

---

mento implica extinção do processo (...) e aquelas que não conduzem a essa extinção." DINAMARCO, Cândido Rangel. **Capítulos de sentença.** 3ª. ed. São Paulo: Malheiros, 2008. p. 41.

63 Sobre a alegação de preliminares que somente tem a serventia de sanar eventuais equívocos e dilatar o processo, não extinguir: "O art. 337 enumera essas preliminares, mas a elas faz juntar uma série de "preliminares impróprias ou dilatórias", defesas processuais cujo acolhimento *não acarreta* a extinção do processo (que são as previstas nos incisos I, II, III, VIII e XIII do art. 337)." CÂMARA. Alexandre Freitas. **O novo processo civil brasileiro.** 4ª ed. São Paulo: Atlas, 2018. p. 202.

pela extinção parcial do processo, somente impactando o que for atinente ao vício, já no momento posterior, na decisão de saneamento.

4.2 A CONSTRUÇÃO COOPERATIVA DA DECISÃO PARCIAL

4.2.1 A decisão parcial como efetivação da eficiência, celeridade e cooperação processual

A complexidade objetiva de um processo trabalha pela economicidade processual e por uma harmonia decisória sobre ações que podem conter decisões sobre as mesmas causas de pedir ou pedidos.

Dessa maneira, a própria possibilidade de cumulação dos pedidos ou a pluralidade de partes trabalha de modo a priorizar a harmonia daquela demanda e todas as esferas do julgamento que será realizado, tentando numa só procedimentalidade encerrar toda a jurisdição sobre aquela matéria que foi pleiteada ou de todas as partes que figuram no processo.

Um processo simples, com um autor, um réu e um pedido, logicamente, tem uma procedimentalidade mais simplória, mas a complexidade objetiva é possível justamente diante do caso em concreto que se apresenta entre o autor e o réu, com o intuito de dirimir, num mesmo juízo, todas as pretensões num só processo, sem qualquer necessidade de demandar diversas vezes pela jurisdição quando os pedidos versam sobre questões de fato e de direito interligadas, além das mesmas partes.

O olhar necessário para a complexidade objetiva do processo é pensar de modo macro, numa economicidade em termos gerais, apesar daquele processo notadamente ter um desenvolvimento mais complexo, a visão deve ser no sentido de que todas as demandas insertas e ali cumuladas terão uma economicidade de tempo[64], seja na procedimentalidade geral, seja na própria convergência das definições sobre os fatos e harmonia das decisões.

E, ainda, o olhar por uma positivação da decisão parcial – com ou sem resolução de mérito – passa pela quebra da unicidade da sentença e a percepção

64 A economicidade processual é o motivo autorizante para a junção de demandas, mediante a cumulação de pedidos, logo, em modo idêntico, quando passível de cisão, via a existência de uma bifurcação cognitiva da lide, a economicidade deve ser o cerne para que seja possível essa cisão, seja cognitiva, seja procedimental; "A justificativa para a desacumulação de demandas por meio da cisão do julgamento de mérito é intimamente ligada aos motivos que levam à própria cumulação, seja inicial ou ulterior." OLIVEIRA FILHO, Silas Dias de. **Julgamento fracionado do mérito e implicações no sistema recursal**. São Paulo, SP, 2013. 256 p. Dissertação (Mestrado). Universidade de São Paulo. Programa de Pós-Graduação em Direito. p. 89.

de que a complexidade objetiva do processo serve para a economia processual e harmonia e, dessa maneira, se parcela do processo pode ser julgada, com a prestação da jurisdição, é um alento para a duração razoável do processo e a possibilidade de um melhor acesso à justiça, com a devida celeridade, uma vez que, desde logo, a parte terá direito a uma prestação jurisdicional mais rápida, com razoabilidade temporal, ainda que parcialmente somente.

Se parcela do processo já pode ser julgada, mesmo que seja para determinar que o seu prosseguimento não é possível, deve ser julgado e cindido o processo, proporcionando um fracionamento decisório, com o intuito de alcançar-se uma melhor procedimentalidade para cada capítulo a ser decidido.

Obviamente que o devido entendimento da cisão cognitiva e fracionamento decisório também está na existência de uma relação umbilical entre as questões de fato, a sua pluralidade e a resolubilidade parcial destas, possibilitando uma prolação decisória de modo parcial, com a necessidade de que seja analisada essa hipótese como uma melhoria na sistemática processual e não como um instituto que trará complicações e, por isso, essencial o estudo e devido entendimento de todas as controvérsias e peculiaridades sobre o tema.

Se cumular pedidos ou conter uma pluralidade de partes é direito da parte em almejar que seu direito seja julgado de modo conjunto, aproveitando-se de uma só procedimentalidade, bipartir o que for possível, com um julgamento parcial, é um meio legítimo e autêntico para que a prestação da jurisdição seja de modo eficaz, num prazo que se tornará mais producente para as partes[65], ainda que não seja ainda a integralidade da prestação jurisdicional, mas ao menos será do que for possível ser julgado desde logo.

A relação entre a cumulação da demanda – seja de pedidos, seja de partes – com a teoria dos capítulos de sentença nos leva a entender que a própria visão do processo como um conglomerado de relações jurídicas que podem ser cindidas, justamente para proporcionar uma duração razoável do processo, diante da busca por uma celeridade processual e, ainda, permite-se uma eficiência do próprio processo, com o intuito de que a jurisdição seja melhor prestada, mesmo que bipartida.

65 A morosidade não só significa um peso muito grande para o litigante, como também inibe o acesso à justiça. A lentidão leva o cidadão a desacreditar no Poder Judiciário, o que é altamente nocivo aos fins de pacificação social da jurisdição, podendo até mesmo conduzir à deslegitimação do poder. Portanto, é tarefa da dogmática, preocupada com a construção do processo justo e isonômico – pensar em técnicas que justifiquem, racionalmente, a distribuição do tempo do processo. Floresce hoje uma tendência atenta à temática do acesso à justiça e, nesta perspectiva, podemos dizer que uma das questões mais preocupantes se revela no binômio "custo-morosidade", a demonstrar a falência do processo civil tradicional." MARINONI, Luiz Guilherme. **Efetividade do processo e tutela de urgência.** 1ª. ed. Porto Alegre: Fabris, 1994. p. 27.

Dessa maneira, o entendimento deve ser que a decisão parcial é uma válvula de escape[66] processual para a desacumulação das demandas que puderam ser cumuladas e que, desde o momento em que as questões de fato estejam com resolubilidade, pode-se julgar o que for já pertinente a uma parcela do processo e cabível para a prolação de uma decisão parcial, com o prosseguimento do restante do processo do que não for ainda pertinente, por pendências de questões de fato a serem resolvidas.

O processo se torna mais eficiente, por mais que haja uma bipartição e que ainda haja a necessidade de devidos entendimentos consequenciais, com este estudo propõe-se para o devido entendimento do desenvolvimento da processualística para a percepção da situação processual autorizante, mediante a fixação de critérios e requisitos para a prolação da decisão parcial, numa intersecção com a resolubilidade parcial de questões de fato e os graus de influência desta na complexidade objetiva do processo.

O juízo não deve optar por segurar, processualmente, uma parcela da demanda com resolubilidade para que não tumultue o processo, retirando das partes o direito da resolução da demanda, desde logo. Essa não prolação de uma decisão parcial quando estiver configurada uma situação para tal ato é um descumprimento de um dever judicante. Claro que tal decisão deve ser envolta aos requisitos inerentes à própria prolação da decisão parcial e, ainda, com os devidos impactos para tanto, com a visão de sua viabilidade e melhoria para as partes.

O princípio da cooperação deve ser utilizado em toda a construção da decisão parcial – com ou sem mérito – com o intuito do juízo, em sua atividade judicante, cooperar com a processualidade da demanda, com o intuito de esclarecer os pontos materiais julgados, a questão de fato que autorizou a decisão parcial e a cindibilidade da demanda e a prolação de uma decisão fundamentada para o devido entendimento da bipartição do procedimento.

4.2.2 A necessidade de alerta do juízo sobre a decisão parcial?

O momento em que o juízo tiver a percepção sobre a existência de uma bifurcação cognitiva, com os requisitos inerentes a uma prolação de uma decisão

66 O direito das partes à tutela jurisdicional deve ser ao momento em que esta for possível, mesmo que essa possibilidade seja somente de maneira parcial: "Se a parte tem direito à tutela tempestiva, certamente constitui violação a esse direito fazê-la aguardar o desfecho de seu pedido- ou de parcela dele- para além do tempo necessário para maturação do julgamento." MARINONI, Luiz Guilherme; ARENHART, Sérgio Cruz; MITIDIERO, Daniel. **Novo curso de processo civil.** Vol. 2, São Paulo: Ed. RT, 2015. p. 227.

parcial deve julgar automaticamente ou alertar as partes para que possam se manifestar sobre a presença, ou não, dos requisitos dessa bifurcação? Essa é uma dúvida pertinente não somente para a bifurcação cognitiva, mas também para todo e qualquer julgamento antecipado, pelo fato de que as partes, *a priori*, não esperam que o julgamento seja antecipado, seja de modo integral, seja parcial, com a necessidade de que o juízo alerte sobre tal situação processual[67], com abertura de prazo para a manifestação das partes sobre uma conclusão para a prolação de uma decisão parcial.

Esse ponto é importante e cooperativo, uma vez que as partes podem não ter a ciência de que a demanda está pronta para julgamento em sua parcela, com a grande probabilidade de causar surpresa às partes, justamente por não terem a mesma percepção judicial sobre os requisitos para a bifurcação cognitiva, visualizando uma necessidade de prova sobre determinada questão que o juízo entende já preclusa ou resolúvel.

Esse pronunciamento judicial de alerta sobre a percepção de preenchimento dos requisitos para a prolação de uma decisão parcial notadamente atrasa a prestação jurisdicional e retira o processo da conclusão e da análise do juízo para uma nova publicação e prazo para que as partes se manifestem.

No entanto, se as partes se manifestarem, pela concordância ou não pela percepção da bifurcação cognitiva e a viabilidade da decisão parcial, o ato do juízo em decidir parcial se torna mais completo, com o conhecimento, enfrentamento e cognição sobre eventual pedido de provas, se for o caso.

Se as partes demonstrarem que não há tal enquadramento, tampouco viabilidade para tanto, esse alerta seria benéfico para que não seja prolatada uma decisão parcial com alta probabilidade de reversão por *error in procedendo*. E, de modo inverso, se as partes ao serem intimadas sobre a conclusão para uma decisão parcial e a percepção judicante da presença dos requisitos autorizantes, não se manifestarem ou concordarem com tal prolação, há uma diminuição de argumentos impugnativos *de error in procedendo*, em eventual recurso sobre a decisão parcial.

---

67 Falando sobre o assunto para o julgamento antecipado da demanda, o que podemos utilizar, igualmente, para a decisão parcial na demanda: "Em primeiro lugar, o princípio da cooperação impõe que o magistrado comunique às partes a intenção de abreviar o procedimento, julgando antecipadamente o mérito. Essa intimação prévia é importantíssima: i) evita uma decisão-surpresa, que abruptamente encerre o procedimento, frustrando expectativas das partes; ii) se a parte não concordar com essa decisão, sob o fundamento de que ela cerceia seu direito à prova e, por isso, invalida o procedimento, deve registrar o inconformismo." DIDIER JR, Fredie. **Curso de direito processual civil: teoria geral do processo e processo de conhecimento.** 17ª. ed. Salvador: Juspodivm, 2015. p. 774.

O ordenamento não dispõe sobre tal necessidade[68-69], porém a construção é possível diante dos princípios da boa-fé, cooperação e contraditório.

4.2.3 Os momentos da percepção de bifurcação cognitiva

A decisão parcial pode ser prolatada em diversos momentos, desde que haja a possibilidade de resolução ou estabilização de determinada questão de fato possibilitando de julgar um dos pedidos em seu mérito ou um pressuposto processual de modo a extinguir parcela do processo.

Não há um momento adequado ou correto, apesar do saneamento e organização do processo tender a ser o momento processual em que teoricamente mais ocorrerá essa possibilidade de percepção pelo juízo da configuração de uma bifurcação cognitiva no processo, pelo fato de ser a fase pós-postulações e mais propício, procedimentalmente, para a definição das questões de fato controvertidas, conforme o art. 357, II do CPC.

Diante disso, ao proceder a análise sobre as argumentações do autor e do réu sobre as narrativas fáticas e suas contraposições, o juízo define sobre a existência, ou não, de pontos controvertidos, tanto sobre questões de fato quanto sobre questões de direito, tornando, adequadamente, o momento mais propício para a prolação de uma decisão parcial. Mesmo que seja pela percepção de que tem questões de fato sobre pressupostos processuais sanáveis (com a intimação para a devida correção pelo autor ou pelo réu) ou insanáveis, podendo estas culminarem numa prolação de sentença extintiva conforme o estado do processo ou, dependendo da existência de uma bifurcação cognitiva, uma decisão parcial de extinção, sem julgar o mérito de parcela do processo, o saneamento e organização do processo tenderá a ser mesmo o mais correto para a percepção de que os requisitos pertinentes estão presentes para a prolação da decisão parcial, seja com ou sem resolução de mérito.

De maneira diversa, se o juízo ultrapassar toda a admissibilidade do processo possível, passando à definição sobre os pontos de fato controvertidos, se um pedido depender somente de questão que já for percebida como incontroversa ou que já possa ser, desde logo, resolvida, pode tanto julgar antecipadamente a lide e, caso haja uma bifurcação cognitiva, prolatar uma decisão parcial de mérito.

---

68 No sentido contrário, pela desnecessidade de decisão alerta: "Por isso, também, a desnecessidade de prévia consulta às partes para que o juiz possa emitir sentença parcial." AMBRIZZI, Tiago Ravazzi. **Julgamento fracionado do mérito no processo civil brasileiro.** São Paulo, SP, 2014. 231 p. Dissertação (Mestrado). Universidade de São Paulo. Programa de Pós-Graduação em Direito. p. 158.

69 Enunciado no. 27 da JDPC: Não é necessário o anúncio prévio do julgamento do pedido nas situações do art. 355 do CPC.

Então, o momento ideal, se houver realmente um, para a prolação de uma decisão parcial será juntamente da decisão de saneamento e organização do processo.

No entanto, outros momentos também serão possíveis da prolação de uma decisão parcial, tais como: *(i) análise perfunctória na inicial; (ii) no meio da instrução.*

Quando o juízo recebe a inicial para a análise perfunctória sobre a mesma, para a verificação superficial do cumprimento dos requisitos do art. 319 do CPC e a presença dos pressupostos processuais para a continuidade do processo, pode ser o momento em que o juízo possa prolatar uma decisão parcial, seja sem mérito se indeferir parcela da inicial, seja com mérito se julgar improcedente liminarmente parcela da demanda.

São momentos em que o juízo deve analisar se defere ou não a petição inicial e a continuidade da demanda. Se houver qualquer vício impossibilitando o prosseguimento e for sanável, o juízo deve possibilitar a sanabilidade, mesmo que seja um vício que impacte somente uma parcela da demanda, caso o autor não promova a correção e o impacto for parcial, a decisão deve ser pelo indeferimento parcial da inicial, com uma decisão parcial sem mérito.

De igual maneira deve ser quando o vício for insanável e atinja somente parcela da demanda.

Já na improcedência liminar do pedido, baseada no art. 332 do CPC[70], o intuito é julgar a demanda improcedente por percepção cognitiva de que o intuito pleiteado pelo autor esbarra na existência de precedentes judiciais vinculantes em sentido contrário, com a possibilidade de julgamento de mérito, desde logo, pela improcedência. Obviamente que se somente um dos pedidos for atingido pela coincidência material com o precedente judicial, somente parcela do processo será julgada improcedente, numa decisão parcial de mérito de improcedência liminar do pedido[71].

Durante a instrução, num processo objetivamente complexo, quando houver pluralidade de pedidos ou de relações jurídicas entre partes, mesmo que no saneamento e organização do processo não era possível a resolução de questão de fato, quando se inicia a instrução, se essa for longa, com diversos desdobramentos e com a percepção de que uma determinada questão de fato

70 Sobre o tema: MACÊDO, Lucas Buril. Improcedência liminar do pedido. **Revista dos Tribunais (São Paulo. Impresso).** v. 973, p. 247-270, 2016.

71 Admitindo o julgamento liminar pela improcedência de modo parcial: DIDIER JR, Fredie. **Curso de direito processual civil: teoria geral do processo e processo de conhecimento.** 17a ed. Salvador: Juspodivm, 2015; ABBOUD, Georges; SANTOS, José Carlos Van Cleef Almeida. Comentários ao art. 332. In: Teresa Arruda Alvim Wambier; Fredie Didier Jr.; Eduardo Talamini; Bruno Dantas (coord.). **Breves comentários ao novo código de processo civil.** São Paulo: Ed. RT, 2015. p. 857.

foi resolvida ou está com resolubilidade por causa de uma produção de prova já realizada e ainda persistem outras provas a serem produzidas, apesar de inusual, será totalmente possível a prolação de uma decisão parcial de mérito durante a instrução[72], dependendo de cada resolução de fato.

4.2.4 A construção da decisão parcial: elementos da decisão

A construção da decisão parcial deve ser nos moldes de uma sentença, formalmente disposta, como o art. 489 do CPC preconiza, com elementos essenciais como relatório, o qual descreverá a síntese da demanda, dos pedidos que podem ser julgados, da defesa realizada no processo e da percepção sobre a cisão cognitiva e fracionamento decisório, além do registro das principais ocorrências havidas no andamento do processo, os fundamentos que o juízo utiliza na construção analítica sobre as questões de fato autorizantes da decisão parcial e seu impacto jurídico, bem como uma disposição, com a resolução das questões principais que as partes lhe submeterem.

Ou seja, mesmo sendo uma decisão interlocutória, as quais, em regra, não detêm um critério de prolação, requisitos e construção específicos como a sentença, essa decisão interlocutória parcial trabalha em outro prisma, pelo seu conteúdo representar um julgamento de parcela da demanda, seja para extinguir, seja para julgar o mérito.

Dessa maneira, todas as regras rígidas para a prolação de uma decisão que encerra parcela do procedimento da demanda, seja o objeto litigioso sendo descartado sem resolução de mérito, seja definido com resolução de mérito, devem ser cumpridas.

A decisão parcial deve conter relatório[73], fundamentação e dispositivo.

O relatório é uma exposição dos elementos da ação, desde a descrição das partes, do objeto litigioso em juízo, com a explanação resumida sobre os argumentos e pedidos do autor na inicial e os argumentos e contraposição do réu

---

72 "O fracionamento do julgamento do mérito poderá se dar em duas ou mais decisões ao longo do processo, conforme o número de pretensões cumuladas ou de partes de uma única pretensão decomponível." DOMENICE, Priscila. O julgamento antecipado parcial de mérito. **Revista de Processo.** Vol. 286, Ano 43, p. 203-220, São Paulo: Ed. RT, dez/2018. p. 213.

73 Sobre a exigência para as decisões interlocutórias, Silva entende que cabe a todas, até pelo delinear do julgador de do que apreciará. Todavia, essa exigência é essencial nas decisões parciais, ainda que não sejam em todas as interlocutórias: "A exigência de relatório não pode ficar circunscrita apenas à sentença e ao acórdão, mas deve estender-se também às decisões interlocutórias." SILVA, Beclaute Oliveira. Comentário ao art. 489. **Novo código de processo civil comentado – Tomo II (art. 318 ao art. 770).** Orgs: RIBEIRO, Sergio Luiz Almeida; GOUVEIA FILHO, Roberto Pinheiro Campos; PANTALEÃO, Izabel Cristina; GOUVEIA, Lucio Grassi de. São Paulo: Lualri, 2017. p. 252.

na contestação, bem como a descrição de todos os eventos processuais relevantes no processo até aquele momento[74].

Ultrapassado o relatório, mesmo na decisão interlocutória parcial, passa-se ao momento da fundamentação da decisão, a qual deve conter todos os elementos cognitivos enfrentados sobre as questões de fato e de direito sobre o julgamento. Qualquer decisão judicial deve ser fundamentada, expondo as razões fáticas e jurídicas que delimitam o pensamento e a construção daquela decisão[75], demonstrando qual o caminho do conhecimento processual e material que se seguiu para concluir naquele conteúdo decisório.

Nenhuma decisão deve ser proferida sem uma devida fundamentação, sem a explicação do que ocorreu no processo, desde o enfrentamento de todas as postulações, seus desdobramentos e quais os motivos construtivos daquele resultado jurídico específico[76].

---

74 Sobre a função do relatório: "Ele demarca aquilo que fora percebido pelo magistrado durante a marcha processual. Nele fica registrado o elemento subjetivo da demanda (as partes), bem como seus elementos objetivos. Obriga o magistrado a demarcar a suma do pedido e da contestação. Outro ponto que se deve considerar é o fato de a lei estabelecer a obrigatoriedade de se registrar, no relatório, as principais ocorrências havidas no andamento processual. Essa exigência marca a necessidade de transparência da decisão e demonstra aos seus destinatários os tópicos relevantes ocorridos no processo, que certamente serão levados em consideração na solução do litígio." SILVA, Beclaute Oliveira. Comentário ao art. 489. **Novo código de processo civil comentado – Tomo II (art. 318 ao art. 770).** Orgs: RIBEIRO, Sergio Luiz Almeida; GOUVEIA FILHO, Roberto Pinheiro Campos; PANTALEÃO, Izabel Cristina; GOUVEIA, Lucio Grassi de. São Paulo: Lualri, 2017. p. 252.

75 Num viés de que a fundamentação tem uma função de ordem pública: "Tem este, com efeito, e em princípio, a natureza de nulidade insanável, cognoscível até mesmo *ex-officio*, em virtude de contrariar preceito de ordem pública. De lembrar-se que as normas de ordem pública como é curial, são aquelas que respeitam a toda a sociedade, mas do que a cidadãos individualmente considerados; aquelas que se inspiram no bem comum, mais do que nos interesses de alguns." CINTRA, Antônio Carlos de Araújo; DINAMARCO, Cândido Rangel; GRINOVER, Ada Pellegrini. **Teoria geral do processo.** 26ª. ed. São Paulo: Malheiros, 2010. p. 74. No mesmo viés: "Em face do Estado de Direito, nos dias atuais, se pode estabelecer o porquê desta exigência num sentido, sob certo aspecto, unívoco. O Estado de direito se caracteriza por ser o Estado que se justifica, tendo como pauta a ordem jurídica a que ele próprio se submete. Assim, quando o Estado intervém na vida das pessoas, deve justificar a intromissão: materialmente, pois a intromissão tem fundamento, e formalmente, pois o fundamento é declarado, exposto, demonstrado." ALVIM, Teresa Arruda. **Nulidades do processo e da sentença.** 5ª. ed. São Paulo: Ed. RT, 1998. p. 248/249.

76 O dever é constitucional, presente no art. 93, IX, assim disposto, "todos os julgamentos dos órgãos do Poder Judiciário serão públicos, e fundamentadas todas as decisões, sob pena de nulidade," ou na norma processual de 2015, quando se dispõe no art. 11 que "todos os julgamentos dos órgãos do Poder Judiciário serão públicos, e fundamentadas todas as decisões, sob pena de nulidade," reafirmando os dizeres da norma constitucional,

Sobre a fundamentação das decisões, o art. 489, § 1º do CPC insere uma sistemática de condutas que não devem ser tomadas, sob pena de não considerar-se a decisão como fundamentada[77]. É uma conceituação de fundamentação às avessas, sem mencionar o modo como fundamentar a decisão, mas como não deve ser fundamentada.

Se essa sistemática vale para decisões num aspecto amplo, também será atinente às decisões interlocutórias parciais – com ou sem resolução de mérito.

A fundamentação é essencial para a construção do ato decisório, diante do prisma judicial e do exercício da jurisdição, bem como, por outro lado, para o entendimento do que se decidiu, pensando nas partes[78] e na sociedade[79-80].

---

inserindo ainda como norma fundamental processual. Sobre essa garantia: BARBOSA MOREIRA, José Carlos. A motivação das decisões judiciais como garantia inerente ao Estado de Direito. **Temas de Direito Processual – 2ª série.** 2ª ed. São Paulo: Saraiva, 1988. p. 90.

77 Sobre a inclusão do art. 489, § 1o do CPC e o seu ar de novidade quanto a delimitar o que é uma fundamentação, com critérios existentes legalmente: "O § 1º é novidade em relação ao CPC anterior. Diz que não se considera fundamentada qualquer decisão judicial, seja ela interlocutória, sentença ou acórdão, que "se limitar à indicação, à reprodução ou à paráfrase de ato normativo, sem explicar sua relação com a causa ou a questão decidida". Trata-se de importante inovação do Código. O histórico de decisões mal fundamentadas, o número excessivo de embargos de declaração e uma certa permissividade dos Tribunais Superiores na exigência de fundamentação fizeram com que o legislador optasse por fazer um controle mais rigoroso das decisões e seu componente principal: a fundamentação." STRECK, Lenio. Comentário ao art. 489. **STRECK, Lenio. Comentários ao código de processo civil, 11ª. ed. São Paulo: Saraiva, 2016. p. 705.**

78 Sobre a função endoprocessual da fundamentação: "Como funções endoprocessuais, revela José Rogério Cruz e Tucci (1989, p. 223) que a fundamentação: a) de modo imediato, funciona ao juiz, antes até que às partes, como instrumento demonstrativo de legitimidade da conclusão jurídica do ato decisório, cujo teor já se revelava ao intuito daquele; b) serve para persuadir a parte sucumbente de que não é resultado de sorte ou do acaso a decisão, mas de atuação legal; e c) permite o controle crítico da exata dimensão volitiva do juiz revelada na decisão e, como corolário, dos limites objetivos do julgado, favorecendo que com maior rigor o órgão ad quem analise a justiça e a legalidade das decisões que lhes são submetidas a exame." LOURENCINI, Antônio Rogério; COSTA, Yvete Flávio da. O conteúdo mínimo da fundamentação das decisões judiciais no ordenamento jurídico brasileiro. **Revista da Faculdade de Direito – UFPR.** Vol. 63, N. 1, p. 161–187, Curitiba, Jan/Abr/2018. p. 174.

79 Sobre as funções da fundamentação não serem somente para as partes, mas também para fora do processo: "fica claro que os aspectos endoprocessuais são insuficientes para revelar todas as facetas que o dever de fundamentar as decisões judiciais implica." NOJIRI, Sérgio. **O dever de fundamentar as decisões judiciais.** São Paulo: Ed. RT, 1998. p. 32.

80 A sociedade seria também a destinatária do processo e suas decisões: "É necessário, portanto, para identificar o processo, que haja uma série de normas (e atos, e posições jurídicas) que se reportem aos destinatários dos efeitos do provimento, realizando entre

É condição de validade do próprio ato decisório, sem a qual não há a própria decisão. Se todo processo de conhecimento finda numa decisão – meritória ou não – o fundamento é o caminho pelo qual o próprio ato se consolida, se solidifica[81], motivo pelo qual não pode ser tergiversado, não pode ser relativizado o dever de fundamentação de uma decisão judicial.

Numa função extraprocessual, a fundamentação da decisão é necessária para a própria legitimidade da jurisdição[82], uma vez que o intuito de sua existência deve ser a justificação do seu modo de exercício pelos juízes. A sociedade, extraprocessualmente, deve entender a decisão prolatada naquela demanda.

A construção de uma decisão judicial, pelas definições de Taruffo, dividem-se em enunciados[83], marcos materiais sobre os quais o julgador deve ater-se

---

um contraditório paritário" FAZZALARI, Elio. **Instituições de direito processual.** Trad. Elaine Nassif. Campinas: Bookseller, 2006. p. 120/121.

81 Sobre a importância do dever de fundamentar a decisão judicial: "O dever de fundamentar – que é mais do que motivar – não é simplesmente um adereço que será posto na decisão. Tampouco será uma justificativa para aquilo que o juiz decidiu de forma subjetivista-solipsista. O Estado Democrático e a Constituição são incompatíveis com modelos de motivação teleológicos do tipo "primeiro decido e só depois busco o fundamento". Superado o paradigma subjetivista (filosofia da consciência e suas vulgatas), é a intersubjetividade que será a condição para o surgimento de uma decisão. Nesse sentido, o juiz deve controlar a sua subjetividade por intermédio da intersubjetividade proveniente da linguagem pública (doutrina, jurisprudência, lei e Constituição)." STRECK, Lenio. Comentário ao art. 489. **STRECK, Lenio. Comentários ao código de processo civil. 11ª. ed. São Paulo: Saraiva, 2016. p. 704**; No mesmo sentido: "O dever de fundamentar as decisões, ao mesmo tempo em que é um consectário de um Estado Democrático de direito, é também uma garantia. Quando o jurisdicionado suspeitar que o magistrado decidiu contra a lei, desrespeitando direitos fundamentais ou extrapolando suas funções institucionais, deverá buscar na fundamentação desta decisão subsídios para aferir a qualidade da atividade jurisdicional prestada." NOJIRI, Sérgio. **O dever de fundamentar as decisões judiciais.** São Paulo: Ed. RT, 1998. p. 68.

82 LUCCA, Rodrigo Ramina de. **O dever de motivação das decisões judiciais: estado de direito, segurança jurídica e teoria dos precedentes**. 2ª. ed. Salvador: Juspodivm, 2016. p. 125/126.

83 "Desde el punto de vista descriptivo, se pueden distinguir los siguientes componentes: 1. Enunciados normativos que contienen los criterios jurídicos de decisión, y enuncian la interpretación de las normas aplicables que el juez ha establecido como "verdaderas" o "válidas" en el caso particular (o, en general, la ratio decidendi jurídica determinada en todo caso); 2. Enunciados fácticos o descriptivos que contienen la "verdad" judicial sobre los hechos de la causa, tanto los jurídicos como los simples; 3. Enunciados calificativos que contienen la calificación jurídica de los hechos principales en los términos de los criterios establecidos en los enunciados normativos; 4. Enunciados prescriptivos en sentido estricto, que establecen los efectos jurídicos que la decisión está destinada a producir sobre la situación de hechos concreta." TARUFFO, Michele. **La motivación de**

para que defina de maneira pormenorizada a própria fundamentação, numa lógica de relacionamentos entre pontos processuais.

A divisão destes enunciados, diante dessa concepção, são da seguinte maneira[84]: (i) os *normativos*, que perfazem critérios jurídicos daquela decisão e a devida interpretação jurídica ali descrita; (ii) os *fáticos*, que descrevem aquelas verdades que as partes trouxeram para o processo; (iii) os *qualitativos* são aqueles que relacionam os dois primeiros, considerando os aspectos jurídicos daqueles fatos mencionados; e (iv) os *prescritivos no sentido estrito*, este último está relacionado com os efeitos provenientes da decisão que serão produzidos pela relação entre os enunciados normativos e os fatos ali descritos.

Numa sequência lógica, Taruffo define que a fundamentação inicia-se, primordialmente, pela implicação entre os enunciados fáticos, aqueles que definem quais são os pontos fáticos definitivos do objeto ali posto, para, então, confrontá-los com os enunciados normativos e, posteriormente, com os qualitativos e prescritivos. Como resultado desta implicação necessária, há de se alcançar uma correspondência semântica entre os enunciados, para que a análise realizada conjugue de uma lógica construtiva e resolutória dos fatos ali elencados e sua construção dos efeitos jurídicos que culminarão no resultado da decisão judicial.

Após realizar a correspondência, deve-se passar a compatibilidade entre os enunciados e as reflexões, principalmente sobre os enunciados qualitativos e prescritivos com os normativos e fáticos, se há uma existência tênue e linear, sem ter discrepâncias ou impossibilidades de coexistência. E, por derradeira, a análise da ordem entre os enunciados e as questões levantadas a serem respondidas, considerando o prejuízo de cada ordem e o impacto que a colocação de cada enunciado em determinada sequência traria a própria decisão e sua fundamentação.

Diante disso, para que a fundamentação tenha uma sequência lógica e um caminho a ser seguido, com a conjunção de todos os pontos delineados no processo, Taruffo propõe tal estrutura[85], num conjunto de interpretações e interligações pertinentes, todas com o intuito de conceder à própria fundamentação uma lógica que se autossustente, como a autoridade que toda decisão judicial deva ter pela sua construção e argumentação que propõe.

Essa visão de Taruffo nos traduz um caminho adequado para que se construa a própria decisão e, consequentemente, a fundamentação, uma vez que

la sentencia civil. Trad. Lorenzo Córdova Vianello. México: Tribunal Electoral del Poder Judicial de la Federación, 2006. p. 232.

84 TARUFFO, Michele. **La motivación de la sentencia civil.** Trad. Lorenzo Córdova Vianello. México: Tribunal Electoral del Poder Judicial de la Federación, 2006. p. 232.

85 TARUFFO, Michele. **La motivación de la sentencia civil.** Trad. Lorenzo Córdova Vianello. México: Tribunal Electoral del Poder Judicial de la Federación, 2006. p. 232.

os enunciados que propõe[86] serão resolvidos dentro de uma sequência lógica. Diante do estudo proposto, numa interligação entre questões de fato e a interligação da sua resolubilidade para a cisão cognitiva e o fracionamento decisório, os enunciados devem ser assim inter-relacionados, com as questões de fato (ou enunciados fáticos) sendo a base inicial para a definição da matéria, bem como da própria fundamentação e, consequentemente, dos reflexos e diálogos que a fundamentação deve pormenorizar.

No CPC/2015, a grande alteração sobre os pronunciamentos judiciais foi sobre a sua fundamentação propondo uma autêntica e inovadora "teoria geral da fundamentação de decisão judicial," disposta no art. 489, § 1° do CPC[87] sobre paradigmas pontuais e formais que a decisão deve conter para entender-se como fundamentada[88]. Não se entendeu pertinente criar um rol ou um manual de como se fundamentar, mas delineou-se pontos em que não considerar-se-á a decisão como fundamentada[89]. O que a norma apresentou foram apontamen-

---

86 TARUFFO, Michele. **La motivación de la sentencia civil.** Trad. Lorenzo Córdova Vianello. México: Tribunal Electoral del Poder Judicial de la Federación, 2006. p. 232.

87 **CPC/2015 –** Art. 489. (...) § 1o Não se considera fundamentada qualquer decisão judicial, seja ela interlocutória, sentença ou acórdão, que: I – se limitar à indicação, à reprodução ou à paráfrase de ato normativo, sem explicar sua relação com a causa ou a questão decidida; II – empregar conceitos jurídicos indeterminados, sem explicar o motivo concreto de sua incidência no caso; III – invocar motivos que se prestariam a justificar qualquer outra decisão; IV – não enfrentar todos os argumentos deduzidos no processo capazes de, em tese, infirmar a conclusão adotada pelo julgador; V – se limitar a invocar precedente ou enunciado de súmula, sem identificar seus fundamentos determinantes nem demonstrar que o caso sob julgamento se ajusta àqueles fundamentos; VI – deixar de seguir enunciado de súmula, jurisprudência ou precedente invocado pela parte, sem demonstrar a existência de distinção no caso em julgamento ou a superação do entendimento.

88 "O § 1º com certeza é inovação digna de nota, pois diz que a garantia da fundamentação das decisões judiciais, de índole constitucional, não se tem por satisfeita, se a fundamentação não atender a certos parâmetros de qualidade. Ou seja, não é qualquer fundamentação que satisfaz. Deve-se sublinhar que os dispositivos serão comentados em seguida dizem respeito não só à sentença, mas a quaisquer decisões judiciais. Quando se estuda motivação da decisão, na verdade, o que se estuda é o que aparece na decisão, que seria uma espécie de "fachada", mas mesmo assim, é interessante estudar este fenômeno, já que representa, pelo menos, o que é compreendido como satisfatório para figurar como fundamento da decisão, em face das exigências do dado sistema."ALVIM, Teresa Arruda; CONCEIÇÃO, Maria Lúcia Lins; RIBEIRO, Leonardo Ferres da Silva; MELLO, Rogério Licastro Torres de. **Primeiros comentários ao novo código de processo civil.** 1ª. ed., São Paulo: Ed. RT, 2015. p. 793.

89 No entanto, esse rol não pode ser visto como taxativo e fechado para a fundamentação: "Rol exemplificativo: Como já restou expresso, o rol lançado no art. 489, § 1º, é exemplificativo. Isso quer dizer que outras hipóteses de decisão não fundamentada

tos reprováveis[90] em uma decisão judicial, sob pena de que se constante em tal decisão, tornar-se-á esta nula[91].

Dessa maneira, a fundamentação da decisão judicial deve ser construtiva e dialógica[92], nos moldes propostos pelo art. 489, § 1º do CPC, sem a mera paráfrase de normas ou precedentes judiciais, sem a utilização de conceitos jurídicos indeterminados[93] inadequadamente, sem responder os argumentos determinantes das partes ou utilizar-se de uma fundamentação sem relação específica com o caso em questão.

Esses são os pontos incluídos pelo ordenamento para que se entenda que há uma fundamentação adequada[94].

Para a decisão parcial, com ou sem resolução de mérito, há a necessidade de fundamentação, ainda que seja uma decisão interlocutória, nos mesmos moldes construtivos de uma sentença ou acórdão, com a demonstração do

---

podem ocorrer, como, por exemplo, não analisar as provas trazidas pelas partes nos autos." SILVA, Beclaute Oliveira. Comentário ao art. 489. **Novo código de processo civil comentado – Tomo II (art. 318 ao art. 770).** Orgs: RIBEIRO, Sergio Luiz Almeida; GOUVEIA FILHO, Roberto Pinheiro Campos; PANTALEÃO, Izabel Cristina; GOUVEIA, Lucio Grassi de. São Paulo: Lualri, 2017. p. 255.

90 "Todas as possibilidades de configuração de fundamentação inexistente ou insuficiente previstas neste parágrafo convergem para duas situações genéricas: (i) generalidade ou "vazio" do texto constante da fundamentação, que abarca os incisos I, II, II, V e VI; (ii) falta de enfrentamento de todos os argumentos que poderiam contrariar a decisão tomada pelo juiz, situação prevista no inciso IV." NERY JR, Nelson; NERY, Rosa Maria de Andrade. **Código de processo civil comentado.** 16ª. ed. São Paulo: Ed. RT, 2016. p. 1.248.

91 Ressalta-se a importância desse dispositivo ao dispor que "a inutilidade ou deficiência da fundamentação equivale à ausência de fundamentação, justamente aí está a relevância do § 1º do art. 489: ele relaciona alguns exemplos de situações que a decisão, porque deficientemente justificada, considera-se não fundamenta." DIDIER JR., Fredie; BRAGA, Paula Sarno; OLIVEIRA, Rafael Alexandria de. **Curso de processo civil.** Vol. 2. 10a. ed. Salvador: Juspodivm, 2015. p. 326.

92 Sem o diálogo as decisões seriam meramente solitárias: NUNES, Dierle José Coelho. **Processo jurisdicional democrático: uma análise crítica das reformas processuais.** 1ª. ed. Curitiba: Juruá, 2008. p. 229.

93 "Os conceitos jurídicos indeterminados são compostos de um núcleo conceitual (certeza do que é ou não é) e por um ralo conceitual (dúvida do que pode ser)." MARINONI, Luiz Guilherme; MITIDIERO, Daniel. **Repercussão geral no recurso extraordinário.** 2a. Ed. São Paulo: Ed. RT, 2008. p. 34.

94 Sobre fundamentação adequada: GOUVEIA, Lúcio Grassi de; PEREIRA, Mateus Costa; ALVES, Pedro Spíndola Bezerra. Fundamentação adequada: da impossibilidade de projetar a sombra de nossos óculos sobre paisagens antigas e de acorrentar novas paisagens em sombras passadas. **R. Bras. Dir. Proc. – RBDPro** | Belo Horizonte, ano 24, n. 95, p. 175-201, jul./set. 2016.

caminho decisório, diante da resolução possível das questões de fato que permitam, junto com a complexidade objetiva do processo, a cisão cognitiva e o fracionamento decisório.

A decisão parcial deve ser fundamentada, desde da ocorrência da bifurcação cognitiva que a autoriza, pela presença dos critérios e requisitos como a resolução ou resolubilidade da determinada questão de fato que possibilita decidir parcialmente a demanda, até o próprio julgamento, com a definição sobre essa questão de fato, os impactos normativos consequentes e a decisão propriamente dita. E, consequentemente, após a construção de um relatório e uma fundamentação para a decisão parcial, evidente que esta deve conter uma parcela dispositiva, seja para extinguir parcialmente, com a definição pela extinção e a discriminação correta do que se extinguiu, seja para decidir parcela do mérito, com a resposta ao pedido, pelo acolhimento, não acolhimento ou acolhimento parcial, com a delimitação específica de qual pedido julgou-se.

A decisão parcial sem mérito deve conter um julgamento pela extinção e a especificação do que se extingue na demanda, no dispositivo, relacionando com os pedidos e a parcela que estará extinta a partir dessa prolação. De mesmo modo, a decisão parcial de mérito precisa ter um comando sobre o que se pleitou na demanda, com a devida resposta pela procedência ou não do pedido, delimitando qual o pedido que consta nesse julgamento, com a possibilidade de mencionar quais os pedidos e pontos do processo continua em litispendência.

4.2.5 A construção cooperativa da decisão parcial: a repartição com outros momentos decisórios

O momento processual da construção da decisão parcial é importante para delinear que esta nunca será prolatada sozinha no processo, mas em conjunção com outros conteúdos decisórios concomitantes, o que impõe ao juízo um dever de construção cooperativa da decisão, de modo a especificar, claramente, os pontos em que aquela decisão se molda como interlocutória de uma outra fase do processo e os pontos em que decide parcela desse mesmo processo, com ou sem resolução de mérito.

O princípio da cooperação processual foi inserido como norma fundamental pela redação do art. 6º do CPC, com a disposição de que todos os atores processuais devem cooperar entre si em busca de uma decisão de mérito mais justa, célere e efetiva. Não há uma novidade imensa nesse princípio, até por ser um desdobramento do princípio da boa-fé processual[95], contudo demonstra uma

95 GOUVEIA, Lúcio Grassi de. A função legitimadora do princípio da cooperação intersubjetiva no processo civil brasileiro. **Revista de Processo.** Vol. 172, Ano, 34, p. 32-53, São Paulo: Ed. RT, 2009. p. 32.

tendência de que as partes colaborem com o juízo e vice-versa, na construção de um processo cooperativo em contraditório[96].

O juiz tem posição central[97], contudo prima-se para que não haja mais um protagonismo inquisitorial. A condução processual deve ser pela conjunção cooperativa para um melhor aproveitamento processual, num maior diálogo entre os atores e que todos busquem a melhor decisão possível para a demanda, com a maior quantidade de subsídios pelo contraditório construído pela cooperação[98].

---

96 "O princípio da cooperação é relativamente jovem no direito processual. Cooperação é agir de boa-fé. Embora nem todas as condutas de boa-fé sejam essencialmente cooperativas. O dever de cooperar existe no interesse de todos, pois todos pretendem que o processo seja solucionado em tempo razoável. A ideia da cooperação, às vezes, atinge não só as partes mas à própria sociedade, que se faz presente, por meio dos *amicus curiae* ou mesmo grupos que participam das audiências públicas." ALVIM, Teresa Arruda; CONCEIÇÃO, Maria Lúcia Lins; RIBEIRO, Leonardo Ferres da Silva; MELLO, Rogério Licastro Torres de. **Primeiros comentários ao novo código de processo civil.** 1ª. ed., São Paulo: Ed. RT, 2015. p. 62.

97 O princípio da cooperação atinge de sobremaneira a própria atividade judicial, com uma série de deveres que outrora não existiam, impondo a necessidade de revisão da própria conduta judicante na estruturação procedimental: "O princípio da colaboração estrutura-se a partir da previsão de regras que devem ser seguidas pelo juiz na condução do processo. O juiz tem deveres de esclarecimento, de diálogo, de prevenção e de auxílio para com os litigantes. É assim que funciona a cooperação. Esses deveres consubstanciam as regras que estão sendo enunciadas quando se fala em colaboração no processo." MARINONI, Luiz Guilherme; ARENHART, Sérgio Cruz; MITIDIERO, Daniel. **Novo código de processo civil comentado.** São Paulo: Ed. RT, 2015. p. 102.

98 O processo deve ser visto como um procedimento em contraditório? Essa é a percepção que Nunes subtrai a partir da Teoria Fazzalariana do Processo, numa construção cooperativa em contraditório das interfaces entre as partes e o juízo. "O processo constitui assim um esquema mais complexo de procedimento, uma sequência normativa de posições subjetivas (faculdades, deveres, e poderes) e de atos [de modo que cada um deles pressupõe o precedente(s) e é pressuposto do seguinte(s)], objetivando a formação de um provimento, realizado em contraditório. (...) Fazzalari percebe a importância da participação técnica das partes ao *iter* de formação de decisões e alça tal participação a elemento estrutural e legitimante das atividades processuais." NUNES, Dierle José Coelho. Da teoria fazzalariana de processo? o processo como espécie de procedimento realizado em contraditório e a difusão dos módulos processuais como mecanismo de controle da função estatal. **Revista Síntese de Direito Civil e Processual Civil.** Vol 43, p. 212-215, 2006. p. 214. Para a construção de uma decisão parcial, mediante a especialidade do procedimento em si, saindo da base normal de um procedimento comum para uma quebra deste, com um fracionamento decisório, a interlocução entre as partes e o

Auxiliar nas decisões para indicar o que deve ser realizado pela parte, num nítido esclarecimento para as partes[99], proceder com as respostas pertinentes em cada um dos requerimentos, a possibilidade de manifestação sobre questões importantes processuais, dentre outras hipóteses, por vezes genéricas ou determinadas, demonstram uma mudança para um protagonismo compartilhado, uma forma diferente de visualizar o papel do juiz e das partes[100] nesse novo modelo processual.

A cooperação judicial na construção dessa decisão parcial em conjunto com a decisão interlocutória de prosseguimento do processo deve ser fundamental para o próprio entendimento das partes sobre o que se decide parcialmente e a separação entre as decisões, com a delimitação clara sobre quais os pontos materiais continuarão pendentes, bem como os impactos posteriores, sobre a coisa julgada, recurso, execução, liquidação, dentre outros institutos que deverão interpretar o conteúdo da decisão parcial.

E, ainda, é importante especificar no dispositivo decisório, o prosseguimento do processo em relação aos outros pontos da demanda, sejam quais forem os próximos atos, o juízo deve incluir nesse momento decisório o comando para o próximo ato, como citação, se for um deferimento parcial da inicial e uma decisão parcial sem mérito; o prosseguimento do procedimento, com especificação de provas, numa decisão parcial prolatada em conjunto a decisão de saneamento e organização do processo; dentre outras possibilidades igualmente dialógicas com a decisão parcial a ser prolatada.

---

juízo deve ser constante, influente e dialógica, numa verdadeira construção dessa cisão cognitiva também em contraditório.

99 GOUVEIA, Lúcio Grassi de. Cognição processual civil: atividade dialética e cooperação intersubjetiva na busca da verdade real. **Revista Dialética de Direito Processual.** São Paulo: Dialética, n. 06, 2003. p. 50.

100 As partes têm dever de cooperação, esse ponto é positivado pelo art. 6º do CPC, Medina descreve, então, quais seriam os deveres das partes: "As partes, por sua vez, também são responsáveis pelos resultados do processo – ainda que, no processo, defendam seus interesses pessoais. Segundo nosso modo de pensar, deve haver colaboração também entre as partes, e não apenas das partes para com o juiz, ou deste para com aquelas" MEDINA, José Miguel Garcia. **Novo código de processo civil comentado.** 2ª ed. São Paulo: Ed. RT, 2015. p. 23. Por outro lado, Mitidiero entende que não existe colaboração, ou cooperação processual entre as partes, uma vez que os interesses são divergentes, o que contrariaria a própria visão de colaboração, com a necessidade de convergência. "as partes não colaboram e não devem colaborar entre si simplesmente porque obedecem a diferentes interesses no que tange à sorte do litígio" MITIDIERO, Daniel Colaboração no processo civil como prêt-à-porter? Um convite ao diálogo para Lenio Streck. **Revista de Processo.** Vol. 194, Ano 36, p. 55-68, São Paulo: Ed. RT, 2011. p. 55.

Outro ponto importante sobre a decisão parcial de mérito é a inter-relação com o restante do processo. A decisão parcial não será prolatada pura e simplesmente como uma decisão em que contém somente o que se decide parcialmente, mas, também, decidirá de modo interlocutório sobre outros pontos do processo, em questões incidentes, com o processamento de continuidade do procedimento.

Ou seja, a decisão parcial, em regra, será prolatada em conjunto com uma decisão de prosseguimento do processo, com a devida construção de que será em parte uma decisão parcial sobre a demanda – com ou sem resolução de mérito – e a outra parte sobre algum ponto do processo, seja de deferimento do restante da demanda na decisão da inicial, da improcedência liminar do pedido, do saneamento e organização do processo ou simplesmente de uma decisão interlocutória sobre algum pleito igualmente interlocutório.

E, diante dessa visão, é necessário de que o juízo construa a decisão parcial, formalmente, por capítulos identificáveis, com o cuidado de discriminar onde decide como uma interlocutória comum para o prosseguimento do processo – como definindo pontos contraditórios num saneamento e organização do processo – e quando começar a decidir parcialmente a demanda. Essa divisão construtiva do processo – o fracionamento decisório, é importante para a devida organização da decisão, da separação entre os conteúdos diferentes que a mesma decisão contém, sendo uma interlocutória pura que enfrenta incidentes e, em conteúdo diverso, sendo uma decisão que julga parcela do processo.

Essa divisão também é importante para a delimitação sobre os pontos decisórios e, consequentemente, para a identificação do objeto do eventual recurso sobre essa decisão.

4.3 A DECISÃO PARCIAL SEM MÉRITO

4.3.1 O conceito de decisão parcial sem mérito

Se a demanda nasce de um ato postulatório, evidentemente que existirão pressupostos processuais para a admissibilidade deste ato e do processo como um todo. Todo ato postulatório proporciona um juízo de admissibilidade[101], uma análise sobre o preenchimento pelo autor de todos os requisitos pertinentes para que a jurisdição possa ser prestada em sua plenitude.

Desse modo, antes da análise sobre o que se pleiteou, há a análise sobre o cumprimento dos pressupostos para que haja um pedido, uma demanda. Se

101 BARBOSA MOREIRA, José Carlos. **O novo processo civil brasileiro.** 20ª. ed. Rio de Janeiro: Forense, 2000. p. 116.

o juízo entender pelo cumprimento de todos os pressupostos processuais para a demanda proposta pelo autor, a análise de mérito será realizada quando a cognição judicial sobre todos os pontos for possível e exauriente, contudo, de modo inverso, caso não seja preenchido algum dos pressupostos, o juízo deve possibilitar a sanabilidade do vício, se sanável, ou extinguir o processo pela presença desse vício, se insanável.

De toda maneira, não há ato postulatório analisado em seu mérito sem um juízo prévio de admissibilidade[102].

Como exposto, a sentença é o ato processual que encerra a fase de cognição de primeiro grau, e, diante de seu conteúdo, pode versar sobre a jurisdição em torno do acolhimento, ou não, do pleito da demanda ou sobre a existência de um vício de caráter intransponível ao processo, numa das questões preliminares, por falta de pressuposto processual[103].

O ato sentencial é o cerne da busca pela jurisdição pelo autor e a resposta do poder estatal para aquele pedido, seja imediato, seja mediato. O intuito deve ser resolver o conflito, com a aplicação do melhor direito ao caso em concreto, julgando nos limites do que foi pleiteado pelo autor, com todo o efetivo contraditório ou somente aplicando o direito quando não houver um conflito, mas houver jurisdição.

Essa é a visão perfeita processualmente para uma demanda[104].

No entanto, na análise das questões preliminares, nos pressupostos processuais de admissibilidade do processo, o juízo ao constatar um vício deve

---

102 Sobre admissibilidade e mérito, utilizando da explicação recursal para todo ato postulatório: "Como todo ato postulatório, a impugnação da decisão judicial por meio de recurso submete-se a exame sob dois ângulos diversos. Primeiro, cumpre verificar se estão satisfeitas as condições impostas pela lei para que se possa apreciar o conteúdo da postulação (*juízo de admissibilidade*); depois, e desde que o resultado tenha sido positivo – isto é, que o recurso seja *admissível*-, cumpre decidir a matéria impugnada através deste, para acolher a impugnação, caso *fundada*, ou rejeitá-la, caso *infundada* (*juízo de mérito*)." BARBOSA MOREIRA, José Carlos. **O novo processo civil brasileiro.** 20°. ed. Rio de Janeiro: Forense, 2000. p. 116.

103 Sobre o conceito de sentença abarcar qualquer resultado, ainda que sem mérito, importando, para tanto, somente que encerre uma fase processual: "Pois *sentença é o ato que põe fim a um módulo processual*. Assim, nos casos em que o processo se desenvolva em um só módulo (processo de conhecimento ou processo de execução), a sentença será o ato de encerramento do procedimento em contraditório (ou, como se costuma dizer no jargão forense, o ato que põe fim ao processo)." CÂMARA. Alexandre Freitas. **O novo processo civil brasileiro.** 4ª ed. São Paulo: Atlas, 2018. p. 262

104 "toda demanda deduzida em juízo como ato inicial de um processo traz em si a soma de duas pretensões, ou seja, de duas aspirações que o demandante apresenta ao juiz em busca de reconhecimento e satisfação" DINAMARCO, Cândido Rangel. **Capítulos de sentença.** 3ª. ed. São Paulo: Malheiros, 2008. p. 38.

decidir, caso não seja possível saná-lo, por extinguir o processo, mesmo que não haja uma efetiva resposta ao jurisdicionado quanto ao que foi pedido ou pleiteado. A sentença, portanto, será pela constatação de um vício e, dessa maneira, sem análise de mérito.

Evidentemente que se o vício constatado for sanável[105], o juízo deve possibilitar que o autor o faça, com um prazo específico para tanto, no intuito de que o processo não se esvaia por um vício que possa ser corrigido. Não há motivos para que o juízo decida pela extinção sem análise de mérito se o vício for corrigível e sanável.

Essa é a manifestação do princípio da primazia ao julgamento do mérito[106], com a possibilidade de priorizar-se, processualmente, o julgamento do pedido do autor, do objeto em litígio.

Por obviedade, ultrapassado o prazo concedido pelo juízo para o autor para a devida sanabilidade do vício, sem nenhuma manifestação ou com insuficiência desta, deve-se proceder com a prolação de uma sentença sem análise do mérito, justamente pela constatação da ocorrência de uma questão preliminar que impede o julgamento meritório, inviabilizando a cognição judicial exauriente sobre o pedido do autor.

---

105 Sobre sanabilidade e primazia ao julgamento de mérito: "O art. 352 do CPC prevê, justamente, a determinação do juiz para corrigir as irregularidades e os vícios sanáveis, razão de ser da fase saneadora, a fim de permitir a organização do processo, com vistas a um julgamento de mérito. O art. 139, IX, do CPC dispõe que ao juiz incumbe determinar o suprimento de pressupostos processuais e o saneamento de outros vícios processuais. Trata-se de um dos poderes-deveres do juiz. (...) A norma fundamental da primazia do julgamento do mérito, prevista no art. 4º do CPC, assegura tal prorrogação." ARAÚJO, Luciano Vianna. Comentário ao art. 352. **Novo código de processo civil comentado – Tomo II (art. 318 ao art. 770).** Orgs: RIBEIRO, Sergio Luiz Almeida; GOUVEIA FILHO, Roberto Pinheiro Campos; PANTALEÃO, Izabel Cristina; GOUVEIA, Lucio Grassi de. São Paulo: Lualri, 2017. p. 87.

106 "Consolida-se, aí, um princípio fundamental: o de que se deve dar primazia à resolução de mérito (e à produção do resultado satisfativo do direito) sobre o reconhecimento de nulidades ou de outros obstáculos à produção do resultado normal do processo civil. Eis, aí, portanto, o princípio da primazia da resolução do mérito." CÂMARA, Alexandre Freitas. O princípio da primazia da resolução do mérito e o novo código de processo civil. **Revista de Direito da ADVOCEF.** Ano XI nº 21, São Paulo: Advocef, nov/2015. p. 16; "Realmente concretizado estará sendo o princípio se a razoável duração do processo levar em conta não só o tempo até a sentença, mas a duração integral do caminho a ser percorrido pelo autor até que se obtenha integralmente a satisfação de seu direito." ALVIM, Teresa Arruda; CONCEIÇÃO, Maria Lúcia Lins; RIBEIRO, Leonardo Ferres da Silva; MELLO, Rogério Licastro Torres de. **Primeiros comentários ao novo código de processo civil.** São Paulo: Ed. RT. 2015. p. 61.

O juízo não realizará a completude das cognições na demanda, estacionando, processualmente, na cognição das questões preliminares[107], extinguindo o processo[108].

Todavia, num processo complexo objetivamente, o juízo de admissibilidade também será partido em cada complexidade que a própria demanda impõe. Se há uma cumulação de pedidos, cada pedido detém uma admissibilidade própria, pela própria autonomia inerente a cada capítulo do processo. De mesmo modo ocorre quando há uma pluralidade de partes no processo, com uma cumulação subjetiva, com uma série de relações jurídicas entre os diversos autores ou réu, ou ambos. Cada uma dessas relações detém uma admissibilidade própria, pela autonomia dos capítulos de cada relação.

Se num processo complexo objetivamente um dos pontos da demanda detém a sua admissibilidade e outro ponto esbarra na existência de um vício, dada a autonomia dos capítulos do processo, é plenamente possível que uma parcela do processo seja extinta e a outra prossiga, numa bipartição cognitiva sobre a admissibilidade, dada a existência e percepção pelo juízo da viabilidade de cindir o processo, diante da impossibilidade de continuidade de parcela desta e preenchimento dos pressupostos no restante.

Dessa maneira, se a presença de um vício intransponível no processo impõe a necessidade da prolação de uma sentença sem resolução de mérito[109], nos moldes que o art. 354 do CPC, há a possibilidade que o vício não alcance a integralidade do processo, recaindo somente sobre uma parte deste, o juízo deve prolatar uma decisão que extingue somente parcela do processo, sem

---

107 Há uma relação de subordinação e, por isso, somente quando o subordinante for ultrapassado: BARBOSA MOREIRA, José Carlos. Questões prejudiciais e questões preliminares. **Direito processual civil (ensaios e pareceres).** Rio de Janeiro: Borsoi, 1971. p. 76.

108 "O art. 485 do CPC/2015 dispõe sobre a decisão terminativa, que proclama a ausência de algum requisito processual, impedindo, de modo peremptório, a resolução do mérito (art. 487 do CPC/2015; sobre os requisitos processuais, cf. comentário infra). A prolação de uma decisão dessa natureza é medida excepcional, só tomada quando não for possível corrigir o vício (cf. art. 317 do CPC/2015) ou proferir decisão de mérito em favor daquele a quem aproveita a prolação de decisão terminativa (cf. art. 488 do CPC/2015). Os requisitos processuais, porém, cumprem função importantíssima: sua ausência (e não incidindo o disposto nos arts. 317 ou 488 do CPC/2015) impõe a prolação de decisão terminativa, evitando-se, com isso, que o processo se desenvolva inutilmente." MEDINA, José Miguel Garcia. **Novo código de processo civil comentado.** 2ª ed. São Paulo: Ed. RT, 2015. p. 463.

109 Sobre a sentença de extinção: "A sentença de extinção do processo é sempre de natureza declaratória: nela se declara, expressamente, extinto o processo, e, de modo implícito ou explícito, a inadmissibilidade da tutela jurisdicional." MARQUES, José Frederico. **Manual de direito processual civil.** Vol. II, 2ª ed., Rio de Janeiro: Saraiva, 1976. p. 150.

analisar o que se pleiteou no tocante aquele ponto de mérito, não o processo como um todo.

Diante disso, o art. 354, parágrafo único do CPC, possibilita que o juízo profira decisão interlocutória parcial sem resolução de mérito, extinguindo parte da demanda, quando houver a ocorrência das hipóteses dos arts. 485 e 487, II e III do CPC (mesmo que nesses últimos dispositivos falem de mérito, está enquadrado na hipótese de extinção, ainda que não seja, propriamente dita).

Não há que se falar, nesse momento, de uma sentença, pelo fato de que parcela do processo tem prosseguimento, enquanto, somente uma parcela será extinta.

Com isso, nasce a decisão parcial sem mérito, com a extinção da demanda em parte[110].

Logo, se o art. 354, parágrafo único do CPC autoriza que parcela do processo seja extinta, autoriza a prolação de uma decisão interlocutória parcial sem resolução de mérito e não uma alteração na conceituação de sentença, tampouco uma sentença parcial.

Dessa maneira, é totalmente possível que um processo contenha a extinção de parte dela por uma decisão interlocutória que aplique o teor dos arts. 485 e 487, II e III do CPC.

4.3.2 As questões cognitivas preliminares: vícios processuais

Durante o processo, o juízo deve realizar algumas cognições, culminando na mais importante, a cognição meritória, aquela que enfrenta e soluciona as questões de mérito, com a abertura para o julgamento do pedido. Todavia, antes disso deve enfrentar a análise das questões sobre a própria admissibilidade do processo, com a cognição sobre questões preliminares[111].

Essas questões preliminares são aquelas[112] que impedem o julgamento do mérito, justamente por representarem algum impedimento do prosseguimento

110 "A chamada "extinção parcial": A maior novidade redacional contida nos arts. 354 e 356 diz respeito à expressa possibilidade de fracionamento das fases processuais. O parágrafo único, do art. 354, prevê a extinção de apenas parcela do processo, caso em que será impugnável por agravo de instrumento." ARAÚJO, José Henrique Mouta. Comentário ao art. 354. **Novo código de processo civil comentado – Tomo II (art. 318 ao art. 770).** Orgs: RIBEIRO, Sergio Luiz Almeida; GOUVEIA FILHO, Roberto Pinheiro Campos; PANTALEÃO, Izabel Cristina; GOUVEIA, Lucio Grassi de. São Paulo: Lualri, 2017. p. 89.

111 BARBOSA MOREIRA, José Carlos. Questões prejudiciais e questões preliminares. **Direito processual civil (ensaios e pareceres).** Rio de Janeiro: Borsoi, 1971. p. 76.

112 Como são muito pressupostos, podem ser várias questões preliminares (ou prévias), sendo cada uma delas detentora de uma análise própria: "mesmo sem ingressar no

do processo, importando na impossibilidade de julgamento do objeto litigioso do processo[113]. Enquanto essa questão não for enfrentada, seja de modo oficioso ou por suscitação do réu, não há como prosseguir com o processo até a resolução do mérito, uma vez que a questão preliminar é necessária para o exame do cumprimento dos pressupostos processuais.

Dependendo do resultado da cognição das questões preliminares, o processo prossegue ou não. Se no enfrentamento dessa preliminar resultar numa cognição em que há um vício processual, evidentemente que não há como continuar a instrução e o procedimento, culminando num julgamento em que o juízo extingue o processo sem realizar a cognição de mérito[114].

Por outro lado, se o enfrentamento cognitivo da questão preliminar for pelo afastamento desta – até com determinadas correções pelo autor de algum vício, a questão é resolvida e o processo tem o seu devido prosseguimento, rumo à possibilidade de julgá-lo, ou seja, em realizar a cognição de mérito.

Desse modo, as questões preliminares são anteriores ao julgamento do processo ou da cognição de mérito e, assim, obstaculizam, até o momento em que não forem resolvidas, a própria análise do objeto litigioso do processo. Uma preliminar tem o condão de impedir, enquanto não for enfrentada, o prosseguimento da demanda e, ainda, dependendo do seu resultado determinar a apreciação ou não da cognição posterior.

Em todo processo, com ou sem suscitação pelo réu, há uma análise pelo juízo das questões preliminares, até pelo fato da demanda ser um ato postulatório, gerando, portanto, a necessidade dessa análise de conformidade dos pressupostos processuais.

Diante disso, com a existência de um desses vícios, sem a possibilidade de sanabilidade, o juízo deve prolatar uma sentença sem o julgamento de mérito, por esta invalidade processual tornar-se impeditiva do prosseguimento do processo e da cognição de mérito. Ou seja, o resultado da cognição da questão preliminar pode impedir o julgamento da questão principal, o mérito da demanda, gerando uma resposta jurisdicional com uma cognição meramente processual, com a constatação da existência de um vício extintivo do processo.

---

exame do mérito, a sentença pode desmembrar-se em capítulos distintos, todos de eficácia puramente processual." DINAMARCO, Cândido Rangel. **Capítulos de sentença.** 3ª. ed. São Paulo: Malheiros, 2008. p. 41.

113 Nem todos os pressupostos são impeditivos de julgamento, até pela existência daqueles meramente dilatórios.

114 "quando as preliminares decididas são todas extintivas (...) na sentença haverá apenas um cúmulo de soluções de questões, sem pluralidade de capítulos processuais." DINAMARCO, Cândido Rangel. **Capítulos de sentença.** 3ª. ed. São Paulo: Malheiros, 2008. p. 41.

Os vícios passíveis de extinção do processo estão delineados parte no art. 337 do CPC[115], nas preliminares de contestação e no art. 485 do CPC, quando descreve os motivos pelos quais o juízo deve extinguir o processo sem a resolução da cognição meritória. Todas essas possibilidades de extinção representam obstáculos para que o juízo julgue o mérito, seja pela falta de admissibilidade, seja por outros fatos, como morte do autor, abandono[116-117] ou desistência.

No entanto, as questões preliminares podem se dividir entre aquelas que impossibilitam o julgamento de mérito e aquelas que somente o retardam, não gerando a extinção[118].

Sobre as primeiras, este trabalho já as enfrentou, no tocante as outras, são alguns vícios processuais que também impedem o julgamento do mérito, contudo de modo temporário, com uma impossibilidade dilatória[119], uma vez que resolvida a questão preliminar, o processo volta a poder caminhar rumo ao julgamento de mérito.

São vários os vícios que impedem o julgamento de mérito com o retardamento da demanda, sem causa a extinção do processo, presentes no art. 337 do CPC, tais como: *incompetência absoluta e relativa; e conexão.*

O intuito da alegação desses vícios é a readequação do processo para que esta caminhe de modo correto, depois que for reparado o vício processual

---

115 Sobre as alegações de preliminares, na contestação, pelo réu: MOUZALAS, Rinaldo. Comentários ao art. 337. **Novo código de processo civil comentado – Tomo II (art. 318 ao art. 770).** Orgs: RIBEIRO, Sergio Luiz Almeida; GOUVEIA FILHO, Roberto Pinheiro Campos; PANTALEÃO, Izabel Cristina; GOUVEIA, Lucio Grassi de. São Paulo: Lualri, 2017. p. 60; AURELLI, Arlete. Comentário ao art. 337. STRECK, Lenio. **Comentários ao código de processo civil.** 11ª. ed. São Paulo: Saraiva, 2016.

116 Sobre abandono da causa: SOUZA, Paulo Roberto Pereira de. Abandono da causa. **Revista de Processo.** Vol. 24, Ano 6, p. 117-136, São Paulo: Ed. RT, Out/Dez/1981.

117 "O abandono do processo é configurado pela contumácia do autor, decorrente de sua injustificada omissão, por prazo superior a 30 dias, na prática de um determinado ato processual". TUCCI, José Rogério Cruz e. Abandono do processo. **Revista de Processo.** Vol. 52, Ano 13, p. 41-51. São Paulo: Ed. RT, Out/Dez/1988. p. 43.

118 Nem toda alegação de vício e sua pertinência leva a extinguir o processo, pode proporcionar um atraso processual somente: "entre as preliminares há aquelas cujo acolhimento implica extinção do processo (...) e aquelas que não conduzem a essa extinção." DINAMARCO, Cândido Rangel. **Capítulos de sentença**. 3ª. ed. São Paulo: Malheiros, 2008. p. 41.

119 Sobre a alegação de preliminares que somente tem a serventia de sanar eventuais equívocos e dilatar o processo, não extinguir: "O art. 337 enumera essas preliminares, mas a elas faz juntar uma série de "preliminares impróprias ou dilatórias", defesas processuais cujo acolhimento *não acarreta* a extinção do processo (que são as previstas nos incisos I, II, III, VIII e XIII do art. 337)." CÂMARA. Alexandre Freitas. **O novo processo civil brasileiro.** 4ª ed. São Paulo: Atlas, 2018. p. 202.

existente. Quando o réu se manifesta contrário à competência[120], não é o intuito de extinção da demanda, mas na transferência da competência para o juízo que realmente a detém para julgar aquelas partes e aquela demanda, sem a necessidade de extinção, uma vez que percebendo a ausência de competência, haverá a remessa ao juízo competente e o prosseguimento do processo, a partir daquele momento, dada a sanabilidade do vício.

O mesmo ocorre com a alegação de conexão, quando o réu se manifesta sobre a possibilidade de junção de dois ou mais processos que têm em comum o pedido ou a causa de pedir, na dicção do art. 54 do CPC[121]. Essa alegação, mesmo que correta e procedente, não proporciona a extinção do processo, mas a modificação da competência para que seja adequada para aquela correta.

Não há um pedido de extinção por esses vícios, o que leva ao entendimento de que nem todos os vícios processuais levam a uma extinção do processo, tampouco uma extinção parcial.

Outras alegações de vícios são também dilatórios, a princípio, com o intuito de que o processo seja corrigido para que contenha o devido preenchimento dos pressupostos de admissibilidade, sem possibilitar que seja prolatada uma decisão de extinção automaticamente, justamente por serem vícios sanáveis, tais como: *inexistência ou nulidade da citação; incorreção do valor da causa; falta de caução ou de outra prestação que a lei exige como preliminar; indevida concessão do benefício de gratuidade de justiça.*

O intuito da alegação dessas irregularidades é que se tornem regulares[122], ou seja, que o autor promova a devida sanabilidade daquele vício, preenchendo

---

120 Apesar da necessidade de que a jurisdição seja exercida por um juízo competente, não é um pressuposto ou requisito de validade que busque a extinção, mas somente a remessa ao juízo competente. "Ou seja, o direito de alegar precluirá, caso o réu não o faça no momento oportuno. Portanto, no nosso sentir, a incompetência absoluta é pressuposto processual de validade do processo, mas a relativa, não. (...) O procedimento para alegar a incompetência é, pois, bem simplificado, sendo que o juiz dará a palavra à parte contrária para manifestação, decidindo imediatamente depois. Se a alegação de incompetência, seja absoluta ou relativa, for acolhida, o juiz encaminhará os autos ao juízo competente." AURELLI, Arlete Inês. Comentário ao art. 337. STRECK, Lenio. **Comentários ao código de processo civil.** 11ª. ed. São Paulo: Saraiva, 2016. p. 508.

121 A conexão será possível por preliminaridade ou prejudicialidade entre relações jurídicas: "A conexão, neste caso, decorrerá do vínculo que se estabelece entre as relações jurídicas litigiosas. Haverá conexão se a mesma relação jurídica estiver sendo examinada em ambos os processos, ou se diversas relações jurídicas, mas entre elas houver um vínculo de prejudicialidade ou preliminaridade." DIDIER JR, Fredie. **Curso de direito processual civil: teoria geral do processo e processo de conhecimento.** 17ª. ed. Salvador: Juspodivm, 2015. p. 232.

122 Sobre sanabilidade: ARAÚJO, Luciano Vianna. Comentário ao art. 352. **Novo código de processo civil comentado – Tomo II (art. 318 ao art. 770).** Orgs: RIBEIRO, Sergio

devidamente o pressuposto processual e que o processo possa prosseguir em sua plenitude, tornando aquela alegação, *a priori*, meramente dilatória, impossibilitando, temporariamente, o prosseguimento do processo até o julgamento para a resolução do mérito.

No entanto, caso o autor não realize a diligência para sanar o vício, o resultado, pela sua inércia, será a extinção, ainda que parcial.

4.3.3 A cisão cognitiva sem mérito e as questões de fato

A demanda é una quando intentada perante o juízo estatal, contudo quando o juízo for analisar as questões preliminares sobre cumprimento dos pressupostos processuais, sempre haverá uma cognição meramente processual[123], sem ater-se ao mérito, devido à necessidade de constatação ou verificação do preenchimento de todos os pressupostos ou se contêm vícios na postulação – o teor dos arts. 485 do CPC, com a possibilidade de extinção do processo, caso não seja possível transpor um vício.

Todavia, se um processo for objetivamente complexo, pela pluralidade de pedidos ou de partes, a admissibilidade de cada pedido ou relação jurídica é autônoma, com a necessária análise sobre cada item, com a possibilidade de manutenção e prosseguimento de parcela do processo e com a extinção de outra parcela, aquela em que o vício impacta.

Essa possibilidade de cisão cognitiva, diante de uma bifurcação existente no processo, é aberta pela disposição clara do art. 354, parágrafo único do CPC, para a prolação de uma decisão de extinção, por falta de pressuposto processual, contudo que somente relaciona-se com fração da demanda, com parcela do que se pleiteia.

Para que seja possível essa cisão cognitiva e procedimental do processo, é importante que as questões de fato sejam de uma independência em relação aos pressupostos processuais e ao impacto específico do vício a essa parcela do processo. Ou seja, a questão de fato é a base para a verificação sobre a possibilidade de prolatar uma sentença de extinção, logo também será a base para que se entenda como viável a decisão parcial sem mérito, no caso de somente relacionar-se com parcela do processo.

Luiz Almeida; GOUVEIA FILHO, Roberto Pinheiro Campos; PANTALEÃO, Izabel Cristina; GOUVEIA, Lucio Grassi de. São Paulo: Lualri, 2017. p. 87.

123 "Quando se passa aos capítulos exclusivamente processuais (...) só no segundo desses sentidos é possível falar em autonomia, ou seja, eles são reciprocamente autônomos mas não tem aptidão uma vida própria, em processos instituídos somente em relação a eles." DINAMARCO, Cândido Rangel. **Capítulos de sentença.** 3ª. ed. São Paulo: Malheiros, 2008. p. 43.

As questões de fato inerentes a uma decisão de extinção são adequadas à cognição possível sobre a admissibilidade do processo e podem ser separadas de dois modos: *(i) as mesmas questões apresentadas para a demanda diante da narrativa fática*[124]*; ou (ii) questões de fato próprias sobre os pressupostos processuais*[125].

Esse ponto é central para que se possa entender que a decisão parcial sem mérito também depende da definição de uma conjuntura fática para que possa ser prolatada, até numa sentença de extinção total e, ainda, para que se delineie que não é possível extinguir a integralidade do processo, o fazendo somente no que for cabível, de modo parcial.

Algumas questões de fato que são da própria narrativa construída pelo autor na inicial também são impactantes na análise da admissibilidade do processo, sem a divisão sobre questão de fato da demanda e dos pressupostos processuais, sendo possível, somente pela construção da própria argumentação das postulações das partes analisar-se e averiguar-se os pressupostos.

Um exemplo seria a própria legitimidade do autor e do réu, pela própria narrativa dos fatos pelo autor, em alguns casos, nota-se discrepância entre a sua legitimidade ou do réu para estar em algum dos polos do processo, podendo, desde logo, numa análise preliminar, constar-se esse vício na admissibilidade. Não seria, nesse caso, necessária uma questão de fato específica de algum pressuposto, funcionando a questão de fato, ao mesmo tempo, como da demanda e como dos pressupostos processuais.

Diferentemente será quando houver uma questão de fato específica de um pressuposto processual, denotando que há de se estabelecer uma cognição específica sobre uma questão que não é da demanda, mas somente da análise da admissibilidade, como na falta de pagamento das custas processuais, o que pode gerar uma invalidade do processo, com a extinção total ou parcial, ou, em outro exemplo, a existência, ou não, de uma convenção de arbitragem sobre a demanda ou um pedido da demanda.

Nesses exemplos, a questão de fato descola-se de ser da demanda mesmo, sendo somente específica daquele pressuposto, sem atrelar-se a ser um fato impactante ao próprio mérito ou a qualquer pedido daquele ato postulatório.

---

124 Sobre a possibilidade da análise da inicial resultando em um indeferimento parcial, com base na própria narrativa do autor: BARBOSA MOREIRA, José Carlos. **O novo processo civil brasileiro.** 20°. ed. Rio de Janeiro: Forense, 2000. p. 24.

125 Quando o réu alega a existência de um vício, mediante a impossibilidade de prosseguimento do mérito, evidentemente que alega uma questão de fato, no entanto, uma questão atinente delimitadamente ao pressuposto/requisito faltante, não necessariamente uma questão de fato na acepção de influenciar o mérito e os acontecimentos narrados na inicial. "a) as defesas pertinentes à ação (...) b) as defesas concernentes a vícios do próprio processo." BARBOSA MOREIRA, José Carlos. **O novo processo civil brasileiro.** 20°. ed. Rio de Janeiro: Forense, 2000. p. 39.

De igual maneira, há a necessidade de estabilização ou resolubilidade dessa questão de fato para que haja a análise da admissibilidade do processo, mesmo que seja somente para aquele pressuposto. Muitas vezes pela própria narrativa fática do autor ou pelos documentos que demonstra na demanda já é possível determinar a ausência de um pressuposto, como a falta de uma procuração, documentos essenciais ou custas processuais, bem como da narrativa sobre a legitimidade e interesse processual, porém é possível que tais vícios somente sejam trazidos à baila em argumentação postulatória do réu na contestação, sendo somente realizada a análise, diante da possibilidade de sanabilidade ou de demonstração do cumprimento do pressuposto pelo autor, em uma decisão posterior, como no saneamento e organização do processo, por exemplo.

De qualquer modo, a definição da questão de fato, ainda que seja uma específica do pressuposto processual, é importante e base para a existência de uma bifurcação cognitiva daquele processo complexo objetivamente, com a percepção da necessidade de uma decisão parcial sem resolução de mérito.

4.3.4 As hipóteses de extinção parcial

O art. 354 do CPC determina que diante de uma análise preliminar sobre o preenchimento, ou não, dos pressupostos processuais[126], se o juízo entender que algum destes não foi corretamente preenchido, tampouco seja sanável, ou

---

126 Sobre os mitos dos pressupostos processuais: Há, ainda, cinco "mitos" sobre os pressupostos processuais que devem ser combatidos. Nem toda falta de pressuposto processual leva ao juízo de admissibilidade do processo. Basta pensar na incompetência, cujo reconhecimento leva à remessa dos autos ao juízo competente, e no impedimento ou suspeição, cujo reconhecimento leva à remessa dos autos ao juiz substituto (art. 146, § 5.º, CPC). Nem toda falta de pressuposto processual pode ser conhecida de ofício. Basta pensar na incompetência relativa (art. 64, § 1.º; art. 337, § 5.º, CPC), na existência de convenção de arbitragem (art. 337, § 5.º, CPC) e na falta de autorização do cônjuge para a propositura da ação real imobiliária (art. 1.650, Código Civil). Nem toda falta de pressuposto processual pode ser conhecida a qualquer tempo ou grau de jurisdição. Basta pensar na alegação de convenção de arbitragem e de falta de citação; se o réu contestar e não as alegar, haverá preclusão. Nem toda falta de pressuposto processual é defeito que não pode ser corrigido. Ao contrário, a regra é a de que se deve aplicar, ao exame dos pressupostos processuais, o sistema de invalidades do CPC, segundo o qual se deve buscar, sempre, a correção do defeito processual, mesmo que se trate da falta de um pressuposto processual. Nem toda falta de um pressuposto processual impede a decisão de mérito. O art. 488 do CPC é claro ao determinar que, mesmo havendo um defeito no processo, o juiz não deve levá-lo em consideração, se a causa puder ser julgada no mérito em favor daquele que se beneficiaria com a decisão de inadmissibilidade. Assim, se a petição for inepta em razão da existência de um pedido indeterminado (art. 330, § 1.º, II, CPC), mas a demanda puder ser julgada improcedente, o juiz deve ignorar o defeito e julgar o mérito." DIDIER JR., Fredie. Comentários ao art. 485. In: CABRAL, Antônio do

se for, após a oportunidade para sanabilidade sem resposta do autor, deve-se prolatar uma sentença de extinção, justamente por falta de admissibilidade[127].

No entanto, se a falta desse pressuposto impactar somente parcela de um processo objetivamente complexo, a extinção proposta não será a do *caput* do art. 354 do CPC, mas a do parágrafo único, de modo parcial, com a continuidade do processo em relação a uma parcela que cumpriu todos os pressupostos de admissibilidade.

Todas essas possibilidades de extinção representam obstáculos para que o juízo possa julgar o mérito, seja pela falta de admissibilidade, seja por outros fatos, como morte do autor, abandono ou desistência. Essas possibilidades impedem o julgamento de mérito, em determinadas situações, contudo se forem impactantes somente sobre parcela da demanda, serão tidas como uma extinção parcial.

Sobre especificadamente o abandono[128] e a desídia da parte[129], ou seja, os incisos II e III do art. 485 do CPC, (o processo ficar parado durante mais de 1 ano por negligência das partes; por não promover os atos e as diligências que lhe incumbir, o autor abandonar a causa por mais de 30 dias)[130], não há a

---

Passo; CRAMER, Ronaldo (Coord.). **Comentários ao novo Código de Processo Civil.** Rio de Janeiro: Forense, 2015. p. 681.

127 Sobre a inviabilidade do mérito se a decisão for pela inadmissibilidade por falta de pressupostos processuais: "Há dependência, também, do capítulo portador do julgamento de mérito, em relação ao que decide sobre admissibilidade desse julgamento: não se chega àquele, caso o julgamento contido neste seja de teor negativo." DINAMARCO, Cândido Rangel. **Capítulos de sentença.** 3ª. ed. São Paulo: Malheiros, 2008. p. 44.

128 O abandono somente se configura com a devida intimação para manifestação do autor, pessoalmente: "determina a intimação pessoal da parte para suprir a falta no prazo de quarenta e oito horas e somente após tal intimação é que poderá o juiz extinguir o processo por inércia do autor. No prazo de quarenta e oito horas poderá o autor não só suprir a falta, como também justificar o motivo pelo qual não praticou o ato." SOUZA, Paulo Roberto Pereira de. Abandono da causa. **Revista de Processo.** Vol. 24, Ano 6, p. 117-136, São Paulo: Ed. RT, Out/Dez/1981. p. 125.

129 O autor deve controlar o seu direito material e ter a qualidade decisiva sobre a sua atuação: "Isso significa que o litigante tem *full control* sobre o seu direito material e as suas respectivas garantias processuais e, outrossim, bem revela o poder da parte de livre escolha para o exercício ou não exercício destas prerrogativas." TUCCI, José Roberto Cruz e. **Comentários ao novo código de processo civil: artigos 485 ao 538.** Coords: MARINONI, Luiz Guilherme; ARENHART, Sérgio Cruz; MITIDIERO, Daniel. 1ª ed., São Paulo: Ed. RT, 2016. p. 39.

130 "O inciso III, aliás, se distingue do inciso II na medida em que naquele a omissão se refere a atos de diligências específicas que constituem ônus do autor, como ocorre com a citação. Daí a exigência de que haja prazo específico em curso imposto ao autor." FREIRE, Alexandre; RAMOS NETO, Newton Pereira. Comentário ao art. 485. STRECK,

possibilidade de decisão parcial, uma vez esses atos ou omissões do autor[131] maculariam o processo como um todo, possibilitando a prolação de uma sentença sem mérito[132], não de uma decisão parcial. Evidentemente que o juízo pode determinar emendas ou correções específicas de cada pedido ou relação jurídica. Contudo, a omissão pertinente a esse ponto, diante dessas hipóteses, levaria a decisão parcial sem mérito por outro motivo, pela incorreção ou vício anterior, não a própria desídia.

Para tanto, pertinente o entendimento de que cada hipótese descrita nesses artigos supracitados pode servir de subsídio para a prolação de uma sentença extintiva sem mérito, contudo é importante o enfrentamento de cada hipótese para ciência se cabe ou não a prolação de uma decisão parcial sem mérito.

4.3.4.1 O indeferimento parcial da inicial

Ao receber a petição inicial, o juízo deve realizar uma análise perfunctória sobre a peça que inicia a demanda, com a verificação preliminar da presença dos pressupostos processuais inerentes à proposição. Nesse momento, por essa análise, há diferentes consequências processuais para o andamento da demanda, dependendo do resultado da análise do juízo.

Se dessa análise sobrevier o resultado mais esperado, o mais perfeito, diante de uma inicial com todas as informações e pressupostos preenchidos, será dado o deferimento da inicial e o devido prosseguimento, com a determinação da citação do réu. Se algum dos pressupostos processuais ou requisitos da inicial estiverem lacunosos, é possível o aditamento ou emenda da inicial para que se realize a complementação ou correção de eventual vício.

O intuito de eventual pedido de aditamento ou correção provém da realização pelo autor da diligência ou providência faltante, para o posterior

---

Lenio. **Comentários ao código de processo civil.** 11ª. ed. São Paulo: Saraiva, 2016. p. 700.

131 A omissão ou abandono do autor deverá ser condizente com o transcorrer da demanda e a sua essencialidade, sem ser por qualquer motivo para sua extinção. Algum prazo interlocutório, ao não ser cumprido, pode gerar somente a preclusão daquele momento, sem prejuízo à demanda como um todo. "De salientar-se, no entanto, que em algumas hipóteses a omissão do demandante afigura-se completamente irrelevante para o prosseguimento do processo. (...) A inércia, nesta hipótese, simplesmente torna prejudicada a diligência e o processo segue o seu curso, em detrimento do direito do próprio autor." TUCCI, José Roberto Cruz e. **Comentários ao novo código de processo civil: artigos 485 ao 538.** Coords: MARINONI, Luiz Guilherme; ARENHART, Sérgio Cruz; MITIDIERO, Daniel. 1ª ed., São Paulo: Ed. RT, 2016. p. 47.

132 Súmula nº. 240 do STJ: A extinção do processo, por abandono da causa pelo autor, depende de requerimento do réu.

deferimento da inicial, dada a impossibilidade direta de prosseguir pela existência de algum vício sanável. Com a intimação do autor para adequar o vício ou falta de requisito, tendo este um prazo de quinze dias para manifestar-se e, cumprindo tal determinação, o juízo defere a inicial, com o prosseguimento do processo[133].

Por outro lado, caso não seja possível o deferimento da inicial, ou concedido o prazo para adequação e correção sem nenhuma manifestação, o juízo deve indeferir a peça inicial, prolatando uma sentença sem analisar o mérito, extinguindo, desde logo, o processo[134].

A petição inicial é um dos pressupostos processuais, afinal para que se postule em juízo necessita de um peticionamento válido para tanto, se houver vícios na petição inicial, naturalmente, há um vício que deve ser corrigido para a tramitação regular do processo. O próprio art. 330 do CPC delineia em quais as possibilidades que o juízo deve indeferir a inicial, listando-as: *for inepta; a parte for manifestamente ilegítima; o autor carecer de interesse processual; não atendidas as prescrições dos arts. 106 e 321.*

Em qualquer uma dessas hipóteses é possível, pelo juízo, o indeferimento da inicial[135].

---

133 "Estando em termos a petição inicial (...) ou já tendo sido supridas as falhas ou corrigidos os defeitos e irregularidades (...), o juiz deferirá o requerimento de citação do réu." BARBOSA MOREIRA, José Carlos. **O novo processo civil brasileiro.** 20ª. ed. Rio de Janeiro: Forense, 2000. p. 25.

134 No tocante ao indeferimento da inicial, este, se total ou parcial, deve ser no início da demanda, com a análise perfunctória, mediante o ato postulatório inicial, com os subsídios concedidos pelo autor. Todavia, não é limitado que o vício que pode motivar o indeferimento da inicial nessa análise preliminar seja somente desta fase, se o vício somente for percebido posteriormente, a decisão – total ou parcial – será possível, contudo não por indeferimento da inicial, mas igualmente sem mérito: "O indeferimento da petição inicial somente ocorre no início do processo: só há indeferimento liminar antes da ouvida do réu. Após a citação, o juiz não mais poderá indeferir a petição inicial, de resto já admitida, devendo, se vier a acolher alguma alegação do réu, extinguir o feito por outro motivo (NERY JR.; NERY, 2012, p. 647; Figueira JR., 2001, p. 162-163). A inépcia, por exemplo, pode ser reconhecida a qualquer tempo, mesmo após a contestação, mas, nesse caso, não implicará indeferimento da petição, e, sim, extinção do processo sem análise do mérito com base no art. 485, IV, CPC." DIDIER JR., Fredie. Comentários ao art. 485. In: CABRAL, Antônio do Passo; CRAMER, Ronaldo (Coord.). **Comentários ao novo Código de Processo Civil**. Rio de Janeiro: Forense, 2015. p. 675.

135 Barbosa Moreira separava o indeferimento em ordem formal, o de inadmissibilidade da ação e o indeferimento em motivo de mérito. A distinção era por causa das formalidades e pressupostos da própria petição, no primeiro caso, da carência de ação, no segundo, e da possibilidade de analisar a prescrição e decadência, no último. Sobre este último, o julgamento foi para a improcedência liminar do pedido, o que não será enquadrado como indeferimento (e não já era a partir do art. 285-A do CPC/83). Sobre a

No entanto, a questão pertinente será se a inicial pode ser indeferida de modo parcial[136], gerando, portanto, uma decisão parcial sem resolução de mérito. Obviamente essa decisão parcial somente seria possível se houver um processo objetivamente complexo, com a possibilidade de cisão cognitiva e fracionamento decisório, nessa situação, sem resolução de mérito.

Nessa hipótese, o juízo deve deferir uma parcela da inicial ou da matéria ali inserta e, consequentemente, indeferir outra parcela, com um deferimento parcial e, também um indeferimento parcial, com uma extinção parcial da demanda, utilizando o art. 354, parágrafo único do CPC.

O primeiro dos motivos para o indeferimento da inicial é a inépcia da inicial[137].

---

inadmissibilidade da ação, seria a falta de condição da ação, o que era uma visão sobre a existência destas no processo, numa teoria eclética da ação, o que, a nossa entender, não foi recepcionada pelo novel ordenamento, sendo estas insertas aos pressupostos processuais." BARBOSA MOREIRA, José Carlos. **O novo processo civil brasileiro.** 20°. ed. Rio de Janeiro: Forense, 2000. p. 23/24.

136 Ainda no CPC/73, sobre o indeferimento da inicial, Barbosa Moreira já entendia como possível o indeferimento parcial, ou seja, uma decisão parcial sem mérito quando houvesse a cumulação: "O indeferimento pode ser total ou parcial. Será parcial, em havendo cumulação de pedidos, quando: a) só em relação a um ou a alguns dos pedidos cumulados ocorra qualquer das razões acima (...); b) o órgão judicial seja absolutamente incompetente quanto a um ou alguns dos pedidos; c) a própria cumulação seja impossível, porque aos dois ou mais pedidos deveriam corresponder tantos procedimentos diversos, mas o autor os formula em conjunto apesar de não os reduzir todos ao ordinário." BARBOSA MOREIRA, José Carlos. **O novo processo civil brasileiro.** 20°. ed. Rio de Janeiro: Forense, 2000. p. 25.

137 Nas palavras de Medina, a inépcia tem relação com a impossibilidade da petição veicular o que se pretende, com a identificação de sua condição para tanto, ou seja, mediante a interligação entre o pedido e uma narrativa de causa de pedir lógica: "Inepta é, literalmente, a petição não apta a veicular aquilo que se pede. Os requisitos processuais são funcionais (sobre função do ato processual, cf. comentário ao art. 188 do CPC/2015). A petição inicial realiza sua função quando o órgão jurisdicional depreende qual a prestação que deve realizar e o réu identifica aquilo em relação a que deve responder e se defender. É apta a petição que atinge esses objetivos (cf. STJ, AgRg no REsp 1346588/DF, rel. Min. Arnaldo Esteves Lima, Corte Especial, DJe 17.03.2014)." MEDINA, José Miguel Garcia. **Novo código de processo civil comentado.** 2ª ed. São Paulo: Ed. RT, 2015. p. 339. No mesmo sentido, Aurelli: Como se observa, não são quaisquer causas de vícios com relação a petição inicial que acarretam a inépcia. Veja-se que as causas de inépcia se referem exclusivamente a defeitos com relação ao pedido ou a causa de pedir." AURELLI, Arlete Inês. Comentário ao art. 330. **Novo código de processo civil comentado – Tomo II (art. 318 ao art. 770).** Orgs: RIBEIRO, Sergio Luiz Almeida; GOUVEIA FILHO, Roberto Pinheiro Campos; PANTALEÃO, Izabel Cristina; GOUVEIA, Lucio Grassi de. São Paulo: Lualri, 2017. p. 41.

O próprio ordenamento estipula quando a inicial será inepta, no art. 330, § 1º do CPC: *(i) lhe faltar pedido ou causa de pedir; (ii) o pedido for indeterminado, ressalvadas as hipóteses legais em que se permite o pedido genérico; (iii) da narração dos fatos não decorrer logicamente a conclusão; (iv) contiver pedidos incompatíveis entre si.*

A primeira hipótese divide-se em dois vícios diferentes: *faltar pedido; ou faltar causa de pedir.*

Evidentemente que são vícios que impossibilitam a petição inicial de expressar a pretensão da demanda, contudo são vícios diferentes, apesar de ambos chegarem na mesma inviabilidade da petição[138].

O primeiro vício consiste na ausência de pedido na lide, o que ensejaria uma petição inicial incompleta, com a necessidade de aditamento e, após intimação e eventual inércia do autor, o indeferimento da inicial. O pedido é fundamental[139] para a própria existência da demanda e da inicial. O pedido consiste na delimitação da pretensão do autor em juízo, formulando de modo claro e conciso o bem jurídico almejado e, também, a espécie de decisão judicial que almeja.

Não há como uma inicial conter toda a sua causa de pedir[140], com narrativa fático-jurídica sem alcançar uma conclusão lógica, um pedido final correspondente ao que se narrou. Sem esse pedido, não há delimitação do mérito, não

---

138 Os dois em conjunto formam o objeto do processo: "Objeto do processo é o conjunto de todo o material lógico que o espírito do juiz capta e elabora de modo a saber: se julgará o mérito e como julgará." DINAMARCO, Cândido Rangel. **Instituições de direito processual civil.** Vol. II 6ª ed. São Paulo: Malheiros, 2009. p. 182.

139 "Através da demanda, formula a parte um pedido, cujo teor determina o objeto do litígio e, consequentemente, o âmbito dentro do qual toca ao órgão judicial decidir a lide. (...) Ao ajuizar a demanda, pede o autor ao órgão judicial que tome determinada providência, declare a existência ou inexistência de uma relação jurídica, anule este ou aquele ato jurídico, condene o réu a pagar tal ou qual importância, a partir ou deixar de prato certo ato, etc." BARBOSA MOREIRA, José Carlos. **O novo processo civil brasileiro**. 20º. ed. Rio de Janeiro: Forense, 2000. p. 10.

140 "O pedido tem um fundamento, que é a causa de pedir. E compõe-se de dois elementos: o provimento jurisdicional de determinada espécie (elemento força ou elemento condicionante), que pode ser declaratório, constitutivo, condenatório, executivo ou cautelar, e o bem jurídico-material que lhe é consequente (elemento efeito ou condicionado), ou seja, o chamado bem da vida. Empregamos o termo elemento no sentido da parte constitutiva do pedido, ou pretensão processual, e continuaremos acolhendo a denominação encontradiça nos autores, de objeto imediato e objeto mediato." CARVALHO, Milton Paulo de. **Do pedido no processo civil.** Porto Alegre: Sérgio Antonio Fabris, 1992. p. 103.

há o delinear do que o art. 141 do CPC[141] dispõe, sem vincular o juízo sobre os limites do objeto litigioso do processo.

Por outro lado, na análise do segundo vício da primeira hipótese de inépcia, cada pedido constante na inicial deve existir em relação a uma causa de pedir[142], as razões jurídicas que constituem o direito que se pleiteia.

Desse modo, a causa de pedir está no plano do conjunto da narrativa fático-jurídica[143] a ser feita pelo autor para basear os fatos e fundamentos do seu pedido[144], com todo o delineamento da conjuntura das questões de fato e de direito[145] inerente à pretensão posta ao juízo. Não há como uma inicial conter um pedido sem a construção narrativa da causa pelo qual é pertinente o pedido.

Este não pode existir sem o suporte do caso em concreto que o motiva[146].

Sem constar um pedido na inicial, o juízo deve intimar a parte a fazê-lo corretamente e, de igual maneira, sobre a causa de pedir, se a inicial não contiver uma narrativa fático-jurídica, deve igualmente ter a intimação para esse

---

141 Como delimitar a demanda sem o pedido? "Chama-se pedido à manifestação processual da pretensão, isto é, o ato pelo qual o demandante declara, perante o juízo, o resultado que pretende obter com o processo. Incumbe ao autor, na petição inicial, deduzir tanto o pedido *imediato* (isto é, o provimento jurisdicional postulado) como o *mediato* (ou seja, o bem da vida que através do processo pretende obter)." CÂMARA. Alexandre Freitas. **O novo processo civil brasileiro.** 4ª ed. São Paulo: Atlas, 2018. p. 188.

142 "Todo pedido tem uma causa. Identificar a *causa petendi* é responder à pergunta: por que o autor pede tal providência? Ou, em outras palavras: qual o fundamento de sua pretensão? Constitui-se a causa petendi do fato ou do conjunto de fatos a que o autor atribui a produção do efeito jurídico por ele visado." BARBOSA MOREIRA, José Carlos. **O novo processo civil brasileiro.** 20º. ed. Rio de Janeiro: Forense, 2000. p. 15.

143 "em geral, o suporte fático é constituído por vários fatos. Esses fatos, que são transportados para o mundo jurídico por força da incidência, constituem o fato jurídico." MELLO, Marcos Bernardes de. **Teoria do fato jurídico.** 1ª. ed. São Paulo: Saraiva, 2000. p. 54/55.

144 "Anote- se que a petição inicial deve conter, como exigência formal mínima, além da explícita referência às partes, a indicação da causa de pedir e do pedido." TUCCI, José Rogério Cruz e. Reflexões sobre a cumulação subsidiária de pedidos. **Revista dos Tribunais (São Paulo).** Vol. 786, p. 57-67, Abril/2001. p. 57.

145 Na visão de Tucci: "O objeto litigioso também alcança a causa de pedir." TUCCI, José Rogério Cruz e. **A *causa petendi* no processo civil.** 3ª. ed. São Paulo: Ed. RT, 2009. p. 131.

146 "a causa de pedir é elemento essencial da ação, pois revela a conexão entre o provimento jurisdicional pleiteado pelo autor e a pretensão por ele formulada." BEDAQUE, José Rogério dos Santos. Os elementos objetivos da demanda examinados a luz do contraditório. **Causa de Pedir e Pedido no processo civil (questões polêmicas).** Coords: TUCCI, José Rogégio Cruz e; BEDAQUE, José Roberto dos Santos. São Paulo: Ed. RT, 2002. p. 29/30.

esclarecimento e correção. Após a intimação para qualquer desses vícios e a manutenção da ausência, a inicial deve ser indeferida por inépcia.

Numa hipótese de uma inépcia parcial da petição inicial, apesar da existência de uma narrativa fático-jurídica de um ponto descrito sem um pedido correspondente ou vice-versa, um pedido realizado sem a causa de pedir exposta, o juízo defere a parcela da inicial que for possível e extingue a outra que não constar pedido ou causa de pedir. Todavia, é complexa essa hipótese de inépcia inicial, pelo fato de que a leitura da própria peça deve ser de modo minucioso para interligar cada causa de pedir a cada pedido e deixar clara essa interligação ou, no presente caso, a falta de interligação, pela ausência de pedido ou causa de pedir parcial.

Mas, é plenamente possível que a inépcia da inicial por falta de pedido ou causa de pedir seja de modo parcial, numa decisão parcial sem resolução de mérito, o deferimento do pedido que tiver em conformidade e a extinção daquele que continuar inepto.

A segunda hipótese de inépcia será pela necessidade do pedido ser certo[147] e determinado[148] e quando na inicial assim não for, ressalvados os casos excepcionais que a lei possibilita a forma indeterminada[149-150], o juízo deve determinar

147 "A certeza diz respeito à clareza do pedido, que deve ser expresso, não se admitindo pedido implícito [salvo as exceções legais], tanto no tocante ao tipo de provimento almejado (pedido imediato) como qual o bem da vida se espera obter (pedido mediato)." WAMBIER, Luiz Rodrigues; TALAMINI, Eduardo. **Curso avançado de processo civil.** vol. 2, 5ª. ed. São Paulo: Ed. RT, 2016. p. 385.

148 Já a determinação refere-se aos limites daquilo que o autor pretende, demonstrando sua extensão. O pedido deve ser determinado, ou ao menos determinável." WAMBIER, Luiz Rodrigues; TALAMINI, Eduardo. **Curso avançado de processo civil.** vol. 2, 5a. ed. São Paulo: Ed. RT, 2016. p. 385.

149 Sobre a conceituação de pedido genérico: "aquele em que não se determina o objeto mediato, sendo imprescindível a certeza e a determinação do objeto imediato" CARVALHO, Milton Paulo de. **Do pedido no processo civil.** Porto Alegre: Sérgio Antonio Fabris, 1992. p. 103.

150 No tocante aos pedidos genéricos e as suas possibilidades hipotéticas: "No entanto, o § 1º do art. 324 do CPC prevê taxativamente que é lícito formular pedido genérico (certo, porém, determinável) em relação a pedido mediato (bem da vida pretendido), nas seguintes hipóteses (i) nas ações universais, se o autor não puder individuar os bens demandados, sendo um exemplo o caso de inventário no qual não se tem ciência da totalidade de bens que compõem o patrimônio, sendo por isso autorizada a formulação de peido genérico; (ii) quando não for possível determinar, desde logo, as consequências do ato ou do fato, ocorrendo, por exemplo, nas ações de reparação de danos morais, nas quais, em regra, o autor faz uma estimativa de valores, mas fica a cargo do julgador o arbitramento do quantum indenizatório, levando em conta os elementos probatórios .da causa; (iii) quando a determinação do objeto ou do valor

a emenda para a adequação desse pedido e, no prazo estipulado, se o autor não emendar a inicial, com a determinação do pedido, a petição será inepta, culminando no indeferimento da mesma. Sem a determinação no pedido, não há como ter uma resposta jurisdicional sobre um pedido que seja genérico em hipóteses em que a lei assim não permite.

Se na inicial houver mais de um pedido e essa indeterminação for somente em um, a intimação para a emenda será específica para o pedido indeterminado ser corrigido, o que pode gerar, em caso de inércia do autor, a inépcia parcial e, consequentemente, o indeferimento parcial da petição inicial, com extinção sobre essa parcela do processo e continuidade das demais.

A terceira hipótese de inépcia consiste em falta de clareza e precisão na narrativa fático-jurídica, sem uma coerência lógica conclusiva do que ocorreu. Sem uma construção das questões de fato e de direito de modo entendível por quem fará a leitura, não há como deferir a inicial, com a necessidade, portanto, de emenda para esclarecimento e melhor construção da narrativa e, caso permaneça tal vício, com ou sem manifestação do autor, o juízo deve indeferir a inicial por inépcia.

A petição inicial deve conter a narrativa das questões de fato e de direito que culminem numa conclusão lógica de um caso em concreto que chegue numa subsunção de uma norma jurídica a ser utilizada para uma determinada pretensão ou pedido. Mas, pode essa inépcia ser parcial? Somente sobre algumas questões de fato? A resposta tende a ser positiva, com a visão de que se parte da narrativa consegue ser clara e coerente para um dos pedidos, diante da construção do entendimento de que o restante das questões de fato e direito que não foram expostas de modo claro são atinentes a outro pedido, com a possibilidade de separar as interligações entre cada pedido e cada causa de pedir narrada[151].

Se for possível essa separação entre as questões de fato e a construção narrativa de cada pedido, a inépcia pode ser parcial, contudo se as questões de fato interliguem os pedidos na demanda, evidentemente que a inépcia parcial não será possível, com a necessidade da medição, pelo juízo, do impacto daquela construção mal realizada em cada pedido.

Todavia, é difícil entender que haja uma análise minuciosa e relacional entre uma determinada questão de fato estar bem delineada e outra questão não. Geralmente, as intimações para a emenda, nessa hipótese, são atinentes a uma melhora da descrição fática como um todo, mas cumpre salientar que o juízo

---

da condenação depender de ato que deva ser praticado pelo réu, sendo o caso, por exemplo, das ações de prestação de contas, cujo valor eventualmente devido a quem tem o direito de exigir somente será definido quando o réu realizar a prestação das contas." THAMAY, Rennan Faria Kruger. **Manual de direito processual civil.** 1ª. ed. São Paulo: Saraiva, 2018. p. 264.

151 Nessa hipótese haveria uma independência sobre as questões de fato da demanda.

deve cooperar para delinear o que está mal construído e não entendível, caso seja somente uma parcela da construção fática, que pronunciamento judicial seja específico e cooperativo nesses moldes.

A quarta hipótese de inépcia está na existência de pedidos incompatíveis entre si, o que torna impossível a continuidade da demanda com essa complexidade. No entanto, para causar uma inépcia da inicial, os pedidos devem ser incompatíveis numa cumulação própria, aquela que visa a obtenção de procedência de todos os pedidos, o que não ocorre na cumulação imprópria, quando houver pleito pela alternatividade[152], o que não levaria à inépcia, justamente pela incompatibilidade soar como a possibilidade um dos pedidos em detrimento do outro[153].

Se dois pedidos ou mais forem incompatíveis, o juízo deve intimar o autor para adequar a demanda e escolher entre os pedidos, sob pena de indeferimento da inicial por inépcia. Mas, nesse caso, haveria a possibilidade de inépcia parcial e extinção parcial? Somente seria possível se o juízo optasse pelo deferimento da inicial por um pedido e a extinção de outro pedido, o que geraria um deferimento parcial e, consequentemente, um indeferimento parcial também, contudo essa escolha deve ficar a critério do autor, mediante intimação para que se proceda a escolha.

Há, também, uma nova hipótese de inépcia, na dicção do art. 330, §§ 2º e 3º do CPC, quando a ação discorrer sobre revisão de obrigação de empréstimo, contém a necessidade de depósito, pelo autor, dos valores que entenda como incontroversos. O valor que o autor indicar como incontroverso em ação de discussão ou revisão de empréstimo deve ser depositado, se em única parcela as vencidas e, se ainda contiver na relação jurídica vincendas, deve continuar a ser depositado mensalmente.

Em ambos os casos, se houver descumprimento, em qualquer momento do processo importará em inépcia da inicial, caso seja instado a proceder o depósito faltante e quedar-se inerte. Se a demanda contiver outros pedidos, o juízo somente indeferirá a petição inicial quanto a esse pedido que versar sobre revisão de obrigação de empréstimo, mantendo o trâmite quanto aos demais

152 Para Assis, não existe cúmulo de ações no pedido alternativo, por ser um ou outro a ser considerado. "inexiste cúmulo de ações no pedido alternativo." ASSIS, Araken de. **Cumulação de ações.** 4ª ed. São Paulo, Ed. RT, 2002. p. 242.

153 Nessa hipótese considera-se uma cumulação de ações, o que leva ser uma ação a ser julgada ou outra: "alternativo, quando a parte requer a procedência de um ou de outro pedido, sendo as pretensões equivalentes, ou seja, a parte não manifesta preferência por quaisquer delas." NOGUEIRA, Gláucia Assalin. **O julgamento parcial: possibilidade de cisão do julgamento de mérito relativamente à parte incontroversa da demanda**. São Paulo, SP, 2009. 191 p. Dissertação (Mestrado). Universidade de São Paulo. Programa de Pós-Graduação em Direito. p. 83.

pedidos, gerando, dessa maneira, uma decisão parcial sem mérito, com o indeferimento parcial da inicial.

Outros motivos de indeferimento da inicial são pela falta de interesse de agir ou legitimidade, contudo esse ponto será enfrentado quando for realizada a análise além da sua possibilidade na petição inicial, por ser um ponto específico e autônomo do art. 485, VI do CPC[154].

A última hipótese de indeferimento da inicial consiste no atendimento de comandos judiciais para a emenda à inicial, seja para o advogado, de acordo com o art. 106 do CPC, regularizar a sua demanda em causa própria, sua inscrição, nome da sociedade de advocacia, endereço para recebimento das intimações, alteração de endereço, dentre outras obrigações da capacidade postulatória[155].

Qualquer uma dessas irregularidades levará, no tocante ao advogado, ao indeferimento integral da inicial, com a extinção, sem a possibilidade de maneira parcial.

Outro ponto atinente a esse indeferimento, está no preenchimento dos requisitos da inicial previstos nos arts. 319 e 320 do CPC[156].

O primeiro dispositivo delineia os requisitos para a confecção da própria peça inicial, já no subsequente está a necessidade de que todos os documentos indispensáveis para a propositura da ação estejam anexados à petição inicial, bem como aqueles que o autor entenda como substancial para a demonstração dos fatos constitutivos do direito deste.

Na falta de algum dos requisitos da petição inicial atinentes ao art. 319 do CPC, é possível a correção, com a intimação para emenda da peça. Caso o autor permaneça em inércia[157], haverá a extinção da demanda com o indeferi-

---

154 A inclusão desse inciso como sentença sem mérito, sem o termo carência de ação, nos parece que a categoria condições da ação foi extinta do ordenamento brasileiro, incluindo legitimidade e interesse como pressupostos processuais.

155 BARBOSA MOREIRA, José Carlos. **O novo processo civil brasileiro.** 20°. ed. Rio de Janeiro: Forense, 2000. p. 23/24.

156 A construção da petição inicial deve cumprir os requisitos tanto internos, da sua própria constituição, quanto aos externos, dos documentos essenciais. "Esta, que constitui o primeiro ato postulatório do processo, deve ser construída à luz do modelo estabelecido nos arts. 319 e 320 do CPC. Caso contrário, ou seja, se a petição inicial não estiver em termos para ser admitida, seja do ponto de vista lógico, seja sob o aspecto técnico, deverá ser indeferida." TUCCI, José Roberto Cruz e. **Comentários ao novo código de processo civil: artigos 485 ao 538.** Coords: MARINONI, Luiz Guilherme; ARENHART, Sérgio Cruz; MITIDIERO, Daniel. 1ª ed., São Paulo: Ed. RT, 2016. p. 38.

157 Sobre a necessidade do cumprimento dos requisitos da inicial e a possibilidade de emenda, diante da sanabilidade: "Destarte, o juiz, ao verificar que a petição inicial não preenche os requisitos dos arts. 319 e 320, bem como os demais referidos, ou que apresenta defeitos e irregularidades capazes de dificultar o julgamento de méri-

mento da inicial. Mas, há a possibilidade de que haja um indeferimento parcial por descumprimento do art. 319 do CPC? Em determinados vícios não, como o endereçamento incorreto, a falta de informações das partes, pelo fato de que estes viciam a petição como um todo. Já a ausência de narrativa de questões de fato e os fundamentos jurídicos do pedido, o pedido com as suas especificações e o valor da causa seriam hipóteses que poderiam gerar uma extinção parcial, com o deferimento de parcela da inicial e o indeferimento de outra.

Sobre o art. 320, no tocante aos documentos indispensáveis e substanciais, somente a falta dos primeiros que ensejam um indeferimento da inicial, dependendo de cada espécie de demanda para que se possa ter a noção, ao certo, de qual serão os documentos indispensáveis. Por exemplo, numa ação de divórcio, a certidão de casamento é indispensável; numa ação de direito real, o registro do imóvel ou matrícula; etc.

Se a ausência de documento indispensável for sobre um dos pedidos somente e a demanda puder prosseguir em relação a outro pedido, sem afetar este pela ausência deste documento, há a possibilidade de indeferimento parcial da inicial, com a extinção igualmente parcial, o que gera uma decisão parcial sem mérito.

4.3.4.2 A ausência de pressupostos de constituição e de desenvolvimento válido e regular do processo

Se um processo estiver com ausência de pressupostos de constituição e de desenvolvimento válido e regular do processo pode ensejar a prolação de uma sentença sem o julgamento do mérito, meramente extintiva.

Os pressupostos[158] de constituição e de desenvolvimento válido e regular do processo dividem-se entre aqueles de existência e de validade. Os de

to, determinará que o autor, no prazo de 15 (quinze) dias, a emende ou a complete, indicando com precisão o que deve ser corrigido ou completado, assim como preceitua o art. 321 do CPC. Caso não haja a referida emenda para corrigir ou completar aquilo que falta, o juiz indeferirá a petição inicial" THAMAY, Rennan Faria Kruger. **Manual de direito processual civil.** 1ª. ed. São Paulo: Saraiva, 2018. p. 263.

158 "A terminologia merece uma correção técnica. Pressuposto é aquilo que precede ao ato e se coloca como elemento indispensável para a sua existência jurídica; requisito é tudo quanto integra a estrutura do ato e diz respeito à sua validade. Assim, é mais técnico falar em requisitos de validade, em vez de "pressupostos de validade". Pressupostos processuais é denominação que se deveria reservar apenas aos pressupostos de existência (CARVALHO, 2005). Sucede que "pressupostos processuais" é expressão consagrada na doutrina, na lei (vide o inciso IV do art. 485 do CPC) e na jurisprudência. É possível, assim, falar em "pressupostos processuais" lato sensu, como locução que engloba tanto os requisitos de validade como os pressupostos processuais stricto sensu (somente aqueles concernentes à existência do processo)." DIDIER JR., Fredie.

existência giram em torno de se ter um juízo, partes e uma demanda. Sem esses pressupostos sequer existirá um processo, com a necessidade de preenchimento destes. Todavia, para a extinção do processo diante dessa hipótese do art. 485, IV do CPC, a referência é a ausência de pressupostos de validade, que será a capacidade das partes, a petição apta e citação válida.

A competência do juízo e imparcialidade do juiz também são pressupostos de validade, contudo não têm o condão de extinguir o processo, somente em dilatar a sua tramitação até a determinação correta da competência ou decisão sobre a imparcialidade do juiz, com ou sem a remessa a outro juiz.

Sobre a capacidade das partes, é importante que ambos os polos sejam dotados de capacidade processual, ou seja, a conjunção da capacidade de ser parte[159], capacidade para estar em juízo[160-161] e a capacidade postulatória[162-163].

Comentários ao art. 485. In: CABRAL, Antônio do Passo; CRAMER, Ronaldo (Coord.). **Comentários ao novo Código de Processo Civil.** Rio de Janeiro: Forense, 2015. p. 679.

159 Sobre a capacidade processual: "capacidade de ser parte é a aptidão genérica para que se possa titularizar a pretensão à tutela jurídica. Assim, aquele ente que possui capacidade jurídica pode ser parte de uma relçaão jurídica processual (como autor, réu, terceiro interessado). Trata-se da qualificação subjetiva mínima necessariamente presente nos sujeitos da relação processual. (...) No Brasil, além de pessoas físicas e jurídicas, possuem capacidade de ser parte, entre outros, a sociedade não personificada, o espólio, a massa falida, o condomínio, o nascituro, o Ministério Público." EXPÓSITO, Gabriela. **A capacidade processual da pessoa com deficiência intelectual.** Salvador: Juspodivm, 2019. p. 59.

160 Medina elucida que a capacidade processual "é a aptidão para praticar atos processuais independentemente de assistência e representação, pessoalmente, ou por outras pessoas apontadas pela lei." MEDINA, José Miguel Garcia. **Novo código de processo civil comentado.** 2ª ed. São Paulo: Ed. RT, 2015. p. 83.

161 "A capacidade de estar em juízo, capacidade processual ou capacidade judiciária é a aptidão para a prática de atos processuais independentemente de representação de ou assistência." EXPÓSITO, Gabriela. **A capacidade processual da pessoa com deficiência intelectual.** Salvador: Juspodivm, 2019. p. 63.

162 "a capacidade processual não se confunde com a capacidade postulatória, que é a aptidão que se tem para procurar em juízo." NERY JR., Nelson; NERY, Rosa Maria de Andrade. **Código de processo civil comentado.** 11ª ed., São Paulo: Ed. RT, 2010. p. 200.

163 "Possuem capacidade postulatória: os advogados, os estagiários, os membros do Ministério Público, o magistrado e em alguns casos as partes, como o credor de alimentos e as mulheres para formular a demanda das medidas protetivas de urgência que se alega vítima de violência doméstica e familiar. É importante observar que a capacidade postulatória é requisito de validade do processo em se tratando do autor da demanda. No caso do réu, a capacidade postulatória é apenas requisito de validade dos seus atos." EXPÓSITO, Gabriela. **A capacidade processual da pessoa com deficiência intelectual.** Salvador: Juspodivm, 2019. p. 63.

Esse é o ponto que detém maior atinência a essa hipótese de julgamento sem mérito, pela análise da capacidade da parte, em qualquer dos seus âmbitos. Caso uma das capacidades não esteja totalmente demonstrada, o juízo deve proporcionar o prazo para que haja a regularização da capacidade, como a juntada de uma documentação, a aferição de capacidade da parte, a procuração *ad judicia* ser específica, dentre outras possibilidades.

Se instado a manifestar-se sobre a capacidade das partes e o autor não providenciar a devida regularização[164], o pressuposto da capacidade não será preenchido e o juízo deve prolatar uma sentença sem realizar o exame do mérito.

Se essa falta de capacidade atingir somente uma parte, poderá ser dada uma decisão parcial sem mérito? Esse é um ponto que merece uma análise detalhada, pelo fato de que se houver pluralidade de partes em um dos polos e um incapaz puder ser excluído, com o prosseguimento da demanda, tornando uma decisão parcial sem mérito, essa hipótese estaria mais próxima da exclusão de litisconsorte do que da própria ausência de capacidade, pelo fato de que se o direito a ser pleiteado for realmente dessa parte incapaz ou com vícios na demonstração de sua capacidade, dificilmente seria possível a cisão da lide e uma decisão parcial sem resolução do mérito.

Sobre a petição apta, a própria hipótese do art. 485, I do CPC, quando dispõe sobre a possibilidade do indeferimento da inicial versa sobre a verificação do pressuposto de validade do processo que é a petição inicial apta para proporcionar a instauração da demanda, o que já foi devidamente enfrentado em tópico próprio, com a possibilidade de decisão parcial sem resolução de mérito sobre indeferimento da petição inicial.

Outro desenvolvimento válido e regular do processo seria a citação e a discussão sobre a sua validade ou não. A ausência de citação não poderia ser, *a priori*, empecilho que enseje uma sentença sem resolução de mérito, justamente pelo fato de que haverá a abertura para que o autor se manifeste sobre eventual dificuldade na realização da citação, contudo pode ser que na inércia do autor, o juízo prolate sentença extinguindo o processo. Mas, não seria possível, em regra, uma decisão parcial pela ausência de citação, somente se fosse para deixar de citar um dos réus, como a própria desistência do autor sobre a citação ou continuidade da demanda sobre aquele réu, o que também se confunde com exclusão de litisconsorte, o que é possível.

---

164 A sanabilidade deve ser sempre possibilitada ao autor: "o magistrado deverá determinar ao autor, no prazo de 15 dias, o suprimento do defeito, sob pena de indeferimento da inicial. Assim, se não for ele sanado, ou mesmo inviável a sua correção, o juiz não terá outra alterativa senão a de proferir o julgamento sem resolução do mérito." TUCCI, José Roberto Cruz e. **Comentários ao novo código de processo civil: artigos 485 ao 538.** Coords: MARINONI, Luiz Guilherme; ARENHART, Sérgio Cruz; MITIDIERO, Daniel. 1ª ed., São Paulo: Ed. RT, 2016. p. 49.

Essa questão prévia a ser analisada é uma questão de admissibilidade da própria demanda, sem o preenchimento de pressupostos de constituição ou regular desenvolvimento, com a necessidade de extinção do processo, com excepcionalidades sobre a possibilidade de prolação de uma decisão parcial sem resolução de mérito.

4.3.4.3 A falta de interesse e legitimidade parcial

Uma das análises que o juízo deve realizar será sobre o interesse processual do autor e a legitimidade das partes[165] – tanto ativa quanto passiva.

Sobre o interesse processual, o autor deve preencher a possibilidade e a necessidade de intentar a demanda, com a demonstração do interesse na resolução daquele conflito[166] sobre o qual existe uma pretensão resistida, desenvolvendo

---

165 Parte considerável da doutrina entende que a análise da legitimidade e interesse seria um aspecto próprio e autônomo aos pressupostos processuais, as condições da ação, com base na teoria eclética da ação, conforme a doutrina de Liebman. Todavia, com a retirada da impossibilidade jurídica do pedido e com a visão do CPC/2015 retirando termos como carência de ação, dentre outros, seria um viés de inserir a análise dentro de um binômio de cognição entre pressupostos e mérito. Para quem entende que ainda persiste (ou que sempre existiu) as condições da ação, a análise do interesse processual e legitimidade para a causa estariam num trinômio de cognição entre pressupostos processuais, condições da ação e mérito. Sobre essa divisão entre binômio e trinômio cognitivo: MUSSI, Breno Moreira. As condições da ação e a coisa julgada. **Revista de Processo.** Vol. 45, Ano 12, p. 35-53, São Paulo: Ed. RT, 1987; Sobre essa discussão, ainda no CPC/73, de existência ou não das condições da ação, dois textos antagônicos. Pela inexistência das condições da ação: DIDIER JR., Fredie. Um réquiem às condições da ação. Estudo analítico sobre a existência do instituto. **Revista Forense.** Rio de Janeiro, v. 351, p. 65-82, 2000; NOGUEIRA, Pedro Henrique. O juízo de admissibilidade do processo e as condições da ação: uma releitura a partir da teoria da ação de direito material. **Revista Dialética de Direito Processual.** Vol. 76, p. 93-105, 2009. Em sentido oposto, pela existência e resistência das condições da ação: CÂMARA, Alexandre Freitas. Será o fim da categoria 'condição da ação'? Uma resposta a Fredie Didier Júnior. **Revista de Processo.** Vol. 197, Ano 36, p. 261-269, São Paulo: Ed. RT. 2011. Sobre a retirada da impossibilidade jurídica do pedido como pressuposto processual ou uma das condições da ação: GOUVEIA, Lúcio Grassi de; PEREIRA, Mateus Costa; LUNA, Rafael. (Im) possibilidade jurídica: pedido (de)mérito; estudo de caso. **Revista Brasileira de Direito Processual – RBDPro**. v. 102, p. 299-316, 2018. A posição adotada neste estudo é que a divisão é num binômio cognitivo entre pressupostos processuais e mérito, com essas condições da ação outrora existentes inseridas como análise dos pressupostos, justamente pela inserção no art. 485 do CPC, apesar de entendimentos de que seriam o próprio mérito, o que também convergimos com o entendimento, contudo sem o CPC/2015 adotar tal critério.

166 Ou a necessidade da atividade jurisdicional sem necessariamente conter um conflito, como nas ações declaratórias ou de jurisdição voluntária.

a impossibilidade de solução sem ser em juízo. A necessidade consiste na única resolução possível, com o vislumbre da saída ser pelo Judiciário, já a utilidade está na vinculação da possibilidade de chegar-se ao resultado prático jurídico pretendido pelo autor. Se o juízo entender que falta interesse, seja na forma de necessidade ou utilidade, pode indeferir a inicial, pela ausência deste.

Sobre a legitimidade das partes, o autor deve ser legítimo para o pleito do direito vindicado na demanda, bem como deve indicar um réu que seja igualmente legítimo[167] para responder em juízo pelo objeto litigioso do processo. Se a parte, qualquer delas, em qualquer dos polos, for manifestadamente ilegítima, não guardando relação com a demanda ou com o objeto do processo, o juízo pode julgar pela extinção do processo.

No entanto, em ambos os vícios de admissibilidade do processo, o juízo tem alguns momentos possíveis para que possa realizar tal análise: *(i) no momento do deferimento ou indeferimento da inicial; (ii) ou, em momento posterior, a partir do saneamento; (iii) somente com a prolação da sentença.*

No momento em que recebe a petição inicial[168], o juízo deve analisar o preenchimento de todos os pressupostos processuais, contudo essa análise ainda

---

167 Igualmente excepcionalizando nas hipóteses em que não há necessidade de réu, como na jurisdição voluntária.

168 O momento em que se pode analisar a presença ou não da legitimidade para a causa (tanto do autor, quanto do réu) ou do interesse processual varia, ocorrendo em diversos momentos do processo. Quando essas categorias eram vistas como condição da ação (ao menos pela maioria da doutrina, o que gera resquícios até hoje) tinha-se a dúvida sobre em qual momento e qual o grau de cognição que o juízo deveria ater-se para análise sobre a presença ou não das condições da ação (no CPC/73, interesse de agir, legitimidade para a causa e possibilidade jurídica do pedido). Para tanto, duas teorias se apresentavam sobre o momento e o modo de análise das condições da ação. A primeira teoria era sobre a apresentação, em qualquer momento em que se apresentar a possibilidade de análise sobre as condições da ação, se faltantes, seria consequente uma sentença sem mérito, ainda que fosse na fase de saneamento ou somente posterior à instrução. Por outro lado, na teoria da asserção, somente seria extinguiria um processo sem mérito por falta de condição da ação se a análise fosse pelas assertivas narradas pelo autor na inicial, se houvesse dúvidas e necessitasse de maior esclarecimentos ou instrução, a decisão sobre a carência de ação passaria a ser um julgamento de mérito. No CPC/2015 optou-se pela que não há condição de ação, mas a inclusão definitiva desses itens – interesse e legitimidade – como pressupostos processuais, com a inclusão na análise anterior ao mérito e a qualquer momento, adotando, portanto, uma tendência à teoria da apresentação, como pode ser feita ainda na inicial, indeferindo-a, no saneamento ou somente pós instrução, ainda assim, nos moldes do art. 485 do CPC, será uma sentença sem mérito. Por outro lado, Yarshell, Pereira e Rodrigues entendem que o CPC/2015 manteve a teoria da asserção, com a necessidade de continuarmos numa visão eclética da ação, explicando, para tanto, tal assertiva: "a chamada teoria da asserção procura dar uma solução às dificuldades que existem em se distinguir entre

é perfunctória, somente com a narrativa do autor e os documentos acostados com a inicial. Se, desde logo, o juízo perceber que falta interesse processual ou legitimidade – ativa ou passiva – deve indeferir a inicial. Evidentemente que essa análise, caso não seja possível essa percepção, não é definitiva, até por tratar-se de uma só narrativa, calcada nas alegações do autor constantes na inicial, o que pode importar numa aparência de preenchimento de ambos os pressupostos.

Todavia, a constatação de que falta interesse de agir ou legitimidade de qualquer das partes pode somente se configurar, claramente, para o juízo, em momento posterior ao da análise perfunctória da inicial, o que possibilita que o juízo reexamine tal ponto sobre o aspecto completo do processo, com as argumentações de ambos os lados, com a configuração de um processo em contraditório e que subsidie o juízo com informações pertinentes e completas.

Esse momento pode ser logo após a fase postulatória, no momento do saneamento e organização do processo, com a percepção diante do contraditório

---

condições da ação e mérito. A teoria, que parte da premissa de que condição da ação e o mérito têm na relação de direito material um elemento comum, defende que a verificação das condições da ação em um determinado caso concreto deve ser promovida com fundamento nas afirmativas – ou asserções, daí o nome da teoria – feitas pelo autor na petição inicial, como se verdadeira fossem. A análise da presença das condições da ação, assim, deve ser promovida em cognição sumária, partindo-se das afirmações feitas na petição inicial. Se nesse momento for possível verificar a ausência de interesse processual ou legitimidade, deverá ser proferida sentença terminativa, que extinga o processo sem resolução de mérito. O julgamento realizado posteriormente a esse momento inicial de aferição das condições da ação em cognição sumária – promovida com base nos elementos de fato afirmados pelo autor na propositura da demanda -, que se baseie numa cognição mais ampla, seja pela ótica de sua extensão (levando em conta alegações do réu), seja pela ótica da profundidade (levando em conta elementos da prova trazidos posteriormente ao processo), será de mérito. YARSHELL, Flávio Luiz; PEREIRA, Guilherme Setoguti J.; RODRIGUES, Viviane Siqueira. **Comentários ao novo código de processo civil: artigos 334 ao 368.** Coords: MARINONI, Luiz Guilherme; ARENHART, Sérgio Cruz; MITIDIERO, Daniel. 1ª ed., São Paulo: Ed. RT, 2016. p. 147/148. Silva já tinha posição sobre a inexistência de tais condições da ação ainda no ordenamento revogado, contudo alinhava tais condições para serem tidas como mérito, o que acabou não contemplado pelo CPC/2015: "inexistente uma das 'condições da ação', ele está em verdade declarando a inexistência de uma pretensão acionável do autor contra o réu, estando, pois, a decidir a respeito da pretensão posta em causa pelo autor, para declarar que o agir deste contra o réu – não contra o Estado – é improcedente. E tal sentença é sentença de mérito. A suposição de que a rejeição da demanda por falta de alguma 'condição da ação' não constitua decisão sobre a lide, não fazendo coisa julgada e não impedindo a reproposição da mesma ação, agora pelo verdadeiro legitimado ou contra o réu verdadeiro, parte do falso pressuposto de que a nova ação proposta por outra pessoa, ou pela mesma pessoa que propusera a primeira, agora contra outrem, seria a mesma ação que se frustrara no primeiro processo." SILVA, Ovídio Baptista da. **Curso de Processo Civil.** 3ª ed. Porto Alegre: Sérgio Antonio Fabris, 1996. p. 88.

realizado pelas manifestações do réu, que não há interesse do autor ou legitimidade tanto do autor quanto do próprio réu. Mas, se ainda não for possível, com a necessidade de dilação probatória, tanto para essa resolução quanto para o mérito, a definição sobre esses pontos fica postergada para a sentença, o que impede uma prolação de decisão parcial, nesse caso, em específico.

Nos primeiros casos – análise perfunctória da inicial ou saneamento e organização do processo – há a possibilidade de uma decisão parcial sem resolução de mérito, ou seja, uma decisão que extingua parcela do processo, seja pela ausência de interesse processual em somente um dos pedidos existentes, seja pela ilegitimidade de uma das partes para determinado pedido ou ponto do objeto litigioso do processo ou, ainda, que seja uma parte que possa ser excluída da lide, com a manutenção de outras partes.

Nessas possibilidades, pode-se prolatar uma decisão parcial sem resolução de mérito, com a continuidade do processo no tocante aos outros pontos em que as partes são legítimas ou que contenha interesse processual, caso o processo seja objetivamente complexo.

Especificadamente sobre a falta de interesse processual, não há como conter uma decisão parcial sem resolução de mérito com a extinção de parcela do processo se este for somente com um pedido. Há a possibilidade de uma decisão parcial quando houver cumulação de pedidos pelo autor e for constatada a falta de interesse processual em um dos pedidos, com a mantença, portanto, do processo quanto ao pedido – ou pedidos – sobressalente.

Por outro lado, sobre a constatação de ilegitimidade de uma das partes existem duas hipóteses: *(i) a ilegitimidade para um dos pedidos; (i) ou a ilegitimidade de uma das partes de um polo plúrimo.*

No caso de uma demanda em que haja a constatação de que o autor ou o réu não são legitimados para aquele objeto litigioso do processo, a prolação deve ser de uma sentença sem resolução de mérito, caso o impacto seja na integralidade da demanda. No entanto, é possível de que essa ilegitimidade alcance somente um dos pedidos, o que geraria uma decisão parcial sem resolução de mérito, específica para declarar essa ausência de legitimidade daquela parte para determinada parcela da demanda, com o prosseguimento no restante em que há a constatação de legitimidade.

Por outro lado, há a possibilidade de constatar-se a ilegitimidade de uma das partes de um polo em que haja um litisconsórcio, gerando uma exclusão de litisconsorte, o que também é uma constatação de ilegitimidade ativa ou passiva.

Nesse ponto, ao declarar que determinada parte é ilegítima para prosseguir na lide, há uma decisão parcial sem resolução de mérito[169], contudo, há,

169 A coisa julgada formada por essa decisão sem mérito, seja pela falta de interesse ou pela falta de legitimidade não permite a repropositção da mesma demanda, nos mesmos moldes, pelo fato de que o autor, numa futura demanda, ainda que somente

igualmente, a continuidade da tramitação processual sobre as partes que foram consideradas como legítimas para o prosseguimento da demanda.

4.3.4.4 A perempção, a coisa julgada e litispendência parciais

Nessa hipótese de sentença sem julgamento de mérito, os motivos são exatamente a ocorrência de um pressuposto negativo de admissibilidade pelo autor da demanda. Esses pressupostos trabalham em modo inverso do usual, com a necessidade de que não estejam presentes na demanda para que esta seja válida.

Ou seja, não poderá, nos moldes dos arts. 337 e 485 do CPC, uma demanda conter perempção, litispendência e coisa julgada. Se uma demanda contiver qualquer um destes institutos, a sentença de extinção será medida que se impõe, contudo se for somente imputada à parcela do processo, com o não enquadramento no restante da discussão material tida como objeto litigioso do processo, evidentemente que a extinção não alcançará a integralidade do processo, mas somente o que for impactado pelo pressuposto processual negativo, prolatando-se, consequencialmente, uma decisão parcial sem resolução de mérito[170].

---

sobre o que se decidiu parcialmente, deve corrigir o que foi declarado como equivocado, ou seja, deve intentar contra a parte correta, se foi ilegitimidade passiva ou deixar que o autor correto intente, se foi legitimidade ativa. O mesmo ocorre com o decidido sobre o interesse processual e sua ausência. Desse modo, a coisa julgada formada é meramente processual, contudo com a visão de que impede a reproposição da demanda. No entanto, Mourão soluciona a questão com a sua proposição a coisa julgada formal teria uma nova concepção, a qual certamente merece destaque, aduzindo "como a autoridade que torna indiscutível e imutável as decisões de conteúdo processual; coisa julgada material tornaria indiscutível e imutável decisões de mérito; coisa julgada formal e coisa julgada material projetam-se para fora do processo em que a decisão fora proferida; não haveria distinção entre elas; a distinção seria entre os respectivos objetos." MOURÃO, Luiz Eduardo Ribeiro. **Coisa julgada.** Belo Horizonte: Fórum, 2006. p. 107/108. Nestes moldes, apesar de ser uma decisão parcial que ensejou um julgamento sem mérito, pelo fato de que o art. 485 do CPC assim visualiza, não permite a reproposição dessa parcela da demanda nos mesmos moldes: "a coisa julgada formal como uma situação jurídica que se caracteriza pela proibição de repetição, do exercício da mesma atividade jurisdicional, sobre decisão terminativa, pelas mesmas partes (e, excepcionalmente, por terceiros), em processos futuros (e nas fases do processo sincrético)." MOURÃO, Luiz Eduardo Ribeiro. As quatro espécies de coisa julgada no Novo CPC. **Revista Brasileira de Direito Processual – RBDPro.** Ano 26, n. 101, p. 247-266, Belo Horizonte, jan/mar/2018. p. 257.

170 Sobre a possibilidade dos pressupostos processuais negativos inviabilizarem somente parcela da demanda: "Esses fenômenos podem ocorrer em relação a apenas parcela da demanda (litispendência parcial, por exemplo), nos casos de processo cumulativo (com mais de um pedido); nesse caso, não haverá extinção do processo, mas somente o juízo de inadmissibilidade da parcela em que se verificaram a perempção, a litispendência ou

Para o exercício da jurisdição sobre um mesmo objeto, o art. 486, § 3º do CPC dispõe sobre a possibilidade do autor somente intentar por três vezes e se o autor der causa, nessas três vezes, a uma sentença fundada em abandono da causa ou outro motivo de extinção, não poderá propor nova ação contra o réu com o mesmo objeto, ficando-lhe ressalvada, entretanto, a possibilidade de alegar em defesa o seu direito.

Essa é a definição de perempção[171].

Desse modo, se o mesmo autor intentar a mesma demanda por três vezes contra o réu e, em todas o resultado foi por um julgamento sem o exame de mérito, impossibilita que nova – uma quarta ação – seja proposta pelo mesmo objeto, com mesmo pedido e causa de pedir. Se sobrevier esta quarta ação, a perempção estará visível e será um pressuposto processual negativo da admissibilidade a ser constatado e decidido, com a impossibilidade de continuidade do processo.

Evidentemente que a perempção se forma quando a terceira demanda foi julgada sem resolução de mérito, nascendo dali a impossibilidade de proposição de nova ação, não há necessidade da existência de eventual quarta ou mais ações para que haja a perempção. Todavia, se houver nova demanda, nesta conterá a perempção como pressuposto impeditivo, com a necessidade de prolação de uma sentença sem julgamento de mérito, justamente por perempção.

No entanto, se essa perempção impactar somente parcela dessa nova ação, o juízo deve prolatar uma decisão parcial sem resolução de mérito, com a extinção somente dos pontos materiais que são atingidos pela perempção existente e impossibilitados de serem discutidos nessa demanda, com a possibilidade de prosseguimento das outras parcelas materiais que contiverem outros objetos não impactados pela perempção.

Outro pressuposto negativo de admissibilidade do processo é a coisa julgada sobre o objeto de determinada demanda.

A conceituação de coisa julgada está no objeto da decisão realizada ao final do processo, seja uma sentença – em primeiro grau – ou um acórdão ou decisão unipessoal – em Tribunais, sem a interposição de recurso. Uma vez que se decida o objeto litigioso do processo – ou de um dos pedidos – e sobre essa decisão não houver a interposição ou cabimento de um recurso, com a ocorrência

---

a coisa julgada, com o prosseguimento da causa para o julgamento da outra parcela. Mais um exemplo de decisão parcial, como se viu em item precedente." DIDIER JR., Fredie. Comentários ao art. 485. In: CABRAL, Antônio do Passo; CRAMER, Ronaldo (Coord.). **Comentários ao novo Código de Processo Civil**. Rio de Janeiro: Forense, 2015. p. 682.

171 Conceituando perempção: "Dá-se a perempção quando o autor der causa, por três vezes, à extinção do processo por abandono unilateral, caso em que não poderá ele propor novamente a mesma demanda, mas lhe sendo ressalvada a possibilidade de alegar seu direito como defesa (art. 486, § 3º)." CÂMARA. Alexandre Freitas. **O novo processo civil brasileiro.** 4ª ed. São Paulo: Atlas, 2018. p. 264.

do trânsito em julgado, há a formação da coisa julgada[172], com a imutabilidade daquela decisão, com a impossibilidade de discussão e nova decisão sobre aquele ponto ou objeto material.

O art. 502 do CPC conceitua a coisa julgada material pela autoridade que torna imutável e indiscutível a decisão de mérito não mais sujeita a recurso. Ou seja, não há a possibilidade de rediscutir matéria já discutida em processo que teve uma decisão com resolução de mérito transitada em julgado, nos limites, como na dicção do art. 503 do CPC, da questão principal expressamente decidida.

Com a prolação de uma decisão com resolução de mérito em um processo e o seu trânsito em julgado, a imutabilidade alcança aquele conteúdo não podendo se discutir em outro processo entre as mesmas partes e a mesma matéria. Se houver uma nova demanda com essas identidades – partes e objeto, o juízo deve prolatar uma decisão sem o exame do mérito por ocorrência desse pressuposto processual negativo de admissibilidade do processo, extinguindo-a.

Numa próxima demanda, com pluralidade de objetos, com diferentes pedidos, se houver a identidade entre as partes – dessa demanda e daquela transitada em julgado – o juízo deve identificar qual o impacto da coisa julgada sobre o objeto e pedidos dessa demanda, com a prolação de uma decisão parcial sem resolução de mérito nos limites em que houver identidade entre as partes e o objeto desta atual demanda com aquela que transitou em julgado, com o prosseguimento processual da parcela daquilo que não é impactado pela coisa julgada.

A litispendência[173] ocorre, conforme o art. 337, §§ 2º e 3º do CPC, quando houver identidade entre duas demandas em curso, sendo as mesmas partes, a mesma causa de pedir e o mesmo pedido constante em ambas. Para que haja a litispendência precisa da constatação, oficiosa ou pelas partes, da conjunção dos quatro requisitos: *demandas em curso; identidade de partes; causa de pedir; e pedido.*

Se faltar algum desses pontos, não será litispendência.

Por exemplo, se forem as mesmas partes, causa de pedir ou pedido, mas com a comparação a uma demanda já transitada em julgado, o instituto muda para a coisa julgada. Se houver identidade de partes e causa de pedir, mas com pedido diverso, também não será litispendência e sim conexão. Logo, há

172 "Coisa julgada é, pois, a estabilidade da sentença irrecorrível." CÂMARA. Alexandre Freitas. **O novo processo civil brasileiro.** 4ª ed. São Paulo: Atlas, 2018. p. 302.

173 Sobre o duplo significado do brocardo litispendência e a sua utilização de ambos os modos pelo CPC. "é equívoco, podendo significar pendência da causa (que começa a existir quando de sua propositura e se encerra com a sua extinção) ou pressuposto processual negativo verificado na concomitância de processos idênticos (mesma ação)." NEVES, Daniel Amorim Assumpção. **Manual de direito processual civil.** 8a. ed. Volume único. Salvador: Juspodivm, 2016. p. 492.

a necessidade da conjunção de todos os requisitos para que seja litispendência entre duas demandas.

Dessa maneira, se existem dois processos com o mesmo objeto, evidentemente que não deve permanecer nesse estado de duplicidade, com a necessidade de que uma dos processos seja extinto, aquele que foi ajuizado em momento posterior, contudo se o preenchimento das identidades for somente parcial, a consequência será a redução do segundo processo para somente o pedido que não for repetido, com a extinção parcial daquele pedido litispendente[174].

4.3.4.5 O reconhecimento parcial de convenção de arbitragem ou o reconhecimento pelo árbitro da sua competência parcial

É aberto às partes a possibilidade de utilização do instituto da arbitragem para a solução de um conflito, diante da escolha por estas partes por uma jurisdição arbitral[175] em vez da possibilidade da jurisdição estatal.

As partes podem, em um contrato, estipular uma cláusula compromissória de arbitragem ou, posteriormente, um compromisso arbitral, ambos de maneira negocial dispondo que sobre o objeto ali negociado, a jurisdição e competência para a resolução de conflitos será do juízo arbitral, afastando a jurisdição estatal para o caso[176].

Os requisitos necessários para essa convenção de arbitragem ser válida são: *capacidade de ambas as partes; direitos patrimoniais; e a disponibilidade destes direitos.*

Com a convenção de arbitragem estipulada, via contrato ou compromisso, para aquele objeto material, não há motivos para se intentar uma demanda, *a priori*, no Judiciário, pelo fato de que houve um consensual afastamento dessa esfera judicante, ao estipular a jurisdição e competência ao juízo arbitral.

---

174 Nesse sentido de litispendência parcial: "É possível que haja litispendência parcial, quando a identidade se refere a apenas parcelas das demandas, em processos cumulativos. (...) A litispendência, nessa situação, é parcial e deve levar à inadmissibilidade do pedido deduzido em duplicidade, por litispendência." YARSHELL, Flávio Luiz; PEREIRA, Guilherme Setoguti J.; RODRIGUES, Viviane Siqueira. **Comentários ao novo código de processo civil: artigos 334 ao 368**. Coords: MARINONI, Luiz Guilherme; ARENHART, Sérgio Cruz; MITIDIERO, Daniel. 1ª ed., São Paulo: Ed. RT, 2016. p. 136.

175 "Não deve, assim, haver dúvida de que o processo arbitral é jurisdicional, apesar de sua gênese contratual." YARSHELL, Flávio Luiz; PEREIRA, Guilherme Setoguti J.; RODRIGUES, Viviane Siqueira. **Comentários ao novo código de processo civil: artigos 334 ao 368.** Coords: MARINONI, Luiz Guilherme; ARENHART, Sérgio Cruz; MITIDIERO, Daniel. 1ª ed., São Paulo: Ed. RT, 2016. p. 144.

176 **Lei nº 9.307/1996** – Art. 1º As pessoas capazes de contratar poderão valer-se da arbitragem para dirimir litígios relativos a direitos patrimoniais disponíveis.

No entanto, caso um dos convencionantes proponha uma demanda judicial contra a outra parte, sem mencionar a existência de uma convenção de arbitragem – seja cláusula compromissória ou compromisso arbitral, o juízo, sem ciência desse fato, recebe a demanda, dando-lhe devido andamento.

O réu, em sua peça contestatória[177], pode alegar em preliminar a existência desse pressuposto processual negativo de convenção de arbitral – seja uma cláusula compromissória ou um compromisso arbitral – e, por este motivo, a impossibilidade do prosseguimento da demanda perante o juízo estatal. Ou seja, se as partes negociaram a jurisdição e competência, transferindo da judicial para a arbitral, o autor não deveria intentar tal demanda, uma vez que a resolução de conflitos, por causa do negócio jurídico processual realizado, será do juízo arbitral, afastando a jurisdição estatal para o caso[178].

O autor, em outra hipótese, pode propor demanda judicial com a alegação inicial de invalidade da convenção de arbitragem, argumentando que

---

177 Rodovalho entende, acertadamente, que a convenção de arbitragem poderia ter até antes da contestação, em petição própria, sem preclusão para a contestação. É uma visão pragmática e correta, o que deve ter uma construção no dia a dia para a sua viabilidade. "A existência de convenção de arbitragem deveria ser deduzida em petição autônoma, na audiência de conciliação ou mediação, ou, caso essa não viesse a ocorrer, no momento em que o réu manifestasse desinteresse em sua realização, ou, ainda, no prazo da contestação, caso a audiência não tenha sido designada por outra razão. Em todas essas hipóteses, essa petição teria o efeito de *interromper* o prazo para contestar (desde que instruída com a convenção de arbitragem), que voltaria a correr, por inteiro, somente após a intimação da decisão que rejeitasse a alegação de convenção de arbitragem (evidentemente, pois, em caso de acolhimento, não haveria que se falar sequer em momento para contestar, com a extinção do processo sem resolução de mérito). Deste modo, evitar-se-ia que o réu fosse forçado a adiantar o mérito da matéria que pretendesse ver deduzida no juízo arbitral (*meritum causae*). Deveria ele apenas formular a petição autônoma, instruindo-a obrigatoriamente com o instrumento da convenção de arbitragem (sob pena de rejeição liminar, podendo, inclusive, vir a ser considerado revel, em caso de descumprimento dessa exigência), tecendo as razões que entendesse pertinentes, repita-se, apenas e tão somente com relação à competência do juízo arbitral, sem a necessidade de adentrar o mérito. O juiz, então, ouviria a parte contrária apenas quanto à alegação de convenção de arbitragem, decidindo a questão." RODOVALHO, Thiago. **CPC perdeu chance de colocar Brasil na vanguarda em processos com arbitragem.** http://www.conjur.com.br/2016-mai-15/thiago-rodovalho-cpc-perdeu-chance-avancar-arbitragem-brasileira Acesso no dia 31 de janeiro de 2019.

178 Sobre a convenção de arbitragem versar sobre a afastabilidade da jurisdição e não de competência: STRECK, Lenio Luiz; GOUVEIA FILHO, Roberto Campos; Sousa, Diego Crevelin de. **Por que o STJ deve rever a decisão sobre a taxatividade do artigo 1.015.** https://www.conjur.com.br/2018-ago-13/stj-rever-decisao-taxatividade-11015?utm_source=dlvr.it&utm_medium=facebook Acesso no dia 31 de janeiro de 2019.

houve vício na realização da convenção, seja via cláusula compromissória, seja via compromisso arbitral.

Em qualquer das alegações, uma vez a matéria alegada posta em juízo, este deve decidir a questão. Em primeiro momento de análise, deve ater-se a verificar se há existência formal ou não da referida convenção, bem como, após a possível existência, se, no plano de validade, esta produz efeitos jurídicos. Com isso, a decisão judicial tem duas hipóteses de resultado: *(i) admitindo a convenção, com a prolação de uma sentença pela extinção do processo, sem julgamento do mérito; (ii) ou a rejeição da alegação de convenção de arbitragem, por inexistência ou invalidade de tal cláusula, com o prosseguimento do feito.*

Outro meio de reconhecimento da jurisdição arbitral pode ser pela manifestação do próprio árbitro sobre a validade da convenção – qualquer delas – e sobre a jurisdição e competência daquele objeto. O novel ordenamento processual concedeu ao árbitro a competência sobreposta à do juízo estatal para declarar a sua própria competência. Se houver uma litispendência de demandas entre o juízo estatal e o arbitral, a decisão final será o do árbitro que detém a competência competência[179] para o exame da validade da convenção de arbitragem.

A decisão do árbitro é a válida e o juízo estatal deve seguir o que for decidido pelo árbitro, seja pela validade da convenção, com a extinção do processo na esfera estatal, seja pela continuidade, quando a decisão for pela invalidade da convenção.

O juízo estatal está vinculado à decisão arbitral, nesse caso.

Evidentemente que sem a existência de uma demanda arbitral em concomitância à estatal, o juízo não deve aguardar pela decisão arbitral e, portanto, deve enfrentar a questão preliminar, o que gerará a continuidade ou extinção do processo.

Se nenhuma das partes, principalmente o réu, não realizar qualquer alegação sobre a existência de uma convenção de arbitragem – seja cláusula compromissória, seja compromisso arbitral – a matéria estará preclusa, deixando, portanto, de ser um pressuposto processual negativo de validade[180], deixando de ser um motivo para que a demanda não prossiga.

---

179 No sentido da opção do CPC/2015, corretamente, atribuir a competência competência do árbitro: "para decidir a sua própria competência, resolvendo as impugnações que surjam acerca da sua capacidade de julgar, da extensão de seus poderes, da arbitrabilidade da controvérsia, enfim, avaliando a eficácia e a extensão dos poderes que as partes lhe conferiram tanto por via de cláusula compromissória, quanto por meio de compromisso arbitral." CARMONA, Carlos Alberto. **Arbitragem e processo.** 3ª. ed. São Paulo: Atlas, 2009. p. 175.

180 Nesse sentido, Dinamarco explica sobre a preclusão sobre arguição do pressuposto sobre a existência de convenção de arbitragem e a prorrogação da competência do juízo: "a convenção de arbitragem deixa de ser pressuposto (negativo) do julgamento

No entanto, é possível que a convenção de arbitragem verse somente sobre parcela de um processo objetivamente complexo, com pluralidade de pedidos ou de partes, o que imporia, em caso de sobressalência da convenção de arbitragem, de uma extinção somente parcial, com o prosseguimento do processo no tocante aos outros pontos não convencionados, prolatando uma decisão parcial sem resolução de mérito.

4.3.4.6 Homologar a desistência parcial da ação

O autor pode desistir da demanda judicial que propôs.

A desistência da ação é um ato voluntário do autor que desiste da continuidade do processo e da pretensão ali existente. O ato de desistir do processo não se confunde com a desistência ao direito material, mas somente à continuidade daquele processo em específico.

O momento processual[181] em que o autor realiza esse ato voluntário tem pertinência, justamente para que se saiba o impacto, imediato ou não, que proporciona ao processo. Se realizado antes da citação válida, a desistência independe da manifestação ou aceite do réu, com o juízo devendo prolatar uma sentença de extinção do processo, sem julgamento de mérito, mesmo sem a ciência do réu.

Por outro lado, se o réu foi citado, validamente, apesar da manifestação de desistência do autor, o réu será instado a manifestar-se sobre tal ato voluntário, com a necessidade de anuência[182]. Nessa situação, com a anuência do réu, o juízo deve também prolatar uma sentença de extinção, sem julgamento do mérito,

---

do mérito sempre que ambas as partes renunciam a ela, o que é de absoluta compatibilidade com o instituto e associa-se à autonomia da vontade. (...) Essa renúncia pode ser explícita ou decorrer da propositura da demanda em juízo por uma das partes e a aceitação pela outra, sem invocar a convenção de arbitragem." DINAMARCO, Cândido Rangel. **Instituições de direito processual civil.** Vol. III. 3 ed. São Paulo: Malheiros, 2003. p. 196.

181 "Em relação à desistência, o § 5.o deixa claro que essa providência pode ser adotada até a prolação da sentença, ressaltando-se que deve decorrer de manifestação expressa nesse sentido." FREIRE, Alexandre; RAMOS NETO, Newton Pereira. Comentário ao art. 485. STRECK, Lenio. **Comentários ao código de processo civil.** 11ª. ed. São Paulo: Saraiva, 2016. p. 700.

182 Sobre a relativização da necessidade da anuência do réu, em caso de injustificação da continuidade da demanda: "Assim, deduzida a desistência após a apresentação da resposta, ocorrendo a recusa do réu, não há, em princípio, como ser homologada pelo juiz. Todavia, vislumbrada a ausência de fundamento da recusa e, assim, havendo mero capricho do réu, poderá ser perfeitamente indeferida a injustificada recursa oposta pelo demandando." TUCCI, José Roberto Cruz e. **Comentários ao novo código de processo civil: artigos 485 ao 538.** Coords: MARINONI, Luiz Guilherme; ARENHART, Sérgio Cruz; MITIDIERO, Daniel. 1ª ed., São Paulo: Ed. RT, 2016. p. 64/65.

com a diferença pela condenação em honorários advocatícios ao advogado do réu e demais ônus sucumbenciais.

O autor, em um processo com pedidos cumulados, pode realizar o pleito pela desistência de uma parcela do processo, de um dos pedidos existentes na inicial, o que possibilita – antes da citação ou com a anuência do réu citado – a prolação de uma decisão parcial sem resolução de mérito, com a extinção somente daquela parcela do processo atinente ao pleito de desistência realizado pelo autor, com o prosseguimento em relação aos demais pedidos.

De igual maneira pode ser a desistência quanto a uma das partes de um litisconsórcio, como um pedido do próprio autor para que o réu fosse excluído, como na anuência do art. 338 e 339 da CPC sobre a ilegitimidade passiva[183].

4.3.4.7 Em caso de morte da parte, a ação for considerada intransmissível por disposição legal

A hipótese do art. 485, IX do CPC determina que se o autor vier a óbito e o direito discutido na pretensão da demanda for intransmissível o processo será extinto, sem exame do mérito.

Essa intransmissibilidade deve ser por disposição legal.

A extinção do processo somente será possível com a composição em relação a morte do autor e a intransmissibilidade do direito discutido no processo, por disposição legal. Ou seja, a simples morte do autor não é motivo para a extinção do processo, com a necessidade da conjunção desta com a determinação legal sobre a intransmissibilidade daquele direito discutido no processo.

Nessa hipótese, diante de um processo complexo objetivamente, se a intransmissibilidade do direito versar sobre um dos pedidos do processo, este será extinto, com a possibilidade de prosseguimento de outros pedidos que, porventura, não forem intransmissíveis, sendo totalmente passível de uma decisão parcial sem mérito para extinção do direito que conjuga os requisitos da morte do autor e da intransmissibilidade do direito do objeto litigioso do processo.

183 No caso seria o reconhecimento da ilegitimidade de um dos réus, utilizando o art. 338 e 339 do CPC como base, como aqui explicado: "Substituição do réu: O Código inova quando, ao mesmo tempo em que retira a nomeação à autoria como figura interventiva, em afirmação à eficiência, possibilita, de forma ampla, a substituição do réu. Nos termos do art. 338, alegando o réu, na própria contestação (sem necessidade de petição autônoma), ser parte ilegítima ou não ser o responsável pelo prejuízo invocado, o juiz facultará ao autor, em 15 dias, a alteração da petição inicial para substituição do réu." MOUZALAS, Rinaldo. Comentários ao art. 338 e 339. **Novo código de processo civil comentado – Tomo II (art. 318 ao art. 770).** Orgs: RIBEIRO, Sergio Luiz Almeida; GOUVEIA FILHO, Roberto Pinheiro Campos; PANTALEÃO, Izabel Cristina; GOUVEIA, Lucio Grassi de. São Paulo: Lualri, 2017. p. 60.

4.3.5 A necessidade de contraditório e primazia ao julgamento de mérito

A análise sobre os pressupostos processuais, o juízo de admissibilidade permite dois resultados: *(i) positivo, com a abertura para o enfrentamento do mérito; e (ii) negativo, com a inviabilidade do enfrentamento ao mérito e a extinção da demanda.*

Se essa resposta negativa for somente de modo parcial, a extinção também poderá ser, nos processos objetivamente complexos.

Todavia, tanto para uma extinção total quanto para uma parcial, é importante e salutar que haja um diálogo do juízo com dois princípios que foram inseridos como normas fundamentais para o entendimento e estudo do CPC/2015, dentre outros: *contraditório influenciante; e primazia ao julgamento de mérito.*

Há de se considerar que a prolação de uma decisão sem mérito, em qualquer dos seus formatos refere-se à existência de um vício processual, com a impossibilidade de resolução do mérito do processo, com os incisos do art. 485 do CPC sendo a base para a fundamentação dessa extinção. No entanto, é pertinente que se possibilite a manifestação do autor sobre os vícios processuais existentes no processo, efetivando o princípio por um contraditório influenciante. Obviamente que o CPC/2015 não criou o princípio do contraditório, até pela sua inserção na Constituição Federal, mas somente regulamentou duas situações específicas para ressignificar, de modo didático, o princípio em questão.

Essa mudança legislativa está nos arts. 9º e 10 do CPC, impondo regras objetivas para o devido cumprimento do princípio.

O art. 9º do CPC tem a preocupação em dispor que quando uma das partes suscita alguma questão ou matéria no processo, o juízo tenha o cuidado de oportunizar que a outra parte possa, de igual maneira, manifestar-se sobre tal ponto, já o art. 10 do CPC tem outra preocupação, tão ou mais importante, a impossibilidade de uma decisão ser prolatada quando ambas as partes não tem ciência sobre a matéria, sendo proferida decisão surpreendendo os demais atores processuais, sem o devido contraditório.

O intuito do art. 9º do CPC é garantir a isonomia entre as partes[184], já o subsequente visa garantir o contraditório como um real direito de influência, sem a possibilidade da prolação de uma decisão surpresa, com a necessidade

---

184 Ainda antes do CPC/2015, mas já versando sobre o projeto deste ordenamento: "não se faz possível conceber um processo unilateral, no qual atue somente uma parte, visando à obtenção de vantagem em detrimento do adversário, sem que lhe conceda oportunidade para apresentar as suas razões." TUCCI, José Rogério Cruz e. Garantia constitucional do contraditório no Projeto do CPC: Análise e Proposta. **Revista Magister de Direito Civil e Processual Civil.** Porto Alegre, ano VII, nº 38, 2010. p. 6.

do contraditório antes da decisão sobre matéria que as partes ainda não tiveram oportunidades para manifestarem-se. Se há matéria pela qual o juízo deva decidir, ainda que seja de ofício, e as partes não tiveram ciência da matéria ou oportunidade para se manifestarem, necessária a abertura de prazo para cada parte poder realizar a sua manifestação.

A inclusão destes artigos torna ainda mais evidente, necessário e importante o princípio do contraditório, possibilitando as partes ajudarem no exaurimento da matéria, influenciando efetivamente o juízo na busca por uma melhor discussão jurídica, deixando a análise mais completa para uma decisão com um poder de convencimento mais abrangente. Quanto maior o grau de contraditório, maior tende a ser a qualidade da decisão. A necessidade não passa somente pelo contraditório, mas pela determinação legal de sua forma prévia, antes da tomada da decisão[185]. O contraditório deve ser visto como direito de influência[186], como meio de um processo substancialmente mais elaborado, com um viés democrático[187].

---

185 "Então, o contraditório, no NCPC, é princípio acolhido em sua versão mais refinada. a) não se decide contra alguém (salvo exceções expressamente previstas) sem o que se lhe dê oportunidade de se manifestar. b) embora, no direito brasileiro, o juiz possa decidir com base em fundamento não suscitado pelas partes, (*iura novit curia*), deve, antes, proporcionar oportunidade às partes, de que se manifestem sobre ele. b.2) este fundamento novo pode ser de fato ou de direito. Sabe-se que é difícil separar-se, completamente, questões fáticas das jurídicas, porque o direito ocorre justamente no encontro dos planos fático e normativo. Fatos, quando são juridicamente qualificados, já não são mais puros fatos. Normas, a seu turno, supõem quadros fáticos (de forma mais ou menos direta) a que se deve aplicar. (..) b.3) o juiz participa do contraditório fundamentando a sentença de acordo com o que consta no art. 489 do NCPC. Ou seja: o contraditório que terá havido entre as partes têm de estar refletido na sentença. O juiz deve manifestar-se necessariamente sobre direitos e fatos – argumentos jurídicos e provas produzidas: ou seja, sobre o contraditório havido entre as partes, em sua plenitude. b.4) o contraditório institucional ou com a própria sociedade: por meio da figura do *amicus curiae* ou pela realização das audiências públicas." ALVIM, Teresa Arruda; CONCEIÇÃO, Maria Lúcia Lins; RIBEIRO, Leonardo Ferres da Silva; MELLO, Rogério Licastro Torres de. **Primeiros comentários ao novo código de processo civil.** 1ª. ed., São Paulo: Ed. RT, 2015. p. 68/69.

186 O intuito passa pelo entendimento de que o contraditório não é somente ouvir as partes, mas entender a função dessa possibilidade como "relevante contributo para o labor jurisdicional. Sem embargo, a participação não só tem o escopo de garantir que cada um possa influenciar na decisão, mas também tem a finalidade de colaboração para o exercício da jurisdição." CABRAL, Antonio do Passo. Contraditório como influência. **Dicionário de Princípios Jurídicos.** Flávio Galdino; Silvia Faber Torres; Ricardo Lobo Torres; Eduardo Takemi Kataoka. Editora: Elsevier – Campus. 2011. p. 201.

187 "Em nosso sistema processual, é direito da parte não só se manifestar e produzir as provas necessárias à correta instrução da lide, no intuito de trazer subsídios ao livre convencimento do órgão julgador, mas também o de ver consideradas as suas razões

Dessa maneira, constatado um vício, mesmo que oficiosamente[188] ou pela argumentação do réu, pertinente que se permita que o autor possa se manifestar sobre tal vício, justamente para os devidos esclarecimentos ou sanabilidade do vício, se for o caso. Mesmo que seja a constatação oficiosa, por exemplo, de uma ilegitimidade ativa ou passiva, ainda que de modo parcial, sobre um dos pedidos ou uma das partes, é pertinente que o autor possa se manifestar para dirimir eventuais dúvidas e que a decisão contenha uma influência do que o autor manifestou, mesmo que seja para considerar tal argumento e refutá-lo.

Se o argumento for levantado pelo réu sobre o não preenchimento de um pressuposto processual, evidentemente que deve oportunizar o autor de manifestar-se sobre o devido cumprimento ou sobre a possibilidade de sanar o vício.

Somente após a possibilidade dessa manifestação deve extinguir o processo, total ou parcialmente.

Outro princípio que o CPC/2015 incrementou como norma fundamental foi o da primazia ao julgamento de mérito[189], uma tendência ao vislumbrar o processo como meio, como um modo de alcançar a resposta jurisdicional sobre o direito material, garantindo a efetividade do direito subjetivo, diante da pacificação do conflito de interesse.

O art. 4º do CPC delimita a solução de mérito como o principal motivo de existência do processo, em prol da primazia à resolução daquele direito atinente às partes. O juízo detém o dever de analisar o mérito, somente não o fazendo quando for impossível, justamente pela ocorrência de um vício intransponível.

Se há a possibilidade de sanabilidade ou de transposição do processo sobre o vício, o juízo deve priorizar o julgamento do mérito, com o intuito de que a prestação jurisdicional seja a mais completa possível, uma vez que esse é o pleito do autor, diante do seu interesse processual.

(positiva ou negativamente) como motivação do julgado. A limitação ao exercício desse direito da parte litigante implica em cerceamento do direito de defesa." RODRIGUES, Raphael Silva. O novo código de processo civil e a exigência de fundamentação das decisões. **Revista Dialética de Direito Processual.** Vol. 153, p. 128-136, São Paulo: Dialética, dez/2015. p. 133.

188 Os vícios que o art. 485, § 3º do CPC dispõe que são matérias conhecíveis de ofício são os incisos IV, V, VI e IX do art. 485 do CPC.

189 "Consolida-se, aí, um princípio fundamental: o de que se deve dar primazia à resolução de mérito (e à produção do resultado satisfativo do direito) sobre o reconhecimento de nulidades ou de outros obstáculos à produção do resultado normal do processo civil. Eis, aí, portanto, o princípio da primazia da resolução do mérito." CÂMARA, Alexandre Freitas. O princípio da primazia da resolução do mérito e o novo código de processo civil. **Revista de Direito da ADVOCEF.** Ano XI nº 21, São Paulo: Advocef, nov/2015. p. 16.

Como as decisões parciais sem resolução de mérito são relacionais a pressupostos processuais e seu não preenchimento, se for possível ultrapassar algum dos vícios ou permitir que seja sanado, o juízo deve assim proceder, justamente para que seja possível a prolação de uma decisão definitiva de mérito.

Ou seja, a extinção deve ser um pronunciamento judicial de última possibilidade, com o entendimento de que as oportunidades sejam concedidas para que o vício existente seja superado ou sanado. Afinal, mesmo eivado de vício, se o ato ou pressuposto for passível de ser sanado e, assim, puder ser aproveitado, essa é a prioridade, o aproveitamento dos atos passíveis de sanabilidade, priorizando a possibilidade de o processo culminar num julgamento de mérito, entregando a devida prestação jurisdicional almejada pelo autor.

Um dos exemplos dessa prioridade que o ordenamento processual concede ao mérito está em alguns dispositivos, como os arts. 282, § 2º e o 488 do CPC. O primeiro dispõe que quando o juízo puder decidir o mérito a favor da parte a quem aproveite a decretação da nulidade, não há necessidade de pronunciar a nulidade, nem mandará repetir o ato ou suprir-lhe a falta. Já o segundo tem a dicção de que se for possível resolver o mérito, numa dúvida entre a extinção por algum vício do art. 485 do CPC e a possibilidade de uma improcedência, que deva primar pelo julgamento de mérito.

Diante disso, o juízo, quando visualizável a possibilidade da prolação de uma decisão parcial sem resolução de mérito, deve permitir, se for o caso, a sanabilidade do vício ou ultrapassá-lo, se possível.

4.3.6 A relação dos pressupostos processuais na cumulação sucessiva e a impossibilidade de decisão parcial sem resolução de mérito

Os pressupostos processuais estão presentes em todos os pedidos cumulados, uma vez que somente é possível essa cumulação pela autonomia entre os capítulos criados pela pluralidade de pedidos. Todavia, é pertinente o enfrentamento da relação entre a possibilidade de decisão parcial sem resolução de mérito e uma cisão cognitiva nesses moldes nos pedidos sucessivos[190].

Os pedidos possíveis numa cumulação sucessiva são aqueles que em existe uma relação de subordinação entre um e outro, com a necessidade de que um

190 "Na cumulação sucessiva, o autor formula dois ou mais pedidos, sendo que a apreciação dos subsequentes só ocorre se o pedido anterior for acolhido. A rejeição deste implica o não acolhimento daqueles." OLIVEIRA FILHO, Silas Dias de. **Julgamento fracionado do mérito e implicações no sistema recursal.** São Paulo, SP, 2013. 256 p. Dissertação (Mestrado). Universidade de São Paulo. Programa de Pós-Graduação em Direito. p. 103.

primeiro pedido seja julgado procedente para que um segundo pedido possa ser apreciado[191]. Há uma total interligação e subordinação do segundo pedido à procedência do primeiro pedido, sem nenhum grau de independência, apesar de autônomos em termos materiais.

De certa maneira, para o segundo pedido, apesar de não ser um pressuposto meramente processual, pela própria lógica, o primeiro pedido ser julgado procedente é um pressuposto para que o segundo seja julgado, com a inviabilidade, nos pedidos sucessivos que haja uma decisão parcial sem mérito, uma vez que diante dessa relação de hierarquia e subordinação, se o primeiro pedido for julgado extinto, mesmo que seja uma admissibilidade que somente impacte a sua parcela no processo, a sentença deve ser prolatada, com a extinção do processo como um todo e o não julgamento do pedido sucessivo, pelo fato que não há a permissibilidade do julgamento de mérito procedente do pedido antecedente.

Não há como conceber uma decisão parcial sem resolução de mérito sobre os pressupostos processuais do primeiro pedido, aquele que subordina o julgamento, ou não, do segundo pedido, pelo fato de que uma decisão extintiva sobre esse ponto gera a impossibilidade do julgamento do segundo, equivalendo, de certa maneira, a uma improcedência, pelo fato de que há uma relação de sucessividade.

E, ainda, se a falta de admissibilidade for do pedido sucessivo, este somente seria apreciado, de certa maneira, junto com a procedência do primeiro pedido, na sentença, com a extinção sobre a parcela do processo que versa sobre esse pedido em conjunto com o julgamento de mérito do primeiro pedido. Ou se a questão de fato que impossibilita o julgamento do pedido sucessivo somente surgir em momento posterior à prolação da decisão parcial com resolução de mérito do pedido anterior, esse segundo pedido deve ser julgado extinto e, igualmente, seria uma sentença de extinção, mesmo que somente atinente a essa parcela do processo, por ser posterior a uma decisão parcial já proferida, encerrando a cognição no processo, neste caso, sem resolução de mérito.

---

191 Na cumulação sucessiva há essa relação de subordinação, como já vimos, logo se houver uma improcedência do pedido condicionante, não se julga o pedido condicionado. Logo, por consequência lógica, a falta de pressuposto processual do primeiro pedido serve de igual maneira para impedir o julgamento do segundo pedido, aquele condicionado. "Existe uma relação de subordinação, ou condicionamento, entre capítulos de sentença – seja por que o teor de um deles pode impedir a emissão do outro (preliminar), seja por que ele pode determinar o teor do subsequente (prejudicados)." DINAMARCO, Cândido Rangel. **Capítulos de sentença.** 3ª. ed. São Paulo: Malheiros, 2008. p. 45/46.

Já na cumulação imprópria, tanto a subsidiária[192] quanto na alternativa[193], o intuito não é julgar ambos os pedidos, mas que seja julgado um pedido procedente, o que possibilitaria um julgamento parcial sem mérito de um pedido, mesmo que seja, na subsidiária, aquele que o autor escolheu como o principal, pelo fato de que a extinção impossibilitaria o julgamento desse pedido prioritário, passando a possibilitar, caso ainda dependa de questão de fato a ser resolvida, de um prosseguimento do processo para julgar o outro pedido.

Ou seja, a extinção de um dos pedidos, de parcela da demanda não impacta o outro pedido, equivalendo a uma improcedência, com a possibilidade de uma prolação de uma decisão parcial sem resolução de mérito.

4.4 A DECISÃO PARCIAL COM MÉRITO

4.4.1 As diferentes visões de mérito

Para o devido entendimento sobre a decisão parcial com resolução de mérito é importante a definição de mérito da demanda e do processo[194].

O autor apresenta na demanda um caso em concreto que depende de solução, com o pedido de heterocomposição pelo poder estatal, através do exercício da jurisdição. O pleito dessa jurisdição é a busca por uma resposta sobre o bem da vida que o autor entende deter direito constituído.

O próprio pedido de jurisdição é um pleito por causa – quase sempre[195] – de um conflito de interesse[196] numa pretensão resistida.

---

192 "A cumulação eventual, também chamada de subsidiária, é aquela em que há a reunião de dois ou mais pedidos, com manifestação de preferência pelo demandante em relação a um deles (pedido primário e pedido subsidiário)." OLIVEIRA FILHO, Silas Dias de. **Julgamento fracionado do mérito e implicações no sistema recursal.** São Paulo, SP, 2013. 256 p. Dissertação (Mestrado). Universidade de São Paulo. Programa de Pós-Graduação em Direito. p. 107.

193 "o autor cumula os pedidos, mas não estabelece uma ordem de preferência entre eles, de maneira que a escolha do pedido a ser acolhido fica a cargo do juiz, dando-se o autor igualmente por satisfeito com o acolhimento de qualquer um deles." NEVES, Daniel Amorim Assumpção. **Manual de direito processual civil.** 8ª ed. Volume único. Salvador: Juspodivm, 2016. p. 113/114.

194 "o conceito de mérito tem sido, além de uma constante preocupação da doutrina processual civil, uma categoria fundamental, tanto do ponto de vista teórico quanto do nível da experiência dogmática." SILVA, Ovídio Araújo Baptista da. Conteúdo da sentença e mérito da causa. **Sentença e coisa julgada: ensaios e pareceres.** 4. ed. Rio de Janeiro: Forense, 2003. p. 231.

195 Ressalvando as ações declaratórias e as ações de jurisdição voluntária.

196 Apesar de ser importante para o processo, Liebman coloca o conflito de interesse como algo remoto ao processo, relacionando-se a ele, mas não sendo o objeto do processo:

Mas, o que seria o mérito? Corresponde a pretensão, lide, demanda, pedido ou questão?

O tema sobre a real definição e concepção sobre o mérito da demanda e do processo é dos mais importantes da processualística, com conceituações despreocupadas com o desenvolvimento mínimo, considerando como uma questão consolidada ou que não detém tanto impacto no transcorrer do processo.

Diante dessa preocupação, Dinamarco expõe, ao falar de mérito, a existência de três entendimentos diversos sobre o conceito: *(i) mérito como questão da demanda; (ii) a própria demanda ou situações externas ao processo; (iii) o mérito é igual à lide*[197].

Importante enfrentar cada correspondência para determinarmos a melhor acepção da construção do que seria o mérito.

Apesar de delinear e enfrentar tais posições, Dinamarco não adere a nenhuma destas posições[198], contudo perpassa cada uma com críticas às inadequações para conceituação do mérito, com a construção da sua própria definição sobre o mérito do processo.

Sobre o *mérito ser uma questão da demanda*, todas as questões envoltas apresentadas pelas partes como pontos controvertidos e que fundam as divergências da demanda seriam o mérito.

As questões da demanda são diversas e impedem, de um modo ou de outro, o julgamento da demanda, o que importa na necessidade de serem resolvidas, contudo essas questões podem ser incidentais ou questões de mérito.

As questões de mérito são os argumentos das partes sobre os seus respectivos direitos e contradireitos. Diante desse prisma de que o mérito seria questão da demanda, significa dizer que o mérito seria o conjunto das questões da demanda, incluindo a causa de pedir e os argumentos de defesa e tudo que envolvesse a resolução de questões pelo juízo seriam vistas como insertas ao mérito[199]. Dinamarco refuta essa posição por entender que essas questões são somente um suporte fático-jurídico para a construção da aptidão para julgar,

---

"o conflito de interesses existente entre as partes fora do processo é de fato a razão de ser, a causa remota, não o objeto do processo." LIEBMAN, Enrico Tullio. O despacho saneador e o julgamento do mérito. **Estudos sobre o processo civil brasileiro.** São Paulo: Bestbook, 2004. p.88.

197 DINAMARCO, Cândido Rangel. **Fundamentos do processo civil moderno.** 3ª. ed. São Paulo: Malheiros, 2000. p. 239.

198 DINAMARCO, Cândido Rangel. **Fundamentos do processo civil moderno.** 3ª. ed. São Paulo: Malheiros, 2000. p. 239.

199 Nesse sentido: "O objeto litigioso também alcança a causa de pedir." TUCCI, José Rogério Cruz e. **A *causa petendi* no processo civil.** 3ª. ed. São Paulo: Ed. RT, 2009. p. 131.

para proporcionar a cognição necessária para o julgamento do mérito[200], o que de certa maneira não é incorreto, mas essa refutação de Dinamarco está em argumentar que é somente um caminho para a resposta do pedido, sem relação com o próprio pedido.

Essas questões que existem no processo são questões que podem ser até de mérito[201], que devem ser enfrentadas e resolvidas, contudo não seriam pura e simplesmente a própria definição do mérito[202], até não constarem na parcela dispositiva da decisão, mas na fundamentação desta.

As questões de mérito – alegações do autor e do réu – são importantes para a cognição do mérito e transitarão em julgado em conjunto com o pedido, no entanto, não conceituam propriamente o mérito, pelo fato de que não seriam o pedido em si, na visão de Dinamarco.

Sobre o *mérito ser a demanda*, importante entender a própria concepção de demanda, uma vez que esta é o "é o ato concreto e inaugural do exercício desse amplo poder estatal[203]." Ou seja, a demanda é o ato de demandar[204], pela existência de um caso em concreto, com o pedido do exercício da jurisdição. Então, poder-se-ia crer que a resposta do Estado seria o mérito, uma vez que seria a resolução do que se demandou.

Todavia, a demanda é maior do que o mérito, apesar de ser influenciante a este.

A demanda é o ato inaugural, ou ulterior[205], com relação de processualizar a pretensão realizada pela parte como constituída de direito material. A

---

200 DINAMARCO, Cândido Rangel. **Fundamentos do processo civil moderno.** 3ª. ed. São Paulo: Malheiros, 2000. p. 239.

201 DIDIER JR., Fredie. Objeto da cognição judicial. **Revista Dialética de Direito Processual.** Vol. 6, p. 12-23, São Paulo: Dialética, set/2003. p. 21.

202 Se não fosse assim, o julgamento das *questões* pertinentes à situação jurídico-substancial controvertida, confundindo-se com o próprio julgamento do mérito, seria apto a obter a coisa julgada material." DINAMARCO, Cândido Rangel. **Fundamentos do processo civil moderno.** 3ª. ed. São Paulo: Malheiros, 2000. p. 244/245.

203 MACHADO, Marcelo Pacheco. **Demanda e tutela jurisdicional: estudo sobre forma, conteúdo e congruência.** São Paulo, SP, 2015. 337 p. Tese (doutorado). Universidade de São Paulo. Programa de Pós-Graduação em Direito. p. 35.

204 "A demanda não é o mérito da causa, mas apenas o veículo que traz ao juiz a pretensão da parte. É na demanda inicial que se situam os fatos e elementos a respeito dos quais o magistrado irá se manifestar." BARBOSA, Bruno Valentim. **Julgamentos parciais de mérito no processo civil individual brasileiro.** São Paulo, SP, 2013. 161 p. Dissertação (Mestrado). Universidade de São Paulo. Programa de Pós-Graduação em Direito. p. 23.

205 "A demanda costuma ser considerada como o ato que introduz o objeto litigioso e, portanto, define o objeto do ato final do procedimento. A demanda pode ser inicial (manejada com a petição inicial) ou ulterior (como é o caso das demandas recursais,

demanda é um ato, não o próprio mérito, apesar de ser possível, aparentemente, se confundir os dois.

O mérito, evidentemente, está inserto na demanda, como parcela daquilo que se demanda em juízo, mas não como um sinônimo. O ato de demandar também é um ato processual, um veículo[206] pelo qual se demonstra perante o poder estatal a pretensão e, com isso, não pode ser confundido com o mérito.

A demanda leva o que o autor almeja ao Judiciário, inclusive o mérito, contudo não pode ser tido como o mérito, pura e simplesmente.

Sobre o *mérito ser conceituado como correspondente a lide*, seria correta essa acepção? Na concepção do CPC/73, talvez sim, essa era a tendência, até pela exposição de motivos ao dispor: "lide é, consoante a lição de Carnelutti[207], o conflito de interesses qualificado pela pretensão de um dos litigantes e pela resistência de outro[208]."

Por esse conceito, a própria exposição de motivos determinava que o "julgamento desse conflito de pretensões, mediante o qual o juiz, acolhendo ou rejeitando o pedido, dá razão a uma das partes e nega-a à outra, constitui uma sentença definitiva de mérito[209]."

Diante dessa concepção exposta inicialmente na legislação como cerne da construção processual, a lide seria a própria visão do mérito[210], a resolução do

---

incidentais, reconvencionais, deduzidas através de pedido contraposto, incidente de falsidade, denunciação da lide etc." DIDIER JR, Fredie. **Curso de direito processual civil: teoria geral do processo e processo de conhecimento.** 17ª. ed. Salvador: Juspodivm, 2015. p. 443.

206 Na acepção de Dinamarco: "Não creio que a *demanda* seja o mérito da causa. Vejo nela, apenas, o *veículo* de algo externo ao processo e anterior a ele, algo que é trazido ao juiz em busca do remédio que o demandante quer. A demanda é fato estritamente processual, é ato formal do processo, que com ele tem vida e nele se exaure. Ele é o *veículo* da pretensão do demandante, que é uma aspiração a determinado bem ou a determinada situação jurídica que, sem o processo e sem a intercessão judicial, o sistema o impede de obter." DINAMARCO, Cândido Rangel. **Fundamentos do processo civil moderno.** 3ª. ed. São Paulo: Malheiros, 2000. p. 247.

207 "O conflito de interesses qualificado pela pretensão de um dos litigantes e pela resistência do outro. O julgamento desse conflito de pretensões, mediante o qual o juiz, acolhendo ou rejeitando o pedido, dá razão a uma das partes e nega à outra, constitui uma decisão definitiva de mérito." CARNELLUTI, Francesco. Cosa giudicata e sentenza parziale. **Rivista di diritto processuale.** Padova: Cedam, v. 1, 1963. p. 907/908.

208 Exposição de Motivos do Código de Processo Civil. Lei nº 5.869, de 11 de janeiro de 1973.

209 Exposição de Motivos do Código de Processo Civil. Lei nº 5.869, de 11 de janeiro de 1973.

210 Com o entendimento de que mérito e lide são sinônimos: "lide e mérito da causa são sinônimos para o Código. O pedido do autor, manifestado na propositura da ação, revela

conflito de interesse, uma vez que representaria "o objeto principal do processo e nela se exprimem as aspirações em conflito de ambos os litigantes[211]."

No entanto, há uma incongruência diante dessa acepção, ainda que seja a exposição de motivos do revogado ordenamento processual, pelo fato da lide representar, dentro de sua conceituação, o conflito, a pretensão, a resistência, como um emaranhado de fatores que se formam para entender como lide[212], mas não significa, adequadamente, o mérito do processo.

A própria concepção de processo não é correspondente e sinônimo, totalmente, à lide, pelo fato de que não há garantia de que uma resistência existe[213], seja pela possibilidade de jurisdição voluntária, seja pela revelia, bem como também pelo reconhecimento do pedido, retirando a ideia de que a lide seria um sinônomo do processo, apesar de também ajudar a construir a concepção deste, não é a representação desse.

Dessa maneira, inadequada[214] a utilização da concepção de lide ser a correspondência ao mérito do processo.

---

processualmente qual a lide que se pretende compor através da tutela jurisdicional. (...) o reconhecimento do pedido refere-se diretamente ao próprio direito material sobre o qual se funda a pretensão do autor." THEODORO JR., Humberto. **Teoria geral do direito processual civil** Vol. I. 53ª. ed. Rio de Janeiro: Forense, 2012. p. 822.

211 Exposição de Motivos do Código de Processo Civil. Lei nº 5.869, de 11 de janeiro de 1973.

212 "Não obstante o legislador brasileiro identifique mérito com a lide de Carnelutti, parece haver também recepcionado a lição de Liebman, para quem o pedido constitui o objeto do processo, pois ele representa o requerimento formulado ao juiz para que ele desenvolva uma atividade de determinado conteúdo. 'Julgar a lide' e 'julgar o mérito' são expressões sinônimas, porque significam decidir o pedido do autor, acolhendo-o ou rejeitando-o, concedendo ou negando a providência pleiteada." BEDAQUE, José Roberto dos Santos. **Efetividade do processo e técnica processual.** 3ª ed., São Paulo: Malheiros, 2010. p. 252/253.

213 DINAMARCO, Cândido Rangel. **Fundamentos do processo civil moderno.** 3ª. ed. São Paulo: Malheiros, 2000. p. 252.

214 Para Liebman, a definição de lide dada por Carnelutti e utilizada na exposição de motivos do CPC/73 não pode ser suporte para correspondência à definição do mérito, justamente por ser um conceito não fechado, sem atualizações pertinentes, para tanto, numa tentativa de adequar lide ao mérito, propõe a restruturação do conceito de lide: "Lide é, portanto, o conflito efetivo ou virtual de pedidos contraditórios, sobre o qual o juiz é convidado a decidir. Assim, modificado o conceito de lide, torna-se perfeitamente aceitável na teoria do processo e exprime satisfatoriamente o que se costuma chamar de mérito da causa. Julgar a lide e julgar o mérito são expressões sinônimas que se referem à decisão do pedido do autor para julgá-lo procedente ou improcedente e, por conseguinte, para conceder ou negar a providência requerida." LIEBMAN, Enrico Tullio. **Estudos sobre o processo civil brasileiro.** São Paulo: J. Bushatsky, 1976. p. 122.

Sem corroborar com nenhuma das correntes de definição do que seria o o mérito da causa, Dinamarco entende que o mérito corresponde à pretensão deduzida, aquela apresentada ao juízo com a delimitação do que se pretende com a demanda.

Por ser pretensão, importante lembrar que é a possibilidade de acionar outrem por um direito que entenda ser constituído em seu favor. O próprio ato de exigência desse direito em juízo é a definição de pretensão[215]. O autor fundamenta a sua pretensão processual pela existência de uma pretensão material e, na visão de Dinamarco, a resposta a essa conjunção de pretensões, sendo procedente ou improcedente, é o mérito da ação.

O pedido será, nessa concepção de Dinamarco, o delimitador da análise de mérito, pela resposta a este ser o próprio mérito. Se o autor realiza a pretensão processual[216], aquele autônoma ao direito material[217], contudo deduzindo qual o direito material que almeja, qual o bem da vida que almeja, a resposta a este pedido será o mérito.

O que o autor alegar na causa de pedir ou o réu na sua contestação não seria importante para a delimitação do mérito[218], importando somente em um caminho para a resposta à pretensão deduzida no pedido, mas não inclusos no mérito da demanda.

Diante desse aspecto, a pretensão processual deduzida em juízo é a busca da jurisdição para que ao ser prestada satisfaça um direito material,

---

215 "A ideia de pretensão representa, em última análise, a possibilidade de alguém exigir de outrem uma prestação negativa ou positiva, e o ato de exigir a prestação se define como exercício da pretensão. Embora tenha fundamento, essa concepção não se confunde com o direito subjetivo, eis que se constitui, isto sim, em uma nova virtualidade de que se reveste este; também não se identifica com a noção de *ação* (demanda), haja vista que representa apenas o poder de agir, o direito de exigir, a possibilidade de exigência de subordinação de um interesse alheio ao próprio, ainda na fase pré-processual." PORTO, Sérgio Gilberto. **Coisa julgada civil.** 2ª. ed. Rio de Janeiro: AIDE, 1998. p. 21.

216 "a certeza de que é a *pretensão* que consubstancia o mérito, de modo que *prover sobre este* significa estabelecer um preceito concreto em relação à situação trazida de fora do processo. O ato jurisdicional cumpre o escopo social do processo, ao remover as incertezas representadas pelas pretensões insatisfeitas." DINAMARCO, Cândido Rangel. **Fundamentos do processo civil moderno.** 3ª. ed. São Paulo: Malheiros, 2000. p. 255.

217 "O objeto do processo (o seu 'mérito') é constituído pela pretensão processual. Essa, por sua vez, não se confunde com a chamada pretensão de direito material (atinente à concreta exigibilidade de uma prestação de conduta)." TALAMINI, Eduardo. **Coisa julgada e sua revisão.** São Paulo: Ed. RT, 2005. p. 79.

218 "Assim como o pedido repercute no *decisium* sentencial, o qual é uma resposta afirmativa ou negativa a ele, análogo eixo funcional interliga a causa de pedir aos fundamentos da sentença." DINAMARCO, Cândido Rangel. **Capítulos de sentença**. 3ª. ed. São Paulo: Malheiros, 2008. p. 61.

a busca específica por um bem, por um pedido, por uma prestação jurisdicional adequada. A resposta à pretensão deduzida em juízo pode ser julgada procedente ou não[219], acolhida ou não[220], e, por isso, diante do julgamento de mérito, o Judiciário pode acolher ou não a pretensão[221].

No entanto, mesmo diante dessa visão, o mérito seria a resposta a essa pretensão ajuizada[222], mesmo sem deter, necessariamente, correlação com o direito material, uma vez que a sentença que julga improcedente, ou seja, não acolhida a pretensão seria igualmetnte de mérito, ainda que não represente nenhum direito material.

Apesar dessa visão de Dinamarco de que mérito é a resposta ao pedido[223], dado que este representa a dedução da pretensão na demanda, este não pode ser pura e simplesmente o mérito, dado que temos outra concepção, mais abrangente.

O mérito relaciona-se com o objeto litigioso do processo, sendo, portanto, a análise que permite essa resposta.

Ou seja, mérito é uma pretensão em juízo, uma pretensão do autor, deduzida pelo pedido, com a delimitação ali existente, nos moldes correlacionais, dos argumentos também deduzidos na pretensão, com a inclusão de fatores

---

219 "Pode-se hoje, no entanto, afirmar com toda segurança que o mérito, ou objeto do processo, é pretensão apresentada ao juiz com pedido de sua satisfação decidir o mérito. Decidir o mérito, como já afirmado, é acolher ou rejeitar a pretensão trazida com a demanda inicial." DINAMARCO, Cândido Rangel. **Capítulos de sentença.** 3ª. ed. São Paulo: Malheiros, 2008 p. 60.

220 No sentido de concordância com Dinamarco: "Entendemos que é sentença de mérito aquela que afirma a procedência ou a improcedência da pretensão do autor." MACHADO, Hugo de Brito. As questões de fato e a sentença de mérito. **Revista Dialética de Direito Processual.** Vol. 96. p. 65-71. São Paulo: Dialética, mar/2011. p. 65.

221 No sentido de concordância com Dinamarco: "Esse é o mérito do processo, portanto. A pretensão do autor, veiculada na demanda e formalizada no pedido; isso é que caracteriza e justifica a existência do processo. Essa pretensão é que deve ser julgada pelo juiz e é uma resposta a ela que será dada na parte dispositiva da sentença." LUCCA, Rodrigo Ramina de. O mérito do processo e as condições da ação. **Revista de Processo.** Vol. 188, Ano 35, p. 69–100, São Paulo: Ed. RT, Out/2010. p. 74.

222 Nos dizeres de Dinamarco: "A pretensão ajuizada, que, em relação ao processo, é seu objeto, constitui o mérito das diversas espécies de processos. O mérito do processo de conhecimento é a pretensão trazida com o pedido de julgamento que a reconheça e, portanto, a acolha. O mérito no processo de execução é a pretensão a receber a coisa pleiteada – e não uma sentença." DINAMARCO, Cândido Rangel. **Instituições de direito processual civil.** Vol. II 6ª ed. São Paulo: Malheiros, 2009. p. 182.

223 A conclusão de Dinamarco: "A conclusão conceitual é, diante disso, que o objeto do processo reside somente no pedido, não incluindo a *causa petendi*." DINAMARCO, Cândido Rangel. **Capítulos de sentença.** 3ª. ed. São Paulo: Malheiros, 2008. p. 58.

externos ao pedido, sem ser a lide como um todo, sem ser também a própria demanda, mas uma parcela específica da demanda que produzirá a eficácia de tornar imutável[224].

O pedido detém função de definição limítrofe da demanda, mas não é sozinho, pura e simplesmente o mérito, com a necessidade de que seja todo o objeto litigioso do processo tido como mérito. Se o pedido não percorre o caminho processual argumentativo por si só, o que for alegado na causa de pedir pelo autor é inserto ao mérito, assim como o que for alegado pelo réu em contradireitos[225], numa conjunção construtiva ao pedido, tornando o mérito a resposta ao objeto litigioso do processo: *causa de pedir do autor, manifestações do réu em contradireitos e o pedido.*

Essa definição de mérito é importante para delinear, dentro deste estudo, o que será mérito e a devida adequação aos pronunciamentos judiciais, com a inter-relação com os conceitos de sentença ou decisão.

4.4.2 O conceito de mérito

O mérito é o julgamento da questão principal do processo, a resposta ao que foi pretendido pelo autor na demanda, contudo é importante entender que o disposto no art. 487, I do CPC sobre a sentença de mérito ser aquela que acolhe ou rejeita o pedido do autor, depende de toda uma conjuntura de argumentos para que seja possível.

Mas, o julgamento da questão principal, concentrado no pedido, é a definição total do que é o mérito? A resposta tende a ser negativa. O mérito, para ser o julgamento e a resposta da questão principal do processo, precisa conter a resposta ao que fundamenta[226] o pedido, ou seja, a causa de pedir[227].

---

224 Nesse ponto de mérito e coisa julgada: "Eficácia, enfim, é palavra que se costuma usar, na linguagem jurídica, para designar a qualidade do ato enquanto gerador de efeitos." BARBOSA MOREIRA, José Carlos. Conteúdo e Efeitos da Sentença: Variações sobre o tema. **Temas de direito processual – Quarta série.** São Paulo: Saraiva: 1989. p. 175/176.

225 Definição de contradireito: "o contradireito é uma situação jurídica ativa "- situação de vantagem exercida como reação ao exercício de um direito. É um direito contra outro direito, assim como o antídoto é um veneno contra um veneno. É um direito que não é exercido por ação." DIDIER JR, Fredie. **Curso de direito processual civil: teoria geral do processo e processo de conhecimento.** 17ª. ed. Salvador: Juspodivm, 2015. p. 443.

226 "No pedido é formalmente veiculada essa pretensão. Por outro lado, a causa de pedir é elemento indispensável para que a pretensão seja adequadamente identificada, embora a causa de pedir, em si, não constitua o objeto ou parte do objeto do processo." TALAMINI, Eduardo. **Coisa julgada e sua revisão**. São Paulo: Ed. RT, 2005. p. 80.

227 Sobre o mérito ser a conjunção entre o pedido e a *causa petendi*: "o objeto litigioso do processo, portanto, identifica-se com a circunstância jurídica concreta ·deduzida em juízo in status assertionis, que afiara individualizada pela situação de "a10

Por mais que no dispositivo da decisão não esteja a causa de pedir e a sua resolução, a decisão com resolução de mérito é uma decisão que a leva em consideração, como um conjunto de cognições para que seja possível responder ao que foi pedido pelo autor, sendo, dessa feita, a causa de pedir parcela do mérito da demanda.

O pedido, apesar de limitar a demanda, é a consequência jurídica que se almeja com a causa de pedir, tanto a próxima quanto a remota. O bem da vida disposto na exigibilidade do direito material será reduzida numa pretensão em juízo, por uma conjuntura fática que lhe conceda lógica e sustentabilidade para ser acolhida. O réu, ao ser citado, pode responder todos os argumentos fáticos do autor, seja com a inclusão de contradireitos[228], seja com a narrativa própria de fatos impeditivos, extintivos ou modificativos do direito do autor, seja reconvindo na demanda, dentre outras possibilidades.

O objeto litigioso do processo será exatamente a somatória do pedido e da causa de pedir do autor cominada com a resposta do réu e sua causa de pedir responsiva.

Ou seja, o mérito não será o pedido cominado com toda e qualquer questão, mas com as questões propostas pelo autor na causa de pedir e pelo réu nos contradireitos, formando um conjunto lógico e necessário de questões para o julgamento do pedido. Tudo aquilo que for uma questão necessária e atrelada ao julgamento do pedido será parcela do mérito, contudo nem toda questão do processo será mérito[229].

Uma sentença com resolução de mérito é aquela que resolveu toda a demanda, perpassando pelo enfrentamento das questões sobre a causa de pedir apresentada pelo autor e a contraposição, se existente, pelo réu dos seus argumentos, julgando o pedido realizado, em qualquer dos resultados, acolhendo ou rejeitando a pretensão deduzida em juízo.

Por essa sentença com resolução de mérito, com a solução dada ao que se demandou como pedido do autor e o conjunto de causa de pedir do autor e

---

contrária ao modelo traçado pelo direito material." TUCCI, José Rogério Cruz e. **A *causa petendi* no processo civil.** 3ª. ed. São Paulo: Ed. RT, 2009. p. 131.

228 Sobre o objeto litigioso do processo e, consequentemente, o julgamento de mérito: "Resumidamente, no caso em que o réu exerce um contradireito, o mérito do processo é a soma de dois binômios, que pode expressar-se da seguinte maneira: afirmação do direito pelo demandante (pedido + causa de pedir) + afirmação do contradireito pelo demandando (pedido + causa da exceção)." DIDIER JR, Fredie. **Curso de direito processual civil: teoria geral do processo e processo de conhecimento.** 17ª. ed. Salvador: Juspodivm, 2015. p. 444.

229 No sentido de que tem questões que nem atreladas ao pedido em si são. DINAMARCO, Cândido Rangel. O conceito de mérito em processo civil. **Revista de Processo.** Vol. 34, Ano 9, p. 20-46, São Paulo: Ed. RT, Abril/Jun/1984. p. 35.

do réu é que formará a coisa julgada, como disposta nos arts. 337, §§ 1o, 2° e 4° e 508, todos do CPC.

Portanto, mérito é a resposta ao objeto litigioso do processo, com a resolução no ato decisório sentencial – ou decisão parcial, em caso de cisão – considerando os demais pontos argumentativos insertos na causa de pedir do autor e na contraposição do réu.

Quando considerarmos ser uma sentença com resolução de mérito ou uma decisão interlocutória igualmente com resolução de mérito, a causa de pedir do pleito do autor foi decidida, os argumentos do réu foram resolvidos e o pedido foi julgado, acolhido ou não.

4.4.3 A existência de um mérito em cada capítulo decisório

Se um processo objetivamente complexo tem um conjunto de relações jurídicas que devem ser resolvidas pelo juízo, cada uma destas tem um pedido próprio e, consequentemente, um mérito próprio.

Numa concepção sobre o CPC/73, Dinamarco afirmava que mesmo diante de capítulos de sentença, seja pela cumulação de pedidos, seja pela pluralidade de partes, mesmo que tivesse uma complexidade no processo, este era uno e, logicamente, o mérito era somente um[230].

Esse posicionamento era até contraditório com a própria teoria dos capítulos de sentença[231], uma vez que cada capítulo detém autonomia e, talvez, independência entre si, o que possibilita julgamentos diversos, cada qual com seu mérito, o que contraria essa visão de Dinamarco de que a sentença seria somente uma e todos os pedidos seriam, conjuntamente, formadores de um só mérito[232],

---

230 "A estrutura complexa que às vezes o objeto do processo tem não ocasiona a duplicidade ou pluralidade de processos. Cumulam-se pedidos em um processo só, agrupam-se litisconsortes em um processo só, o réu reconvém no mesmo processo onde fora citado etc. – e o juiz profere uma sentença só, naquele processo único, com referência a todos os itens do objeto do processo. É um erro pensar que a existência de dois ou mais capítulos do objeto do processo tivesse como efeito a pluralização de relações processuais." DINAMARCO, Cândido Rangel. **Instituições de direito processual civil.** Vol. II 6ª ed. São Paulo: Malheiros, 2009. p 191.

231 Todavia, era pertinente a teoria da unicidade da sentença.

232 Sobre esse ponto de único mérito da demanda: "Assinala o mestre que haverá somente um processo quando mais de uma pretensão são julgadas juntas, como por exemplo num caso de cumulação de pedidos, e que estas pretensões estarão envoltas por um único mérito. Afirma que um único mérito poderá ser dividido em capítulos, chamados de capítulos da sentença, também os denominando "capítulos do mérito". Deixa com isso, claro em sua obra que em um processo só poderá haver um único mérito." SOA-

que seriam internos de um só julgamento[233], formando uma só resposta de mérito ao autor.

Essa visão de um só mérito tinha um sentido na perspectiva de que seria somente uma sentença e, dessa maneira, somente uma resposta para acolher ou rejeitar a pretensão processual do autor, diferenciando resolver méritos de julgar o mérito[234].

Dentro dessa concepção, o mérito seria somente responder à pretensão como um todo, diante da visão de que haveria um processo com um objeto, com o julgamento dos pedidos pleiteados pelo autor na inicial ou pelo réu na reconvenção, contudo o processo objetivamente complexo detém uma série de relações jurídicas próprias e que tem um mérito próprio, com a total possibilidade de cisão e respostas judiciais com autonomia entre si.

Ou seja, não é mais possível entender que o processo é um só e que a sentença deve ser una, com a necessidade de que o objeto litigioso do processo seja resolvido somente de uma vez, com um só mérito, com a total possibilidade de julgamento a cada momento em que for possível, diante dos pressupostos autorizantes constatados, a cisão cognitiva para que cada capítulo seja autonomamente julgado.

Dessa maneira, ainda na acepção do CPC/73, Barbosa Moreira já tinha uma posição[235] de que cada pretensão formava um processo e, consequentemente, um mérito, o que torna uma visão mais próxima do que o CPC/2015 positiva, com a possibilidade da cisão procedimental do art. 356, principalmente.

RES, Marcos José Porto; ZANARDI, Glaziele. O mérito da demanda e sua repercussão na formação das decisões. **Revista eletrônica de direito processual**. Vol IX, p. 498-523, Rio de Janeiro, 2012. p. 514.

233 DINAMARCO, Cândido Rangel. **Instituições de direito processual civil.** Vol. II 6ª ed. São Paulo: Malheiros, 2009. p 191.

234 "Importa ressaltar que julgar o mérito não é o mesmo que resolver o mérito. O julgamento do mérito ocorre o tempo todo, desde a propositura da demanda; no entanto, só é resolvido nas hipóteses previstas no artigo 269 do Código de Processo Civil. E por isso o legislador, através da Lei 11.232/2005 retirou o termo "julgamento" dos artigos 267 e 269 do Código de Processo Civil para inserir a expressão "resolução"." SOARES, Marcos José Porto; ZANARDI, Glaziele. O mérito da demanda e sua repercussão na formação das decisões. **Revista eletrônica de direito processual**. Vol IX, p. 498-523, Rio de Janeiro, 2012. p. 515.

235 "Dos meros incidentes do processo distinguem-se, no rigor da técnica, os processos incidentes, embora na prática seja difícil, por vezes, traçar entre uns e outros uma linha divisória perfeitamente nítida." BARBOSA MOREIRA, José Carlos. **O novo processo civil brasileiro.** 20º. ed. Rio de Janeiro: Forense, 2000. p. 412.

4.4.4 O conceito de decisão parcial com resolução de mérito

Para fins de fixação de premissas, o mérito é a resposta ao objeto litigioso do processo, com a resolução no ato decisório sentencial - ou parcial, em caso de cisão - considerando os demais pontos argumentativos insertos na causa de pedir do autor e na contraposição do réu. O pedido detém uma função importante para a definição do mérito, concedendo os seus caráteres limítrofes do que se pleiteia e a exatidão do que se pretende no exercício da jurisdição, via a demanda.

Para o julgamento de mérito, o juízo deve, após a cognição sobre todos os aspectos da demanda e as questões pertinentes, acolher ou não o pedido realizado pelo autor, nos moldes delineados no art. 487, I do CPC. O autor pleiteia em juízo a delimitação de sua pretensão, de sua demanda, com a especificação, de modo certo e determinado, um pedido específico de prestação jurisdicional, a qual o juízo deve responder, em regra, como acolhida ou não, como procedente, parcialmente procedente ou improcedente.

Esse é o julgamento de mérito que se espera pelo juízo no exercício da jurisdição.

Não é somente esse julgamento que será tido como um julgamento de mérito, até pela própria dicção dos outros incisos do art. 487 do CPC, os quais delineiam que também será um julgamento de mérito aquele que decidir, de ofício ou a requerimento, sobre a ocorrência de decadência ou prescrição; ou homologar: a) o reconhecimento da procedência do pedido formulado na ação ou na reconvenção; b) a transação; c) a renúncia à pretensão formulada na ação ou na reconvenção.

O intuito da demanda do autor, da pretensão em almejar a jurisdição é a cognição judicial do que foi apresentado como causa de pedir, mediante os fatos e fundamentos jurídicos e, após toda essa cognição encerrada no conhecimento via contraditório, é receber a resposta jurisdicional sobre o acolhimento ou não do pedido. O autor busca a resposta em torno do que pediu, do que pleiteou, ao final da fase de conhecimento.

No entanto, diante da dicção do art. 356 do CPC, é totalmente possível que seja realizado um pronunciamento judicial de mérito em uma decisão interlocutória, mediante a viabilidade e percepção de que há resolubilidade de questões de fato e o julgamento de um dos pedidos ou relação jurídica seja, desde logo, possível sem o encerramento de toda a cognição do processo, com o prosseguimento da parcela que ainda está em litispendência.

Essa abertura não é nova, com a possibilidade desde o ordenamento anterior de que o mérito pudesse, mediante requisitos preenchidos corretamente, ser julgado de modo bipartido, quebrando a visão de unicidade da sentença como único meio de resolução do processo. O CPC/2015 tratou de positivar essa viabilidade e delinear uma procedimentalidade adequada, ainda que não tenha estruturado de modo evidente e eficaz a processualística em volta do pronunciamento judicial com resolução de mérito parcial, somente dispondo sobre sua existência e possibilidade.

O nome a ser dado ao pronunciamento judicial é de decisão interlocutória, pela adequação ao formato e ao conteúdo possível para essa espécie e, ainda, pela conceituação restritiva de sentença como sendo aquela que encerra a fase de cognição, o que não será possível neste pronunciamento.

Logo, será uma decisão interlocutória parcial com resolução de mérito.

O conteúdo material dessa decisão é a resposta judicial cognitiva a questões de fato e de direito inerentes a parcela do processo, com a resposta a determinado pedido da inicial, contudo sem o esgotamento de todos os pleitos do autor, dada a existência de pendência de questões de fato sobre os demais pedidos.

Para a possibilidade da prolação da decisão parcial com resolução de mérito existirão requisitos e hipóteses a serem verificados, os quais a dicção do art. 356 do CPC já delineia, bem como necessita-se da construção da lógica procedimental para a cisão do mérito.

4.4.4.1 A resolução incidental de questões de mérito, o fracionamento de questões e a não concepção como fracionamento do mérito

Num processo, mesmo que não seja objetivamente complexo, há a possibilidade de uma pluralidade de questões para a cognição judicial, como as questões prévias, tanto as preliminares quanto as prejudiciais.

Estas devem ser resolvidas de modo antecedente ao mérito, seja pelo seu caráter de preliminaridade, com a impossibilidade de julgamento de mérito sem o devido enfrentamento, seja pela prejudicialidade, com o impacto do resultado desta questão no conteúdo a ser decidido no mérito.

Estas questões prévias[236] – preliminares[237] ou prejudiciais[238] – podem ser decididas na própria sentença, de modo antecedente ao mérito ou em momento anterior, tornando-as questões prévias e incidentais quanto à decisão que a prolatou, por ser uma interlocutória e não parcela da sentença.

---

236 De certo modo, as questões prévias são todas aquelas que são decididas de modo anterior, como um gênero maior com subdivisões.

237 Por questão preliminar: "aquelas que conforme o sentido em que sejam resolvidas, oponham ou, ao contrário, removam um impedimento à solução de outras." BARBOSA MOREIRA, José Carlos. **Questões prejudiciais e coisa julgada.** Rio de Janeiro: Borsoi, 1967. p. 30.

238 Por questão prejudicial: "cuja solução depender necessariamente o teor da solução que seja haja de dar a outras questões." BARBOSA MOREIRA, José Carlos. **Questões prejudiciais e coisa julgada.** Rio de Janeiro: Borsoi, 1967. p. 27.

No entanto, há a possibilidade dessas questões preliminares, mesmo que meramente processuais, necessitarem de análise conjunta sobre questões de mérito, não sendo o próprio mérito da ação ou do objeto litigioso do processo. Uma questão preliminar para ser resolvida pode ensejar uma análise mais profunda do que um mero aspecto incidental ou processual, com a necessidade de resolver questões de mérito para que se alcance a cognição necessária para tal enfrentamento.

A dúvida será se o enfrentamento de questões de mérito é pertinente a um fracionamento decisório com o intuito de cindir a cognição processual. A resposta deve ser negativa e devidamente desenvolvida.

A espécie de resolução incidental de questões de mérito não se confunde com a cisão do processo e da sua cognição quanto à jurisdição e o processo objetivamente complexo. Obviamente que numa decisão parcial com resolução de mérito são decididas questões de mérito, mas nessa decisão também se decide parcela do processo e de seu objeto litigioso, com a resposta a ao menos um pedido ou parcela deste, se decomponível.

Logo, há uma notória diferença sobre a decisão parcial sobre o mérito e a decisão sobre questão prévia/preliminar/prejudicial que envolve também questão de mérito, sem decidir parcela do processo. É importante essa diferenciação sobre a decisão parcial sobre o mérito e decisão sobre questões de mérito em decisão interlocutória.

São institutos totalmente diferentes.

Diante disso, a primeira é o objeto deste estudo, o que se denomina um fracionamento decisório do objeto do processo, seja com ou sem resolução do mérito, já a segunda decisão dialoga com questão de mérito, sendo um fracionamento destas questões, mas não do processo ou da jurisdição a ser prestada.

As questões de fato e de direito que se interligam ao objeto do processo devem ser julgadas na sentença, conforme o constante no art. 489, II do CPC, com a descrição dos fundamentos que o juiz analisará e construirá a decisão sobre as questões de fato e de direito. O normal, então, deve ser o julgamento de todo o objeto do processo no ato sentencial, chegando na regra da unicidade como base.

No entanto, de modo idêntico ao que defende-se neste estudo, sobre o fracionamento decisório do objeto do processo, excepcionalmente questões de mérito podem ser fracionadas[239], mas não geram decisões parciais de mérito,

---

239 No direito italiano, nos moldes do art. 279 do ordenamento processual, há a possibilidade de uma decisão sobre questões de mérito ou prejudiciais ao mérito, mas que não encerram a jurisdição, tampouco julgam o mérito, naquele momento. Nesse caso, são decisões sobre questões, não sobre parcelas do mérito, sobre o objeto litigioso fracionado, sendo tidas como sentenças não definitivas, ou seja, decisões que julgam estes pontos do processo, sem serem uma sentença que julgou a jurisdição como um todo, mesmo que parcialmente. Nesse ponto, apesar dos ordenamentos terem pontos

mas decisões interlocutórias como qualquer outra que enfrentam questões de fato ou de direito, mesmo que depois impactem ou relacionem-se com o objeto do processo e sua resolução.

Um exemplo seria a necessidade de enfrentar a fixação de competência no tocante à matéria e, desde logo, entender-se se o objeto litigioso do processo seria, por exemplo, sobre ação de consumo ou sobre contrato civil em alguma comarca que tenha uma divisão como essa (ou outros exemplos de competência, como uma dívida entrar ou não no inventário e a discussão versar se será julgada em vara cível comum ou vara de sucessões, dentre outras imensas possibilidades).

Outro exemplo seria a necessidade de no saneamento, ou outro momento antes da sentença, decidir sobre a validade de um contrato base para o objeto litigioso do processo, é uma questão de mérito resolvida antes da sentença e que influencia a própria processualidade posterior.

Esses pontos são questões de mérito decididas em caráter preliminar e incidental, evidentemente. Obviamente que se forem decididas somente na sentença, por exemplo, não causam nenhuma complexidade procedimental em termos decisórios, somente sendo internas da própria sentença, mesmo que não representem um capítulo decisório próprio, por serem questões de mérito e não capítulos de mérito.

A dúvida acima delineada sobre essa decisão é pertinente, justamente por ela representar um enfrentamento decisório sobre uma questão de mérito, contudo sem decidir o mérito como um todo, sem prestar a jurisdição de modo parcial. Ou seja, esse é um exemplo de fracionamento das questões de mérito e não do próprio mérito, tampouco de uma questão que extingua parcela do processo.

Essa questão de mérito a ser decidida de modo preliminar – e até prejudicial, se for o caso – não representa um fracionamento decisório da jurisdição, mas um fracionamento da cognição para se alcançar posteriormente a possibilidade de prestação da jurisdição, mas não se reparte, neste ponto, essa prestação, o processo e o seu objeto litigioso.

Dessa maneira, a necessidade que se realize uma decisão preliminar que envolva uma questão de mérito está pela conectividade desta com uma questão processual anterior que necessita ser resolvida naquele momento processual, sem possibilitar que seja resolvida na sentença somente.

Portanto, é importante delinear que essa decisão incidental não é o objeto estudado, não decide o mérito da ação ou o objeto litigioso do processo, apesar de ser condição ou influência para o mesmo. Se essa questão de mérito tiver que se deslocar para um momento anterior à cognição de outras questões igualmente de

---

de diálogo, no direito brasileiro, por mais que se julguem questões de mérito, não serão sentença, tampouco fracionamento do objeto litigioso, somente uma decisão interlocutória.

mérito, não é a decisão parcial sobre a jurisdição, tampouco um fracionamento decisório como proposto no art. 354, parágrafo único ou 356 do CPC.

No entanto, há um ponto pertinente de enfrentamento sobre essa matéria que é a relação dessa decisão fracionada de questão de mérito no meio do processo e a sua relação com a preclusão e estabilidade.

Como qualquer matéria, se há uma decisão interlocutória sobre determinada matéria, esta relaciona-se com a preclusão, contudo dependendo do sistema de recorribilidade daquela decisão interlocutória. O agravo de instrumento, na fase de conhecimento, tem um rol taxativo de hipóteses em que impugna a decisão interlocutória, postergando para a apelação as interlocutórias não constantes neste rol do art. 1.015 do CPC. Logo, as decisões interlocutórias constantes no rol desse dispositivo precluem após o prazo recursal e a sua não impugnabilidade e as decisões que não estiverem no rol somente precluirão, em termos de recorribilidade, quando for prolatada uma sentença e não forem impugnados em eventual apelação ou caso nem utilizem a apelação.

Esse é o sistema de preclusão quanto à impugnabilidade recursal destas decisões incidentais das questões de mérito decididas antes da sentença, em decisão interlocutória. Todavia, é pertinente entender que também a decisão interlocutória, seja aquela preclusa pela não impugnabilidade, seja aquela no aguardo de eventual apelação, não pode mais ser redecidida no processo, pelo teor dos arts. 505 e 507 do CPC[240], os quais aplicam-se a essa decisão também, igualmente acontece quanto as questões de fato eventualmente decididas[241].

O art. 507 do CPC impede que quaisquer das partes pleiteie a revisão de questões já decididas no processo, uma evidente vedação[242] para que se suscite o que já foi decidido e não recorrido. Se a parte prejudicada interpôs o agravo de instrumento[243], essa decisão já está impugnada e, assim, será resolvida pelo

---

240 Cada preclusão existente nestes dispositivos – arts. 505 e 507 do CPC – tem um prisma diverso de configuração: "Trata-se de duas esferas diferentes (a das partes e a do juiz), as quais, justamente porque informadas por princípios diversos, não estão necessariamente coordenadas por laços de causa e efeito." SICA, Heitor Vitor Mendonça. **Preclusão processual civil**. São Paulo: Atlas, 2008. p. 180.

241 Como enfrentou-se neste trabalho sobre as questões de fato já decididas.

242 ARAÚJO, André Luiz Maluf de. Comentário ao art. 507. **Novo código de processo civil comentado – Tomo II (art. 318 ao art. 770).** Orgs: RIBEIRO, Sergio Luiz Almeida; GOUVEIA FILHO, Roberto Pinheiro Campos; PANTALEÃO, Izabel Cristina; GOUVEIA, Lucio Grassi de. São Paulo: Lualri, 2017. p. 300.

243 Ainda sobre o ordenamento revogado, Sica versa que as partes devem impugnar as decisões incidentais via agravo, caso contrário, não há outro meio de continuar a discussão sobre a decisão, tornando-a preclusa. Obviamente que adaptando para o novo ordenamento, há o sistema de recorribilidade entre agravo de instrumento e a apelação, mas

Tribunal, de outro modo, caso seja somente em apelação, também o citado dispositivo impede que a questão seja novamente suscitada pelas partes até a sentença.

Já o art. 505 do CPC determina que nenhum juiz decidirá novamente as questões já decididas relativas à mesma lide, o que impõe que uma preclusão de rediscussão sobre o que já foi decidido, enquadrando perfeitamente essa decisão incidental e interlocutória que verse sobre preliminar junto com uma questão de mérito, restando o juízo impossibilitado de rever essa decisão posteriormente, pelo próprio dispositivo acima[244].

Há, portanto, uma estabilização sobre a decisão incidental que verse sobre questão de mérito, seja pela sua própria preclusão, sem impugnação, seja pela impossibilidade de nova suscitação pelas partes ou rediscussão pelo juízo[245]. Logo, se há uma definição sobre a matéria, como, exemplificando, a decisão sobre competência, a validade de um contrato, etc, em decisão interlocutória prévia com resolução de questão de mérito, esta não é um fracionamento decisório do

---

é o mesmo sentido de utilização e preclusão sobre questão incidental não impugnada. "O único modo de a parte discutir uma questão incidental é pela via do agravo: se não o interpuser regular e oportunamente, e pretender fazê-lo de outro modo, tal ato não produzirá os efeitos por ela pretendidos." SICA, Heitor Vitor Mendonça. **Preclusão processual civil.** São Paulo: Atlas, 2008. p. 180.

244 O juízo não pode decidir novamente o que já decidiu no decorrer do processo, o que importa em uma preclusão para o próprio juiz e a sua relação com a sua própria decisão. Em patamar recursal, se sobrevier uma impugnação e uma decisão sobre o recurso sobre a questão outrora decidida, pelo efeito substitutivo, a decisão do Tribunal dialoga com o processo e o juiz deve também entender como preclusa sua atuação, por mais que não seja sua a decisão: "Os efeitos da preclusão de questões em referência ao juiz devem ser encarados por três sujeitos: (a) o do juiz e sua própria decisão; (b) o do juiz e a decisão da autoridade inferior; e (c) o do juiz e a decisão da autoridade superior." BARBI, Celso Agrícola. Da preclusão no processo civil. **Revista Forense.** Vol. 52, n. 158, Rio de Janeiro: Forense, 1955. p. 64. No mesmo ponto: "Mas, se a parte interpuser recurso, e a modalidade irresignatória não admitir a reconsideração do prolator, teríamos preclusão da questão para este, mas não para o Poder Judiciário, que reapreciará a discussão via juízo hierarquicamente superior (instância ad quem)." RUBIN, Fernando. **A preclusão na dinâmica do processo civil,** 2ª ed. São Paulo: Atlas, 2019. p. 144.

245 Sobre esse ponto: "Para tanto, partimos da ideia corrente de que, quando determinada decisão incidental resta irrecorrida, sobre ela recai uma preclusão, que nada mais é do que um fenômeno de caráter limitativo, tanto para as partes quanto para o juiz: as primeiras ficam impedidas de suscitar de novo a questão decidida e o segundo fica obstado de redecidi-la. Esse enunciado é irremediavelmente impregnado do senso comum." SICA, Heitor Vitor Mendonça. **Preclusão processual civil**. São Paulo: Atlas, 2006. p. 179.

objeto litigioso do processo, porém é coberto pela preclusão para as partes[246] e para o juízo[247], com a impossibilidade de revisitação em decisão posterior ou na sentença, somente se a parte interessada propor o recurso cabível, seja o agravo de instrumento, seja a apelação, dependendo do teor decidido.

4.4.5 Os requisitos e hipóteses de decisão parcial de mérito

Diante da possibilidade de prolação de uma decisão parcial com resolução de mérito, é importante a análise sobre a presença ou não dos requisitos pertinentes para tanto.

São requisitos[248] para a cisão cognitiva e o fracionamento decisório, além da complexidade objetiva do processo, a existência de uma pluralidade de questões de fato a serem resolvidas, e, após a resolubilidade ou estabilização via incontrovérsia de, no mínimo, uma determinada questão de fato, que esta autorize o julgamento de parcela do processo, com outras questões de fato con-

---

246 "Assim, podemos afirmar que a preclusão de questões é um fenômeno que atinge as partes como extensão da preclusão de um ônus processual." SICA, Heitor Vitor Mendonça. **Preclusão processual civil.** São Paulo: Atlas, 2008. p. 180.

247 Rubin coloca uma exceção a esse ponto que seria a questão de ordem pública como uma questão que pode ser revisitada pelo juízo. Notadamente, não há como defender tal tese, pelo fato de que a ordem pública está para a decisão, para a suscitação, mas não para a reavaliação posterior, também entendendo que há a preclusão sobre tal ponto. Todavia, não seria esse o ponto para o diálogo desta decisão que enfrenta-se neste subcapítulo: a decisão interlocutória sobre preliminar que também decide questão de mérito. Há ou não há preclusão? Neste caso, se seguir a excepcionalidade levantada por Rubin, seria o caso de uma questão de ordem pública que impactasse essa questão de mérito pudesse ser novamente decidida, como uma questão de competência ou prescrição, o que rechaça-se neste estudo: "A ressalva quanto à possibilidade de reexame da decisão no que diz respeito às matérias de ordem pública (como o art. 267, § 3o, CPC e outras, a serem mais à frente encaradas), seja pelo mesmo julgador (quando mantém jurisdição), seja pela instância superior (em caso de recurso, com efeito devolutivo), reside na impossibilidade de, nesses casos, se operar a preclusão, tendo-se em conta que as referidas matérias imperativas, por serem notadamente de interesse supra-partes (para usarmos a concepção consagrada por Galeno Lacerda), podem ser reavaliadas ulteriormente." RUBIN, Fernando. **A preclusão na dinâmica do processo civil,** 2ª ed. **São Paulo: Atlas, 2019. p. 145.**

248 Dessa maneira, os requisitos para uma cisão cognitiva e fracionamento decisório são: *(i) a complexidade objetiva do processo por cumulação de pedidos ou pluralidade de partes; (ii) a pluralidade de questões de fato; (iii) a resolubilidade ou estabilização via incontrovérsia de uma questão de fato e pendência de, no mínimo, outra questão de fato; (iv) a dependência de parcela da demanda somente da questão de fato já resolvida/estabilizada..*

tinuando pendentes, proporcionando o prosseguimento do restante do processo – os demais pedidos, dada a pendência fática para sua cognição total.

Para que seja possível uma decisão parcial com resolução de mérito é necessário que o processo se apresente com essas características preenchidas, com a cumulação de pedidos ou pluralidade de partes, que as questões de fato sejam múltiplas e, ainda, com a resolubilidade de uma destas questões que impacta um dos pedidos e a pendência de outras questões que influenciará outro pedido.

Diante disso, o processo deve apresentar-se como bifurcável cognitivamente para o juízo e, a partir de então, ser passível da prolação de uma decisão parcial com resolução de mérito e a cisão procedimental.

A pluralidade de questões de fato e sua resolubilidade parcial são requisitos para a prolação dessa decisão, contudo essa possibilidade de resolução se desdobra em hipóteses diversas, as quais impactarão essa abertura para a cisão do processo. Para que alguma questão de fato autorize a prolação parcial com resolução de mérito, sobre ela deve ser desnecessária a instrução ou dilação probatória, permitindo, desde logo, a resolubilidade da questão e a decisão sobre o pedido que depende desta resolução.

No entanto, essa desnecessidade de instrução probatória ocorre em algumas hipóteses, tais quais: *(i) fato e pedido incontroverso; (ii) requerimento das partes sobre a já produção de prova documental sobre a questão de fato; (iii) presunção de veracidade por efeitos materiais da revelia.*

A desnecessidade de instrução ou dilação probatória é a percepção pelo juízo, oriundo de diversas situações processuais, sobre a resolubilidade de determinada questão de fato existente na demanda, sem que outra prova seja necessária de ser produzida. Sem a necessidade de produção de outras provas, o art. 355 do CPC impõe ao juízo o dever de julgar antecipadamente o pedido, proferindo sentença com resolução de mérito.

A primeira possibilidade está na existência de *fato e pedido incontroverso.*

Essa primeira hipótese da desnecessidade da produção de outras provas autorizante da decisão parcial com resolução de mérito, demonstra uma confusão na própria conjunção do *caput* com o inciso I do art. 356 do CPC, uma vez que a junção seria "o juiz decidirá parcialmente o mérito quando um ou mais dos pedidos formulados ou parcela deles mostrar-se incontroverso."

A incontrovérsia necessária e autorizante para o julgamento parcial seria do fato ou do pedido? A leitura mais atenta insere que será do pedido e não dos fatos. Um ponto de necessário enfrentamento: há como um pedido ser incontroverso sem que os fatos que lhe concedem suporte não sejam? A resposta é positiva, a leitura a ser realizada é que a narrativa fática do pedido é incontroversa, contudo o pedido também deve ser incontroverso para que seja possível o julgamento antecipado, neste caso, parcial com resolução de mérito.

A incontrovérsia na questão de fato é totalmente diversa da incontrovérsia no pedido, apesar de relacionais.

O réu pode defender-se no processo, via contestação, com matérias contrapostas aos fatos narrados pelo autor, o que leva a uma consequência jurídica diversa; pode concordar com a narrativa fática do autor e contrapor-se aos pedidos, entendendo que os fatos não possibilitam a procedência; ou dispor sobre fatos impeditivos, extintivos ou modificativos do direito do autor.

Na primeira hipótese, ao contrapor-se aos fatos, há uma questão de fato contraditória, com a necessidade de ser resolvida; já na segunda hipótese, a concordância do réu sobre a narrativa fática do autor proporciona uma incontrovérsia fática, com uma questão de direito a ser resolvida; e a alegação de outros fatos gera uma incontrovérsia sobre os fatos narrados pelo autor, mas abrem outras possibilidades fáticas pela narrativa do réu.

Somente a segunda hipótese de defesa delineada que geraria uma incontrovérsia sobre os fatos da demanda, mas não gera um pedido incontroverso. Para tanto, é necessário que o réu concorde com os fatos e com a consequência jurídica destes, o que geraria um pedido incontroverso.

Ou seja, a conjunção entre incontrovérsia nas questões de fato e de direito geram o pedido incontroverso[249].

A incontrovérsia sobre o pedido é mais complexa do que quanto ao fato. Para que uma incontrovérsia ocorra sobre o pedido[250], o réu deve ter se manifestado no processo sobre o pedido de modo a concordar com este.

---

249 Sobre a diferença que defendemos entre fato incontroverso e o pedido incontroverso: "Torna-se incontroverso um fato no curso do processo quando não há confronto de afirmações em torno de um fato alegado pelo autor, isto é, surge uma incontrovérsia fática quando o autor alega um fato e o réu não o nega ou não alega outro fato capaz de desconstituir o direito daquele (impeditivo, modificativo ou extintivo). Por outro lado, torna-se incontroverso o direito no curso do processo quando uma das partes, ou ambas, emite uma declaração de vontade capaz de eliminar a tensão existente entre as pretensões de autor e réu." SANT'ANNA, Paulo Afonso de Souza. Hipóteses para concessão da tutela antecipatória da parte incontroversa da demanda (art. 273, §6º, CPC). **Revista de Processo.** Vol. 121, Ano 30, p. 117-132, São Paulo: Ed. RT, mar/2005. p. 119.

250 O conceito de pedido incontroverso, a nosso ver, é pedido que tem concordância pelo réu ao pedido do autor, a falta de impugnação de um pedido não leva a pedido incontroverso, por não existir sanção sobre um pedido. Silva conceitua esse pedido como a falta de impugnação, no entanto, só vislumbramos esse ônus da impugnação específica sobre os fatos, nunca sobre os pedidos, até pela presunção da revelia, por exemplo, ser somente relativa. "Pedido incontroverso é aquele que não foi especificadamente impugnado pelo réu. Haverá pedido incontroverso quando, em caso de cumulação, o réu deixar de impugnar um dos pedidos ou quando o único pedido for passível de fracionamento e o réu impugnar somente parte dele." SILVA, Ricardo Alexandre. Comentários aos arts. 355 e 356. In: ALVIM, Teresa Arruda; DIDIER JR., Fredie; TALAMINI, Eduardo; DANTAS, Bruno. (Org.). **Breves comentários ao novo código de processo civil.** p. 956-964. 1ª. ed. São Paulo: Ed. RT, 2015. p. 961.

O complexo da redação desse inciso priorizar o pedido incontroverso está no cerne de que a concordância do réu ao pedido do autor não gera um julgamento do pedido, mas uma homologação dessa concordância[251], nos moldes do art. 487, III, "a" do CPC. Se for somente sobre parcela do processo, a decisão seria uma parcial com resolução de mérito, mas não pelo art. 356 do CPC somente, mas por estar inclusa no art. 354, parágrafo único do CPC[252].

Na hipótese de o réu apresentar a contestação notoriamente sobre um dos pedidos e não mencionar nada sobre o outro pedido, gera uma omissão do réu sobre tal ponto, uma não impugnabilidade, o que, para efeitos fáticos, gera uma presunção de veracidade, conforme o art. 341 do CPC, que dispõe que ao réu é incumbido a manifestação precisa sobre as alegações de fato constantes da petição inicial, sob pena de ser considerada como verdadeiras as não impugnadas. Mas, essa não impugnação dos fatos e do pedido não leva à incontrovérsia do pedido, por mais que o réu não impugne um pedido, a consequência da incontrovérsia fática gerada impõe que os fatos serão presumidos verdadeiros, não que o pedido será incontroverso.

Diante disso, uma leitura mais apurada do constante no art. 356, I do CPC está na possibilidade da decisão parcial de mérito quando os fatos forem incontroversos[253]. Se o réu concordar com a questão de fato que orbita aquele pedido, não há mais necessidade de dilação probatória. Essa concordância pode

---

251 Na mesma posição aqui desenvolvida: "Na primeira hipótese, não há propriamente julgamento antecipado do mérito: há resolução parcial do mérito em razão da autocomposição parcial (art. 487, III, CPC)." DIDIER JR., Fredie. **Curso de direito processual civil: teoria geral do processo e processo de conhecimento.** 17ª. ed. Salvador: Juspodivm, 2015. p. 691.

252 Diante da premissa de que o art. 356, I do CPC partiria mesmo de pedido incontroverso, Araújo tem a mesma posição que concordamos, que esse inciso representaria o mesmo do art. 354, parágrafo único. Todavia, entendemos que a interpretação deve ser diversa, por fatos incontroversos, o que gera um ponto de discordância posterior, mas como premissa, entendemos de modo convergente. "A meu ver, o inciso I do art. 356 do CPC/2015 complementa a previsão constante do art. 354, parágrafo único, do CPC/2015, inclusive em relação à aplicação das regras previstas nos parágrafos do art. 356 do CPC/2015. Nesse contexto, o inciso I do art. 356 do CPC/2015 dispõe sobre a aplicação da técnica do julgamento antecipado parcial nos casos de "extinção do processo", por autocomposição entre as partes." ARAÚJO, Luciano Vianna. O julgamento antecipado parcial sem ou com resolução de mérito do CPC/2015. **Revista de Processo.** Vol. 286, Ano 43, p. 237-273, São Paulo: Ed. RT, dez/2018. p. 247.

253 No sentido dos fatos serem incontroversos e não os pedidos, Tucci assim delineia, apesar de chegar numa conclusão diversa da que entendemos: "A primeira delas quando um ou mais dos pedidos formulados ou parcela de um deles mostrar-se incontroverso, isto é, quando o seu fato constitutivo estiver confessado na defesa apresentada pelo réu ou não for impugnado (art. 336 do CPC), ou, ainda, resultado patente da prova documental produzida pelas partes." TUCCI, José Rogério Cruz e. Comentários aos arts. 318 a 368. In:

ser sobre a manifestação na contestação de que os fatos narrados pelo autor são corretos, mesmo que impugne a questão jurídica, bem como que o réu não impugne a questão de fato desse pedido na sua contestação, pairando sobre ele os efeitos do art. 341 do CPC, a presunção de veracidade por não impugnação específica dos fatos.

Todavia, essa hipótese é um tanto desnecessária se entendida pela mera incontrovérsia sobre os fatos, por esta gerar a desnecessidade de produção de novas provas ou dilação probatória, o que seria a hipótese do art. 356, II do CPC.

Desse modo, se este fato incontroverso for o único que baseia determinado pedido da demanda, o juízo poderá julgar antecipadamente, contudo se o processo for objetivamente complexo, e esse fato incontroverso for o bastante para resolver ao menos um dos pedidos, é dever do juízo a prolação da decisão parcial com resolução de mérito.

A leitura proposta como fato incontroverso proporciona ao juízo poder julgar acolhendo ou não o pedido do autor[254], pela conjuntura ser somente sobre os fatos. A incontrovérsia sobre o pedido gera uma homologação do reconhecimento do pedido pelo réu, o que também é possível, só não podem ser vistos como a mesma hipótese. Quem entender que o art. 356, I do CPC seja realmente pedido incontroverso deve defender que essa decisão seria somente pela procedência[255],

---

GOUVEA, José Roberto; BONDIOLI, Luiz Guilherme; FONSECA, João Francisco (Coords.). **Comentários ao código de processo civil.** 1ª. ed. São Paulo: Saraiva, 2017. p. 284.

254 Sobre essa visão de que a não impugnação de determinado ponto, na contestação, gerar um pedido incontroverso, Zavascki entendia que não era automático, como não é. Um pedido não contestado não ganha o carimbo de automaticidade de procedência, com a necessidade de análise cognitiva sobre a sua plausibilidade jurídica. Fatos podem ser tido como incontroversos, pela ausência de controvérsia, mas pedidos não. Desse modo, diante do ordenamento anterior, Zavascki entendia que não era cabível uma tutela antecipada de pedido incontroverso quando este fosse pela improcedência, contudo diante da cisão cognitiva e possível no CPC/2015, a incontrovérsia fática por ausência de controvérsia na contestação, pode gerar uma decisão parcial de mérito por improcedência. "Pode ocorrer, por exemplo, que o demandado não conteste determinado pedido, o qual, contudo, na avaliação do juiz, é manifestamente descabido. Em caso tal, considerando que a sentença final será de improcedência, é lógico concluir que, embora se trate de pedido a cujo respeito não há controvérsia entre as partes, a sua antecipação será inadmissível." ZAVASCKI, Teori Albino. Antecipação da tutela em face de pedido incontroverso. **Revista Jurídica.** Porto Alegre. ano 50. n. 301. P. 30-35. Nov/2002. p. 31.

255 Nesse ponto, Marinoni, Arenhart e Mitidiero entendem que a incontrovérsia fática gera a incontrovérsia do pedido, o que é um conceito um tanto complexo. A questão de fato se resolve para que seja resolvida a questão de direito, obviamente influenciando-a, mas as partes podem concordar com os acontecimentos fáticos e discordar dos efeitos jurídicos, por exemplo. "A incontrovérsia fática só leva à tutela definitiva da parcela incontroversa se for suficiente para caracterizar incontrovérsia do pedido ou de parcela

pela própria incontrovérsia ser do pedido, mas se entender-se que será dos fatos, há a liberdade sobre o resultado[256], diante da cognição das questões de direito e a decisão do pedido[257]. De igual maneira, quem entender que o pedido deve ser incontroverso, esse pedido seria pela homologação, nos moldes do art. 487, III, "a" do CPC, o que geraria, como consequência lógica, uma inviabilidade recursal[258], pela própria preclusão, uma vez que concordou com o pedido tido como incontroverso e, assim, impossível impugnar um recurso desse, até por ser inaceitável comportamento contraditório, seria um *venire contra factum proprium.*

A outra hipótese em que há a desnecessidade de produção de prova passa pelo *requerimento das partes sobre a já produção de prova documental sobre a questão de fato.*

Nesta hipótese, as partes contraditaram as suas narrativas sobre os fatos, o autor descreveu a sua versão e esta foi negada pelo réu, ambos com a apresentação dos seus argumentos e provas. Todavia, na fase postulatória, tanto o autor quanto o réu dispõem que não tem mais provas a produzirem a não ser aquelas já produzidas pela juntada de documentos, possibilitando a cognição sobre a questão de fato, ainda que seja controversa.

---

do pedido." MARINONI, Luiz Guilherme; ARENHART, Sérgio Cruz; MITIDIERO, Daniel. **Novo código de processo civil comentado.** São Paulo: Ed. RT, 2015. p. 227/228.

256 No sentido que defendemos de que a incontrovérsia que autoriza a decisão parcial, neste caso, autoriza também o julgamento improcedente parcial: "poderá haver julgamento antecipado parcial do pedido com relação a tais fatos, o que não significa que dito julgamento deva ser favorável ao autor, pois o juiz pode não concordar com as consequências jurídicas que o autor pretende extrair dos fatos." ALVIM, Eduardo Arruda. O perfil da decisão calcada no § 6º do art. 273 do CPC – hipótese de julgamento antecipado da lide. **Revista Forense.** Rio de Janeiro. Forense. n. 398, p. 43-61, Ago/2008.

257 Em igual sentido, os fatos serem incontroversos garantem a possibilidade do julgamento antecipado e, se impactarem somente parcela da demanda, julgamento parcial, contudo não condiciona o resultado de procedência. "A procedência continuará dependendo da constatação, pelo juiz, de que dos fatos narrados efetivamente decorre o direito subjetivo ou o direito potestativo que fundamenta a pretensão processual formulada." LUCCA, Rodrigo Ramina de. Julgamentos antecipados parciais de mérito. **Revista de Processo.** Vol. 257. ano 41. p. 125-150. São Paulo: RT, jul/2016. p. 135.

258 Sobre o entendimento de que seria pedido incontroverso e a impossibilidade de interpor agravo de instrumento, pela preclusão lógica: "o reconhecimento da procedência do pedido constitui um fato impeditivo do poder de recorrer, havendo, na verdade, preclusão lógica, pois, ao reconhecer a procedência do pedido, o réu praticou um ato incompatível com o desejo de ver julgado improcedente a pretensão do autor." CUNHA, Leonardo José Carneiro da. O § 6º do art. 273 do CPC: Tutela Antecipada Parcial ou Julgamento Antecipado Parcial da Lide? **Revista Dialética de Direito Processual.** n. 1, p. 109-126, São Paulo: Dialética, Abril/2003. p. 125.

Se as manifestações do autor e do réu forem sobre determinada questão de fato que já entendem como comprovada, via provas documentais, que impacta um pedido e ainda tem outra questão de fato que influencia outro pedido, logo há a possibilidade da decisão parcial com resolução de mérito sobre aquele pedido que as partes manifestaram-se, adequadamente, sobre o encerramento da produção de prova e a desnecessidade de dilação probatória, manifestando, ambas as partes, somente sobre outras questões de fato inerentes a outros pedidos.

De igual maneira pode ocorrer se o juízo instar as partes a manifestar-se sobre a especificação das provas que as partes desejam produzir, com a vinculação com cada questão de fato e ocorrer as seguintes situações: (i) se as partes dispensarem a produção de provas ou manterem inertes, com a devida preclusão em qualquer das hipóteses; ou (ii) se alguma das partes se manifestar pela necessidade de provas sobre uma questão, mas sem mencionar qualquer produção de prova sobre outra questão, sendo que esta impacta somente um dos pedidos, gerando também a preclusão específica sobre a produção de prova para este pedido. Em ambas as hipóteses, a produção de prova sobre determinada questão de fato estará dispensada pela inércia das partes, com a abertura da possibilidade da decisão parcial com resolução de mérito sobre o pedido que depender somente daquela questão de fato.

Sobre *a hipótese da presunção de veracidade por efeitos materiais da revelia*, caso o réu não apresente a sua peça de defesa, será tido como revel processualmente e, assim, o processo prossegue com a narrativa fática do autor sendo o delinear da lide, com consequências processuais para o réu por sua inércia. Todavia, a revelia deve ser averiguada pelo juízo em sua ocorrência em termos materiais, sem ser automática para a devida concessão dos seus efeitos: *presunção*[259] *de veracidade na narrativa do autor sobre os fatos; e julgamento antecipado dos pedidos do autor.*

Evidentemente que a presunção para a incontrovérsia dos fatos narrados pelo autor é relativa[260], seja pela contestação impugnando parcialmente os fatos, seja pela ocorrência da revelia, ambas serão limitadas pelos incisos dos arts. 341 e 345 do CPC, com a possibilidade de que o juízo, apesar da ausência

259 A revelia proporciona uma presunção legal, ou seja, aquela que a própria lei determina sua ocorrência e seu reflexo. "As presunções são regras, legais ou decorrentes da experiência, por meio das quais, provado um fato, resulta a convicção da existência de outro. No primeiro caso, a convicção da existência resulta de uma imposição legal." GRECO FILHO, Vicente. **Manual de processo civil.** São Paulo: Saraiva, 1991. p. 185/186.

260 Sobre a relatividade de algumas presunções e aplicável àquela que a lei impõe à revelia: "Presunções legais relativas são presunções propriamente ditas, porque consubstanciam simplesmente um juízo de probabilidade. São meios utilizados para se chegar ao convencimento sobre a existência, a não existência ou o modo de ser dos fatos." MACHADO, Hugo Brito. Indícios e presunções na teoria da prova. **Revista Dialética de Direito Processual.** Vol. 120. p. 22-28. mar/2013. p. 27.

de impugnação pelo réu sobre determinado fato, entenda que as descrições narrativas do autor não bastem para determinar a aplicação da presunção de veracidade e, consequentemente, abra o processo para instrução probatória sobre questões de fato, ainda que seja somente para que o autor atue durante essa fase processual.

Se o juízo entender que os fatos narrados pelo autor serão reputados como verdadeiros pela presunção de veracidade da revelia, notadamente não há a necessidade de produção de outras provas, além daquelas trazidas pelo autor, já constantes no processo e o juízo está apto, cognitivamente, a prolatar a sentença com resolução de mérito. Se o processo for objetivamente complexo e essa presunção somente for possível em uma questão de fato influenciante de um pedido, com a pendência de produção de provas sobre outras questões de fato para outro pedido, configura-se a hipótese da decisão parcial com resolução de mérito.

4.4.5.1 A decomponibilidade do pedido como um modo de complexidade objetiva do processo e a decisão parcial de mérito

Um ponto que merece ser enfrentado como possível da decisão parcial com resolução de mérito é a viabilidade aberta pelo art. 356 do CPC ao dispor que é possível o julgamento parcial – e o fracionamento decisório – quando ocorrer as hipóteses dos incisos em parcela dos pedidos.

Ao referir-se a parcela do pedido, este seria numa possibilidade de pedido visto como decomponível[261].

A questão sobre essa decomponibilidade está na visão de que seria somente um pedido na demanda ou não. Esse ponto é importante pela inclusão como primeiro requisito defendido como necessário para a cisão cognitiva ser a complexidade objetiva do processo por cumulação de pedidos ou pluralidade de partes. Se houver somente uma parte em cada polo e um pedido, o processo não seria, *a priori*, objetivamente complexo, o que ensejaria uma impossibilidade de decisão parcial.

Todavia, o entendimento deve ser trabalhado em outro prisma, pela visão de que a decomponibilidade do pedido permite que seja encarado como dois pedidos na demanda: *(i) um pela procedência do pedido; (ii) outro pela decomponibilidade do quantum a ser estipulado.*

Dessa maneira, o pedido decomponível seria uma espécie peculiar de um processo objetivamente complexo, o que enquadraria de todo modo no requisito defendido como necessário para a cisão cognitiva e a prolação de uma

261 DINAMARCO, Cândido Rangel. **A reforma da reforma.** 3ª ed. São Paulo: Malheiros, 2002. p. 101.

decisão parcial com resolução de mérito: *i) a complexidade objetiva do processo por cumulação de pedidos ou pluralidade de partes.*

Além de, necessariamente, ter de enquadrar-se nos demais requisitos para tanto: *(ii) a pluralidade de questões de fato; (iii) a resolubilidade ou estabilização via incontrovérsia de uma questão de fato e pendência de, no mínimo, outra questão de fato; (iv) a dependência de parcela da demanda somente da questão de fato já resolvida/estabilizada.*

Logo, mesmo que seja somente um pedido formalmente, para fins de julgamento, o processo é objetivamente complexo, o que importa a não entender-se como uma exceção em termos dos requisitos para a prolação de uma decisão parcial, mas como uma possibilidade de cumprimento desse requisito.

Obviamente que caso o pedido seja decomponível[262], o processo deve conter pluralidade de questões de fato para que seja possível uma cisão entre a parcela do pedido a ser analisada a procedência e a parcela que ainda necessita de decomposição. As questões de fato devem ser plurais e uma destas já conter resolubilidade e interligação com a parcela que resulte na procedência do pedido e, ainda, deve conter outra questão de fato com pendência de resolubilidade, mas que seja atinente à parcela do pedido que verse sobre a sua decomposição[263].

Ou seja, há a possibilidade de que a procedência do pedido seja viável, justamente pela resolubilidade da questão de fato que a constitui, contudo ainda haveria a necessidade de instrução sobre outra questão de fato essencial para a quantificação da condenação outrora julgada.

4.4.6 Os julgamentos de mérito constantes no art. 354, parágrafo único: art. 487, II e III do CPC

Sobre as decisões de extinção do processo constantes no *caput* do art. 354 do CPC, estão também aqueles atinentes, em termos de conteúdo, ao art. 487, II e III do CPC.

Diante desses pontos, a decisão, seja a sentença, seja a decisão parcial, será de extinção, contudo não serão sem mérito, pelo fato de que ambos os dispositivos preconizam uma prolação de uma decisão com resolução de mérito: *(i) decidir, de ofício ou a requerimento, sobre a ocorrência de decadência ou prescrição; (ii) homologar: a) o reconhecimento da procedência do pedido formulado na ação ou*

---

262 Sobre a decomposição de objeto único: "Agrupam-se essas situações em dois blocos distintos, (a) um dos quais é apresentado pelo cúmulo de pretensões de algum modo deduzidas em um só processo e (b) o outro decorre de uma abstração condizente na decomposição do objeto único." DINAMARCO, Cândido Rangel. **Capítulos de sentença.** 3ª. ed. São Paulo: Malheiros, 2008. p. 64.

263 DINAMARCO, Cândido Rangel. **Capítulos de sentença.** 3ª. ed. São Paulo: Malheiros, 2008. p. 64.

na reconvenção; b) a transação; c) a renúncia à pretensão formulada na ação ou na reconvenção.

Sobre a decadência e a prescrição[264], ambos são fatos jurídicos que relacionam-se com o direito do autor, num aspecto temporal, uma vez que o direito, ao passar do tempo, pode não mais ser possível de ser pretendido.

A decadência é a "a perda do direito potestativo em razão do seu não exercício no prazo legal ou contratualmente estabelecido[265]." Já a prescrição "encobre a eficácia de determinada pretensão, em razão do não exercício dela em determinado lapso de tempo[266]." Ambos relacionam o direito do autor a um aspecto temporal em que não houve intento de pretender o seu direito.

Tanto uma matéria quanto a outra estão insertas como pertencentes ao mérito, com a prolação, nos moldes do art. 487, II do CPC, de uma sentença extintiva de mérito. Todavia, é um termo de concepção como um falso mérito, uma vez que a prescrição e a decadência não são a análise da pretensão do autor, mas o reconhecimento de uma prejudicial impossibilitante da análise desse direito, contudo, diferencia-se dos pressupostos por não ser um vício processual, tampouco que possibilite correção ou o intento de nova demanda.

A decisão que acolhe a prescrição ou decadência é uma decisão que impossibilita a jurisdição sobre o que o autor pretende e, igualmente, forma coisa julgada material, com inviabilidade de intento de qualquer outra ação sobre aquelas mesmas partes, causa de pedir e pedido.

Não se julgou a pretensão do autor sobre acolher ou não acolher o que ali foi discriminado, mas sobre a impossibilidade, devido a falta de eficácia da própria pretensão, com a inviabilidade de prestar, na inteireza, a juridição no aspecto que se pretendeu, porém com a resposta jurisdicional de que aquela resposta será impossível de ser dada, pela prescrição ou pela decadência.

Sobre a sentença conforme o estado do processo, disposta no art. 354 do CPC, mencionar a prescrição e decadência para a extinção está no fato de que não será dada uma resposta no sentido de acolher ou não o pedido do autor, mas extinguir com o reconhecimento da prescrição ou decadência, utilizando o termo "extinção", apesar de ser uma decisão com resolução de mérito.

Se a prescrição ou decadência forem somente sobre um dos pedidos de um processo objetivamente complexo, obviamente que a aplicação será do art. 354, parágrafo único do CPC, com a possibilidade de prolação de uma decisão parcial de extinção, com o julgamento de mérito por prescrição ou decadência.

---

264 Sobre a diferenciação dos institutos: ALVIM, Teresa Arruda. Prescrição e decadência. **Revista de Processo.** Vol. 29, Ano 8, p. 57-71, São Paulo: Ed. RT, Jan/Mar/1983.

265 DIDIER JR., Fredie. **Curso de direito processual civil: teoria geral do processo e processo de conhecimento.** 17ª. ed. Salvador: Juspodivm, 2015. p. 745/746.

266 DIDIER JR., Fredie. **Curso de direito processual civil: teoria geral do processo e processo de conhecimento.** 17ª. ed. Salvador: Juspodivm, 2015.p. 745/746.

Já o art. 487, III do CPC versa sobre as decisões homologatórias do juízo. Essas decisões podem versar sobre *o reconhecimento da procedência do pedido formulado na ação ou na reconvenção, a transação e a renúncia à pretensão formulada na ação ou na reconvenção.*

A atividade judicante nesse inciso é de homologação[267], não de um julgamento que acolhe ou nega o pedido do autor.

No reconhecimento da procedência do pedido formulado, o réu, ao manifestar-se no processo, optou por reconhecer efetivamente e claramente que o autor tem razão sobre os argumentos expostos na inicial e no pleito realizado, o que importa na homologação dessa concordância, com o julgamento nos moldes pleiteados pelo autor e com a concordância pelo réu. Há uma submissão do réu aos argumentos e pedidos do autor por esse reconhecimento.

Sobre a transação da demanda e do processo, a sentença do juízo homologa o que as partes entenderam como correto, chegando numa autocomposição, o que leva o juízo a homologar o que foi acordado, sem realizar uma decisão em heterocomposição, somente com a necessidade de homologação do que foi autocomposto pelas partes.

Se o autor, em algum momento do processo, manifestar-se no processo com a renúncia ao seu direito – ou o reconvinte, esta deve ser reconhecida e homologada pelo juízo, uma vez que não há necessidade de concordância da outra parte. Esse é um ato em que o pretendente não detém mais o intuito, expressamente, de pleitear o direito que outrora alegou, seja por entender que não possui tal direito, seja por abrir mão de seu direito em juízo.

Em todas essas hipóteses, a sentença deve ser prolatada para homologar o que as partes entenderam como correto, seja pela convergência das partes no reconhecimento, pela transação ou pela renúncia do autor ao seu direito. O juízo não julgará a demanda para a procedência ou não, somente para homologar o que se apresentou, com uma sentença com resolução de mérito, formando coisa julgada material.

No entanto, em qualquer dessas hipóteses, a decisão pode versar sobre apenas parcela do processo, num processo complexo objetivamente, com a necessidade de prosseguimento do que não for incluído nessa extinção de mérito, culminando numa decisão parcial com resolução de mérito, nos moldes do art. 354, parágrafo único do CPC.

---

267 Diferenciando essas hipóteses homologatórias de mérito daquelas em que o juízo realmente decide o mérito: "É bem verdade que de verdadeiro julgamento apenas podemos falar nas hipóteses dos incisos I e II do art. 487, únicas em que há heterocomposição do conflito. Quanto às demais, encerram situações em que há simples homologação de ato autocompositivo praticado pelas partes." SIQUEIRA, Thiago Ferreira. O julgamento antecipado parcial do mérito no Novo Código de Processo Civil brasileiro. **Civil Procedure Review.** v. 7, p. 165-208, 2016. p. 181.

4.4.7 A relação da decisão parcial de mérito com as espécies de cumulação de pedidos

A decisão parcial com resolução de mérito é possível pela complexidade objetiva do processo, seja por cumulação de pedidos, seja pela pluralidade de partes, e a configuração dos demais requisitos dispostos sobre as questões de fato, contudo é importante entender quais as ocorrências possíveis dessa prolação diante de cada espécie de cumulação.

A cumulação própria e simples é a mais comum e independente entre os pedidos, com o intuito do autor de que todos os pedidos realizados sejam julgados, o que importa na ampla possibilidade da decisão parcial com resolução de mérito nessa espécie de cumulação, uma vez que os capítulos do processo são autônomos e, por vezes, independentes, sem influência do resultado de um no julgamento do outro[268].

Não importa o resultado da decisão parcial com resolução de mérito na cumulação simples, podendo ser pela procedência, parcial ou improcedência, o que independe para o prosseguimento do procedimento até a prolação da sentença.

De mesmo modo será quando for um só pedido, mas quando houver a possibilidade de decomposição do mesmo[269], na viabilidade de que seja prolatada uma decisão sobre a condenação em uma obrigação e ainda não seja possível a mensuração desta, podendo, para tanto, se a questão de fato resolúvel permitir,

---

268 Os pedidos serem cumulados é o primeiro passo para uma cisão posterior, nem que seja de um pedido que seja decomponível, ao entender-se que seriam dois pedidos travestidos em somente um Sem pluralidade do que se julgar, não há desmembramento do que se julgar. Só se divide o que se é plural. Notadamente, então, há uma relação entre a decisão parcial e a cumulação, sendo mais fácil e aberta em algumas cumulações e mais complexa em outras. No entanto, há a defesa de que seria possível somente na cumulação simples, o que não concordamos: "O desmembramento do julgamento de mérito em pronunciamentos distintos pressupõe que haja cumulação própria e simples de pedidos, que é aquela em que o autor formula mais de um pedido, no mesmo processo, esperando que todos sejam acolhidos simultaneamente (art. 327). Nessa espécie de cumulação, inexistente dependência lógica entre os pedidos, de maneira que é possível, por exemplo, que o réu reconheça a procedência jurídica de um deles e impugne os demais." ALVIM, Teresa Arruda; CONCEIÇÃO, Maria Lúcia Lins; RIBEIRO, Leonardo Ferres da Silva; MELLO, Rogério Licastro Torres de. **Primeiros comentários ao novo código de processo civil.** 1ª. ed., São Paulo: Ed. RT, 2015. p. 620.

269 Sobre a decomposição de uma só pedido: "Sobre um objeto do processo representado pela pretensão, ainda que formalmente única, a haver coisas suscetíveis de contagem, medição, pesagem ou qualquer outra forma de quantificação." DINAMARCO, Cândido Rangel. **Capítulos de sentença.** 3ª. ed. São Paulo: Malheiros, 2008. p. 47.

decidir sobre a obrigação e necessitar de outra questão sobre a fixação da mensuração do valor[270].

Sobre a cumulação subjetiva ou litisconsórcio é possível a decisão parcial com resolução de mérito na medida em que cada relação entre autor e réu específico for passível de uma decisão autônoma. Obviamente que num litisconsórcio unitário não será possível a decisão parcial com resolução de mérito pelo entendimento de que a pluralidade de partes em um dos polos existe, mas a relação jurídica existente com o outro polo seria somente uma, com uma decisão única impactando a todos.

Num litisconsórcio facultativo, por exemplo, os polos do processo têm relações individuais a cada autor e réu, importando na possibilidade da prolação da decisão parcial com resolução de mérito.

Na cumulação sucessiva, os pedidos possíveis são aqueles em que existe uma subordinação entre um e outro, com a necessidade de que um primeiro pedido seja julgado procedente para que um segundo pedido possa ser apreciado. Há uma total interligação e subordinação do segundo pedido à procedência do primeiro pedido, sem nenhum grau de independência, apesar de autônomos em termos materiais.

Logo, a relação dos pedidos cumulados sucessivamente com a decisão parcial é de inviabilidade se o resultado for pela improcedência. Ou seja, se o primeiro pedido deve ser julgado procedente para que o segundo também o seja, se a cognição já for viável, ainda que somente para o primeiro pedido, pela possibilidade de resolução da questão de fato que lhe é atinente e suficiente, se o resultado for pela improcedência, não haverá a abertura para o julgamento do segundo pedido, justamente por este depender do resultado procedente – ou parcialmente procedente – do primeiro pedido.

Dessa maneira, na cumulação sucessiva somente será possível a decisão parcial com resolução de mérito se o primeiro pedido, aquele antecedente e subordinante ao segundo pedido, for julgado procedente ou parcialmente procedente. A improcedência impede a prolação de uma decisão parcial com resolução de mérito sucessiva.

Já na cumulação imprópria, tanto a subsidiária quanto a alternativa, o intuito não é julgar ambos os pedidos, mas que seja julgado um pedido procedente, o que transforma a possibilidade da decisão parcial com resolução de mérito ser somente pela improcedência, nunca pela procedência.

---

270 "A fragmentação do julgamento de mérito pode ocorre, ainda quando há formulação de um pedido, que permite ser decomposto." ALVIM, Teresa Arruda; CONCEIÇÃO, Maria Lúcia Lins; RIBEIRO, Leonardo Ferres da Silva; MELLO, Rogério Licastro Torres de. **Primeiros comentários ao novo código de processo civil.** 1ª. ed., São Paulo: Ed. RT, 2015. p. 620.

A decisão parcial com resolução de mérito nesses pedidos trabalha diante de outro prisma, não de uma cisão total, com o intuito de bipartir o processo para criar uma cisão cognitiva e procedimental. Apesar de cindir, o que se tem é a refutação de uma das possibilidades de solução do que se demandou, não de um novo processo, pelo fato de que a demanda, em si, é somente uma, com o autor se satisfazendo com qualquer solução. Ao ser possível descartar uma das soluções pleiteadas pelo autor, não se permite que faça coisa julgada sobre a lide como um todo ou sua executabilidade, dada que deve ser improcedente o resultado, para tanto. Somente há o descarte daquela solução, com o prosseguimento do processo para analisar se o outro pedido que também satisfaz o autor é possível, diante da solução de outra questão de fato.

Na cumulação subsidiária, o autor elenca dois ou mais pedidos, com uma ordem hierárquica de análise, com o intuito de que seja julgado o primeiro procedente, sem a necessidade de julgar qualquer outro, caso assim ocorra. Uma decisão parcial com resolução de mérito seria possível nessa espécie de cumulação caso seja pelo resultado da improcedência do primeiro pedido[271], aquele especificado pelo autor como o que lhe satisfaria nessa espécie de cumulação.

Se a questão de fato possibilitar julgar somente esse pedido e o resultado for pela improcedência[272], a procedimentalidade continua para os demais,

---

271 Em concordância com a posição da improcedência na decisão parcial da cumulação sucessiva no primeiro pedido: "Portanto, pode haver o julgamento parcial do pedido principal, mas não do subsidiário, pois este, em razão da natureza da cumulação, não poderá ser decidido antes daquele. Nesse caso, obviamente o julgamento seria parcial somente se fosse de improcedência do pedido principal, já que a decisão de procedência implicaria julgamento integral da causa." CORREIA FILHO, Antonio Carlos Nachif. **Julgamentos parciais no processo civil.** São Paulo, SP, 2015. 176 p. Dissertação (Mestrado). Universidade de São Paulo. Programa de Pós-Graduação em Direito. p. 98.

272 Alguns exemplos de possibilidade de cumulação subsidiária ou eventual e, consequentemente, a possibilidade de uma decisão parcial com resolução de mérito, caso esta seja pelo resultado da improcedência: "Exemplos: pedido de restituição de coisa, ou faltando essa, indenização pelo valor equivalente; pedido para que o alienante complete a área do imóvel vendido, ou, não sendo possível, que restitua proporcionalmente parte do preço pago; pede-se a condenação na obrigação de fazer, mas, caso esta não seja possível, requer-se o equivalente em dinheiro, etc." OLIVEIRA FILHO, Silas Dias de. **Julgamento fracionado do mérito e implicações no sistema recursal.** São Paulo, SP, 2013. 256 p. Dissertação (Mestrado). Universidade de São Paulo. Programa de Pós-Graduação em Direito. p. 108. Nesse mesmo sentido, pelo mesmo autor: ""imagine-se situação em que o autor ajuíza demanda pleiteando a devolução da coisa ou, subsidiariamente, a indenização pelos prejuízos sofridos. Há provas suficientes para embasar, por meio de cognição exauriente, a improcedência do pedido antecedente, de restituição da coisa. Contudo, há controvérsia fática a respeito do direito à indenização, que demandará a

contudo se fosse pela procedência, não haveria necessidade de continuidade e a prolação deveria ser em uma sentença, ainda que sem as questões de fato resolvidas dos outros pedidos, simplesmente por não serem o intuito de análise do autor, por ter escolhido esse como o principal dos pedidos.

A cumulação alternativa trabalha com a mesma percepção da subsidiária, sem o intuito de que todos os pedidos sejam julgados, contudo sem uma ordem de preferência pelo autor, o que importa em uma possibilidade aberta para o juízo em julgar qualquer dos pedidos que a prestação jurisdicional estará satisfeita. A viabilidade de uma decisão parcial com resolução de mérito nessa cumulação somente será possível se um dos pedidos for resolúvel na questão de fato que lhe é afeta, com o seu resultado pela improcedência[273], com a continuidade do procedimento para o outro pedido[274]. Se for julgado procedente, não haverá a necessidade de continuidade, pela alternatividade disposta pelo próprio autor na cumulação dos pedidos dessa maneira.

Para essas cumulações – subsidiária e alternativa, a procedência de um dos pedidos impede a prolação parcial de mérito, somente sendo possível quando houver a improcedência de um dos pedidos, o que permite a cisão cognitiva e a continuidade do procedimento para enfrentar os demais pedidos existentes de modo subsidiário ou alternativo.

---

realização de custosa prova pericial. Diante disso, nada obsta que o magistrado profira sentença parcial de mérito, julgando improcedente o pedido de restituição da coisa, e determine o prosseguimento do processo para que se realize a instrução necessária à apreciação do pedido subsequente." OLIVEIRA FILHO, Silas Dias de. **Julgamento fracionado do mérito e implicações no sistema recursal.** São Paulo, SP, 2013. 256 p. Dissertação (Mestrado). Universidade de São Paulo. Programa de Pós-Graduação em Direito. p. 110/111.

273 Nesse sentido, sobre a possibilidade de decisão parcial na cumulação alternativa, desde que improcedente: OLIVEIRA FILHO, Silas Dias de. **Julgamento fracionado do mérito e implicações no sistema recursal.** São Paulo, SP, 2013. 256 p. Dissertação (Mestrado). Universidade de São Paulo. Programa de Pós-Graduação em Direito. p. 113; BARBOSA, Bruno Valentim. Julgamentos parciais de mérito no processo civil individual brasileiro. São Paulo, SP, 2013. 161 p. Dissertação (Mestrado). Universidade de São Paulo. Programa de Pós-Graduação em Direito. p. 29; Em sentido contrário, sem a possibilidade de decisão parcial na cumulação alternativa: CORREIA FILHO, Antonio Carlos Nachif. **Julgamentos parciais no processo civil.** São Paulo, SP, 2015. 176 p. Dissertação (Mestrado). Universidade de São Paulo. Programa de Pós-Graduação em Direito. p. 99.

274 "não se enxerga óbice a que o juiz rejeite um dos pedidos inclusive na cumulação imprópria alternativa, quando note, por exemplo, que a entrega do bem comprado seja impossível, restando apenas a análise quanto ao direito de devolução do preço e seus termos." BARBOSA, Bruno Valentim. Julgamentos parciais de mérito no processo civil individual brasileiro. São Paulo, SP, 2013. 161 p. Dissertação (Mestrado). Universidade de São Paulo. Programa de Pós-Graduação em Direito. p. 29.

No entanto, essa decisão parcial com resolução de mérito para o julgamento do pedido subsidiário ou alternativo funcionará como um descarte de um dos pedidos, muito mais do que uma resolução para efetividade da tutela jurisdicional. Numa cumulação subsidiária, o autor pleiteia dois pedidos com uma ordem de preferência, já na alternativa, sem a ordem de preferência, contudo, em ambos, o intuito é de que seja proferida uma só decisão, com a procedência/acolhimento de um só pedido.

Dessa maneira, uma decisão de improcedência, nesse caso, é uma decisão de descarte de parcela da demanda, não de resolução parcial nos mesmos moldes das outras cumulações[275]. Obviamente que se cinde ou se fraciona o processo e que o procedimento continua, como uma decisão como qualquer outra.

Se o autor, diante de uma decisão parcial com resolução de mérito pela improcedência de um dos pedidos, recorrer dessa decisão, é importante que se entenda que temos duas lides que são conflitantes. Se o Tribunal julgar provido o recurso, impede o juízo de julgar e, nesse ponto, a cumulação importa. Se for a subsidiária, no primeiro pedido, com o agravo de instrumento, o autor demonstra que prefere o julgamento deste, o que necessita que o juízo aguarde o agravo de instrumento ser julgado para que se profira a sentença ulterior, se ainda for necessário.

Na cumulação alternativa, independe se for julgado o agravo de instrumento ou a sentença, em termos de procedência, qual for julgada primeiro, teoricamente, satisfaz o autor, contudo prejudicando o outro pedido de ser julgado. Se o juízo julgar o pedido procedente, deve informar ao Tribunal sobre o resultado e o prejuízo ao recurso e vice-versa.

Fora a cumulação simples, todas as outras espécies de cumulação se relacionam com a decisão parcial dependendo do conteúdo decisório em termos de resultado, sendo permissível na procedência quando for cumulação sucessiva e na improcedência quando for cumulação subsidiária ou alternativa.

275 Sobre a impossibilidade de cindir a demanda nas cumulações impróprias: YARSHELL, Flávio Luiz; PEREIRA, Guilherme Setoguti J.; RODRIGUES, Viviane Siqueira. **Comentários ao novo código de processo civil: artigos 334 ao 368.** Coords: MARINONI, Luiz Guilherme; ARENHART, Sérgio Cruz; MITIDIERO, Daniel. 1ª ed., São Paulo: Ed. RT, 2016. p. 266.

5

A CONFIGURAÇÃO DOS REQUISITOS, A BIFURCAÇÃO COGNITIVA E O DEVER DO FRACIONAMENTO DECISÓRIO

5.1 A COGNIÇÃO JUDICIAL PRELIMINAR NO PROCESSO OBJETIVAMENTE COMPLEXO

5.1.1 A cognição judicial preliminar, as questões de fato e o momento da percepção da possibilidade de cisão cognitiva

Uma vez ultrapassada a fase postulatória, com as manifestações do autor na inicial, as atitudes do réu na abertura para a contestação – com possibilidade de reconvenção ou pedido contraposto – e a eventual réplica do autor à contestação, a demanda estará estabilizada em termos de postulações entre as partes, com as narrativas e argumentos que estabelecem com centro de suas teses para o prosseguimento do processo.

Após a fase postulatória e a estabilização das narrativas fáticas, até com a juntada ou não de todos os documentos possíveis de cada parte, a demanda passa à disposição para a análise judicial na fase de saneamento. Ou seja, o processo estará com as postulações encerradas e o juízo inicia a análise sobre diversos pontos do processo.

A fase procedimental posterior àquela da postulação é a de saneamento e organização da demanda, com base no art. 357 do CPC, quando o juízo deve verificar os possíveis vícios processuais, possibilitando, quando for o caso, o devido saneamento e organização do processo[1]. Se houver a percepção sobre a existência de um vício nos pressupostos processuais e este for sanável, o juízo deve oportunizar o autor de proceder a sanabilidade desse vício, tornando o processo saneado. Todavia, se o vício for insanável ou não corrigível pela parte – algumas hipóteses do art. 485 do CPC – ou, ainda, for alguma das hipóteses do art. 487, II e III do CPC, o juízo, desde logo, profere a sentença, neste caso com a extinção do processo, conforme autorizado pelo art. 354 do CPC.

Ocorre, então, um julgamento conforme o estado do processo por causa de vício processual ou do ato que enseja a extinção. É uma sentença como qualquer outra, somente houve a percepção do juízo sobre o vício antes mesmo da instrução e a impossibilidade de prosseguimento do processo.

Obviamente que há uma análise sobre questões de fato, contudo estas serão mais atinentes às questões processuais pendentes, alguns fatos somente a estes, como, por exemplo, a existência de uma convenção de arbitragem. Ou, porventura, uma questão de fato narrada pelo autor para uma ilegitimidade ativa, o que se confunde um pouco com as questões de fato da demanda como um todo.

E o juízo, ultrapassando o saneamento sobre os pressupostos processuais, deve analisar a organização do processo e as questões de fato, afinal, o próprio art. 357, I, II e III do CPC determina que o juízo deve resolver as questões processuais pendentes, se houver, e uma vez resolvidas, delimitar-se-á as questões de fato dada a relação que estas terão com uma futura atividade probatória.

Esse é o momento específico sobre a existência ou não das questões de fato controvertidas pelas partes[2], com a determinação sobre os próximos passos da instrução probatória[3], inclusive sobre a distribuição do ônus da prova sobre

---

1 Sobre a importância do saneamento: "As práticas saneadoras consistem em atos e provimentos adotados pelo juiz, que, se realizadas da maneira correta, geram como consequência o desenrolamento satisfatório da demanda, possibilitando que o Judiciário atue na sua forma mais plena sobre a pretensão que lhe foi apresentada." PEDRON, Flávio Barbosa Quinaud; COSTA, Jéssica Nayara Duarte. O saneamento no processo civil como instrumento de efetividade da atividade jurisdicional. **Revista de Processo.** Vol. 274, ano 42. p. 161-203, São Paulo: Ed. RT, 2017. p. 168.

2 O saneamento e organização do processo define as questões controvertidas e, ainda, se for o caso, os pontos fáticos que não necessitam de produção de prova, justamente por serem incontroversos. "A decisão de saneamento, necessariamente, fixará, seja por meio do saneamento solipsista ou por saneamento compartilhado, os pontos da lide em que há controvérsia e, por consequência, nos que não há, constarão na decisão, nominalmente, quais fatos são os controvertidos." PEDRON, Flávio Barbosa Quinaud; COSTA, Jéssica Nayara Duarte. O saneamento no processo civil como instrumento de efetividade da atividade jurisdicional. **Revista de Processo**. Vol. 274, ano 42. p. 161-203, São Paulo: Ed. RT, 2017. p. 185.

3 O saneamento tem a serventia de nortear o processo para o futuro, para o desencadear de atos que possibilitem uma sentença com a abrangência completa sobre as questões

tais questões, ou se as postulações das partes e suas eventuais preclusões ou documentos já produzidos permitem, desde já, uma cognição exauriente[4] sobre as questões de fato e de direito, possibilitando o julgamento antecipado da lide[5].

Ou seja, o momento pós fase postulatória é aquele correto para a definição, pelo juízo, diante da apresentação das armas processuais argumentativas das partes, do nível cognitivo possível sobre encerrar o processo por causa das questões de fato definidas, com uma conclusão para a prolação da sentença de modo antecipado ou se saneia e organiza o processo de modo a definir os caminhos instrutórios e a relação entre as questões de fato, estipulando as provas a serem produzidas e carga probatória[6] para cada parte.

O julgamento de mérito, num andamento processual dentro da normalidade imaginada pelo legislador, será em momento após o encerramento da instrução processual, com a prolação da sentença, imaginando que as partes sempre trarão controvérsias sobre questões de fato que necessite, como regra, de uma instrução probatória.

De igual maneira, imagina-se que o processo transcorra sem vícios, sem a necessidade de extinção por falta de pressupostos processuais.

---

de fato e de direito controvertidos. O que se define no saneamento, consequentemente, influencia e impacta as questões de fato controvertidas e o rumo da produção da prova, bem como os ônus de cada parte. "Esse ponto é crucial para a marcha processual, pois norteia a fase instrutória. (...) As decisões tomadas na decisão de saneamento traduzem um roteiro para o julgamento, conferindo a ele qualidade técnica, onde o juiz deverá considerá-lo em sua integralidade ao determinar a produção de provas, fixando calendário para tal e proferir sentença." PEDRON, Flávio Barbosa Quinaud; COSTA, Jéssica Nayara Duarte. O saneamento no processo civil como instrumento de efetividade da atividade jurisdicional. **Revista de Processo.** Vol. 274, ano 42. p. 161-203, São Paulo: Ed. RT, 2017. p. 185/186.

4 Por cognição exauriente: "chamamos de exauriente a cognição que recaiu sobre níveis razoáveis de debate e de instrução probatória (...) O debate amadurece a causa, permitindo que o juiz alcance maior grau de confirmação das hipóteses fornecidas pelas partes." LESSA, Guilherme Thofehrn. Críticas à estabilização da tutela: a cognição exauriente como garantia de um processo justo. **Revista de Processo.** Vol. 259, Ano 41, p. 159-175, São Paulo: Ed. RT, set/2016. p. 169.

5 "Assim como não necessitem as questões de fato, eventualmente existentes, de dilação probatória, ou seja, os fatos controvertidos, pertinentes e relevantes, estejam satisfatoriamente comprovados por documento nos autos." ARAÚJO, Mauro Alves de. **Extinção do processo: saneamento.** São Paulo: Max Limonad, 1999. p. 122.

6 A fase probatória somente existe para as questões de fato: "A importância dos fatos para o processo é tão grande que a norma procedimental até mesmo reservou uma fase própria que se chama probatória, para que as partes possam produzir suas provas." SOUZA, Gerson Amaro. A influência do fato no direito. **Revista Dialética de Direito Processual.** Vol. 123. p. 16-31, jun/2013. p. 19.

No entanto, se houver a percepção do juízo sobre a ausência de pressupostos insanáveis ou não corrigidos, deve julgar conforme o estado do processo, com a extinção da lide, nos moldes do art. 354 do CPC. De mesmo modo, caso pela manifestação das partes não haja necessidade de produção de outras provas ou se o réu for revel, com os efeitos materiais da revelia a serem aplicados, o juízo deve decidir antecipadamente a lide[7], nos ditames do art. 355, I e II do CPC.

Em ambas as possibilidades de julgamento em moldes diversos do que o imaginado no procedimento, sem ser em momento posterior à instrução, há um dever para que o juízo deva prolatar a decisão antecipada[8], seja pela extinção do processo por falta de pressupostos processuais, seja pelo julgamento antecipado de mérito[9] pela desnecessidade de dilação probatória[10].

Não é faculdade do juízo, mas um dever, pelo fato de que o processo encontra-se pronto para tal resolução, seja qual for o resultado.

É importante perceber que os ditames sobre a prolação de uma sentença conforme o estado do processo são as questões de fato, seja aquelas incidentais inerentes somente aos pressupostos processuais, seja aquelas que servem de base

---

7 "Mais que isso, quando os fatos já se encontram provados e não havendo necessidade de outras provas, julga-se o pedido imediatado no estado do processo." SOUZA, Gerson Amaro. A influência do fato no direito. **Revista Dialética de Direito Processual.** Vol. 123. p. 16-31, jun/2013. p. 19.

8 Sobre a possibilidade de julgar conforme o estado do processo e a sua multiplicidade de resultados, tanto pela extinção, quanto pelo julgamento de mérito: "pode o julgamento conforme o estado do processo consistir numa das seguintes decisões: (a) extinção do processo (art. 354); (b) julgamento antecipado do mérito (art. 355); (c) julgamento antecipado parcial do mérito (art. 356); (d) saneamento e organização do processo (art. 355). Como se vê, o instituto tem múltipla finalidade e pode ater-se a questões meramente processuais ou penetrar no âmago do litígio, resolvendo desde logo a questão de direito material deduzida em juízo, no todo ou em parte. Ao instituir o julgamento conforme o estado do processo, o legislador brasileiro, além de conservar a tradição luso-brasileira a respeito do despacho saneador, deu-lhe nova feição, sob inspiração do julgamento conforme o estado dos autos, do direito germânico." THEODORO JR., Humberto. **Curso de direito processual civil.** Vol. I, 59ª ed. Rio de Janeiro: Forense, 2018. p. 853.

9 Ainda na égide do CPC/73, sobre julgamento antecipado: "Esse julgamento antecipado do mérito é expresso apenas através de uma sentença deslocada no tempo e na estrutura do procedimento, que é uma sentença como outra qualquer, coberta pela coisa julgada material." DINAMARCO, Cândido Rangel. Ônus de contestar e o efeito de revelia. **Revista de Processo.** Vol. 11, n.41, p. 185-197, São Paulo: Ed. RT, 1986. p. 195.

10 "Só é lícito encurtar-se o procedimento ordinário (...) se a abreviação não configura cerceamento de defesa. Do contrário, cumpre ao Juiz designar audiência de instrução e julgamento, para produção de prova oral." MONTEIRO NETO, Nelson. Antecipação do julgamento da lide, cerceamento de defesa e anulação da sentença. **Revista Dialética de Direito Processual.** Vol. 78. p. 64-69, 2009. p. 65.

para o julgamento do mérito antecipado. Sem a definição possível das questões de fato, o saneamento e organização do processo é medida que se impõe e, diante da distribuição do ônus da prova e os requerimentos de produção probatória a serem apresentados pelas partes passa-se para a fase de instrução, justamente para possibilitar, futuramente, as definições das questões de fato, após a produção das provas necessárias.

Dessa maneira, após a fase postulatória, caso as questões de fato estejam definidas, a cognição exauriente[11] é possível[12], bem como a prolação da sentença, desde logo, e sem essa definição sobre as questões de fato, a instrução probatória se torna necessária.

Essa é a regra[13].

No entanto, num processo objetivamente complexo, há a possibilidade de que toda essa análise sobre a definição existente na fase pós-postulações sobre os fatos ocorra de modo parcial, com o vislumbre sobre alguma – ou algumas – questão de fato já ser passível de resolução cognitiva e outras questões de fato com a necessidade de instrução probatória.

Esse é o momento correto, *a priori*, do vislumbre do juízo sobre a cisão cognitiva do processo[14], com a possibilidade de fracionamento decisório, seja

---

11 "A cognição é exauriente em qualquer das hipóteses de julgamento antecipado parcial do mérito." SILVA, Ricardo Alexandre. **Limites objetivos da coisa julgada e questões prejudiciais.** Curitiba, PR, 2016. 218 p. Tese (Doutorado em Direito). Universidade Federal do Paraná. Programa de Pós-Graduação em Direito. p. 47.

12 Sobre as espécies de tutela, via cognição exauriente, estão a final – regra – e a antecipada, normal. Gouveia Filho e Di Spirito explicam essa diferença, justamente para que se entenda que uma tutela antecipada não será sempre uma tutela provisória antecipada: "Tomando-se por base o momento procedimental em que concedida, a tutela pode ser classificada em antecipada e final. Se ao término, ou seja, após todo o desenvolver do procedimento (após, caso seja necessário, a possibilidade de contraditório e o esgotamento das possibilidades probatórias que o procedimento permite), é dita final; já, quando dada em qualquer momento procedimental anterior (seja anteriormente à possibilidade de contraditório, seja de modo anterior a alguma possibilidade de produção probatória), é dita antecipada." GOUVEIA FILHO, Roberto P. Campos; DI SPIRITO, Marco Paulo Denucci. Sobre o negócio jurídico de espraiamento sentencial. **Revista Brasileira de Direito Processual – RBDPro.** Ano 25, n. 100, p. 253-290, Belo Horizonte, out/dez/2017. p. 277.

13 "Se está pronto para o julgamento, deverá julgar desde logo o processo (arts. 316, 354 e 355 do CPC)." SOUZA, Gerson Amaro de. Coisa julgada formal e a impossibilidade de renovação da ação no CPC/2015. **Revista Dialética de Direito Processual.** v. 153, p. 47-68, 2015. p. 59.

14 Sobre esse ponto de percepção de cindibilidade, ainda sob a égide do CPC/73: "Se o magistrado já firmou seu entendimento e encerrou sua atividade cognitiva sobre um dos capítulos da demanda, nada legitima que retarde o julgamento do mesmo." OLIVEIRA,

para extinguir parcialmente, caso faltem pressupostos para que um pedido ou uma parte seja excluída da cognição exauriente, seja para decidir parcialmente o mérito, com a resolução de algum dos pedidos ou das relações jurídicas existentes.

Não é uma escolha cognitiva do juízo, mas uma percepção sobre a cognição já possível diante das questões de fato autorizantes a essa cisão, com o preenchimento de todos os requisitos inerentes a essa situação processual.

Da mesma maneira que o juízo deve decidir pela extinção total ou julgamento de mérito antecipado da integralidade da lide, deve também decidir pela cisão cognitiva e a decisão, em qualquer dos resultados, da parcialidade do processo, seja para extinguir sem resolução de mérito, seja para julgar com resolução de mérito.

É um dever do juízo a prolação da decisão parcial, proporcionada pela resolução possível de uma questão de fato. Não é uma mera opção do juízo em deixar para resolver todos as questões de fato e de direito somente na sentença, deixando de quebrar a unicidade da sentença, não prolatando uma decisão parcial – com ou sem resolução mérito. É dever de cindir o processo quando a situação for perceptível em sua configuração e requisitos autorizantes presentes.

Nesse momento, o juízo deve analisar se os requisitos da cisão cognitiva estão presentes[15].

E, se o processo for objetivamente complexo, com uma pluralidade de questões de fato, permitindo, diante da argumentação das partes e as provas já apresentadas, a resolução de ao menos uma questão de fato e esta possibilitar o julgamento de um pedido ou de extinguir parcela do processo, com a pendência de outras questões de fato para a resolução do restante em momento posterior, necessariamente, o juízo deve entender o momento como o correto de proceder uma cognição preliminar sobre os pontos que ainda devem ser discutidos faticamente no processo, saneando e organizando os reflexos procedimentais e quanto a parcela com questão de fato já passível de resolução, proceder o julgamento atinente a este ponto, desde logo, com os reflexos judicantes pertinentes.

5.1.2 A bifurcação cognitiva no processo

A cognição judicial está calcada no trato de questões, no enfrentamento sobre diversas questões necessárias para que o juízo possa conhecer, enfrentar

---

Bruno Silveira de. Um novo conceito de sentença?. **Revista de Processo.** Vol. 149, Ano 32, p. 120-138, São Paulo: Ed. RT, Jul/2007. p. 149.

15 Os requisitos autorizantes para a decisão parcial ser prolatada são: *(i) a complexidade objetiva do processo por cumulação de pedidos ou pluralidade de partes; (ii) a pluralidade de questões de fato; (iii) a resolubilidade ou estabilização via incontrovérsia de uma questão de fato e pendência de, no mínimo, outra questão de fato; (iv) a dependência de parcela da demanda somente da questão de fato já resolvida/estabilizada.*

e resolver pontos cruciais para o desenvolvimento do processo. As questões não se apresentam de modo estanque, com divisões possíveis de enquadrá-las facilmente, tanto que pode ser divididas entre questões de fato e de direito[16], incidentes e principais[17], preliminares e prejudiciais[18], dependendo sempre do prisma que se tenha para a análise, podendo, para tanto, ser um misto de cada ponto dessa divisão.

A análise cognitiva deve ocorrer à medida que as questões aparecem no processo e são necessárias de enfrentamento para possibilitar o desencadear do procedimento. Evidentemente que há uma lógica nessa organização das questões, como as questões prévias, aquelas que são, necessariamente, analisadas de modo anterior ao mérito. Essas premissas são necessárias de serem postas e definidas: *(i) qualquer demanda tem divisão entre cognição sobre as questões de admissibilidade e questões de mérito*[19]*; (ii) qualquer cognição de mérito se subdivide entre cognição fática e jurídica*[20].

Importante a fixação dessas premissas e a visão correta de que essa divisão é da natureza do ato jurídico postulatório, independentemente do direito positivo, pela própria natureza do pedido e do delinear processual inerente ao exercício da jurisdição. Obviamente que os pressupostos de admissibilidade, os limites dos pedidos, dentre outros pontos processuais, podem ser alterados pelo direito positivo[21], contudo toda demanda deve ter tais cognições, pela própria lógica jurídica[22].

---

16 DIDIER JR., Fredie. Objeto da cognição judicial. **Revista Dialética de Direito Processual.** Vol. 6, p. 12-23, São Paulo: Dialética, set/2003.p. 14.

17 DIDIER JR., Fredie. Objeto da cognição judicial. **Revista Dialética de Direito Processual.** Vol. 6, p. 12-23, São Paulo: Dialética, set/2003. p. 14.

18 BARBOSA MOREIRA, José Carlos. Questões prejudiciais e questões preliminares. **Direito processual civil (ensaios e pareceres).** Rio de Janeiro: Borsoi, 1971. p. 76.

19 Dinamarco diz que a demanda é por si só bifronte, ou seja, com um pedido para que seja julgada e prestada uma jurisdição, com a necessidade de análise sobre essa possibilidade e, se positiva, a real análise do que se pretende em quanto bem da vida. "Já apresentada a ideia das pretensões que se situam em planos diferentes, cada uma delas comportando um julgamento que não se confunde com o da outra, destinam-se os tópicos subsequentes apenas ao exame do objeto do processo e das repercussões da teoria deste sobre os capítulos de sentença – ou, mais precisamente, sobre os capítulos demérito." DINAMARCO, Cândido Rangel. **Capítulos de sentença.** 3ª. ed. São Paulo: Malheiros, 2008. p. 52/53.

20 DIDIER JR., Fredie. Objeto da cognição judicial. **Revista Dialética de Direito Processual.** Vol. 6, p. 12-23, São Paulo: Dialética, set/2003. p. 14.

21 Os primeiros nascem do próprio fenômeno do direito e os segundos da definição do direito positivo. DIDIER JR., Fredie. **Sobre a Teoria Geral do Processo, essa desconhecida.** 2a. ed. Salvador: Juspodivm, 2012.

22 Mesmo sentido da citação anterior: DIDIER JR., Fredie. **Sobre a Teoria Geral do Processo, essa desconhecida.** 2a. ed. Salvador: Juspodivm, 2012.

No entanto, diante das premissas fixadas, essas divisões não representam que o processo sempre se biparte cognitivamente, somente demonstram um caminhar cognitivo que se divide em pontos processuais para possibilitar o exercício da jurisdição em toda sua plenitude. Ou seja, dividir-se dessas maneiras não significa bipartir-se cognitivamente, mas o simples desencadear de resolução de questões para a prestação jurisdicional.

Dessa maneira, mesmo que as relações guardem princípios normais de antecedência e subordinação, a cognição deve ser, em regra, una[23], ou um caminho para possibilitar essa unidade, a prolação da sentença que resolve o objeto litigioso do processo.

A existência de divisões cognitiva em fases não é nada fora do normal, pela própria análise, qualquer que seja, ensejar pontos de partida e pontos de chegada, o que seria entender que há pontos de admissibilidade, por exemplo, e pontos de mérito, o que, por si só, já é lógico que qualquer questão atinente ao primeiro seja anteriormente analisada do que questões da segunda.

Todavia, em um processo objetivamente complexo há uma pluralidade de pretensões internas de uma mesma demanda, o que torna a cognição também entrelaçada e, mediante isso, há uma complexidade no processo com reflexo em tornar mais complexa a própria cognição, possibilitando, além das divisões temporais lógicas de antecedências e subordinação, outras divisões possíveis.

Diante da complexidade do objeto do processo, as questões de fato[24] ganham importância para entrelaçarem ou não as relações jurídicas existentes, seja pela cumulação de pedidos, seja pela pluralidade de partes. Se o processo for complexo objetivamente, mas somente com uma questão de fato para todas as relações ou pedidos, obviamente que a cognição não pode ser bipartida, pela dependência de todos os pedidos e relações sobre a resolução de somente uma questão de fato.

As hipóteses que possibilitam a cisão cognitiva e o fracionamento decisório passam pela relação entre a questão de fato[25] e a complexidade objetiva do processo.

---

23 Não se encerra a possibilidade ou busca pela unicidade decisória, somente a retira como fixa. DIAS, Jean Carlos. A reforma do CPC (LGL\1973\5) e o fim da teoria da unidade da sentença – Lei 11.232/2005. **Revista Dialética de Direito Processual.** Vol. 40, p. 79-84, São Paulo: Dialética, Jul/2006. p. 81.

24 Sobre questão de fato: WAMBIER, Luiz Rodrigues; TALAMINI, Eduardo. **Curso avançado de processo civil.** vol. 2, 5a. ed. São Paulo: Ed. RT, 2016. p. 242.

25 "Diante de um fato controvertido, o primeiro cuidado do julgador deve ser examinar sua pertinência; subsequentemente, relevância, se acaso admitido como pertinente; por último, a pertinência e a relevância, não mais do fato em si mesmo, sim da prova que sobre esse fato a parte pretende produzir." CALMON DE PASSOS, José Joaquim.

Por isso, em três situações sobre questões de fato reputa-se como impossíveis de cisão cognitiva pela inadequação à esse fracionamento, as quais são: *(i) pluralidade de questões de fato e um só pedido e somente uma parte em cada polo; (ii) pluralidade de pedidos ou partes em algum dos polo, contudo com somente uma questão de fato a ser resolvida; (iii) pluralidade de pedidos ou de partes em um dos polos, com questões de fato que forem entrelaçadas, com a resolução de todos os pedidos ou relações da demanda dependendo de todas as questões de fato.*

Os processos objetivamente complexos que podem ser cindidos são aqueles que detêm independência entre as questões de fato com cumulação de pedidos ou pluralidade de partes, os quais são: *(i) pluralidade de questões de fato e interligação específica com cada pedido e relação jurídica entre as partes com um fato; (ii) pluralidade de questões de fato, com uma destas com impacto em ambos os pedidos e partes e uma outra questão de fato que impacta somente um dos pedidos.*

A possibilidade de cisão cognitiva está, além da complexidade objetiva do processo, na existência de pluralidade de questão de fato, com a resolubilidade antecipada[26] de uma delas e pendências de outras[27], com um impacto autorizante de julgar parcela do processo[28], seja para extinguir sem resolução de mérito, seja para julgar com resolução de mérito essa parcela.

Comentários ao código de processo civil. Vol. III, 6ª ed. Rio de Janeiro: Forense, 1989. p. 423/424.

26 Se a solução de uma questão de fato já é possível, contudo impacta somente uma parcela da demanda, é dever do juízo assim proceder, justamente pela gestão de tempo do processo: "o processo alberga um litígio que pode ser fracionado ou então pedidos formulados em regime de cumulação simples que podem ser decididos autonomamente. Nesses casos, representaria certamente uma má gestão do tempo do processo deixar de decidir parte incontroversa da demanda ou um dos seus pedidos que se afigure incontroverso apenas para que se tenha a oportunidade de decidir o litígio como um todo ao mesmo tempo." MARINONI, Luiz Guilherme; ARENHART, Sérgio Cruz; MITIDIERO, Daniel. **Novo curso de processo civil.** Vol. 2, São Paulo: Ed. RT, 2015. p. 227.

27 Sobre a diferenciação da decisão parcial (mas, na época, sentença parcial) com a procedências parciais de uma sentença objetivamente complexa: "Obviamente que não será sentença parcial aquela que reconhece procedência relativamente a uma parcela do pedido negando-o a outra, ou a um dos pedidos cumulados rejeitando os demais. A sentença, nessa hipótese, é una prestando integralmente a tutela jurisdicional de forma a distribuí-la entre as partes litigantes." ARMELIN, Donaldo. Notas sobre sentença parcial e arbitragem. **Revista de Arbitragem e Mediação**. n. 18, v. 5, São Paulo: Ed. RT, jul/set/2008. p. 282.

28 Uma vez que a situação de uma bifurcação cognitiva se apresente ao juízo, não há motivos para que se mantenha uma litispendência de parcela da demanda desnecessariamente, até pelo fato da positivação dessa bipartição, seja com mérito, seja sem

Diante de uma situação como essa acima, há uma independência de parcela da demanda com os demais pontos materiais – pedidos e relações jurídicas, com a possibilidade de julgamento do que pode ser resolvido, desde já, faticamente e a manutenção da litispendência para o restante do processo.

O processo abre-se para a possibilidade de divisão, num momento de bifurcação cognitiva[29].

A ideia de bifurcação cognitiva é o momento do processo em que ao menos uma questão de fato existente e apresentada ao juízo demonstra estar pronta para a quebra da unicidade da cognição e a da sentença. É o momento de percepção de que os requisitos inerentes à cisão cognitiva e o fracionamento decisório estão presentes, com as condições para a resolução da questão de fato que possibilitará o julgamento de parcela do processo, seja para extinguir parcialmente, seja para julgar o mérito de modo parcial.

A abertura para a prolação de uma decisão parcial nasce dessa bifurcação cognitiva, da perspectiva de que os requisitos estão presentes e, a partir daí, que o juízo possa cindir essa cognição, com o dever, diante da bifurcação divisória da demanda apresentada, de julgar o que já puder ser julgado.

Se a cisão cognitiva é o julgamento parcial, a prolação da decisão de modo parcial, a bifurcação é o momento anterior à prolação, aquele em que a situação se apresenta para a percepção cognitiva do juízo de que a quebra da unicidade não somente é possível, mas é necessária e um dever judicante[30].

Essa bifurcação cognitiva traz um dever ao juízo, a partir da situação processual ser moldada nesse sentido e com a necessidade de percepção judicante

---

mérito: "não mais se justifica a postergação do processo em relação a um dos pedidos ou parcela destes quando o magistrado já possua uma carga de cognição suficiente para a prolação de julgamento definitivo." ARRUDA, Paulo Gonçalves de. A sentença parcial vista pelos Tribunais e o reflexo do fracionamento do mérito no anteprojeto do novo Código de Processo Civil. **Revista de Processo.** Vol. 222, Ano 38, p. 257-292, São Paulo: Ed. RT, 2013. p. 287.

29 A utilização do brocardo bifurcação é pertinente pelo fato de que por mais que seja possível a prolação de várias decisões parciais, não há uma multifurcação, mas sempre haverá uma bifurcação, mesmo que primeiro tenha uma bifurcação e depois outra, sempre que ocorrer os requisitos será uma bifurcação.

30 Sobre o dever de julgar antecipado e o dever de cindir a demanda: "A respeito do art. 330 do CPC/73, a doutrina se firmara no sentido de que a dicção legal não deixava dúvidas do dever do magistrado – e o correlato direito subjetivo das partes – quanto ao julgamento antecipado e seu caráter cogente." YARSHELL, Flávio Luiz; PEREIRA, Guilherme Setoguti J.; RODRIGUES, Viviane Siqueira. **Comentários ao novo código de processo civil: artigos 334 ao 368.** Coords: MARINONI, Luiz Guilherme; ARENHART, Sérgio Cruz; MITIDIERO, Daniel. 1ª ed., São Paulo: Ed. RT, 2016. p. 270.

para tanto. Não é uma mera opção do juízo[31], mas um poder-dever de cindir a demanda[32], com a prolação da decisão parcial.

Se as partes - qualquer delas - perceberem a bifurcação cognitiva e o juízo não se manifestar, podem pleitear o julgamento parcial, seja para extinguir, seja para julgar o mérito, uma vez que tanto o art. 354, parágrafo único quanto o art. 356, ambos do CPC, inserem-se como um dever[33] e não uma mera opção.

Desse modo, não há uma escolha pela cisão ou pela unicidade da demanda diante da bifurcação cognitiva apresentada pela situação processual, as postulações das partes, apresentação de documentos, presunções e preclusões possíveis que determinam a situação processual da bifurcação e, assim, propulsionam o processo a ser cindido[34].

5.1.2.1 *As espécies de bifurcações cognitivas*

Obviamente que as bifurcações possíveis na cognição judicial estão em torno de extinguir parcela do processo ou por julgar parcela deste em seu mérito.

A ideia da existência de uma bifurcação está atrelada à ideia de que o juízo deve entender, perceptivamente, que parcela da demanda já está apta a ser

---

31 No sentido de entender, no ordenamento revogado, que seria uma discricionariedade do juízo: "mais prudente deixar na mão do magistrado responsável pelo processo a escolha de utilizar, ou não, a técnica da resolução parcial" BARBOSA, Bruno Valentim. **Julgamentos parciais de mérito no processo civil individual brasileiro.** São Paulo, SP, 2013. 161 p. Dissertação (Mestrado). Universidade de São Paulo. Programa de Pós-Graduação em Direito. p. 78.

32 Barbosa Moreira sobre a sentença antecipada no ordenamento revogado, contudo com o mesmo intuito do atual, antecipação da prolação de decisão sobre os arts. 485 ou 487 do CPC somente mediante os requisitos legais: "ao órgão judicial só é lícito proferir antecipadamente uma sentença de mérito nos casos previstos expressis verbis, mas tampouco pode ele, nesses casos, deixar a seu talante de proferi-la antecipadamente: nenhuma discrição lhe concede a lei a respeito" BARBOSA MOREIRA, José Carlos. **O novo processo civil brasileiro.** 20°. ed. Rio de Janeiro: Forense, 2000. p. 95.

33 No mesmo sentido de poder-dever do juízo, diante da bifurcação cognitiva apresentada na demanda: "a cisão – e consequente antecipação – do julgamento de parte da causa constitui poder-dever do magistrado, que não pode deixar de fracionar a apreciação do mérito ou das questões de mérito quando se verificarem os respectivos pressupostos e hipóteses." CORREIA FILHO, Antonio Carlos Nachif. **Julgamentos parciais no processo civil.** São Paulo, SP, 2015. 176 p. Dissertação (Mestrado). Universidade de São Paulo. Programa de Pós-Graduação em Direito. p. 120.

34 A visão de que sempre que for possível ser concedida uma tutela jurisdicional, é dever de assim procedê-la: TUCCI, José Rogério Cruz e. **Tempo e processo: uma análise empírica das repercussões do tempo na fenomenologia processual (civil e penal).** São Paulo: Ed. RT, 1997. p. 131.

julgada, com a continuidade do restante, com uma configuração para a cisão cognitiva, mediante a decisão parcial.

Se o processo não for complexo objetivamente, por mais que contenha uma pluralidade nas questões de fato, não é possível a cisão, por ser uma continuidade resolutiva a um fim comum. A complexidade objetiva do processo permite essa possibilidade, apesar de não ser o único requisito, uma vez que necessita de que as questões de fato, as relações jurídicas entre as partes e os pedidos contenham interligações que possam ser independentes, possibilitando o preenchimento dos requisitos pertinentes para a percepção da bifurcação cognitiva, com a divisão do processo em dois pontos diversos[35]: *(i) uma cognição exauriente antecipada parcial; (ii) uma cognição exauriente definitiva na sentença.*

Essa bifurcação pode culminar em uma decisão parcial sem resolução de mérito ou numa com resolução de mérito, importando em cisões diferentes, com resultados diversos.

A bifurcação cognitiva para uma decisão parcial sem resolução de mérito traz elementos mais complexos de serem analisados, apesar de ser uma cognição teoricamente mais simples. As questões de fato nesse ponto não são necessariamente as mesmas que estão na formação da demanda. Como a possibilidade de uma decisão parcial sem resolução de mérito está afeta às questões de admissibilidade, aquelas que impedem a continuidade do processo, a questão de fato a ser analisada pode ser uma questão meramente sobre o preenchimento ou não do pressuposto, como a existência de uma convenção de arbitragem ou uma coisa julgada, por exemplo.

Nessas hipóteses – e em outras, a questão de fato que possibilita a extinção não é aquela que define a demanda, mas uma questão específica da argumentação pelo não preenchimento de um dos pressupostos processuais impeditivos do julgamento de mérito.

No entanto, para o enquadramento a uma situação processual que proporcione uma bifurcação cognitiva, esta seria sobre a existência de um processo em que há a complexidade objetiva, com cumulação de pedidos ou de partes, a percepção que parcela da demanda detém a admissibilidade – ainda que per-

---

35 Sobre a bifurcação cognitiva e a possibilidade de duas decisões sobre o processo. "Havendo, pois, verdadeira assimetria cronológica entre duas decisões – a parcial e a final –, o processo prosseguirá em relação aos demais pedidos, não se confundindo destarte o julgamento parcial de mérito com o acolhimento apenas de parcela do pedido (infra petita), no momento em que toda a causa é julgada por uma única sentença." TUCCI, José Rogério Cruz e. Comentários aos arts. 318 a 368. In: GOUVEA, José Roberto; BONDIOLI, Luiz Guilherme; FONSECA, João Francisco (Coords.). **Comentários ao Código de Processo Civil.** 1ª. ed. São Paulo: Saraiva, 2017. p. 285.

functória – e determinada parcela, pela questão de fato passível de ser resolvida, não detém essa mesma admissibilidade.

Diante dessa configuração processual, a cognição proposta pela demanda em sua pretensão inicial era una, para uma decisão completa sobre todos os pontos pleiteados, para a resposta jurisdicional sobre os pedidos ou sobre a resolução de todas as relações jurídicas existentes entre as partes, contudo, diante da existência de uma questão de fato impeditiva, parcela do processo não deve continuar, o que importa na bifurcação entre uma parcela com admissibilidade e outra sem, com o dever da cisão cognitiva.

A questão de fato pode ser a mesma questão de fato da própria demanda, como a narrativa do autor, na inicial, sobre os fatos e a percepção de que um dos réus não seria legítimo, ou se houver um litisconsórcio ativo, que um dos autores também não teria legitimidade, culminando numa bifurcação cognitiva que possibilitará a cisão, utilizando como base para tanto a questão de fato da própria demanda.

Ou seja, a questão de fato pode ser específica sobre um determinado pressuposto processual, sem confundir-se com uma questão de fato da demanda ou pode ser uma que detém serventia para a admissibilidade e para o mérito.

Por outro lado, a bifurcação cognitiva mais importante é aquela em que ambas as cognições a serem realizadas na demanda possibilitarão o julgamento de mérito, com a divisão cognitiva entre uma decisão parcial com resolução de mérito e uma sentença com resolução de mérito. Dois acontecimentos decisórios em momentos diferentes do processo sobre a demanda como um todo, mas ambos resolvendo parcela possível desta, numa bipartição dos momentos e atos decisórios.

Na análise cognitiva do mérito, há a divisão entre questões de fato e questões de direito, perfazendo a conjunção desta a possibilidade de chegar-se ao julgamento de mérito. Como não há como julgar o pedido sem definir-se as questões de fato, gera-se uma relação de antecedência e interligação. Definidos os fatos, estes serão a base para a subsunção jurídica e a resolução do mérito, com o julgamento dos pedidos na demanda.

Mesmo que seja possível diversas cognições judiciais no processo por ser complexo objetivamente, não será somente a cumulação de pedidos ou pluralidade de partes que possibilitará a bifurcação cognitiva, uma vez que a cognição está atrelada à quantidade de questões existentes e, para tanto, as questões de fato são o cerne dessa ligação entre complexidade objetiva e possibilidade de cisão.

Cada pedido existente numa demanda com cumulação detém sua própria cognição, o que é uma premissa válida, contudo incompleta[36], pelo fato de que

---

36 Silva adota uma visão de que a cisão do mérito tem relação com a divisão em capítulos, mas não se confunde. Essa construção é válida e concordamos, contudo a premissa

dois ou mais pedidos podem depender das mesmas questões de fato, ocasionando uma intersecção cognitiva de questões que servem para dois ou mais pedidos ao mesmo tempo ou duas ou mais relações jurídicas em partes plurais.

A abertura para essa bifurcação com a possibilidade de duas decisões diversas sobre o mérito está na independência entre as questões de fato que detêm serventia para julgar e resolver o mérito, seja de modo total, com cada pedido ou relação dependente somente de uma questão de fato que lhe seja atinente, seja de modo parcial, com uma questão de fato que serve para ambos pedidos ou relações jurídicas, mas uma outra questão de fato ainda esteja pendente e vinculada a somente um dos pedidos, impossibilitando que a simples resolução da questão de fato comum permita uma cognição una e total do objeto litigioso do processo.

Configurado os requisitos pertinentes da bifurcação cognitiva, esta não pode mais ser una, com a necessidade da percepção[37] desta bifurcação e da prolação de uma decisão parcial com resolução de mérito[38], com a cisão cognitiva.

A bifurcação é um momento anterior à própria cisão, é a configuração da permissão cognitiva da cisão.

---

nasce, pelo autor, para a relação do julgamento prejudicial de mérito e a coisa julgada. De modo diverso, contudo com a mesma viabilidade, a teoria dos capítulos da sentença é base para a decisão parcial, sem ser o ponto final autorizante para tanto, o que entendemos como as questões de fato e as suas relações com os capítulos. "A cisão do mérito se relaciona com o tema dos capítulos de sentença ou decisão, mas com ela não se identifica." SILVA, Ricardo Alexandre. **Limites objetivos da coisa julgada e questões prejudiciais.** Curitiba, PR, 2016. 218 p. Tese (Doutorado em Direito). Universidade Federal do Paraná. Programa de Pós-Graduação em Direito. p. 47.

37 No sentido de que a decisão deve ser prolatada assim que perceptível a sua possibilidade: YARSHELL, Flávio Luiz; PEREIRA, Guilherme Setoguti J.; RODRIGUES, Viviane Siqueira. **Comentários ao novo código de processo civil: artigos 334 ao 368.** Coords: MARINONI, Luiz Guilherme; ARENHART, Sérgio Cruz; MITIDIERO, Daniel. 1ª ed., São Paulo: Ed. RT, 2016. p. 270.

38 Uma vez perceptível que a decisão parcial é medida possível, ou seja, configurada a bifurcação cognitiva para uma cisão procedimental, essa medida se impõe, até pela melhor processualística e prestação jurisdicional às partes. Não há motivos para entender que seria melhor uma prestação de uma parcela da demanda que espere a outra parcela ainda litispendente. "Em outras palavras, uma vez resolvidos alguns pedidos antes dos demais, em momentos processuais distintos, não se estabelece entre aqueles qualquer relação de dependência material nem processual capaz de justificar seu "travamento" à espera da resolução de todos os demais pedidos, para que, somente após, todos possam ser recorridos e executados de uma só vez e em conjunto." ARRUDA, Paulo Gonçalves de. A sentença parcial vista pelos Tribunais e o reflexo do fracionamento do mérito no anteprojeto do novo Código de Processo Civil. **Revista de Processo.** Vol. 222, Ano 38, p. 257-292, São Paulo: Ed. RT, 2013. p. 272.

5.1.3 A decisão parcial e a cisão procedimental para fins de quebra da cumulação

A cisão cognitiva do processo nasce da existência de uma bifurcação cognitiva que possibilitou esse fracionamento, pelo dever imposto pelos arts. 354, parágrafo único e 356 do CPC. Mas, a indagação passa pela necessária compreensão dessa cisão e impacto consequente no procedimento outrora uno[39]: uma cisão cognitiva pela prolação de uma decisão parcial é uma cisão procedimental? Essa é uma indagação pertinente para que se tenha a visão completa da possibilidade de fracionamento da demanda, com ou sem resolução de mérito.

O procedimento imaginado pelo autor na proposição da demanda, apesar de complexo objetivamente, é uno, com um objeto litigioso do processo, por mais que seja múltiplo e plúrimo, com junção dos valores pretendidos, para fins, por exemplo, de valor da causa, e implica na necessidade da prolação de uma sentença completa sobre todos os pedidos realizados para considerar-se que a jurisdição foi plenamente realizada.

Dessa maneira, o autor – ou autores – cumula diversas demandas em uma só, seja de modo objetivo, com vários pedidos, seja de modo subjetivo, com pluralidade de partes e relações jurídicas, implicando numa processualística mais complexa em seus andamentos, com os desdobramentos inerentes a todos os atos processuais, com multiplicidade de suas consequências, desde a admissibilidade, citação, contraditório, instrução e decisão, dentre vários outros exemplos possíveis.

A possibilidade legal permissiva de cisão cognitiva serve para desmembrar – ou espraiar[40] – o que era possível cumular, pela própria autorização do ordenamento. Ou seja, o que se pode cumular, pode, igualmente, desacumular[41], diante de requisitos que devem ser preenchidos para tanto, seja pela excepcionalidade da falta de pressupostos, seja pela possibilidade de julgar

39 No sentido de que, via de regra, os pedidos foram cumulados para que sejam julgados conjuntamente: GRECO, Leonardo. Concurso e cumulação de ações. **Revista de Processo.** Vol. 147, Ano 32, p. 11-26, São Paulo: Ed. RT, Mai/2007.

40 O termo é usado nesse artigo: GOUVEIA FILHO, Roberto P. Campos; DI SPIRITO, Marco Paulo Denucci. Sobre o negócio jurídico de espraiamento sentencial. **Revista Brasileira de Direito Processual – RBDPro** | Belo Horizonte, ano 25, n. 100, p. 253-290, out./dez. 2017.

41 Ainda na ótica do CPC/73, Marinoni já dizia que se a cumulação era possível, o sentido inverso deveria ser igualmente realizável, o que concordamos: "não há sentido em estimular o cidadão a cumular pedidos, em homenagem ao princípio da economia processual, e não possibilitar que o pedido cumulado, que pode apresentar-se maduro para julgamento antes de outro, possa se definido de imediato." MARINONI, Luiz Guilherme. **Tutela antecipatória e julgamento antecipado: parte incontroversa da demanda.** 5ª. ed. São Paulo: Ed. RT, 2003. p. 141.

um dos pedidos, seja pela própria essência da jurisdição a ser prestada, como nos procedimentos especiais.

Em qualquer dessas possibilidades, a consequência é a cisão, a quebra, a fragmentação, o espraiamento.

Todavia, insta indagar o que seria essa cisão e quais as consequências para o procedimento. A cisão é meramente cognitiva? O procedimento continua a operar-se numa lógica normal? Obviamente que a resposta deve ser negativa para ambas as indagações, pelo fato de que a cisão cognitiva gera uma cisão procedimental, com a quebra de um procedimento uno, saindo do desdobramento processual normal contínuo e complexo, para uma quebra no procedimento, com uma bipartição do próprio procedimento.

O que se imaginava como uno, agora será bipartido, numa quebra procedimental, numa desacumulação da demanda que outrora nasceu cumulada, uma descomplexidade daquilo que nasceu complexo, seja por pluralidade de pedidos, seja por pluralidade de partes.

Obviamente que a presença dos requisitos deve ser observada de modo analítico para que somente se prolate uma decisão parcial – com ou sem resolução de mérito – se os requisitos pertinentes estiverem presentes, justamente pela complicação que pode proporcionar ao processo uma cisão cognitiva e procedimental de demandas cumuladas e que sejam erroneamente desmembradas.

Se os requisitos estiverem presentes, a decisão parcial fracionante é necessária, um dever do juízo[42].

Por mais que o processo civil busque um sincretismo nos últimos tempos[43], com a transformação de processos diferentes em fases processuais de uma

---

42 Por outro lado, no direito alemão, essa decisão também existente detém faculdade da parte, diante do seu interesse, ou não, em cindir a demanda. "O parágrafo 301 da Lei processual germânica não só permite o julgamento parcial (por meio de sentença), como faculta ao condutor da demanda não utilizar a técnica, mesmo na existência de parcela já pronta para julgamento, caso não a considere adequada ao caso concreto". BARBOSA, Bruno Valentim. **Julgamentos parciais de mérito no processo civil individual brasileiro.** São Paulo, SP, 2013. 161 p. Dissertação (Mestrado). Universidade de São Paulo. Programa de Pós-Graduação em Direito. p. 62/63.

43 Sobre o sincretismo processual: "desapareceu o corte, ou ruptura, resultante da anterior necessidade de formação de processo próprio para a liquidação (processo de conhecimento + processo de liquidação + processo de execução), tudo se operando, agora, sincreticamente, em um só processo (sentença com resolução de mérito + liquidação + cumprimento de sentença)." MARCATO, Antônio Carlos. **Temas atuais da execução civil: estudos em homenagem ao Professor Donaldo Armelin**. vol. I, coord. Mirna Cianci e Rita Quartieri. São Paulo, Saraiva, 2007. p. 116, "Não há dúvidas que a alteração do conceito de sentença se deu em razão da opção legislativa por um processo sincrético, que não enxerga barreiras ou linhas divisórias – senão as tênues – nas atividades cognitivas e executivas, derrubando a autonomia do processo de execução. É dizer,

só processualidade, a complexidade objetiva de um processo é o passo inicial para a possibilidade de cindir a demanda, quando for possível, com o devido preenchimento dos demais requisitos autorizantes.

Essa visão por uma cisão procedimental, não somente cognitiva, com a quebra da cumulação objetiva ou subjetiva, dialoga melhor com as consequências que a positivação da possibilidade da decisão parcial com ou sem resolução de mérito teve no CPC/2015. No ordenamento processual revogado, a possibilidade de fracionamento não detinha regulamentação, o que tornava uma complicação em sua acepção, desde a constatação até a utilização, dada a insegurança de procedimentos e os reflexos futuros, na relação com outros institutos processuais.

Diferentemente disso, o art. 356 do CPC impõe alguns pontos que permitem a verificação de uma sistemática não somente de independência entre os capítulos que podem ser cindidos, mas, também, de quebra procedimental e regulamentação de pontos reflexos à decisão parcial, como, sem esgotar os impactos: (i) a definição como uma decisão interlocutória; (ii) a definição da recorribilidade via agravo de instrumento; (iii) a formação de coisa julgada definitiva e desvinculada do restante do processo; (iv) o cumprimento de sentença autônomo da decisão parcial – definitiva ou provisória; (v) a liquidação de sentença autônoma da decisão parcial; (vi) a cisão dos custos do processo[44]; (vii) a remessa necessária, a Fazenda Pública e a relação com a cisão procedimental.

A positivação desses pontos retiram as dúvidas[45] que pairavam na discussão sobre a possibilidade da decisão parcial no CPC/73, com a definição de

antes, a cognição e a execução eram realizadas em processos distintos (processo de conhecimento e processo de execução), mas hoje acontecem dentro de um mesmo processo (por isso o adjetivo sincrético), no qual conhecimento e satisfação passaram a ser meras fases." DONOSO, Denis. Considerações sistemáticas sobre o conceito de sentença e sua recorribilidade. Uma pedra sobre a apelação de instrumento. **Revista Dialética de Direito Processual.** Vol. 86, p. 9-19, São Paulo: Dialética, maio/2010. p. 12.

44 Apesar de nada dispor o CPC/2015 sobre a cisão dos custos do processo, é pertinente que se entenda e perceba que os custos do processo são vinculados a cada parcela da demanda, mediante o valor pleiteado em cada pedido. Se há bipartição de pedidos ao se julgar parcela da demanda, de igual maneira deve operar-se em todos os custos do processo, seja nas custas, seja nas despesas, seja nos honorários advocatícios.

45 Se no ordenamento anterior havia uma construção de uma possibilidade de cisão cognitiva (nem se imaginava tanto a procedimental), no CPC/2015 é totalmente possível e, diante disso, Barbosa entendia que um dos fatores deveria ser o interesse processual para tanto, mas na escolha do legislador, há um dever de prestar a jurisdição dessa forma, quando a bifurcação cognitiva se apresentar."É prevista expressamente a possibilidade de julgamento parcial da demanda, cf. art. 277 do respectivo Código e Processo. Embora a doutrina destaque a presença do princípio da concentração da sentença (ou seja, em uma única sentença o juiz deverá se pronunciar sobre todos os pedidos formulados pelas partes, o que do Brasil ganhou a nomenclatura unicidade sentencial), excepcionalmente, poderá haver a

que a decisão parcial é realmente uma cisão entre os capítulos independentes e decomponíveis da demanda, tornando aquela demanda cumulada em uma cisão procedimental de desacumulação[46] do próprio processo.

A decisão parcial – com ou sem resolução de mérito – representa uma quebra da unicidade da sentença[47], o que já era discutido como uma teoria não absoluta e com total possibilidade de excepcionalidade, contudo não deve ser encarada como, superficialmente, a doutrina encara, como uma mera cisão cognitiva, dada a existência de um fracionamento processual, de uma bifurcação cognitiva e a percepção do juízo sobre o dever de cindir a demanda.

Se a processualística imagina como normal uma cognição progressiva, com a resolução de questões prévias e incidentais até culminar na aptidão para julgar a demanda em seu mérito, devido ao conhecimento, enfrentamento e resolução de todas as questões, a possibilidade de uma decisão parcial quebra essa regra e fraciona – ou espraia – o processo, com procedimentos que, *a priori*, não mais se encontrarão, até para a não confusão processual e procedimental.

O juízo, dada a apresentação da bifurcação cognitiva para sua apreciação, deve considerar a prolação da decisão parcial como uma cisão procedimental, com a necessidade de que verifique a ocorrência de todos os requisitos possíveis para a decisão parcial e a sua consequência de uma cisão procedimental.

---

resolução fracionada do mérito, quando em relação a parcela do *thema decidendum* não houver necessidade de instrução probatória e se considere haver interesse considerável de parte que tenha solicitado a adoção de tal medida". BARBOSA, Bruno Valentim. **Julgamento parciais de mérito no processo civil individual brasileiro.** Tese (Mestrado)- Curso de Direito, Faculdade de Direito da Universidade de São Paulo, São Paulo, 2013. p. 63.

46 Nesse sentido: ARMELIN, Donaldo. Notas sobre sentença parcial e arbitragem. **Revista de Arbitragem e Mediação.** n. 18, v. 5, São Paulo: Ed. RT, jul/set/2008. p. 279; ARAÚJO, José Henrique Mouta. **A resolução parcial de mérito e a coisa julgada progressiva: reflexos no sistema processual como forma de assegurar a brevidade da prestação jurisdicional.** Belém, PA, 2004. 302 p. Tese (Doutorado). Universidade Federal do Pará. Programa de Pós-Graduação em Direito. p. 231.

47 Marinoni já evidenciava que a doutrina alemã e a unicidade da sentença era inviável para a cisão cognitiva, ainda no ordenamento anterior, sem a positivação concreta dessas decisões, o que somente reforça o seu crédito nessa viabilidade. "o autor que evidencia parcela do direito que postula em juízo não pode ser prejudicado pelo tempo necessário à cognição do restante" e o princípio chiovendiano de llaunità e unicitàdelladecisione há muito não se concilia com a leitura contemporânea do princípio que determina que o processo não pode prejudicar o autor que tem razão. Assim: Se um dos pedidos apresentados pelo autor está maduro para julgamento, seja porque diz respeito apenas a matéria de direito, seja porque independe de instrução dilatória, a necessidade, cada vez mais premente, de uma prestação jurisdicional célere e efetiva, justifica a quebra do velho princípio da "unità e unicitàdelladecisione"." MARINONI, Luiz Guilherme. T**utela antecipatória e julgamento antecipado: parte incontroversa da demanda.** 5ª. ed. São Paulo: Ed. RT, 2003. p. 139.

Por outro lado, para o restante do processo, para a própria processualística entender e dialogar com a decisão parcial, a proposição desta como o ponto de cisão procedimental é entender que aquele processo não será mais visto como um todo, mas como frações do que foi o seu ponto inicial demandado, desde o valor da causa, a conjunção sobre os pedidos, as questões de fato, os impactos em outros institutos e a própria relação com o processo civil como um todo.

Se há uma decisão própria daquela parcela independente da demanda, com a recorribilidade própria, formação de coisa julgada e execução, há um processo bipartido, cindido cognitiva e procedimentalmente, com a necessidade de readequação daquela que ainda resta ser julgada, seja no tocante ao que ainda será julgado, seja nos reflexos procedimentais, como custas recursais, finais, prazos decadenciais, remessa necessária, ação rescisória, etc.

5.1.3.1 A interligação entre os capítulos, as questões de fato e a cisão procedimental

Óbvio que essa cisão procedimental não é a resolução de toda essa sistemática, uma vez que o ordenamento apenas possibilita a cisão cognitiva para as decisões com ou sem resolução de mérito, sem grandes discussões e positivações sobre o *modus operandi* desta cisão, tampouco com a fixação de critérios específico, como construído neste trabalho.

No entanto, uma vez que os requisitos estejam presentes no processo, naquelas cumulações que detêm autonomia material para tanto e independência fática total ou parcial para a cisão, o procedimento deve ser cindido, com duas procedimentalidades diversas agora, mesmo que uma esteja rumo, teoricamente, à coisa julgada, e outro à instrução probatória e posterior resolução do mérito.

Sobre o tópico de autonomia, os capítulos da sentença são naturalmente autônomos[48], uma vez que sem a autonomia não se poderia imaginar a divisão em capítulos, contudo sobre o impacto das questões de fato sobre os capítulos, estes, mesmo autônomos, podem ter interligação entre as questões de fato, o que levaria a noção de dependência ou independência dos capítulos em relação a essas questões.

Se totalmente dependentes, impossível a cisão, se totalmente independentes, obviamente, possível a cisão.

O ponto de intersecção e dúvida é a independência parcial e a possibilidade de cisão, ou não. Essa parcialidade seria uma questão de fato que impacta toda a demanda, mas que serve para a totalidade do julgamento de um pedido, mas somente ajuda no julgamento de outro, com a necessidade de outras questões

---

48 DINAMARCO, Cândido Rangel. **Capítulos de sentença.** 3ª. ed. São Paulo: Malheiros, 2008. p. 37.

de fato serem resolvidas, o que leva a possibilidade de julgar parcialmente o que for possível e postergar para a sentença o que ainda depender de resolução de questões de fato pendentes.

Também é possível a cisão cognitiva e procedimental nessa hipótese, contudo, por lógica, o juízo deve entender que os requisitos devem estar presentes, com o cuidado devido para que não haja um reflexo posterior, como num julgamento recursal que impacte a parcela que ainda não foi julgada, justamente por haver uma independência somente parcial.

Ou seja, se tem uma questão de fato que resolve o que já puder ser resolvido e julgado no processo, o pedido julgado na decisão parcial, se essa mesma questão será também usada na sentença, para ajudar na resolução dos outros pontos materiais, evidentemente que há uma interligação, com os cuidados a essa ingerência possível e futura.

Por isso, a questão de fato é o ponto delicado para a análise judicial sobre a cisão ou não do processo, sobre a quebra e fracionamento do procedimento para a decisão parcial.

O fracionamento é uma exceção que necessita da configuração dos requisitos necessários para tanto, contudo há de se imaginar que existem procedimentos que são imaginados para que essa cindibilidade seja regra e não exceção, como em alguns procedimentos especiais.

Mesmo um regramento especial que detém uma cisão cognitiva em sua existência processual, a cisão deve ser procedimental, justamente para que se entenda os reflexos procedimentais nas parcelas restantes do processo.

Dessa maneira, a cisão proporcionada pela decisão parcial não é somente cognitiva, mas sobretudo procedimental, com a necessidade do devido entendimento sobre os reflexos procedimentais dessa divisão do processo em procedimentos diversos.

5.1.3.2 A relação da cisão procedimental com a cumulação de pedidos

Uma vez possível a cisão procedimental do processo, com a divisão daquela que nasceu complexa objetivamente para demandas autônomas em procedimentos agora diversos, é importante que se entenda quais os impactos dessa cisão em cada espécie de cumulação[49].

---

49 Cada cumulação relacionar-se-á de modo diverso com a possibilidade de cisão, ou não. Terão cumulação que não serão possíveis a cisão, pela sua própria natureza, o que importa na necessidade de enfrentar-se cada ponto relacional entre a cisão e a cumulação. No entanto, Correia Filho discorre sobre a conveniência de se julgar parcialmente ou não, mediante a cumulação, o que entendemos equivocado, pelo fato de que não seria

A cumulação própria e simples é a mais comum e independente entre os pedidos, com o intuito do autor de que todos os pedidos realizados sejam julgados, o que permite que uma cisão procedimental seja mais fácil de ser visualizada, mesmo que as questões de fato sejam, em certa parcela, interligadas. As demandas cumuladas de modo simples são capítulos autônomos e independentes materialmente, o que viabiliza claramente essa cisão procedimental.

Qualquer que for o resultado da decisão parcial com resolução de mérito numa cumulação própria, pela procedência ou improcedência, não impacta o outro pedido de ser julgado posteriormente, reputando uma cisão procedimental com menos impactos, sobrando somente possíveis dependências fáticas, mas que não impacta na inviabilidade da cisão procedimental.

Mesmo que seja uma decisão parcial sem resolução de mérito, numa demanda de cumulação simples, há a viabilidade clara de uma cisão procedimental, até pelo fato de, *a priori*, ser possível o intento de nova demanda sobre esse pedido que foi julgado sem análise do mérito, ocorrendo, portanto, uma cisão procedimental.

Na cumulação sucessiva, o autor cumula pedidos que têm uma notória interligação, com a necessidade de que um primeiro seja analisado e, se procedente, permite o julgamento do posterior. Uma relação de dependência material e de resultado. Sem a procedência – ainda que parcial – não há sequer o julgamento do segundo pedido. Se ocorrer a decisão parcial com resolução de mérito procedente, há uma cisão cognitiva e, também, procedimental.

Mas, haveria uma dúvida se a cisão procedimental impactaria essa interligação material entre o primeiro pedido julgado procedente e o segundo, agora autorizado de ser julgado por este resultado de procedência. A resposta a essa dúvida deve ser afirmativa, a cisão é procedimental em caso de decisão parcial com resolução de mérito, com o primeiro pedido sendo totalmente cindido[50] e desconectado em termos procedimentais.

---

a conveniência, mas a constatação se é possível, se há, ou não, bifurcação cognitiva, seja pela incontrovérsia fática ou questão de fato resolvível e independente, seja pela interligação com a natureza jurídica autônoma e independente daquela determinada situação jurídica da cumulação: "Em razão dos muitos e variados vínculos de dependência que se podem verificar nas diferentes espécies de cumulação, convém analisar se é viável ou não realizar os julgamentos parciais em cada uma delas." CORREIA FILHO, Antonio Carlos Nachif. **Julgamentos parciais no processo civil**. São Paulo, SP, 2015. 176 p. Dissertação (Mestrado). Universidade de São Paulo. Programa de Pós-Graduação em Direito. p. 95.

50 No sentido da necessidade de que a decisão parcial, nessa cumulação, se possível, deve ser somente do pedido condicionante: ARMELIN, Donaldo. Notas sobre sentença parcial e arbitragem. **Revista de Arbitragem e Mediação.** n. 18, v. 5, São Paulo: Ed. RT, jul/set/2008. p. 274.

A relação desse pedido que foi julgado de modo parcial com o segundo pedido existe, uma vez que persiste uma dependência material, porém para fins de relação com outros institutos processuais, houve uma cisão e uma desacumulação na demanda e no processo. Se eventual recurso for provido, pela transformação em improcedência, evidentemente que trará impactos no restante da demanda e do processo, com a extinção destes.

Mesmo que seja uma cumulação sucessiva proveniente de um procedimento especial[51], a cisão procedimental é a consequência da decisão parcial prolatada.

No pedido decomponível, a sua relação entre a parcela que pode ser julgada parcialmente com o restante é a mesma relação que existe na cumulação sucessiva, seguindo os mesmos critérios para a cisão procedimental. Somente será possível a decisão parcial em um só pedido, com a possibilidade de decomposição se este for julgado procedente e se estiver presente os demais requisitos autorizantes para a cisão.

Na cumulação imprópria, seja a subsidiária, seja a alternativa, quando for possível prolatar-se uma decisão parcial com resolução de mérito – em improcedências, também haverá uma cisão procedimental, nos mesmos moldes da cumulação sucessiva, pelo fato dessa decisão cindir o procedimento e a futura relação dessa parcela do processo e com outros institutos já ser plenamente possível.

No tocante à decisão parcial sem resolução de mérito na cumulação sucessiva, como há impossibilidade desta incidência, qualquer análise sobre cisão procedimental nessa cumulação, tanto no procedimento comum quanto no procedimento especial, é desnecessária. De modo diverso, na cumulação subsidiária e alternativa, uma decisão parcial sem mérito proporciona igualmente uma cisão procedimental, sem nenhum problema para essa hipótese.

5.1.3.3 A cisão procedimental, a eficácia imediata da decisão parcial e o efeito suspensivo do recurso

Uma vez prolatada a decisão parcial, com a cisão cognitiva e procedimental do processo, essa decisão será recorrível via agravo de instrumento, pela dicção dos arts. 354, parágrafo único, 356, § 5º e 1.015, II do CPC. Com essa quantidade de positivação sobre a recorribilidade, não há nenhuma dúvida sobre esse ponto, contudo pertinente a análise sobre a eficácia da decisão prolatada parcialmente com recurso pendente de julgamento.

51 As espécies de procedimentos especiais que são naturalmente bipartidos: consignação em pagamento; exigir contas; demarcação e divisão. CORREIA FILHO, Antonio Carlos Nachif. **Julgamentos parciais no processo civil.** São Paulo, SP, 2015. 176 p. Dissertação (Mestrado). Universidade de São Paulo. Programa de Pós-Graduação em Direito.

O CPC/2015 optou, positivadamente, pela ausência de efeito suspensivo nesse agravo de instrumento que impugna decisão parcial com resolução de mérito. O teor do art. 356, § 2º do CPC dispõe que aquela decisão parcial pode ser liquidada e executada, desde logo, independentemente de caução, ainda que haja recurso contra essa interposto. Essa disposição final sobre a eficácia imediata mesmo com a interposição recursal daquela decisão denota que não há efeito suspensivo automático[52] no recurso e, com isso, a decisão parcial com resolução de mérito tem eficácia imediata[53], com a possibilidade de total executabilidade da obrigação ali contida.

Não houve nenhuma menção sobre o agravo de instrumento que impugna a decisão parcial sem resolução de mérito sobre o efeito suspensivo, o que leva a aplicar-se o regramento geral da eficácia imediata das decisões para este recurso. Talvez nem houvesse necessidade de menção no art. 356, § 2º do CPC sobre a eficácia imediata da decisão parcial com resolução de mérito, uma vez que somente confirma que essa decisão e o agravo de instrumento que a impugna seguirão o regramento geral das decisões terem eficácia imediata.

Logo, mesmo sem menção qualquer sobre o efeito suspensivo, eficácia imediata, agravo de instrumento e decisão parcial sem resolução de mérito, é natural que essa decisão, sem conteúdo de mérito, detenha eficácia imediata, sem a estipulação de efeito suspensivo em eventual recurso. Afinal, sem dispositivos legais[54] que dispõem sobre possível efeito suspensivo automático, sistematicamente, a decisão – qualquer delas – é imediatamente eficaz por integrar-se ao que disciplina o art. 995 do CPC, com a regra[55] de não suspensão das decisões pelos recursos.

---

52 Conceituando efeito suspensivo: "Chama-se efeito suspensivo a capacidade de um ato processual de impedir a produção dos efeitos da decisão. O efeito suspensivo se opera desde logo em função da possibilidade de futura interposição do recurso dotado desse efeito; o recurso interposto em rigor faz subsistir esse efeito." ALVIM, Arruda. **Novo contencioso cível no CPC.** São Paulo: Ed. RT, 2016. p. 45.

53 Barbosa Moreira dispõe que "mesmo antes de interposto o recurso, a decisão, pelo simples fato de estar-lhe sujeita, é ato ainda ineficaz, e a interposição apenas prolonga semelhante ineficácia, que cessaria se não se interpusesse o recurso." BARBOSA MOREIRA, José Carlos. **Comentários ao código de processo civil.** 16ª ed., Rio de Janeiro: Forense, 2011. p. 257.

54 "nem todos os recursos são suspensivos da eficácia das decisões judiciárias, só aqueles aos quais o direito positivo confere tal poder; a suspensividade não é coessencial aos recursos ou ao conceito de recurso, como o efeito devolutivo é." DINAMARCO, Cândido Rangel. **Nova era do processo civil.** São Paulo: Malheiros, 2003. p. 146.

55 Diferentemente do CPC/73, quando não havia uma regra sobre os recursos que terão ou não o efeito suspensivo, restando, por vezes, em omissão, no entanto, o CPC/2015 dispõe, de modo claro sobre a questão, estipulando que os recursos não impedem a eficácia da decisão. "Eficácia imediata como regra geral: consagra-se, aqui, a regra

Dessa maneira, diante da regra pela eficácia imediata das decisões e ausência de efeito suspensivo automático nos recursos em geral e no agravo de instrumento, as decisões[56] parciais têm eficácia imediata, mesmo com eventual recorribilidade, somente podendo ser alterada a situação, via decisão judicial de suspensão, se o recorrente realizar tal pleito, com a necessidade ulterior análise pelo relator ou por outro juízo competente, tornando viável e possível a concessão do efeito suspensivo de modo *ope iudicis*[57].

Para tanto, somente será possível a concessão judicial do efeito suspensivo quando interposto o recurso correspondente, com devido requerimento do recorrente e a critério do juízo que detiver competência[58], para tal concessão, dependendo do caso em concreto e da análise de particularidades da causa, utilizando como base a probabilidade de êxito recursal e o risco ao resultado útil do próprio recurso[59]. Ou seja, deve-se comprovar que a produção imediata de

---

de que, no novo CPC, a interposição de recursos não obsta a produção de efeitos imediatos da decisão recorrida, ressalvada previsão legal ou judicial em sentido contrário. A produção imediata de efeitos é a regra, e a suspensão desses efeitos é a exceção. Nesse particular, houve alteração em relação ao regime do CPC/73, onde as hipóteses em que se admitia a eficácia imediata da decisão recorrida eram excepcionais e expressamente previstas (art. 497 CPC/73)." SILVEIRA, Bruna Braga da Silveira; MEGNA, Bruno Lopes. Comentário ao art. 995. **Novo código de processo civil comentado – Tomo III (art. 771 ao art. 1.072).** Orgs: RIBEIRO, Sergio Luiz Almeida; GOUVEIA FILHO, Roberto Pinheiro Campos; PANTALEÃO, Izabel Cristina; GOUVEIA, Lucio Grassi de. São Paulo: Lualri, 2017. p. 343.

56 De certa maneira, qualquer decisão, fora a sentença que detém efeito suspensivo automático pelo art. 1.012 do CPC.

57 Sobre a possibilidade de concessão do efeito suspensivo de modo judicial: "ope iudicis, quando a legislação defere ao órgão jurisdicional a possibilidade de suspender ou não os efeitos da decisão recorrida (por exemplo, arts. 932 e 995, parágrafo único, CPC)." MARINONI, Luiz Guilherme; ARENHART, Sérgio Cruz; MITIDIERO, Daniel. **Novo código de processo civil comentado.** São Paulo: Ed. RT, 2015. p. 924.

58 A competência para a concessão *ope iudicis* do efeito suspensivo será do mesmo juízo competente para julgar o recurso normalmente, o Tribunal *ad quem*, não podendo, em regra, o juízo que prolatou a decisão recorrida conceder o efeito suspensivo, ainda que haja o pedido para tal desiderato: "Chama atenção a competência atribuída exclusivamente ao órgão *ad quem* para a concessão do efeito suspensivo. Essa disciplina guarda sintonia com a modificação introduzida pelo CPC/2015 quanto à admissibilidade dos recursos. (...) Essa competência é funcional e de natureza absoluta, de modo que ainda que o juízo *a quo*, ante ao recebimento do recurso, entenda que deva ser concedido efeito suspensivo, não poderá fazê-lo." JORGE, Flavio Cheim. **Teoria geral dos recursos.** 7ª ed., São Paulo: Ed. RT, 2016. p. 414.

59 Em suma, a concessão do efeito suspensivo, para recursos que não o detêm automaticamente, guarda os mesmos requisitos do pedido de tutela provisória: risco ao resultado útil do processo e a probabilidade do direito. Somente há uma adaptação para a

eficácia daquela decisão trará risco de dano grave, de difícil ou impossível reparação ao recorrente e, concomitantemente, os fundamentos devem demonstrar uma probabilidade de provimento do recurso.

Em breve síntese, o efeito suspensivo é aquele proveniente da interposição recursal que suspende a eficácia da decisão até o julgamento do ato recursal. A decisão recorrida não poderá ser executada, restando a sua eficácia postergada para momento após o julgamento do recurso, com a inviabilidade de que o conteúdo da decisão, apesar de válido, produza efeitos.

O efeito suspensivo do recurso suspende a eficácia da decisão até a sua definição[60].

Todavia, mesmo com a conceituação e definição acima do que seria o efeito suspensivo, com a sua possibilidade legal – *ex lege* – e a judicial – *ope iudicis*, para o agravo de instrumento sobre a decisão parcial[61], é pertinente que se aprofunde o estudo sobre o efeito suspensivo, sua importância e o impacto na decisão e no restante da demanda e do processo.

Para esse recurso sobre a decisão parcial, as espécies de efeito suspensivo se dobram, justamente para moldar ao que pode ser almejado com a suspensão, diante de uma decisão do relator, já no agravo de instrumento protocolado.

---

esfera recursal: "Os pressupostos para a concessão de efeito suspensivo aos recursos são, em nosso entender, tipicamente cautelares: risco de dano grave, de impossível ou difícil reparabilidade e probabilidade de provimento do recurso. Ou seja, *periculum in mora* e *fumus boni iuris*. Este dano, cuja probabilidade deve ser demonstrada para obtenção do efeito suspensivo do recurso, não se identifica necessariamente com o comprometimento do direito material que se afirma ter no recurso. Basta que a parte demonstre que o dano será agravado, se a medida não for concedida." ALVIM, Teresa Arruda. Comentário ao art. 995. In: CABRAL, Antônio do Passo; CRAMER, Ronaldo (Coord.). **Comentários ao novo Código de Processo Civil**. Rio de Janeiro: Forense, 2015. p. 1.493.

60 O efeito suspensivo deve pensar na plausibilidade das alegações e na falibilidade da própria decisão, ainda mais quando versar sobre decisão parcial: "Nenhuma decisão judicial é infalível, sendo, por isto, indispensável o seu controle antes que venha a produzir efeitos na realidade concreta." CAMBI, Eduardo. Efetividade da decisão recorrida e o efeito suspensivo dos recursos. **Aspectos Polêmicos e Atuais dos Recursos Cíveis e Assuntos Afins.** Vol. 9. (Orgs.) NERY JR., Nelson; ALVIM, Teresa Arruda, São Paulo: Ed. RT, 2006. p. 107.

61 No agravo de instrumento já se tem essa preocupação, mas esta fica mais exacerbada quando se trata da recorribilidade de uma decisão parcial. Sobre o tema e sua importância: SILVA, Beclaute Oliveira; ARAUJO, José Henrique Mouta; SILVA, I. L. Eficácia do agravo de instrumento na decisão antecipada parcial de mérito. **Revista Eletrônica de Direito Processual.** v. 1, p. 57-75, 2016. No sentido de entender que no caso da decisão parcial, há automaticidade de efeito suspensivo no agravo de instrumento: Enunciado nº. 13 do CEAPRO: O efeito suspensivo automático do recurso de apelação, aplica-se ao agravo de instrumento interposto contra a decisão parcial do mérito prevista no art. 356 (artigo 1.015).

Como o agravo de instrumento é um recurso complexo que impugna uma decisão interlocutória de um processo em andamento em primeiro grau, por vezes somente a suspensão da eficácia daquela decisão não basta para que o prejuízo ao recorrente não seja irreparável. Com isso, pertinente a divisão do pedido de efeito suspensivo, no agravo de instrumento, em espécies diferentes, principalmente nas decisões parciais, diante dos impactos diferentes ao restante do procedimento.

O usual do efeito suspensivo passa pela decisão recorrida não produzir eficácia enquanto o recurso não for julgado, transpassando tal possibilidade de ser eficaz somente após o julgamento recursal[62], porém para a situação de enfrentamento da decisão parcial via agravo de instrumento, pode-se entender que o restante do processo que continua a caminhar processualmente tem interligação com a matéria já decidida, com a necessidade de que o efeito suspensivo tenha o condão de suspender, além da eficácia da decisão, a continuidade da demanda e do processo.

Dessa maneira, pertinente classificar o pedido de efeito suspensivo no agravo de instrumento, especialmente no impugnativo a decisões parciais, em duas possibilidades ou necessidades do recorrente: *(i) a suspensão da eficácia da decisão recorrida; (ii) ou, além da suspensão da eficácia da decisão recorrida, a suspensão do processo como um todo.*

É importante que o recorrente, ao realizar o pedido pelo efeito suspensivo, explicite qual tem interesse, diferenciando os impactos dessa eventual suspensão. No agravo de instrumento, esse pedido deve ser realizado no bojo do próprio recurso.

Se o recorrente somente pleitear a suspensão da eficácia da decisão interlocutória parcial, as demais parcelas da demanda continuarão a sua procedimentalidade no processo, com eventual instrução e outros atos processuais, o que implica que somente a decisão parcial, caso o efeito seja concedido, estará suspensa, com a impossibilidade de execução de conteúdo.

Essa eventual concessão do efeito suspensivo para que a decisão parcial não produza eficácia impede a execução, contudo, pela própria cisão procedimental da demanda e do processo, não impede que os demais pontos procedimentais possam ocorrer.

62 Sobre o efeito substitutivo que permite cessar o efeito suspensivo, afinal a suspensão somente existe pelo fato de que aguarda-se um julgamento que substituirá a decisão suspensa. "Conhecido o recurso, pelo juízo de admissibilidade positivo, passando-se ao exame do mérito recursal, haverá efeito substitutivo do recurso quando: a) em qualquer hipótese (*error in iudicando* ou *in procedendo*) for negado provimento ao recurso; b) em caso de *error in iudicando*, for dado provimento ao recurso." NERY JR., Nelson. **Princípios fundamentais: teoria geral dos recursos**. 6ª. ed. São Paulo: Ed. RT, 2004. p. 488.

Se o agravante somente recorrer pela contrariedade do conteúdo da decisão, com a concordância em sua prolação, contudo em impugnação ao resultado do que se decidiu, o efeito suspensivo seria somente o usual, a busca pela suspensão da eficácia da decisão, neste caso, a interlocutória parcial.

Nessa hipótese determinada, o agravante entenderia pela autonomia dos capítulos – decidido e os restantes da demanda e do processo – e das questões de fato, sem qualquer alegação de *error in procedendo* na opção pela decisão parcial, apesar de poder suscitar outras matérias de *error in procedendo*, estes não seriam aquele "da bifurcação cognitiva e procedimental pela decisão parcial".

O argumento recursal está no conteúdo da decisão parcial, no *error in judicando* do juízo, não na própria formação da decisão ou procedimentalidade. É um recurso como qualquer outro, sem grandes complicações sobre o restante da parcela que ainda será julgada.

De modo diverso, será o pedido de suspensão não somente da eficácia da decisão interlocutória parcial, mas também da continuidade do processo para as demais parcelas do processo, uma vez que a alegação do próprio recurso, além da contrariedade ao conteúdo da decisão, conterá que o processo não pode prosseguir em sua procedimentalidade, uma vez que alega haver interligação entre as questões de fato que impossibilita tal decisão.

Essa possibilidade é mais complexa, pelo fato de que o agravo de instrumento impugnará a cisão cognitiva e procedimental, não somente o conteúdo da decisão.

Diante desse ponto, são duas espécies de alegações recursais no agravo de instrumento, tanto em seu mérito quanto nessa concessão de efeito suspensivo: *(i) a cisão procedimental equivocada, com alegação de ausência de independência das questões de fato e, consequentemente, interligação entre a parcela decidida e a parcela da demanda que prossegue; (ii) o conteúdo equivocado numa decisão parcial do primeiro pedido em demanda com pedidos sucessivos – o que ocorre em alguns procedimentos especiais.*

Em ambos os casos, o intuito é que a continuidade da parcela da demanda que não foi decidida seja suspensa por causa da interposição do recurso e, materialmente, por causa da alegação de interligação em questões de fato entre o que foi decidido parcialmente e o que ainda será decidido.

Na primeira hipótese, a alegação recursal – e do pedido do efeito suspensivo – é de que o processo não poderia ser cindido, com impossibilidade de percorrer caminhos diversos por causa da identidade entre questões de fato, com a alegação de que aquela parcela ainda não poderia ser decidida, com a necessidade, portanto, de espera do restante do processo pelo fato de que a matéria recorrida, caso o recurso seja provido, continuaria junto com as demais.

Um exemplo seria a exclusão de um litisconsorte, contudo a parte na demanda que não detém interesse nessa exclusão agrava com a alegação de que o litisconsórcio seria existente e, ainda, unitário[63], o que levaria a impossibilidade de cisão da demanda e no processo. Logo, o pedido de efeito suspensivo não é somente por suspender a decisão que excluiu o litisconsorte, mas sobretudo para que o restante do processo não tenha continuidade, seja instrutória, seja decisória em sentença.

Essa seria uma alegação numa decisão parcial sem resolução de mérito.

Por outro lado, pode ocorrer também numa decisão parcial com resolução de mérito, quando o recorrente entende que não seria possível realizar tal cisão, por não se enquadrar nas hipóteses autorizantes para tal viabilidade. Se for uma demanda em que uma única questão de fato impacta todos os pedidos, deveria ser uma sentença, não uma decisão parcial. Se for uma questão de fato que apesar de resolvida, a decisão, aquela foi julgada de modo parcial, ainda depende de outras questões de fato, igualmente se imagina a inviabilidade dessa cisão cognitiva e procedimental.

Se o agravante entender que aquela questão de fato necessita de instrução probatória, igualmente deve impugnar via agravo de instrumento.

São exemplos de alegações recursais e que todas necessitam de pedido de efeito suspensivo não somente do conteúdo da decisão, mas do próprio prosseguimento da demanda e do processo. Quando o agravante recorrer justamente pelo argumento de não concordar com a prolação de uma decisão parcial, o intuito, no pedido de efeito suspensivo, é que o relator suspenda o curso do processo, com o aguardo da resolução do agravo de instrumento para a continuidade da demanda e do processo em primeiro grau.

Na segunda hipótese ocorreu a prolação de uma decisão parcial pela sucessividade dos pedidos.

Nessa hipótese, o juízo tem dois ou mais pedidos para analisar, com uma ordem preestabelecida, diante da existência de uma sucessividade e, assim, com uma subordinação e condicionamento, analisando o primeiro pedido e,

---

63 No litisconsórcio unitário não é possível a cisão para resolver a demanda entre uma relação jurídica e manter outra, seja com ou sem mérito, pelo fato de representar, apesar da pluralidade de partes, uma só relação jurídica que deve ser resolvida de modo a impactar todos os litisconsortes: "No entanto, a regra geral acima identificada encontra importante exceção no litisconsórcio unitário. Tal modalidade de litisconsórcio impõe ao magistrado que adote idêntica solução para todos os litisconsortes, de modo que não haverá a divisão da decisão em capítulos diversos, sendo irrelevante ser facultativo ou necessário o litisconsórcio. Assim, embora exista pluralidade de sujeitos em um dos polos da relação jurídica processual, haverá demanda única, visto que a relação jurídica de direito material é uma só. Inexiste, portanto, objeto processual complexo, sendo que a sentença proferida conterá apenas um capítulo de mérito." OLIVEIRA FILHO, Silas Dias de. **Julgamento fracionado do mérito e implicações no sistema recursal.** São Paulo, SP, 2013. 256 p. Dissertação (Mestrado). Universidade de São Paulo. Programa de Pós-Graduação em Direito. p. 99.

se este for procedente, passará para a instrumentalidade para chegar à cognição do posterior. A sucessividade, dependendo do pedido, pode ser julgada em uma só decisão, menos em procedimentos especiais determinados, mas, nesse caso, não será julgado no mesmo momento, mas em decisão parcial e ulterior sentença.

Ou seja, o autor já previu que serão dois pedidos e que o primeiro precisa ser julgado procedente para que se julgue o seguinte, o que gera a sucessividade. No entanto, terão procedimentos em que podem ser prolatados tanto em uma só sentença ou de modo dividido e outros que já são divididos naturalmente, como na ação de exigir contas.

No caso de uma decisão parcial com resolução de mérito procedente, com o prosseguimento do restante da demanda sucessiva, apesar de representar uma cisão procedimental, há uma interligação de sucessividade entre os pedidos, uma vez que o próprio autor já inseriu como anterior ao pedido subsequente, com a continuidade da demanda e do processo, ainda que cindida cognitivamente.

Obviamente que essa continuidade da demanda e do processo, apesar da decisão parcial, impõe que o recorrente, no agravo de instrumento, terá o intuito – no mérito e no efeito suspensivo – de impugnar a procedência dessa primeira decisão, seja por alegação de *error in judicando*, seja por *error in procedendo*, e almejar a não continuidade do processo.

Diante disso, o agravo de instrumento dessa decisão parcial com decisão de pedido sucessivo almeja a reforma para a improcedência ou a anulação da decisão, o que importa em desnecessidade de prosseguir do restante do processo, em qualquer dos casos. Logo, o pedido de efeito suspensivo, nessa hipótese, pela interligação existente entre a decisão recorrida e a parcela do processo que prossegue, almeja a suspensão da eficácia da decisão, mas, sobretudo, que o restante do procedimento não continue enquanto não for julgado o agravo de instrumento.

A questão de fato e a interligação desta e os pedidos – o condicionante e o condicionado na sucessividade – é menos importante, justamente pelo resultado do julgamento pela procedência ser a autorização para a possibilidade de julgar o segundo pedido. Dessa feita, não é necessariamente o cerne da recorribilidade, apesar de ser também um dos requisitos para a prolação da decisão.

Portanto, expostas e delineadas as espécies possíveis de efeito suspensivo no agravo de instrumento contra a decisão parcial, o recorrente deve ater-se a essa diferença e pleitear do melhor modo possível, com pedidos específicos sobre a sua argumentação recursal e o impacto que imagina sobre o processo que continua em primeiro grau e a decisão que decidiu parcela da demanda e do processo.

O intuito dessa divisão entre as espécies de efeito suspensivo é demonstrar que em muitas situações só a suspensão da eficácia do conteúdo da decisão não será suficiente, com a necessidade de suspensão da procedimentalidade do restante da demanda e do processo que ainda será julgado.

5.1.3.4 O agravo de instrumento da decisão parcial e a independência entre a matéria decidida

Um ponto complexo sobre a bifurcação cognitiva e a positivação de uma cisão procedimental, via decisão parcial, com a quebra da unicidade da sentença, está em relação na recorribilidade deste ato decisório e na devolutividade possível na interposição do agravo de instrumento[64-65] (ou da remessa necessária[66]) e o julgamento recursal.

Uma vez prolatada a decisão parcial, obviamente, caberá o recurso para o cumprimento do duplo grau de jurisdição, o agravo de instrumento. No entanto, o julgamento deste agravo pode impactar a parcela que ainda prossegue, procedimentalmente? Há uma independência entre os capítulos da ação que permitem essa cisão cognitiva e procedimental? Essa independência é somente entre as matérias e pedidos ou sobre as questões de fato? Essas são indagações pertinentes e que devem ser enfrentadas.

As decisões parciais são possíveis pela autonomia que cada pedido da ação detém com os outros pedidos existentes ou, no caso da pluralidade de partes, na

64 Sobre o cabimento recursal ser agravo de instrumento e sobre a sua tramitação: ARAÚJO, José Henrique Mouta. A recorribilidade das interlocutórias no novo CPC: variações sobre o tema. **Revista de Processo.** Vol. 251, Ano 41, p. 207-208, São Paulo: RT, Jan/2016; LEMOS, Vinicius Silva. O agravo de instrumento contra decisão parcial de mérito. **Revista de Processo.** Vol. 259, Ano 41, p. 275-303, São Paulo: Ed. RT, Set/2016; SILVA, Beclaute Oliveira; ARAUJO, José Henrique Mouta; SILVA, I. L. Eficácia do agravo de instrumento na decisão antecipada parcial de mérito. **Revista Eletrônica de Direito Processual.** v. 1, p. 57-75, 2016; OLIVEIRA, Pedro Miranda de. O regime especial do agravo de instrumento contra decisão parcial (com ou sem resolução de mérito). **Revista de Processo.** Vol. 264, Ano 42, p. 183-205, São Paulo: Ed. RT, Fev/2017; LESSA, Guilherme Thofehrn. Julgamento parcial do mérito e a necessidade de aplicação do procedimento recursal adequado. **Revista de Processo.** Vol. 281, Ano 43, p. 281-303, São Paulo: Ed. RT, Jul/2018.

65 Enunciado nº 103 do FPPC: (arts. 1.015, II, 203, § 2º, 354, parágrafo único, 356, § 5º) A decisão parcial proferida no curso do processo com fundamento no art. 487, I, sujeita-se a recurso de agravo de instrumento.

66 Sobre o cabimento da remessa necessária diante da decisão parcial de mérito prolatada contra a Fazenda Pública e o disposto no art. 496 do CPC: OLIVEIRA, Weber Luiz de. Remessa necessária, julgamento antecipado parcial do mérito e estabilização da tutela antecipada – reflexões iniciais para execução contra a Fazenda Pública diante do código de processo civil de 2015. **Revista Magister de Direito Civil e Processual Civil.** n. 66. Maio/Jun/2015; LEMOS, Walter Gustavo da Silva; LEMOS, Vinicius Silva. A decisão parcial de mérito e a total simetria com a remessa necessária. Orgs: ARAÚJO, José Henrique Mouta; CUNHA, Leonardo Carneiro da; RODRIGUES, Marco Antonio. **Coleção Repercussões do Novo CPC - Fazenda Pública.** 2ª. ed. Salvador: Juspodivm, 2016.

autonomia de algumas em relação a outras. Ou seja, a autonomia[67] é a base para a própria existência da divisão entre capítulos da ação e, por isso, é o início da própria viabilidade da prolação de uma decisão parcial.

Todavia, o cenário do impacto do julgamento recursal no restante do processo trabalha com o plano da independência e, ainda, sobre qual a espécie de independência. As decisões parciais são de parcelas autônomas da ação, mas serão independentes sempre? Evidentemente que não. Essa é a resposta mais acertada, contudo a visão sobre a ocorrência, ou não, da independência é importante para o entendimento das categorizações das decisões parciais.

A relação de autonomia está em cada capítulo da ação, já a relação de independência depende de dois parâmetros para entender o grau de impacto que as decisões parciais detêm aos pedidos existentes na ação: *(i) da existência de sucessividade material; (ii) ou das circunstâncias das questões de fato.*

Quando há uma sucessividade material, há uma dependência de um segundo pedido com o primeiro pedido realizado no ato da demanda. O segundo pedido somente tem a possibilidade de ser apreciado quando o primeiro for julgado[68] e, ainda, o resultado for pela procedência[69] – ou parcial procedência, dependendo do conteúdo. Há uma total interligação e subordinação do segundo pedido à procedência do primeiro pedido, sem nenhum grau de independência, apesar de autônomos em termos materiais[70].

Notadamente, há um vínculo entre os pedidos, com hierarquia de apreciação[71] e condicionamento de resultado para que se aprecie o segundo pedido.

---

67 DINAMARCO, Cândido Rangel. **Capítulos de sentença.** 3ª. ed. São Paulo: Malheiros, 2008. p. 34.

68 "Sucessiva é a cumulação quando entre os pedidos haja relação de tal dependência que a decisão do segundo dependa da acolhida do primeiro. Ex.: ação de filiação cumulada com a petição de herança, ação de demarcação cumulada com a de divisão." SANTOS, Moacyr Amaral. **Primeiras linhas de direito processual civil: Processo de conhecimento.** Vol. I, 25ª. ed. Rio de Janeiro: Saraiva, 2007. p. 191.

69 Nesse sentido: "Concebe-se o autor formular um segundo pedido que, em relação ao primeiro, dependa de sua procedência. Ele pede o acolhimento dos dois pedidos; apenas o último, em virtude do seu caráter de dependência, decorre do êxito do primeiro." ASSIS, Araken de. **Cumulação de ações.** 4ª. ed. São Paulo: Ed. RT, 2002. p. 255/256.

70 Como Dinamarco pontua que autonomia e independência dos capítulos não são a mesma vertente, com diretrizes diferentes entre os capítulos, os quais podem ser autônomos, mas serem dependentes. DINAMARCO, Cândido Rangel. **Capítulos de sentença.** 3ª. ed. São Paulo: Malheiros, 2008. p. 34.

71 Dependendo da cumulação pretendida pelo autor, há uma relação de hierarquia temporal e sucessiva entre os pedidos, sendo possível o julgamento único ou a decisão parcial, com a necessidade de que não se julgue parcialmente o que somente pode ser conhecido dependendo do resultado de outro pedido. Armelin discorre sobre essa restrição: "É fundamental que as cumulações, sendo o caso, respeitem a relação

O primeiro pedido será analisado em sua integralidade – quando estiver processualmente apto a fazê-lo, contudo não se pode garantir que o segundo pedido seja apreciado, justamente por ser sucessivo ao primeiro, somente ocorrendo sua apreciação se houver a procedência ao primeiro[72].

Nessa hipótese de sucessividade, os pedidos são autônomos, contudo são dependentes. Logo, por causa dessa dependência do segundo pedido, uma procedência do primeiro numa decisão parcial com resolução de mérito impõe ao julgamento do agravo de instrumento uma possibilidade de impactar o restante da demanda e do processo.

Já sobre as questões de fato, a disposição relacional destas com cada pedido é importante para determinar se estas questões têm relações estanques com os pedidos existentes na demanda ou não. Se uma destas questões[73] for ligada a um só pedido e independente do outro pedido, os capítulos da demanda, além de autônomos, serão independentes faticamente, o que determina que o julgamento do eventual recurso da decisão parcial sobre a resolução desta questão de fato pode não importar ou impactar o restante da demanda e do processo.

Se a decisão parcial for independente nas questões de fato, com a desacumulação de pedidos ou de partes, seja por uma questão prévia ou de mérito, todas interligadas por uma questão de fato que primou-se como independente à parcela

---

existente entre as pretensões cumuladas, de modo a que aquela subordinada ao êxito da outra não se decida em primeiro lugar por sentença parcial." ARMELIN, Donaldo. Notas sobre sentença parcial e arbitragem. **Revista de Arbitragem e Mediação.** n. 18, v. 5, São Paulo: Ed. RT, jul/set/2008. p. 274.

72 Sobre a vinculação entre os pedidos, o principal e o sucessivo: "Tratar-se-á de cumulação sucessiva quando houver vinculação entre os pedidos, de tal forma que os posteriores somente possam ser deferidos em caso de procedência também do primeiro pedido. Os pedidos posteriores ao primeiro não podem ter existência sem o primeiro. Por exemplo, somente podem ser concedidos os pedidos de alimentos, ou de petição de herança, se deferido o primeiro pedido, que tratava da definição da paternidade, ou da maternidade do autor; ou, em outra hipótese, somente pode haver a condenação ao pagamento de uma determinada multa, se antes for decidida a rescisão do contrato pelo seu descumprimento pelo réu." TJÄDER, Ricardo Luiz da Costa. **Cumulação eventual de pedidos.** Porto Alegre: Livraria do Advogado, 1998. p. 34.

73 Uma complexidade objetiva da demanda proporciona uma complexidade de questões ainda maior do que uma eventual existência de algumas questões numa demanda que seja relacionalmente simples, com uma parte em cada polo e somente um pedido. Essa complexidade de questões não funciona de modo estanque, com relações isoladas a cada relação e a cada pedido, é natural que algumas questões sejam ao mesmo tempo influenciantes em um ou mais pedido, em uma ou em várias relações. Uma vez que se resolva uma destas possíveis questões, pode-se resolver diversas relações ou influenciá-las, o que permite diversos outros desdobramentos, dependendo da resolução das questões e o caminho decisório a ser trilhado.

restante do processo, o agravo de instrumento será igualmente independente, sem possibilitar influência do seu resultado e julgamento nos demais pedidos.

Quando os pedidos forem independentes na questão de fato, os capítulos da demanda que já são autônomos, naturalmente, também serão independentes faticamente e, assim, o julgamento e posterior resultado do agravo de instrumento impugnante dessa decisão parcial não impacta o restante da demanda e do processo que permaneceu em procedimentalidade para instrução e posterior julgamento, mesmo que a impugnação recursal verse sobre a questão de fato, uma vez que os pedidos têm independência fática total.

Essa decisão parcial com resolução de mérito, dada a independência total da questão de fato entre os pedidos, torna o ato decisório uma cisão cognitiva e procedimental irreversível, mesmo que o recurso consiga a reversão com o seu possível provimento, uma vez que há essa mencionada independência total. Os pedidos – o decidido e os que forem futuramente decididos – não mais convergem mais na demanda, com a divisão em dois procedimentos totalmente desligados e independentes, apesar de serem no mesmo juízo, entre as mesmas partes.

Portanto, o julgamento do agravo de instrumento nessa hipótese somente decide e impacta o que foi cindido, sem alcançar questões de fato ou de direito do restante do processo. Se o agravo for julgado provido ou improvido no sentido de reformar a decisão, nas questões de fato ou de direito, nada impactará o restante do processo.

Hipótese diversa está na decisão parcial em que os fatos que a possibilitaram também sirvam de parcela de alicerce fático para o julgamento dos pedidos ainda por julgar. Ou seja, o que se julgou parcialmente, em termos de questão de fato, definiu pontos que serão utilizados também para a prolação da sentença posterior, contudo esta ainda depende de outras questões de fato que não foram versadas na decisão parcial.

Logo impõe-se uma evidente interligação de questão de fato entre os capítulos da demanda e, dessa maneira, um certo grau de dependência ou independência parcial sobre a questão de fato decidida na decisão parcial e eventualmente recorrida pelo agravo de instrumento.

Essa demarcação de premissas é importante para delinear os impactos da devolutividade do agravo de instrumento e os impactos, existentes ou não, na parcela que ainda não foi julgada.

5.1.3.5 *O julgamento recursal do agravo de instrumento e a possibilidade de efeito expansivo*

Uma vez prolatada a decisão parcial – com ou sem resolução de mérito – é importante definir a recorribilidade, o impacto da devolutividade e do eventual julgamento no tocante ao restante da ação.

De modo geral, como a decisão parcial somente é viável quando demonstra a possibilidade de cindibilidade da demanda, seja com resolução de mérito, seja sem resolução de mérito, a tendência é imaginar que o julgamento do agravo de instrumento não proporcione nenhum impacto no restante da ação pendente a ser julgada.

No entanto, se os pedidos forem interligados em relação de subordinação, mesmo diante de uma impugnabilidade de uma decisão parcial, pode resultar em um impacto do julgamento do agravo de instrumento que impugna decisão parcial. Mesma relação será se a impugnação alcançar questão de fato que é necessária a ambos os pedidos – aquele resolvido na decisão parcial e o que será resolvido na sentença.

Dessa feita, a possibilidade de o agravo de instrumento impactar o restante da demanda ocorrerá em duas hipóteses de decisões parciais que versem sobre *error in judicando*: *(i) aquela com interligação sobre as questões de fato entre os pedidos; (ii) ou a subordinação dos pedidos, independentemente de interligação de questão de fato.*

Na primeira hipótese, se a questão de fato cognitivamente resolvida que permitiu o julgamento parcial impactar os demais pedidos, além daquele resolvido na parcialidade decisória, evidentemente que o julgamento do agravo de instrumento, caso impugne a questão de fato e for julgado provido, pode alterar o andamento e o julgamento posterior, o que ensejaria a necessidade de efeito suspensivo processual do restante do processo ou o impedimento de julgar o restante da ação – ou ao menos de prolatar a sentença.

Obviamente que se o agravo de instrumento se relacionar somente com a impugnabilidade das questões de direito, sem mencionar ou devolver a questão de fato resolvida na decisão parcial para a jurisdição do Tribunal, a cisão procedimental está consolidada e preclusa a sua discussão[74], ainda que haja o seu provimento na questão de direito em *error in judicando*.

Esse entendimento vale tanto para a decisão parcial com ou sem resolução de mérito, a diretriz para tanto é a consequência e interligação sobre a questão de fato, não a decisão o conteúdo de direito julgado de modo parcial. Se a questão de fato for impugnada, a litispendência sobre esta continua e, dessa maneira, o

---

74 A lição de Dinamarco que vale para a apelação e as questões de mérito vale também sobre a resolução da questão de fato na decisão parcial. Uma vez que essa questão vale para todo o processo – apesar de ser a permissiva da decisão parcial, se o agravo de instrumento não impugnar essa questão de fato, apesar de não incorrer em coisa julgada, incorrerá em preclusão sobre essa decisão fática. "Interposto e recurso e havendo o recorrente optado por não abranger nele todo o conteúdo da sentença ou acórdão, isso significa que o capítulo irrecorrido não estará coberto pela devolução e passa em julgado." DINAMARCO, Cândido Rangel. **Nova era do processo civil.** São Paulo: Malheiros, 2003. p. 150.

Tribunal pode reverter essa questão de fato, com a possibilidade de impactar o que ainda não foi julgado.

Um exemplo de decisão parcial sem resolução de mérito seria a exclusão de um litisconsorte que o juízo entendeu não ser legítimo para continuar na lide, o que significa que a relação jurídica específica dele para com o outro polo da demanda foi extinta, com a continuidade do restante do processo quanto aos demais polos e partes, com suas relações jurídicas. No entanto, se a questão de fato que levou a excluir o litisconsorte é importante para outros pedidos, com impacto nestes, obviamente que um agravo de instrumento que impugnar essa questão de fato e alterá-la, pode reincluir o litisconsorte e, também, impactar o andamento da parcela que permaneceu em litispendência.

Já em uma decisão parcial com resolução de mérito, se uma questão de fato for importante para todos os pedidos, mas ser a única necessária para julgar um dos pedidos, eventual agravo de instrumento impugnativo dessa decisão que julgou um dos pedidos, com o seu provimento e a alteração da questão de fato, esta impacta a estabilização dos fatos para os demais pedidos.

Na outra hipótese, a demanda tem pedidos que são sucessivos, o que importa que o julgamento do primeiro condiciona se o posterior será, ou não, julgado. Desse modo, eventual impugnação da decisão parcial, via agravo de instrumento, impacta o restante do processo não somente em relação a questão de fato, mas pela própria natureza da cumulação dos pedidos, por ser própria e sucessiva.

A questão de fato, no pedido sucessivo, se for única para ambos os pedidos, essa cumulação seria resolvida numa mesma sentença, contudo para que a decisão parcial seja possível, o regramento sobre as questões de fato é o mesmo, com independência entre as questões de fato do pedido subordinante e do subordinado, ou com independência parcial, com uma questão que possa resolver o pedido subordinante, mas que também terá serventia para o subordinado, com a necessidade da resolução de uma outra questão de fato para tanto.

Sobre o agravo de instrumento e a decisão parcial em pedidos sucessivos, a questão de direito importa, pelo fato de que somente a procedência do primeiro pedido que possibilita o julgamento do segundo.

Dessa feita, o resultado da decisão parcial em pedido sucessivo sempre será pela procedência ou parcial procedência, nunca sobre improcedência, pelo fato de que se fosse improcedente seria prolatada em uma sentença, dada a desnecessidade, nessa situação, de analisar-se o pedido sucessivo.

Numa situação como esta se o agravo de instrumento for provido, consequentemente, o resultado seria pela improcedência daquele primeiro pedido, impedindo, portanto, o prosseguimento da demanda quanto ao julgamento do pedido sucessivo, o qual dependia da procedência do anterior. Obviamente que esse agravo de instrumento pode impugnar tanto uma questão de fato ou uma questão de direito, contudo o impacto existente no restante do processo está na impossibilidade de continuidade do procedimento e a inviabilidade da decisão do segundo pedido.

Dessa feita, apesar desse agravo de instrumento não conter efeito suspensivo, é importante que não seja prolatada a sentença subsequente enquanto não for julgado, em via recursal, o pedido subordinante, pela própria reversibilidade do que se decidiu e o notório impacto no restante do processo.

No entanto, há de imaginar uma situação em que houve a impugnação da questão de fato, com o provimento sobre o reexame das provas e a questão de fato foi alterada em sua cognição, contudo resultou no mesmo julgamento pela procedência do pedido subordinante, a partir daí que importará se essa questão de fato é determinante ou não para o pedido subordinado, uma vez que mesmo o provimento do agravo de instrumento autorizaria a continuidade da ação.

Se um segundo pedido necessita da procedência do primeiro para ser julgado, lógico que a recorribilidade deste primeiro impacta eventual curso e julgamento do segundo, pela possibilidade aberta de reversão da decisão anteriormente decidida. Uma vez o agravo de instrumento tenha êxito em alterar a decisão sobre aquele pedido subordinante de procedente para improcedente, logicamente, retira o próprio prosseguimento do restante da ação, tornando desnecessário o julgamento deste ou até inviável, com a prolação de uma extinção do processo no próprio Tribunal[75].

---

75 A possibilidade de extinção do processo pelo agravo de instrumento está na própria lógica de impacto entre o pedido subordinante e o pedido subordinado. Para Cunha e Didier Jr., essa possibilidade seria pela ampla devolutividade do agravo de instrumento, nos moldes do art. 1.013, § 3º do CPC, com a possibilidade de versar sobre matérias que não estejam propriamente na discussão da interlocutória agravada, mas que possam ser rediscutidas pela lógica processual. "Admitido o agravo de instrumento, o tribunal fica adstrito à extensão do efeito devolutivo, mas, em razão de sua profundidade, pode apreciar toda a matéria que lhe foi posta para apreciação. A profundidade do efeito devolutivo justifica que o tribunal possa, no agravo de instrumento, extinguir o processo. Não é só a matéria impugnada pelo recorrente que pode ser apreciada no agravo de instrumento: o tribunal também poderá conhecer de "todas as questões suscitadas e discutidas no processo, ainda que não tenham sido solucionadas, desde que relativas ao capitulo impugnado" (art. 1.013, § 10, CPC)." CUNHA, Leonardo Carneiro da; DIDIER JR., Fredie. **Curso de direito processual civil.** Vol.3 13a. ed. Salvador: Juspodivm, 2016. p. 242. Se o agravante se manifestar já sobre essa possibilidade de extinção, o contraditório já estaria instalado sobre essa hipótese, sendo parte do efeito devolutivo mesmo, sem ser em sua profundidade. "Se a extinção se der por motivo alegado pelo agravante em suas razões recursais, tendo sido oportunizada ao agravado a chance de ofertar contrarrazões, o contraditório estará respeitado, podendo o tribunal extinguir o processo sem resolução do mérito no julgamento do agravo de instrumento" CUNHA,

Essa situação é viável e possível tanto para a cumulação de pedidos sucessivos dentro do procedimento comum, com pleito para que se julgue todos os pedidos em conjunto na sentença – se houver a procedência do primeiro – e as questões de fato permitam que os julgamentos ocorram em momentos distintos, com a bipartição da demanda e do processo, diante da existência da bifurcação cognitiva, quanto nos procedimentos especiais em que a cisão cognitiva e decisória já é a regra para aquela ação específica[76].

Em ambas as possibilidades de sucessividade, se o agravo de instrumento for provido sobre a decisão parcial com resolução de mérito, há a alteração para o resultado de improcedência e a extinção do processo.

Por outro lado, se houver uma decisão parcial pela improcedência de um pedido em cumulação subsidiária ou eventual[77], a apreciação de um segundo pedido está condicionada[78] a ser analisada somente se o primeiro pedido não for julgado procedente, ou seja, a situação é, de certa maneira, inversa ao sucessivo, contudo com a mesma relação de subordinação. Os pedidos existentes na ação

Leonardo Carneiro da; DIDIER JR., Fredie. **Curso de direito processual civil.** Vol.3 13a. ed. Salvador: Juspodivm, 2016. p. 242.

76 Nos procedimentos especiais, a própria ação trabalha com o prisma da existência desde o nascedouro em ser um processo com bifurcação cognitiva, sendo regra e não exceção o julgamento parcial e a necessidade de sua procedência para o julgamento do pedido posterior. O impacto do agravo de instrumento é o mesmo da construção sobre os pedidos sucessivos em procedimento comum, com decisão parcial prolatada. O principal exemplo nos procedimentos especiais, mas não o único, é a ação de exigir contas, com a procedência sobre a exigência de contas, abre-se o procedimento de prestação das contas e apuração de haveres. Se o réu agrava, o julgamento do agravo de instrumento é totalmente condicionante ao prosseguimento da prestação e apuração de haveres, com a necessidade do deferimento, em caso de plausibilidade das alegações recursais, do efeito suspensivo processual, com a impossibilidade de seguir com o processo ou ao menos impedir a prolação da sentença de prestação de contas e apuração de haveres.

77 O normal será que haja um pedido principal, aquele que o autor explicita ser o preferencial para a procedência, contudo pode ser que esse não seja o mais fundamento pedido, o que pode sofrer críticas: "inconveniente desta cumulação, perfeitamente apanhado pelo tirocínio de José Alberto dos Reis, e repetido por Calmon de Passos, a crer-se na falta de ordem específica, reside na dúvida do autor sobre o acolhimento da ação principal, e, por isso, formula a outra, talvez mais sólida, para o caso de não vingar a primeira. Este aspecto frágil da inicial merecerá a crítica do réu atento, que, por certo, irá explorá-lo." ASSIS, Araken de. **Cumulação de ações**. 4ª ed. São Paulo: Ed. RT, 2002. p. 236.

78 "os pedidos não se situam no mesmo plano, mas um deles é formulado como principal e outro, só na eventualidade de não ser possível acolher o principal." CALMON DE PASSOS, José Joaquim. **Comentários ao código de processo civil.** Vol. III, 6ª ed. Rio de Janeiro: Forense, 1989. p. 204.

estarão listados de modo subsidiário, com uma ordem de preferência para a análise do juízo formulada pelo autor, com a possibilidade de conhecimento do pedido posterior quando o juízo não acolher o anterior.

O normal será a prolação de uma sentença sobre tais pedidos, se o primeiro for improcedente, passa-se ao subsequente, com uma clara subordinação. Se a questão de fato possibilitar que o primeiro seja julgado desde logo e o resultado for pela improcedência, o procedimento continuará para possibilitar o julgamento do segundo pedido, contudo a eventual recorribilidade desta decisão parcial com resolução de mérito pela improcedência, se o agravo de instrumento for julgado de modo a reverter a decisão para a procedência, a procedimentalidade posterior deve ser extinta, dada a preferência do próprio autor pelo julgamento e procedência do primeiro pedido[79].

Dessa maneira, prudente será a não prolação da sentença enquanto não julgar o agravo de instrumento impugnativo dessa decisão parcial com improcedência de pedido, numa ação com cumulação subsidiária.

O estudo do impacto do julgamento do agravo de instrumento sobre a parcela que permanece em primeiro grau para a resolução de outras questões de fato é importante pela ocorrência, ou não, do efeito expansivo[80] no resultado do julgamento recursal.

Esse efeito é a possibilidade de um recurso, ao ser julgado, conter uma expansão em seu alcance[81], uma ampliação não esperada de seus efeitos[82].

Essa expansão dos efeitos do julgamento recursal existe pelo impacto do conteúdo da decisão do recurso que substituirá a decisão recorrida, podendo propiciar mais efeitos ao processo do que o ensejado no recurso, alcançando não

---

79 "o provimento jurisdicional de procedência do primeiro fulmina (implicitamente) o interesse processual e, consequentemente, exaure a pretensão do autor em relação ao pedido subsidiário." TUCCI, José Rogério Cruz e. Reflexões sobre a cumulação subsidiária de pedidos. **Revista dos Tribunais (São Paulo).** Vol. 786, p. 57-67, Abril/2001. p. 60.

80 Barbosa Moreira prefere referir-se a uma extensão subjetiva dos efeitos da decisão. "antes que de um efeito, per se, parece mais adequado falar da extensão subjetiva dos efeitos propriamente ditos." BARBOSA MOREIRA, José Carlos. **Comentários ao Código de Processo Civil.** 16ª ed. Rio de Janeiro: Forense, 2011. p. 254.

81 "o julgamento do recurso pode ensejar decisão mais abrangente do que o reexame da matéria impugnada." NERY JR., Nelson. **Princípios fundamentais: teoria geral dos recursos.** 6ª. ed. São Paulo: Ed. RT, 2004. p. 410.

82 Sobre a concepção de um efeito expansivo ao recurso e seu resultado: "sempre que o julgamento do recurso ensejar decisão mais abrangente do que a matéria impugnada – ou ainda quando atingir sujeitos que não participaram como partes no recurso, apesar de serem partes da demanda." NEVES, Daniel Amorim Assumpção. **Manual de direito processual civil.** 8a. ed. Volume único. Salvador: Juspodivm, 2016. p. 2.033.

somente[83] o que se esperava naquele recurso e decisão recorrida, mas também outros pontos processuais[84] ou partes[85].

Com o resultado do julgamento do agravo de instrumento – ou remessa necessária – e a depender do que se julgou, o conteúdo do acórdão pode desencadear reflexos que não foram imaginados pelo recorrente. Quando se recorre de uma decisão para alterá-la, dependendo dos argumentos e devolutividade do que se impugnou, o julgamento pode ater-se a alterar a decisão recorrida ou ampliar a sua eficácia para outros atos processuais, inclusive anulando ou impactando outros pontos processuais e conteúdos da decisão.

No caso do agravo de instrumento que impugna a decisão parcial, dependendo de seu resultado, o conteúdo do que se recorreu e o resultado do recurso podem refletir sobre a existência ou não do procedimento posterior ou até a determinação de como serão as questões de fato para os próximos pronunciamentos decisórios.

5.1.3.6 A hipótese do error in procedendo como fundamento do agravo de instrumento e a possibilidade de anulação da decisão parcial

Em qualquer recurso, o recorrente deve construir uma fundamentação, uma dialeticidade, correlacionando com o pedido recursal que realizará, seja pela anulação da decisão, seja pela reforma. As finalidades recursais dividem-se

83 Já Jorge entende que não existe um efeito expansivo, mas uma relação de atos concatenados que levam a impactos inesperados. Não está equivocado Jorge, contudo somente parte de uma premissa diversa. Evidentemente que os atos que permitem o efeito expansivo são concatenados e guardam, portanto, uma relação de dependência, afinal, o que for independente não tem o condão de expandir para o que lhe é alheio, mas vemos isso como um efeito expansivo do recurso. "A existência de atos concatenados no processo é que faz com que os recursos projetem reflexos e atinjam a todos os subsequentes que deles dependam ou que a eles estejam intimamente relacionados." JORGE, Flávio Cheim. **Teoria Geral dos Recursos.** 7ª ed. São Paulo: Ed. RT, 2016. p. 341.

84 "Mesmo não impugnando certos aspectos da decisão recorrida, o julgamento pode ocasionar um teor decisório que poderá causar reflexos na decisão anterior sobre os pontos não impugnados do próprio ato sentencial. A questão é interna à própria decisão, com um viés de prejudicialidade. Se o recurso teve o intuito de impugnar a decisão por uma via indireta, ou seja, com a alegação de uma prejudicialidade." LEMOS, Vinicius Silva. **Recursos e processos nos tribunais.** 3ª. ed. Salvador: Juspodivm, 2018. p. 193.

85 "Dá-se o efeito expansivo subjetivo quando o recurso interposto por apenas um dos litisconsortes é provido e, no caso, aplica-se o regime da unitariedade, ainda que apenas em relação a uma determinada questão ou fundamento (cf. art. 1.005 do CPC/2015)." MEDINA, José Miguel Garcia. **Novo código de processo civil comentado.** 2ª ed. São Paulo: Ed. RT, 2015. p. 902.

em duas e impactam a própria fundamentação: *(i) error in procedendo; (ii) error in judicando*[86].

O *error in procedendo* é uma alegação de um vício no procedimento, na atividade de andamento processual realizada pelo juízo da causa. O que se impugna na decisão, nesse momento, não guarda relação com o teor ou o conteúdo da decisão, mas com sua forma ou na condução processual em questão.

Com base nessa alegação, o intuito do recorrente é suscitar que a lei processual não foi seguida em sua plenitude na condução do procedimento, deixando o caminhar processual como não deveria transcorrer, com uma falha, seja uma fase processual antecipada ou suprimida, alguma regra processual descumprida ou não observada, um vício processual, seja na sua condução ou em alguma formalidade do ato decisório, dentre outros defeitos possíveis de serem impugnados.

Os vícios oriundos de alegação de *error in procedendo* se dividem da seguinte maneira: *(i) intrínsecos; (ii) extrínsecos.*

O primeiro se refere a alegação da existência de vício no próprio ato decisório, internamente. Não se impugna, ainda, o teor da decisão, mas a falta de formalidade para redigir e construir o ato decisório, sem respeito aos elementos da decisão.

Quanto aos vícios extrínsecos são aqueles ocorridos no curso do processo, anterior à decisão impugnada, mas que acabam por deixar o próprio ato decisório viciado. Nesse caso, a condução processual realizada pelo juízo foi realizada ao arrepio da norma, causando um erro procedimental, tornando aquela decisão eivada de vício, de modo a necessitar da prolação de uma nova decisão, não uma reforma daquela anterior.

O intuito da alegação desse erro passa por almejar a extirpação do vício, porém, para tal fim necessita-se, em determinados casos, da ocorrência de

---

86 Já o *error in judicando* versa sobre o conteúdo da decisão, a parte em que o juízo realmente decide, fundamenta e aplica o direito ao caso concreto. A impugnação, mediante essa alegação, será sobre a qualidade da decisão, colocando dúvidas sobre a interpretação jurídica realizada no ato decisório, com argumentações sobre as saídas jurídicas mais pertinentes a serem aplicadas àquele caso. O que se ataca, nessa hipótese, é a substância do ato judicial, o teor do que se decide, alegando vício do juízo em sua argumentação jurídica: "o *error in iudicando* é resultante da má apreciação da questão de direito (v.g., entendeu-se aplicável norma jurídica impertinente ao caso) ou de fato (v.g., passou despercebido um documento, interpretou-se mal o depoimento de uma testemunha), ou de ambas, pedindo-se em consequência a *reforma* da decisão, acoimada de *injusta*, de forma que o objeto do juízo de mérito no recurso identifica-se com o objeto da atividade cognitiva no grau inferior da jurisdição." BARBOSA MOREIRA, José Carlos. **Comentários ao Código de Processo Civil.** 16ª ed. Rio de Janeiro: Forense, 2011. p. 267.

uma supressão de andamentos ou fases processuais e, para a devida reparação pelo julgamento do recurso, a determinação da realização daquele ato que faltava para, somente após, realizar nova decisão, agora seguindo totalmente a norma processual.

No agravo de instrumento que impugna a decisão parcial, o recorrente pode alegar o *error in procedendo*, com o pedido de anulação da decisão parcial, o que pode certamente causar impactos ao processo em primeiro grau, caso seja julgado provido. Mas quais seriam as alegações para anular a decisão parcial? Qualquer vício existente na condução do processo até o julgamento parcial ou mesmo na formação da própria decisão parcial, sem obedecer às diretrizes condizentes à prolação de qualquer decisão, seguindo os mesmos moldes da prolação da sentença e seus requisitos formais.

Uma vez constatada a nulidade, a existência de *error in procedendo* – qualquer deles, com o julgamento pelo provimento do agravo de instrumento, a anulação da decisão é medida que se impõe, caso se constate mesmo a existência do erro.

Diante disso, o processo volta ao primeiro grau? Evidentemente que se for um vício de formação da decisão parcial poderá ser utilizada a teoria da causa madura[87-88], como nos casos da decisão incongruente (art. 1.013, § 3º,

87 Entende-se a teoria da causa madura a possibilidade do Tribunal afastar questões processuais proferidas em sentença terminativa e, em caso de provimento do recurso na parte terminativa, com a retirada daquele vício meramente processual e, com matéria somente de direito, se o processo estivesse pronto para julgamento, poderia, desse modo, proceder com o julgamento da demanda. Não haveria, portanto, a remessa de volta ao juízo *a quo*, decidindo, desde já, o mérito do processo, mesmo que não haja pronunciamento judicial de primeiro grau sobre as questões meritórias. No CPC/73: "Com a nova regra, mesmo que a sentença tenha sido terminativa, o efeito devolutivo da apelação permitirá ao tribunal julgar o mérito da causa, desde que satisfeitos dois requisitos: a) se a causa versar sobre questão exclusivamente de direito; e b) o feito estiver em condições de imediato julgamento (um recurso contra indeferimento da inicial, por exemplo, não pode ser apreciado pelo mérito da causa, porque ainda não se realizou o contraditório; assim, também quando a extinção se deu na fase de saneamento, sem que ainda se pudesse ter o contraditório completo). Não basta, portanto, que a questão de mérito a decidir seja apenas de direito; é necessário que o processo esteja maduro para a solução do mérito da causa." THEODORO JR. Humberto. **Curso de direito processual civil: Teoria geral do direito processual civil e processo de conhecimento**. v. 1. 47ª ed. Rio de Janeiro: Forense, 2007. p. 661/662. "Na verdade, quando o tribunal aprecia o objeto de uma causa, sem que o *a quo* o tivesse feito, de forma total ou parcial, não está propriamente julgando o recurso, mas sim fazendo o que o juízo inferior faria se os autos lhes fossem devolvidos." LOPES JR., Gervásio. **Julgamento direto do mérito na instância recursal**. Salvador: Juspodivm, 2007. p. 36. No CPC/2015: "Manteve, no § 3º, a expressão: se a causa estiver em "condição de imediato julgamento". Deve-se entender, por essa expressão, a situação de o mérito ter sido discutido pelas partes em primeiro

II e III[89] do CPC) e sentença mal fundamentada[90], sem devolver o processo ao juízo de primeiro grau, dada a retirada do vício[91] e a desobstrução possível de julgar desde logo o mérito daquele pedido específico, na própria jurisdição do Tribunal.

No entanto, se for vício na condução do processo, com a constatação de uma procedimentalidade equivocada, principalmente na hipótese de que o juízo determinou como desnecessária a dilação probatória por fato incontroverso, se o recorrente impugnar com o argumento que tal questão de fato não pode ser assim enquadrada e, dessa maneira, for provido o recurso, as consequências processuais são graves, com impactos imensos ao processo que em primeiro grau.

---

grau de jurisdição – ou, pelo menos, de se ter verificado o contraditório – a ponto de ser possível identificar, com clareza, qual é o quadro fático sobre o qual se funda o pedido. O mesmo não se verifica, contudo, quando não tiver ocorrido o contraditório." ALVIM, Teresa Arruda; CONCEIÇÃO, Maria Lúcia Lins; RIBEIRO, Leonardo Ferres da Silva; MELLO, Rogério Licastro Torres de. **Primeiros comentários ao novo código de processo civil**. 1ª. ed., São Paulo: Ed. RT, 2015. p. 1.450. "O julgamento do mérito diretamente pelo tribunal não é consequência do efeito devolutivo do recurso, até porque ele ocorre após o julgamento do recurso- é um outro efeito da apelação, já denominado efeito desobstrutivo do recurso." CUNHA, Leonardo Carneiro da; DIDIER JR., Fredie. **Curso de direito processual civil**. Vol.3 13. ed. Salvador: Juspodivm, 2016. p. 194.

88 Sobre a teoria da causa madura: LOPES JR., Gervásio. **Julgamento direto do mérito na instância recursal.** Salvador: Juspodivm, 2007. p. 36; DONOSO, Denis; SERAU JR., Marco Aurélio. **Manual dos recursos cíveis: teoria e prática.** Salvador: Juspodivm, 2016. p. 151/153.

89 Essas decisões podem ser incongruentes por serem omissas, o que seria somente para complementar com o julgamento do pedido não julgado na instância anterior; por serem estranhas ao pedido, com a necessidade de retirar o que se julgou equivocadamente e julgar o que se deixou de julgar. Cunha e Didier Jr. classificam essa segunda hipótese em extra e citra petita. Se forem sentenças somente extra e ultra, sem ser, ao mesmo tempo, citra, não será possível a teoria da causa madura ser utilizada: "A hipótese diz respeito às decisões extra petita, em que o juiz examina pedido não formulado e deixa de examinar pedido que deveria ter examinado. Nesse caso, o tribunal invalida o capítulo da sentença em que houve extrapolação e prossegue para julgar o capítulo que não fora examinado. O dispositivo pressupõe, por isso, que sentença apelada seja, simultaneamente, extra petita e citra petita." CUNHA, Leonardo Carneiro da; DIDIER JR., Fredie. **Curso de direito processual civil.** Vol.3 13ª ed. Salvador: Juspodivm, 2016. p. 197.

90 "Isso não basta para que se possa averiguar (= controlar) a decisão, pois a aplicação do direito ao caso não está demonstrada. É caso, então, de sentença nula." ALVIM, Arruda. **Novo contencioso cível no CPC**. São Paulo: Ed. RT, 2016. p. 289.

91 "Em todos esses casos, será necessário que se verifique se a causa está em condições de imediato julgamento, isto é, se está madura para a análise do mérito." ALVIM, Arruda. **Novo contencioso cível no CPC.** São Paulo: Ed. RT, 2016. p. 489.

Numa situação como essa, há a necessidade de observar-se o grau de independência das questões de fato da decisão prolatada em relação ao restante da demanda, justamente para que se tenha a devida noção do grau de impacto[92] para o que será devolvido para o primeiro grau.

Os pedidos – ou as partes no caso de decisão de exclusão de litisconsorte – são autônomos e, por isso, teoricamente, a decisão parcial poderia ser prolatada. Todavia, é importante entender que apesar das matérias em torno dos pedidos serem autônomas, por vezes, no tocante às questões de fato, estas podem ser interligadas, o que importa em dependência na definição dessa questão, a qual seria anulada em caso de julgamento de agravo de instrumento provido sobre a decisão parcial.

Desse modo, se a questão de fato que possibilitou a prolação da decisão parcial for independente do pedido sobressalente[93], a devolução ao primeiro grau não impacta o restante da demanda, independendo de seu andamento, podendo ser até desmembrado ou continuar na mesma procedimentalidade. Com o retorno daquela parcela para instrução probatória, o juízo deve proceder com o contraditório para as provas e depois de produzidas, decidir a questão de fato anulada e a questão jurídica novamente.

Como nessa hipótese os pedidos outrora cumulados seriam próprios, simples e sem interligação na questão de fato, o prosseguimento da parcela que não foi julgada na decisão parcial não importa tanto na questão procedimental com o provimento do agravo de instrumento. A independência da questão de fato é o ponto que não possibilita o impacto entre os pedidos e, assim, a anulação da decisão parcial pelo Tribunal não influencia o restante da demanda, seja no procedimento, seja na existência de eventual sentença prolatada.

Por isso, não há nenhum problema ou consequência se já existir sentença prolatada na ação sobre o restante material que não fora outrora julgado em decisão parcial, uma vez que não há diálogo fático entre os pontos decisórios e, assim, não há impacto entre os pontos materiais.

---

92 Diante da possibilidade de vícios na demanda, principalmente sobre o julgamento parcial realizado, há a necessidade de total entendimento sobre a teoria dos capítulos de sentença: "Só a consciência da teoria dos capítulos de sentença seria suficiente para tornar indispensável distinguir capítulos e capítulos e examinar o estado de higidez ou de invalidade de cada um, deixando íntegro os que forem em si mesmos perfeitos e que não sei contaminados pelo vício do outro." DINAMARCO, Cândido Rangel. **Capítulos de sentença.** 3ª. ed. São Paulo: Malheiros, 2008. p. 84.

93 Se os capítulos não tem relação sobre a questão de fato, eventual provimento do recurso não impacta o restante da demanda, teoricamente não viciados. "Não havendo essa dependência entre capítulos não-viciados e capítulos viciados, é de rigor, por exemplo, deixa íntegra a condenação de um dos litisconsortes a pagar, quando nulidade for restrita à situação do outro." DINAMARCO, Cândido Rangel. **Capítulos de sentença.** 3ª. ed. São Paulo: Malheiros, 2008. p. 85.

Diante desse ponto, quando os pedidos são próprios, simples e sem interligação na questão de fato, o resultado do agravo de instrumento não importa para o julgamento do restante da ação.

Em outra hipótese, se os pedidos, apesar de próprios e simples, tiverem interligação na questão de fato, o que torna a definição da decisão parcial impactante na prolação da sentença do restante da ação. Existe um diálogo entre os pedidos sobre a questão de fato que possibilitou a prolação da decisão parcial, essa questão é pertinente ao que se decidiu e também impactará uma futura sentença sobre outra parcela da demanda.

Dessa maneira, a questão de fato dita com resolubilidade, incontroversa ou presumida como verdade que possibilitou a decisão parcial importa tanto para esta decisão quanto para a cognição do restante da demanda na sentença, o que impõe que eventual julgamento do agravo de instrumento com anulação da decisão parcial e devolução da questão de fato para a dilação probatória e a sua devida redefinição causará impactos em toda a demanda, seja o que fora anulada na decisão parcial, seja o que ainda não foi julgado em sentença.

Numa situação como essa, a anulação da decisão parcial, no tocante aos fatos ali decididos, impacta a parcela da demanda que permaneceu em primeiro grau para julgamento posterior, uma vez que também depende daquela questão de fato reaberta pelo provimento do agravo de instrumento da decisão parcial.

Um exemplo seria uma ação com pedido de declaração de inexistência de débito e dano moral por inexistência de relação jurídica entre autor e réu. Para ambos os pedidos, a existência de relação é questão de fato que se impõe, contudo para o dano moral podem existir outras questões como a inscrição em cadastro de inadimplência, ordem temporal da inscrição com outras inscrições, fatos que versem sobre a extensividade do dano, dentre outras possibilidades. Se o juízo entender que a inexistência de relação jurídica entre autor e réu está faticamente incontroversa ou com resolubilidade já pode decidir parcialmente o mérito, com a procedência do pedido declaratório de inexistência, contudo para o julgamento do pedido de dano moral ainda necessitaria de instrução probatória delineada para as outras questões de fato.

Numa hipótese dessa, em eventual agravo de instrumento que alegar *error in procedendo* na condução do processo, com equívoco por indeferimento ou omissão sobre produção de provas daquela questão de fato resolvida como incontroversa, a anulação da decisão pelo Tribunal reabre a questão de fato que impacta tanto o pedido declaratório quanto o dano moral.

O resultado do agravo de instrumento determinaria o retorno daquela questão para ser instruída e decidida novamente pelo juízo de primeiro grau[94].

---

94 Sobre a malversação da utilização do julgamento antecipado e as consequências de sua utilização equivocada valem também para o julgamento antecipado parcial: "Subirão os autos, assim, ao Tribunal, despidos de provas e não ensejando aos julgadores de

Com isso, a demanda voltaria a ter a cognição conjunta entre os dois – ou mais – pedidos existentes.

De certa maneira, o correto seria o pedido posterior não ser julgado enquanto não fosse julgado o agravo de instrumento, com o requerimento de suspensão do processo, não somente na suspensão da eficácia da decisão prolatada. Se não foi ainda julgado esse pedido posterior, o impacto da reabertura da questão de fato e a devolução do pedido julgado anteriormente como parcial seria a necessidade de dilação probatória sobre essa determinada questão de fato e a conjunção dos julgamentos para após a instrução, tanto as questões de fato quanto as jurídicas e os pedidos relacionados, ambos sendo decididos na sentença, conjuntamente.

Todavia, se o juízo já prolatou sentença sobre o restante da ação – no exemplo a parte do dano moral, com a decisão sobre a mesma, dois impactos da anulação da decisão parcial serão possíveis: *(i) a devolução da ação para o primeiro grau sem ter o restante da ação; (ii) o impacto da revogação da decisão de questão fática decidida na decisão parcial e que foi usada na prolação da sentença.*

O primeiro impacto é meramente procedimental, pelo fato de que é novidade no processo brasileiro ter, positivadamente, uma parte da ação no Tribunal e outra em primeiro grau, mas a própria decisão parcial quebra essa visão. No entanto, a situação imaginada trabalha com a hipótese de que houve a cisão cognitiva e procedimental, a decisão parcial foi atinente a julgar um pedido e a sentença de outro, contudo com o julgamento do agravo de instrumento passa a ser necessário posteriormente, a reabertura da jurisdição de parcela da demanda, de mérito que outrora foi cindida.

Ou seja, por mais que seja assunto meramente procedimental, ter-se-á uma sentença no processo e, posteriormente, a reabertura da jurisdição de parcela da ação, aquela que outrora era a decisão parcial, será novamente decidida pelo juízo de primeiro grau. Como o assunto impacta o que foi decidido, volta ao mesmo número de processo, mas gera a dúvida: será prolatada uma nova decisão parcial de mérito ou uma nova sentença, quando se decidir novamente as questões de fato e jurídicas? A visão adotada é no sentido de que continua sendo uma decisão parcial de mérito, não uma sentença.

Esse ponto é importante para que se saiba qual o recurso a ser utilizado posteriormente. No caso entende-se por ser novamente o agravo de instrumento.

Resolvendo a questão procedimental, resta ainda a questão do impacto da reabertura da questão de fato que impactou uma sentença já prolatada, dada

segundo grau uma real e verdadeira apreciação da situação de fato, que muito outra seria se uma robusta prova houvesse sido produzida em audiência. É certo que, em tais casos, o Tribunal poderá, provendo o recurso, anular a sentença e determina a produção de provas." ANDRADE, Luiz Antonio. **Aspectos e inovações no CPC: Processo de conhecimento.** Rio de Janeiro: Ed. F. Alves, 1974. p. 171/172.

a hipótese do provimento do agravo de instrumento em *error in procedendo* e a anulação da decisão parcial, com isso, a decisão sobre os fatos dessa decisão, mas que também foi usada na sentença posterior, foi anulada, não existe mais.

Sobre esse impacto da anulação da decisão parcial e do conteúdo sobre a questão de fato, com a devolução para o juízo de primeiro grau e a já existente prolação de sentença da parcela restante da ação, necessita a separação em duas situações processuais temporais diversas: *(i) a existência de interposição de apelação; (ii) o trânsito em julgado e a formação de coisa julgada material.*

Se da sentença do restante da ação foi interposta uma apelação, evidentemente que a cognição ainda está aberta, com a possibilidade do impacto do julgamento do agravo de instrumento ser considerado no julgamento da apelação, dada a redação do art. 933 do CPC[95], como fato superveniente que deve ser considerado, ainda que em efeito expansivo do agravo de instrumento e translativo desta apelação.

O relator, de ofício ou a requerimento, deve intimar as partes a se manifestarem[96] sobre aquele julgamento, com a manifestação de ambos sobre a influência, ou não, da questão de fato decidida como reaberta no agravo de instrumento, no tocante à apelação. Dada essa abertura cognitiva pelo relator, a existência da decisão do agravo de instrumento torna-se inserta ao julgamento da apelação, a qual deve ser julgada provida para anular a sentença, com a necessidade de devolução ao primeiro grau para que se julgue tudo novamente, agora em uma só sentença, com a mesma influência da questão de fato reaberta para todos os pedidos.

De modo diverso, se ocorreu o trânsito em julgado, aquela sentença tornou-se imutável nas questões jurídicas, conforme o art. 503 do CPC, com a complicação de que a questão de fato que influenciou a decisão restou como reaberta e com cognição a ser resolvida.

Como houve a formação da coisa julgada, o caminho correto para tal situação está no aguardo pela resolução da questão de fato na nova decisão e seu resultado. Se o resultado for no mesmo caminho do que se decidiu anteriormente,

---

95 "Constatada a ocorrência de fato superveniente durante o procedimento de um recurso, aplica-se o disposto no art. 933 do CPC: o relator intimará as partes para que se manifestem no prazo de cinco dias." CUNHA, Leonardo Carneiro da; DIDIER JR., Fredie. **Curso de direito processual civil.** Vol.3 13a. ed. Salvador: Juspodivm, 2016. p. 52.

96 "A proibição de decisão surpresa e a atribuição do dever de consulta ao órgão julgador são concretizações do princípio do contraditório. O princípio do contraditório garante às partes o direito de poder influenciar o convencimento do julgador. Se a decisão baseia-se em questão a respeito da qual não houve debate, significa que a parte não pode influenciar o convencimento do juiz a respeito dessa mesma questão." DIDIER JR, Fredie. Comentário ao art. 10. In: CABRAL, Antônio do Passo; CRAMER, Ronaldo (Coord.). **Comentários ao novo Código de Processo Civil**. Rio de Janeiro: Forense, 2015. p. 37.

não haverá impacto dessa nova decisão naquela coisa julgada já formada, pela convergência decisória sobre a questão de fato.

É possível uma hipótese dessa quando, após a instrução probatória, provou-se que aquela questão de fato, outrora decidida na decisão parcial, ocorreu de uma determinada maneira no mesmo sentido da decisão parcial. Ou seja, a instrução somente serviu para corroborar o que se tinha julgado na questão de fato, ou tido como incontroverso ou presumido como verdade.

Numa hipótese dessa, não há impacto dessa nova decisão sobre a coisa julgada.

Por outro lado, se a decisão for em outro sentido, com a questão de fato decidida de modo diverso, quando houver o trânsito em julgado dessa nova decisão, abre-se a possibilidade de ação rescisória da sentença, aquela que julgou com base na decisão parcial agora inexistente.

A alegação será por erro de fato[97], conforme o art. 966, VIII do CPC, dado que a questão de fato que baseia aquele julgamento está equivocada[98], com decisão também transitada em julgado nesse sentido, mas deve ser cominada com a hipótese de prova nova, constante no art. 966, VII do CPC, uma vez que posteriormente ao trânsito em julgado, prova nova cuja existência ignorava ou de que não pôde fazer uso, capaz, por si só, de lhe assegurar pronunciamento favorável. Não será somente erro de fato, nem necessariamente uma prova nova, mas uma nova concepção da análise do fato utilizado pela sentença que transitou em julgado, mas que será impactada pela questão de fato alterada no julgamento do agravo de instrumento da decisão parcial.

---

97 O agravo de instrumento da decisão parcial que impugna a questão de fato, com o provimento deste alterando essa questão, se causar impacto na sentença já proferida e transitada em julgado, transforma a questão de fato para a sentença como um erro de fato, apesar de posterior. Logo, a ação rescisória será uma mescla da prova nova e erro de fato. Evidentemente que o erro de fato deve ser decisivo para o resultado da decisão a ser rescindida. "Por causa dele o juiz considera existente um fato inexistente. Ou inexistente um fato existente. (...) Para que o erro de fato legitime a propositura da ação rescisória é preciso que tenha ele influído decisivamente no julgamento rescindendo. Em outras palavras: é preciso que a sentença seja efeito do erro de fato; que haja entre aquela e este um nexo de causalidade." SANCHES, Sydney. Ação rescisória por erro de fato. **Revista de Processo.** Vol. 44, Ano 11, p. 31-43. São Paulo: Ed. RT. 1986. p. 56/57.

98 Tanto na utilização do argumento de erro de fato e prova nova, o fato que será alterado pela nova decisão do recurso da decisão parcial deve ser de modo a impactar a decisão da sentença que formou coisa julgada: "que o erro seja apurável mediante o simples exame dos documentos e mais peças nos autos, não se admitindo de modo algum, na rescisória, a produção de quaisquer outras provas tendentes a demonstrar que não existia o fato admitido pelo juiz, ou que ocorrera o fato por ele considerado inexistente." BARBOSA MOREIRA, José Carlos. **Comentários ao código de processo civil.** Vol. 5, Rio de Janeiro: Forense, 1974. p. 131.

No entanto, a regra do prazo da rescisória deve ser no sentido do art. 975, § 2º do CPC, ou seja, o termo inicial do prazo será a data de descoberta da prova nova, observado o prazo máximo de 5 (cinco) anos, contado do trânsito em julgado da última decisão proferida no processo. Dois anos a contar da descoberta da prova nova, o que nesse caso seria o julgamento do agravo de instrumento que alterou a questão de fato para a sentença já transitada em julgado.

Esse mesmo impacto de um julgamento do agravo de instrumento pela anulação da decisão e a reabertura da questão de fato, impactando em eventual apelação ou em coisa julgada, serve também para o julgamento do agravo por *error in judicando com alegação de reexame de questão de fato* e o resultado for pelo provimento para alteração dessa questão, com a definição pelo Tribunal de uma nova base fática para aquela questão.

Desse modo, com o provimento do agravo e a alteração do teor da questão de fato, há o impacto no restante da parcela da demanda que também depende dessa questão, mas que ainda têm outras questões para serem resolvidas antes da prolação da sentença.

Sem a sentença do restante da ação ter sido prolatada, a decisão do Tribunal sobre a questão de fato servirá de base para a construção decisória interna da sentença no tocante àquela questão, tal qual a decisão parcial também serviria, somente será no sentido material decidido pelo Tribunal, via agravo de instrumento.

Por outro lado, se na ação já teve a prolação da sentença, com interposição de apelação, de igual maneira, a decisão no agravo de instrumento impacta o julgamento, contudo sendo influenciante no julgamento da apelação, com a necessidade de ouvir as partes[99], nos moldes do art. 933 do CPC, sem a necessidade de anulação da sentença, mas um julgamento normal da apelação, com a nova configuração fática determinada pelo próprio Tribunal.

Se já ocorreu o trânsito em julgado, a questão de fato definida pelo Tribunal servirá de base para a ação rescisória por erro de fato conjugada com prova nova, de igual maneira ao que já foi exposto para o *error in procedendo.*

5.1.3.7 *A formação da coisa julgada na decisão parcial e o impacto no restante da cognição*

O CPC/2015 criou um sistema de prolação de decisão parcial, positivando as hipóteses de prolação de decisões interlocutórias com ou sem resolução de

99 Enunciado no. 60 da JDPC: É direito das partes a manifestação por escrito, no prazo de cinco dias, sobre fato superveniente ou questão de ofício na hipótese do art. 933, § 1º, do CPC, ressalvada a concordância expressa com a forma oral em sessão.

mérito, bem como reconceituando sentença e decisão interlocutória[100]. Consequentemente, a coisa julgada teve tratamento específico sobre essa alteração, uma vez que é dialógica com esse sistema.

O conceito de coisa julgada é tornar imutável uma decisão de mérito final do processo ou de parcela deste, sem a interposição ou cabimento de um recurso, com a ocorrência do trânsito em julgado da decisão e, consequentemente, sem a possibilidade de discutir e decidir aquele ponto material novamente.

Essa conceituação é a conjunção entre os arts. 502 e 503 do CPC, impondo uma força legal para o que foi decidido materialmente.

Obviamente que também pode-se mencionar a existência[101] de uma coisa julgada meramente processual, ou formal, quando não há decisão de mérito na demanda e no processo, mas uma decisão de extinção, total ou parcial, o que também torna imutável aquele processo[102], por mais que possibilite o intento de outra demanda[103], dada a ausência do julgamento meritório.

---

100 "Acredita-se, portanto, que o CPC/2015 deixa clara a possibilidade de, no curso da relação processual, ocorrer a decisão com caráter definitivo (como no caso de julgamento parcial, exclusão de um litisconsorte, apreciação da reconvenção etc.), sendo conceituada como interlocutória de mérito e não sentença parcial, estando sujeita ao recurso de agravo de instrumento (art. 1.015, II, VII e 343, § 2o.)." ARAÚJO, José Henrique Mouta. Os pronunciamentos de mérito no novo CPC: reafirmação de um posicionamento. **Revista Dialética de Direito Processual.** n. 149, p. 62-68, São Paulo: Dialética, Ago/2015. p. 66.

101 Não seriam duas coisas julgadas diversas, mas dois efeitos diversos de uma mesma coisa julgada, sendo possível, para tanto, em determinados casos, ocorrer somente a coisa julgada formal: "Não há dois institutos diferentes ou autônomos, representados pela coisa julgada formal e pela material. Trata-se de dois aspectos do mesmo fenômeno da imutabilidade, ambos responsáveis pela segurança das relações jurídicas; a distinção entre coisa julgada formal e material revela somente que a imutabilidade é uma figura de duas faces, não dois institutos diferentes." DINAMARCO, Cândido Rangel. **Nova era do processo civil.** São Paulo: Malheiros, 2003. p. 224.

102 "Prima facie, coisa jugada formal e material diferem nos limites espaço-temporais: a primeira impede a discussão no âmbito do processo em que surgiu (obsta a litispendência); a segunda, em qualquer um." GOUVEIA FILHO, Roberto Pinheiro Campos. Comentário ao art. 503. **Novo código de processo civil comentado – Tomo II (art. 318 ao art. 770).** Orgs: RIBEIRO, Sergio Luiz Almeida; GOUVEIA FILHO, Roberto Pinheiro Campos; PANTALEÃO, Izabel Cristina; GOUVEIA, Lucio Grassi de. São Paulo: Lualri, 2017. p. 285.

103 É o que consta no art. 486 do CPC sobre a possibilidade de que intente nova demanda sobre a matéria que não foi enfrentada. Todavia, depende do motivo que se julgou sem mérito a demanda para tanto. "Havendo provimento judicial de natureza terminativa sem enfrentamento do mérito da causa é possível o ajuizamento de nova ação judicial com fito de alcançar uma tutela jurisdicional efetiva, seu impedimento injustificado poderia denotar inconteste barramento ao direito constitucional de ação."CRUZ, Danilo Nascimento. Comentário ao art. 486. **Novo código de processo civil comentado – Tomo**

A coisa julgada formal trabalha no plano endoprocessual[104], o que ocorreria em todo processo decidido. Já a coisa julgada material está no plano extraprocessual, ou seja, além de não poder decidir o mesmo processo, a matéria tornar-se indiscutível em qualquer outra demanda, justamente pela existência de uma decisão resolutiva sobre o que se pleiteou jurisdicionalmente, com a estabilidade do que se decidiu.

Diante dessa conceituação, toda coisa julgada é formal, pelo fato de qualquer decisão que julga o pedido ou extingue o processo – ou parte destas, impede a reabertura da discussão naquele processo, mesmo que permita em outro.

Nesse prisma, a coisa julgada pode ser meramente formal ou formal e material.

Todavia, há outra conceituação[105] para coisa julgada formal, quando apesar de ser uma decisão que extingue a demanda ou parcela dela, por falta de pressupostos processuais, pela ocorrência da perempção, não há mais a possibilidade de discutir a questão em outra demanda, ainda que sem resolução do pedido do autor.

Delineado o que este trabalho se posiciona como entendimento sobre a coisa julgada formal, esta é uma decisão que encerra o processo e impede a discussão e mutação daquele processo, o que ocorre em qualquer processo. Não deixa de ser coisa julgada formal somente pelo fato de que há possibilidade de repropor a ação ou que em outras hipóteses essa repropositura não será possível, seja por ter julgado o mérito ou por ter ocorrido a perempção, por exemplo[106].

II (art. 318 ao art. 770). Orgs: RIBEIRO, Sergio Luiz Almeida; GOUVEIA FILHO, Roberto Pinheiro Campos; PANTALEÃO, Izabel Cristina; GOUVEIA, Lucio Grassi de. São Paulo: Lualri, 2017. p. 248.

104 "É uma estabilidade endoprocessual da decisão e, por isso, distingue-se da coisa julgada propriamente dita (chamada de coisa julgada material), que se projeta para fora do processo em que produzida." DIDIER JR., Fredie. Comentário ao art. 502. In: CABRAL, Antônio do Passo; CRAMER, Ronaldo (Coord.). **Comentários ao novo Código de Processo Civil.** Rio de Janeiro: Forense, 2015. p. 755.

105 Numa visão sobre a coisa julgada formal ser aquela que processualmente impede a reproposição da mesma demanda, nos mesmos moldes, quando anteriormente julgada sem mérito: "a coisa julgada formal como uma situação jurídica que se caracteriza pela proibição de repetição, do exercício da mesma atividade jurisdicional, sobre decisão terminativa, pelas mesmas partes (e, excepcionalmente, por terceiros), em processos futuros (e nas fases do processo sincrético)." MOURÃO, Luiz Eduardo Ribeiro. As quatro espécies de coisa julgada no Novo CPC. **Revista Brasileira de Direito Processual – RBDPro.** Ano 26, n. 101, p. 247-266, Belo Horizonte, jan/mar/2018. p. 257.

106 O art. 486 § 1º do CPC insere dentre aquelas ações que podem ser intentadas novamente, desde que repropostas com alterações pertinentes, a seguinte hipótese: acolher a alegação de existência de convenção de arbitragem ou quando o juízo arbitral reconhecer sua competência. No entanto, entendo que não seria possível

Conceituada a coisa julgada, necessário a verificação do diálogo desta com a decisão parcial.

A adaptação ao sistema de decisão parcial começa nos arts. 502 e 503 do CPC, por exemplo, não especifica mais que formará coisa julgada a sentença transitada em julgado, ampliando para decisão de mérito, independentemente em qual formato, se importando com o conteúdo que se decidiu, não mais em qual espécie de decisão. Essas dicções permitem, positivamente, que o conteúdo de uma decisão interlocutória parcial possa transitar em julgado, quebrando por vez a teoria da unicidade da sentença, tornando possível a formação de coisa julgada parcial e com autonomia e independência entre a decisão parcial e a sentença.

Se há abertura para a prolação de uma decisão parcial – com ou sem resolução de mérito, aquela parcela material decidida tem o seu sistema próprio de recorribilidade, via agravo de instrumento, com a preclusão diante da não interposição de recurso e a formação de coisa julgada. Ou seja, a cada decisão parcial prolatada e não impugnada por recurso, preclui-se a matéria, formando

---

inseri-la na mesma situação que as hipóteses elencadas no dispositivo. Se há o reconhecimento – judicial ou arbitral – da competência do árbitro para conhecer da demanda, gerando, consequencialmente, a sentença ou decisão pela extinção sem julgamento de mérito, logicamente que essa demanda não pode ser reproposta perante o judiciário. "Litispendência e casos dos incisos I, IV, VI e VII do art. 485 – Caso a extinção do processo tenha ocorrido por conta: 1) da ausência dos pressupostos de constituição e desenvolvimento válido e regular do processo ou 2) ausência de legitimidade ou de interesse processual, ambos, (pressupostos processuais positivos), bem como, pela verificação: 3) do indeferimento da inicial; 4) litispendência; 5) acolhida da alegação de existência de convenção de arbitragem ou quando o juízo arbitral reconhecer sua competência, todos, (pressupostos processuais negativos) o CPC permite a propositura de nova ação condicionada à correção/supressão do vício que levou à sentença terminativa e consectária extinção do processo." CRUZ, Danilo Nascimento. Comentário ao art. 486. **Novo código de processo civil comentado – Tomo II (art. 318 ao art. 770).** Orgs: RIBEIRO, Sergio Luiz Almeida; GOUVEIA FILHO, Roberto Pinheiro Campos; PANTALEÃO, Izabel Cristina; GOUVEIA, Lucio Grassi de. São Paulo: Lualri, 2017. p. 248; "Ora, as hipóteses previstas no § 1.º referem-se a decisões que se fundam na *inadmissibilidade do processo.* A extinção do processo por inadmissibilidade pressupõe a existência de um defeito processual que não foi corrigido. A inadmissibilidade é a invalidação do processo em razão de um defeito deste. O juízo de inadmissibilidade consiste na aplicação da sanção de invalidade do procedimento; é uma decisão constitutiva negativa, que resolve definitivamente a questão da admissibilidade do procedimento; como sanção que é, tem de ser respeitada e cumprida; não teria sentido qualquer interpretação que permitisse à parte "escapar" à sanção, renovando a demanda com os mesmos defeitos já identificados. O legislador, corretamente, exige que, para a repropositura da demanda, o defeito que deu causa à extinção do processo tenha sido sanado." DIDIER JR., Fredie. Comentário ao art. 486. In: CABRAL, Antônio do Passo; CRAMER, Ronaldo (Coord.). **Comentários ao novo Código de Processo Civil**. Rio de Janeiro: Forense, 2015. p. 694.

a coisa julgada com autonomia sobre o restante do processo, sem interligação entre os demais capítulos decisórios.

Como a demanda passível de prolação de uma decisão parcial é complexa litigiosamente, com cumulação de pedidos ou pluralidade de partes, se pode ocorrer uma cisão cognitiva, obviamente que os capítulos decisórios podem ser repartidos e, dessa maneira, a coisa julgada incorrerá detalhadamente sobre cada um desses pontos[107], especificadamente.

A relação de cada decisão sobre parcela da demanda e a coisa julgada é natural da própria possibilidade de cisão, com a necessidade de que aquilo que foi julgado torne-se imutável, utilizando como base os próprios arts. 502 e 503 do CPC que utilizam o termo decisão de mérito, o que, naturalmente, relaciona-se à decisão parcial de mérito prevista no art. 356 do CPC e, ainda, os parágrafos deste último dispositivo possibilitam a execução definitiva do conteúdo da decisão, caso ocorra o trânsito em julgado.

Logo, o que se decidiu parcialmente, uma vez sem a interposição recursal, o conteúdo está precluso endoprocessualmente e, desse modo, formada a coisa julgada. Se decidiu parcela do mérito, com a cisão cognitiva do processo e do procedimento, esse conteúdo específico forma uma coisa julgada autônoma aos outros pedidos que foram realizados pelo autor[108].

O caminho natural processual é a instrução para o julgamento de toda a lide na sentença, contudo se houver uma decisão que decide parcialmente o mérito, este ponto tornar-se-á imutável, nos moldes dos arts. 502 e 503 do CPC. Por ser possível quantas decisões parciais forem necessárias e configuráveis na procedimentalidade de uma demanda, a coisa julgada será a cada decisão prolatada e não recorrida, com a imutabilidade somente do que já transitou em julgado e a litispendência continua perante os conteúdos não decididos, aqueles que ainda carecem de instrução probatória para a resolução de questões de fato.

Mas, cabe uma indagação se essa coisa julgada da decisão parcial seria a coisa julgada progressiva? Por coisa julgada progressiva, conforme a doutrina delineava no ordenamento passado, era a possibilidade de existência de capí-

---

107 Enunciado nº 436 do FPPC: (arts. 502 e 506) Preenchidos os demais pressupostos, a decisão interlocutória e a decisão unipessoal (monocrática) são suscetíveis de fazer coisa julgada.

108 "A teoria dos capítulos decisórios parte de uma cisão vertical dos dispositivos de uma determinada decisão judicial. Cada um desses capítulos, que tanto pode ter natureza processual como material, será regido por pressupostos autônomos. A possibilidade de um determinado capítulo poder ou não ser alvo de uma ação específica é irrelevante para que seja considerado como capítulo, bastando que conste decisão sobre o tema." PEIXOTO, Ravi; SILVEIRA, Marcelo Pichioli da. Ação rescisória e competência: novos e velhos problemas. **Revista Brasileira de Direito Processual - RBDPro.** Ano 24, n. 96, Belo Honrizonte, out/dez/2016. p. 222.

tulos de sentença diversos e autônomos e a recorribilidade da parte somente sobre um capítulo[109], com o capítulo remanescente não impugnado transitado em julgado e, dessa maneira, formada a coisa julgada desse conteúdo específico[110], sem a jurisdição[111] a ser exercida pelo Tribunal[112] sobre essa matéria transitada em julgado.

A grande complicação para aceitar essa visão[113] era a prolação de uma decisão una e o recurso sendo de impugnabilidade parcial, o que permitia o entendimento de trânsito em julgado. Todavia, o grau de impugnação e devolutividade de um recurso somente é conhecível na apreciação do conteúdo da peça recursal, ou seja, no seu julgamento, o que impedia a constatação e determinação, mesmo pelo juízo *a quo*, do grau de devolutividade recursal.

Sem possibilitar a delimitação do *quantum apellatum* recursal, por mais que algum capítulo fosse não recorrido e, dessa maneira, transitado em julgado, a

---

109 "O art. 1.002 permite à parte recorrente que impugne apenas parte da decisão. Em boa hora substituiu o legislador a palavra sentença por decisão, que é gênero. A tendência é que a parte não impugnada torne-se estável e, em alguns casos, esta estabilidade se manifesta por meio do instituto da coisa julgada" ALVIM, Teresa Arruda. Comentários ao art. 1.002. In: CABRAL, Antônio do Passo; CRAMER, Ronaldo (Coord.). **Comentários ao novo Código de Processo Civil.** Rio de Janeiro: Forense, 2015. p. 1.497.

110 "Tem-se aqui, registre-se, apenas o ponto de partida para a compreensão do efeito devolutivo da apelação, sendo certo que, no caso de conter a sentença diversos capítulos e não sendo todos eles impugnados (recurso parcial, nos termos do art. 1.002), apenas os capítulos expressamente atacados pela apelação serão devolvidos ao tribunal, enquanto os capítulos não impugnados ficarão, desde logo, cobertos pela coisa julgada." CÂMARA, Alexandre Freitas. Comentário ao art. 1.013. In: CABRAL, Antônio do Passo; CRAMER, Ronaldo (Coord.). **Comentários ao novo Código de Processo Civil.** Rio de Janeiro: Forense, 2015. p. 1.514.

111 Em ambos os casos, nem eventual visualização de vício, pelo Tribunal, pode alterar a decisão naquele capítulo não impugnado, "nem mesmo para constatar a ausência de um "pressuposto processual" ou de uma condição da ação." CUNHA, Leonardo Carneiro da; DIDIER JR., Fredie. **Curso de direito processual civil.** Vol.3 13ª. ed. Salvador: JusPodivm, 2016. p. 96.

112 Enunciado n.º 100 do FPPC: Não é dado ao tribunal conhecer de matérias vinculadas ao pedido transitado em julgado pela ausência de impugnação.

113 Em sentido contrário à coisa julgada progressiva: "Daí conclui-se que o capítulo não impugnado da sentença pela parte interessada quando lhe competia fazê-lo, precluiu. Tornou-se indiscutível em razão da preclusão do direito da parte impugná-la. No entanto, como se verá adiante, será passível de modificação (mutabilidade) até a extinção do processo, por não ter ainda alcançado a eficácia ou qualidade da coisa julgada (preclusão máxima) imutabilidade a que se refere o art. 467 do CPC." TEIXEIRA, Guilherme Puchalski. Sentenças objetivamente complexas: impossibilidade de trânsito em julgado parcial. **Revista de Processo.** Vol. 162, Ano 34, p. 228-250, São Paulo: Ed. RT, 2008. p. 241.

sua eficácia permanecia até o julgamento do recurso, justamente pela necessidade dos parâmetros limítrofes da impugnação recursal.

A ideia de coisa julgada progressiva estava na possibilidade de constatação de que cada capítulo transita em julgado em momentos diversos, dada a irrecorribilidade de parcela da sentença, impactando no prazo da ação rescisória, sendo contado, pela visão de coisa julgada progressiva, a partir do trânsito em julgado autônomo de cada capítulo, logo após o transcurso do prazo com a interposição de um recurso que não impugna essa parcela da decisão.

Pontes de Miranda asseverava, sobre o tema, que "se partes distintas da sentença transitaram em julgado em momentos também distintos, a cada qual corresponderá um prazo decadencial com seu próprio *dies a quo*[114]," entendendo como possível essa divisão entre as ações rescisórias. O complexo desse entendimento e, ao pensamento deste trabalho visto como equivocado, está no grau de subjetividade do alcance do recurso e somente a sapiência desse grau no julgamento recursal.

Ou seja, o trânsito em julgado para cada capítulo da decisão seria em momentos diversos, contudo com a necessidade do aguardo e delimitação no julgamento recursal do impacto para o efeito substitutivo[115] em cada parcela da lide, em cada capítulo decisório.

Se a coisa julgada podia ser progressiva, no tocante a momentos diversos de imutabilidade, a constatação desta somente é possível no julgamento recursal. A própria execução da sentença não poderia ser de modo parcial, com a necessidade da parcela da sentença não recorrida aguardar o julgamento do recurso, seus impactos e um cumprimento de sentença somente uno.

No entanto, no tocante a decisão parcial, há uma cisão procedimental, não são capítulos de uma mesma decisão que foi recorrida somente parcialmente, são decisões diferentes que detêm capítulos diversos. Formalmente é um caso diverso da coisa julgada progressiva, com um desenho decisório formal mais delineado, delimitado e acabado do que a progressividade de coisa julgada em capítulo não impugnado de uma decisão com vários capítulos e recurso parcial interposto.

São coisas julgadas progressivas diferentes, com discussões, proposições e limites igualmente distintos.

---

114 PONTES DE MIRANDA, Francisco Cavalcante. **Tratado da ação rescisória.** 5ª ed., Rio de Janeiro: Forense, 1976. p. 353.

115 Sobre a substitutividade da decisão parcial de mérito quando impugnada pelo agravo de instrumento: "A decisão antecipada parcial de mérito, enquanto não transitada em julgado, será provisória, no sentido de que pode ser substituída, em caso de provimento de recurso de agravo de instrumento. Se não for interposto agravo de instrumento, transita em julgado. Faz coisa julgada material." SILVA, Beclaute Oliveira; ARAUJO, José Henrique Mouta; SILVA, I. L. Eficácia do agravo de instrumento na decisão antecipada parcial de mérito. **Revista Eletrônica de Direito Processual.** v. 1, p. 57-75, 2016. p. 67.

A progressividade da coisa julgada por causa da decisão parcial está no aspecto formal, na existência de uma progressão de decisões diferentes, em tempos processuais distintos. A cada decisão prolatada, o sistema processual da decisão parcial é próprio e autônomo. O recurso é específico (agravo de instrumento), sem efeito suspensivo automático, com execução provisória e definitiva própria e, consequentemente, com coisa julgada independente.

E, quando sobrevier uma sentença, com o seu conteúdo quanto aos demais pedidos, o sistema será outro, com recurso diverso, efeito suspensivo automático, execução somente com o trânsito em julgado e coisa julgada independente da decisão parcial.

Há, portanto, uma progressão de decisões, sem o aguardo de uma por outra, com uma relação de autonomia.

Essa progressividade das decisões parciais vale tanto para a prolação de sem mérito quanto para a com mérito. Uma vez decidida uma parcela do processo, com o julgamento do pedido, há uma autonomia entre os capítulos, com a ocorrência da cisão cognitiva, caso não haja recurso, a coisa julgada material será formada e a decisão será imutável e indiscutível no seu mérito julgado.

Por outro lado, se a decisão parcial for no sentido da constatação de ausência de pressuposto processual sobre parcela da lide, seja sobre pedido específico, seja quanto a determinada parte a ser excluída, há uma decisão parcial sem mérito, com extinção somente de parcela da demanda e, assim, há coisa julgada formal parcial, independentemente da possibilidade de repropositura dessa parcela da demanda ou não.

Independentemente da espécie – com ou sem mérito, uma vez prolatada a decisão parcial, com a ausência de impugnação recursal, forma-se uma coisa julgada com total independência – formal e material – daquela que será formada posteriormente na sentença.

Por isso, essa coisa julgada parcial pela existência de uma decisão parcial e uma sentença no mesmo processo originária trabalha em plano diverso[116] da coisa julgada progressiva de capítulos autônomos da mesma decisão[117].

---

116 A conclusão de Castelo é pela possibilidade de coisa julgada parcial, seja pela decisão parcial de mérito, seja por um capítulo de decisão não impugnado por recurso. A conclusão, em termos de premissa, não é equivocada, contudo são coisas julgadas diferentes, com reflexos diversos para a demanda, uma vez que a decisão interlocutória autônoma de cisão procedimental representa um desprendimento ou fracionamento da demanda, com a autonomia não somente decisória, mas procedimental, a partir da prolação da decisão. Por outro lado, a coisa julgada parcial de uma sentença com capítulo não impugnado é possível, contudo é uma parcela de uma decisão inteira que transita em julgado, num prisma diverso, o que a nosso ver não pode ser enquadrado como a mesma situação da decisão parcial transitada em julgado. "Assim, à luz do novo CPC, não se mostra equivocado concluir que é possível a formação da coisa julgada parcial, seja a partir do julgamento parcial do mérito através de decisão interlocutória

5.1.3.8 A coisa julgada da decisão parcial, a questão de fato resolvida e a impossibilidade de rediscussão na sentença

Os fatos são importantes para a formação da causa de pedir do autor, com a narrativa deste sobre como se desenrolaram e, contrariamente, a descrição do réu sobre os mesmos.

As questões de fato podem se relacionar de modo específico com um determinado pedido, sem relacionar-se com outro pedido, bem como um mesmo fato pode ser essencial para a resolução de vários pedidos.

Se ocorrer a primeira hipótese, a questão de fato relacionar-se somente com um dos pedidos, essa relação é independente das demais, sem guardar importância sobre a resolução dessa questão para os demais pedidos. Diante dessa hipótese, se ocorrer o trânsito em julgado da decisão parcial que versa sobre determinada questão de fato ou houver recurso, independe para os outros pedidos, justamente pela falta de interligação entre estes e o que foi resolvido.

Diferentemente ocorre na segunda hipótese, quando uma questão de fato impacta, conjuntamente, vários pedidos, importando em uma resolução sobre essa questão que propicie, ao mesmo tempo, a prolação de uma decisão parcial e o impacto ao restante dos pedidos, contudo estes últimos dependem também de outras resoluções fáticas, impossibilitados estão de serem julgadas em conjunto com o pedido já apto a julgamento.

Numa situação dessas, julga-se o que já pode ser julgado por causa da questão de fato resolvida e prossegue o procedimento para a resolução das demais questões de fato, pertinentes aos outros pedidos da demanda.

Por causa dessa questão de fato que já pode ser resolvida, há uma relação entre essa decisão proferida no meio do processo com o que se decidirá somente após uma dilação probatória, importando numa decisão que no dispositivo tem moldes diferentes, mas que na sua fundamentação, quando resolver a questão de fato, converge em influência sobre todos os pedidos existentes.

Na primeira hipótese, a interposição ou não do agravo de instrumento sobre a decisão parcial nada impacta o restante da lide, mesmo se for reforma-

---

não impugnada, seja a partir da ausência de impugnação de capítulo específico de uma decisão." CASTELO, Fernando Alcântara. A coisa julgada parcial e o problema do termo inicial para a propositura da ação rescisória no CPC de 2015. **Revista de Processo.** Vol. 227, Ano 43, p. 283-304, São Paulo: Ed. RT, mar/2018. p. 291.

117 "julgada procedente a demanda com pedidos cumulados de indenização por danos materiais e morais, e apelando o réu exclusivamente quanto ao segundo deles, seu apelo não tem eficácia de impedir o trânsito em julgado no tocante ao primeiro; consequentemente, nessa parte reputa-se indiscutível o direito do autor e ele tem, inclusive, título para a execução definitiva por título judicial." DINAMARCO, Cândido Rangel. **Nova era do processo civil.** São Paulo: Malheiros, 2003. p. 128.

da ou anulada. Isso torna o trânsito em julgado dessa parcela do processo e a formação da coisa julgada desta também irrelevante para os demais pedidos ainda litispendentes.

No entanto, na hipótese subsequente, a interposição recursal é relevante não somente para alteração do conteúdo da decisão parcial no seu dispositivo, mas, também, sobre a questão de fato, pelo impacto que causa em toda a demanda, o que ocasionará, caso não se recorra, na preclusão daquela questão de fato[118]. Ou seja, o agravo de instrumento sobre essa resolução da questão de fato é importante para não ocorrer a preclusão dessa matéria, uma vez que os demais pedidos a serem julgados são interligados a essa questão.

Dessa maneira, pertinente a análise da relação entre fato e coisa julgada[119].

Um dos dogmas sobre a coisa julgada está na perspectiva de que somente o dispositivo da decisão que transita em julgada é que faz lei entre as partes e, desse modo, não transitará em julgado a fundamentação e a resolução de questões que não sejam pedidos da lide.

Diante disso, o caminho decisório e a resolução de questões de fato não transitam em julgado, com a possibilidade de revisão destas questões em qualquer outra demanda, com ampla possibilidade de ser revista. O art. 504, II do CPC dispõe que não faz coisa julgada a verdade dos fatos, estabelecida como fundamento da sentença.

Relacionando esse ponto com a decisão parcial, evidentemente que as questões de fato resolvidas no processo para possibilitar o julgamento parcial estão insertas nesta decisão, porém quando ocorrer o trânsito em julgado, essa

---

118 Mâcedo explica a *issue preclusion* no direito norte-americano que seria a impossibilidade de rediscussão de questão pelo fato de que já ser discutida em outro processo. Obviamente que analisando o instituto, seria mais sobre uma questão de modo amplo do que uma questão de fato, contudo, numa comparação com o que se discute neste ponto, seria uma impossibilidade de rediscussão de questão de fato que uma decisão parcial decidiu e que sobre ela ocorreu a preclusão, sendo impossível de rediscussão para a sentença. Uma comparação possível? "Já a *issue preclusion*, como a própria nomenclatura indica, ocasiona a impossibilidade de relitigar quanto a uma questão (*issue*) que já foi, dentro de certos parâmetros, versada em processo anterior. (...) A *issue preclusion*, portanto, torna imutável o reconhecimento de certa questão considerada essencial para a resolução da demanda, ou seja, matéria que constituiu *necessary step* para a resolução da matéria principal." MACÊDO, Lucas Buril. Coisa julgada sobre fato? análise comparativa com o *collateral estoppel* de sua possibilidade de *lege lata* ou de *lege ferenda*. **Revista de Processo.** Vol. 260, Ano 41, p. 355 – 412, São Paulo: Ed. RT, Out / 2016. p. 375/376.

119 BARBOSA MOREIRA, José Carlos. A eficácia preclusiva da coisa julgada material no sistema do processo civil brasileiro. **Temas de direito processual civil – Primeira série.** 2ª. ed. São Paulo: Saraiva, 1988. p. 103/104.

resolução das questões de fato[120] não será conteúdo da coisa julgada[121]. Esse dispositivo, ao ser relacionado com a decisão parcial, nos impõe uma dúvida a ser enfrentada: a questão de fato decidida possibilitando a prolação da decisão parcial pode ser rediscutida no restante da lide e redecidida na sentença? Esse ponto é de essencial importância de enfrentamento e a resposta é negativa.

Com a prolação de uma decisão parcial e a consequente formação da coisa julgada, os fatos foram decididos para aquela parcela da decisão e, com a imutabilidade somente alcança o que se respondeu sobre o pedido - ou na resposta sem resolução de mérito.

No entanto, se a questão de fato for comum ao restante do processo, esse ponto não pode ser alterado na prolação da sentença, porém não pela ocorrência da coisa julgada, imutabilidade ou impossibilidade de se rediscutir fatos, o que o art. 504, II do CPC permite rediscussão dos mesmos fatos em outra ação. O que impede que a sentença rediscuta e redecida os fatos resolvidos na decisão parcial está na interligação que a resolução dessa questão de fato tem com os pedidos restantes e a preclusão inerente a essa decisão[122].

O conteúdo da decisão parcial que for sobre questão de fato que autorize a cognição parcial de um pedido, se interligada aos demais pedidos, também integram o caminho processual destes e, sem a interposição de recurso sobre essa matéria - no caso o agravo de instrumento, essa questão de fato, para os demais pedidos, está resolvida e preclusa para o restante da demanda[123].

---

120 Barbosa Moreira explicava que as questões de fato influenciavam na eficácia preclusiva da coisa julgada somente para aquela demanda, como inclusa na causa de pedir, sem utilizar-se ou influir em outra demanda. BARBOSA MOREIRA, José Carlos. A eficácia preclusiva da coisa julgada material no sistema do processo civil brasileiro. **Temas de direito processual civil – Primeira série.** 2ª. ed. São Paulo: Saraiva, 1988. p. 103/104.

121 MACÊDO, Lucas Buril. Coisa julgada sobre fato? análise comparativa com o *collateral estoppel* de sua possibilidade de *lege lata* ou de *lege ferenda*. **Revista de Processo.** Vol. 260, Ano 41, p. 355 – 412, São Paulo: Ed. RT, Out / 2016.p. 375/376.

122 No sentido de preclusão como estabilidade temporal: CABRAL, Antonio do Passo. **Coisa julgada dinâmica: limites objetivos e temporais. Entre continuidade, mudança e transição de posições processuais estáveis.** 2012. 605 f. Tese (doutorado). Universidade do Estado do Rio de Janeiro, Faculdade de Direito.

123 Sobre a eficácia preclusiva das questões, mesmo não insertas na coisa julgada, são cobertas pela preclusão: "O que se passa com a solução de semelhantes questões, após o trânsito em julgado da sentença definitiva, é o mesmo que se passa com a das questões que o juiz tenha apreciado unicamente para assentar as premissas da sua conclusão: nem a umas nem a outras se estende a *auctoritas rei iudicatae*, mas todas se submetem à eficácia preclusiva da coisa julgada. Nesse sentido, e somente nele, é exato dizer que a *res iudicata*, cobre o deduzido e o deduzível." BARBOSA MOREIRA, José Carlos. A eficácia preclusiva da coisa julgada material no sistema do processo civil brasileiro. **Temas de direito processual civil – Primeira série.** 2ª. ed. São Paulo: Saraiva, 1988. p. 100.

O art. 507 do CPC dispõe sobre vedação às partes de discutir no curso do processo questões já decididas cujo respeito se operou preclusão e enquadra-se totalmente nessa relação dos demais pedidos não decididos em conjunto com a decisão parcial e que são interligados a uma questão de fato lá decidida[124]. Já o art. 505 do CPC determina que nenhum juiz decidirá novamente as questões já decididas relativas à mesma lide, o que impõe que uma preclusão de rediscussão sobre o que já foi decidido, ainda que seja uma questão de fato[125].

Se a decisão parcial resolve questão de fato que autoriza o julgamento somente daquele pedido, mas detém serventia para os demais pedidos, ainda que de maneira parcial, com a necessidade de resoluções de questões de outros fatos, há a necessidade da parte que se sente prejudicada com aquela resolução da questão que autorizou a prolação da decisão parcial impugnar, via agravo de instrumento[126], a parcela da decisão que resolveu a questão de fato, sob pena de preclusão e impossibilidade do juízo, na sentença, revisitar essa decisão preclusa[127].

Ou seja, a estabilidade da decisão sobre a questão de fato que possibilitou a prolação da decisão parcial na sua preclusão e a continuidade de eficácia para o restante da matéria do processo, pela interligação desta com outros pedidos.

É uma decisão como qualquer outra no andamento processual e, nos moldes do arts. 505 e 507 do CPC, não pode ser revisitada pelo juízo por estar

---

124 O que já se decidiu na demanda, sendo possível a preclusão, não se pode novamente decidir. O processo tem o andar para frente. Araújo foca nas questões de ordem processual, o que está correto, contudo se for possível definições de questões de fato precluírem, o art. 507 do CPC igualmente deve servir para essa preclusão. "É proibido à parte discutir no curso do processo (matéria de ordem processual) as questões já decididas a cujo respeito se operou a preclusão. Esta imodificabilidade das decisões interlocutórias, deriva do direito germânico (Leo Rosemberg, Wach, Schonke)." ARAÚJO, André Luiz Maluf de. Comentário ao art. 507. **Novo código de processo civil comentado – Tomo II (art. 318 ao art. 770).** Orgs: RIBEIRO, Sergio Luiz Almeida; GOUVEIA FILHO, Roberto Pinheiro Campos; PANTALEÃO, Izabel Cristina; GOUVEIA, Lucio Grassi de. São Paulo: Lualri, 2017. p. 300.

125 Somente terá exceção a este dispositivo se for sobre discussões de trato continuado, com modificação fática ou em outros casos determinados em lei.

126 Enunciado nº 125 do JDPC: A decisão parcial de mérito não pode ser modificada senão em decorrência do recurso que a impugna.

127 No sentido da matéria estar preclusa: "A proibição de o juiz decidir novamente as questões já decididas independe, a nosso ver, de regra expressa, porque o princípio do ne bis in idem está ínsito no sistema." LOPES. João Batista. Poderes do juiz e o aprimoramento da prestação jurisdicional. **Revista de Processo.** Vol. 35, Ano 9, São Paulo: Ed. RT, abr/jun/1984. p. 32/33.

preclusa[128] e isso estabiliza a decisão sobre a questão de fato, de modo a não permitir sua rediscussão[129], como qualquer outra decisão interlocutória que sobre a qual cabe, positivadamente, agravo de instrumento.

Para o pedido que foi julgado parcialmente, a resolução da questão de fato serviu para autorizar a decidir aquela parcela da demanda, contudo para os demais pedidos, essa decisão é uma interlocutória como outra qualquer, ao menos sobre a resolução daquela questão, com o cabimento do agravo de instrumento.

Dessa maneira, não será a imutabilidade da coisa julgada[130] que impedirá rediscutir fatos decididos na decisão parcial na prolação da sentença, mas a própria preclusão e estabilização das questões já decididas.

Não serão os arts. 502 e 503 do CPC a base impeditiva de rediscussão e sim os arts. 505 e 507 do CPC, impossibilitando redecidir questões já preclusas, detalhando que o processo caminha para resolver questões em sequência, sem relembrar o que poderia impugnar e não se desincumbiram de tal feito[131].

---

128 "as primeiras ficam impedidas de suscitar de novo a questão decidida e o segundo fica obstado de redecidi-la." SICA, Heitor Vitor Mendonça. **Preclusão processual civil**. 2a. Ed. São Paulo: Atlas, 2008. p. 179.

129 "Se a decisão é das que só produzem coisa julgada formal, o efeito preclusivo restringe-se ao interior do processo em que foi proferida; se é das que geram coisa julgada material, como a sentença definitiva, o efeito preclusivo projeta-se ad extra, fazendo sentir-se nos eventuais processos subsequentes. Daí qualificar-se de pan-processual a eficácia preclusiva da coisa julgada material" BARBOSA MOREIRA, José Carlos. A eficácia preclusiva da coisa julgada material no sistema do processo civil brasileiro. **Temas de direito processual civil – Primeira série.** 2ª. ed. São Paulo: Saraiva, 1988. p. 100.

130 Oliveira Filho enfatiza que a questão de mérito que foi decidida no julgamento parcial será impossibilitado de ser rediscutida na decisão ulterior, o que, evidentemente, concordamos. Todavia, o cerne da questão não é o capítulo cindido em si, afinal, a autonomia jurídica já possibilita isso, o cerne da questão deve ser a impossibilidade de revisão da questão de fato resolvida autorizante, o que não será pela coisa julgada, uma vez que não alcança os fatos, mas pela preclusão sobre a resolução dos fatos. "Ressalte-se que a resolução de questão de mérito no julgamento parcial não poderá ser alterada pelo mesmo juízo, em razão de preclusão com relação àquela questão." OLIVEIRA FILHO, Silas Dias de. **Julgamento fracionado do mérito e implicações no sistema recursal.** São Paulo, SP, 2013. 256 p. Dissertação (Mestrado). Universidade de São Paulo. Programa de Pós-Graduação em Direito. p. 97.

131 "Qual a consequência da diferenciação entre a coisa julgada e a eficácia preclusiva decorrente da coisa julgada? Simples! A coisa julgada imuniza a questão principal (principaliter tantum) expressamente decidida (art. 503 do CPC/15) e a preclusão "imuniza" as questões deduzidas ou dedutíveis pelas partes (arts. 505 e 507 do CPC/15)." ARAÚJO, José Henrique Mouta. Coisa julgada e as questões prejudiciais: a ampliação da estabilização das decisões judiciais e a diminuição da litigiosidade. **Revista Brasileira de Direito Processual - RBDPro.** Ano 26, n. 102, p. 257-274, Belo Horizonte, abr./jun/2018. p. 266/267.

O mesmo ocorre quando houver litisconsórcio na demanda e a decisão parcial for somente entre determinado autor e réu, sem impactar meritoriamente uma parte de um dos polos. Se essa decisão resolver questão de fato que impactará essa parte, é cabível o recurso por esta, por ser prejudicada na construção da decisão.

O art. 506 do CPC determina que a decisão que faz coisa julgada entre determinadas partes, não impactará de modo prejudicial terceiro. Essa hipótese acima mencionada, com pluralidade de partes em um polo e uma decisão parcial que impacta duas partes – um autor e um réu, mas não decide pedido que impacte uma terceira parte – um outro autor ou réu, pode-se utilizar o artigo mencionado, alegando impossibilidade de prejuízo a terceiro? De fato, essa outra parte é um terceiro à relação entre o determinado autor e réu, contudo a decisão parcial prolatada no processo, se impactar faticamente esse terceiro – ao menos em relação a esse pedido – é uma decisão como outra qualquer, contendo eficácia para as duas partes que tiveram o mérito julgado e, na questão de fato, até para esse terceiro, sem a possibilidade de enquadrar no art. 506 do CPC.

A resposta está igualmente nos arts. 505 e 507 do CPC, pelo fato dessa decisão parcial ser a resolutiva de um pedido – ou um pressuposto – da demanda para o determinado autor e réu e ser uma decisão interlocutória fática para o terceiro desse pedido, que é parte em outra parcela da lide. Sem recurso, a matéria fática estará preclusa e impedida de ser revisitada na sentença.

5.1.4 Os requisitos autorizantes da bifurcação cognitiva, a correta análise judicante e a cisão procedimental

A decisão interlocutória não tem o condão de, *a priori*, resolver o processo ou parcela deste. A conceituação desse ato decisório está de modo antagônico à sentença, com a definição como aquela decisão que não encerrar a cognição do processo, sendo qualquer ato judicial com cunho decisório intermediário.

A noção das decisões interlocutórias no processo é uma visão incidental, com a resolução de incidentes e fases processuais, tendo como a exceção as decisões parciais – com ou sem resolução de mérito. Devido a isso, o ato da decisão interlocutória tem um impacto diverso do que o da sentença no processo, em termos cognitivos e de importância para o processo, como um todo.

No entanto, a decisão parcial, preconizada pelos arts. 354, parágrafo único e 356 do CPC, trabalham num prisma diverso, como uma decisão interlocutória diversa das demais. Essa interlocutória decide parcela do processo, seja para extinção, seja para julgar o mérito, impondo ao juízo uma outra ótica sobre a própria decisão, sendo uma mescla entre o formato de interlocutória e o conteúdo que se acostumou a ser inserto de sentença.

Diante disso, cabe ao juízo entender a sistemática da cisão cognitiva e procedimental e as influências, com a precaução de antever todos os possíveis reflexos processuais imediatos daquele ato decisório.

A decisão deve ser a mais adequada possível para aquela situação, como em qualquer espécie de decisão, mas com um cuidado maior, com a visualização e a sapiência do juízo que em um eventual equívoco decisório interlocutório com uma cisão inadequada, os efeitos serão complexos, dada a relação de independência ou não sobre as questões de fato, fora a necessidade de capítulos decisórios autônomos.

Essa preocupação deve ser em não causar um tumulto processual, uma vez que em eventual agravo de instrumento, a decisão interlocutória pode ser anulada ou reformada, proporcionando um prejuízo processual para as partes, pelo fato que um provimento recursal pode demonstrar a inadequação[132] da própria decisão ou da resolução da questão de fato[133], com a reabertura cognitiva daquilo que se entendeu como cindido.

A percepção sobre a bifurcação cognitiva é importante para que o juízo possa entender como possível, ou não, a cisão cognitiva e procedimental nos parâmetros necessários para tal situação. Nesse momento, o juízo deve analisar se os requisitos da cisão cognitiva estão presentes, os quais são: *(i) a complexidade objetiva do processo por cumulação de pedidos ou pluralidade de partes; (ii) a pluralidade de questões de fato; (iii) a resolubilidade ou estabilização via incontrovérsia de uma questão de fato e pendência de, no mínimo, outra questão de fato; (iv) a dependência de parcela da demanda somente da questão de fato já resolvida/estabilizada.*

A concepção normal num processo que tem complexidade objetiva é a teoria da unicidade da sentença, com a necessidade de que todas as questões de

---

132 Ainda sob a égide do CPC/73, Nascimento demonstrava a preocupação sobre o julgamento antecipado da lide, uma vez que o julgamento apressado mais atrapalhava do que melhorava a prestação jurisdicional, com excesso de julgamentos anulados. Se essa preocupação era decorrente do julgamento integral da demanda, num sistema de bipartição e julgamento antecipado parcial, a preocupação continua a mesma: "Conquanto seja indiscutivelmente uma grande conquista do atual Código de Processo Civil, o julgamento antecipado, por ser uma exceção à regra, deve ser usado pelos juízes com grande dose de parcimônia. Não são poucos os casos em que o processo é anulado, em segundo grau, por cerceamento de defesa, decorrente do apressado julgamento, quando ainda restam questões a a serem dirimidas por meio de prova." NASCIMENTO, Cláudio Nunes. Do julgamento conforme o estado do processo. **Revista de Processo.** Vol. 24, Ano 6, p. 222-230, São Paulo: Ed. RT, Out/Dez/1981. p. 230.

133 "Ao fazê-lo, porém, o juiz singular deve ter sempre em mente que a apreciação da prova produzida em juízo pode dar-se tanto na primeira, como na segunda instância ordinária. (...) Entretanto, em face da sentença cabe o recurso de apelação, que desloca para a segunda instância ordinária a competência para apreciar o pedido e, assim, para examinar as provas eventualmente produzidas em primeira instância." MACHADO, Hugo de Brito. Aspectos do julgamento antecipado da lide e o direito de provar. **Revista Dialética de Direito Processual.** Vol. 126, p. 63-65, São Paulo: Dialética, set/2013. p. 64.

fato e de direito sejam resolvidas em um só momento, com a prolação da sentença. Se há possibilidade de decisões múltiplas de capítulos autônomos em uma mesma demanda, em um mesmo processo, com a viabilidade de que sejam prolatadas em momentos diferentes, há uma bifurcação cognitiva possível apresentada ao juízo, mediante a percepção da resolução de uma questão de fato que autoriza uma cognição exauriente[134] de parcela do processo.

Essa percepção pode não ser fácil, tampouco determinável de modo automático, com o cuidado necessário[135] para que a prolação da decisão parcial seja nos limites dos requisitos para a cisão cognitiva e procedimental.

O intuito pelo devido entendimento sobre a decisão parcial, a bifurcação cognitiva e a cisão procedimental, deve ser pela compreensão correta dos institutos, justamente para que não se entenda que cindir a demanda causaria uma complicação processual, um notório tumulto.

Evidentemente que a possibilidade de decisão parcial proporciona uma novidade diferente do que a processualística normal ensina e preconiza, afinal impacta de diversas maneiras os institutos processuais como a preclusão, coisa julgada, recurso, questões de fato, ação rescisória, o que pode-se compreender como uma complexidade ainda maior do que necessário para o deslinde de um processo.

Mas, o prisma a ser analisado deve ser outro, mediante a necessidade de resolução das parcelas da demanda que possam ser decididas, com a resolução do que está pronto para que as questões de fato e de direito já possam ser conhecidas, enfrentadas e resolvidas. Permitir a cisão cognitiva e procedimental da demanda

---

134 Sendo dispensável a produção de novas provas, o processo estará apto para julgamento, mediante uma cognição completa e exauriente. Todavia, se essa cognição for possível, pelas questões de fato resolvíveis e pendentes, de somente decidir parcela da demanda, esta decisão será parcial, contudo exauriente no seu alcance material: "Tais situações indicam ser dispensável a produção de novas provas, pois a matéria fática é incontroversa em decorrência da revelia ou já existem elementos suficientes para a formação do convencimento do juiz. A cognição, nesses casos, é exauriente e implica entrega da tutela jurisdicional inicialmente pleiteada e de natureza satisfativa, destinada a produzir efeitos irreversíveis no plano material." BEDAQUE, José Roberto dos Santos. **Tutela cautelar e tutela antecipada: tutelas sumárias e de urgência (tentativa de sistematização)**. 3ª. ed. São Paulo: Malheiros, 2003. p. 366.

135 "A prudência e o cuidado do magistrado recaem justamente na necessidade de evitar cerceamento de defesa, porque o requerimento de produção de provas de qualquer das partes – desde que o meio de prova seja adequado ao fim proposto – não pode ser ignorado ao argumento de que o convencimento já está firmado em virtude das provas coligidas aos autos." YARSHELL, Flávio Luiz; PEREIRA, Guilherme Setoguti J.; RODRIGUES, Viviane Siqueira. **Comentários ao novo código de processo civil: artigos 334 ao 368.** Coords: MARINONI, Luiz Guilherme; ARENHART, Sérgio Cruz; MITIDIERO, Daniel. 1ª ed., São Paulo: Ed. RT, 2016. p. 270.

é admitir-se que a prestação jurisdicional pode ser já adiantada naquela parcela já latente de resolubilidade, sem o aguardo do que está pronto do restante que ainda carece de outras questões a serem resolvidas.

Obviamente que a cisão cognitiva e procedimental trazem ao processo complicações, contudo permitir que o acesso à justiça já seja possível, com uma cognição exauriente daquela parcela[136], é primar por colocar em prática a duração razoável do processo, nem que seja somente daquela parcela da demanda. Os benefícios, dada a positivação deste instituto, são maiores do que as dúvidas sobre a utilização da decisão parcial, seja de mérito, seja sem mérito.

---

136 A cognição exauriente é aquele que propiciou uma inteligência completa para que o juízo possa solucionar o conflito de interesses. Na decisão parcial de mérito, a cognição é exauriente, justamente pelo fato de que resolverá no mesmo molde que a decisão definitiva, contudo alcançando somente uma parcela da demanda: "Em linha de princípio, pode-se afirmar que a solução definitiva do conflito de interesses é buscada através do provimento que se assente em cognição plena e exauriente, vale dizer, em procedimento plenário quanto à extensão do debate das partes e da cognição do juiz, e completo quanto à profundidade desta cognição. Decisão proferida com base em semelhante cognição propicia um juízo com índice de segurança maior quanto à certeza do direito controvertido, de sorte que a ela o Estado confere a autoridade de coisa julgada." WATANABE, Kazuo. **Da cognição no processo civil.** 3ª. ed. São Paulo: Perfil, 2005. p. 113/114.

6

AS CONSEQUÊNCIAS E REFLEXOS PROCESSUAIS DO FRACIONAMENTO DECISÓRIO

6.1 OS IMPACTOS PROCESSUAIS DA DECISÃO PARCIAL

A possibilidade de uma decisão parcial – seja com mérito ou sem mérito – implica em reflexos em outros institutos processuais, com deslinde procedimental diverso do que se almeja normalmente diante da processualidade comum. O impacto da bipartição cognitiva e da cisão procedimental ocasionada pela decisão parcial é enorme não só para a atividade judicante, mas também para as partes e o desenrolar processual da demanda.

As cognições são sutilmente alteradas, novas possibilidades nascem diante de uma situação de bifurcação processual[1], as decisões interlocutórias ganham uma visão e importância diversa, bem como a necessidade da cooperação processual, seja na prolação da decisão pelo juízo, com uma construção formal adequada para a situação, com o máximo de clareza para que as partes entendam se tratar de uma decisão parcial, com ou sem mérito, seja pela própria adequação

---

1 A teoria dos capítulos de sentença é inerente à própria processualística e à possibilidade de cumulação de pedidos e partes. Não se pode pensar na cisão ou não, na existência de capítulos ou não, diante dos reflexos destes, estes devem ser imaginados diante do que se tem na realidade. "consideram-se os capítulos de sentença em si mesmos e não como suporte apto a comandar soluções em outras áreas do direito processual, como a disciplina dos recursos, da distribuição dos encargos financeiros do processo, da coisa julgada e seus limites objetivos etc." DINAMARCO, Cândido Rangel. **Capítulos de sentença.** 3ª. ed. São Paulo: Malheiros, 2008. p. 36.

necessária da cisão procedimental, com as manifestações anteriores e posteriores limitadas às parcelas e procedimentos específicos de cada parcela da demanda.

A possibilidade de decisão parcial altera a unicidade da demanda de modo a necessitar uma sistematização no entendimento processual.

Uma decisão interlocutória pode ser só uma mera decisão sobre um incidente ou pode julgar parcela da demanda e, ainda, pode ser os dois numa só decisão, com a necessidade de atenção dos atores processuais para que se atentem ao que o conteúdo da decisão determina, mediante o quanto que se decide em termos interlocutórios e em termos de julgamento da demanda, seja pela extinção, seja pela resolução, ambas de modo parcial. Por exemplo, uma decisão de saneamento e organização do processo pode conter uma decisão parcial, um mero deferimento da inicial pode, ao mesmo tempo, indeferir parcela da demanda, dentre outras possibilidades.

O impacto da prolação de uma decisão parcial não é somente na própria decisão e seu conteúdo, mas uma cisão procedimental que impacta os demais institutos posteriores, altera, por exemplo, os custos do processo; tem uma recorribilidade específica via agravo de instrumento; necessita de uma construção peculiar sobre a viabilidade da remessa necessária em decisão contra um ente público; a coisa julgada parcial guarda relação com a impugnabilidade desta via ação rescisória com a necessidade de sistematização do início do prazo decadencial; a relação com a liquidação de sentença da decisão parcial; a existência de um cumprimento de sentença provisório ou definitivo autônomo da decisão parcial; a relação da decisão parcial e suspensão parcial do processo por existência de repetitivo que afeta a matéria de somente um ou alguns dos pedidos.

Esses são reflexos que serão enfrentados com base na possibilidade da cisão cognitiva e procedimental pela prolação de uma decisão parcial e, ainda, com a análise sobre o diálogo com a decisão parcial sem mérito ou com mérito, ou com ambas.

6.1.1 Os custos do processo e a decisão parcial

Para que se acione uma pretensão, via uma demanda, há um custo na jurisdição, os quais devem ser adiantados pelo autor, nos ditames do art. 82 do CPC. As custas processuais são os valores pertinentes ao custeio[2] da própria máquina estatal judiciária, mediante a prestação da jurisdição. Para a existência

2 "Por despesas processuais podem ser designados, genericamente, os dispêndios que a parte deve realizar na busca pela prestação jurisdicional." DECOMAIN, Pedro Roberto. A sentença, as despesas processuais e os ônus da sucumbência na ação popular. **Revista Dialética de Direito Processual.** Vol. 74, p. 87-104, São Paulo: Dialética, 2009. p. 93.

de um processo, deve-se arcar com as custas processuais[3], salvo se beneficiário da justiça gratuita.

Como o autor é o primeiro interessado na demanda, para o início desta, arca com os valores das custas processuais antecipando-as, bem como de outras despesas processuais durante a tramitação do processo, como realização de diligências, produção de provas que requerer ou que o juízo determinar de ofício, nos moldes do art. 82, § 1° do CPC.

O ato de adiantamento do autor[4] não significa que será o responsável ao final da demanda por arcar com o custeio do processo[5], somente é seu dever custear que a jurisdição possa ser exercida e, se ao final for vencedor, terá o direito do ressarcimento do que antecipou. Ou seja, o autor arca com o custeio do processo e, em vitorioso, executa o réu para cobrar o que custeou; por outro lado, se vencido o autor, o que gastou serviu para a movimentação processual e o custeio do erário.

Dessa feita, o art. 82, § 2° do CPC dispõe que a sentença condenará o vencido a pagar ao vencedor as despesas que antecipou e, por lógica, entende-se que se as custas já foram pagas pelo vencido, não há necessidade de qualquer devolução.

Na sentença, o juízo, após responder todos os pedidos da demanda, deve decidir sobre os ônus de custeio do processo, interligando o pagamento que foi antecipado à sucumbência, determinando a condenação ao vencido, seja para

---

3 Se há uma demanda ao Judiciário, com o pleito pelo exercício de uma jurisdição, logicamente que haverá um custo do processo e, assim, uma determinação legal sobre quem deve arcar com esse custeio, ao final da cognição: "Ressalva-se mais uma vez: também nesse caso haverá um capítulo referente ao custo do processo, seja para condenar o demandante, seja para isentá-lo de pagamento de custas e honorários. Não se trata, todavia, de um julgamento do mérito principal." DINAMARCO, Cândido Rangel. **Capítulos de sentença.** 3ª. ed. São Paulo: Malheiros, 2008. p. 80.

4 "Atos processuais realizados a requerimento do autor devem ter a correspondentes despesas por ele antecipadas. É o caso do pagamento das custas processuais iniciais (...) Se o ato tiver sua prática requerida tanto pelo autor quanto pelo requerido, caberá ao primeiro antecipar o pagamento das correspondentes despesas processuais." DECOMAIN, Pedro Roberto. A sentença, as despesas processuais e os ônus da sucumbência na ação popular. **Revista Dialética de Direito Processual.** Vol. 74, p. 87-104, São Paulo: Dialética, 2009. p. 92.

5 Segundo Barbi, as custas e despesas processuais são fundamentais pelo fato de que "a propositura de uma ação em juízo dá origem a uma série de atos a serem praticados pelo juiz e funcionários que participam do processo em que corra aquela ação, como sejam, o escrivão, o distribuidor, o contador, o oficial de justiça, etc." BARBI, Celso Agrícola. **Comentários ao código de processo civil.** Vol. I. 3ª. ed. Rio de Janeiro: Forense, 1983. p. 179.

restituir o que o autor antecipou, seja para que o autor, se vencido, continue a arcar com este ônus.

A dúvida que paira sobre a relação entre o custo do processo e a decisão parcial proferida no processo: o juízo deve condenar sobre esse custeio, desde logo, uma vez que o art. 82 do CPC refere-se a sentença? A resposta deve ser positiva, uma vez fracionado o processo para a decisão parcial, numa cisão cognitiva e procedimental, fracionado deve ser também o custeio do processo, com a necessidade de decisão sobre as custas processuais e eventuais despesas existentes, contudo nos limites da parcela que foi decidida da demanda.

Para tanto, é necessário desenvolver que o valor da causa dado na inicial deve ser revisto quando houver a prolação da decisão parcial, dada a cisão procedimental ocorrida, o valor da causa muda para cada situação. Isso tanto para a procedimentalidade recursal da decisão parcial, caso o agravo de instrumento seja pelo valor da causa, quanto para eventuais custas finais, valores de cumprimento de sentença específico da decisão parcial e assim por diante. Para o restante da demanda que prossegue até a prolação da sentença a ótica é a mesma, há uma cisão cognitiva e procedimental que altera o valor da causa, agora somente pertinente ao que será decidido nessa parcela da demanda que ainda está em aberto para a sentença, com as mesmas consequências processuais para posterior cumprimento de sentença e custas finais.

Outro custo do processo é a condenação em honorários advocatícios. O juízo deve mencionar sobre os honorários advocatícios nessa decisão ou somente na decisão final, na sentença[6], sobre todo o processo? A resposta correta está na primeira opção, uma vez que há o fracionamento decisório, cada parcela da demanda guardará a sua própria relação sobre os custos do

6 Para Tucci, o juízo somente conseguiria condenar em honorários advocatícios e nos custos do processo depois de todo o deslinde, com a possibilidade de pensar em sucumbência recíproca e todas as distribuições pertinentes a serem realizadas nas despesas e honorários. Todavia, não nos parece ser a maneira correta de interpretar, pelo fato d que cada uma das análises sobre os custos do processo deve ser feito nos limites dos pedidos e do que se julga. Logo, uma vez cindida a demanda, com o julgamento com ou sem mérito, a partir dali que aplica os custos do processo (art. 82 do CPC), os honorários advocatícios (art. 85 do CPC) e a possibilidade de sucumbência recíproca (art. 86 do CPC), sem depender do todo. A cisão é realidade e deve ser o ponto de partida: "Em qualquer das situações acima referidas, embora se verificando sucumbência da parte parcialmente derrotada, somente na sentença é que se deverá ser fixada, de forma global e definitiva, a verba honorária, ocasião na qual o juiz poderá avaliar, à luz dos critérios especificados no § 2º do art. 85 do CPC." TUCCI, José Rogério Cruz e. **Comentários aos arts. 318 a 368**. In: GOUVEA, José Roberto; BONDIOLI, Luiz Guilherme; FONSECA, João Francisco (Coords.). Comentários ao Código de Processo Civil 1. ed. São Paulo: Saraiva, 2017. p. 285.

processo, inclusive com o trabalho a ser remunerado e o ônus de pagamento dos honorários advocatícios.

Se a decisão parcial teve a autonomia e independência possível de desmembrar-se da demanda, evidentemente que detém os mesmos critérios para apurar-se o trabalho realizado pelos advogados das partes e, em eventual condenação, já versar sobre essa parcela da demanda decidida parcialmente, com a estipulação dos honorários advocatícios[7] desde logo. Não há sentido[8] que os honorários advocatícios da matéria da decisão parcial sejam dispostos somente na sentença posterior[9], uma vez que cada análise do trabalho realizado será nos limites do que foi feito referente a parcela da demanda que puder ser julgada e a sucumbência de cada decisão.

Apesar de o ordenamento processual não versar sobre tal matéria nos artigos específicos sobre decisão parcial, o faz em um outro dispositivo, no art. 338 do CPC, quando o réu, na contestação, alegar ser parte ilegítima, sem ser o responsável pelo prejuízo invocado, o autor poderá substituir o réu, contudo se

---

7 No mesmo sentido do nosso posicionamento, contudo esclarecimento somente sobre a decisão parcial de mérito, contudo pertinente que seja de ambas as espécies: "Nada impede que as condenações em honorários e ressarcimento de despesas aconteçam por decisões interlocutórias parciais de mérito. Se elas podem ser proferidas e também podem transitar em julgado de maneira independente em relação à sentença, elas guardam conteúdo próprio a autorizar definição sobre despesas reembolsáveis a quem as antecipou e honorários devidos por quem sucumbiu no pedido parcialmente examinado." YARSHELL, Flávio Luiz; PEREIRA, Guilherme Setoguti J.; RODRIGUES, Viviane Siqueira. **Comentários ao novo código de processo civil: artigos 334 ao 368.** Coords: MARINONI, Luiz Guilherme; ARENHART, Sérgio Cruz; MITIDIERO, Daniel. 1ª ed., São Paulo: Ed. RT, 2016. p. 273.

8 Essa visão de impossibilidade dos custos do processo nas decisões interlocutórias, mesmo diante do CPC/2015, é trabalhar no novel ordenamento com a ótica do anterior, o que não prospera, tampouco se comporta como um sistema processual diverso. "a aferição dos encargos de sucumbência somente pode se dar no final do processo (arts. 82, § 2º e 85 do CPC), não se permitindo condenação em sucumbência nas decisões interlocutórias." SOUZA, Gerson Amaro de. Coisa julgada formal e a impossibilidade de renovação da ação no CPC/2015. **Revista Dialética de Direito Processual.** Vol. 153, p. 47-68, São Paulo: Dialética, 2015. p. 59.

9 Em sentido de que toda a sucumbência deve ser na sentença, ao menos se imaginado no ordenamento anterior: "Portanto, em linha de princípio, pode-se dizer que a deliberação quanto ao custo financeiro do processo deve aguardar a integral solução do objeto litigioso, por meio da sentença final, não devendo ser realizada por etapas ou escalas. A relação de dependência recomenda que o acessório só se decida depois da integral definição do principal." AMBRIZZI, Tiago Ravazzi. **Julgamento fracionado do mérito no processo civil brasileiro.** São Paulo, SP, 2014. 231 p. Dissertação (Mestrado). Universidade de São Paulo. Programa de Pós-Graduação em Direito. p. 161.

entender por essa substituição, no parágrafo único do mesmo dispositivo, há a estipulação de que o autor reembolsará as despesas e pagará os honorários advocatícios ao procurador do réu excluído, sendo estes fixados entre três e cinco por cento do valor da causa.

Ou seja, se houver uma opção do autor em substituir o réu, este é excluído, o que não deixa de ser uma decisão parcial sem mérito, com a necessidade de condenar em honorários advocatícios o autor, em percentual menor do que o disposto como regra no art. 85 do CPC, contudo demonstrando que cada parcela da demanda terá a sua própria análise sobre honorários advocatícios e custos do processo.

No entanto, é pertinente especificar que a possibilidade da decisão parcial em pedidos cumulados de modo alternativo ou subsidiário, com a decisão possível pela improcedência, o que permite a cisão procedimental, os custos do processo devem ser pensados de modo a imaginar que a tutela jurisdicional não está completa, com a necessidade de que se pense os custos do processo como somente um[10], pelo fato de que a eventual procedência em agravo de instrumento impede a sentença ou a procedência da sentença impede o julgamento do agravo de instrumento, por falta de objeto.

Apesar de nada dispor o CPC/2015 sobre a cisão dos custos do processo, é pertinente que se entenda e perceba que os custos do processo são vinculados a cada parcela da demanda[11], mediante o valor pleiteado em cada pedido. Se há bipartição de pedidos ao se julgar parcela da demanda[12], de igual maneira deve

---

10 Nesse sentido sobre os honorários advocatícios, mas ampliamos para todo o custo do processo: "Destarte, a fixação de honorários advocatícios, na hipótese de prolação de sentença parcial – a qual, como dito, somente poderá ser de improcedência de pedido antecedente – deverá ser realizada somente na sentença final do procedimento, diante das especificidades desta espécie de cumulação." OLIVEIRA FILHO, Silas Dias de**. Julgamento Fracionado do Mérito e Implicações no Sistema Recursal.** São Paulo, SP, 2013. 256 p. Dissertação (Mestrado). Universidade de São Paulo. Programa de Pós-Graduação em Direito. p. 111.

11 Enunciado nº. 5 da JDPC: Ao proferir decisão parcial de mérito ou decisão parcial fundada no art. 485 do CPC, condenar-se-á proporcionalmente o vencido a pagar honorários ao advogado do vencedor, nos termos do art. 85 do CPC.

12 Mesmo que seja sem mérito a decisão parcial: "Sendo parcial a desistência, a renúncia ou o reconhecimento, a responsabilidade pelas despesas e pelos honorários será proporcional à parcela reconhecida, à qual se renunciou ou da qual se desistiu, bem como, em havendo transação e nada tendo as partes disposto quanto às despesas, estas serão divididas igualmente (art. 90, caput e §§ 2º e 3º, do CPC)." THAMAY, Rennan Faria Kruger. **Manual de Direito Processual Civil.** 1ª. ed. São Paulo: Saraiva, 2018. p. 171.

operar-se em todos os custos do processo[13-14], seja nas custas, seja nas despesas, seja nos honorários advocatícios.

6.1.2 A recorribilidade da decisão parcial

A decisão parcial é uma decisão interlocutória, uma vez que tem um conteúdo possível dessa decisão e não encerra a fase de cognição da demanda.

A importância do enquadramento da decisão como interlocutória é importante para a sua recorribilidade, uma vez que os arts. 354, parágrafo único, 356, § 5º e 1.015, II do CPC positivam[15], mediante o enquadramento conceitual da decisão, o agravo de instrumento como o recurso cabível para a impugnação desta decisão, sem restar nenhuma dúvida sobre este cabimento recursal[16-17-18].

---

13 Excepcionalmente, entendemos que na decisão parcial sobre cumulação imprópria – subsidiário ou alternativo – pela lógica da prestação jurisdicional ser somente una, mesmo que seja parcial a decisão, não há uma cisão no mesmo molde das outras, sem a condenação, ainda, sobre os custos do processo.

14 Como a sentença de indeferimento da inicial não terá a condenação em honorários, igualmente a parcela da decisão parcial de indeferimento. "A distinção é importante, pois o regramento do art. 331 do CPC somente se aplica à decisão que indefira a petição inicial, bem como, sendo liminar a sentença, não se condenará o autor ao pagamento de honorários advocatícios em favor do réu ainda não citado." DIDIER JR., Fredie. Comentário ao art. 485. In: CABRAL, Antonio do Passo, CRAMER, Ronaldo (orgs.). **Comentários ao novo código de processo civil**. 2ª ed. Rio de Janeiro: Forense, 2016. p. 676.

15 Sobre a escolha do agravo para a decisão parcial – com ou sem mérito: "o agravo voltou a ser recurso contra decisão que não põe fim ao procedimento em 1.o grau, independentemente do conteúdo. (...) A sentença passou a ser definida pelo art. 203, § 1.o, da seguin- te forma: "pronunciamento por meio do qual o juiz, com fundamento nos arts. 485 e 487, põe fim à fase cognitiva do procedimento comum, bem como extingue a execução". Já a decisão interlocutória "é todo pronunciamento judicial de natureza decisória que não se enquadre no § 1.o" (art. 203, § 1.o). Da primeira cabe apelação (art. 1.009, caput); de algumas das segundas, cabe agravo de instrumento (art. 1.015)." SICA, Heitor Vitor Mendonça. Comentário ao art. 1.015. In: STRECK, Lenio Luiz; NUNES, Dierle; CUNHA, Leonardo (orgs.). Comentários ao código de processo civil. 2ª . ed. São Paulo: Saraiva, 2017. p. 1.375.

16 No CPC/73, com a alteração no conceito de sentença pela Lei nº 11.232/2005, não se sabia ao certo qual o recurso cabível de uma decisão com conteúdo de sentença que não encerrasse a demanda. Com isso, uma dúvida entre o agravo de instrumento para impugnar uma decisão com conteúdo sentencial ou uma apelação por instrumento, com a quebra da taxatividade. Sobre esse ponto, vários posicionamentos, com defesas de cada possibilidade: REDONDO, Bruno Garcia. Apelação: o recurso adequado à impugnação da sentença interlocutória. NERY JR, Nelson; WAMBIER, Teresa Arruda Alvim. (coord.). **Aspectos polêmicos e atuais dos recursos cíveis e assuntos afins.** Vol. 12, p. 31-60, São Paulo: Ed. RT, 2011; OLIVEIRA, Bruno Silveira de. A 'interlocutória-faz-de-

Evidentemente que esse agravo de instrumento tem uma ótica diversa dos demais[19], até pelo conteúdo do que se impugna, uma decisão interlocutória que detém conteúdo que outrora era imaginado somente na sentença, com a extinção parcial do mérito ou com o próprio julgamento parcial deste. Ou seja, apesar de ser um agravo de instrumento, formalmente, o conteúdo do que se impugna impõe a necessidade de uma construção sobre os moldes e sistemática da apelação, adequando-o à recorribilidade inerente à decisão parcial.

Pertinente definir que não há nenhuma diferença entre o agravo de instrumento de uma decisão parcial com mérito daquela sem mérito, apesar do art. 1.015 do CPC incluir no seu rol a de mérito, sem menção sobre a sem mérito. Ambas têm a mesma sistemática e necessitam de todas as alterações propostas na construção de que o agravo de instrumento deve ser visto mais próximo à apelação em termos de amplitude, alcance e conteúdo, apesar de ser formal e procedimentalmente um agravo de instrumento.

A premissa é entender que o recurso é um agravo de instrumento que impugna uma decisão que contém conteúdo que decide parcela da demanda, com ou sem mérito, o que importa na readequação do recurso, em algumas

---

-conta' e o 'recurso ornitorrinco' (ensaio sobre a sentença parcial e sobre o recurso dela cabível). Revista de Processo. Vol. 203, Ano 37, p. 73-96, São Paulo: Ed. RT, 2012.

17 Sobre ser apelação: "Em substância, porém, trata-se de apelação, motivo pelo qual se pode e se deve admitir, por exemplo, embargos infringentes do julgamento desse peculiar agravo, desde que concorram os demais requisitos de cabimento desse recurso (art. 530, CPC), Admite-se, igualmente, sustentação oral (art. 554, CPC), sendo necessário revisor (art. 551, CPC). O mesmo se diga do regime aplicável aos recursos especial e extraordinário: desse agravo caberá tais recursos sem que esses restem retidos nos autos. De resto, desse julgamento caberá, ainda e eventualmente, ação rescisória (art. 485, CPC)." MITIDIERO, Daniel. Direito Fundamental ao Julgamento Definitivo da Parcela Incontroversa: uma Proposta de Compreensão do Art. 273, § 6, CPC, na Perspectiva do Direito Fundamental a um Processo sem Dilações Indevidas (art. 5, inciso LXXVIII, CRFB). **Revista de Processo.** Vol. 149, Ano, 32, p. 105-119, São Paulo: Ed. RT, 2007. p. 111. De modo inverso, Assis repudiava, com razão, qualquer possibilidade de que uma sentença parcial fosse passível de impugnação via apelação, justamente pelo fato de que tinha caráter híbrido e no meio do procedimento: "A tese de que resoluções parciais do mérito, impropriamente tomadas no curso do processo, comportam apelação é inadmissível na vigência do CPC/73." ASSIS, Araken de. **Manual dos recursos.** São Paulo: Ed. RT 2007. p. 383.

18 Já Theodoro Jr. não via nenhuma dificuldade na concepção do art. 267 do ordenamento revogado e a recorribilidade: "nas hipóteses do art. 267 do CPC (LGL\1973\5) não há complicação alguma com o sistema recursal, visto que o dispositivo cuida sempre da extinção do processo, sendo natural que a impugnação se dê por meio a apelação (art. 513 do CPC (LGL\1973\5))." THEODORO JR, Humberto. **As novas reformas do Código de Processo Civil (LGL\1973\5).** Rio de Janeiro: Forense, 2006. p. 4.

19 LEMOS, Vinicius Silva. O agravo de instrumento contra decisão parcial de mérito. **Revista de Processo.** Vol. 259, Ano 41, p. 275-303, São Paulo: Ed. RT, Set/2016.

diretrizes, para que se adapte a impugnabilidade do conteúdo da decisão, até por não se aceitar tanta discrepância[20] na recorribilidade e tratamento da impugnabilidade entre a sentença e a decisão parcial, como há na disposição legal do agravo de instrumento para a decisão parcial e a apelação para a sentença. O ideal é conceber o máximo de aproximação[21] entre os recursos, por mais que persistam diferenças entre eles.

A construção necessária a ser realizada é que o agravo de instrumento tem diretrizes diversas da apelação, mas, nesse caso em específico, serve para impugnar decisões com o mesmo grau de conteúdo, tanto as decisões que versam sobre a extinção quanto sobre o mérito da demanda. A apelação dispõe à parte prejudicada pela decisão uma série de garantias processuais que não estão presentes no agravo de instrumento, o que proporciona diferenças entre os dois institutos recursais e nos leva a uma questão: decisões de mérito prolatadas em momentos diferentes devem ter graus diferentes de recorribilidade? Entende-se que a construção desse agravo deve ser na visão de que terá a formalidade do agravo de instrumento, com a inserção de pontos de aproximação da apelação[22], justamente pela decisão a ser recorrida conter o mesmo conteúdo de sentença.

---

20 Sobre os regimes recursais diferentes para cada decisão: "Note-se que a solução do mérito dada em sentença, por ser recorrível mediante apelação que em regra tem efeito suspensivo, normalmente não poderá ser, desde logo, executada. Assim, a decisão interlocutória de mérito possui um regime de eficácia privilegiado, em contraste com o da sentença." WAMBIER, Luiz Rodrigues; TALAMINI, Eduardo. **Curso avançado de processo civil.** Vol. 2, 5. ed. São Paulo: Ed. RT, 2016. p. 207.

21 "autorizando a regência do agravo de instrumento sobre decisão parcial de mérito pelo mesmo procedimento da apelação, respeitando a isonomia procedimental dos recursos que visam desafiar decisões de natureza semelhante. Para tanto, é necessário que o relator do agravo de instrumento, com base no art. 932, inciso I, decida expressamente pela utilização do procedimento da apelação" LESSA, Guilherme Thofehrn. Julgamento parcial do mérito e a necessidade de aplicação do procedimento recursal adequado. **Revista de Processo.** Vol. 281, Ano 43, p. 281-303, São Paulo: Ed. RT, Jul /2018. p. 301.

22 Alertando sobre o problema da diferença dos recursos, mediante qual for a decisão a ser tomada pelo juízo: "Se o juiz resolve aplicar o art. 356 e julgar o mérito de apenas um dos pedidos cumulados, a parte que pretender recorrer deverá se valer do agravo de instrumento, o qual via de regra não tem efeito suspensivo (art. 1.019, I), e não admite sustenta- ção oral (art. 937, VIII). Se o juiz entender por bem não desmembrar o objeto litigioso e proferir uma única decisão sobre todos os pedidos cumulados, o recurso cabível é a apelação, o qual tem, de regra, efeito suspensivo automático (art. 1.012) e comporta sustentação oral (art. 937, I). Duas situações essencialmente iguais não poderiam ter recebido tratamentos tão distintos." SICA, Heitor Vitor Mendonça. Comentário ao art. 1.015. STRECK, Lenio. **Comentários ao código de processo civil,** 11ª. ed. São Paulo: Saraiva, 2016. p. 1.374.

Para tanto, na medida da construção de convergências, deve-se entender que esse agravo terá peculiaridades, diferenciando-lhe das demais hipóteses, justamente por impugnar uma decisão que resolve parte da demanda. Importante elencar a seguir as diferenças dessa espécie com as demais de agravo de instrumento, almejando uma convergência com a apelação: (i) a relação com o efeito suspensivo; (ii) a sustentação oral perante a sessão de julgamento; (iii) a possibilidade do agravo de instrumento na forma adesiva; (iv) teoria da causa madura; (v) honorários recursais no agravo de instrumento; (vi) a decisão parcial construída junto com outra decisão que delineia o prosseguimento do processo; (vii) recorribilidade das decisões interlocutórias não passíveis de agravo de instrumento que forem prolatada antes da decisão parcial; (vii) a ausência do efeito regressivo; (ix) o efeito expansivo do agravo de instrumento da decisão parcial.

Cada uma dessas convergências deve ser enfrentada.

Sobre o *efeito suspensivo* do agravo de instrumento contra a decisão parcial é importante frisar que há uma anomalia entre os sistemas[23] de eficácia da decisão entre a sentença e a decisão parcial, com a primeira contendo, nos moldes do art. 1.012 do CPC, efeito suspensivo automático em sua recorribilidade, e a segunda, pelo art. 356, § 2º do CPC, tem eficácia imediata, mesmo na existência de recurso.

Ou seja, são dois sistemas diferentes, o que não consegue-se tergiversar sobre o texto positivado, contudo com a menção de que o agravo de instrumento

---

23 Se o efeito suspensivo não há como ser automático, que ele seja deferido habitualmente na forma procedimental do agravo, com o viés de interpretação pela necessidade – e não possibilidade – do relator conceder para igualar as situações recursais entre a apelação (cabível contra a sentença) e o agravo de instrumento (cabível contra a decisão parcial de mérito). O correto seria a sistematização desse referido agravo de instrumento com os benefícios processuais que a apelação dispõe, ainda que contra a disposição legal, imaginando-se uma regra para as impugnações de decisões que contenham conteúdo de mérito. No sentido da automaticidade do efeito suspensivo: "apesar da literalidade do texto do referido dispositivo, o agravo de instrumento interposto contra decisão parcial terá efeito suspensivo ope legis. É automático. Igual ao da apelação. Decorre naturalmente do art. 1.012: "A apelação terá efeito suspensivo". No sentido de que o efeito suspensivo não pode ser concedido automaticamente nesse agravo de instrumento: "Assim, analisando o contexto do CPC/15, tem-se tratamento recursal diferenciado para decisão de mérito veiculada sob a forma de sentença e aquela formalizada sob a forma de decisão interlocutória. Na primeira, a regra é a suspensividade; na segunda, apenas a devolutividade. Embora ambas as decisões possam ter o mesmo conteúdo, por estarem submetidas a regimes recursais distintos, não é razoável a utilização de regras de um recurso sobre o outro, sem expressa previsão legal." SILVA, Beclaute Oliveira; ARAUJO, José Henrique Mouta; SILVA, I. L. Eficácia do agravo de instrumento na decisão antecipada parcial de mérito. **Revista Eletrônica de Direito Processual.** v. 1, p. 57-75, 2016. p. 73.

tem a possibilidade, como qualquer recurso, do pleito de tal efeito em seu bojo[24], para que o relator examine tão logo receba da distribuição.

Apesar de entender que há uma assimetria entre as recorribilidades que necessita ser reparada, no efeito suspensivo é difícil que se transponha à norma para a automaticidade da sua concessão, contudo há de se imaginar que o pleito deve ser propensamente mais concedido, seja para a suspender a eficácia da decisão, seja para o procedimento.

Sobre a possibilidade de *sustentação oral* para esse agravo de instrumento, o art. 937 do CPC dispõe um rol taxativo de quais as espécies recursais que são passíveis de sustentação oral, sem incluir esse agravo de instrumento especificadamente, somente permitindo quando impugnar tutelas provisórias.

No entanto, esse agravo de instrumento impugna uma decisão parcial sobre a demanda e, numa busca pela simetria e aproximação à apelação, deveria estar inserto no mesmo rol, dada a amplitude de impugnabilidade recursal e o conteúdo da própria decisão parcial, seja sem mérito, seja com mérito.

O autor do processo objetivamente complexo almejava, *a priori*, uma sentença que abrangesse todos os pedidos realizados, uma única decisão e se houvesse recurso – a apelação, o recorrente teria a possibilidade de manifestar-se perante o colegiado no Tribunal sobre todos os pontos da demanda. No entanto, num processo como este, objetivamente complexo, dada as circunstâncias sobre as questões de fato, pode configurar-se uma bifurcação cognitiva e a cisão procedimental, e, dessa maneira, diante de uma decisão parcial, esta não pode trazer prejuízo ao recorrente por ser num momento anterior do que seria na normalidade da relação sentença/apelação.

Não se pode entender como possível duas situações diversas, com conteúdo material com potencialidade idêntica, impor procedimentos recursais díspares, com garantias em um e omitindo sobre essas garantias em outro.

Desse modo, por não ter uma proibição[25] no art. 937 do CPC é importante que se construa um direito a sustentação oral[26] no agravo de instrumento que

24 É pertinente que o recorrente esclareça seu pedido de efeito suspensivo versa somente sobre a eficácia da decisão parcial ou sobre todo o procedimento ulterior, além da própria decisão.

25 Sobre a omissão da sustentação oral no agravo de instrumento contra decisão parcial, o nosso posicionamento é idêntico ao de Neves, com a visão de que é uma inexplicável omissão, contudo totalmente suprível pelo entendimento de que o agravo de instrumento dessa decisão deve conter elementos pertinentes ao agravo: "Há nesse rol uma inexplicável omissão. A partir do momento em que o Novo CPC consagra as decisões interlocutórias de mérito, recorríveis por agravo de instrumento, como não se admitir nesse caso a sustentação oral das partes? Tome-se como exemplo o art. 356 do Novo CPC, que consagra o julgamento antecipado parcial do mérito e em seu §5º prevê expressamente a recorribilidade por agrado de instrumento. Julgado todo o mérito antecipadamente, caberá apelação e, nos termos do inciso I do art. 937 do Novo

impugna uma decisão parcial, pela aproximação com a apelação e a inclusão deste recurso no rol dos passíveis desse instituto[27].

A decisão parcial de mérito pode ser julgada com os mesmos resultados da sentença, de três maneiras: procedente, improcedente ou parcialmente procedente. Nessa terceira hipótese, ocorre a sucumbência recíproca, com a abertura recursal para que todos os polos do processo possam recorrer.

Nessa hipótese de decisão parcial de mérito com sucumbência recíproca é aberta a ambas as partes a possibilidade de interposição do agravo de instrumento. No entanto, há a dúvida da seguinte situação: se somente uma delas o fizer, a outra, em prazo para a resposta às razões recursais, pode interpor o recurso adesivo, justamente pela existência da sucumbência recíproca? A resposta divide a doutrina[28], contudo é pertinente que seja positiva[29].

CPC, será permitida a sustentação oral. Mas julgada apenas parcela desse mérito, não caberá sustentação oral do recurso interposto pela parte sucumbente? É óbvio que, havendo um Novo CPC, o ideal seria a previsão expressa de cabimento de sustentação oral em agravo de instrumento contra decisão interlocutória de mérito. A injustificada e incompreensível omissão legislativa, entretanto, não é capaz de afastar esse direito das partes, bastando para fundar tal conclusão uma interpretação extensiva das hipóteses de cabimento. Ora, se é cabível sustentação oral em apelação interposta contra sentença terminativa, como impedi-la em agravo de instrumento interposto contra decisão de mérito?" NEVES, Daniel Amorim Assumpção. **Manual de processo civil.** 8ª. ed. Volume único. Salvador: Juspodivm, 2016. p. 476/477.

26 Nesse sentido: ANDREATINI, Lívia Losso. Princípio da oralidade no novo código de processo civil: a possibilidade de sustentação oral em agravo de instrumento que verse sobre decisão interlocutória de mérito. **Revista de Processo.** Vol. 282, Ano 43, p. 319-334, São Paulo: Ed. RT, Ago/2018.

27 Enunciado nº. 61 da JDPC: Deve ser franqueado às partes sustentar oralmente as suas razões, na forma e pelo prazo previsto no art. 937, caput, do CPC, no agravo de instrumento que impugne decisão de resolução parcial de mérito (art. 356, § 5º, do CPC).

28 No sentido contrário ao cabimento do agravo de instrumento adesivo: "não podemos olvidar que o art. 997, § 2º, III, prevê que só será admissível o recurso adesivo na apelação, no recurso extraordinário e no recurso especial, sendo ausente a previsão do cabimento de recurso adesivo no agravo de instrumento." LESSA, Guilherme Thofehrn. Julgamento parcial do mérito e a necessidade de aplicação do procedimento recursal adequado. **Revista de Processo.** Vol. 281, Ano 43, p. 281-303, São Paulo: Ed. RT, Jul / 2018. p. 298.

29 Concordando com o agravo de instrumento adesivo: "As decisões interlocutórias de mérito, como se verifica, têm conteúdo de sentença, inclusive fazem coisa julgada material e são passíveis de serem impugnadas via ação rescisória. Porém, em virtude da presença do critério finalístico no conceito de sentença, essas decisões são tidas pelo CPC/2015 como interlocutórias e, dessa forma, recorríveis por meio de agravo de instrumento. Daí a necessidade de se permitir, nesses casos, a interposição de agravo de instrumento pela via adesiva, sob pena de surgir uma série de consequências inaceitáveis, tendo em vista

O art. 997, § 2º, II do CPC estipula que a *forma adesiva* somente tem cabimento "na apelação, no recurso extraordinário e no recurso especial." Todavia, há de se seguir o disposto no parágrafo anterior, quando a disposição alcança uma regra maior, mais genérica e aberta de possibilidade, como autorizante do recurso em sua adesividade quando forem "vencidos autor e réu, ao recurso interposto por qualquer deles poderá aderir o outro."

A hipótese processual de uma sucumbência recíproca nessa situação do agravo de instrumento contra decisão parcial enquadra-se que o art. 997, § 1º do CPC preconiza que sendo vencidos autor e réu, ao recurso interposto por qualquer deles poderá aderir o outro.

Mesmo diante de um rol constante no art. 997, § 2º, II do CPC, o correto é o entendimento construído que este não deve ser taxativo, mas meramente exemplificativo das hipóteses em que há a possibilidade de sucumbência recíproca, cabendo em qualquer outro recurso em que a reciprocidade seja possível, como no caso deste agravo de instrumento contra a decisão parcial. Como a reciprocidade na sucumbência somente é possível numa decisão parcial de mérito, neste caso, essa possibilidade nem seria possível uma situação análoga na decisão parcial sem mérito.

Outro ponto de necessária construção de convergência entre apelação e agravo de instrumento contra decisão parcial é a possibilidade de utilização do art. 1.013, § 3º do CPC – a possibilidade de julgar o mérito diretamente no Tribunal[30] ou a *teoria da causa madura.*

Por essa teoria, um recurso que impugna um vício da decisão recorrida, se este vício for desobstruído[31] pelo Tribunal, reabre-se a possibilidade de julga-

---

a coerência do sistema processual." MIRANDA, Pedro de Oliveira. **Novíssimo sistema recursal conforme o CPC/2015.** 1ª. ed. Florianópolis: Conceito Editorial, 2015. p. 142.

30 A Teoria da causa madura foi inserida no ordenamento passado e ampliada no CPC/2015, Theodoro Jr. versa sobre a teoria no CPC/73: "Com a nova regra, mesmo que a sentença tenha sido terminativa, o efeito devolutivo da apelação permitirá ao tribunal julgar o mérito da causa, desde que satisfeitos dois requisitos: a) se a causa versar sobre questão exclusivamente de direito; e b) o feito estiver em condições de imediato julgamento (um recurso contra indeferimento da inicial, por exemplo, não pode ser apreciado pelo mérito da causa, porque ainda não se realizou o contraditório; assim, também quando a extinção se deu na fase de saneamento, sem que ainda se pudesse ter o contraditório completo). Não basta, portanto, que a questão de mérito a decidir seja apenas de direito; é necessário que o processo esteja maduro para a solução do mérito da causa." THEODORO JR. Humberto. **Curso de direito processual civil: Teoria geral do direito processual civil e processo de conhecimento.** Vol. 1. 47ª ed. Rio de Janeiro: Forense, 2007. p. 661/662.

31 Sobre efeito desobstrutivo da apelação e a teoria da causa madura: LOPES JR., Gervásio. **Julgamento direto do mérito na instância recursal.** Salvador: JusPodivn. 2007. p. 36. "O julgamento do mérito diretamente pelo tribunal não é consequência do efeito devolutivo

mento do mérito e, se a demanda estiver em condições de imediato julgamento, sem necessidade de outras provas, o Tribunal pode julgar, desde já, o mérito sem remeter para o juízo de primeiro grau.

O art. 1.013, § 3º do CPC versa sobre essa possibilidade de julgamento imediato no Tribunal para a apelação, ao ser provida para a retirada do vício impossibilitante de enfrentamento cognitivo do mérito, contudo todo o desenvolvimento dessa construção equiparativa passa pelo sentido do conteúdo da decisão parcial ser idêntico ao possível na sentença, somente pela situação processual ensejar uma cisão procedimental da demanda, por caminhos processuais diversos, com isso, se a teoria da causa madura é possível na apelação, numa situação idêntica de um agravo de decisão parcial deve, igualmente, ser possível.

Dessa maneira, num julgamento de agravo de instrumento, se a decisão parcial for afastada por alguma das hipóteses dispostos no art. 1.013, § 3º do CPC, o colegiado deve debruçar-se sobre aquela matéria meritória para dedicar-se ao novo julgamento, ainda que seja em agravo de instrumento, contudo com limites ao que foi objeto do recurso e da cisão realizada.

Sobre a condenação em honorários advocatícios, cada decisão que julgar parcela da demanda condenará aos honorários correspondentes, o que importa que a decisão parcial tem o seu capítulo sobre honorários[32], com a relevância de julgar somente sobre a parcela que já pôde ser julgada. Concomitante a essa inovação, o CPC/2015 trouxe uma inovação na inserção de *honorários advocatícios em grau recursal*. O art. 85, § 11 do CPC estipula que o Tribunal majorará os honorários fixados anteriormente levando em conta o trabalho adicional realizado em grau recursal.

Ou seja, o ato recursal ensejará uma nova sucumbência e condenação em honorários, agora dependendo do resultado recursal. No entanto, é preciso

---

do recurso, até porque ele ocorre após o julgamento do recurso – é um outro efeito da apelação, já denominado efeito desobstrutivo do recurso." CUNHA, Leonardo José Carneiro da; DIDIER JR., Fredie. **Curso de direito processual civil. Meios de impugnação às decisões judiciais e processo nos tribunais.** 13ª ed. Salvador: Juspodivm, 2016. p. 194.

32 Sobre os honorários advocatícios serem fixados a cada decisão, Meireles entende que não é possível e que devem ser dispostos todos somente na sentença, o oque discordamos pelo fato de que tornaria a sentença um momento de discriminar honorários do que já foi recorrido ou transitado em julgado, sem proporcionar praticidade ao sistema: "Sendo assim, parece-nos que, de fato, o procedimento a ser adotado e de somente decidir os honorários advocatícios quando da prolação da sentença. Isso porque, em relação aos honorários advocatícios, o juiz haveria de ter em conta a atuação do advogado em todo o processo ajuizado. Da inicial à sentença. Descaberia, assim, ao juiz condenar o vencido de forma antecipa." MEIRELES, Edilton. Julgamento antecipado parcial do mérito. **Revista de Processo.** Vol. 252, Ano 41, p. 133–146, São Paulo: Ed. RT, Fev/2016. p. 139.

fixar requisitos para tanto, como o julgamento do recurso, o trabalho realizado e a existência de condenação em honorários advocatícios na decisão recorrida.

Desse modo, como a decisão parcial detém condenação em honorários advocatícios ao sucumbente, no agravo de instrumento que impugna essa decisão, naturalmente, será possível os honorários recursais[33].

A decisão parcial costumeiramente será *construída junto com outra decisão que delineia o prosseguimento do processo*, seja uma decisão de deferimento parcial da inicial, seja uma decisão que saneia e organiza o restante da demanda, seja uma que determina outras provas a serem produzidas e, assim por diante. Como a decisão parcial dificilmente será construída de modo isolado, o que importa em delimitar a recorribilidade somente ao conteúdo da decisão parcial, se for o caso.

Geralmente, as decisões interlocutórias que estiverem anexas à decisão parcial, como um deferimento da inicial ou o saneamento e organização do processo, não são agraváveis, o que importa no agravo de instrumento da decisão parcial não versar sobre esse capítulo diverso da decisão interlocutória, pelo fato de que esta decisão está formalmente junto com a decisão parcial, mas materialmente é diversa e não agravável.

Não há, portanto, a possibilidade de arrastamento da recorribilidade da decisão parcial para outros conteúdos não agraváveis de conteúdos formalmente em conjunto com essa decisão interlocutória. É importante que o agravo sobre a decisão parcial não traga as matérias que não são atinentes ao seu capítulo e que estão insertas na decisão, contudo envoltas de irrecorribi lidade momentânea.

Um dos pontos complexos da decisão parcial é a *recorribilidade das decisões interlocutórias não passíveis de agravo de instrumento que forem prolatada antes da decisão parcial*. Em regra, as decisões agraváveis são as contidas na norma, principalmente no rol descrito no art. 1.015 do CPC, e aquelas que não estiverem especificadas ali ficarão postergadas para serem impugnadas em preliminar de apelação[34], nos moldes previstos no art. 1.009, § 1º do CPC.

---

33 Nesse sentido: "Por isso, deve-se, pela plasticidade sistêmica, admitir a condenação ao pagamento de honorários de sucumbência quando proferida decisão parcial de mérito, bem como quando julgado o respectivo recurso de agravo de instrumento." MOUZALAS, Rinaldo; TERCEIRO NETO, João Otávio. Decisão parcial de mérito. **Revista de Processo.** Vol. 260, Ano 41, p. 199-226, São Paulo: Ed. RT, out/2016. p. 223.

34 "O recurso de apelação foi objeto de algumas modificações relevantes. Primeiramente, as decisões interlocutórias passam a ser desafiadas, em regra, mediante preliminar de apelação ou suas contrarrazões (art. 1.009 § 1º)." HILL, Flavia Pereira. Breves comentários às principais inovações quanto aos meios de impugnações das decisões judiciais no Novo CPC. **Coleção Novo CPC – Doutrina Selecionada – v.6 – Processo nos Tribunais e Meios de Impugnação às Decisões Judiciais**. Orgs: DIDIER JR., Fredie; FREIRE, Alexandre; MACEDO, Lucas Buril de; PEIXOTO, Ravi. Salvador: Juspodivm, 2015. p. 367.

Se a decisão interlocutória não for agravável, a sua recorribilidade será na apelação, essa é a definição da norma processual. Fora a taxatividade mitigada, o ponto complexo está nas decisões interlocutórias não agraváveis que forem anteriores à decisão parcial, sendo que esta será impugnável por um agravo de instrumento que deve ser compreendido quase como uma apelação, gerando a seguinte dúvida: essas interlocutórias não agraváveis anteriores à decisão parcial devem ser impugnadas no agravo desta decisão ou na apelação?

Essa indagação é complexa e trazida pela situação de bifurcação cognitiva e a cisão procedimental da demanda. O ponto de pertinência é a análise do conteúdo de cada um dessas decisões não agraváveis e o grau de relação que teriam com a ulterior decisão parcial. As possibilidades de interligação são: (i) interligação somente com a decisão parcial; (ii) interligação somente com o restante da demanda a ser decidida na sentença; (iii) a interligação com ambos os capítulos da demanda, mas em capítulos diversos da decisão não agravável; (iv) a interligação, ao mesmo tempo, com todos os capítulos da demanda – a parcial e a futura sentença.

Dependendo de cada interligação[35] será possível que seja impugnável na apelação, nos moldes dispostos no art. 1.009, § 1º do CPC, ou no agravo de instrumento, numa analogia a este mesmo dispositivo, mas entendendo que a preclusão ocorrerá neste momento recursal, dada a interligação material. Ou seja, pode ser em preliminar de apelação ou preliminar de agravo de instrumento[36], dependendo do conteúdo da decisão não agravável anterior à decisão parcial.

35 Enunciado n.º 611 do FPPC: (arts. 1.015, II; 1.009, §§ 1º e 2º; 354, parágrafo único; 356, §5º; 485; 487). Na hipótese de decisão parcial com fundamento no art. 485 ou no art. 487, as questões exclusivamente a ela relacionadas e resolvidas anteriormente, quando não recorríveis de imediato, devem ser impugnadas em preliminar do agravo de instrumento ou nas contrarrazões.

36 Em modo quase semelhante no geral, mas diverso em ponto específico, Cunha e Didier Jr. entendem que sempre deve ser impugnada no agravo de instrumento, ressaltando as razões: "A decisão anterior tem de ser impugnada apenas no agravo de instrumento, uma única vez. Essa parece ser a melhor solução. Primeiro, por prestigiar a regra de que a impugnação deve ser feita no primeiro momento em que isso for possível à parte (art. 278, CPC). Segundo, porque se trata de interpretação que, por prestigiar a preclusão, concretiza os princípios da boa-fé processual, da razoável duração do processo e da cooperação. Terceiro, porque, assim, a sentença já poderia ser proferida, no mais das vezes, com a certeza sobre a questão resolvida na decisão anterior, sem que se pudesse falar em sentença sob condição, por exemplo. Caso a questão anterior ainda não tenha sido resolvida definitivamente (agravo de instrumento não julgado, por exemplo), a apelação seria distribuída por prevenção ao relator do agravo de instrumento, que os julgaria conjuntamente (art. 946, CPC)." CUNHA, Leonardo Carneiro da; DIDIER JR, Fredie. **O problema das decisões interlocutórias não agraváveis anteriores e o agravo de instrumento contra decisão parcial.** http://www.frediedidier.com.br/editorial/editorial-188/. Acessado dia 31de janeiro de 2019.

Na primeira hipótese, com interligação somente com a decisão parcial, essa decisão anterior deve ser impugnada em preliminar de agravo de instrumento, justamente por não comportar agravo de instrumento específico daquela decisão e ter conteúdo atrelado ao que foi decidido na decisão parcial, sendo necessária a sua rediscussão, se assim entenderem, nesse momento da demanda, sendo precluso posteriormente[37].

Por outro lado, na segunda hipótese, quando a decisão interlocutória anterior à decisão parcial de mérito nada guardar de conteúdo desta, não deve ser atacada no agravo de instrumento desta decisão, aguardando a prolação da sentença para tal desiderato, seguindo o que realmente está disposto no art. 1.009, § 1º do CPC, com a impugnação em preliminar de eventual apelação.

Na terceira hipótese, a decisão não agravável anterior impacta os capítulos da demanda, mas contendo capítulos autônomos de interligação, o que seria uma decisão que aparentemente seria impugnada em cada recurso, contudo é de se imaginar que seja totalmente impugnada no agravo de instrumento, uma vez que é o recurso que poderá, inclusive, pedir a anulação dessa decisão por *error in procedendo*. Ou seja, por mais que tenha essa dúvida e interligação com ambas, separada e internamente na decisão, é prudente que seja impugnada em sua plenitude no agravo de instrumento.

A quarta hipótese tende ainda mais a ser no agravo de instrumento, por ser diferente da terceira hipótese em que as interligações eram autônomas, neste caso, o que se decidiu impacta, ao mesmo tempo, numa mesma questão, ambos os pedidos, o que importa em sua preclusão[38] ser no primeiro momento

---

37 No mesmo sentido, Araújo entende que quando o conteúdo da interlocutória versar somente sobre ponto da decisão parcial, o agravo de instrumento é o momento para ser impugnada a decisão anterior não agravável: "Em relação à primeira hipótese, entendo que o art. 1.009, § 1.º, do CPC/2015, deve ser estendido ao agravo de instrumento contra decisão parcial de mérito. Portanto, o agravante, ao manejar seu apelo (art. 356, § 5.º, do CPC/2015), necessariamente deverá impugnar a questão anterior relativa ao indeferimento de produção de prova, eis que, quando foi assim decidido pelo magistrado de primeiro grau, a interlocutória não estava sujeita ao agravo de instrumento."ARAÚJO, José Henrique Mouta. A recorribilidade das interlocutórias no novo CPC: variações sobre o tema. **Revista de Processo.** Vol. 251, Ano 41, p. 207-228, São Paulo: Ed. RT, Jan/2016. p. 212.

38 Araújo entende que o conteúdo da decisão não agravável que é comum à decisão parcial e à futura sentença pode ser impugnável em apelação também, sem qualquer preclusão, o que não nos parece acertado esse posicionamento, pelo melhor análise de se impugnar o conteúdo no primeiro momento, ou seja, no agravo de instrumento: "Por outro lado, se a questão processual for comum, a resolução antecipada de um dos capítulos não impede que seja suscitada na apelação ou contrarrazões futuras, exclusivamente em relação ao capítulo de mérito constante na sentença. De fato, a ampliação do efeito devolutivo, prevista no art. 1.009, § 1.º, fica adstrita ao capítulo de mérito resolvido na sentença, não impedindo que a análise feita em relação a capítulo

de recorribilidade, ou seja, no agravo de instrumento, em preliminar, utilizando o art. 1.009, § 1º do CPC.

Em regra, no agravo de instrumento há a possibilidade de retratação do juízo de primeiro grau – *efeito regressivo do agravo*, ainda mais pelo caráter interlocutório da decisão que foi impugnada, dada a reversibilidade de algumas medidas. A dúvida, entretanto, nasce sobre a retratação do juízo de primeiro grau da decisão parcial.

Pela regra disposta no art. 1.018, § 1º do CPC, há possibilidade de retratação no agravo de instrumento, pelo fato de que somente preconiza-se que "se o juiz comunicar que reformou inteiramente a decisão, o relator considerará prejudicado o agravo de instrumento." Não há distinção no dispositivo acima mencionado entre a retratação e eventual prejudicialidade do agravo de instrumento de uma interlocutória como qualquer outra e a decisão parcial, com a impressão de que em ambas o juízo de primeiro grau pode retratar-se com a comunicação da reforma de decisão e a eventual perda do objeto do agravo.

No entanto, a análise deve ser mais minuciosa, com a diferenciação de que a decisão parcial versa sobre conteúdo que seria, normalmente, da sentença, somente com a mudança de que houve a bifurcação cognitiva e a cisão procedimental. De certo modo, é incongruente que a sentença tenha uma rigidez em que a retratação somente ocorra em situações específicas – indeferimento da inicial, improcedência liminar e a sentença sem julgamento do mérito – e a decisão parcial tenha uma amplitude maior aos poderes de retratação do juízo.

A regra do art. 494 do CPC que determina que uma vez publicada a sentença, o juízo só poderá alterá-la para corrigir-lhe, de ofício ou a requerimento da parte, inexatidões materiais ou erros de cálculo ou de embargos de declaração, deve valer para a decisão parcial, igualmente, sem possibilitar o efeito regressivo a esse agravo. Num comparativo entre esse agravo e a apelação, esta última, em regra, não tem efeito regressivo, até pelo fato do art. 494 do CPC, uma vez que a sentença, ao ser proferida, é revestida de perfeição como ato processual, representando a concepção de resolução judicial para aqueles fatos e demanda, não podendo, o juízo, alterá-la (salvo em casos de erro material).

Todavia, em algumas hipóteses, pode o juízo reanalisar e retratar-se sobre a sua decisão e o recurso, anulando sua decisão e prosseguindo com o processo justamente daquela fase processual em que houve a prolação da sentença. Essa possibilidade de retratação é a manifestação do efeito regressivo, escasso na apelação, mas existente em três situações: indeferimento da inicial (art. 331 do

---

de mérito resolvido antecipadamente possa ser imunizada pela coisa julgada parcial (art. 356, § 3.º, do CPC/2015)." ARAÚJO, José Henrique Mouta. A recorribilidade das interlocutórias no novo CPC: variações sobre o tema. **Revista de Processo**. Vol. 251, Ano 41, p. 207-228, São Paulo: Ed. RT, Jan/2016. p. 212.

CPC), improcedência liminar (art. 332, § 3º do CPC), ou quaisquer dos casos de sentença terminativa (art. 485, § 7º do CPC), todos no prazo de cinco dias.

Diante da comparação entre o agravo de instrumento e a apelação, mediante a decisão parcial, nos mesmos casos em que couber o juízo regressivo na apelação, caberia nesse agravo[39], sem ser sempre possível neste último, mesmo que a regra seja essa para o agravo.

Sobre esse agravo de instrumento que impugna a decisão parcial, pelo resultado do seu julgamento *é possível a necessidade do efeito expansivo* do acórdão que substitui a decisão agravada. Essa expansão dos efeitos do julgamento recursal existe pelo impacto do conteúdo da decisão que substituirá a recorrida propiciar mais efeitos ao processo do que o ensejado no recurso, alcançando não somente o que se esperava naquele recurso e decisão recorrida, mas outros pontos processuais ou partes posteriores.

Com o resultado do julgamento do agravo de instrumento e a depender do que se julgou, o conteúdo do acórdão pode ocasionar reflexos que não foram imaginados. Quando se recorre de uma decisão para alterá-la, dependendo dos argumentos e devolutividade do que se recorreu, o julgamento pode ater-se a alterar a decisão recorrida ou ampliar a sua eficácia para outros atos processuais, inclusive anulando ou impactando outros pontos, mesmo que seja aquilo que já se decidiu em sentença posterior, mesmo que recorrida por apelação ou transitada em julgado, possibilitando uma ação rescisória.

Dessa maneira, nesse agravo de instrumento que impugna a decisão parcial, dependendo de seu resultado, o conteúdo do que se recorreu e o resultado do recurso podem impugnar a existência ou não do procedimento posterior, com a possibilidade de anular alguns atos ou até a determinação de como serão as questões de fato para outros pontos a serem decididos na sentença ainda a ser prolatada.

Um ponto a ser considerado e relacionado com o agravo de instrumento que impugna a decisão parcial é a diferenciação necessária desta forma de recurso com os recursos parciais. A conceituação de um recurso parcial é aquele que diante de uma decisão que contém mais de um capítulo decisório, escolhe, diante da faculdade material recursal, impugnar somente parte do ato decisório impugnado. Mediante isso, a devolutividade da jurisdição para o Tribunal ocorre

39 A visão de Mouzalas e Terceiro Neto é correta, contudo não limite à decisão parcial de mérito, mas de todas as decisões parciais, até pelo fato de que as hipóteses de retratação da apelação são mais atinentes a uma decisão sem mérito do que com mérito. "A interpretação mais adequada parece ser a de que o agravo de instrumento, quando interposto contra decisão interlocutória de mérito, somente terá efeito regressivo nas hipóteses em que a apelação também o teria, caso a questão tivesse sido resolvida na sentença." MOUZALAS, Rinaldo; TERCEIRO NETO, João Otávio. Decisão parcial de mérito. **Revista de Processo.** Vol. 260, Ano 41, p. 199-226, São Paulo: Ed. RT, out/2016. p. 214.

nos limites do que se impugnou, impossibilitando a manifestação no julgamento revisional daquilo que, materialmente, não está sob sua jurisdição.

Nessa hipótese narrada ocorre uma recorribilidade parcial[40] e, assim, a preclusão[41]" sobre os capítulos não impugnados, seja sobre questões, seja sobre pedidos da demanda. Nestes últimos, a preclusão proporcionará a coisa julgada material[42].

No entanto, pertinente dizer que o agravo de instrumento que impugna a decisão parcial não é, automaticamente, um recurso parcial[43]. Se entender-se por uma bipartição cognitiva e uma cisão procedimental, o agravo de instrumento ataca a decisão que é possível de atacar, com a limitação pertinente ao próprio conteúdo decisório da interlocutória a ser impugnada.

O agravo de instrumento contra a decisão parcial será um recurso com a possibilidade de ser integral[44] ou parcial, sem atrelar-se a qualquer dessas

---

40 Sobre o art. 1.002 do CPC permitir que a parte recorra somente do que entender pertinente, materialmente, da decisão, sem qualquer necessidade de impugná-la por inteiro: "O art. 1.002 permite à parte recorrente que impugne apenas parte da decisão. Em boa hora substituiu o legislador a palavra sentença por decisão, que é gênero. A tendência é que a parte não impugnada torne-se estável e, em alguns casos, esta estabilidade se manifesta por meio do instituto da coisa julgada" ALVIM, Teresa Arruda. Comentários ao art. 1.002. In: CABRAL, Antonio do Passo, CRAMER, Ronaldo (orgs.). **Comentários ao novo código de processo civil**. 2ª ed. Rio de Janeiro: Forense, 2016. p. 1.498.

41 "capítulo não impugnado fica acobertado pela preclusão." CUNHA, Leonardo José Carneiro da; DIDIER JR., Fredie. **Curso de direito processual civil. Meios de impugnação às decisões judiciais e processo nos tribunais.** 13ª ed. Salvador: Juspodivm, 2016. p. 96.

42 Sobre a não impugnabilidade de algum dos capítulos decisórias da sentença: "Se capítulos inatacados reputam-se cobertos pela preclusão adequada ao caso, tendo, portanto, mesmo destino que e o ato decisório inteiro, se recurso algum houvesse sido interposto. Se o capítulo irrecorrível fizer parte de uma sentença, a preclusão incidente sobre ele será a *preclusio maxima*. Ou seja, a coisa julgada formal; se contiveram julgamento de mérito, seus efeitos fizeram também imunizados pela autoridade da coisa julgada material." DINAMARCO, Cândido Rangel. **Capítulos de sentença.** 3ª. ed. São Paulo: Malheiros, 2008. p. 105.

43 O agravo de instrumento da decisão parcial somente pode impugnar a decisão parcial, logo, se impugná-la por completo, será um recurso total e não parcial. "Recurso parcial é aquele que, em virtude de limitação voluntária, não compreende a totalidade do conteúdo impugnável da decisão. O recorrente decide impugnar apenas uma parcela ou um capitulo da decisão. (...) Recurso total é aquele que abrange todo o conteúdo impugnável da decisão recorrida. Se o recorrente não especificar a parte em que impugna a decisão, o recurso deve ser interpretado como total." CUNHA, Leonardo José Carneiro da; DIDIER JR., Fredie. **Curso de direito processual civil. Meios de impugnação às decisões judiciais e processo nos tribunais.** 13ª ed. Salvador: Juspodivm, 2016. p. 96/97.

44 Sobre a diferença entre recurso integral e parcial, Dinamarco descreve: "Recurso integral é o que contém a impugnação de toda a decisão, em todos os seus capítulos, e por-

modalidades somente por impugnar uma decisão parcial. Se impugnar todo o conteúdo da decisão parcial, será integral; se impugnar algum capítulo da decisão parcial, sendo esta com conteúdo plúrimo, será parcial.

6.1.3 A remessa necessária e a decisão parcial

O art. 496 do CPC delimita que uma sentença prolatada contra a União, os Estados, o Distrito Federal, os Municípios e suas respectivas autarquias e fundações de direito público estarão sujeitas ao duplo grau de jurisdição, sem produzir efeitos enquanto não forem confirmadas pelo Tribunal, bem como aquela que julgar procedentes, no todo ou em parte, os embargos à execução fiscal.

Essas espécies de sentença, mesmo sem interposição de recurso do ente público, não produzirão eficácia imediata, com a necessidade de revisão obrigatória pelo colegiado de segundo grau, sem possibilitar, em regra, o trânsito em julgado. A sentença foi proferida, há um conteúdo condenatório contra a contra alguma Fazenda Pública em juízo e ainda assim não tem a possibilidade de produzir efeitos, dada a redação do mencionado dispositivo[45].

Para a conceituação, a remessa necessária "tem a virtude de suspender os efeitos da sentença até que sobre ela se pronuncie a instância superior. O que ela exprime, portanto, em sua configuração mais simples, é a devolução da causa ao Tribunal (...) independentemente de recurso interposto pelas partes[46]." Essa remessa, um ato de ofício, é ato administrativo vinculado, utilizando o termo dever, não sendo faculdade do juízo, quando deparar-se com as hipóteses cabíveis.

A remessa necessária é um dos meios que um processo pode ser levado a uma revisão pelo Tribunal, sendo possível em conjunto com recurso ou independente deste, mas não podendo ser confundido com este. No entanto, existe dúvida sobre a natureza jurídica da remessa necessária, gerando discussão na doutrina, com a visualização de discordância entre forma de um recurso oficioso

---

tanto opera a devolução de toda a matéria decidida; parcial, o que se refere somente a um, ou alguns dos capítulos de sentença, deixando sem impugnação o outro ou outros. Mesmo a apelação, que é potencialmente um recurso pleno, deixa de operar a devolução de todos os capítulos e portanto de toda a causa, nos casos em que ela for concretamente parcial." DINAMARCO, Cândido Rangel. **Capítulos de sentença.** 3ª. ed. São Paulo: Malheiros, 2008. p. 98.

45 Outra conceituação possível da remessa, sobre a qual concordamos: "a remessa necessária, remessa ex officio ou reexame necessário é um instituto que objetiva preservar a esfera jurídica da Fazenda Pública, determinando que toda sentença que julgue procedente o pedido da parte autora em face da Fazenda Pública [...] deverá ser remetida ao Tribunal, para confirmação ou não, independente de as partes interporem recurso voluntário." PINHO, Humberto Dalla Bernardina de. **Direito processual civil contemporâneo: introdução ao processo civil.** V. I. São Paulo: Saraiva, 2012. p. 570.

46 BUZAID, Alfredo. **Da apelação ex-officio.** São Paulo: Saraiva, 1951. p. 37.

ou a simples condição de eficácia da decisão. Dentro dessa discussão, opta-se pelo entendimento de que a remessa não é um recurso[47], mas uma obrigatoriedade[48] de reanálise daquela decisão de mérito, nas hipóteses anteriormente elencadas, com uma revisão automática que possibilita um novo enfrentamento de toda a matéria, debelando o efeito devolutivo amplo, mediante o ato ordinatório do juízo proceder a remessa, contudo com um efeito translativo, devolvendo matéria para reanálise sem uma delimitação material de impugnabilidade, impedindo a formação da coisa julgada enquanto não houver a confirmação pelo Tribunal.

---

47 Entendemos que remessa necessária não é recurso por não preencher todos os requisitos para o enquadramento neste, principalmente pela falta de voluntariedade e dialeticidade, como Rodrigues também preconiza, o qual concordamos com esta visão: "Apesar de existir entendimento no sentindo de que o reexame possui natureza jurídica de recurso, na realidade trata-se de uma condição de eficácia da sentença contrária às pessoas jurídicas de direito público. Não é possível enquadrar o duplo grau obrigatório como recurso, já que aquele não atende a princípios basilares dos recursos, como é o caso da voluntariedade, da taxatividade, e da discursividade." RODRIGUES, Marco Antônio. **A fazenda pública no processo civil.** 1ª ed. São Paulo: Gen Atlas. 2016. p. 79. No entanto, existem entendimentos contrários de que a remessa seria um recurso, alguns, como Araken de Assis entendem que interposto pelo juízo (ASSIS, Araken de. **Manual dos recursos.** São Paulo: Ed. RT, 2007. p. 852) ou, ainda, em entendimento recente Cunha e Didier Jr. como um autêntico recurso pela desnecessidade de entender como recurso um conceito fechado, o que entendemos não proceder. "Ao praticar o ato de impulso oficial, o juiz provoca a impugnação compulsória, sem que haja vontade de qualquer das partes. Não existe um conceito universal de recurso. Este é construído a partir da singularidade de cada sistema positivo. No sistema brasileiro, há recursos voluntários e recursos compulsórios. Em ambos, há provocação e impugnação." CUNHA, Leonardo José Carneiro da; DIDIER JR., Fredie. **Curso de direito processual civil. Meios de impugnação às decisões judiciais e processo nos tribunais.** 13ª ed. Salvador: Juspodivm, 2016. p. 404. Medina tem uma visão contemporizadora: "De todo modo, ainda que se afirme que o reexame necessário não tenha a natureza de recurso, é inegável que a atividade desenvolvida pelo tribunal, ao verificar se mantém ou não a decisão sujeita a reexame, assemelha-se à que se opera quando do julgamento de um recurso. Por isso, p. ex., é que se entende que a competência do relator para julgar recursos estende-se também ao reexame necessário (cf. Súmula 253 do STJ, nota supra). O reexame necessário, no entanto, volta-se apenas à verificação da correção da decisão reexaminada, não se sujeitando ao interesse das partes (como se daria, se se tratasse de um recurso)" MEDINA, José Miguel Garcia. **Novo código de processo civil comentado.** 2ª Ed. São Paulo: Ed. RT, 2015. p. 484.

48 "Que fique, pois, fixado o entendimento neste trabalho de que o reexame necessário é condição de existência da sentença, pois o segundo julgamento é constitutivo integrativo do título, como o é a sentença de liquidação em relação ao seu aspecto quantitativo." FELIX, Juarez Rogério. O duplo grau de jurisdição obrigatório. In: Teresa Arruda Alvim Wambier; Nelson nery Jr. (Org.). **Aspectos Polêmicos e Atuais dos Recursos Cíveis de Acordo com a Lei 9.756/98.** 1ª. ed.,p. 420-432, São Paulo: Ed. RT, 1999. p. 429.

Obviamente que se houvesse a necessidade de enquadrar a remessa necessária em uma espécie de instituto, o recurso seria o mais próximo, contudo não há necessidade desse enquadramento, com a total viabilidade da remessa ser um instituto autônomo de revisão de decisão judicial, podendo ser concomitante ao recurso, mas não se confundindo com este.

Inobstante ao conceito e a existência da remessa necessária, o CPC/2015 positivou a decisão parcial, mediante a prolação de um ato decisório que cinde a demanda, com ou sem mérito, porém abre um ponto importante de enfrentamento: a inter-relação entre a remessa necessária e a decisão parcial.

Antes do enfrentamento sobre a relação entre remessa necessária e decisão parcial é importante esclarecer que a decisão parcial sem mérito não detém relação com a remessa por não enquadrar nas hipóteses mencionadas pelo art. 496 do CPC, uma vez que essa seria para extinguir parcela da demanda, o que não poderia ser uma decisão contra ente público, tampouco julgando procedentes embargos à execução. Por isso, o estudo da relação da remessa necessária com a decisão parcial deve ater-se à de mérito, pela inviabilidade da decisão parcial sem mérito enquadrar-se nos requisitos da remessa necessária.

Ultrapassando esse descarte da relação da decisão parcial sem mérito e a remessa necessária, o foco de indagação deve ser se é possível a remessa necessária na decisão parcial de mérito que se enquadre nas hipóteses delineadas no art. 356 do CPC para a cisão procedimental da demanda e no art. 496 do CPC para o cabimento da remessa necessária.

O primeiro ponto a ser analisado é a total abertura para que uma decisão parcial de mérito seja proferida contra qualquer ente público enquadrável na remessa necessária. Não há nenhum impeditivo de que a bifurcação cognitiva e a cisão procedimental alcancem as ações com a Fazenda Pública em juízo. Ou seja, o juízo ao ter a percepção da conjunção dos requisitos para a prolação de uma decisão parcial de mérito contra um ente público, deve assim proceder, sem preocupações sobre a remessa necessária ser possível ou não, cindindo a demanda e seus méritos.

Depois, passando a um segundo ponto, devemos analisar o termo "sentença" no art. 496 do CPC que disciplina a remessa necessária. Se imaginar uma interpretação totalmente literal[49], o mencionado dispositivo estipularia somente

---

49 Nery Jr. e Nery entendem necessitaria somente recair o instituto sobre sentença, não possibilitando ampliação de interpretação: "O dispositivo fala em sentença, que é ato do juiz singular que, ao mesmo tempo, contém uma das matérias do CPC 485 ou 487 e extingue uma fase cognitiva do procedimento comum ou a execução (CPC 203 § 1º). Somente as sentenças de mérito (CPC 487), nos casos do CPC 496 I e III, proferidas por juízo de primeiro grau, estão sujeitas à remessa necessária." NERY JR, Nelson; NERY, Rosa Maria de Andrade. **Código de processo civil comentado.** 16ª. ed. São Paulo: Ed. RT, 2016. p. 1.269.

como passível de remessa necessária a sentença, com a decisão que encerra a fase de cognição, com ou sem mérito, num enquadramento ao conceito previsto no art. 203, § 1º do CPC. Por outro lado, é possível entender que essa disposição seria no sentido de enquadrá-la como todo ato de decidir, com uma acepção mais ampla da semântica do termo.

Mas, para o cabimento da remessa necessária na decisão parcial, essa dúvida precisa ser enfrentada: qual foi a intenção do art. 496 do CPC e o termo sentença? A resposta deve tender a ser ampliativa, pelo fato de que o termo sentença não deve ser entendível como restritivo, até por ser assistêmico se assim fosse[50]. O entendimento deve ser por uma visão maior, do enquadramento dos institutos correlatos de modo amplo, num sistema superior. Logo, a remessa necessária deve ser passível em toda decisão que enquadrar-se nos ditames dos incisos do art. 496 do CPC e não somente na sentença, uma vez que o intuito de sua existência é a proteção do ente público, em qualquer decisão[51].

---

50 A visão defendida deve ser no sentido de que o termo sentença deve ser maior do que aquela acepção específica delineada como positivado para o processo. Ou seja, qualquer decisão que seja contrária à Fazenda Pública e enquadra-se no mesmo parâmetro da sentença prevista no art. 496 do CPC deve ser assim entendida como correlata e, portanto, cabível a remessa necessária. "A partir desta visão, o hermeneuta, ao promover a leitura da norma sobre remessa necessária, deve entender que o desejo do legislador contido no art. 496 do CPC/2015 é que as decisões, sejam sentenças ou decisões interlocutórias parciais de mérito, devem passar por revisão do tribunal ao qual o juiz está subordinado, já que a inteligência da norma se relaciona com a onerosidade que a Fazenda Pública pode sofrer em razão da sentença que lhe é desfavorável, de forma que se uma decisão parcial, em vez de uma sentença, também impõe o mesmo efeito à Fazenda Pública, deve, de maneira idêntica, passar pelas mesmas condições de reexame para que gere os seus respectivos efeitos jurídicos." LEMOS, Walter Gustavo da Silva; LEMOS, Vinicius Silva. A decisão parcial de mérito e a total simetria com a remessa necessária. In: José Henrique Mouta Araujo; Leonardo Carneiro da Cunha; Marco Antonio Rodrigues. (Org.). **Coleção Repercussões do Novo CPC – Fazenda Pública.** 2ª. ed., p. 795-813, Salvador: Juspodivm, 2016. p. 804.

51 Nessa mesma linha de raciocínio, Oliveira argumenta que deve ser construído um entendimento de que a decisão parcial de mérito é, em termos de conteúdo, igual à sentença e a prerrogativa da Fazenda Pública deve acompanhar para que seja sistêmica. "Deve-se objetar que uma decisão interlocutória terá maior força, no presente caso, executiva, do que uma sentença proferida em desfavor da Fazenda Pública, o que mereceria a remessa necessária, por este consectário lógico, também as decisões que julgarem antecipadamente e parcialmente o mérito." OLIVEIRA, Weber Luiz de. Remessa necessária, julgamento antecipado parcial do mérito e estabilização da tutela antecipada – reflexões iniciais para execução contra a Fazenda Pública diante do código de processo civil de 2015. **Revista Magister de Direito Civil e Processual Civil.** n. 66. Maio/Jun/2015. p. 61.

E, o terceiro ponto enfrentado é a inexistência de proibição de que a remessa necessária seja enquadrável para a decisão parcial. Se o art. 496 do CPC utiliza o termo sentença e gera essa dúvida, não há nenhuma restrição ao termo decisão parcial, o que abre a possibilidade de diálogo entre os institutos, justamente pela decisão parcial conter uma matéria que seria julgada na sentença, porém que foi adiantada pela bifurcação cognitiva e cisão procedimental. A proteção ao ente público deve continuar, independentemente da formalidade da decisão, importando o conteúdo da decisão, utilizando mais os incisos do art. 496 do CPC do que o seu *caput*.

Diante desses três pontos, o entendimento deve ser pelo diálogo[52] entre a decisão parcial de mérito e a remessa necessária[53].

No entanto, a cisão procedimental que a decisão parcial impõe ao processo traz alguns problemas procedimentais para a remessa necessária, com a necessidade de entender esses pontos e definir uma solução para que a aplicação seja possível e normal. O intuito da remessa é resguardar o direito subjetivo do ente pública a passar, antes de eventual cumprimento de sentença, ao duplo grau de jurisdição obrigatório, com a necessidade de sistematizar o cabimento da remessa necessária à decisão parcial de mérito.

Evidentemente, diante da construção dessa possibilidade, que os juízos e seus cartórios devem adaptar-se à interligação entre decisão parcial e remessa necessária, com a conjunção dos institutos e consequências da cisão procedimental, tais como: (i) a divisão dos valores dos pedidos para fins de dispensa de remessa; (ii) uma remessa necessária por instrumento na falta de recurso; (iii) impossibilidade de execução imediata.

Um dos principais problemas a serem compreendidos nessa relação entre remessa necessária e decisão parcial está justamente na cisão procedimental e seus efeitos. Se o autor cumulou uma demanda contra um ente público, poderia ter intentado com diversas ações, contudo, no geral, optou pela junção e economicidade, os benefícios da cumulação. Por outro lado, ao ser prolatada uma decisão parcial de mérito, o processo é cindido e aquela cumulação não existirá

52 Sobre a necessidade da remessa necessária na decisão parcial de mérito: "Embora o artigo 496, em seu *caput*, mencione o cabimento da revisão obrigatória apenas de sentenças, sem cuidar de outras decisões, é fundamental interpretar o novo CPC sistematicamente. O novo diploma legal tratou expressamente de outras decisões do Judiciário em primeiro grau que possuem papel típico de sentença, apenas de não possuírem tal natureza: são as decisões interlocutórias de mérito. É o que se tem no caso do julgamento antecipado parcial de mérito." RODRIGUES, Marco Antônio. **O reexame necessário no julgamento antecipado parcial do mérito.** http://genjuridico.com.br/2016/05/20/o-reexame-necessario-no-julgamento-antecipado-parcial-do-merito/. Acessado em 31 de janeiro de 2019.

53 No mesmo sentido: WAMBIER, Luiz Rodrigues; TALAMINI, Eduardo. **Curso avançado de processo civil.** vol. 2, 5ª. ed. São Paulo: Ed. RT, 2016. p. 207.

mais e, assim, deve-se entender que a conjunção da remessa necessária com essa decisão deve depender, em termos de valores condenatórios como duas demandas, aquela que foi cindida e aquela que permanece para ser julgada na sentença.

Não há mais cumulação, não há mais a conjunção de todos os pedidos em uma só demanda. Ao decidir parcialmente o mérito, o que foi decidido será uma demanda diversa daquela que prossegue para outro julgamento e, assim, mediante as hipóteses de dispensa da remessa necessária pelos valores da condenação, conforme o descrito no art. 496, § 3º do CPC, de cada decisão terá relação com o valor inserto de seu conteúdo, sem mais ser uma conjunção de todos os pedidos.

Desse modo, se uma demanda foi intentada com dois pedidos que no cômputo geral possibilitavam a remessa necessária em caso de procedência contra o ente público, na decisão parcial e cisão procedimental, os valores de cada decisão serão a base referencial para a dispensa, ou não, da remessa necessária.

Um segundo problema existente na relação entre a remessa necessária e a decisão parcial de mérito contra um ente público está pela obrigatoriedade de uma remessa dos autos para o reexame do duplo grau, prevista pelo art. 496 do CPC. O problema está em procedimentalizar, na realidade cotidiana, a remessa necessária de modo parcial, uma vez que com a prolação da decisão parcial de mérito, o restante do processo permanece ligado jurisdicionalmente ao juízo de primeiro grau, apesar de cindido cognitiva e procedimentalmente. O recurso cabível é o agravo de instrumento, o qual não remete o processo automaticamente para o Tribunal, somente protocola a peça recursal diretamente no órgão de segundo grau, junto com as cópias necessárias para o julgamento, com a criação de um novo procedimento diretamente no Tribunal.

Há a necessidade de sistematizar essa incongruência, afinal a remessa após a sentença ocorre com o término integral da jurisdição de primeiro grau e com a totalidade do processo sendo remetido ao Tribunal. No entanto, se o processo permanece em primeiro grau para o julgamento da parcela ainda pendente e o recurso impugnativo da decisão parcial é protocolado diretamente no grau recursal, como incumbência da parte, a remessa necessária, de igual maneira, deve ser remetida ao Tribunal mediante a cisão existente.

Como a interposição recursal não impede a remessa necessária, trabalhando as duas impugnações conjuntamente, se da decisão parcial houver um agravo de instrumento interposto, evidentemente a impugnação realizada por este supre a criação de um procedimento no Tribunal, o qual também servirá para a remessa necessária. O juízo, quando prolata uma decisão passível de remessa necessária, deve constar que aquele ato está submetido à revisão necessária pelo Tribunal, uma vez que não há ainda, temporalmente, como saber se a decisão será impugnada via recurso, ou não.

O próprio art. 496, § 1º do CPC determina que após o prazo legal do recurso, o juiz ordenará a remessa dos autos ao Tribunal, e, se não o fizer, o presidente do respectivo Tribunal avocá-los-á. Ou seja, com a existência ou não do recurso, o processo irá ao Tribunal, contudo essa sistemática foi imaginada para a apelação e a remessa necessária, sem a apelação interposta, o juízo determinaria a remessa dos autos pela necessidade de revisão. Com a apelação protocolada, o juízo determina a remessa dos autos para a análise do recurso e da remessa necessária, conjuntamente, uma vez que a existência de recurso não afasta o alcance material da remessa.

Trazendo para a decisão parcial, se a parte interpôs o agravo de instrumento, o juízo poderá somente oficiar o Tribunal com a informação sobre o enquadramento dessa situação decisória à remessa necessária e, eventualmente, juntar documentos que não foram juntados pelo agravante, se o processo for físico. Mediante isso, o próprio procedimento do agravo de instrumento já é aproveitável pela remessa necessária.

No entanto, se nenhuma das partes interpuser o agravo de instrumento, a remessa necessária parcial deve separar-se do restante do processo, para ser remetido de maneira autônoma ao Tribunal de segundo grau.

Diante dessa visualização, com a prolação da decisão parcial de mérito contra o ente público, ao mesmo tempo em que o juízo especifica que está decisão enquadra-se no duplo grau obrigatório, deve determinar a responsabilidade do cartório para que proceda, na ausência de agravo de instrumento, a remessa ao Tribunal, como, de igual maneira, deve fazê-lo em qualquer remessa necessária, com a notória diferença de que iniciará um procedimento.

Ou seja, caso não haja agravo de instrumento para que se aproveite a existência procedimental deste, o juízo de primeiro grau deve realizar uma remessa necessária por instrumento[54], com o início de um procedimento no Tribunal, via ofício, transladando peças processuais para instruir a remessa necessária, principalmente se for físico[55].

---

54 No mesmo sentido que defendemos da remessa necessária por instrumento: "O que deve fazer o juiz de primeiro grau para provocar o reexame de sua decisão? Quando se tratar de sentença, os próprios autos são remetidos ao tribunal. Contudo, quando se tratar de decisão parcial (interlocutória de mérito), deve ser feita cópia dos autos e formado um instrumento a ser remetido para o respectivo tribunal, numa espécie de instrumento *ex officio*, de modo que o processo tenha seu prosseguimento natural no primeiro grau de jurisdição no que se refere aos demais pedidos. É, portanto, a remessa necessária formalizada por meio de agravo de instrumento de ofício." OLIVEIRA, Pedro Miranda de. O regime especial do agravo de instrumento contra decisão parcial (com ou sem resolução de mérito). **Revista de Processo.** Vol. 264, Ano 42, p. 183-205, São Paulo: Ed. RT, 2017. p. 188.

55 No sentido de que no CPC/73, com a dúvida sobre o recurso da sentença parcial, a proposta de parcela da doutrina era por apelação por instrumento, dada a inovação do processo eletrônico. Já definido que o recurso será o agravo de instrumento, tal solução seria pertinente para delinear a remessa necessária e a procedimentalização, mediante a instrumentalidade possível num processo eletrônico: "Porém, vislumbram-

Outro ponto importante para sistematizar a remessa necessária e a sua relação com a decisão parcial é a *impossibilidade de execução imediata do que se decidiu parcialmente*, diferente do que se preconiza o art. 356, § 2º do CPC que mesmo que haja agravo de instrumento, este não terá efeito suspensivo e a parte vencedora poderá liquidar ou executar, desde logo, a obrigação reconhecida na decisão que julgar parcialmente o mérito, independentemente de caução.

A dúvida está se essa regra pode ser aplicada quando se imagina uma decisão parcial de mérito contra um ente público e o cabimento da remessa necessária? Para que seja possível esse cabimento, essa ausência de efeito suspensivo proveniente do art. 356, § 2º do CPC não deve ser utilizável, justamente pela característica da própria remessa, uma vez que o duplo grau obrigatório detém a serventia de impedir que o ente público seja imediatamente impactado pela coisa julgada e a eficácia da decisão eventualmente não recorrida.

Desse modo, o art. 496 do CPC, em seu *caput*, dispõe sobre a remessa necessária e a eficácia da sentença somente depois da confirmação pelo Tribunal e, no caso de decisão parcial, o pensamento deve prosseguir em sentido idêntico, afinal, sobre a eficácia da decisão dispõe-se que não deve produzir efeito ainda, senão depois de confirmada pelo Tribunal, tal qual ocorre na sentença.

Mesmo que essa colisão entre os arts. 356, § 2º e art. 496 do CPC sobre a produção ou não de efeitos da decisão parcial de mérito contra um ente público e a remessa necessária, é necessário entender que o instituto da remessa excepcionaliza uma situação processual[56], concedendo uma proteção maior e específica à Fazenda Pública em juízo. E, ainda, é de imaginar que o primeiro dispositivo somente discorre que em eventual recurso, este não conterá efeito suspensivo automático, com a possibilidade de execução provisória, mas nada dispõe sobre a remessa necessária, fora o fato de que a Fazenda Pública detém um sistema especial para o cumprimento de sentença.

Dessa maneira, deve prevalecer, diante dessa colisão de normas, o contido no art. 496 do CPC, sem a eficácia imediata do que for decidido parcialmente

-se alternativas. Com a incorporação do processo eletrônico, o trâmite do recurso de apelação sobre tais sentenças parciais, se for essa linha adotada, será de fácil solução: encaminha-se cópia digital do processo ao órgão colegiado para que decida nos limites do recurso." SCARPARO, Eduardo Kochenborger. Sentenças parciais? Considerações a partir de reforma do art. 161, §1º, do CPC. **Revista de Processo.** Vol. 148, Ano 32, p. 153-168, São Paulo: Ed. RT, Jun/2007. p. 158.

56 No mesmo sentido de interpretar que há o efeito suspensivo na remessa necessária: "Por essas razões não se adota a tese da eficácia suspensiva ope legis da decisão antecipada parcial de mérito provisória, salvo nas hipóteses de: (...) b) decisão contra a Fazenda Pública que tenha por objeto obrigação de dar quantia certa;" SILVA, Beclaute Oliveira; ARAÚJO, José Henrique Mouta; SILVA, I. L. Eficácia do agravo de instrumento na decisão antecipada parcial de mérito. **Revista Eletrônica de Direito Processual.** Vol. 1, p. 57-75, 2016. p. 73.

contra um ente público, se enquadrável para o duplo grau obrigatório. No entanto, se a decisão parcial contra um ente público não for passível de remessa necessária, a regra seria nos moldes do agravo de instrumento.

A remessa necessária e a decisão parcial devem entrelaçar-se numa interpretação adequada de ambos os institutos, com a manutenção do que for possível de cada qual, contudo com a lembrança de que a remessa existe como prerrogativa aos entes públicos, sem a possibilidade de sua relativização[57].

6.1.4 A ação rescisória e a decisão parcial

Se é possível num processo objetivamente complexo a prolação de uma decisão parcial, mediante a situação da bifurcação cognitiva e a cisão procedimental, essa parcela decidida da demanda terá o condão de formar coisa julgada, caso não se interponha recurso sobre essa decisão.

Desse modo, se é passível a formação dessa coisa julgada parcial, com a bipartição da demanda, consequentemente, será cabível a proposição da ação rescisória em situações de ocorrência de algum dos vícios existentes no rol do art. 966 do CPC.

Sobre a ação rescisória[58], esta é uma ação desconstitutiva de uma decisão transitada em julgado, geralmente material, mediante a alegação de existência de um vício, com o intuito de rescisão e prolação de uma nova decisão, se necessário for.

A própria existência da ação rescisória está em resguardar a segurança jurídica da existência de uma decisão viciada. Obviamente que a lei deve estipular esses determinados vícios, como o faz no art. 966 do CPC, os quais são aqueles que legislador entendeu como graves o bastante para culminar na rescisão de uma coisa julgada, mesmo revestida de aparente imutabilidade, com uma relativização durante um prazo específico, geralmente dois anos a contar do trânsito em julgado.

---

57 "A interlocutória de mérito, em princípio, é desde logo eficaz, pois o recurso cabível contra ela, o agravo de instrumento (arts. 356, §§ 2.º e 5.º, e 1.015, II, do CPC/2015), não tem efeito suspensivo automático (art. 995 do CPC/2015)- diferentemente da sentença final, que é objeto de apelação, que em regra tem efeito suspensivo (art. 1.012 do CPC/2015). Some-se a isso a previsão de "dispensa" de caução para a execução provisória - disposição cujo exato sentido também é controverso (v. vol. 3, cap. 16), mas que também sugere alguma especial eficácia da decisão em questão. A ausência de reexame estaria em consonância com esse contexto." WAMBIER, Luiz Rodrigues; TALAMINI, Eduardo. **Curso avançado de processo civil.** Vol. 2, 5ª. ed., São Paulo: Ed. RT, 2016. p. 207.

58 "a ação rescisória como demanda autônoma de impugnação de provimentos de mérito transitados em julgado, com eventual rejulgamento da matéria neles apreciada." CÂMARA, Alexandre Freitas. **Ação rescisória.** Rio de Janeiro: Lumen Juris, 2007. p. 30.

No caso de processo objetivamente complexo, a decisão que forma coisa julgada contém capítulos diversos[59], pela própria possibilidade de cumulação de pedidos ou de relações jurídicas pela existência de litisconsórcio em um ou ambos os polos. Para que seja um capítulo diverso, aquele ponto material deve ter uma distinção de pretensão material do restante da demanda. A sentença de uma demanda como esta forma uma só coisa julgada, mas com capítulos autônomos[60].

Na transposição para o novel ordenamento, a teoria dos capítulos da sentença passa a ser da decisão, pelo fato da sentença ser uma das formas de decisão que resolve a demanda, podendo, de igual maneira, uma decisão interlocutória, nos moldes do art. 356 do CPC, decidir parcela do mérito ou pelo art. 354, parágrafo único, extinguir parcela da demanda.

Dessa feita, pertinente é a visão de capítulos da decisão[61].

Sobre a teoria dos capítulos e a ação rescisória, se a decisão contiver capítulos distintos, com matérias ou relações diversas, quando houver a existência de um vício na decisão, pode tal rescisória versar somente sobre o capítulo atingido pelo vício, sem a obrigatoriedade de impugnação sobre todos os pontos da decisão, conforme a previsão do art. 966, § 3º do CPC.

Ou seja, pode a ação rescisória interagir com parcela da decisão, com o pleito pela rescisão parcial da decisão, não em toda sua integralidade, caso o impacto do vício assim permita essa independência, além da normal autonomia dos capítulos decisórios.

---

59 "A teoria dos capítulos decisórios parte de uma cisão vertical dos dispositivos de uma determinada decisão judicial. Cada um desses capítulos, que tanto pode ter natureza processual como material, será regido por pressupostos autônomos. A possibilidade de um determinado capítulo poder ou não ser alvo de uma ação específica é irrelevante para que seja considerado como capítulo, bastando que conste decisão sobre o tema." PEIXOTO, Ravi; SILVEIRA, Marcelo Pichioli da. Ação rescisória e competência: novos e velhos problemas. **Revista Brasileira de Direito Processual - RBDPro.** Belo Horizonte, ano 24, n. 96, out./dez./2016. p. 222.

60 "como as partes em que ideologicamente se decompõe o decisório de uma sentença ou acórdão, cada uma delas contendo o julgamento de uma pretensão distinta." DINAMARCO, Cândido Rangel. **Instituições de Direito Processual Civil.** Vol. III. 3ª. ed. São Paulo: Malheiros, 2003. p. 666.

61 "Fez-se necessário falar em capítulo de decisão, e não apenas de sentença, porque o novo CPC admite o julgamento parcial do mérito da causa por meio da decisão interlocutória de mérito, que, obviamente, também terá capítulos. A ação rescisória contra capítulo de decisão pode ser proposta tão logo transite em julgado esse capítulo, uma vez que, no novo Código, não há previsão do termo inicial do prazo da rescisória, mas sim do termo final, que se dá em dois anos do trânsito em julgado da última decisão do processo." CRAMER, Ronaldo. Comentário ao art. 966. In: CABRAL, Antonio do Passo, CRAMER, Ronaldo (orgs.). **Comentários ao novo código de processo civil**. 2ª ed. Rio de Janeiro: Forense, 2016. p. 1.422.

No entanto, a interligação da ação rescisória com o presente estudo está na prolação de decisão parcial e como imaginar o impacto nesta espécie de ação impugnativa de coisa julgada.

Uma vez prolatada uma decisão parcial, com a eventual coisa julgada específica sobre esse ato decisório, consequentemente, se houver a ocorrência de um vício do art. 966 do CPC caberá a ação rescisória[62] específica para impugnar essa decisão, sem relacionar-se com a decisão posterior que será prolatada na sentença.

A decisão parcial pode ser com ou sem mérito e a ação rescisória, em regra, somente se relacionará com a parcial de mérito, contudo é importante delinear hipóteses em que a ação rescisória poderá impugnar uma coisa julgada proveniente de uma decisão parcial sem mérito, em hipóteses que não for possível demandar novamente sobre aquele pedido.

Em geral, uma decisão sem mérito impossibilita o cabimento da ação rescisória pela própria inutilidade da relação entre os institutos. Quando o juízo prolata a decisão sem enfrentamento do mérito, põe fim ao processo – ou parte dele, por algum vício processual, não respondendo os pedidos pleiteados na inicial. A razão pela qual o autor foi a juízo continua sem o pronunciamento jurisdicional, com a possibilidade de buscar novamente o Judiciário para a solução do seu conflito de interesses ou da simples tutela jurídico.

Se o autor, numa ação com decisão sem julgamento de mérito, pode entrar com outra ação sobre a mesma matéria, qual motivo levaria a ter interesse de agir para rescindir uma decisão dessa transitada em julgado? A princípio, nenhum interesse, o que leva ao descabimento da rescisória, dada a total possibilidade da parte deve intentar nova demanda sobre a mesma causa de pedir. No entanto, se a decisão, na sentença ou decisão parcial, impedir a propositura de uma nova ação, pela ocorrência da perempção[63], nos moldes do art. 988, § 2º do CPC é

---

62 "A ausência de distinção ontológica entre decisão interlocutória de mérito e sentença de mérito repercute, igualmente, na disciplina da ação rescisória. Na sistemática do NCPC, toda decisão de mérito está sujeita a ação rescisória, pouco importa se sentença ou interlocutória. Destarte, as decisões que julgam parcialmente o mérito também estão sujeitas a ação rescisória, desde que já tenham transitado em julgado." LUCCA, Rodrigo Ramina de. Julgamentos antecipados parciais de mérito. **Revista de Processo.** Vol. 257, Ano 41, p. 125-150, São Paulo: RT, jul/2016. p. 142.

63 Sobre a possibilidade de rescindibilidade de decisões em mérito: "A corrente doutrinária que se nos afigura de maior rigor científico e adequação pragmática é a defendida por Pontes de Miranda, de acordo com a qual o objeto da ação rescisória é a coisa julgada formal, basta ver que (i) algumas das hipóteses de extinção do processo sem resolução do mérito impedem, *tout court*, a repropositura da demanda (v.g., a extinção por perempção ou por coisa julgada, embora o Código não seja expresso quanto à esta) e outras (ii) impedem a repropositura, sem que antes se corrija o vício que levou à decisão de extinção sem resolução do mérito." ATAÍDE JR., Jaldemiro Rodrigues de. Comentários

possível que a ação rescisória sobre uma decisão sem mérito, o que vale para uma sentença e, também, para uma decisão parcial sem mérito.

A normalidade será que a decisão parcial de mérito seja possível de ser rescindida[64], com a excepcionalidade para a decisão parcial sem mérito.

Essa parcela da demanda que foi decidida em um pronunciamento judicial próprio, com a cisão cognitiva e procedimental da demanda, permite sobre o seu capítulo e conteúdo específico o cabimento da ação rescisória. Se dessa decisão há uma recorribilidade própria e preclusiva, via agravo de instrumento, com a possibilidade de formação de coisa julgada material, com base no art. 356, § 3º do CPC, a ação rescisória também será específica desse ponto, pela decisão ser plenamente rescindível, caso incorra em algum dos vícios do art. 966 do CPC em sua prolação.

A ação rescisória da decisão parcial será totalmente independente da eventual ação rescisória do restante da demanda, sem nenhuma comunicação, uma vez que as demandas foram cindidas cognitiva e procedimentalmente.

Os momentos de proposição da ação rescisória de cada decisão – parcial ou sentença – serão diferentes, não se comunicando, o que demonstra a independência entre as matérias.

Todavia, paira uma dúvida sobre o momento de início do prazo para a proposição da ação rescisória sobre a decisão parcial. O art. 975 do CPC dispõe sobre a contagem do prazo de dois anos para a proposição da ação rescisória, a partir do trânsito em julgado da última decisão proferida no processo[65-66].

---

ao art. 966. **Novo Código de Processo Civil Comentado – Tomo III (art. 771 ao art. 1.072).** Orgs: RIBEIRO, Sergio Luiz Almeida; GOUVEIA FILHO, Roberto Pinheiro Campos; PANTALEÃO, Izabel Cristina; GOUVEIA, Lucio Grassi de. Ed. Lualri, São Paulo, 2017. p. 279.

64 Enunciado nº 336 do FPPC: (art. 966) Cabe ação rescisória contra decisão interlocutória de mérito.

65 A posição pode ser acertada, não é o cerne da discussão recortada, que é mais focada no art. 975 do CPC não ser correspondente à decisão parcial de mérito pela cisão procedimental, contudo é possível que essa redação tenha esse entendimento, o que beneficiaria, se for o caso, qualquer das coisas julgadas – de decisão parcial ou progressiva: "Essa corrente defende que o art. 975 do CPC não fixa o termo inicial para a propositura da rescisória, mas tão somente o seu termo inicial, o que significaria que, havendo o trânsito em julgado de capítulo autônomo ou de decisão parcial de mérito a parte poderá imediatamente ingressar com ação rescisória, sendo que o termo final para o exercício deste direito será o prazo de dois anos após o trânsito em julgado da última decisão proferida em todo o processo." CASTELO, Fernando Alcântara. A coisa julgada parcial e o problema do termo inicial para a propositura da ação rescisória no CPC de 2015. **Revista de Processo.** Vol. 227. ano 43. p. 283-304. São Paulo: Ed. RT, mar/2018. p. 298.

66 Nesse mesmo sentido: BARIONI, Rodrigo Otávio. Capítulo VII: Da ação rescisória. In: Teresa Arruda Alvim Wambier; Fredie Didier Jr.; Eduardo Talamini; Bruno Dantas. (Org.). **Breves comentários ao Novo Código de Processo Civil.** 2ª ed. São Paulo: Ed. RT, 2016.

Essa "última decisão proferida no processo" refere-se à decisão parcial e a necessidade de aguardo da sentença posterior[67]? O correto será distinguir as situações entre a decisão parcial proferida e a coisa julgada progressiva.

A coisa julgada progressiva ocorre quando uma decisão, sentença ou acórdão contém diversos capítulos e eventuais recursos impugnem somente parcela destes, com a recorribilidade transferindo a jurisdição para o Tribunal somente do que se impugnou e o restante transitando em julgado. Ou seja, uma mesma decisão contém, horizontalmente, mais de um capítulo, contudo um deles não foi impugnado no recurso e já ocorreu a sua imutabilidade e o outro capítulo manteve a litispendência por ainda estar em discussão em grau recursal.

O recurso será julgado em outro momento, por outro juízo, sendo proferido um acórdão e, assim, com um futuro trânsito em julgado para o seu conteúdo em momento diverso do capítulo que transitou em julgado anteriormente. Logicamente, são dois momentos decisórios passíveis de ação rescisória quando ambos tiverem transitado em julgado: um capítulo da sentença não impugnado; e um capítulo do acórdão da apelação ou outro recurso.

Essa é a coisa julgada progressiva e a visão de que um mesmo processo pode conter coisas julgadas em capítulos que transitaram em julgado em momentos diversos, portanto, progressivamente.

Já na coisa julgada da decisão parcial, a situação é diversa[68], pelo fato de que ocorre uma cisão cognitiva e procedimental, com uma decisão própria

---

p. 2245-2276; NEVES, Daniel Amorim Assumpção. **Novo código de processo civil comentado.** Salvador: Juspodivm, 2016.

67 Essa dúvida na doutrina está interligada à coisa julgada prejudicial, contudo, pela novidade da positivação da decisão parcial, essa discussão, a nossa entender, não se relacionar com a coisa julgada da decisão parcial. "Existem duas correntes desde a interpretação do texto do CPC/73 e que devem se manter no CPC/2015. A primeira defende que o prazo só começa a ser contado da última decisão proferida no processo, independentemente do momento em que transitem em julgado as decisões. A segunda defende que os prazos para a interposição das ações rescisórias podem ser contados de formas distintas, a depender do momento do trânsito em julgado do capítulo que se deseja rescindir, salvo exceções." PEIXOTO, Ravi. Ação rescisória e capítulo de sentença: a análise de uma relação conturbada a partir do CPC/2015. **Coleção Novo CPC - Doutrina Selecionada - v.6 - Processo nos Tribunais e Meios de Impugnação às Decisões Judiciais.** Orgs: DIDIER JR., Fredie; FREIRE, Alexandre; MACEDO, Lucas Buril de; PEIXOTO, Ravi. Salvador: Juspodivm, 2015. p. 165.

68 Siqueira também diferencia a questão do prazo para a ação rescisória sobre coisa julgada progressiva e a coisa julgada de decisão parcial: "Não há qualquer dúvida, portanto, de que, julgado antecipadamente parcela do mérito da casa, a respectiva decisão estará apta a ser imunizada pela autoridade da coisa julgada material desde o momento em que contra ela não seja mais cabível qualquer recurso, independentemente do que venha a ocorrer com o restante das pretensões cumuladas. E, sendo assim, retornando ao que

e autônoma, com um capítulo da demanda sendo desmembrado ou desacumulado do processo.

Evidentemente que existirá no processo uma sentença posterior à decisão parcial, contudo essas são decisões autônomas entre si e não capítulos da mesma decisão que transitaram em julgado em momentos diversos, o que importa em uma crucial diferença, principalmente para fins de ação rescisória.

A coisa julgada da decisão parcial não se confunde com a coisa julgada progressiva, com o dever de diferenciá-las claramente. Se a coisa julgada progressiva tem o drama sobre a competência de qual será o órgão pertinente para tanto, uma vez que as decisões são de instâncias diversas, esse ponto, na coisa julgada da decisão parcial, é mais delineado e simples, com a autonomia e independência de cada decisão e de cada coisa julgada.

Sobre o prazo da ação rescisória, o art. 975 do CPC, ao dispor sobre a contagem de dois anos a partir do trânsito em julgado da última decisão do processo, não se relaciona com a decisão parcial de mérito[69], mas somente com a coisa julgada progressiva. Portanto, o prazo da ação rescisória da decisão parcial é contado a partir do seu próprio trânsito em julgado, sem nenhuma relação com o trânsito em julgado do restante da parcela da demanda[70].

A súmula nº. 401 do STJ[71] foi criada, na vigência do CPC/73, com o intuito de combater a coisa julgada progressiva, com a coisa julgada formada a partir da

---

havíamos dito, uma vez preclusas as vias recursais contra a decisão interlocutória de mérito, será cabível, de imediato, o ajuizamento de ação rescisória." SIQUEIRA, Thiago Ferreira. O julgamento antecipado parcial do mérito no Novo Código de Processo Civil brasileiro. **Civil Procedure Review.** v. 7, p. 165-208, 2016. p. 196.

69 Santos iguala a questão da coisa julgada da decisão parcial com a coisa julgada progressiva pela não impugnabilidade recursal de capítulo de decisão, o que não fazemos. Com isso, iguala também que o prazo para a ação rescisória, nos moldes do art. 975 do CPC, seria a cada capítulo. As situações são diversas entre as coisas julgadas, apesar de parecidas, com isso, se artigo for relacionar-se com a coisa julgada progressiva não será pelo mesmo motivo da coisa julgada da decisão parcial: "a expressão "a última decisão proferida no processo" deve ser interpretada como a última decisão sobre o pedido julgado por decisão parcial de mérito ou, em caso de recurso parcial, do trânsito em julgado do capítulo não impugnado." SANTOS, Welder Queiróz dos. Ação rescisória contra decisão parcial de mérito e contra capítulo não recorrido. **Revista de Processo.** Vol. 272, Ano 42, p. 327-350, São Paulo: Ed. RT, 2017. p. 341.

70 No sentido contrário: "O processo, todavia, deverá prosseguir para análise das demais pretensões, ainda não julgadas, e o início do prazo para a propositura da ação rescisória – mesmo em relação ao julgamento parcial – ficará na dependência do trânsito em julgado da última decisão a ser proferida no processo." THAMAY, Rennan Faria Kruger. **Manual de Direito Processual Civil.** 1ª. ed. São Paulo: Saraiva, 2018. p 434.

71 Súmula nº. 401 do STJ: O prazo decadencial da ação rescisória só se inicia quando não for cabível qualquer recurso do último pronunciamento judicial.

não impugnabilidade parcial de um recurso de uma sentença com capítulos. Ou seja, o intuito do STJ – acertado ou não – foi de estabelecer um prazo único para a proposição da ação rescisória de um processo que tem diversos trânsitos em julgados em termos de conteúdo, em decisões diversas. Formalmente, a unicidade da sentença está presente, a divisão da coisa julgada foi pela impugnabilidade parcial e o efeito obstativo somente parcial daquele recurso.

É possível discutir-se, já na vigência do CPC/2015, se a Súmula no. 401 do STJ é válida ou não, mediante a não definição clara pelo regimento das coisas julgadas parciais ou progressivas pelo novel ordenamento. Todavia, essa súmula não pode impactar a coisa julgada oriunda de uma decisão parcial de mérito, por ser uma situação diversa formalmente.

Diante da cisão procedimental existente com a decisão parcial, são dois processos desmembrados, o que comporta a interpretação de que se transitada em julgado essa decisão parcial, esta é a última decisão de sua demanda, sem interligar-se com a parcela que teve prosseguimento. De maneira diversa ocorre sobre a coisa julgada progressiva, pelo fato de ser uma mesma decisão com capítulos diversos que tem trânsitos em julgados em momentos diferentes pela impugnabilidade recursal parcial.

No entanto, é importante dizer que uma decisão parcial pode conter dois pedidos que já possam ser julgados e, dessa maneira, a decisão parcial pode conter uma coisa julgada progressiva própria, seguindo as mesmas regras do art. 975 do CPC.

6.1.5 A liquidação de sentença e a decisão parcial

A liquidação de sentença[72] é uma fase processual necessária quando a decisão versou sobre um pedido genérico, possível pela dicção do art. 324, §1° do CPC, com a prolação de uma decisão igualmente genérica, em que houve a definição do direito discutido em juízo, mas que não foi possível determinar-se o valor, apesar de já especificar os critérios para tanto.

Essa fase busca a aplicação do conteúdo jurídico da decisão em busca do *quantum debeatur* do que foi decidido.

---

72 O CPC/2015 manteve nome de liquidação de sentença mesmo que não seja somente de sentença, sendo cabível em decisão parcial de mérito: "A expressão "liquidação de sentença" é, na verdade, uma elipse. Afinal, não é a sentença, mas a obrigação, que deve ser revestida de liquidez. Mais apropriado, então, seria falar em *liquidação da obrigação reconhecida na sentença* (ou, ainda mais propriamente, no título judicial). Liquidação de sentença é, porém, expressão muito tradicional do Direito Processual Civil brasileiro, não havendo motivo para criticar seu emprego." CÂMARA, Alexandre Freitas. **O Novo Processo Civil Brasileiro.** 3ª ed. Rio de Janeiro: Forense, 2018. p. 307.

Se uma decisão parcial de mérito enquadrou-se nessa possibilidade[73], a liquidação pode ocorrer[74], desde logo, independentemente de recurso. Nesse ponto é importante delinear que não há nenhuma diferença sobre o rito normal da liquidação, uma vez que em qualquer sentença ou decisão ainda passível de recurso é possível realizar-se[75] a liquidação e, se possível em qualquer decisão, também será na decisão parcial.

Não há, portanto, nenhuma diferença dessa possibilidade de liquidação na pendência de recurso dessa decisão parcial para qualquer outra decisão, somente mantendo o mesmo rito procedimental que as demais espécies de decisões. O mesmo ocorre quando houver o trânsito em julgado dessa decisão parcial de mérito que contiver uma iliquidez, sendo esta proposta em continuidade do próprio trânsito em julgado, de modo autônomo e cindido da parcela do processo que continuou em busca da sentença.

No tocante à legitimidade, a liquidação de sentença pode ser requerida tanto pelo vencedor, quanto pelo vencido[76], o que importa em qualquer das partes

---

73 Enunciado nº 512 do FPPC: (art. 356) A decisão ilíquida referida no §1º do art. 356 somente é permitida nos casos em que a sentença também puder sê-la.

74 "Nas ações relativas à obrigação de pagar quantia, o art. 491 do CPC estabelece, como regra, que a sentença deve ser líquida. Todavia, em algumas situações, torna-se impossível determinar-se o valor da condenação, ou, ainda, a extensão da obrigação, mesmo que não se trate de fixação de quantia em dinheiro. O § 1o do art. 356 do CPC permite que a decisão parcial do mérito, de natureza condenatória, seja ilíquida." TUCCI, José Rogério Cruz e. Comentários aos arts. 318 a 368. In: GOUVEA, José Roberto; BONDIOLI, Luiz Guilherme; FONSECA, João Francisco (Coords.). **Comentários ao Código de Processo Civil** 1. ed. São Paulo: Saraiva, 2017. p. 286.

75 Sobre a liquidação na pendência de recurso: "Nas hipóteses em que houver a necessidade de liquidação, ela pode ser realizada na pendência de recurso e, nesse caso, a liquidação será processada em autos apartados cabendo ao liquidante instruir o pedido de liquidação com cópias das peças processuais pertinentes, uma vez que os autos originais são remetidos ao tribunal." MILHORANZA, Mariangela Guerreiro; MOLINARO, Carlos Alberto. Liquidação e cumprimento da sentença e o novo código de processo civil. **Execução civil e tema afins.** Orgs: ARRUDA ALVIM; ARRUDA ALVIM, Eduardo;, BRUSCHI, Gilberto Gomes; CHECHI, Mara Larsen; COUTO, Monica Bonneti. São Paulo: Ed. RT, 2015. p. 131/132. "Pendência de recurso. Liquidação definitiva. Por medida de economia processual, o CPC no art. 512 admite que seja requerida a liquidação de sentença, mesmo pendente recurso interposto contra a sentença liquidanda. Não havendo ressalva na lei, é cabível requerimento de liquidação mesmo que o recurso pendente tenha sido recebido no efeito suspensivo. A liquidação será definitiva, quer tenha sido requerida na pendência de recurso com efeito suspensivo ou meramente devolutivo." NERY JR, Nelson; NERY, Rosa Maria de Andrade. **Código de Processo Civil Comentado.** 16ª ed. São Paulo: Ed. RT, 2016. p. 1.360.

76 Sobre a legitimidade da liquidação ser tanto do vencedor, quanto do vencido: "Pela arquitetura do CPC/2015, a liquidação de sentença poderá ser requerida tanto pelo

ter o interesse na definição dos reais valores constantes na decisão prolatada, seja parcial, seja uma sentença.

Mesmo no título executivo proveniente de uma decisão parcial, a competência para tanto será do mesmo juízo que decidiu a parcela da demanda, contudo a liquidação deve ser em autos apartados, uma vez que houve a cisão não somente cognitiva, mas também procedimental, com a necessidade de outro procedimento, desligado daquele que continuará na fase de conhecimento, tanto se provisória quanto se for liquidação definitiva, dar-se-á em autos apartados[77].

6.1.6 A execução e a decisão parcial: provisória e definitiva

A decisão parcial versa sobre parcela do conteúdo da demanda, um capítulo desta, que detém uma valoração específica, seja para realizar-se o pedido no tocante a este ponto, seja para que seja prolatada uma decisão. Logo, cada pedido realizado no processo tem o seu próprio valor, a sua própria quantificação.

Se for uma decisão parcial de mérito, a valoração está no julgamento específico do próprio pedido. Se for uma decisão parcial sem mérito, não se julgará um pedido em si, mas será extinta parcela da demanda condizente a um

---

credor, quanto pelo devedor, prestigiando, assim, a ideia da "ação liberatória" (...) A novidade é positiva, pois ratifica a concepção de que o cumprimento da decisão judicial, ainda que ilíquida, deve ser feita de maneira espontânea pelo devedor, tendo pois este, para tanto, a legitimidade para promover a liquidação de sentença, assim como para o cumprimento de sentença do decisium de forma espontânea (art. 526)." MAZZEI, Rodrigo. Liquidação de sentença: breve ensaio a partir do CPC/2015. **Coleção Novo CPC - Doutrina Selecionada - v.4 - Execução.** Orgs: DIDIER JR., Fredie; FREIRE, Alexandre; MACEDO, Lucas Buril de; PEIXOTO, Ravi. 2ª ed. Salvador: Juspodivm, 2016. p. 367.

77 Siqueira entende que a utilização de "autos suplementares" pelo ordenamento processual, na decisão parcial de mérito seria equivocado. No entanto, há de se imaginar que cabe tanto a liquidação, quanto a execução provisória, o que seria em autos ainda na pendência de recurso, o que necessitaria de duas concepções: (i) os autos da decisão parcial de mérito, pela cisão procedimental, já serão outros; (ii) como é possível agravo de instrumento sem efeito suspensivo, é possível, ainda sem formar os autos da decisão parcial definitivamente, ainda na pendência de recurso, formar-se autos suplementares. "À falta de qualquer outra referência no CPC/15, a expressão, ao que nos parece, significa simplesmente autos distintos do principal. Curioso notar, porém, que em duas outras oportunidades relativas à liquidação- de sentença sujeita a recurso (art. 512) e a que se faz simultaneamente à execução (art. 509, § 1º) – o Código utiliza a expressão "autos apartados" quando quis se referir à necessidade de formação de um novo instrumento, assim como o faz ao cuidar da execução de alimentos provisórios (art. 531, § 1º)." SIQUEIRA, Thiago Ferreira. O julgamento antecipado parcial do mérito no Novo Código de Processo Civil brasileiro. **Civil Procedure Review.** v. 7, p. 165-208, 2016. p. 192.

pedido que fora realizado, com impacto dessa decisão na quantificação do custo do processo, não existindo qualquer condenação ao que se pleiteou.

Para a relação entre a decisão parcial prolatada e a execução importa a existência de um conteúdo que dará ensejo a um título executivo judicial[78] específico e parcial.

O art. 356 do CPC separa dois parágrafos para descrever sobre a relação da decisão parcial de mérito com a execução, o § 2º dispõe que o conteúdo decidido parcialmente poderá ser liquidado ou executado, mesmo na pendência de recurso, ou seja, sem efeito suspensivo, sem qualquer necessidade de caução e, no § 3º discorre que se houver trânsito em julgado da decisão, a execução será definitiva.

Ou seja, nestes citados parágrafos do art. 356 do CPC a decisão parcial de mérito descreve a possibilidade de execução provisória e definitiva desse ato parcial. Essa visão deve ser tanto para a decisão parcial de mérito quanto para a decisão parcial sem mérito, no tocante aos custos do processo.

Essa execução será pelo trâmite do cumprimento de sentença[79], apesar de que a manutenção desse nome ser equivocado, justamente pela possibilidade de execução de uma decisão parcial, desatrelando o cumprimento de um título judicial ser necessariamente de uma sentença. O próprio art. 515 do CPC estipula quais os títulos executivos judicias existentes atrelados ao cumprimento de sentença, com o inciso I descrevendo que "decisões proferidas no processo civil

---

78 Nery Jr. já entendia ser possível a execução de um capítulo decisório não impugnado pelo recurso, quando houvesse a coisa julgada progressiva, logo, numa decisão parcial, ainda mais possível: "entendemos ser possível a execução definitiva da parte da sentença já transitada em julgado, em se tratando de recurso parcial, desde que observadas certas condições: (a) cindibilidade dos capítulos da decisão; (b) autonomia entre a parte da decisão que se pretende executar e a parte objeto de impugnação; (c) existência de litisconsórcio não unitário ou diversidade de interesses entre os litisconsortes, quando se tratar de recurso interposto por apenas um deles" NERY JR., Nelson. **Teoria geral dos recursos.** 6ª. ed. São Paulo: Ed. RT, 2004. p. 454.

79 "O cumprimento de sentença é o título II do Livro I, nomeado Do processo de conhecimento e do cumprimento de sentença, da Parte Especial do Código de Processo Civil, compreendendo os artigos 513 a 538, que regulam as disposições gerais sobre o cumprimento de sentença, o cumprimento provisório e o definitivo de sentença que reconhece obrigação de pagar quantia, o cumprimento de sentença que reconhece obrigação alimentícia, o cumprimento de obrigação de pagar quantia pela Fazenda Pública, o cumprimento de sentença que reconhece exigibilidade de obrigação de fazer, não fazer e de entrega de coisa." MÂCEDO, Lucas Buril de. *A* eficácia das decisões judiciais e o cumprimento de sentença no CPC/2015. **Coleção Novo CPC - Doutrina Selecionada - v.4 - Execução.** Orgs: DIDIER JR., Fredie; FREIRE, Alexandre; MACEDO, Lucas Buril de; PEIXOTO, Ravi. 2ª. ed. Salvador: Juspodvim, 2016. p. 449.

que reconheçam a exigibilidade de obrigação de pagar quantia, de fazer, de não fazer ou de entregar coisa."

O termo "decisões" é utilizado de modo correto por representar que qualquer decisão[80] que tenha uma exigibilidade de obrigação pode ser executável, ainda que não seja sentença.

Esse cumprimento de sentença da decisão parcial pode ser tanto de modo provisório, ainda na pendência de um recurso, pelo fato de que o agravo de instrumento para essa decisão não detém efeito suspensivo automático. O procedimento desse cumprimento provisório ocorrerá nos mesmos moldes do que ocorre em qualquer processo que tenha um recurso pendente, sem diferenças, conforme o teor do art. 520 do CPC e a devida regulamentação da provisoriedade no cumprimento.

Por outro lado, se a decisão parcial fizer coisa julgada, com a autonomia e independência, logicamente, a conclusão é pela possibilidade de execução desse título judicial formado definitivamente[81]. Logo, esse cumprimento de sentença será definitivo, com um título judicial igualmente definitivo[82]. A procedimen-

80 O nome de cumprimento de sentença também é equivocado, uma vez que qualquer decisão que seja cumprível, seja decisão, seja sentença, será por intermédio do procedimento do cumprimento de sentença. "Registra-se, de início, que o dispositivo é mais amplo, reconhecendo que além das sentenças, (todas) as decisões proferidas no processo civil que reconheçam a existência de obrigação de fazer, não fazer, entregar coisa ou pagar quantia – tenham elas natureza de sentença ou de decisão interlocutória – são títulos executivos." ALVIM, Teresa Arruda; CONCEIÇÃO, Maria Lúcia Lins; RIBEIRO, Leonardo Ferres da Silva; MELLO, Rogério Licastro Torres de. **Primeiros comentários ao novo código de processo civil.** São Paulo: Ed. RT. 2015. p. 845.

81 Sobre a exequência da decisão, obviamente que será definitiva: "No tocante ao julgamento antecipado parcial do mérito, o principal efeito prático da decisão que julga parcela do mérito em caráter antecedente é o acesso fornecido ao titular do direito reconhecido como devido às vias executivas (ou à fase de liquidação no caso de obrigação ilíquida). A decisão que julga parcela do mérito em caráter antecedente, nesses termos, constitui título executivo, conforme estabelece o art. 515, inciso I, do Código de Processo Civil." LUCON, Paulo Henrique dos Santos. Tutela provisória e julgamento parcial no CPC de 2015: avanços e perspectivas. **O novo Código de Processo Civil: questões controvertidas.** 1ª. ed. São Paulo: Atlas, 2015. p. 337.

82 Sobre a decisão parcial e o cumprimento de sentença: "Ora, na formação do título executivo, a natureza do provimento jurisdicional é menos importante do que a consequência processual dele decorrente, razão pela qual pouco importa se o caso concreto diz respeito a uma sentença propriamente dita ou uma decisão interlocutória: possuindo conteúdo meritório e cognição suficiente para a formação de coisa julgada, é possível seu cumprimento definitivo. Assim, em que pese a parte Especial, Livro I, Título II, do CPC/15, mencionar cumprimento de sentença, é dever afirmar que as disposições lá contidas são cabíveis também para as decisões interlocutórias de mérito." ARAÚJO, José Henrique Mouta. A recorribilidade das interlocutórias no

talidade desse cumprimento de sentença definitivo – também sendo aplicável ao provisório – deve ser em autos diversos, com a criação de um novo número, seja pela cisão procedimental, seja para que não haja tumulto processual.

A redação do art. 356, § 4º do CPC é um tanto inócua e desnecessária, ao dispor que a liquidação e o cumprimento da decisão que julgar parcialmente o mérito poderão ser processados em autos suplementares, a requerimento da parte ou a critério do juiz. Na verdade, há uma inviabilidade e ilogicidade que sejam nos mesmos autos. Não há motivo para que ocorram no mesmo processo que prosseguirá em litispendência de outra parcela da demanda, o que atrapalharia o deslinde dos dois procedimentos diversos ao mesmo tempo – execução da decisão parcial e o conhecimento para o restante da demanda a ser decidida.

Dessa maneira, o cumprimento de sentença da decisão parcial deve ser sempre em autos apartados.

De qualquer modo, o vencedor dessa decisão parcial deve peticionar em juízo, nos moldes do art. 524 do CPC, com a petição para o impulso do cumprimento de sentença, para que o juízo possa, se completa a petição, deferir o início do cumprimento com a intimação do devedor para pagamento em 15 dias, sob pena de multa e honorários advocatícios dessa fase, na dicção do art. 523 do CPC.

Tanto para a execução provisória quanto para a definitiva, não há necessidade de caução pelo exequente, contudo é um ponto que parece mal desenhado pelo ordenamento. A caução não é requisito para a liquidação ou para o cumprimento, ainda que provisório, o que torna o art. 356, § 2º do CPC contraditório, uma vez que a caução somente terá o condão, conforme o art. 520, IV do CPC de autorizar o levantamento de depósito em dinheiro ou a prática de atos que importem em transferência de posse ou alienação de propriedade ou outro direito real[83].

Ou seja, não há nenhuma necessidade, em qualquer procedimento, independentemente de ser uma sentença ou uma decisão parcial a ser executada provisoriamente, em se prestar caução para dar início[84] a um cumprimento de

---

novo CPC: variações sobre o tema. **Revista de Processo.** Vol. 251, Ano 41, p. 207-228, São Paulo: Ed. RT. Jan/2016. p. 18.

83 Nesse sentido, em concordância: "Vale lembrar, todavia, que, no regime do cumprimento provisório da sentença, o art. 520, inciso IV, do CPC/2015 exige, em princípio, caução para que se proceda o levantamento de depósito de dinheiro e a prática de atos que importem transferência de posse ou alienação de propriedade ou de outro direito real." ARAÚJO, Luciano Vianna. O julgamento antecipado parcial sem ou com resolução de mérito do CPC/2015. **Revista de Processo.** Vol. 286, Ano 43, p. 237-273. São Paulo: Ed. RT, dez/2018. p. 251.

84 Enunciado nº. 49 do ENFAM: No julgamento antecipado parcial de mérito, o cumprimento provisório da decisão inicia-se independentemente de caução (art. 356, § 2º, do CPC/2015), sendo aplicável, todavia, a regra do art. 520, IV.

sentença. A caução somente será condição para levantamento dos benefícios da execução, para levantamento de valores, posse ou transferência de bens. A redação do art. 356, § 2º do CPC especifica que a liquidação ou cumprimento podem ser iniciadas independentemente de caução, mesmo sem que qualquer destes em sua normalidade necessite desta, o que se torna uma redação equivocada e desnecessária em sua literalidade.

Talvez essa redação possa gerar o entendimento de que em eventual êxito da execução, com o bloqueio de valores ou penhora de bens, estes não importarão em ter a caução como necessária para a liberação para o exequente, mas não é essa a redação do mencionado dispositivo e, mediante isso, é pertinente a discordância de uma liberação de valores ou transferências sem caução[85] com base neste dispositivo.

O cumprimento de sentença da decisão parcial não sofrerá influência do que se decidir posteriormente na demanda, em eventual sentença, afinal são parcelas autônomas e independentes que foram julgadas e, por isso, cada coisa julgada que forma título executivo detém também a mesma autonomia e independência. Todavia, não há óbice de que o exequente aguarde para que se realize somente um cumprimento de sentença, porém será um ônus da parte em aguardar, desnecessariamente, o deslinde e trânsito em julgado da outra parcela da demanda.

6.1.7 A suspensão parcial por repetitivos e a decisão parcial

O CPC/2015 primou por uma ênfase aos precedentes judicais vinculantes, com a remodelação ou criação de institutos que formam decisões para serem seguidas em julgamentos com a mesma conjuntura fático-jurídica. Os institutos que tem esse condão são aqueles com maior tendência e serventia para gestão de estoque de demandas repetitivas: recursos excepcionais repetitivos; e o incidente de resolução de demandas repetitivas.

Por tratarem de matérias que se repetem, com milhares ou milhões de processos com identidade material e similitude fática, uma vez realizada a decisão de afetação para o início do procedimento que alterará alguns processos para formar o futuro precedente vinculante repetitivo por um destes institutos

---

85 Bueno entende que o art. 356, § 2º do CPC possibilita não só o início do cumprimento, mas a própria satisfação, o que entendemos equivocada a visão. "O § 2º do art. 356, de qualquer sorte, permite que, nesse caso, o cumprimento provisório – não só o início da fase propriamente dita, mas, mais do que isso, a satisfação do direito perseguido nela – dê-se independentemente de caução, previsão que, nesse sentido, excepciona a regra genéria do inciso IV do art. 520." BUENO, Cassio Scarpinella. **Novo Código de Processo Civil Anotado.** 2ª Ed. São Paulo: Saraiva, 2016. p. 334.

citados, não há motivos para que os processos que contiverem as mesmas discussões materiais continuarem em sua tramitação, com a necessidade de que o relator do processo representativo da controvérsia determine a suspensão dos demais processos idênticos, seja regionalmente no IRDR, seja nacionalmente nos recursos excepcionais repetitivos.

Desse modo, os demais processos – em qualquer grau de jurisdição – sobre a mesma matéria são considerados como afetados, sofrendo uma suspensão no seu andamento processual para a espera da definição da decisão repetitiva e, consequentemente, uma posterior aplicabilidade nestes processos suspensos. Não há motivos para prosseguirem o seu processamento, independente do grau, se o Tribunal que afetou a matéria julgará em algum instituto, com posterior posicionamento e aplicabilidade para esses casos.

No rito excepcional repetitivo[86] – art. 1.037, II do CPC – e no IRDR[87] – art. 982, I do CPC[88] – há disposição expressa para tal situação, com a determinação de que adotado o rito destes institutos, com a ulterior decisão de afetação, os processos com identidade material devem ser suspensos, guardadas as limitações territoriais de cada instituto.

No entanto, é pertinente que a suspensão não ocorra sobre o processo inteiro, de modo integral e automático, quando este for objetivamente complexo, dada cumulação de pedidos ou de relações jurídicas existentes naquela demanda. Mediante isso, a suspensão deve ser correspondente ao que se afetou para a formação do precedente judicial, sem impactar parcelas da demanda alheias ao que

---

86 Oliveira, corretamente, entende que a suspensão é automática: "é imperativa, não podendo o magistrado de 1º e 2º graus negar-se a suspender o processo que trate de questão idêntica a ser definida no respectivo Tribunal Superior (...) "a ampliação objetiva (territorial) e subjetiva (efeitos erga omnes) da eficácia do acórdão decorre da própria natureza da decisão proferida, atingindo todos os processos em que se discuta a mesma questão de direito" OLIVEIRA, Pedro Miranda de. **Novíssimo sistema recursal conforme o CPC/2015.** Florianópolis: Conceito Editorial, 2016. p. 261.

87 Enunciado nº. 93 do FPPC: Admitido o incidente de resolução de demandas repetitivas, também devem ficar suspensos os processos que versem sobre a mesma questão objeto do incidente e que tramitem perante os juizados especiais no mesmo estado ou região.
Enunciado nº. 95 do FPPC: A suspensão de processos na forma deste dispositivo depende apenas da demonstração da existência de múltiplos processos versando sobre a mesma questão de direito em tramitação em mais de um estado ou região.

88 Sobre essa discricionariedade: "A redação do art. 982, I, do CPC/2015 sugere que a suspensão do processo é integral e inexorável. Não nos parece, contudo, que seja assim. Pode-se, por exemplo, estar-se diante de questão de direito processual que não impeça a tramitação do processo, para que se realizem atos que não serão atingidos pela decisão que julgar o incidente." MEDINA, José Miguel Garcia. *Novo código de processo civil comentado*. 2ª Ed. RT: São Paulo. 2015. p. 1.327.

for decidido no instituto que formará a decisão vinculante, ainda que seja uma só demanda com cumulações, a suspensão deve ser parcial, com a possibilidade de prosseguir com as parcelas da demanda que não foram afetadas.

A parcela da demanda que contiver identidade fático-jurídica com a matéria discutida para formar precedente judicial repetitivo deve ser suspensa e o restante deve continuar para o seu julgamento, com a possibilidade de instrução probatória e demais atos, seguindo os mesmos requisitos e possibilidades, diante da autonomia e independência sobre as questões de fato e de direito.

Se a suspensão continuar por um tempo razoável e for possível julgar o restante da demanda, está será a decisão parcial[89] e a matéria suspensa que somente poderá ser julgada em momento posterior, passará a ser a sentença.

A questão de fato[90] é a base para que se possa prolatar uma decisão parcial e, para tanto, se uma questão de fato for pertinente a uma parcela da demanda, se puder ser resolvida essa parcela pode ser julgada antecipadamente, gerando a decisão parcial de mérito e, em algumas situações, sem mérito. O restante da demanda prossegue para resolver as demais questões de fato necessárias para a cognição plena para a prolação da sentença.

O funcionamento da suspensão de parcela da demanda por causa de afetação em repetitivo não impede o prosseguimento das questões de fato, com a instrução sendo possível para toda a demanda, somente com a impossibilidade, mediante a afetação e suspensão pelo repetitivo, de decidir-se o pedido da parcela suspensa do processo.

Diante disso, mesmo que seja uma cumulação de pedidos que dependa somente de uma mesma questão de fato, o que numa situação normal somente poderia ser respondida em conjunto numa sentença, em momento pós instrução probatória, pela suspensão da parcela da demanda por causa do repetitivo, haverá, nessa hipótese específica, a possibilidade da prolação da decisão parcial

89 Enunciado nº. 126 do JDPC: O juiz pode resolver parcialmente o mérito, em relação à matéria não afetada para julgamento, nos processos suspensos em razão de recursos repetitivos, repercussão geral, incidente de resolução de demandas repetitivas ou incidente de assunção de competência.

90 Evidentemente que para a suspensão dos repetitivos, essa ordem deve vir com a melhor afetação possível, com a determinação da sua concretude fática, justamente para que se possa suspender adequadamente os processos realmente plausíveis de serem afetados: "Não bastará, contudo, identificar a questão jurídica, sem delimitar a situação fática que lhe está subjacente, ou seja, as circunstâncias fáticas que ensejam a controvérsia, ou, ainda, a categoria fática para a qual a tese será aplicada." DIDIER Jr. Fredie; TEMER, Sofia Orberg. A decisão de organização do incidente de resolução de demandas repetitivas: importância, conteúdo e o papel do regimento interno do tribunal. **Revista de Processo.** Vol. 258, Ano 41, p. 257-278, São Paulo: Ed. RT, Ago/2016. p. 263.

de mérito, mesmo que numa situação normal seria todos os pedidos julgados junto na sentença[91].

Obviamente que se a suspensão da parcela da demanda for em pedido subordinante em cumulação sucessiva ou subsidiária, a demanda terá que ser toda suspensa, sem a possibilidade de prosseguir com o julgamento do restante, apesar de poder se instruir o processo, contudo o restante continuando suspenso depois da instrução, com a possibilidade de julgamento do que se afetou nos repetitivos.

91 Correia Filho entende que a coletivização das questões de mérito, utilizando os repetitivos e os institutos inerentes a essa processualística impõe uma facilidade maior para o julgamento parcial nas demandas. Concordamos em parte com tal enunciado, de fato a cisão cognitiva inerente às matérias repetitivas é facilitada pela existência dessas técnicas de coletivização de resoluções, contudo cria uma diversa cisão, uma vez que o fato gerador dessa cisão temporal não será a questão de fato resolvível, como nos demais, mas o enquadramento, ou não, da matéria em termos da questão de direito no que for já definido pelos Tribunais como precedente judicial repetitivo ou que futuramente o será, como no caso da suspensão mencionada. Por causa da suspensão para o julgamento do repetitivo, um processo que seria decidido na sentença de modo uno, pode bipartir-se. "De fato, é difícil negar que essas técnicas de coletivização poderão ser mais e melhor aplicadas com a admissão dos julgamentos parciais. Afinal, é evidente que, com a cisão da apreciação do mérito e das questões de mérito em diferentes partes, aumentaria a probabilidade de serem identificadas controvérsias, questões ou casos idênticos, como exige a." CORREIA FILHO, Antonio Carlos Nachif. **Julgamentos parciais no processo civil**. São Paulo, SP, 2015. 176 p. Dissertação (Mestrado). Universidade de São Paulo. Programa de Pós-Graduação em Direito. p. 111/112.

CONCLUSÃO

O presente trabalho teve como tema de pesquisa o fracionamento decisório, uma pesquisa em metodologia dedutiva, através de revisão bibliográfica, tendo como objeto o problema sobre os requisitos necessários para a prolação da decisão parcial e a permissibilidade da cisão cognitiva no procedimento comum, nos moldes do novo ordenamento processual brasileiro.

Um processo pode ser simples ou objetivamente complexo. Por simples entende-se uma pretensão deduzida que tem como partes um autor e um réu, com somente um pedido. Diante de uma hipótese como essa, o transcorrer procedimental é uno, com uma unidade em busca da resolução das questões cognitivas – quaisquer delas – para culminar no ato sentencial resolutivo de mérito, ou, excepcionalmente, julgar extinto sem mérito.

Por outro lado, um processo objetivamente complexo é aquele que os pedidos ou partes são plurais. Por pluralidade de partes significa a existência de mais de um componente em um ou ambos os polos da demanda. Já no tocante aos pedidos seria a cumulação de mais de um pedido naquela demanda. Em qualquer das duas pluralidades, o processo tem uma série de relações a serem expostas ao mesmo tempo, com a necessidade de que o juízo enfrente e responda todas as questões existentes e, posteriormente, os pleitos ali realizados, pela própria completude da jurisdição, mesmo diante de uma complexidade das relações jurídicas.

Pela temática enfrentada ser exatamente a complexidade objetiva do processo, diante da formação de uma pluralidade de relações jurídicas naquela pretensão, enfrentou-se as cumulações e suas espécies, no intuito da diferenciação entre as espécies e uma melhor definição conceitual de cada qual, justamente para uma interligação posterior com o fracionamento decisório.

A pluralidade de partes – fora o litisconsórcio unitário – enseja também uma pluralidade de relações jurídicas em juízo, com cada qual representando um objeto diverso e, por isso, necessário de ser considerado para os argumentos de cada uma das partes, em cada um dos polos, relacionando com as outras partes individualmente, seja em sua construção narrativa fática, seja na produção de provas, seja nos demais atos processuais até a sentença.

Qualquer que seja a cumulação existente no processo o transforma em uma cumulação de objetos a serem decididos, tornando-o complexo em sua processualidade e, ainda, na quantidade de relações jurídicas a serem decididas.

Um processo complexo objetivamente pode ser cindido, com a possibilidade de prolação de uma decisão parcial, seja sem resolução de mérito, seja com resolução de mérito. No entanto, quais seriam os critérios que a lei, diante dos arts. 354, parágrafo único e 356 do CPC, constrói para a autorização da cisão cognitiva e procedimental, com a decisão parcial? Esse é o cerne do trabalho.

Qualquer processo contém uma série de questões a serem decididas e, nesse ponto, é importante o estudo da cognição judicial.

A cognição judicial está calcada no trato de questões, enfrentamento sobre diversas questões necessárias para que o juízo possa conhecer, enfrentar e resolver pontos cruciais para o desenvolvimento da demanda. As questões não se apresentam de modo estanque, com divisões possíveis de enquadrá-las facilmente, podem ser divididas entre questões de fato e de direito, incidentes e principais, preliminares e prejudiciais, dependendo sempre do prisma que se tenha para a análise, podendo, para tanto, ser um misto de cada ponto dessa divisão.

A análise cognitiva deve ocorrer à medida que as questões aparecem no processo e são necessárias de enfrentamento para possibilitar o desencadear do procedimento. Evidentemente que há uma lógica nessa organização das questões, como as questões prévias, aquelas que são, necessariamente, analisadas de modo anterior ao mérito.

Essas premissas são necessárias de serem postas e definidas: *(i) qualquer demanda tem divisão entre cognição sobre as questões de admissibilidade e questões de mérito; (ii) qualquer cognição de mérito se subdivide entre cognição fática e jurídica*. Para o desenvolvimento da consequência da complexidade objetiva do processo e as questões de fato, considera-se a divisão entre questão de fato e de direito como possível, apesar de difícil, em dois polos: *(i) a existência de controvérsia sobre algum ponto de fato necessário para a subsunção; (ii) a necessidade de instrução probatória sobre essa questão para possibilitar a subsunção.*

A atividade do juízo se dividirá, ao menos procedimentalmente, em um momento para definição das questões de fato, com a necessidade, ou não, da instrução probatória e, após a definição destas, o início da resolução das questões de direito, com a subsunção pertinente para a resolução das questões e a aptidão para a decisão da demanda, aquela que terá o condão de formar coisa julgada.

Mas, as questões de fato não perfazem capítulos da demanda, somente trabalham diante de uma cognição judicial necessária para definição da narrativa fática a ser considerada como um suporte fático concreto. O problema a ser enfrentado é se existe a relação entre complexidade objetiva do processo e as questões de fato.

A possibilidade de cisão cognitiva de um processo objetivamente complexo passa pela resolução de questões de fato e a abertura para que parcela do processo seja julgado antecipadamente e o restante do processo ainda necessite de produção de provas, com a postergação para um momento posterior.

Quanto mais complexo objetivamente for um processo, a tendência é existir mais questões de fato a serem enfrentadas, o que importa em uma pluralidade de questões de fato. E o modo com que estas se relacionam com cada capítulo da demanda é importante para o estabelecimento da influência em cada matéria, em cada pedido.

Todavia, não basta que haja uma complexidade objetiva no processo, com pluralidade de pedidos ou de partes nos polos, outros requisitos são pertinentes, o que se torna o problema desta pesquisa: *a fixação de requisitos para a prolação de uma decisão parcial, com o fracionamento decisório no processo objetivamente complexo.*

Para essa construção perceptiva dos requisitos configurativos de uma situação de bifurcação cognitiva há a necessidade de relacionar o processo objetivamente complexo com a pluralidade de questões de fato, uma vez que estas que serão resolúveis ou não e, dessa maneira, possibilitarão a ocorrência de um fracionamento decisório.

A cisão cognitiva e o fracionamento decisório são inerentes ao próprio processo objetivamente complexo, mas dependem de uma pluralidade de questão de fatos a serem resolvidas, uma vez que somente constando uma questão de fato na demanda, com duas relações jurídicas, com ambas dependendo de tal resolubilidade, quando esta sobrevier, o processo estará pronto para a prolação da sentença.

Consequentemente, há a necessidade no processo objetivamente complexo que haja uma pluralidade de questões de fato, para, após a percepção cognitiva sobre estas e suas possíveis resolubilidades e impactos em cada capítulo, entender como possível o fracionamento decisório.

Em qualquer processo, a resolubilidade da questão de fato é antecedente às questões de direito, com a necessidade de uma cognição prévia num caminho anterior a ser seguido para conceder a aptidão à resolução da questão de direito e, posteriormente, a decisão como um todo. Quando um processo for complexo objetivamente, seja pela cumulação de pedidos, seja pela pluralidade de partes em um dos polos, o processo será dividido em capítulos para serem resolvidos de modo autônomo.

Numa hipótese de um processo complexo objetivamente, cada capítulo terá uma relação própria com as questões de fato, seja uma relação com uma questão ou com várias questões. E, ainda, essa questão de fato pode ser impactante para diversos capítulos concomitantemente, sem necessariamente ser uma relação de modo fechado e estanque com um só capítulo.

Há, portanto, uma grande dinâmica complexa entre as relações jurídicas a serem solucionadas e a quantidade de questões de fato que lhe subsidiarão.

As questões de fato existentes num processo objetivamente complexo podem ser plurais ou somente uma, o que não ensejaria um fracionamento, mesmo com a complexidade do processo, como exposto. Para que os capítulos decisórios sejam fracionáveis necessita-se de duas possibilidades inter-relacionais com as questões de fato e os capítulos: *(i) pluralidade de questões de fato e interligação específica de cada pedido com um fato; (ii) pluralidade de questões de fato, com uma destas com impacto em ambos os pedidos e uma outra questão de fato que impacta somente um dos pedidos.*

Sobre a cisão cognitiva e o fracionamento decisório, esse é um ponto relevante para a construção dos requisitos para a ocorrência da decisão parcial. Mesmo diante de um processo complexo objetivamente, o que determinará a possibilidade de cisão será a relação da demanda e de seus capítulos decisórios autônomos com as questões de fato, seja da própria demanda, seja de situações específicas, como fatos atinentes a um pressuposto processual específico.

Para tanto, há de se separar a complexidade objetiva do processo e as questões de fato da relação entre cada capítulo, a sua complexidade entre admissibilidade e mérito e as questões de fato inerentes à admissibilidade.

Dessa feita, os requisitos construídos como pertinentes para a cisão cognitiva e o fracionamento decisório são: *(i) a complexidade objetiva do processo por cumulação de pedidos ou pluralidade de partes; (ii) a pluralidade de questões de fato; (iii) a resolubilidade ou estabilização via incontrovérsia de uma questão de fato e pendência de, no mínimo, outra questão de fato; (iv) a dependência de parcela do processo somente da questão de fato já resolvida/estabilizada.*

Por mais que o ordenamento processual não mencione nada sobre a relação da questão de fato e a possibilidade da prolação de decisões parciais, cisões cognitivas e fracionamentos decisórios, evidentemente que a pluralidade de questões de fato e resolubilidade parcial destas são igualmente requisitos possibilitantes e autorizantes para o julgamento parcial de uma demanda que for complexa objetivamente nos moldes do exposto, com a necessidade da construção inter-relacional entre os dois institutos permissiva para o fracionamento.

Para a prolação de uma *decisão parcial com mérito*, os requisitos devem estar presentes e a possibilidade de julgamento parcial daquela determinada parcela da demanda, relacionando com as questões de fato que autorizam essa cognição exauriente parcial, diante da construção narrativa feita pelo autor e contraproposta pelas possíveis atitudes do réu, permitindo, para tanto, a bifurcação cognitiva.

Todavia, para uma *decisão parcial sem mérito* há uma notória diferença sobre as questões de fato, com essas divididas entre dois vieses, um deles quanto à narrativa fática do autor, do mesmo modo de qualquer outra decisão, mas com a existência de questões de fato específicas sobre as hipóteses impeditivas de continuidade do processo, com a extinção daquela parcela do pedido.

Por fim, as questões de fato são tão importantes para o fracionamento decisório e a prolação de uma decisão parcial quanto a complexidade objetiva do processo.

REFERÊNCIAS BIBLIOGRÁFICAS

ABBOUD, Georges; SANTOS, José Carlos Van Cleef Almeida. Comentários ao art. 332. In: Teresa Arruda Alvim Wambier; Fredie Didier Jr.; Eduardo Talamini; Bruno Dantas (coord.). **Breves comentários ao novo código de processo civil.** São Paulo: Ed. RT, 2015.

ALLORIO, Enrico. **Problemas de derecho procesal.** Tomo I. Tradución de Santiago Sentis Melendo. Buenos Aires: Ediciones Jurídicas Europa América S.A., 1963.

ALVIM, Alvim. **Manual de direito processual civil.** Vol. II, 6ª ed., São Paulo: Ed. RT, 1997.

_______. **Novo contencioso cível.** São Paulo: Ed. RT, 2016.

ALVIM, Teresa Arruda. Prescrição e decadência. **Revista de Processo.** Vol. 29, Ano 8, p. 57-71, São Paulo: Ed. RT, Jan/Mar/1983.

_______. Questão de Fato, Conceito Vago e a Sua Controlabilidade Através de Recurso Especial. **Aspectos Polêmicos e Atuais do Recurso especial e do Recurso Extraordinário.** Coord. ALVIM, Teresa Arruda. São Paulo, Ed. RT, 1997.

_______. Distinção entre questão de fato e questão de direito para fins de cabimento de recurso especial. Revista de Processo. vol. 92. p. 52-70. São Paulo: Ed. RT, 1998.

_______. **Nulidades do processo e da sentença.** 5ª. ed. São Paulo: Ed. RT, 1998.

_______. **Os agravos no CPC brasileiro.** 4ª ed. São Paulo: Ed. RT, 2006.

_______. **Nulidades do processo e da sentença.** 7ª. ed. São Paulo: Ed. RT, 2014.

_______. Comentário ao art. 995. **In: CABRAL, Antônio do Passo; CRAMER, Ronaldo (Coord.). Comentários ao novo Código de Processo Civil. Rio de Janeiro: Forense, 2015.**

_______. **Comentários ao art. 1.002. In: CABRAL, Antônio do Passo; CRAMER, Ronaldo (Coord.). Comentários ao novo Código de Processo Civil. Rio de Janeiro: Forense, 2015.**

ALVIM, Teresa Arruda; CONCEIÇÃO, Maria Lúcia Lins; RIBEIRO, Leonardo Ferres da Silva; MELLO, Rogério Licastro Torres de. **Primeiros comentários ao novo código de processo civil.** São Paulo: Ed. RT, 2015.

ALVIM, Thereza Arruda. **Questões prévias e os limites objetivos da coisa julgada.** São Paulo: Ed. RT, 1977.

AMARAL, Guilherme Rizzo. **Comentários às alterações do novo CPC.** 1ª. ed. São Paulo: Ed. RT, 2015.

AMBRIZZI, Tiago Ravazzi. **Julgamento fracionado do mérito no processo civil brasileiro.** São Paulo, SP, 2014. 231 p. Dissertação (Mestrado). Universidade de São Paulo. Programa de Pós-Graduação em Direito.

ANDRADE, Luiz Antonio. **Aspectos e inovações no CPC: Processo de conhecimento.** Rio de Janeiro: Ed. F. Alves, 1974.

ANDREATINI, Lívia Losso. Princípio da oralidade no novo código de processo civil: a possibilidade de sustentação oral em agravo de instrumento que verse sobre decisão interlocutória de mérito. **Revista de Processo.** Vol. 282, Ano 43, p. 319-334, São Paulo: Ed. RT, Ago/2018.

ARAGÃO, E. D. Moniz de. Conexão e tríplice identidade. **Revista de Processo.** Vol. 29, Ano 8, p. 50-57, São Paulo: Ed. RT, Jan/Mar/1983.

ARAGÃO, Paulo Cézar. **Recurso adesivo.** São Paulo: Saraiva, 1974.

ARAÚJO, André Luiz Maluf de. Comentário ao art. 55. **Novo código de processo civil comentado – Tomo I (art. 1 ao 317).** Orgs: RIBEIRO, Sergio Luiz Almeida; GOUVEIA FILHO, Roberto Pinheiro Campos; PANTALEÃO, Izabel Cristina; GOUVEIA, Lucio Grassi de. São Paulo: Lualri, 2017.

_______. Comentário ao art. 507. **Novo código de processo civil comentado – Tomo II (art. 318 ao art. 770).** Orgs: RIBEIRO, Sergio Luiz Almeida; GOUVEIA FILHO, Roberto Pinheiro Campos; PANTALEÃO, Izabel Cristina; GOUVEIA, Lucio Grassi de. São Paulo: Lualri, 2017.

ARAÚJO, José Henrique Mouta. **A resolução parcial de mérito e a coisa julgada progressiva: reflexos no sistema processual como forma de assegurar a brevidade da prestação jurisdicional.** Belém, PA, 2004. 302 p. Tese (Doutorado). Universidade Federal do Pará. Programa de Pós-Graduação em Direito.

_______. Tutela antecipada do pedido incontroverso: estamos preparados para a nova sistemática processual? **Revista de Processo.** Vol. 116, Ano 29, p. 207-230, São Paulo: Ed. RT, Jul/2004.

_______. Os pronunciamentos de mérito no novo CPC: reafirmação de um posicionamento. **Revista Dialética de Direito Processual.** n. 149, p. 62-68, São Paulo: Dialética, Ago/2015.

_______. Os precedentes vinculantes e o novo CPC: o futuro da liberdade interpretativa e do processo de criação do direito. **Precedentes.** Organizadores: DIDIER JR., Fredie; CUNHA, Leonardo Carneiro da; MACEDO, Lucas Buril de; ATAIDE JR, Jaldemiro Rodrigues de. Salvador: Juspodivm, 2015.

_______. A recorribilidade das interlocutórias no novo CPC: variações sobre o tema. **Revista de Processo.** Vol. 251, Ano 41, p. 207-208, São Paulo: RT, Jan/2016.

_______. Comentário ao art. 354. **Novo código de processo civil comentado – Tomo II (art. 318 ao art. 770).** Orgs: RIBEIRO, Sergio Luiz Almeida; GOUVEIA FILHO, Roberto Pinheiro Campos; PANTALEÃO, Izabel Cristina; GOUVEIA, Lucio Grassi de. São Paulo: Lualri, 2017.

_______.Coisa julgada e as questões prejudiciais: a ampliação da estabilização das decisões judiciais e a diminuição da litigiosidade. **Revista Brasileira de Direito Processual - RBDPro.** Ano 26, n. 102, p. 257-274, Belo Horizonte, abr./jun/2018.

ARAÚJO, Luciano Vianna. Comentário ao art. 115. In: CABRAL, Antonio do Passo, CRAMER, Ronaldo (orgs.). **Comentários ao novo código de processo civil.** 2ª ed. Rio de Janeiro: Forense, 2016.

_______. Comentário ao art. 352. **Novo código de processo civil comentado – Tomo II (art. 318 ao art. 770).** Orgs: RIBEIRO, Sergio Luiz Almeida; GOUVEIA FILHO, Roberto Pinheiro Campos; PANTALEÃO, Izabel Cristina; GOUVEIA, Lucio Grassi de. São Paulo: Lualri, 2017.

_______. O julgamento antecipado parcial sem ou com resolução de mérito do CPC/2015. **Revista de Processo.** Vol. 286, Ano 43, p. 237-273, São Paulo: Ed. RT, dez/2018.

ARAÚJO, Mauro Alves de. **Extinção do processo: saneamento**. São Paulo: Max Limonad, 1999.

ARMELIN, Donaldo. Notas sobre sentença parcial e arbitragem. **Revista de Arbitragem e Mediação.** n. 18, v. 5, São Paulo: Ed. RT, jul/set/2008.

ARRUDA, Paulo Gonçalves de. A sentença parcial vista pelos Tribunais e o reflexo do fracionamento do mérito no anteprojeto do novo Código de Processo Civil. **Revista de Processo.** Vol. 222, Ano 38, p. 257-292, São Paulo: Ed. RT, ago/2013.

ASSIS, Araken de. **Cumulação de ações.** 4ª ed. São Paulo, Ed. RT, 2002.

_______. **Processo civil brasileiro: parte geral – fundamentos e distribuição de conflitos.** Vol. I, São Paulo: Ed. RT, 2015.

_______. **Processo civil brasileiro.** Vol. II, Tomo I, São Paulo: Ed. RT, 2015.

ATAIDE JR, Jaldemiro Rodrigues de. A fundamentação adequada diante do sistema de precedentes instituído pelo NCPC. **Precedentes.** Orgs: DIDIER JR., Fredie; CUNHA, Leonardo Carneiro da; MACEDO, Lucas Buril de; ATAIDE JR, Jaldemiro Rodrigues de. Salvador: Juspodivm, 2015.

ATAÍDE JR., Jaldemiro Rodrigues de. Comentários ao art. 966. **Novo Código de Processo Civil Comentado – Tomo III (art. 771 ao art. 1.072).** Orgs: RIBEIRO, Sergio Luiz Almeida; GOUVEIA FILHO, Roberto Pinheiro Campos; PANTALEÃO, Izabel Cristina; GOUVEIA, Lucio Grassi de. Ed. Lualri, São Paulo, 2017.

AURELLI, Arlete Inês. Comentário ao art. 337. STRECK, Lenio. **Comentários ao código de processo civil.** 11ª. ed. São Paulo: Saraiva, 2016.

_______. Comentários ao art. 338 e 339. STRECK, Lenio. **Comentários ao código de processo civil.** 11ª. ed. São Paulo: Saraiva, 2016.

_______. Comentários ao art. 338 e 339. In: STRECK, Lenio Luiz; NUNES, Dierle; CUNHA, Leonardo (orgs.). **Comentários ao código de processo civil.** 2ª. ed. São Paulo: Saraiva, 2017.

_______. Comentário ao art. 330. **Novo código de processo civil comentado – Tomo II (art. 318 ao art. 770).** Orgs: RIBEIRO, Sergio Luiz Almeida; GOUVEIA FILHO, Roberto Pinheiro Campos; PANTALEÃO, Izabel Cristina; GOUVEIA, Lucio Grassi de. São Paulo: Lualri, 2017.

BAPTISTA, José João. **Processo civil I: Parte geral e processo declarativo.** 8ª ed., Coimbra: Coimbra Editora, 2006.

BARBI, Celso Agrícola. Da preclusão no processo civil. **Revista Forense.** Vol. 52, n. 158, Rio de Janeiro: Forense, 1955.

_______. **Comentários ao código de processo civil. Vol. I,** Tomo. II, n. 434, Rio de Janeiro: Forense, 1975.

_______. **Ação declaratória principal e incidental.** 7a. ed. Rio de Janeiro: Forense, 1995.

BARBOSA, Bruno Valentim. **Julgamentos parciais de mérito no processo civil individual brasileiro. São Paulo**, SP, 2013. 161 p. Dissertação (Mestrado). Universidade de São Paulo. Programa de Pós-Graduação em Direito.

BARBOSA MOREIRA, José Carlos. **Questões prejudiciais e coisa julgada.** Rio de Janeiro: Borsoi, 1967.

_______. Questões prejudiciais e questões preliminares. **Direito processual civil (ensaios e pareceres).** Rio de Janeiro: Borsoi, 1971.

_______. A revelia no direito alemão e a reforma do processo civil brasileiro. **Estudos sobre o novo código de processo civil**. São Paulo: Ed. Liber Juris, 1974.

_______. **Estudos sobre o novo código de processo civil.** Rio de Janeiro: Líber Juris, 1974.

_______. Os limites da coisa julgada no sistema do novo código de processo civil. **Temas de direito processual civil.** São Paulo: Saraiva, 1977.

_______. Correlação entre o pedido e a sentença. **Revista de Processo**. Vol. 83, Ano 20, p. 207-215, São Paulo: Ed. RT, Jul/1996.

_______. Item do pedido sobre o qual não houve decisão: possibilidade de reiteração noutro processo. **Temas de direito processual civil.** Vol 2. 2ª. ed. São Paulo: Saraiva, 1988.

_______. Alegação de compensação rejeitada no despacho saneador... Questão de qualificação jurídica: possibilidade de exame mediante recurso extraordinário. **Temas de Direito Processual – 2ª série.** 2ª ed. São Paulo: Saraiva, 1988.

_______. A motivação das decisões judiciais como garantia inerente ao Estado de Direito. **Temas de Direito Processual – 2ª série.** 2ª ed. São Paulo: Saraiva, 1988.

_______. A eficácia preclusiva da coisa julgada material no sistema do processo civil brasileiro. **Temas de direito processual civil – Primeira série.** 2ª. ed. São Paulo: Saraiva, 1988.

_______. Conteúdo e Efeitos da Sentença: Variações sobre o tema. **Temas de direito processual – Quarta série.** São Paulo: Saraiva: 1989.

_______. **O novo processo civil brasileiro.** 20º. ed. Rio de Janeiro: Forense, 2000.

_______. A nova definição de sentença (Lei nº. 11.232). **Revista Dialética de Direito Processual.** Vol. 39. p. 78-85. São Paulo: Dialética, Jun/2006.

_______. Sentença objetivamente complexa, trânsito em julgado e rescindibilidade. **Revista Dialética de Direito Processual.** Vol. 45, São Paulo: Dialética, dez/2006.

_______. **Comentários ao código de processo civil.** 16ª ed., Rio de Janeiro: Forense, 2011.

BARIONI, Rodrigo Otávio. Capítulo VII: Da ação rescisória. In: Teresa Arruda Alvim Wambier; Fredie Didier Jr.; Eduardo Talamini; Bruno Dantas. (Org.). **Breves comentários ao Novo Código de Processo Civil.** 2ª ed. São Paulo: Ed. RT, 2016.

BEDAQUE, José Roberto dos Santos. **Tutela cautelar e tutela antecipada: tutelas sumárias e de urgência (tentativa de sistematização).** 3ª. ed. São Paulo: Malheiros, 2003.

_______. **Efetividade do processo e técnica processual.** 3ª. ed. São Paulo: Malheiros, 2010.

BENEDUZI, Renato Resende. Comentários ao Código de Processo Civil: artigos 70 ao 187. **Coleção comentários ao Código de Processo Civil.** (orgs) MARINONI, Luiz Guilherme; ARENHART, Sérgio Cruz; MITIDIERO, Daniel. São Paulo: RT, 2016.

BONÍCIO, Marcelo José Magalhães. Notas dobre a tutela antecipada parcial na nova reforma do Código de Processo Civil. **Revista dos Tribunais.** Vol. 808, São Paulo: Ed. RT, 2003.

BUENO, Cassio Scarpinella. ***Amicus curiae* no processo civil brasileiro: um terceiro enigmático.** São Paulo: Saraiva, 2006.

_______. *Amicus curiae.* **Revista Nacional da Magistratura**. Ano II, n. 5. Brasília: Escola Nacional da Magistratura/Associação dos Magistrados Brasileiros, maio/2008.

_______. **Novo código de processo civil anotado.** São Paulo: Saraiva, 2ª. ed. 2016.

BULOW, Oscar Von. **Teoria das exceções e dos pressupostos processuais.** 2ª. ed. Tradução Ricardo Rodrigues Gama, Campinas: LZN, 2005.

BUSTAMANTE, Thomas da Rosa de. A dificuldade de se criar uma cultura argumentativa do precedente judicial e o desafio do novo CPC. **Precedentes.** Orgs: DIDIER JR., Fredie; CUNHA, Leonardo Carneiro da; MACEDO, Lucas Buril de; ATAIDE JR, Jaldemiro Rodrigues de. Salvador: Juspodivm, 2015.

BUZAID, Alfredo. **Da apelação ex-officio.** São Paulo: Saraiva, 1951.

CABRAL, Antonio do Passo. Pelas asas de Hermes: a intervenção do *amicus curiae*, um terceiro especial. **Revista de Processo.** Vol. 117, Ano 29, São Paulo: Ed. RT, 2004.

_______. Contraditório como influência. **Dicionário de Princípios Jurídicos.** Flávio Galdino; Silvia Faber Torres; Ricardo Lobo Torres; Eduardo Takemi Kataoka. Editora: Elsevier - Campus. 2011.

_______. **Coisa julgada dinâmica: limites objetivos e temporais. Entre continuidade, mudança e transição de posições processuais estáveis.** 2012. 605 f. Tese (doutorado). Universidade do Estado do Rio de Janeiro, Faculdade de Direito.

_______. Despolarização do processo, legitimidade ad actum e zonas de interesse: sobre a migração entre polos da demanda. In: ZUFELATO, Camilo; YARSHELL, Flávio Luiz. (Org.). **40 anos da Teoria Geral do Processo no Brasil: passado, presente e futuro.** 1ª. ed. p. 43-95. São Paulo: Malheiros, 2013.

_______. Per un nuovo concetto di giuridizione. **Studi in onore di Nicola Picardi.** 2016.

CABRAL, Antonio do Passo; CUNHA, Leonardo José Carneiro da; DIDIER JR., Fredie. **Por uma nova teoria dos procedimentos especiais: dos procedimentos às técnicas.** 1ª. ed. Salvador: Juspodivm, 2018.

CABRAL, Trícia Navarro Xavier. A improcedência liminar do pedido e o saneamento do processo. **Revista de Processo.** Vol. 252, Ano 41, São Paulo: Ed. RT, 2016.

CALAMANDREI, Peiro. Appunti sulla reformatio in pejus. **Rivista di Diritto Processuale Civile,** 1932.

CALMON DE PASSOS, José Joaquim. **Comentários ao código de processo civil.** Vol. III, 6ª ed. Rio de Janeiro: Forense, 1989.

CÂMARA, Alexandre Freitas. **Lições de direito processual civil.** Vol. I, 8ª. ed. Rio de Janeiro: Lumen Juris, 2003.

_______. **Ação rescisória.** Rio de Janeiro: Lumen Juris, 2007.

_______. Será o fim da categoria 'condição da ação'? Uma resposta a Fredie Didier Júnior. **Revista de Processo.** Vol. 197, Ano 36, p. 261-269, São Paulo: Ed. RT. 2011.

_______. **Lições de direito processual civil.** 25ª. ed. São Paulo: Atlas, 2014.

_______. O princípio da primazia da resolução do mérito e o novo código de processo civil. **Revista de Direito da ADVOCEF.** Ano XI nº 21, São Paulo: Advocef, nov/2015.

_______. Comentário ao art. 1.013. **In: CABRAL, Antônio do Passo; CRAMER, Ronaldo (Coord.). Comentários ao novo Código de Processo Civil. Rio de Janeiro: Forense, 2015.**

_______. **O novo processo civil brasileiro.** 4ª ed. São Paulo: Atlas, 2018.

CAMARDI, Giuseppe. **Le sentenze non definitive su questioni preliminari di mérito.** Tesi di dottorato, Universitá di Bologna, disponível em http://amsdottorato.cib.unibo.it/771/1/Tesi_Camardi_Giuseppe.pdfm

CAMARGO, Luiz Henrique Volpe. Comentário ao art. 128. In: CABRAL, Antonio do Passo, CRAMER, Ronaldo (orgs.). **Comentários ao novo código de processo civil.** 2ª ed. Rio de Janeiro: Forense, 2016.

_______. Comentário ao art. 130. In: CABRAL, Antonio do Passo, CRAMER, Ronaldo (orgs.). **Comentários ao novo código de processo civil.** 2ª ed. Rio de Janeiro: Forense, 2016.

CAMBI, Eduardo. Efetividade da decisão recorrida e o efeito suspensivo dos recursos. **Aspectos Polêmicos e Atuais dos Recursos Cíveis e Assuntos Afins.** Vol. 9. (Orgs.) NERY JR., Nelson; ALVIM, Teresa Arruda, São Paulo: Ed. RT, 2006.

CARMONA, Carlos Alberto. Ensaio sobre a sentença arbitral parcial. **Revista de Processo.** Vol. 165, Ano 33, p. 9-28, São Paulo: Ed. RT, Nov/2008.

_______. **Arbitragem e processo.** 3ª. ed. São Paulo: Atlas, 2009.

CARNELUTTI, Francesco. Sulla reformatio in peius. **Rivista di Diritto Processualle Civile**, 1927.

_______. Capo di sentenza. **Rivista di Diritto Processuale Civile,** 1933.

_______. **Sistema di diritto processuale civile.** Vol. I. Padova: Cedam, 1936.

_______. **A prova civil.** 2ª ed. Trad. Lisa Pary Scarpa. Campinas: Bookseller, 2002.

_______. **Como se faz um processo.** Trad. Hiltomar Martins Oliveira. 2ª ed. Belo Horizonte: Editora Lider, 2002.

CARREIRA ALVIM, José Eduardo. Cumulação de pedidos, cumulação de ações e concurso de ações. **Revista Dialética de Direito Processual.** São Paulo, v. 28, p. 58-65, 2005.

CARVALHO, José Orlando Rocha de. **Teoria dos pressupostos e dos requisitos processuais.** Rio de Janeiro: Lumen Juris, 2005.

CARVALHO, Milton Paulo de. **Do pedido no processo civil.** Porto Alegre: Sérgio Antonio Fabris, 1992.

CARVALHO, Paulo de Barros. **Direito tributário: linguagem e método.** São Paulo: Noeses, 2008.

_______. **Curso de direito tributário.** 21ª. ed. São Paulo: Saraiva, 2009.

CASSOL, Maria Helena. Perspectivas atuais da tutela antecipada e a quebra do princípio da unicidade da sentença. **Revista AJURIS.** nº. 111, Porto Alegre: AJURIS, set/2008.

CASTANHEIRA NEVES, Antonio. **Questão-de-facto e questão-de-direito. O problema metodológico da juridicidade (ensaio de uma reposição crítica).** Coimbra: Almedina, 1967.

CASTELO, Fernando Alcântara. A coisa julgada parcial e o problema do termo inicial para a propositura da ação rescisória no CPC de 2015. **Revista de Processo.** Vol. 227, Ano 43, p. 283-304, São Paulo: Ed. RT, mar/2018.

CERQUEIRA, Társis Silva de. A nova face do procedimento comum do novo Código de Processo Civil diante dos procedimentos especiais: uma proposta de interpretação do Art. 327, § 2º, em combinação com o Art.1.049, parágrafo único, ambos do CPC. **Revista de Processo**. Vol. 273, Ano 42, p. 95-145, São Paulo: Ed. RT. Nov/2017.

COSTA, Susana Henriques da. Comentário ao art. 327. **In: CABRAL, Antônio do Passo; CRAMER, Ronaldo (Coord.). Comentários ao novo Código de Processo Civil. Rio de Janeiro: Forense, 2015.**

CHIOVENDA, Giuseppe. **Principii di diritto processuale civile.** 4ª. ed. Nápoles, 1928.

_______. **Instituciones de derecho procesal civil.** Vol. III, Trad. E. Gómez Orbaneja. Madri: Revista de Derecho Privado, 1940.

_______. La idea romana en el proceso civil moderno. In: CHIOVENDA, Giuseppe. **Ensayos de derecho procesal civil.** Vol. I, p. 351-372, Buenos Aires: Ediciones Jurídicas Europa-América, 1949.

_______. **Instituições de direito processual civil.** Vol. 3. Campinas-SP: Bookseller. 1998.

CINTRA, Antonio Carlos de Araújo. **Sobre os limites objetivos da apelação civil.** 116 f. Tese (Professor Titular), Faculdade de Direito do Largo São Francisco, Universidade de São Paulo – USP, 1986.

CINTRA, Antônio Carlos de Araújo; DINAMARCO, Cândido Rangel; GRINOVER, Ada Pellegrini. **Teoria geral do processo.** 26ª. ed. São Paulo: Malheiros, 2010.

CRUZ, Danilo Nascimento. Comentário ao art. 486. **Novo código de processo civil comentado – Tomo II (art. 318 ao art. 770).** Orgs: RIBEIRO, Sergio Luiz Almeida; GOUVEIA FILHO, Roberto Pinheiro Campos; PANTALEÃO, Izabel Cristina; GOUVEIA, Lucio Grassi de. São Paulo: Lualri, 2017.

COMOGLIO, Luigi Paolo; FERRI, Corrado; TARUFFO, Michele. **Lezioni sul processo civile.** Bologna: Il Mulino, 1995.

CORREIA FILHO, Antonio Carlos Nachif. **Julgamentos parciais no processo civil.** São Paulo, SP, 2015. 176 p. Dissertação (Mestrado). Universidade de São Paulo. Programa de Pós-Graduação em Direito.

COSTA, Henrique Araújo. **Reexame de prova em recurso especial: a súmula 7 do STJ.** Brasília: Thesaurus, 2008.

COUTURE, Eduardo. **Fundamentos do direito processual civil.** Campinas: Redlivros, 1999.

CUNHA, Leonardo José Carneiro da. O § 6º do art. 273 do CPC: Tutela Antecipada Parcial ou Julgamento Antecipado Parcial da Lide? **Revista Dialética de Direito Processual.** n. 1, p. 109-126, São Paulo: Dialética, Abril/2003.

_______. **A assistência no projeto do novo código processo civil brasileiro.** www.academia.edu/9253866/a_assistência_no_projeto_do_novo_código_processo_civil_brasileiro. Acessado dia 28 de março de 2019.

CUNHA, Leonardo José Carneiro da; DIDIER JR., Fredie. **Curso de direito processual civil. Meios de impugnação às decisões judiciais e processo nos tribunais.** 13ª ed. Salvador: Juspodivm, 2016

_______. **O problema das decisões interlocutórias não agraváveis anteriores e o agravo de instrumento.** contra decisão parcial. http://www.frediedidier.com.br/editorial/editorial-188/ - Acessado dia 31de janeiro de 2019.

DALL'ALBA, Felipe Camilo. Julgamento antecipado ou antecipação dos efeitos da tutela do pedido incontroverso?. **Revista de Processo.** Vol. 128, Ano 40, p. 2007-223, São Paulo: Ed. RT, 2005.

DANTAS, Marcelo Navarro Ribeiro. Admissibilidade e mérito na execução. **Revista de Processo.** Vol. 47, Ano 12, p. 24-42, São Paulo: Ed. RT, 1987.

DECOMAIN, Pedro Roberto. A sentença, as despesas processuais e os ônus da sucumbência na ação popular. **Revista Dialética de Direito Processual.** Vol. 74, p. 87-104, São Paulo: Dialética, 2009.

DEL PRÀ, Carlos Gustavo Rodrigues. ***Amicus curiae***. Curitiba: Juruá, 2008.

DIAS, Jean Carlos. Reflexões acerca da teoria da cognição no processo. **Argumenta (FUNDINOPI)**, v. 6, p. 203-219, 2006.

_______. A reforma do CPC (LGL\1973\5) e o fim da teoria da unidade da sentença – Lei 11.232/2005. **Revista Dialética de Direito Processual.** Vol. 40, p. 79-84, São Paulo: Dialética, Jul/2006.

DIAS, Maria Berenice. Observações sobre o conceito de pretensão. **Portal Jurídico Investidura.** Florianópolis/SC, 17 Dez. 1995. Disponível em: www.investidura.com.br/biblioteca-juridica/resumos/teoria-constitucional/2145-observacoes-sobre-o-conceito-de-pretensao. Acesso em: 13 Jun. 2019.

DIDIER JR., Fredie. Um réquiem às condições da ação. Estudo analítico sobre a existência do instituto. **Revista Forense.** Rio de Janeiro, v. 351, p. 65-82, 2000.

_______. Cognição, construção de procedimentos e coisa julgada: os regimes diferenciados de formação da coisa julgada no direito processual civil brasileiro. **Genesis.** Curitiba, n. 22, p. 709-734, out./dez. 2001.

_______. Inovações na antecipação dos efeitos da tutela e a resolução parcial do mérito. **Revista de Processo.** Vol. 110, Ano 28, p. 225-251, São Paulo: Ed. RT, abr/jun/2003.

_______. Objeto da cognição judicial. **Revista Dialética de Direito Processual.** Vol. 6, p. 12-23, São Paulo: Dialética, set/2003.

_______. **Pressupostos processuais e condições da ação.** 1ª ed. São Paulo: Editora Saraiva, 2005.

_______. Os três modelos de direito processual: inquisitivo, dispositivo e cooperativo. **Revista de Processo.** Vol. 198, Ano 36, p. 213-225, São Paulo: Ed. RT, 2011.

______. **Sobre a Teoria Geral do Processo, essa desconhecida.** 2ª. ed. Salvador: Juspodivm, 2012.

______. **Curso de direito processual civil: teoria geral do processo e processo de conhecimento.** 17ª. ed. Salvador: JusPodivm, 2015.

______. Comentário ao art. 10. **In: CABRAL, Antônio do Passo; CRAMER, Ronaldo (Coord.). Comentários ao novo Código de Processo Civil. Rio de Janeiro: Forense, 2015.**

______. Comentários ao art. 485. **In: CABRAL, Antônio do Passo; CRAMER, Ronaldo (Coord.). Comentários ao novo Código de Processo Civil. Rio de Janeiro: Forense, 2015.**

______. Comentário ao art. 486. **In: CABRAL, Antônio do Passo; CRAMER, Ronaldo (Coord.). Comentários ao novo Código de Processo Civil. Rio de Janeiro: Forense, 2015.**

______. Comentário ao art. 502. **In: CABRAL, Antônio do Passo; CRAMER, Ronaldo (Coord.). Comentários ao novo Código de Processo Civil. Rio de Janeiro: Forense, 2015.**

______. Extensão da coisa julgada à resolução da questão prejudicial incidental no novo Código de Processo Civil brasileiro. **Civil Procedure Review.** Vol. 6, nº. 1: 81-94, jan-apr., 2015.

DIDIER JR., Fredie; BRAGA, Paula Sarno; OLIVEIRA, Rafael Alexandria de. **Curso de processo civil.** Vol. 2. 10a. ed. Salvador: Juspodivm, 2015.

______. Comentário ao art. 492. In: CABRAL, Antonio do Passo, CRAMER, Ronaldo (orgs.). **Comentários ao novo código de processo civil**. 2ª ed. Rio de Janeiro: Forense, 2016.

DIDIER Jr. Fredie; TEMER, Sofia Orberg. A decisão de organização do incidente de resolução de demandas repetitivas: importância, conteúdo e o papel do regimento interno do tribunal. **Revista de Processo**. Vol. 258, Ano 41, p. 257-278, São Paulo: Ed. RT, Ago/2016.

DINAMARCO, Cândido Rangel. O conceito de mérito em processo civil. **Revista de Processo.** Vol. 34, Ano 9, p. 20-46, São Paulo: Ed. RT, Abril/Jun/1984.

______. Ônus de contestar e o efeito de revelia. **Revista de Processo**. Vol. 11, n.41, p. 185-197, São Paulo: Ed. RT, 1986.

______. **Fundamentos do processo civil moderno.** 3ª. ed. São Paulo: Malheiros, 2000.

______. **Intervenção de terceiros.** 3ª. ed. São Paulo: Malheiros, 2002.

______. **A reforma da reforma.** 3ª ed. São Paulo: Malheiros, 2002.

______. **Instituições de Processo Civil.** Vol. I, 3ª ed. São Paulo: Malheiros, 2003.

______. **Nova era do processo civil.** São Paulo: Malheiros, 2003.

______. **Instituições de direito processual civil.** Vol. III. 3 ed. São Paulo: Malheiros, 2003.

_______. **Capítulos de sentença.** 3ª. ed. São Paulo: Malheiros, 2008.

_______. **Instituições de direito processual civil.** Vol. II 6ª ed. São Paulo: Malheiros, 2009.

_______. **Litisconsórcio.** 8ª ed. São Paulo: Malheiros, 2009.

DINAMARCO, Cândido Rangel; LOPES, Bruno Vasconcelos Carrilho. **Teoria geral do novo processo civil.** 2ª. ed. São Paulo: Malheiros, 2017.

DOMENICE, Priscila. O julgamento antecipado parcial de mérito. **Revista de Processo.** Vol. 286, Ano 43, p. 203-220, São Paulo: Ed. RT, dez/2018.

DONOSO, Denis. Considerações sistemáticas sobre o conceito de sentença e sua recorribilidade. Uma pedra sobre a apelação de instrumento. **Revista Dialética de Direito Processual.** Vol. 86, p. 9-19, São Paulo: Dialética, maio/2010.

DONOSO, Denis; SERAU JR., Marco Aurélio. **Manual dos recursos cíveis: teoria e prática.** Salvador: Juspodivm, 2016.

DOTTI, Rogéria Faria. A **tutela antecipada em relação à parte incontroversa da demanda.** 2a. ed. São Paulo: Ed. RT, 2003.

EXPÓSITO, Gabriela. **A capacidade processual da pessoa com deficiência intelectual.** Salvador: Juspodivm, 2019.

EXPÓSITO, Gabriela; LIMA, Bernardo. Comentário ao art. 320. **Novo código de processo civil comentado - Tomo II (art. 318 ao art. 770).** Orgs: RIBEIRO, Sergio Luiz Almeida; GOUVEIA FILHO, Roberto Pinheiro Campos; PANTALEÃO, Izabel Cristina; GOUVEIA, Lucio Grassi de. São Paulo: Lualri, 2017.

_______. Comentário ao art. 327. **Novo código de processo civil comentado - Tomo II (art. 318 ao art. 770).** Orgs: RIBEIRO, Sergio Luiz Almeida; GOUVEIA FILHO, Roberto Pinheiro Campos; PANTALEÃO, Izabel Cristina; GOUVEIA, Lucio Grassi de. São Paulo: Lualri, 2017.

FABRÍCIO, Adroaldo Furtado. **Ensaios de direito processual.** Rio de Janeiro: Forense, 2003.

FAZZALARI, Elio. **Instituições de direito processual.** Trad. Elaine Nassif. Campinas: Bookseller, 2006.

FELIX, Juarez Rogério. O duplo grau de jurisdição obrigatório. In: Teresa Arruda Alvim Wambier; Nelson nery Jr. (Org.). **Aspectos Polêmicos e Atuais dos Recursos Cíveis de Acordo com a Lei 9.756/98**. 1ª. ed., p. 420-432, São Paulo: Ed. RT, 1999.

FERNANDES, Antonio Scarance. **Prejudicialidade.** São Paulo: Ed. RT, 1988.

FERNANDES, Raimundo Nonato. Revelia e outros problemas do processo civil. **Revista de Processo.** Vol. 20, Ano 5, p. 204-213, São Paulo: Ed. RT, 1980.

FERRAGUT, Maria Rita. **Presunções no direito tributário.** 2a. ed. São Paulo: Quartier Latin, 2005.

FERRAZ JR., Tércio Sampaio. **Introdução do estudo do direito.** São Paulo: Atlas, 1991.

FREIRE, Alexandre; RAMOS NETO, Newton Pereira. Comentário ao art. 485. STRECK, Lenio. **Comentários ao código de processo civil.** 11ª. ed. São Paulo: Saraiva, 2016.

FONSECA, João Francisco Naves da. **Exame dos fatos nos recursos extraordinário e especial.** São Paulo, SP, 2010. 192 p. Dissertação (Mestrado). Universidade de São Paulo. Programa de Pós-Graduação em Direito.

_______. **Exame dos fatos nos recursos extraordinário e especial**. Rio de Janeiro: Saraiva, 2012.

FONSECA, Rodrigo Garcia da. A arbitragem e a reforma processual da execução. **Revista de Arbitragem e Mediação.** n. 14, São Paulo: Ed. RT, jul/set/2007.

GAMBA, Cinzia. In: CARPI, Federico; TARUFFO, Michele (Coord.). **Commentario breve al Codice di Procedura Civile.** 4ª Ed. Padova: Cedam, 2002.

GRECO, Leonardo. **A teoria da ação no processo civil.** São Paulo: Dialética, 2003.

_______. Concurso e cumulação de ações. **Revista de Processo.** Vol. 147, Ano 32, p. 11-26, São Paulo: Ed. RT, mai/2007.

_______. **Instituições do processo civil.** Vol. I. 5ª. ed. Rio de Janeiro: Forense, 2015.

GRECO FILHO, Vicente. **Intervenção de terceiros.** 3ª. ed. São Paulo: Saraiva, 1991.

_______. **Manual de processo civil.** São Paulo: Saraiva, 1991.

_______. **Direito processual civil brasileiro.** Vol II. 16ª. ed. São Paulo: Saraiva, 2003.

GRINOVER, Ada Pellegrini. O julgamento antecipado da lide: enfoque constitucional. **Revista de Processo.** Vol. 5, Ano 2, p. 101-114, São Paulo: Ed. RT, Jan/Mar/1977.

GOUVEIA, Lúcio Grassi de. Cognição processual civil: atividade dialética e cooperação intersubjetiva na busca da verdade real. **Revista Dialética de Direito Processual.** São Paulo: Dialética, n. 06, 2003.

_______. A função legitimadora do princípio da cooperação intersubjetiva no processo civil brasileiro. **Revista de Processo.** Vol. 172, Ano, 34, p. 32-53, São Paulo: Ed. RT, 2009.

GOUVEIA, Lúcio Grassi de; PEREIRA, Mateus Costa; ALVES, Pedro Spíndola Bezerra. Fundamentação adequada: da impossibilidade de projetar a sombra de nossos óculos sobre paisagens antigas e de acorrentar novas paisagens em sombras passadas. **R. Bras. Dir. Proc. – RBDPro** | Belo Horizonte, ano 24, n. 95, p. 175-201, jul./set. 2016.

GOUVEIA, Lúcio Grassi de; PEREIRA, Mateus Costa; LUNA, Rafael. (Im)possibilidade jurídica: pedido (de)mérito; estudo de caso. **Revista Brasileira de Direito Processual – RBDPro**. v. 102, p. 299-316, 2018.

GOUVEIA FILHO, Roberto P. Campos. **O art. 356, CPC, é base normativa suficiente para regular o fracionamento decisional? (final)** https://emporiododireito.com.br/leitura/o-art-356-cpc-e-base-normativa-suficiente-para-regular-o-fracionamento-decisional-final Acesso no dia 19 de junho de 2019.

_______. Comentário ao art. 503. Novo Código de Processo Civil Comentado – Tomo II (art. 318 ao art. 770). Orgs: RIBEIRO, Sergio Luiz Almeida; GOUVEIA FILHO, Roberto Pinheiro Campos; PANTALEÃO, Izabel Cristina; GOUVEIA, Lucio Grassi de. São Paulo: Lualri, 2017.

GOUVEIA FILHO, Roberto P. Campos; DI SPIRITO, Marco Paulo Denucci. Sobre o negócio jurídico de espraiamento sentencial. **Revista Brasileira de Direito Processual - RBDPro** | Belo Horizonte, ano 25, n. 100, p. 253-290, out./dez. 2017.

GOUVEIA FILHO, Roberto Pinheiro Campos; COSTA FILHO, Venceslau Tavares. Comentário ao art. 556. In: STRECK, Lenio Luiz; NUNES, Dierle; CUNHA, Leonardo (orgs.). **Comentários ao código de processo civil.** 2ª. ed. São Paulo: Saraiva, 2017.

GUIMARÃES, Luiz Macedo Soares Machado. Limites objetivos do recurso de apelação. **Estudos de Direito Processual.** Rio de Janeiro: Jurídica Universitária, 1969.

HABERMAS, Jürgen. The theory of communicative action. Vol 1. **Reason and the rationalizalion of society.** Boston, Beacon Press. 1984.

HILL, Flavia Pereira. Breves comentários às principais inovações quanto aos meios de impugnações das decisões judiciais no Novo CPC. **Coleção Novo CPC – Doutrina Selecionada – v.6 – Processo nos Tribunais e Meios de Impugnação às Decisões Judiciais.** Orgs: DIDIER JR., Fredie; FREIRE, Alexandre; MACEDO, Lucas Buril de; PEIXOTO, Ravi. Salvador: Juspodivm, 2015.

JOBIM, Marco Felix. Comentário ao art. 434. **Novo código de processo civil comentado – Tomo II (art. 318 ao art. 770).** Orgs: RIBEIRO, Sergio Luiz Almeida; GOUVEIA FILHO, Roberto Pinheiro Campos; PANTALEÃO, Izabel Cristina; GOUVEIA, Lucio Grassi de. São Paulo: Lualri, 2017.

JORGE, Flávio Cheim. **Chamamento ao processo.** 2ª. ed. São Paulo: Ed. RT, 1999.

_______. **Teoria geral dos recursos.** 7ª ed., São Paulo: Ed. RT, 2016.

KANT, Immanuel. **Crítica da razão pura.** Vol. I. São Paulo: Nova Cultural, 1987.

KIRCHNER, Juliana Leite. **Teoria das provas e fato jurídico no processo administrativo tributário.** São Paulo, SP, 2012. 297 p. Dissertação (Mestrado). Pontifícia Universidade Católica de São Paulo. Programa de Pós-Graduação em Direito.

KNIJNIK, Danilo. **O Recurso Especial e a revisão da questão de fato pelo Superior Tribunal de Justiça.** Rio de Janeiro: Forense, 2005.

LARENZ, Karl. **Metodologia da ciência do direito.** 2ª. ed., Lisboa: Calouste Gulbenkain, 1991.

LANDBRECHT, Johannes. **Teil-Sachentscheidungen und Ökonomie der Streitbeilegun.** 2012.

LEMOS, Vinicius Silva. O agravo de instrumento contra decisão parcial de mérito. **Revista de Processo.** Vol. 259, Ano 41, p. 275-303, São Paulo: Ed. RT, Set/2016.

_______. A extinção da nomeação à autoria como intervenção de terceiros e a nova forma procedimental de correção do polo passivo. **Revista Jurídica.** Vol 1, p. 9-30, Porto Alegre, 2018.

_______. **Recursos e processos nos tribunais.** 3ª. ed. Salvador: Juspodivm, 2018.

_______. **Agravo de Instrumento à luz do Novo CPC.** 2ª. ed. Curitiba: Juruá, 2018.

LEMOS, Vinicius Silva; GOUVEIA, Lúcio Grassi. A coisa julgada prejudicial e a sua delimitação. **R. Bras. Dir. Proc. – RBDPro.** Belo Horizonte, ano 26, v. 104, p. 1-20, 2018.

LEMOS, Walter Gustavo da Silva; LEMOS, Vinicius Silva. A decisão parcial de mérito e a total simetria com a remessa necessária. Orgs: ARAÚJO, José Henrique Mouta; CUNHA, Leonardo Carneiro da; RODRIGUES, Marco Antonio. **Coleção Repercussões do Novo CPC - Fazenda Pública.** 2ª. ed. Salvador: Juspodivm, 2016.

LENT, Friedrich. **Contributo alla dottrina dell'oggetto del proceso.** Tradução: C. Mandriolli. Nápoles: JUS, 1953.

_______. **Diritto Processuale Civile Tedesco.** Parte prima. RICCI, Edoardo F. (Trad.). Morano: Napoli, 1962.

LESSA, Guilherme Thofehrn. Críticas à estabilização da tutela: a cognição exauriente como garantia de um processo justo. **Revista de Processo.** Vol. 259, Ano 41, p. 159-175, São Paulo: Ed. RT, set/2016.

_______. Julgamento parcial do mérito e a necessidade de aplicação do procedimento recursal adequado. **Revista de Processo.** Vol. 281, Ano 43, p. 281-303, São Paulo: Ed. RT, Jul/2018.

LEONEL, Ricardo Barros. Objeto litigioso do processo e o princípio do duplo grau de jurisdição. In: TUCCI, José Rogério Cruz e; BEDAQUE, José Roberto dos Santos (Coord.). **Causa de pedir e pedido no processo civil (questões polêmicas).** São Paulo: RT, 2002.

_______. **Causa de pedir e pedido: o direito superveniente.** 1ª. ed. São Paulo: Método, 2006.

LIBARDONI, Carolina Uzeda. Reconvenção subjetivamente ampliativa: a posição processual do terceiro-interveniente. **Revista de Processo.** Vol. 285, Ano 43, 2018, p. 43-64, São Paulo: Ed. RT, 2018.

LIEBLE, Stephan. **Proceso Civil Alemán**. 2ª Ed. Medellín: Biblioteca Jurídica Diké, 1999.

LIEBMAN, Enrico Tullio. Parte o "capo" di sentenza. **Rivista di Diritto Processuale Civile.** n. 5, 1964.

_______. **Estudos sobre o processo civil brasileiro.** São Paulo: J. Bushatsky, 1976.

_______. **Manual de Direito Processual Civil I.** Rio de Janeiro: Forense, 1984.

_______. O despacho saneador e o julgamento do mérito. **Estudos sobre o processo civil brasileiro.** São Paulo: Bestbook, 2004.

LIMA, Alcides Mendonça de. As providências preliminares no código de processo civil brasileiro de 1973. **Revista de Processo.** Vol. 1, Ano 1, p. 26-42, São Paulo: Ed. RT, 1976.

_______. Reconvenção. **Revista de Processo.** Vol. 9, Ano 3, p. 265-272, São Paulo: Ed. RT. jan/mar/1978.

LOPES JR., Gervásio. **Julgamento direto do mérito na instância recursal.** Salvador: Juspodivm, 2007.

LOPES, João Batista. Breves considerações sobre o instituto da preclusão. **Revista de Processo.** Vol. 23, Ano 6, p. 45-60, São Paulo: Ed. RT, 1981.

_______. Poderes do juiz e o aprimoramento da prestação jurisdicional. **Revista de Processo.** Vol. 35, Ano 9, São Paulo: Ed. RT, abr/jun/1984.

LOURENCINI, Antônio Rogério; COSTA, Yvete Flávio da. O conteúdo mínimo da fundamentação das decisões judiciais no ordenamento jurídico brasileiro. **Revista da Faculdade de Direito – UFPR.** Vol. 63, N. 1, p. 161–187, Curitiba, Jan/Abr/2018.

LUCCA, Rodrigo Ramina de. Julgamentos antecipados parciais de mérito. **Revista de Processo.** Vol. 257, Ano 41, p. 125-150. São Paulo: RT, jul/2016.

_______. **O dever de motivação das decisões judiciais: estado de direito, segurança jurídica e teoria dos precedentes**. 2ª. ed. Salvador: Juspodivm, 2016.

LUCON, Paulo Henrique dos Santos. Tutela provisória e julgamento parcial no CPC de 2015: avanços e perspectivas. **O novo Código de Processo Civil: questões controvertidas.** 1ª. ed. São Paulo: Atlas, 2015.

_______. **Relação entre demandas.** 2ª. ed. Brasília: Gazeta Jurídica, 2018.

_______. Admissibilidade da reconvenção segundo o código de processo civil de 2015. **Estudos de direito processual civil em homenagem ao Professor José Rogério Cruz e Tucci.** p. 637-651. Salvador: Juspodivm, 2018.

LUISO, Francesco Paolo. **Diritto processuale civile.** 2ª ed., Giuffrè, Milano, 1999.

MÂCEDO, Lucas Buril. A eficácia das decisões judiciais e o cumprimento de sentença no CPC/2015. **Coleção Novo CPC - Doutrina Selecionada - v.4 - Execução.** Organizadores: DIDIER JR., Fredie; FREIRE, Alexandre; MACEDO, Lucas Buril de; PEIXOTO, Ravi. 2ª. ed. Salvador: Juspodivm, 2016.

_______. Coisa julgada sobre fato? análise comparativa com o *collateral estoppel* de sua possibilidade de *lege lata* ou de *lege ferenda.* **Revista de Processo.** vol. 260, p. 355 – 412, São Paulo: Ed. RT, Out / 2016.

_______. Improcedência liminar do pedido. **Revista dos Tribunais (São Paulo. Impresso).** v. 973, p. 247-270, 2016.

MACHADO, Antônio Cláudio da Costa. **Tutela antecipada.** 2ª. ed. São Paulo: Oliveira Mendes, 1998.

MACHADO, Hugo de Brito. As questões de fato e a sentença de mérito. **Revista Dialética de Direito Processual.** Vol. 96. p. 65-71. São Paulo, mar/2011.

_______. Indícios e presunções na teoria da prova. **Revista Dialética de Direito Processual.** Vol. 120. p. 22-28. mar/2013.

_______. Aspectos do julgamento antecipado da lide e o direito de provar. **Revista Dialética de Direito Processual.** Vol. 126, p. 63-65, São Paulo: Dialética, set/2013.

MACHADO, Marcelo Pacheco. **Demanda e tutela jurisdicional: estudo sobre forma, conteúdo e congruência.** São Paulo, SP, 2015. 337 p. Tese (doutorado). Universidade de São Paulo. Programa de Pós-Graduação em Direito.

MADRUGA, Eduardo; MOUZALAS, Rinaldo; TERCEIRO NETO, João Otávio. **Processo Civil Volume Único.** 8ª. ed. Salvador: Juspodivm, 2016.

MALACHINI, Edson Ribas. Do julgamento conforme o estado do processo. **Revista de Processo.** Vol. 6, Ano 2, p. 77-110, São Paulo: Ed. RT, 1977.

MALAFAIA, Evie Nogueira e. Comentário ao art. 343. **Novo código de processo civil comentado – Tomo II (art. 318 ao art. 770).** Orgs: RIBEIRO, Sergio Luiz Almeida; GOUVEIA FILHO, Roberto Pinheiro Campos; PANTALEÃO, Izabel Cristina; GOUVEIA, Lucio Grassi de. São Paulo: Lualri, 2017.

MALUF, Carlos Alberto Dabus. As presunções na teoria da prova. **Revista de Processo.** Vol. 24, Ano 6, p. 62-88, São Paulo: Ed. RT, Out/Dez/1981.

MARCATO, Antonio Carlos. **Procedimentos especiais.** São Paulo, 1997.

_______. **Ação de consignação em pagamento.** 6ª ed. São Paulo: Malheiros, 2001.

_______. **Temas atuais da execução civil: estudos em homenagem ao Professor Donaldo Armelin**. vol. I, coord. Mirna Cianci e Rita Quartieri. São Paulo, Saraiva, 2007.

_______. **Procedimentos Especiais.** 17ª ed. 17ª ed. São Paulo: Atlas, 2017.

MARIOTTI, Alexandre. Teoria do objeto do processo. **R. Fac. Direito UFRGS.** Porto Alegre, 10: 129-139, jul. 1994.

MARINONI, Luiz Guilherme. **Efetividade do processo e tutela de urgência.** Porto Alegre: Sérgio Antonio Fabris, 1994.

_______. **Tutela Antecipatória, julgamento antecipado e execução imediata da sentença.** 2ª. ed. São Paulo: Ed. RT, 1998.

_______. **A antecipação da tutela.** 5ª. ed. São Paulo: Malheiros, 1999.

_______. **Novas linhas do processo civil.** 3• ed. São Paulo: Malheiros, 1999.

_______. **Técnica processual e tutela dos direitos**. São Paulo: Ed. RT, 2004.

_______. **Tutela antecipatória e julgamento antecipado: parte incontroversa da demanda.** 5ª. ed. São Paulo: Ed. RT, 2003.

_______. **Abuso de defesa e parte incontroversa da demanda.** São Paulo: Ed. RT, 2007.

MARINONI, Luiz Guilherme; ARENHART, Sérgio Cruz. **Manual do conhecimento.** 6ª. ed. São Paulo: Ed. RT, 2007.

_______. Comentários ao novo código de processo civil: artigos 294 a 333. **Coleção comentários ao Código de Processo Civil.** (orgs) MARINONI, Luiz Guilherme; ARENHART, Sérgio Cruz; MITIDIERO, Daniel. São Paulo: RT, 2016.

MARINONI, Luiz Guilherme; MITIDIERO, Daniel. **Repercussão geral no recurso extraordinário.** 2a. Ed. São Paulo: Ed. RT, 2008.

MARINONI, Luiz Guilherme; ARENHART, Sérgio Cruz; MITIDIERO, Daniel. **Novo código de processo civil comentado.** São Paulo: Ed. RT, 2015.

MARQUES, José Frederico. **Instituições de direito processual.** 2ª. ed. Rio de Janeiro: Forense, 1963.

_______. **Manual de direito processual.** Saraiva, vol. 2, São Paulo, 1974.

_______. **Manual de direito processual civil.** Vol. II, 2ª ed., Rio de Janeiro: Saraiva, 1976.

_______. **Instituições de direito processual civil.** Vol. 3, Campinas: Millennium, 1999.

MARTINS, Pedro Baptista. **Comentários ao CPC de 1939.** 2ª. ed. vol. 2, Rio de Janeiro: Forense, 1960.

_______. A arbitragem e o mito da sentença parcial. in CARMONA, Carlos Alberto (coord.); LEMES, Selma Ferreira (coord.); MARTINS, Pedro Batista (coord.). Arbitragem: Estudos em Homenagem ao Prof. Guido Fernando da Silva Soares in memoriam. São Paulo: Atlas, 2007.

MAURÍCIO, Ubiratan de Couto. **Assistência simples no direito processual civil.** São Paulo: Ed. RT, 1983.

MAZZEI, Rodrigo. Liquidação de sentença: breve ensaio a partir do CPC/2015. **Coleção Novo CPC - Doutrina Selecionada - v.4 - Execução.** Organizadores: DIDIER JR., Fredie; FREIRE, Alexandre; MACEDO, Lucas Buril de; PEIXOTO, Ravi. 2ª. ed. Salvador: Juspodivm, 2016.

MAZZEI, Rodrigo; GONÇALVES, Tiago Figueiredo. Comentário ao art. 588. **Novo código de processo civil comentado – Tomo II (art. 318 ao art. 770).** Orgs: RIBEIRO, Sergio Luiz Almeida; GOUVEIA FILHO, Roberto Pinheiro Campos; PANTALEÃO, Izabel Cristina; GOUVEIA, Lucio Grassi de. São Paulo: Lualri, 2017.

MEDINA, José Miguel Garcia. **Novo código de processo civil comentado.** 2ª ed. São Paulo: Ed. RT, 2015.

MEIRELES, Edilton. Julgamento antecipado parcial do mérito. **Revista de Processo.** Vol. 252, Ano 41, p. 133-146, São Paulo: Ed. RT, fev/2016.

MELLO, Marcos Bernardes de. **Teoria do fato jurídico.** 1ª. ed. São Paulo: Saraiva, 2000.

MENDES, Aluisio Gonçalves de Castro; SILVA, Larissa Pochmann da. O julgamento liminar de improcedência do pedido: a previsão do CPC/2015 comparada à do CPC/1973. **Revista de Processo.** Vol. 261, Ano 41, p. 141-156, São Paulo: Ed. RT, 2016.

MILHORANZA, Mariangela Guerreiro; MOLINARO, Carlos Alberto. Liquidação e cumprimento da sentença e o novo código de processo civil. **Execução civil e tema afins.** Orgs: ARRUDA ALVIM; ARRUDA ALVIM, Eduardo;, BRUSCHI, Gilberto Gomes; CHECHI, Mara Larsen; COUTO, Monica Bonneti. São Paulo: Ed. RT, 2015.

MITIDIERO, Daniel. Sentenças parciais de mérito e resolução definitiva fracionada da causa: lendo um ensaio de Fredie Didier Júnior. **Ajuris.** Porto Alegre, v. 94, p. 39-50, 2004.

_______. Direito fundamental ao julgamento definitivo da parcela incontroversa: uma proposta de compreensão do art. 273, § 6º do CPC, na perspectiva do direito fundamental a um processo sem dilações indevidas (art. 5º, LXXVIII, da CF/1988). **Revista de Processo.** Vol. 149, p. 105-119, São Paulo: Ed. RT, Jul/2007.

MONTEIRO NETO, Nelson. Antecipação do julgamento da lide, cerceamento de defesa e anulação da sentença. **Revista Dialética de Direito Processual.** Vol. 78. p. 64-69, 2009.

MONTERO AROCA, Juan. **Introduccion al Derecho Procesal – Jurisdicción, acción y proceso.** Madrid: Editorial Tecnos S.A., 1976.

_______. **La prueba en el proceso civil.** 5ª ed. Madrid: Civitas, 2007.

MONTESANO, Luigi. Sentenza parziale su questione di merito non „preliminare" di domanda „indivisibile". **In: Riv. dir. proc.** 1970.

MOURÃO, Luiz Eduardo Ribeiro. **Coisa julgada.** Belo Horizonte: Fórum, 2006.

_______. As quatro espécies de coisa julgada no Novo CPC. **Revista Brasileira de Direito Processual – RBDPro.** Ano 26, n. 101, p. 247-266, Belo Horizonte, jan/mar/2018.

MOUSSALLEM, Tárek Moysés. **Fontes do direito tributário.** 2. ed. São Paulo: Max Limonad, 2006.

MOUZALAS, Rinaldo. Comentários ao art. 337. **Novo código de processo civil comentado – Tomo II (art. 318 ao art. 770).** Orgs: RIBEIRO, Sergio Luiz Almeida; GOUVEIA FILHO, Roberto Pinheiro Campos; PANTALEÃO, Izabel Cristina; GOUVEIA, Lucio Grassi de. São Paulo: Lualri, 2017.

_______. Comentários ao art. 338 e 339. **Novo código de processo civil comentado – Tomo II (art. 318 ao art. 770).** Orgs: RIBEIRO, Sergio Luiz Almeida; GOUVEIA FILHO, Roberto Pinheiro Campos; PANTALEÃO, Izabel Cristina; GOUVEIA, Lucio Grassi de. São Paulo: Lualri, 2017.

NASCIMENTO, Cláudio Nunes. Do julgamento conforme o estado do processo. **Revista de Processo.** Vol. 24, Ano 6, p. 222-230, São Paulo: Ed. RT, Out/Dez/1981.

NERY JR., Nelson. **Atualidades sobre o processo civil: a reforma do código de processo civil brasileiro de 1994 e de 1995**. 2ª ed., São Paulo: Ed. RT, 1996.

_______. **Princípios fundamentais: teoria geral dos recursos**. 6ª. ed. São Paulo: Ed. RT, 2004.

NERY JR., Nelson; NERY, Rosa Maria de Andrade. **Código de processo civil comentado.** 11ª ed., São Paulo: Ed. RT, 2010.

_______. **Código de processo civil comentado.** 16ª. Ed. São Paulo: Ed. RT. 2016.

NEVES, Daniel Amorim Assumpção. **Manual de Processo Civil.** Volume único. Salvador: Juspodivm, 2016.

NOGUEIRA, Gláucia Assalin. **O julgamento parcial: possibilidade de cisão do julgamento de mérito relativamente à parte incontroversa da demanda.** São Paulo, SP, 2009. 191 p. Dissertação (Mestrado). Universidade de São Paulo. Programa de Pós-Graduação em Direito.

NOGUEIRA, Pedro Henrique. O juízo de admissibilidade do processo e as condições da ação: uma releitura a partir da teoria da ação de direito material. **Revista Dialética de Direito Processual.** Vol. 76, p. 93-105, 2009.

NOGUEIRA, Pedro Henrique; MOURÃO, Luiz Eduardo Ribeiro; COSTA, Eduardo José da Fonseca. **Teoria Quinária da Ação – Estudos em Homenagem a Pontes de Miranda nos 30 anos de seu Falecimento.** 1ª. ed. Salvador: Juspodivm, 2010.

NOJIRI, Sérgio. **O dever de fundamentar as decisões judiciais.** São Paulo: Ed. RT, 1998.

NORONHA, Carlos Silveira. **Sentença civil: perfil histórico-dogmático.** São Paulo: Ed. RT, 1995.

NOVELLI, Giovanni; PETITTI, Stefano. **Codice di procedura civile annotato com La giuriprudenza.**

NUNES, Dierle José Coelho. **Processo jurisdicional democrático: uma análise crítica das reformas processuais.** 1ª. ed. Curitiba: Juruá, 2008.

_______. Da teoria fazzalariana de processo? o processo como espécie de procedimento realizado em contraditório e a difusão dos módulos processuais como mecanismo de controle da função estatal. **Revista Síntese de Direito Civil e Processual Civil.** Vol 43, p. 212-215, 2006.

NUNES, Luiz Antônio. **Cognição judicial nas tutelas de urgência.** São Paulo: Saraiva, 2000.

PEDRON, Flávio Barbosa Quinaud; COSTA, Jéssica Nayara Duarte. O saneamento no processo civil como instrumento de efetividade da atividade jurisdicional. **Revista de Processo.** Vol. 274, ano 42. p. 161-203, São Paulo: Ed. RT, 2017.

PEDRON, Flávio Barbosa Quinaud; MILAGRES, Allan. Reflexões sobre o julgamento antecipado parcial do mérito no processo civil e no processo do trabalho. **Revista de Processo.** Vol. 285, ano 43, p. 273-289, São Paulo: Ed. RT, 2018.

PEIXOTO, Ravi. Aspectos controvertidos da ação de exigir contas. **Revista Dialética de Direito Processual.** Vol. 151, p. 105-116, São Paulo: Dialética, 2015.

_______. Ação rescisória e capítulo de sentença: a análise de uma relação conturbada a partir do CPC/2015. **Coleção Novo CPC - Doutrina Selecionada - v.6 - Processo nos Tribunais e Meios de Impugnação às Decisões Judiciais.** Orgs: DIDIER JR., Fredie; FREIRE, Alexandre; MACEDO, Lucas Buril de; PEIXOTO, Ravi. Salvador: Juspodivm, 2015.

PEIXOTO, Ravi; SILVEIRA, Marcelo Pichioli da. Ação rescisória e competência: novos e velhos problemas. **Revista Brasileira de Direito Processual - RBDPro.** Ano 24, n. 96, Belo Honrizonte, out/dez/2016.

PEIXOTO, Ravi; MINAMI, Marcos Youji. As questões prejudiciais incidentais, o regime especial da coisa julgada e os possíveis. **Revista de Processo.** Vol. 277, Ano 43, p. 323-343, São Paulo: Ed. RT, 2018.

PINHO, Humberto Dalla Bernardina de. **Direito processual civil contemporâneo: introdução ao processo civil.** Vol. I. São Paulo: Saraiva, 2012.

PINO, Angel. O Biológico e o cultural nos processos cognitivos. **Linguagem, Cultura e Cognição.** Belo Horizonte: Autentica, 2001.

PONTES DE MIRANDA, Francisco Cavalcante. **Comentários ao código de processo civil de 1939.** 2ª. ed. Tomo I, Rio de Janeiro: Forense, 1958.

_______. **Tratado das ações.** São Paulo: Ed. RT, 1970.

_______. **Tratado da ação rescisória.** 5ª ed., Rio de Janeiro: Forense, 1976.

_______. **Comentários ao Código de Processo Civil.** Vol. I. Rio de Janeiro: Forense, 1996.

_______. **Comentários ao Código de Processo Civil. Tomo I.** 5. ed. Rio de Janeiro: Forense, 1997.

_______. **Comentários ao código de processo civil.** Tomo V. 3ª ed. Rio de Janeiro: Forense, 1997.

_______. **Comentários ao código de processo civil.** 3• ed. Rio de janeiro: Forense, 1999.

PORTO, Mônica Monteiro. Comentário ao art. 556. **Novo Código de Processo Civil Comentado – Tomo II (art. 318 ao art. 770).** Orgs: RIBEIRO, Sergio Luiz Almeida; GOUVEIA FILHO, Roberto Pinheiro Campos; PANTALEÃO, Izabel Cristina; GOUVEIA, Lucio Grassi de. São Paulo: Lualri, 2017.

PORTO, Sérgio Gilberto. **Coisa julgada civil.** Rio de Janeiro: AIDE, 1998.

PUPPIN, Bárbara Altoé; OLIVEIRA, Michelle Ivair Cavalcanti de. Breves apontamentos sobre o artigo 327 § 2º do CPC/2015. **In: II Congresso de Processo Civil Internacional. Tutela de Direitos e novas técnicas processuais.** Vitória, 2017.

QUEIROZ, Pedro Gomes de. A cumulação de pedidos relativos ao Direito de Família no CPC/2015. **Revista de Processo.** Vol. 262. ano 41. p. 261-285. São Paulo: Ed. RT, dez. 2016.

REALE, Miguel. **Lições preliminares de direito.** 27ª ed., São Paulo: Saraiva, 2002.

REDONDO, Bruno Garcia. Sentença parcial de mérito e apelação em autos suplementares. **Revista de Processo.** Vol. 160, Ano 33, p. 142-156, São Paulo: Ed. RT, jun/2008.

_______. Apelação: o recurso adequado à impugnação da sentença interlocutória. NERY JR, Nelson; WAMBIER, Teresa Arruda Alvim. (coord.). **Aspectos polêmicos e atuais dos recursos cíveis e assuntos afins. Vol.** 12, p. 31-60, São Paulo: Ed. RT, 2011.

REIS, José Alberto dos. **Breve estudo sobre a reforma do processo civil e comercial.** 2ª ed., Coimbra: Coimbra Ed., 1929.

RIBEIRO, José Antunes. **Código de processo civil anotado.** Coimbra: Verbo Jurídico, 2006.

RIBEIRO, Roberto Victor Pereira. Preclusão processual e suas nuances. **Revista Dialética de Direito Processual**. Vol. 127. p. 134-141, São Paulo: Dialética, out/2013.

RODOVALHO, Thiago. **CPC perdeu chance de colocar Brasil na vanguarda em processos com arbitragem.** http://www.conjur.com.br/2016-mai-15/thiago-rodovalho-cpc-perdeu-chance-avancar-arbitragem-brasileira Acesso no dia 31 de janeiro de 2019.

RODRIGUES, Daniel Colnago. **Intervenção de terceiros.** 1ª. Ed. São Paulo: Ed. RT. 2018.

RODRIGUES, Marcelo Abelha. **Elementos de direito processual civil.** Vol. I. 3ª. ed. São Paulo: Ed. RT, 2003.

RODRIGUES, Marco Antônio dos Santos. **A modificação objetiva da demanda no processo civil.** 2013. 334 f. Tese (doutorado). Universidade do Estado do Rio de Janeiro, Faculdade de Direito.

________. **A fazenda pública no processo civil.** 1ª ed. São Paulo: Ed. Gen Atlas. 2016.

________. **O reexame necessário no julgamento antecipado parcial do mérito.** http://genjuridico.com.br/2016/05/20/o-reexame-necessario-no-julgamento-antecipado-parcial-do-merito/. Acessado em 31 de janeiro de 2019.

RODRIGUES, Raphael Silva. O novo código de processo civil e a exigência de fundamentação das decisões. **Revista Dialética de Direito Processual.** Vol. 153, p. 128-136, São Paulo: Dialética, dez/2015.

ROQUE, André Vasconcelos. Comentários ao art. 327. STRECK, Lenio. **Comentários ao código de processo civil.** 11ª. ed. São Paulo: Saraiva, 2016.

ROSENBERG, Leo. **Tratado de Derecho Procesal Civil.** Tradução: Angela Romera Vera. Tomo II. 5ª. ed. Bueno Aires: Ediciones Jurídicas Europa-America, 1955.

RUBIN, Fernando. **A preclusão na dinâmica do processo civil.** Porto Alegre: Livraria do Advogado, 2010.

______. **A preclusão na dinâmica do processo civil,** 2ª ed. **São Paulo: Atlas, 2019.**

OLIVEIRA, Bruno Silveira. Um novo conceito de sentença. **Revista de Processo.** Vol. 149, Ano 32, p. 120-138, São Paulo: Ed. RT, Jul/2007.

OLIVEIRA, Bruno Silveira. A 'interlocutória-faz-de-conta' e o 'recurso ornitorrinco' (ensaio sobre a sentença parcial e sobre o recurso dela cabível). **Revista de Processo.** Vol. 203, Ano 37, p. 73-96, São Paulo: Ed. RT, 2012.

OLIVEIRA, Gleydson Kleber Lopes de. **Recurso Especial.** São Paulo: Ed. RT, 2002.

OLIVEIRA, Pedro Miranda de. O regime especial do agravo de instrumento contra decisão parcial (com ou sem resolução de mérito). **Revista de Processo.** Vol. 264, Ano 42, p. 183-205, São Paulo: Ed. RT, Fev/2017.

OLIVEIRA, Weber Luiz de. Remessa necessária, julgamento antecipado parcial do mérito e estabilização da tutela antecipada – reflexões iniciais para execução contra a Fazenda Pública diante do código de processo civil de 2015. **Revista Magister de Direito Civil e Processual Civil.** n. 66. Maio/Jun/2015.

OLIVEIRA FILHO, Silas Dias de. **Julgamento fracionado do mérito e implicações no sistema recursal.** São Paulo, SP, 2013. 256 p. Dissertação (Mestrado). Universidade de São Paulo. Programa de Pós-Graduação em Direito.

OLIVEIRA, Vallisney de Souza. **Nulidade da sentença e o princípio da congruência.** São Paulo: Saraiva, 2004.

OLIVEIRA, Weber Luiz de. Remessa necessária, julgamento antecipado parcial do mérito e estabilização da tutela antecipada – reflexões iniciais para execução contra a Fazenda Pública diante do código de processo civil de 2015. **Revista Magister de Direito Civil e Processual Civil.** n. 66. Maio/Jun/2015.

SÁ, Renato Montans de. **Manual de direito processual civil.** São Paulo: Saraiva, 2015.

SALDANHA, Nelson. Estado, Jurisdição e Garantias: Um Capítulo de História Constitucional. **Revista da Faculdade de Direito de São Paulo.** v. LXXV, p. 53-65, 1980.

SAMPIETRO, Luiz Roberto Hijo. Aplicação do instituto do julgamento antecipado da lide nas ações sob o rito do juizado especial cível. **Revista Dialética de Direito Processual.** Vol. 86, p. 74-83, maio/2010.

SANCHES, Sydney. Objeto do processo e objeto litigioso do processo. **Revista de Processo.** Vol. 13, Ano 4, p. 31-47, São Paulo: Ed. RT, Jan/Mar/1979.

______. Ação rescisória por erro de fato. **Revista de Processo.** Vol. 44, Ano 11, p. 31-43. São Paulo: Ed. RT. 1986.

SANT'ANNA, Paulo Afonso de Souza. Hipóteses para concessão da tutela antecipatória da parte incontroversa da demanda (art. 273, §6º, CPC). **Revista de Processo.** Vol. 121, Ano 30, p. 117-132, São Paulo: Ed. RT, mar/2005.

______. Sentença parcial. **Revista de Processo.** Vol. 151, Ano, 33, p. 150-184, São Paulo: Ed. RT, 2007.

_______. Sentença parcial. in MEDINA, José Miguel Garcia; CRUZ, Luana Pedrosa de Figueiredo; CERQUEIRA, Luiz Otávio Siqueira de; GOMES JR., Luis Manoel (coords.). **Os poderes do juiz e o controle das decisões judiciais: estudos em homenagem à professora Teresa Arruda Alvim Wambier.** São Paulo: Ed. RT, 2008.

SANT'ANNA, Igor Pinheiro de; RIBEIRO, Julio César Medeiros. Breves considerações acerca do julgamento antecipado parcial do mérito na sistemática do novo CPC. **Revista Jurídica.** Ano 62, n. 446, p. 45-66, dez/2014.

SANTOS, Ernane Fidélis. **Manual de direito processual civil.** 9ª. ed. São Paulo: Saraiva, 2002.

SANTOS, Moacyr Amaral. **Prova judiciária no cível e comercial: parte geral.** Vol. I. 2ª ed. São Paulo: Max Limonad, 1952.

_______. **Primeiras linhas de direito processual civil: Processo de conhecimento.** Vol. I, 25ª. ed. Rio de Janeiro: Saraiva, 2007.

SANTOS, Welder Queiróz dos. Ação rescisória contra decisão parcial de mérito e contra capítulo não recorrido. **Revista de Processo**. Vol. 272, Ano 42, p. 327-350, São Paulo: Ed. RT, 2017.

SATTA, Salvatore. **Diritto processuale civile.** Padova: Casa Editrice Dott. Antonio Milani, 1981.

SCARPARO, Eduardo Kochenborger. Sentenças parciais? Considerações a partir de reforma do art. 162, §1º, do CPC. **Revista de Processo.** n. 148, Ano 32, p. 153-168, São Paulo: Ed. RT, Jun/2007.

SCHWAB, Karl Heinz. **El Objeto litigioso en el Proceso Civil**. Tradução Tomas A. Banzhaf. Bueno Aires: Ediciones Jurídicas Europa-America, 1968.

SCHWAB, Martin. **Zivilprozessrecht.** Müller Jur.Vlg.C.F.; Edição: 5., neu bearbeitete Auflage 2016.

SICA, Heitor Vitor Mendonça. Algumas implicações do novo conceito de sentença no processo civil, de acordo com a lei nº. 11.232/2005. In: Carlos Alberto Carmona. (Org.). **Reflexões sobre a reforma do Código de Processo Civil.** 1ª ed. São Paulo: Atlas, 2007.

_______. **Preclusão no processual civil.** 2ª Ed. São Paulo: Atlas, 2008.

_______. **O direito de defesa no processo civil brasileiro: um estudo sobre a posição do réu,** São Paulo: Atlas, 2011.

_______. Notas críticas ao sistema de pluralidade de partes no processo civil brasileiro. **Revista de Processo.** Vol. 200, Ano 36, São Paulo: Ed. RT, 2011.

_______. Comentário ao art. 1.015. In: STRECK, Lenio Luiz; NUNES, Dierle; CUNHA, Leonardo (orgs.). **Comentários ao código de processo civil.** 2ª. ed. São Paulo: Saraiva, 2017.

SILVA, Beclaute Oliveira. **A cognição no mandado de segurança sob o prisma dialógico de Mikhail Bakhtin.** 291 f. Tese (Doutorado em Direito) – Programa de Pós-Graduação em Direito, Centro de Ciências Jurídicas/FDR, Universidade Federal de Pernambuco, Recife, 2011.

_______. Comentário ao art. 489. **Novo código de processo civil comentado – Tomo II (art. 318 ao art. 770).** Orgs: RIBEIRO, Sergio Luiz Almeida; GOUVEIA FILHO, Roberto Pinheiro Campos; PANTALEÃO, Izabel Cristina; GOUVEIA, Lucio Grassi de. São Paulo: Lualri, 2017.

SILVA, Beclaute Oliveira; ARAUJO, José Henrique Mouta; SILVA, I. L. Eficácia do agravo de instrumento na decisão antecipada parcial de mérito. **Revista Eletrônica de Direito Processual.** v. 1, p. 57-75, 2016.

SILVA, José Afonso da. **Do recurso adesivo no processo civil brasileiro**. 2ª. ed. São Paulo: Ed. RT, 1977.

SILVA, Ricardo Alexandre. Comentários aos arts. 355 e 356. In: ALVIM, Teresa Arruda; DIDIER JR., Fredie; TALAMINI, Eduardo; DANTAS, Bruno. (Org.). **Breves comentários ao novo código de processo civil.** p. 956-964. 1ª. ed. São Paulo: Ed. RT, 2015.

_______. **Limites objetivos da coisa julgada e questões prejudiciais.** Tese (Doutorado em Direito) - Universidade Federal do Paraná. 2016.

_______. **Curso de processo civil: processo de conhecimento.** Vol. 1, Porto Alegre: Sergio Antonio Fabris, 1990.

_______. **Curso de processo civil.** Vol. I. Porto Alegre: Sérgio Antônio Fabris, 1994.

_______. **Curso de processo civil.** Vol. I, 4ª. ed. São Paulo: Ed. RT, 1998.

_______. Conteúdo da sentença e mérito da causa. **Sentença e coisa julgada: ensaios e pareceres.** 4. ed. Rio de Janeiro: Forense, 2003.

SILVEIRA, Bruna Braga da Silveira; MEGNA, Bruno Lopes. Comentário ao art. 995. **Novo código de processo civil comentado – Tomo III (art. 771 ao art. 1.072).** Orgs: RIBEIRO, Sergio Luiz Almeida; GOUVEIA FILHO, Roberto Pinheiro Campos; PANTALEÃO, Izabel Cristina; GOUVEIA, Lucio Grassi de. São Paulo: Lualri, 2017.

SIQUEIRA, Thiago Ferreira. O julgamento antecipado parcial do mérito no Novo Código de Processo Civil brasileiro. **Civil Procedure Review.** Vol. 7, p. 165-208, 2016.

SOARES, Marcos José Porto; ZANARDI, Glaziele. O mérito da demanda e sua repercussão na formação das decisões. **Revista eletrônica de direito processual.** Vol IX, p. 498-523, Rio de Janeiro, 2012.

SOBRINHO, Elício de Cresci. **Objeto litigioso no processo civil.** Porto Alegre: Fabris, 2008.

SOUSA, Miguel Teixeira de. **O concurso de títulos de aquisição da prestação.** Coimbra: Almedina, 1988.

_______. Sobre o sentido e a função dos pressupostos processuais. **Revista de Processo.** Vol. 65, Ano 16, São Paulo: Ed. RT, 1991.

SOUZA, Gerson Amaro de. Coisa julgada formal e a impossibilidade de renovação da ação no CPC/2015. **Revista Dialética de Direito Processual.** v. 153, p. 47-68, 2015

SOUZA, Paulo Roberto Pereira de. Abandono da causa. **Revista de Processo.** Vol. 24, Ano 6, p. 117-136, São Paulo: Ed. RT, Out/Dez/1981.

SOUZA, Roney José Lemos Rodrigues de. Comentário ao art. 599. **Novo código de processo civil comentado – Tomo II (art. 318 ao art. 770).** Orgs: RIBEIRO, Sergio Luiz Almeida; GOUVEIA FILHO, Roberto Pinheiro Campos; PANTALEÃO, Izabel Cristina; GOUVEIA, Lucio Grassi de. São Paulo: Lualri, 2017.

SOUZA JR., Sidney Pereira de. **Sentenças parciais no processo civil – consequências no âmbito recursal.** São Paulo: Método, 2009.

SOUZA, Wilson Alves de. Tutela antecipada em caso de incontrovérsia parcial da demanda: breves comentários à proposta do poder executivo de alteração do § 1º do art. 273 do código de processo civil. In: **A segunda etapa da reforma processual civil.** Luiz Guilherme Marinoni; Fredie Didier Jr. (Coord.). São Paulo: Malheiros, 2001.

STRECK, Lenio. Comentário ao art. 489. In: STRECK, Lenio. **Comentários ao código de processo civil,** 11ª. ed. São Paulo: Saraiva, 2016.

STRECK, Lenio Luiz; GOUVEIA FILHO, Roberto Campos; Sousa, Diego Crevelin de. **Por que o STJ deve rever a decisão sobre a taxatividade do artigo 1.015.** https://www.conjur.com.br/2018-ago-13/stj-rever-decisao-taxatividade-11015?utm_source=dlvr.it&utm_medium=facebook Acesso no dia 31 de janeiro de 2019.

TALAMINI, Eduardo. **Coisa julgada e sua revisão.** São Paulo: Ed. RT, 2005.

_______. Comentário ao art. 329. In: CABRAL, Antonio do Passo, CRAMER, Ronaldo (orgs.). **Comentários ao novo código de processo civil.** 2ª ed. Rio de Janeiro: Forense, 2016.

TARUFFO, Michele. **La motivación de la sentencia civil.** Trad. Lorenzo Córdova Vianello. México: Tribunal Electoral del Poder Judicial de la Federación, 2006.

_______. **A prova.** Tradução: João Gabriel Couto. São Paulo: Marcial Pons, 2014.

TEIXEIRA, Guilherme Freire de Barros. **O princípio da eventualidade no processo civil.** São Paulo: Ed. RT, 2005.

TEIXEIRA, Guilherme Puchalski. Sentenças objetivamente complexas: impossibilidade de trânsito em julgado parcial. **Revista de Processo.** Vol. 162, Ano 34, p. 228-250, São Paulo: Ed. RT, 2008.

TESHEINER, José Maria Rosa. **Elementos para uma teoria geral do processo.** São Paulo: Saraiva, 1993.

TESHEINER, José Maria Rosa; THAMAY, Rennan Faria Kruger. **Teoria Geral do Processo: em conformidade com o Novo CPC.** Rio de Janeiro: Forense, 2015.

TESHEINER, José Maria Rosa; PEREIRA, Rafael Caselli. Comentário ao art. 538. **Novo código de processo civil comentado – Tomo II (art. 318 ao art. 770).**

Orgs: RIBEIRO, Sergio Luiz Almeida; GOUVEIA FILHO, Roberto Pinheiro Campos; PANTALEÃO, Izabel Cristina; GOUVEIA, Lucio Grassi de. São Paulo: Lualri, 2017.

THAMAY, Rennan Faria Kruger. **Manual de direito processual civil.** 1. ed. São Paulo: Saraiva, 2018.

THAMAY, Rennan Faria Krüger; MARINHO, Daniel Octávio Silva. Comentário ao art. 550. **Novo código de processo civil comentado – Tomo II (art. 318 ao art. 770).** Orgs: RIBEIRO, Sergio Luiz Almeida; GOUVEIA FILHO, Roberto Pinheiro Campos; PANTALEÃO, Izabel Cristina; GOUVEIA, Lucio Grassi de. São Paulo: Lualri, 2017.

THEODORO JR., Humberto. **Processo de execução.** Ed. Universitária de Direito, 2ª. ed. São Paulo, 1975.

_______. **As novas reformas do Código de Processo Civil (LGL\1973\5).** Rio de Janeiro: Forense, 2006.

_______. **Curso de direito processual civil: Teoria geral do direito processual civil e processo de conhecimento**. v. 1. 47ª ed. Rio de Janeiro: Forense, 2007.

_______. **Teoria geral do direito processual civil** Vol. I. 53ª. ed. Rio de Janeiro: Forense, 2012.

_______. **Curso de direito processual civil.** Vol. I, 59ª ed. Rio de Janeiro: Forense, 2018.

TJÄDER, Ricardo Luiz da Costa. **Cumulação eventual de pedidos.** Porto Alegre: Livraria do Advogado, 1998.

TOMÉ, Fabiana del Padre. A prova no direito tributário. São Paulo: Noeses, 2005.

TUCCI, José Rogério Cruz e. Abandono do processo. **Revista de Processo.** Vol. 52, Ano 13, p. 41-51. São Paulo: Ed. RT, Out/Dez/1988.

_______. **Tempo e processo: uma análise empírica das repercussões do tempo na fenomenologia processual (civil e penal).** São Paulo: Ed. RT, 1997.

_______. Reflexões sobre a cumulação subsidiária de pedidos.. **Revista dos Tribunais (São Paulo).** Vol. 786, p. 57-67, Abril/2001.

_______. **A *causa petendi* no processo civil.** 3ª. ed. São Paulo: Ed. RT, 2009.

_______. Garantia constitucional do contraditório no Projeto do CPC: Análise e Proposta. **Revista Magister de Direito Civil e Processual Civil.** Porto Alegre, ano VII, nº 38, 2010.

_______. **Comentários ao novo código de processo civil: artigos 485 ao 538.** Coords: MARINONI, Luiz Guilherme; ARENHART, Sérgio Cruz; MITIDIERO, Daniel. 1ª ed., São Paulo: Ed. RT, 2016.

_______. Comentários aos arts. 318 a 368. In: GOUVEA, José Roberto; BONDIOLI, Luiz Guilherme; FONSECA, João Francisco (Coords.). **Comentários ao código de processo civil.** 1ª. ed. São Paulo: Saraiva, 2017.

USTÁRROZ, Daniel. **A intervenção de terceiros no processo civil brasileiro.** Porto Alegre: Livraria do Advogado, 2004.

VAREJÃO, José Ricardo do Nascimento. As classificações, a lei 11.232/2005 e o novo "conceito de sentença". WAMBIER, Teresa Arruda Alvim (coord.). **Aspectos Polêmicos da Nova Execução: de títulos judiciais a Lei nª. 11.232/2005.** São Paulo: Ed. RT, 2006.

VERÇOSA, Haroldo Malheiros Ducler. **Aspectos da arbitragem institucional - 12 anos da lei 9.307/1996.** São Paulo: Malheiros, 2008.

VILANOVA, Lourival. **Causalidade e relação no direito.** 4a. ed. São Paulo: Ed. RT, 2000.

VITORELLI, Edilson. **O devido processo legal coletivo: dos direitos aos litígios coletivos.** 1ª. ed. São Paulo: Ed. RT, 2016.

WAMBIER, Luiz Rodrigues; TALAMINI, Eduardo. **Curso avançado de processo civil.** vol. 2, 5ª. ed. São Paulo: Ed. RT, 2016.

WATANABE, Kazuo. Ação dúplice. **Revista de Processo.** Vol. 31, Ano 8, São Paulo: Ed. RT, 1983.

_______. **Da cognição no processo civil.** 3ª. ed. São Paulo: Perfil, 2005.

YARSHELL, Flávio Luiz; PEREIRA, Guilherme Setoguti J.; RODRIGUES, Viviane Siqueira. **Comentários ao novo código de processo civil: artigos 334 ao 368.** Coords: MARINONI, Luiz Guilherme; ARENHART, Sérgio Cruz; MITIDIERO, Daniel. 1ª ed., São Paulo: Ed. RT, 2016.

YOSHIKAWA, Eduardo Henrique de Oliveira. A distinção entre prescrição e decadência no Direito brasileiro e a teoria da ação de direito material. **Revista Dialética de Direito Processual.** Vol. 109, p. 9-27, São Paulo: Dialética, 2012.

ZAVASCKI, Teori Albino. Antecipação da tutela em face de pedido incontroverso. **Revista Jurídica.** Porto Alegre. ano 50. n. 301. P. 30-35. Nov/2002.

_______. **Antecipação da tutela em face de pedido incontroverso.** http://www.abdpc.org.br/abdpc/artigos/teori%20zavascki(2)%20-formatado.pdf. Acesso no dia 26 de março de 2019.

ZEISS, Walter; SCHREIBER, Klaus Schreiber. **Zivilprozessrecht.** Mohr Siebeck; 12th 12., Neubearb. A. ed. edition, 2014.

EDITORA
JusPODIVM
www.editorajuspodivm.com.br